CONGRÈS NATIONAL DU LIVRE

COMITÉ D'ORGANISATION

SOCIÉTÉ DES GENS DE LETTRES. — CERCLE DE LA LIBRAIRIE

COMITÉ DU LIVRE

Paris, 11-17 Mars 1917

TOME II

COMPTE RENDU DES TRAVAUX DU CONGRÈS

PARIS

CERCLE DE LA LIBRAIRIE, DE L'IMPRIMERIE
DE LA PAPETERIE, DU COMMERCE DE LA MUSIQUE ET DES ESTAMPES
117, BOULEVARD SAINT-GERMAIN, 117

1917

CONGRÈS NATIONAL DU LIVRE

Paris, 11-17 Mars 1917

TOME II

COMPTE RENDU DES TRAVAUX DU CONGRÈS

PARIS
IMPRIMERIE DE J. DUMOULIN
5, RUE DES GRANDS-AUGUSTINS, 5

CONGRÈS NATIONAL DU LIVRE

COMITÉ D'ORGANISATION

SOCIÉTÉ DES GENS DE LETTRES. — CERCLE DE LA LIBRAIRIE

COMITÉ DU LIVRE

Paris, 11-17 Mars 1917

TOME II

COMPTE RENDU DES TRAVAUX DU CONGRÈS

PARIS

CERCLE DE LA LIBRAIRIE, DE L'IMPRIMERIE
DE LA PAPETERIE, DU COMMERCE DE LA MUSIQUE ET DES ESTAMPES

117, BOULEVARD SAINT-GERMAIN, 117

1917

COMITÉ DE PATRONAGE

M. LE PRÉSIDENT DE LA RÉPUBLIQUE FRANÇAISE.

M. LE PRÉSIDENT DU CONSEIL, MINISTRE DES AFFAIRES ÉTRANGÈRES.
M. LE MINISTRE DE L'INSTRUCTION PUBLIQUE.
M. LE MINISTRE DU COMMERCE.
M. LE SOUS-SECRÉTAIRE D'ÉTAT DES BEAUX-ARTS.

COMITÉ D'HONNEUR

MM.
Ét. LAMY, secrétaire perpétuel de l'Académie française.
R. CAGNAT, secrétaire perpétuel de l'Académie des Inscriptions et Belles-Lettres.
A. LACROIX, secrétaire perpétuel de l'Académie des Sciences.
Ch. WIDOR, secrétaire perpétuel de l'Académie des Beaux-Arts.
R. STOURM, secrétaire perpétuel de l'Académie des Sciences morales et politiques.
Docteur DEBOVE, secrétaire perpétuel de l'Académie de Médecine.
L. LIARD, vice-recteur de l'Université de Paris.
P. APPELL, doyen de la Faculté des Sciences de l'Université de Paris.

MM.
A. CROISET, de l'Institut, doyen de la Faculté des Lettres de l'Université de Paris.
F. LARNAUDE, doyen de la Faculté de Droit de l'Université de Paris.
L. LANDOUZY, doyen de la Faculté de Médecine de l'Université de Paris.
Maurice CROISET, administrateur du Collège de France.
Ed. PERRIER, directeur du Muséum d'Histoire naturelle.
Ernest LAVISSE, directeur de l'École normale supérieure.
CHESNEAU, directeur de l'École nationale des Mines.
P. BOYER, directeur de l'École des Langues orientales vivantes.
Th. HOMOLLE, administrateur de la Bibliothèque nationale.
Henry MARCEL, directeur des Musées nationaux.

COMITÉ D'ORGANISATION

SOCIÉTÉ DES GENS DE LETTRES
Président : M. Pierre DECOURCELLE.

CERCLE DE LA LIBRAIRIE
Président : M. Louis HACHETTE.

COMITÉ DU LIVRE
Président : M. Émile PICARD.

COMMISSION D'ORGANISATION

Président : M. Pierre DECOURCELLE, président de la Société des Gens de lettres.

Membres :
- M. Louis HACHETTE, président du Cercle de la Librairie.
- M. Émile PICARD, président du Comité du Livre.
- M. Max LECLERC, éditeur.
- M. Jean-Paul BELIN, éditeur.
- M. Jules PERRIN, membre du Comité de la Société des Gens de lettres.
- M. Jacques de DAMPIERRE, secrétaire général du Comité du Livre.
- M. Jean LOBEL, directeur du Cercle de la Librairie.

BUREAU DU CONGRÈS

Président . . . . . M. Pierre DECOURCELLE, président de la Société des Gens de lettres.

Vice-présidents . .
- M. Louis HACHETTE, ancien président du Cercle de la Librairie.
- M. Émile PICARD, président du Comité du Livre.

Rapporteur général : M. Jules PERRIN, homme de lettres.
Secrétaire général : M. Jean LOBEL.
Secrétaires. . . . . MM. de DAMPIERRE et Jean-Paul BELIN.

SÉANCE D'INAUGURATION A LA SORBONNE

LE DIMANCHE 11 MARS 1917
A DEUX HEURES

Sous la Présidence de M. Raymond POINCARÉ,
Président de la République française.

DISCOURS DE M. PIERRE DECOURCELLE
Président de la Société des Gens de lettres, Président du Congrès.

MONSIEUR LE PRÉSIDENT DE LA RÉPUBLIQUE,
MESDAMES, MESSIEURS,

Tous ceux qui m'entendent s'étonneraient que mes premiers mots ne fussent pas pour exprimer à M. le Président de la République la gratitude profonde de la Société des Gens de lettres, de la Commission d'organisation du Congrès du Livre, de tous ses participants, non seulement pour avoir accepté avec une spontanéité, dont nous ne lui saurons jamais trop gré, de donner son haut patronage à notre effort, mais pour avoir consenti à honorer de sa présence l'inauguration de nos travaux et à les encourager de sa fortifiante parole. En rompant en notre faveur un silence dont il n'a systématiquement voulu se départir qu'en face de nos soldats, ou dans quelques circonstances touchant directement à la guerre, M. le président de la République ne manque pas à sa détermination. Avec sa clairvoyance ordinaire, il a nettement discerné qu'il existe d'autres champs de bataille que ceux de la Marne, de Verdun et de la Somme, où l'Allemagne a entamé avec nous une lutte qui, bien que le sang n'y coule pas et que nos enfants y restent debout, n'en est pas moins pour nous grosse de périls. Dans celle-ci, comme dans l'autre, si nous avons été surpris par la savante préparation de l'ennemi et par sa sournoise tactique, nous saurons, réveillés à temps par la menace, reconquérir à force d'énergie, de volonté, la position un moment compromise et y faire flotter de nouveau les trois couleurs de notre drapeau.

Monsieur le Ministre de l'Instruction publique, Monsieur le Ministre du Commerce, Monsieur le Sous-secrétaire d'Etat aux

Beaux-Arts, nous ne vous devons pas moins de reconnaissance pour avoir dérobé un moment à vos écrasants labeurs et accompagné ici le chef de l'Etat. Mais permettez-moi de vous dire qu'il était impossible qu'en cette significative manifestation nationale, vous ne fussiez pas à côté de lui, au milieu de nous. Vous présidez, en effet, aux destinées d'un pays admirable et étrange... Toujours il lui fallut mettre de l'idéal dans son action et même dans sa désolation et dans l'horreur introduire comme un reflet de grâce.

C'est au son des violons que les soldats de Corbie armaient leurs mousquets... C'est au rythme des canons que Mme Favart, au camp du vainqueur de Fontenoy, réglait le rythme de ses vaudevilles, et c'est à Moscou, à la veille tragique de l'épique incendie, que Napoléon dictait le statut de la maison de Racine et de Molière. C'est pourquoi vous demeurez dans notre plus pure tradition à l'heure où nos poilus ceignent leurs reins pour que le décisif effort où toutes leurs forces sont tendues vers l'âpre joie du sacrifice et de la lutte, en venant dire à ceux auxquels ils n'a pas été permis de marcher dans leurs rangs, mais qui veulent aussi se battre à leur manière : « Gardiens de la pensée française, ouvriers de la civilisation, travailleurs du livre, semeurs d'art et de beauté, mettez-vous à l'œuvre et combattez pour nous faire une France plus grande dans la paix, comme vos fils l'ont faite plus grande dans la guerre!... »

Au courant de nos projets, dès la première heure, aujourd'hui que le grain est levé, que la moisson est proche, vous nous apportez, Messieurs, l'encouragement de votre présence. Elle affirme à nos yeux l'étroite collaboration des Pouvoirs publics à une œuvre qui, dans les crépuscules sanglants, prépare les aurores radieuses. Elle nous renouvelle la promesse que nous serons assistés, appuyés, soutenus par ceux qui nous gouvernent lorsque, au cours de nos efforts, nous aborderons certains difficiles problèmes financiers, ouvriers, sociaux, que leur intervention nous permettra seule de résoudre.

Il y a un an, presque jour pour jour, un homme, auquel ses rares facultés de réalisateur ont valu depuis d'être appelé à l'honneur de siéger dans les conseils de l'Etat, en un poste difficile, M. Edouard Herriot, venait demander à la Société des Gens de lettres de participer à Lyon à l'ouverture de la Foire du Livre. La réponse ne pouvait être douteuse. Comment les hommes de lettres ne se seraient-ils pas intéressés passionnément au livre, à ce noble outil de leur labeur, à cet enfant de leur cerveau, auquel ils donnent le meilleur d'eux-mêmes.

Mais une réflexion vint à l'un de nous... Fallait-il se contenter pour célébrer la gloire du livre de venir l'exalter en quelques harangues sonores que le vent du soir emporterait ? Puisque l'heure est aux réalités et que nous avons appris, depuis trente-deux mois, à les regarder en face, pourquoi hésiter à reconnaître que cette industrie livresque où nous possédions, il y a trois quarts de siècle, une suprématie qu'aucune nation ne nous contestait, n'est plus chez nous aussi triomphante aujourd'hui qu'hier et que nous nous sommes laissé souvent dépasser par des adversaires plus actifs, plus organisés, plus audacieux, plus unis ? Et pourquoi ne pas profiter de la présence à Lyon des techniciens du livre pour étudier tous ensemble les moyens de restituer à l'industrie française un de ses plus beaux fleurons ? L'idée, née à Lyon, mûrit à Paris en de vibrants conciliabules, où écrivains, savants, éditeurs, imprimeurs, industriels, travailleurs, artistes, se serrèrent d'un unanime élan. Le Cercle de la Librairie, présidé par le très distingué M. Louis Hachette — un nom qui oblige — s'associa avec ardeur au mouvement. Le Comité du Livre, une jeune et active association constituée par un groupe de membres de l'Institut et d'universitaires, sous l'égide du regretté M. Maspéro, auquel devait succéder l'éminent M. Émile Picard, fut invité à y participer ; et avec le concours de cette utile Maison de la Presse qui, sans bruit, sait faire d'heureuse besogne, le travail s'organisa. Les associations, les syndicats patronaux et ouvriers, l'Université, la littérature, exposèrent leurs doléances et leurs aspirations en vingt-six rapports, dont un grand nombre sont des documents serrés, nourris, précis, éloquents même, qui font honneur à leurs auteurs et au pays où peuvent naître cet entrain et cette sincérité dans l'effort. Après avoir franchement divulgué les maux dont leur corporation souffre, tous présentent les remèdes qu'ils entrevoient pour les guérir et les améliorations qu'ils réclament pour prospérer. La belle et puissante manifestation d'aujourd'hui consacre cette coordination de volontés en attendant que le travail de la semaine qui s'ouvre en enregistre l'expression raisonnée, discutée, mise au point.

Cette éclatante affirmation de notre vitalité nationale dira au monde qu'au milieu de la guerre la plus effroyable qui se soit déchaînée sur le globe, alors que le canon tonne de l'Escaut à l'Euphrate, la France qui pense, loin de cesser son labeur, l'a intensifié, ordonné, élargi, pour préparer, elle aussi, sa victoire.

La première condition pour vaincre, c'est de bien connaître son ennemi. Ce qui frappe tout d'abord dans le nôtre, c'est sa formidable activité ; elle se traduit, si nous en croyons ses statistiques, assez sujettes à caution d'ailleurs, par une production annuelle de plus de trente-six mille ouvrages, tandis que nous en publions seulement douze mille cinq cents. Encore pour leur fabrication sommes-nous en grande partie ses tributaires, puisque c'est à lui qu'il nous faut demander encres, pâtes à rouleaux, peaux, papier, mosaïque, cuivre en feuilles pour la reliure, machines de toutes sortes, à coudre, à piquer, à couper, à estamper, machines à imprimer en blanc et jusqu'à certaines rotatives de nos journaux...

Dans l'édition musicale, le bon marché auquel l'Allemagne peut produire l'a faite souveraine, puisque sur 3 846 584 kilogrammes représentant notre importation de musique pendant les vingt-cinq ans qui ont précédé la guerre, elle entre avec l'Autriche pour près de 83 p. 100. Pour les guides de voyage, les Baedeker, traduits en toutes langues, lui ont assuré la même supériorité... Enfin, M. le Vice-Recteur de l'Université, auquel je suis heureux d'adresser l'expression de notre gratitude pour la courtoise hospitalité qu'il nous offre en cette glorieuse Sorbonne, où le livre se sent si bien chez lui, me permettra-t-il de lui rappeler que c'est seulement, il y a quelques mois, qu'une parole venue de haut a bien voulu promettre des instructions prochaines, afin d'éviter dans l'avenir à notre examen de la licence l'emploi des éditions allemandes?

A cette force que nous voulons combattre, l'organisation industrielle, la concentration de l'outillage, de la direction et de la main-d'œuvre ont puissamment contribué; mais la raison majeure de la prédominance livresque de l'Allemagne, c'est son organisation commerciale, cette organisation qui s'étale si orgueilleusement à Leipzig.

Le commissionnaire en est l'âme. Centralisant dans ses magasins les livres qu'il tient de l'éditeur, c'est lui qui les expédie aux libraires de tous les pays dont il est en même temps le banquier. Les règlements de compte se font chaque année à la foire du printemps. Tous les voyageurs qui ont visité Leipzig se rappellent le gigantesque immeuble de Volkmar, qui cumule les aspects d'un ministère et d'une gare de marchandises. On affirme qu'il contient en stock plus de trente millions de volumes. Cinq cents employés y travaillent. Son dernier catalogue avait quinze cents pages et était envoyé gratuitement à trente mille libraires. L'économie du système saute aux yeux. Un libraire éloigné, qui a besoin de quatre-vingts ouvrages publiés par trente-cinq éditeurs différents, n'écrit qu'une seule lettre à son commissionnaire et il reçoit, groupés, ces quatre-vingts volumes, sans compter ceux qui lui sont en même temps envoyés d'office, quelle qu'en soit la valeur, lorsqu'ils paraissent susceptibles de l'intéresser. Les colis sont expédiés en grande vitesse, au tarif de la petite : les administrations de chemins de fer allemandes ont jugé nécessaire de faire des réductions au livre comme à denrée de première nécessité. Certes, cette centralisation, ce perfectionnement dans l'organisation, ont, à première vue, de quoi impressionner; pourtant, si nous examinons les graphiques qui forment l'annexe de l'excellent rapport de M. Max Leclerc, sur *le Commerce extérieur de la France*, nous aurons la satisfaction de constater que nos exportations de livres ont augmenté en huit ans de 70 p. 100 et que cette progression, régulière et soutenue, est avec plusieurs pays d'une rapidité de bon augure. De même, il est patent qu'en certains domaines, comme l'édition scientifique ou la grande édition d'art, nous avons fréquemment battu les Allemands, même sur leur propre terrain. Il ne faudrait donc pas nous laisser éblouir au point de nous astreindre à copier aveuglément des institutions et des pratiques qui ne sont ni dans notre tempérament, ni dans la possibilité de nos réalisations nationales. Ce n'est pas l'imitation servile des méthodes allemandes, mais leur adaptation à notre mentalité et à nos habitudes qui nous donnera les résultats auxquels nous devons aspirer.

Si nos ennemis nous ont mis en péril, ce n'est pas du fait d'une prédominance intellectuelle qui n'existe pas, mais par une application soutenue dans le travail, une organisation pénétrante des rapports entre les éditeurs et les industriels de l'imprimerie, entre les patrons et les ouvriers, par des procédés commerciaux plus étudiés, plus audacieux aussi que les nôtres, plus appropriés aux besoins de la vie moderne. C'est aussi et surtout par la conjonction de toutes les volontés tendues vers le même objectif. En Allemagne, le but est atteint par une série d'efforts moyens qui se fortifient et se complètent; en France, nous mettons en œuvre une collection de valeurs supérieures qui, parfois, se neutralisent. Ce premier Congrès du Livre, auquel vous apportez une adhésion si chaleureuse et si efficace, aura pour devoir de coordonner ces compétences, de régulariser leur action, de tirer un parti meilleur de ce que nous possédons, de chercher à acquérir ce qui nous manque. Il s'efforcera surtout d'établir une organisation basée sur l'entente actuelle de toutes nos forces, un front unique, réunissant dans une même pensée tous les exécutants du livre, quel que soit le champ où s'exerce leur activité, écrivains et fabricants, syndicats patronaux et syndicats ouvriers. Dans l'industrie du livre comme dans les autres, le temps de l'individualisme est passé. Pour triompher dans cette seconde guerre qui, fatalement, suivra l'autre, la guerre de Vie, après la guerre de Mort, il nous faut rassembler pour l'action toutes les forces agissantes de la Patrie.

Se rend-il compte de ce qu'est un livre, celui qui coupe négligemment les pages du volume qu'il vient d'acheter, séduit par un titre gracieux, désireux de s'instruire ou d'occuper son désœuvrement? Pense-t-il au nombre de ceux qui ont peiné pour mettre entre ses mains ces deux ou trois cents pages qui vont le rendre plus savant, qui vont lui donner une heure de joie, peut-être le rendre meilleur?

S'il songe un moment à l'auteur en voyant son nom sur la couverture, pense-t-il au bûcheron dont la hache a jeté bas l'arbre qui a fourni la pâte avec laquelle est faite le papier qu'il froisse, au forgeron qui martela le métal des machines? Pense-t-il au typographe dont les doigts agiles composèrent les lignes qui le font sourire, ou rêver ? Pense-t-il à l'apprenti qui entre dans la rude vie de l'ouvrier ?

C'est à tous ceux-là que nous avons pensé... Aussi sont-ils complexes et multiples, les problèmes qui s'imposent aux méditations de ceux qui sont venus à nous. Encore, malgré le nombre important des sujets traités par nos rapporteurs, avons-nous à déplorer quelques lacunes... On ne peut embrasser d'un seul coup tous les côtés d'un si vaste champ... Le Congrès de l'année prochaine, — nous souhaiterions, en effet, voir se renouveler tous les ans, tous les deux ans au moins, une manifestation si utile, — réparera les omissions. Dans celui qui s'ouvre aujourd'hui, à côté des questions purement techniques, d'autres vont se soulever qui touchent à des points singulièrement graves. Un des premiers vise la propagation de notre langue à travers le monde. Nous oublions trop, dans notre admiration un peu trop irraisonnée des résultats obtenus par les étrangers, un facteur qui en est pourtant la principale cause, celui du nombre de lecteurs auquel leur production s'adresse. Les 70 millions d'Allemands, les 20 millions d'Austro-Allemands, les 15 millions de Germano-Américains, expliquent le chiffre de bien des tirages, l'importance de bien des initiatives, les dimensions de bien des monuments. De même, le bon marché de la séduisante collection Nelson, — car nos alliés ne seront pas nos moins redoutables concurrents, demain, dans la lutte du livre, — s'éclaire brusquement à nos yeux, quand on songe aux 300 millions de ressortissants de langue anglaise qui en dévorent les coquets volumes et qu'on les rapproche de nos 40 millions de Français... Pour que les étrangers nous lisent, il faut que notre langue leur soit familière. Quels efforts ne faudra-t-il pas pour y parvenir et tenter d'obvier ainsi, dans une certaine mesure, à ces inquiétantes disproportions !...

La question du papier se placera, elle aussi, au premier rang de nos préoccupations. Le remarquable rapport de M. Crolard l'éclaire nettement ; l'impulsion donnée par la guerre à notre industrie chimique permettra des prix de revient plus avantageux, et, grâce à la production renforcée de la métallurgie, les usines pourront développer utilement leur matériel. Mais, en certains points importants, la fabrication du papier d'alfa et l'emploi de nos fibres coloniales entre autres, l'avenir semble subordonné à des résolutions où l'intervention de l'Etat et du Parlement est appelée à jouer un rôle décisif.

La revision des tarifs de douane, qui sera la base de la discussion des futurs traités de paix, réclame une étude aussi prudente qu'approfondie.

Laissera-t-on subsister cette anomalie qui frappe toute matière première composant un livre, papier, carton, toile à relier, encre, gravure, et qui les exonère lorsqu'elles sont transformées en un volume broché ou relié ?... Continuera-t-on à admettre, après que nous serons libérés de l'oppression créée par le traité de Francfort, que les ouvrages imprimés à l'étranger en langue française entrent chez nous en franchise et fassent ainsi aux nôtres une concurrence inégale ?... Mais comment conviendra-t-il de les imposer ?... Recourra-t-on à des droits prohibitifs, à l'ombre desquels nos éditeurs, délivrés de la crainte de la compétition étrangère, risqueraient peut-être de s'endormir, sur le mol oreiller d'un protectionnisme trompeur ? ou à des droits simplement compensateurs, comme certains les réclament, avec un tarif plus élevé pour les pays ennemis ?... Ou encore, ainsi que d'autres le préconisent, partisans de la libre circulation de la pensée humaine, faudra-t-il laisser, comme par le passé, notre porte grande ouverte à tous les livres, et n'aider notre industrie à résister à leur invasion qu'en abaissant les droits sur les matières premières, qui l'empêchent de supporter le choc ?... La discussion mettant aux prises les partisans de ces divers systèmes résoudra ce problème capital pour notre industrie.

Mais parmi les questions brûlantes, une des plus grosses — ici comme ailleurs — est celle qui concerne la crise de l'apprentissage. Le rapport où elle est exposée révèle la profonde expérience de son auteur et, grâce à lui, elle doit avancer d'un grand pas. M. Keufer dévoile, sans ambages, les causes de cet état critique, et n'hésite pas à déclarer que c'est seulement avec la collaboration complète des parents, des ouvriers, des patrons, que le danger pourrait être conjuré. Mais les apprentis, eux aussi, ont des devoirs, et surtout d'aimer sincèrement, avec le désir d'y devenir maîtres à leur tour, le métier qu'ils auront choisi. Parallèlement à ces indispensables concours, il faudra pouvoir compter sur l'appui moral et financier des diverses administrations et de l'Etat, ainsi que la sollicitude judicieuse du législateur. La qualité des apprentis est la garantie d'une irréprochable exécution technique, indispensable, pour restituer au livre sa prospérité d'autrefois.

Monsieur le Président de la République, le Congrès dont votre présence ici démontre si péremptoirement l'importance, doit engendrer des conséquences pratiques. De la controverse des idées, une entente sortira entre les différentes corporations, qui peut être la source de réformes utiles et de salutaires améliorations.

Mais il est certaines questions devant lesquelles l'action des professionnels s'arrête. En face de celles-là, ils ne pourront formuler que des vœux. Il ne faudrait pas qu'ils demeurassent stériles, comme cela s'est passé trop souvent, après de semblables conférences. C'est alors que nous deviendra indispensable le concours du gouvernement. Il lui appartiendra, s'il approuve ces aspirations, de leur donner satisfaction lui-même ou de provoquer, ailleurs, les décisions qui feront de ces désirs des réalités.

Mais, si ces effets dépendent des Pouvoirs publics, il en est de plus directs qui ne dépendent que de nous-mêmes et de notre propre volonté.

Pays admirable et étrange que le nôtre!... disais-je tout à l'heure... Depuis plus de deux ans et demi, il donne au monde émerveillé le plus superbe exemple de ce que peut la plus héroïque audace... Qu'un officier, dans la tranchée, demande un homme de bonne volonté, qu'un peu de gloire se laisse deviner sous la tâche, le soldat, briscard ou bleuet, ne recule devant aucune aventure, si follement téméraire qu'elle soit. L'enjeu de la partie, c'est sa vie... Il sourit et s'élance, une blague ou une chanson aux lèvres... Le déconcertant, l'invraisemblable, c'est qu'avant d'avoir endossé la capote couleur bleu de ciel, ce risque-tout était un pusillanime, ce court-la-mort, était un timide... Dans la vie civile, le héros qui brave si dédaigneusement les marmites, en face de la plus insignifiante décision à prendre, hésitait, tergiversait, pâlissait... La moindre entreprise où perçait un semblant de hasard l'effarouchait... tentatives médiocres, gains médiocres, voilà où se limitait son ambition... En affaires, ne vous aventurez pas à lui parler d'un aléa, si mince qu'il soit... S'en aller par delà les mers, pour chercher fortune dans les pays neufs, ne lui apparaît que comme l'ultime expédient des décavés ou le châtiment de l'incorrigible... En fait de placements, il en est resté à ceux de son aïeul, aux valeurs de tout repos, dont on détache les modiques coupons sous la lampe, en les piquant méthodiquement d'une épingle... Même commerçant, même industriel, il garde un reflet d'âme paysanne, ou bourgeoise, qui le fait trembler devant le nouveau, l'inconnu, le risque!... Des machines, il n'en fabriquera que si elles lui sont commandées d'avance, et ne les mettra en train qu'une à une. Les perfectionnements viennent si vite!...

Du crédit, il n'en accordera que le moins possible, avec des précautions qui paralysent et des défiances qui rebutent!... Du stock, il n'en veut point en magasin. La mode est si changeante!... et puis, le feu peut prendre et les assureurs sont chicaniers... renouveler son outillage?... à quoi bon?... il fait honnêtement son service depuis « mon grand-père » et durera bien jusqu'à mon fils!...

Messieurs, voilà ce qu'étaient les Français d'hier!... Voilà ce que ne doivent plus être, ce que ne seront plus les Français de demain!... Les quatre millions d'hommes qui, après la victoire, rentreront dans leur demeure, n'y apporteront pas la même âme qu'ils avaient en la quittant... Le vent d'héroïsme qui aura si longtemps soufflé sur leur front laissera dans leur cerveau des aspirations ignorées jusqu'alors, et des idées qu'ils ne soupçonnaient pas. Idées généreuses comme la cause qu'ils défendent, larges comme l'horizon devant lequel ils combattent... Le goût du risque leur sera venu et demeurera en eux pour toujours... et comme les jeunes d'aujourd'hui seront les vieux de demain, ils légueront à leurs fils cette nouvelle mentalité si chèrement conquise, ce cran, ce mordant des vagues d'assaut qui régénérera nos vieilles méthodes de travail périmées et désuètes, et balayera pour toujours les errements d'autrefois... La guerre nous aura coûté assez de larmes : elle nous devait bien cette compensation-là !...

Elle nous en apportera d'autres encore... En nous voyant sortir de cette terrible épreuve, plus grands que nous y sommes entrés, fortifiés par nos souffrances mêmes, le monde a été saisi pour nous d'une respectueuse admiration ; et aujourd'hui, au grand soleil de notre héroïsme, en un immense cri de confiance et d'amour, le monde appelle la France.

Il y a des peuples auquel on n'ose pas faire mauvais visage parce qu'on les redoute. Nous sommes celui à qui on ouvre les bras parce qu'on l'aime... On nous aime, on nous attend. Dans l'univers apaisé, on attend tout ce qui porte la marque de notre goût, de cette grâce raffinée et délicate que, malgré les efforts et les sacrifices, aucun peuple n'a jamais pu égaler.

Et, si parmi tous les domaines qui s'ouvrent à notre activité, il en est où semble plus particulièrement s'accorder le désir de ceux qui nous espèrent avec le génie de notre race, n'est-ce pas, dites, celui dont nous voulons étudier les besoins et hâter le perfectionnement ?

Le Livre français ! Depuis les premiers essais des presses à bras, jusqu'au dernier chef-d'œuvre de la typographie moderne, il peut avoir tour à tour passé, comme toute œuvre humaine, par des alternatives de décadence et de grandeur ; il n'a jamais cessé à toutes les époques de porter en lui la générosité, l'ardeur et la flamme de pensée qui, à travers le monde, assurèrent son constant triomphe. A toutes les époques, sous sa reliure de maroquin aux armes d'or, ou sous sa modeste couverture de papier, il n'eut jamais qu'une âme intrépide et sincère, pitoyable et fraternelle, où l'âme de tous les peuples a toujours trouvé l'écho de ses rêves secrets. Forts de l'appui de cette unanime tendresse, mettons-nous donc au travail pour assurer l'essor du Livre français, de cet oiseau voyageur aux ailes multicolores, qui emporte sur toute la terre un éternel message de clarté, de progrès, d'idéal, d'art et de liberté.

Discours de M. Raymond POINCARÉ

Président de la République française.

Messieurs,

Je vous remercie de m'avoir invité à présider la première séance de votre Congrès. Jusqu'au jour où la France pourra déposer sur son sol affranchi ses armes victorieuses, je me dois surtout à ceux qui la défendent. Mais les braves gens qui versent leur sang pour elle comprendront qu'aujourd'hui je vous considère, vous aussi, comme des combattants. Si votre âge vous retient loin de cette longue ligne de dévastation qui s'étend de Nieuport à l'Alsace, vous êtes, du moins, des mobilisés volontaires au service du pays; vous veillez à la garde des plus grands intérêts nationaux; vous êtes les soldats de la pensée française.

Certes, lorsque nos yeux se fixent sur la douloureuse blessure qui mutile la France du nord à l'est, lorsque nous voyons nos champs bouleversés et nos foyers détruits, nous sentons, plus profondément que jamais, combien nous est chère la terre où nous sommes nés et où un ennemi sacrilège est venu troubler le sommeil de nos morts. Mais la patrie n'est tout entière ni dans la douceur des horizons familiers, ni dans la paix des tombes. Elle se complète et se vivifie par la mémoire des générations disparues, par la force des traditions, par l'unité de la langue, par la communauté des mœurs et de la civilisation. Une personnalité géographique indivisible, mais aussi une âme, un esprit vivant, une conscience, voilà ce qu'est la France pour l'héroïque armée qui la protège; voilà ce qu'elle est pour vous qui travaillez à augmenter son prestige et à garantir sa renommée.

C'est dans le livre que se symbolise l'idée française. Le livre prolonge le passé dans le présent; il ressuscite les siècles défunts; il réveille la voix de nos ancêtres; il nous permet de vivre en leur compagnie et de converser avec eux.

En même temps, le livre enregistre les progrès accomplis, propage les nouveautés fécondes, stimule les imaginations créatrices; il est le messager de la science et le héraut des bonnes lettres: il nous introduit chez les étrangers, et leur ouvre les portes de notre maison.

Comme vous avez raison de vouloir que ce courrier de la France ait toutes les qualités françaises ; qu'il soit alerte, élégant, sociable et qu'il sache nous faire aimer !

Il rencontre, sur tous les marchés du monde, des concurrents redoutables et, dans ces dernières années surtout, il s'est heurté, jusqu'en deçà de nos frontières, aux émissaires de l'Allemagne.

Par le livre, comme par le commerce et la finance, nos ennemis nous ont fait la guerre, avant de nous la déclarer. Le livre allemand a été le porte-parole de l'orgueil allemand, de la science allemande, de la culture allemande. Tantôt il nous a envahis avec une brutalité tapageuse, tantôt il s'est coulé chez nous avec des airs hypocrites. Nous l'avons vu se glisser dans les mains de nos touristes, s'insinuer dans nos universités et nos lycées. Parfois, pour être plus sûr de trouver bon accueil, il prenait effrontément le masque français. A la veille des hostilités, ne s'est-il pas trouvé, de passage à Paris, un homme qui formait, en l'honneur du livre, un vaste projet de bibliographie internationale ? On a eu l'indiscrétion de se renseigner : c'était le courtier d'une grande librairie de Leipzig.

A la faveur d'une propagande méthodique et opiniâtre, l'Allemagne avait réussi à nous faire accepter les quantités croissantes de volumes et de périodiques édités en Prusse, en Saxe, en Bavière, et souvent imprimés en un idiome qui se donnait pour la langue française et qui en avait quelques apparences. C'est ainsi que passaient en douane, pour venir accaparer l'étalage de libraires complaisants, des quintaux de dictionnaires, d'ouvrages de droit international — où l'Allemagne nous enseignait le respect des traités, — de romans populaires et policiers, de collections musicales — qui réservaient aux compositeurs d'outre-Rhin une place privilégiée et enveloppaient savamment nos maîtres d'un voile crépusculaire, — de journaux de modes — qui s'intitulaient cyniquement, *la Façon parisienne, les Modèles parisiens, l'Idéal parisien*, et qui nous donnaient des leçons de grâces françaises méditées sur les bords de la Sprée.

Toutes ces publications germaniques importaient parmi nous de subtiles apologies de l'Allemagne, une littérature lamentable qui usurpait le nom français et jetait le discrédit sur la nôtre, un goût qui aurait fini par altérer le nôtre, si nous n'avions été naturellement défendus contre la corruption de notre esprit public par des siècles de vie collective et par d'inépuisables réserves d'énergie intérieure.

La menace cependant se rapprochait. L'Allemagne nourrissait l'ambition de devenir la reine du Livre. Rappelez-vous la savante publicité qu'elle a faite en 1899, autour du musée du Livre qu'elle créait à Leipzig ; rappelez-vous le musée de la Pensée allemande, inauguré en 1910, à Munich ; rappelez-vous l'exposition du Livre, ouverte à Leipzig, au moment où les empires du Centre conspiraient déjà dans l'ombre contre la paix universelle. Peu à peu, l'Allemagne, puissamment servie par le traité de Francfort et par la clause de la nation la plus favorisée, nous dépouillait d'avantages séculaires, nous chassait outrageusement de nos positions dans le monde, et, non contente de se faire sa part dans le commerce des imprimés, s'efforçait, là comme partout, de s'arroger l'empire et de s'attribuer l'hégémonie.

Contre ce danger d'hier, qui serait encore, si l'on n'y parait sans retard, le danger de demain, vous avez groupé ici, Messieurs, toutes ces forces d'action qu'a si éloquemment définies notre ami M. Pierre Decourcelle. Ecrivains, éditeurs, imprimeurs typographes, bibliophiles, artistes, vous vous êtes réunis pour travailler à la défense et à l'illustration de la langue et du livre français. Il n'est pas de tâche plus noble ; il n'en est pas qui mérite davantage l'approbation et l'encouragement des pouvoirs publics.

Vous savez que c'est le Livre qui gouverne les hommes et qu'il est le maître de l'avenir ; vous n'entendez pas qu'il intronise partout l'impérialisme germanique et l'esprit de domination.

Vous vous êtes donc assigné comme premier devoir de libérer le livre français des trop nombreuses servitudes étrangères qui en grèvent encore la fabrication. N'est-il pas pénible de constater que notre papeterie, de renom si ancien, de passé si glorieux, ne tire plus de notre pays toutes les matières dont elle s'alimente et se courbe sous la dépendance humiliante de produits exotiques ? Notre sol n'est-il plus propice au sapin, au tremble et au bouleau ? L'alfa ne pousse-t-il plus sous le ciel de l'Algérie, du Maroc et de la Tunisie ? Nos colonies sont-elles donc dépourvues de textiles, de roseaux et de bambous ? Pour développer et exploiter nos richesses nationales, vous saurez étudier et recommander tout un ensemble de mesures qui allégeront le lourd tribut annuel que nous payons fidèlement à nos rivaux et trop souvent à nos ennemis. A l'industrie du livre, à la typographie, à la reliure, il faut des machines. N'est-il pas possible de les construire en France, et à des prix qui soutiennent la concurrence des machines étrangères ? Est-il nécessaire que, pour confectionner la couverture d'un livre, pour coudre, piquer, coller ou plier, l'ouvrier français soit condamné à se familiariser avec un mécanisme allemand ?

Vous rechercherez de même, si à cet ouvrier français, qu'aucun ne dépasse en intelligence et en ingéniosité, ne pourraient être offerts des moyens plus efficaces d'améliorer son instruction professionnelle ; vous vous demanderez si l'organisation de notre vente et de notre publicité n'est pas défectueuse, si en face des longs crédits pratiqués par les Allemands, nos modes habituels de payement ne sont pas un peu timides, si nos répertoires et nos catalogues ne sont pas trop rares et trop modestes, si nous ne devrions pas nous-mêmes préparer des expositions techniques, instituer un musée du Livre, former des vendeurs, faire visiter plus régulièrement la clientèle des pays acheteurs, créer à l'étranger des dépôts centraux, bref rajeunir et compléter nos méthodes, pour centraliser partout, en faveur du livre français, les efforts et les bonnes volontés.

Vous écouterez enfin les conseils éclairés des illustrateurs, des graveurs sur cuivre, de ces charmants aquafortistes, qui sont les héritiers directs de notre dix-huitième siècle, de ces admirables graveurs sur bois qui ont rendu la vie à un vieil art national trop longtemps délaissé; et vous ne refuserez pas même votre sollicitude aux procédés mécaniques de similigravure ou d'héliogravure, d'abord parce que vous savez le secours qu'ils prêtent à la diffusion du livre, et aussi parce que beaucoup d'excellentes éditions leur empruntent désormais un supplément de beauté.

Est-ce à dire que tout soit à faire, pour relever la prospérité de l'industrie du livre? Loin de moi cette pensée de pessimisme et d'injustice. Quelle qu'ait été, avant la guerre, la progression continue des importations de livres, nos exportations n'ont pas fléchi; elles n'ont même pas cessé de s'accroître, et, en 1913, elles distançaient encore de beaucoup les entrées. Nous avions à lutter, pourtant contre une invasion lente, sournoise et insidieuse, qui aurait fini par tout emporter, si l'ennemi lui-même n'avait détruit son œuvre de conquête par la guerre qu'il a déchaînée. Dorénavant, la victoire de nos armes nous rendra la liberté commerciale, l'élan nécessaire aux grandes entreprises et la foi en notre génie.

C'est un étrange paradoxe que la prétention de l'Allemagne à la primauté dans la composition du livre. En 1784, l'Académie de Berlin mettait au concours le fameux sujet : « De l'universalité de la langue française », et elle décernait le prix à Rivarol. La littérature allemande, dans les deux périodes où elle a jeté le plus d'éclat, n'a été que le reflet de la nôtre, et ce n'est pas un Français, c'est Nietzsche qui a écrit : « Tout ce qu'il y a de noble en Europe dans l'ordre des sentiments, des goûts et des mœurs est l'invention de la France. » Ce n'est pas un Français, c'est encore Nietzsche qui a défini la culture : « L'unité de style artistique dans toutes les manifestations de la vie » et qui a proclamé, sans respect pour sa terre maternelle, que la marque distinctive de l'Allemagne était le chaos dans les tentatives d'art, l'absence de style, le défaut de culture, il a même ajouté : la barbarie. Titres singuliers, si Nietzsche a dit vrai, pour essayer de conduire, par le livre, l'esprit du genre humain!

Le genre humain, l'Allemagne aujourd'hui l'a, en grande partie, soulevé contre elle; et voici que, sur les continents et sur les mers, s'affrontent non seulement deux groupes de peuples et deux fédérations d'intérêts, mais deux principes et deux civilisations : la souveraineté de la force et la souveraineté du droit, le régime d'oppression et l'esprit de liberté, l'orgueilleuse grossièreté du colossal et le sentiment de la vraie grandeur intellectuelle et morale.

Ce que va décider irrévocablement cette guerre sanglante, ce n'est pas seulement la destinée des nations qui y sont engagées, c'est tout l'avenir de la planète habitée par les hommes. Pour qu'un monde nouveau puisse vivre dans la paix et dans la joie, il faut, hélas! qu'il soit enfanté dans la douleur. Mais si longue et si cruelle qu'elle soit, la douleur passera et la gloire de la France sera éternelle!

Poème de Mme Daniel LESUEUR

dit par Mme Segond-Weber, de la Comédie-Française.

AU LIVRE

O Livre! n'es-tu pas une chose émouvante!
Même inconnu, même fermé. Car sur ma main,
Tu peux mettre le poids du plus grand rêve humain,
Des siècles d'art, de foi d'amour et d'épouvante.

Et tu peux sans peser moins lourd à mes poignets,
Les charger seulement d'un fardeau de silence,
Quand, sous l'obscur dédain, parmi l'indifférence,
L'humble parfum d'un cœur meurt entre tes feuillets.

Tantôt chef-d'œuvre, éclos au plus profond des races,
Frémissant des clameurs de l'éternel Désir.
Ton auteur?... Tous les morts. Quel vivant peut saisir
L'archet rythmant le souffle éperdu des espaces?

Un livre?... cet abîme inouï de clarté!
Cela s'imprime et tient sous de jaunes brochures :
Les Védas, le Coran, les Saintes Ecritures,
Le Lotus de Bouddha, du fond des temps jeté!

Idée au long essor, rêve antique des hommes,
Dans un texte enfermés, vous venez jusqu'à nous.
Ecrits des jours anciens, premiers livres, c'est vous
Qui, du sauvage errant, fîtes ce que nous sommes.

Et c'est vous aujourd'hui qui, dans la sombre horreur,
Luttez pour le bon droit ou pour l'âpre artifice.
Ici, vous brandissez le glaive de justice,
Là, l'épieu brutal du Barbare en fureur.

O nos auteurs français, clairs comme des épées!
Britannique idéal, sur le droit établi,
Barde-guerrier de Rome, et toi, doux Tolstoï,
Vos espoirs généreux guident nos épopées.

L'Allemand peut mentir sous des dogmes hautains.
Ou dicter ses forfaits à face dévoilée.
Nos livres sont le chant de notre âme envolée
Pour l'accomplissement des plus justes destins.

Même si, confiants, broyés au piège immonde,
Nous eussions vu couler jusqu'au bout notre sang,
Nos livres, après nous, d'un indicible accent,
Eussent versé la paix de nos cœurs sur le Monde.

Livre, nous t'écrivons dans l'angoisse ou l'orgueil,
Puis les feuillets noircis, où vivent nos tendresses,
Glissent, tout palpitants, sous les luisantes presses,
Tu reviens... Nous tremblons en te faisant accueil.

Nous t'ouvrons... Où donc est la splendeur de la flamme ?
Où donc tout le martyre ? et toute la beauté ?
Cher Livre, nous t'aimons : nous t'avons enfanté...
Mais le meilleur de toi pleure au fond de notre âme.

Parfois, dans un éclair, tu jaillis du cerveau,
Sans effort, net et pur, pareil au joyeux glaive
Que pour la charge, l'honneur du combat qui s'achève,
Une héroïque main arrache du fourreau.

Parfois aussi, créé dans la peine et le doute,
Quand sur toi, jour à jour, se penche un front pâli,
Tu deviens l'acier dur et si souvent poli,
Qui languit pour l'assaut près du poste d'écoute.

Les siècles ne verront dans votre éclat divers,
O faciles enfants du génie, ou merveilles
Ecloses longuement durant les âpres veilles,
Que l'âme de la France éclairant l'Univers.

O Livres de demain !... forte et rude semence,
Qu'un rouge semeur jette aux sillons empourprés,
Plus haut encor que vos aïeux vous monterez,
Le Monde grandira des douleurs de la France.

DANIEL LESUEUR.

COMPTE RENDU DES SÉANCES

La liste des Congressistes est placée au commencement du tome III.

ORDRE DES TRAVAUX

LUNDI 12 MARS

SÉANCE PLÉNIÈRE, à deux heures

PREMIÈRE SECTION, à deux heures et demie

La Fabrication et le Commerce du papier.	M. CROLARD.
L'Industrie du livre	SOCIÉTÉ FRATERNELLE DES PROTES.
La Technique du livre	SECTION PARISIENNE DE L'AMICALE DES PROTES.
L'Impression	SYNDICAT DES IMPRIMEURS TYPOGRAPHES.

DEUXIÈME SECTION, à deux heures et demie

La Librairie industrielle française. . .	M. PINAT.
Les Textes classiques et littéraires. . .	MM. F. STROWSKI et R. PICHON.
Les Éditions musicales.	M. BERTRAND.

MARDI 13 MARS, à deux heures

PREMIÈRE SECTION

La Reliure et le Cartonnage	M. MAGNIER.
La Technique du livre illustré	M. L. BOIVIN.

DEUXIÈME SECTION

La Question des douanes à l'égard des ennemis	M. LAHURE.
Les Industries du livre et le Commerce extérieur de la France.	MM. Max LECLERC et J.-P. BELIN.
La Vente du livre français à l'étranger.	M. E. FOURET.

JEUDI 15 MARS

SÉANCE PLÉNIÈRE, à deux heures

Première Section, à deux heures et demie

La Gravure au burin.	M. Jamas.
La Gravure sur bois.	Société de la gravure sur bois.
L'Impression en taille-douce.	M. Porcabeuf.
La Photocollographie.	M. D.-A. Longuet.

Deuxième Section, à deux heures et demie

L'Expansion intellectuelle.	M. Petit-Dutaillis.
La Démoralisation par le livre et par l'image.	M. Haraucourt.
Le Livre et la Critique.	M. Chevassu.
L'Union des écrivains et des éditeurs pour l'expansion de la pensée française.	M. Georges Lecomte.

VENDREDI 16 MARS, à deux heures

Première Section

Les Œuvres sociales du livre (assistance).	M. De Pachtere.
L'Apprentissage dans l'industrie du livre.	M. A. Keufer.

Deuxième Section

Les Modes de vente et de publicité.	M. Clouard.
Les Expositions techniques.	M. P. Gillon.
La Bibliographie.	Association des Bibliothécaires.
Les Bibliographies à l'usage du grand public.	M. A. Gillon.

SAMEDI 17 MARS, à deux heures

SÉANCE PLÉNIÈRE. CLOTURE DU CONGRÈS

COMPTE RENDU DES SÉANCES

SÉANCE PLÉNIÈRE

LUNDI 12 MARS 1917

La séance est ouverte à deux heures vingt, sous la présidence de M. P. DECOURCELLE, président de la Société des Gens de lettres.

M. LE PRÉSIDENT. — Messieurs, rassurez-vous ; je ne vous ferai pas un discours ! Celui que je vous ai adressé hier vous suffit amplement... Je n'ai d'ailleurs que quelques mots à vous dire.

Ma première phrase sera pour remercier M. le Président de la République. Vous avez pu voir, par son discours, l'importance qu'il attache et qu'attache le gouvernement aux questions que vous avez à débattre. C'est là pour nous un encouragement très précieux. Vous savez maintenant que, dans tout ce que vous allez entreprendre, les Pouvoirs publics sont là pour vous aider.

Je voudrais cependant vous dire combien je vous remercie tous d'avoir si bien compris l'importance de ce que nous avons voulu tenter. Le chiffre considérable des adhésions à ce congrès indique la place que les questions qui vont s'y débattre tiennent à juste titre dans vos préoccupations.

Je vous demande d'apporter, aux travaux auxquels nous allons nous consacrer, je ne dirai pas toute votre bonne volonté, elle nous est acquise, mais tout l'empressement que vous pourrez. Vous savez qu'on a partagé le travail en deux sections. Chacune des sections comporte quatre journées dans lesquelles seront discutées les questions qui ont fait l'objet des rapports.

Je n'ai rien à ajouter. Pendant cette semaine, nous travaillerons tous avec la même ardeur, avec l'union indispensable pour mener à bien la tâche qui nous tient à cœur et qui, M. le Président de la République vous l'a dit hier mieux que moi, doit ajouter, à la renommée dont la France jouira après la guerre, une splendeur de plus! (*Applaudissements*).

Je donne la parole à M. Louis Hachette.

M. Louis Hachette. — Messieurs,

A vous tous qui êtes aujourd'hui réunis : savants, professeurs, gens de lettres, éditeurs et fabricants du Livre, je souhaite la bienvenue. Le Cercle de la Librairie a tenu à ouvrir ses portes pour recevoir tous ceux qui ont collaboré à l'énorme travail que représentent les vingt-six rapports qui vous ont été distribués.

Nous nous félicitons de la part prise par les membres de notre Cercle qui n'ont pas hésité, non seulement à exposer leurs méthodes de travail, mais aussi à présenter leurs observations, leurs critiques, leurs faiblesses même, ne craignant pas de vous faire juges de leurs difficultés.

Nous remercions également ceux qui, dans le monde de l'Université, des lettres et de la presse, ont bien voulu nous montrer le reflet de l'opinion publique, nous exprimant ainsi ses desiderata et l'orientation nouvelle qu'il est peut-être permis d'envisager pour l'avenir.

Nous devons cependant, Messieurs, vous mettre en garde contre l'admiration souvent trop rapide que nous avons pour Leipzig. On nous a décrit son organisation avec ses commissionnaires, ses modes de vente, de publicité et d'expédition. Mais, autres pays, autres mœurs, autres usages, autres nécessités, et si nous avons déjà envisagé la possibilité de nous organiser différemment, si nous avons déjà créé des rouages nouveaux pour notre vente à l'étranger, nous entendons le faire, non en vils imitateurs, mais suivant les méthodes françaises qui valent, à certains égards, les méthodes allemandes.

Au cours de la discussion des rapports, bien des critiques seront formulées, et je m'en réjouis, car ce n'est pas de l'admiration mutuelle que nous venons chercher ici.

On reprochera sans doute aux imprimeurs leur outillage, aux marchands de papier leur fabrication, aux éditeurs leurs méthodes commerciales. Tout ceci doit se perfectionner. Il nous faudra aussi compter sur l'appui de nos Universités qui réaliseront des vœux exprimés déjà, en attirant à elles les étudiants étrangers et en envoyant leurs meilleurs conférenciers dans les Universités amies. Notre gouvernement, en soutenant le commerce général de la France, favorisera en même temps nos industries.

L'Allemagne a pour elle sa situation centrale en Europe et aussi une population si nombreuse qu'elle a pu depuis 1870, pour ne donner qu'un exemple, envoyer en Amérique près de deux millions de ses sujets.

Que de lecteurs pour ses éditions !

Quel dommage que la vie en France soit si belle et qu'un excédent de naissances n'oblige pas les nôtres à s'expatrier pour peupler le monde !

Néanmoins, Messieurs, puisque nous sommes réunis par une idée commune, unissons nos efforts et que notre France sorte victorieuse dans la guerre du livre que nous avons déclarée à l'Allemagne, de même que nos armées nous préparent la victoire sur nos frontières.

Sous la présidence de M. Pierre Decourcelle, que vous avez hier si justement applaudi, le Comité du Livre, et nous, Cercle de la Librairie, avons fait tous nos efforts pour mener à bien la préparation de ce Congrès.

Permettez-moi de vous proposer aujourd'hui un emploi de notre temps.

Nous avons créé deux sections qui vont fonctionner parallèlement, suivant un tableau qui vous a été distribué.

Chaque section discutera les conclusions des rapports qui lui sont soumis, rédigera, s'il y a lieu, un vœu et arrêtera les termes d'un procès-verbal journalier qui devra être adopté par la section.

Nous avons ensuite deux séances plénières, le jeudi et le samedi, qui réuniront les deux sections, de façon que tous puissent homologuer les vœux votés par chaque section séparément.

A titre d'indication, les rapports ne seront pas lus ; car nous estimons que les membres du Congrès ont eu le temps nécessaire pour en prendre connaissance. Les présidents voudront bien ouvrir la discussion sur les rapports proposés et le rapporteur soumettra ensuite le vœu qu'il a l'intention de faire approuver par le Congrès.

MM. les secrétaires des sections voudront bien prendre avec soin, par écrit, le libellé exact des vœux et les remettre à la fin de la réunion à M. de Dampierre, secrétaire du Congrès.

M. LE PRÉSIDENT. — Messieurs, il importe que tous les rapporteurs fassent parvenir au président de leur section les conclusions et les vœux résumant leurs rapports. Certains d'entre eux n'ont pas encore formulé ces conclusions ou ces vœux. Il est indispensable qu'ils soient exprimés par écrit et remis immédiatement, puisque c'est sur ces vœux que la discussion s'ouvrira. Comme le disait M. Hachette, les rapports sont censés avoir été lus ; on ne les relira donc pas en séance.

Vous avez maintenant à désigner le président, les vice-présidents et les secrétaires de chaque section. Nous avons voulu vous épargner un travail, et surtout gagner du temps, en soumettant certains noms à votre approbation. Si vous en avez d'autres à mettre en avant, il va sans dire que vous n'aurez qu'à nous les communiquer.

Voici ceux que nous vous proposons :

LUNDI 12 MARS

PREMIÈRE SECTION

Président : M. Paul BELIN.
Vice-présidents : MM. Albert CIM et Philippe RENOUARD.
Secrétaire : M. Jean-Paul BELIN.

DEUXIÈME SECTION

Président : M. le général MALLETERRE.
Vice-présidents : MM. Maurice CROISET et LE GOFFIC.
Secrétaire : M. Paul BONHOMME.

MARDI 13 MARS

PREMIÈRE SECTION

Président : M. le comte DURRIEU.
Vice-présidents : MM. LAMBERT et DURAND.
Secrétaire : M. BOIVIN.

DEUXIÈME SECTION

Président : M. Jules CLÈRE.
Vice-présidents : MM. RODOCANACHI et DUBREUIL.
Secrétaire : M. CLOUARD.

JEUDI 15 MARS

PREMIÈRE SECTION

Président : M. René BASCHET.
Vice-présidents : MM. CROLARD et CATALA.
Secrétaire : M. CLÉMENT.

DEUXIÈME SECTION

Président : M. Emile PICARD.
Vice-présidents : MM. H. LECÈNE et C. LE SENNE.
Secrétaire : M. LE MOUEL.

VENDREDI 16 MARS

PREMIÈRE SECTION

Président : M. DUBREUIL.
Vice-présidents : MM. DARRAS et Louis MARIN.
Secrétaire : M. GUSMAN.

DEUXIÈME SECTION

Président : M. l'abbé WETTERLÉ.
Vice-présidents : MM. de MARGERIE et DELAGRAVE.
Secrétaire : M. Jules LÉVY.

M. LE PRÉSIDENT. — Puisque personne ne demande la parole, je mets aux voix la nomination des bureaux des sections ainsi constitués.

(Les bureaux sont nommés à l'unanimité.)

M. LE PRÉSIDENT. — Les personnes qui, n'étant pas rapporteurs, auraient des vœux à proposer voudront bien les faire parvenir au bureau avec leur nom et leur adresse.

Et maintenant, Messieurs, au travail !

La séance plénière est levée à deux heures quarante-cinq.

A l'issue de la séance plénière, les congressistes se répartissent dans les deux sections où ils s'étaient fait inscrire, et se rendent dans les salles mises à la disposition de chacune des sections.

PREMIÈRE SECTION

LUNDI 12 MARS 1917

I. — A. Crolard ; **La Fabrication et le Commerce du papier.**
II. — Syndicat patronal des Imprimeurs typographes : **L'Impression.**

La séance est ouverte à quatorze heures quarante-cinq, sous la présidence de M. Paul Belin.

M. le Président. — Messieurs, la séance est ouverte.
Avant de commencer la discussion sur les conclusions du rapport de M. Crolard, j'appelle votre attention sur les deux points suivants : 1° Je vous demande, sans nuire à l'ampleur des débats que comporte la discussion des questions, d'exposer vos idées avec précision et avec concision.
2° Je prie chacune des personnes qui voudront prendre la parole de vouloir bien, au préalable, se nommer.
Nous allons pouvoir passer immédiatement à la discussion des vœux qui sont présentés par le rapporteur, M. Crolard, en ce qui concerne la fabrication du papier.

I. — A. Crolard : La Fabrication et le Commerce du papier

M. Crolard, *rapporteur*. — Voulez-vous que je donne lecture des conclusions de mon rapport, alinéa par alinéa ?

M. le Président. — Oui.

M. Crolard. — Le vœu qui a été émis par l'Union des Syndicats de Fabricants de papier de France est le développement des conclusions du rapport. Je ne vous lirai pas ces conclusions, parce que vous allez les retrouver développées dans ce vœu, qui est un peu long, mais que le Comité a désiré très ample pour que les différents points qu'il juge importants soient bien précisés.

« L'Union du Syndicat des Fabricants de papier de France émet le vœu :

Que la production des pâtes de cellulose soit développée en

France aussi rapidement que possible, soit au moyen des ressources indigènes, soit au moyen des ressources coloniales, et que, dans les négociations de paix, les Pouvoirs publics obtiennent de nos alliés, Anglais (Canada), Russes (Finlande), l'établissement d'un droit de sortie sur leurs bois à destination des pays ennemis, ce droit n'étant pas applicable aux Alliés.

Si l'assemblée désire avoir quelques renseignements particuliers sur les différents points, je suis à sa disposition pour expliquer les motifs de ce vœu.

Le bois de sapin, qui est le bois de la fabrication de la cellulose, et qui pousse en France, n'est pas de qualité suffisante pour la production des pâtes chimiques. Le bois qui convient le mieux est le bois de sapin de la Forêt-Noire, dont les Allemands ont usé en si grande quantité. La Forêt-Noire s'étendant en Suisse, vous avez, dans l'Europe Centrale, la Forêt-Noire allemande et la Forêt-Noire suisse. Vous avez, d'autre part, les grandes forêts de Suède et de Norvège.

Le sapin français convient pour les pâtes mécaniques, et on en use ; il ne convient pas pour les pâtes chimiques en raison de la grande quantité de résine et des nœuds qu'il contient. Par conséquent, en ce qui concerne la pâte chimique, nous ne pouvons pas compter sur les résineux de France : aussi devons-nous faire appel aux résineux soit du Canada, soit de la Finlande, et cela justifie le vœu que je vous ai soumis.

M. LE PRÉSIDENT. — Avez-vous quelques observations à présenter, avant de procéder au vote.

(Personne ne demande la parole.)

Je mets aux voix l'adoption du premier paragraphe.

(Le paragraphe est adopté à l'unanimité moins une voix.)

Vous avez une objection à présenter, Monsieur Saunier ?

M. SAUNIER. — Nous nous trouvons devant des Fabricants de papier ; leurs intérêts sont très honorables, mais je trouve très difficile d'obliger des pays comme la Russie, le Canada, à ne pas vendre des produits aux pays ennemis. C'est extrêmement spécial.

M. CROLARD. — Nous ne voulons pas les empêcher de vendre aux pays ennemis, mais nous demandons de jouir d'un droit préférentiel.

M. SAUNIER. — Je n'aurais peut-être pas dû lever la main, mais j'ai mon opinion. Mon idéal n'est pas le papier de bois. Qu'on se serve du papier de bois pour tous les usages, je le veux bien ; mais je souhaiterais, ainsi que quelques confrères, que nos livres fussent imprimés sur des papiers équivalents aux papiers qu'emploient l'Allemagne et l'Angleterre. Je vote en tant qu'homme de lettres !...

M. LE PRÉSIDENT. — La suppression de toutes les publications bon marché ne serait-elle pas à craindre ? Il y a une question de prix de revient qui est primordiale.

M. SAUNIER. — J'ai lu que je ne sais quel fabricant de France, la maison Darblay je crois, avait des forêts en Bohême ; par conséquent, il doit y avoir des réciprocités.

La seule chose que je trouve très intéressante dans ce rapport, c'est qu'on donne tant de place à toutes les catégories de papier, alors qu'il n'y en a qu'une seule qui puisse nous intéresser, c'est celle du papier convenable, qui se puisse lire. Les gens qui sont habitués à lire n'ont pas toujours de bons yeux, et lire sur du papier glacé est épouvantable. J'ai lu, le soir, les rapports, et j'ai été obligé de les tenir d'une certaine façon pour pouvoir les lire.

M. LE PRÉSIDENT. — La question du glaçage peut-être excessif du papier n'a rien à voir avec la qualité du papier.

M. SAUNIER. — J'ai levé la main — je vous retarde, je vous en demande pardon ! — mais j'avais mon idée, et je crois que mon ami Albert Cim n'a pas une opinion si éloignée de la mienne.

M. ALBERT CIM. — Elle se rattache à ce que vous venez de dire.

M. LE PRÉSIDENT. — Malgré les observations présentées après le vote, nous pouvons considérer ce vote comme acquis.

UN CONGRESSISTE. — Il vaudrait mieux lire d'abord tout le vœu ; les paragraphes se complètent peut-être les uns par les autres.

M. LE PRÉSIDENT. — C'est juste.

M. CROLARD. — Le vœu se divise en une série de motions. Il concerne d'abord les pâtes de cellulose importées de l'étranger, comme je viens de vous le dire, puis il a trait aux bois français, à l'alfa, à la paille, et il y a une motion spéciale pour l'Ecole de Papeterie de Grenoble.

Voici la suite du vœu :

Pour les bois français, l'Union distingue : 1° le sapin ; 2° les bois blancs, tremble, peuplier.

En ce qui concerne le bois de sapin, elle estime qu'une plus grande quantité peut être fournie à la fabrication du papier par une exploitation plus rationnelle des forêts soumises à la surveillance de l'Etat, notamment en réglant chaque année les coupes (comme cela se pratique dans beaucoup de pays étrangers) d'après les besoins affirmés par les diverses industries (services de l'Etat, charpente, menuiserie, emballage, pâtes à papier etc.), de manière à éviter les à-coups et les surprises du marché.

Pour les bois de tremble *et surtout de* peuplier, *de grands progrès sont à réaliser dans leur production à l'imitation de ce qui s'est fait en Italie par la culture du peuplier à croissance rapide.*

L'industrie du bois mécanique doit aussi profiter du développement de l'énergie électrique et servir à une utilisation rationnelle de la force disponible à certaines heures de distribution des réseaux à puissance hydraulique.

En ce qui concerne la pâte d'alfa, la production doit être réalisée le plus tôt possible en quantités importantes et à un prix qui permette son emploi pour la fabrication de papiers pouvant concurrencer par leur prix ceux actuellement importés en France et présentant les mêmes qualités.

L'Union compte pour cela : 1° sur le développement donné par la guerre aux usines de produits chimiques (soude, chlore); 2° sur une organisation du marché de la matière brute par les Gouvernements de l'Algérie, de la Tunisie, du Maroc, modifiée grâce aux nouvelles lignes de pénétration ; 3° sur des tarifs de transport aussi favorables que possible soit dans l'Afrique du Nord, soit au travers de la Méditerranée.

Pour la paille chimique, *elle compte que l'abaissement des prix des produits chimiques produira le même heureux développement que pour l'alfa.*

Pour les fibres coloniales, *elle estime que leur nomenclature, l'étude de leurs qualités caractéristiques sont suffisamment avancées aujourd'hui, mais qu'il faut par tous moyens fixer leur emploi pratique par des essais industriels et réaliser les conditions nécessaires à leur emploi (organisation du marché au départ, transport, stocks). Toutes les recherches pour nos colonies, éparses aujourd'hui entre divers organismes, doivent être centralisées et complétées dans un esprit d'utilisation pratique des fibres provenant soit de récolte directe, soit de déchets d'industrie.*

Enfin, en ce qui concerne l'étude industrielle de toutes les fibres, elle juge indispensable de la centraliser dans un Institut unique à la fois scientifique et industriel dans son organisation. L'Ecole de papeterie de Grenoble lui apparaît comme un noyau heureusement créé, mais qui doit comporter un développement immédiat et complet, grâce aux subventions de l'Etat et des groupements intéressés, par la fabrication du papier sous la direction scientifique du ministère de l'Instruction publique (Université de Grenoble) ; cet Institut doit renseigner officiellement les ministères du Commerce, de l'Agriculture et des Colonies.

Pour ce qui est des droits de douane, l'Union demande que par logique et par équité les papiers imprimés acquittent à l'entrée, pour le papier lui-même, le même droit qui frappe le papier non imprimé.

M. Lahure. — Je demande que M. Crolard veuille bien ajouter à ce vœu la suppression absolue, dans tous les traités de commerce, du traitement de la nation la plus favorisée qui n'a jamais profité qu'à l'Allemagne et qui nous a toujours nui.

M. Crolard. — Je crois pouvoir répondre entièrement à votre désir au nom du Comité des Fabricants de papier. Je crois, du reste, que tous les syndicats seront de cet avis.

Je me permets de l'ajouter au paragraphe final :

Pour ce qui est des droits de douane, l'Union demande que, par logique et par équité, les papiers imprimés acquittent à l'entrée, pour le papier lui-même, le même droit qui frappe le papier non imprimé, et que la clause du traitement de la nation la plus favorisée ne soit pas inscrite aux traités de commerce.

M. le Président. — Vous avez entendu l'ensemble du vœu ; nous allons maintenant reprendre chaque paragraphe pour le discuter et l'adopter s'il y a lieu.

M. Crolard. — Nous avons parlé tout à l'heure des pâtes de cellulose venant de l'étranger. Il s'agit maintenant de voter la partie du vœu qui a trait au bois de sapin, et voici pourquoi le Comité des Fabricants de papier s'est préoccupé de cette partie. Il a voulu demander à l'Etat que l'exploitation des forêts fût faite d'une façon judicieuse. En Autriche, notamment, tous les ans, tous les usagers du bois déclarent leurs besoins, et c'est d'après cette déclaration que l'Administration des forêts décide quelles sont les coupes qui doivent être faites. En France, au contraire, c'est le hasard qui préside à cet abatage, de sorte qu'il y a certaines années où de grandes quantités de bois sont mises sur le marché, et d'autres années, où il n'y en a pas pour toutes les industries.

Il me semble que cette motion répond à un besoin et qu'elle sera approuvée par le Congrès.

M. Delmas. — Il y a quelques années, une usine s'était installée près de Mios et avait fabriqué de la pâte chimique avec le bois de sapin des Landes. Vous disiez tout à l'heure que le bois des Landes ne pouvait pas être utilisé pour la pâte chimique ; pourtant cette usine a fonctionné pendant quelque temps, et comme elle était concurrente d'une maison appartenant à M. de Naeyer, de Belgique, ce dernier a acheté l'usine et l'a fait disparaître. Depuis, on n'a plus fabriqué ce papier, qui était très joli et assez solide, et qui arrivait à imiter à peu près les papiers parcheminés que nous avons actuellement.

M. Crolard. — Je puis vous donner un renseignement très précis à cet égard.

Il y a deux sortes de pâtes chimiques, les pâtes au bisulfite et les pâtes à la soude. En France, actuellement, on ne fabrique de la pâte de bois pour le papier blanc que d'une façon tout à fait accidentelle. On ne fabrique pas de pâte à la soude. Les fabriques sont installées en Norvège et en Suède. Actuellement, les Allemands tirent grand parti de la pâte à la soude pour la fabrication des poudres et du vêtement. Avec la pâte à la soude, en fabriquant du papier mince, en le coupant en rubans, on arrive à le filer et ensuite à en faire des vêtements. Vous avez vu certainement ce que l'on appelle la « textilose ». Elle est en ce moment très développée en Allemagne, à cause de la rareté de la laine et des tissus.

On pourrait bien traiter du sapin, en France, mais il ne convient pas pour les sortes fines en raison de la grande quantité de résine et des taches que donnent les nœuds. On emploie ces pâtes principalement pour les papiers courants, pour le papier journal notamment, qui contient 25 p. 100 de pâte au bisulfite. On a essayé du sapin de Sologne ; on s'est heurté au même écueil qu'avec le pin des Landes. Toutes les fois qu'il s'agit de produire de la pâte blanche, on est en butte à la présence de petites taches jaunes provenant des nœuds trop nombreux.

Avant la guerre, il y avait à Calais, à Nancy, à Rouen, des fabriques de cellulose ; elles faisaient de la pâte de bois, mais travaillaient sur des bois étrangers. Aussi, dans notre vœu, avons-nous indiqué des facilités pour faire venir soit les bois du Canada, soit les bois de Norvège, afin d'alimenter les usines françaises. C'est tout ce que nous pouvons faire en ce qui concerne le sapin, parce que nos bois indigènes ne conviennent pas pour les pâtes. Enfin, nos fabriques de pâte de bois se sont placées sur les bords de l'Océan, justement pour jouir des tarifs spéciaux. Nous ne méprisons pas le sapin, que l'on nous marchande, puisque, actuellement, nous passons pour des destructeurs et non pour des utilisateurs des forêts, et nous disons que, pour les pâtes mécaniques, le sapin des Landes ou de Sologne peut convenir. Nous exploitons même dans les Pyrénées des bois espagnols ; il y a, en effet, une forêt qui ne peut être exploitée par l'Espagne ; nous faisons venir les bois par des câbles, et ces bois sont traités en France.

M. Delmas. — Je ne faisais pas de reproches, je signalais simplement qu'une usine avait fait des pâtes, et qu'elle a disparu. Je pensais que, depuis, les progrès de la papeterie avaient permis de faire des modifications.

M. Crolard. — Ce n'est pas la seule industrie qui a été tuée par l'étranger. Nous avions aussi la paille. Avant la guerre, les papeteries faisaient venir d'énormes quantités de pâte de paille de Dresde, parce qu'il n'y a pas d'industrie de la paille en France.

Il existe une fabrique aux environs de Bourges qui va reprendre cette fabrication.

M. Le Chatelier. — Je suis ici comme simple auditeur; mais il y a un point sur lequel je voudrais insister. Un des gros obstacles à la diffusion du livre français à l'étranger, c'est l'emploi de la pâte mécanique. Quand, au bout d'un certain temps, on retrouve dans sa bibliothèque des livres épouvantables et jaunes, on les rachète à Londres ou à Leipzig, mais non pas en France.

J'ai pris au hasard, dans ma bibliothèque, un livre. Voilà l'*Immortel*, de Daudet.. (*Montrant le volume.*) Quand on a dans sa bibliothèque un livre comme celui-là, on ne l'achète pas une seconde fois.

Tous les efforts que l'on pourra faire pour développer l'emploi de la pâte chimique devront être encouragés, et il y aura là un progrès énorme.

Il faut développer cette fabrication et faire l'éducation des éditeurs. Sur un livre de 3 fr. 50, la différence est à peine de 7 à 8 centimes pour faire bien ; n'importe qui donnera bien dix centimes de plus pour avoir un livre qui ne soit pas dans cet état. Il y aurait intérêt, par exemple, à vendre une partie des livres imprimés sur du papier ne contenant pas de pâte mécanique, par exemple mille exemplaires, que l'on compterait vingt-cinq centimes de plus, et ces exemplaires trouveraient des quantités d'acheteurs. Il faudrait ne laisser sortir à l'étranger que des livres qui ne soient pas tirés sur du papier de pâte mécanique.

Voilà le papier de nos rapports. Je l'ai passé à l'acide nitrique. Voilà le papier d'affiches. C'est presque le même. Au point de vue de l'étranger, ceci a une importance énorme, parce que tous les livres que nous faisons venir d'Allemagne, d'Angleterre ou d'Amérique ne sont pas tirés sur du papier de ce genre. J'ai des livres que j'ai payés 1 mark, et qui sont imprimés sur du meilleur papier que le nôtre. Je crois que, parmi les vœux, le plus important serait celui qui tendrait à développer l'emploi de la pâte chimique.

M. du Thil. — Je voudrais appuyer la motion présentée en ce qui concerne l'usine des Landes. Cette usine a, en effet, existé il y a plus de vingt ans ; elle a disparu parce que la maison de Naeyer a voulu la faire disparaître ; elle faisait d'autant mieux ses affaires que la térébenthine que l'on extrayait du pin maritime payait à elle seule les frais de transformation.

Si le Congrès veut faire œuvre utile, il devra peut-être revenir sur cette fabrication du papier. Dans les Landes, il y a des quantités de pins ; il y en a 200 kilomètres de longueur, et sur une largeur de 40 à 50 kilomètres. C'est très beau d'émettre des vœux, mais une utilisation pratique du pin des Landes serait bien meilleure. Il faudrait que le Congrès prît l'initiative de faire faire des études sur l'utilisation du pin maritime. L'extraction de la térébenthine permet déjà de payer les frais ; on aurait donc la pâte comme sous-produit. Est-ce que le Congrès veut entrer dans la voie pratique ?

M. Crolard. — Je crois qu'il ne serait peut-être pas très utile que le Congrès distinguât une partie de la France plutôt qu'une autre. Le vœu comprend toutes les forêts :

En ce qui concerne le bois de sapin, elle estime qu'une plus grande quantité peut être fournie à la fabrication du papier par une exploitation plus rationnelle des forêts soumises à la surveillance de l'Etat...

Si la fabrication de la pâte de bois ne s'est pas développée dans les Landes autant que l'on pourrait le souhaiter, c'est qu'il y a probablement des raisons techniques, et je crois que le Congrès n'est pas fondé à les discuter et à émettre un vœu qui ne serait pas d'accord avec la réalité.

M. du Thil. — Dans les pins des Landes, il n'y a pas de nœuds.

M. Crolard. — Oui, mais il y a beaucoup de résine ; c'est un avantage pour la térébenthine, mais ce n'en est pas un pour la fabrication du papier.

M. du Thil. — Si vous l'extrayez, il n'en reste plus.

M. Crolard. — On prend des arbres éminemment résineux, auxquels on fait des blessures ; tous les ans, on vient pratiquer des saignées qu'on entretient et on recueille la résine. Cela suppose que l'arbre, une fois abattu, contient encore beaucoup de résine.

M. du Thil. — On n'extrait pas la térébenthine quand les arbres sont vivants ; on l'extrait quand ils sont abattus. On extrait d'abord une certaine quantité de résine pendant un certain temps, puis, quand l'arbre a été saigné à mort, on l'abat. C'est à ce moment que l'usine dont on parlait tout à l'heure utilisait ces sapins.

M. Crolard. — On n'a qu'à reprendre cette industrie ; nous sommes tout disposés à recevoir ses produits. J'ai dans mon dossier une proposition d'un industriel, qui me demande de lui donner quelques renseignements, parce qu'il voudrait utiliser les parasites des pins des Landes...

M. du Thil. — Les fougères, même les aiguilles de pin...

M. Crolard. — ... et même les lichens.

M. Delmas. — On était arrivé à faire du papier d'emballage

avec ces produits ; on préparait les aiguilles de pin, comme de la ripe de pin, qui est merveilleuse pour l'emballage.

Il existe un rapport très remarquable fait par le Comité d'action économique de la Gironde sur la question ; il pourrait bien intéresser les fabricants de papier.

En ce qui concerne l'utilisation des pins des Landes, comme cette usine a existé il y a vingt ans, nous pourrions émettre le vœu que l'Ecole de Grenoble veuille bien étudier sérieusement cette question et rechercher les moyens de perfectionner la fabrication de la pâte chimique au moyen des pins des Landes.

M. Cim. — La question dont j'ai à vous entretenir est tout à fait autre ; elle est portée à la fois dans le rapport sur les impressions et dans le rapport sur le papier. Elle concerne les impressions à sec et les impressions humides ; elle se rattache à ce que vient de dire mon ami et collègue Charles Saunier, et je comprends qu'il ait soulevé cette question. Il est bibliothécaire de l'Etat, comme je l'ai été, et il sait combien on reçoit de plaintes au sujet des livres imprimés sur papier glacé. Je me rappelle avoir envoyé, il y a une douzaine d'années, à des bibliothèques de province une collection de la bibliothèque de l'Enseignement des Beaux-Arts, que faisait Picard, et autrefois Quantin. Les tirages de Picard étaient faits sur papier glacé, et ceux de Quantin sur papier non brillant. De partout, on me demandait la collection ancienne, celle de Quantin.

De même, pour les livres de classe : beaucoup de professeurs refusent de prendre des livres tirés sur papier glacé. Non seulement ces livres abîment la vue des élèves, mais on ne peut pas y inscrire de notes, parce que le crayon glisse sur ce papier. J'ai vu beaucoup de professeurs se plaindre et rechercher des éditions anciennes, c'est-à-dire des éditions datant de soixante ou quatre-vingts ans. J'ai pu constater que ces anciennes éditions faisaient prime. On les vend plus cher que les éditions actuelles. Partout on refuse les livres sur papier glacé.

Mon vœu sera bien simple. Je sais que les impressions sur papier glacé reviennent à meilleur marché...

Plusieurs congressistes. — Il n'y a aucune différence.

M. le Président. — C'est plutôt une question de mode.

M. Cim. — On m'a dit que pour faire des tirages sur papier humide, il fallait faire sécher les feuilles, que cela occupait un grand emplacement.

M. le Président. — Sur le papier humide, vous ne pouvez imprimer que du texte, vous ne pouvez pas imprimer de gravures, si ce n'est des gravures sur bois.

M. Cim. — J'ai l'honneur de proposer que les impressions

dites « à sec » soient remplacées, si possible, par des impressions humides, tout au moins pour les ouvrages classiques.

M. CROLARD. — Voulez-vous me permettre d'ajouter, à la suite du vœu concernant le bois de sapin :

Elle rappelle la fabrication de cellulose faite il y a plusieurs années avec le bois des Landes, et souhaite que cette fabrication soit reprise et perfectionnée.

(*Applaudissements.*)

Nous continuons :

Pour les bois de tremble et surtout de peuplier, de grands progrès sont à réaliser dans leur production à l'imitation de ce qui s'est fait en Italie pour la culture du peuplier à croissance rapide.

Vous ne savez peut-être pas les grands efforts qui ont été faits par l'Italie. En Lombardie, les Pouvoirs publics ont fait une énorme publicité ; on a même édité des cahiers d'école, avec des instructions pour la plantation du peuplier ; on a fait des concours dans les écoles ; on a distribué des plants, que les élèves plantaient dans leurs propriétés. Au bout de sept ou huit ans, on établissait un concours pour savoir quel était celui qui avait produit l'arbre le plus gros.

Aujourd'hui, l'Italie tire un avantage assez sérieux de ses cultures de peuplier. Le peuplier ne donne pas une fibre aussi solide que le sapin, mais il donne une fibre très convenable pour les livres. En Italie, vous avez des ouvrages imprimés tout entiers sur pâte de peuplier chimique. La pâte est très douce et répond au papier nouveau que nous appelons « bouffant ». Ces plantations de peuplier fournissent, par conséquent, aux papeteries une ressource importante.

La France est, de tous les pays du monde, le pays qui convient le mieux à la culture du peuplier. Vous avez vu dans différentes régions les cultures qui ont été faites ; aujourd'hui, on emploie ce bois particulièrement pour la menuiserie, mais on pourrait aussi l'employer pour la papeterie. Il est à souhaiter que les Pouvoirs publics diffusent cette idée et que, dans quelques années, nous voyions s'augmenter ces plantations, qui peuvent se faire non seulement près des canaux, mais dans tous les deltas de nos rivières, dans tous les terrains incultes.

M. FABIUS DE CHAMPVILLE. — Le ministère de l'Agriculture s'en occupe d'une façon toute spéciale. Les concours régionaux, comme le concours de Paris, donnent des médailles à la culture du peuplier. Il serait nécessaire que le Congrès envoyât au ministre de l'Agriculture un vœu un peu spécial, en lui indiquant comment on comprendrait cette culture, et ce qu'on peut en retirer ; cela produirait le meilleur effet, et dès que la paix serait signée, une campagne serait faite dans tous les concours régionaux.

M. CROLARD. — J'ai réuni tous les renseignements concernant la culture du peuplier en Italie. J'ai une dizaine d'ouvrages sur la question. Mon intention était précisément de fournir ces renseignements à une œuvre de vulgarisation, dans l'intérêt général ; par conséquent, je serais tout disposé à mettre ces renseignements entre les mains du ministre de l'Agriculture, s'il veut faire cette propagande que nous souhaitons tous.

M. DELMAS. — En ce qui concerne le peuplier, il y a depuis quelque temps, dans différents journaux politiques, des annonces disant que des particuliers fournissent des peupliers régénérés pour terrains humides. Il existe donc véritablement un mouvement dans ce sens en ce moment.

M. CROLARD. — J'ai eu l'honneur de faire un rapport à la Chambre sur les bois contre-plaqués. Ces bois sont constitués par plusieurs feuilles superposées. C'est encore une industrie très développée en Allemagne. Ces bois servent à faire des panneaux dans les omnibus, des sièges ; ce sont des bois très solides. Il s'agit en somme de feuillets, comme des feuilles de papier comprimé. Pour faire ces contre-plaqués, on emploie le bouleau en Russie, mais en France on a essayé le peuplier, qui convient très bien. Il y a vingt-cinq ans, la maison Marion, dans la Sarthe, s'est donnée à la culture du peuplier et a formé des sélections ; elle a cherché à développer le peuplier pour produire des fûts très droits, sans nœuds, très rapidement. Elle est arrivée à produire le peuplier du Canada, ou peuplier régénéré, à croissance rapide, qui pousse le long de tous les cours d'eau. Si vous allez à Sarcé, dans la Sarthe, vous pourrez voir des pépinières de plus d'un million de plants. Vous en verrez aussi dans l'Aube, où l'on plante le peuplier Raverdot. Il ne s'agit plus d'essais ; ces espèces sont aujourd'hui fixées, et, après vingt-cinq ans, on en fait l'exploitation ; l'armée en a employé énormément.

Ce n'est pas le peuplier d'Italie, droit, avec des branches collées au tronc. Le peuplier d'Italie a un inconvénient ; c'est que, pour l'utiliser, il faut couper les branches tous les quatre ou cinq ans ; ces blessures déterminent des tares ; l'humidité y pénètre et l'arbre n'est pas employable au point de vue de la pâte à papier, parce qu'il est noir. Ce peuplier, qui encombre plutôt nos routes, ne produit pas, ne grossit pas, et on en est revenu à ces peupliers à croissance rapide ; la croissance est tellement rapide que je peux vous la caractériser ainsi :

Si vous plantez un peuplier cette année, il vous coûtera 1 franc, tout compris, — 75 centimes l'arbre, et 25 centimes pour frais de plantation —. Au bout de vingt ans, il vaudra 30 francs. Il y a une capitalisation énorme, qui est consacrée par ce qu'on a fait en Italie. Les personnes qui désireraient avoir des renseignements plus complets n'auront qu'à me les demander ; je les leur donnerai volontiers.

Je crois que le vœu sera admis pour le bois de tremble. On utilise le tremble en quantité considérable, pour la fabrication du bois râpé, parce qu'il ne contient pas de résine.

Je vais relire le paragraphe en discussion.

(M. Crolard donne à nouveau lecture de ce paragraphe.)

Je passe à un détail. Non seulement il s'agit d'avoir du bois, mais il s'agit de le traiter. Pour la pâte mécanique, il faut des quantités considérables de force ; je vous ai donné des chiffres dans mon rapport. Pour produire 1 000 kilogrammes par jour, il faut plus de 100 chevaux de force. Nous avons en France des forces toutes trouvées, que l'on a déjà utilisées dans l'Isère, c'est la force qui est en résidu après la distribution journalière. Vous avez des quantités d'industries qui ne travaillent que dans le jour ; les forces hydrauliques sont installées, elles peuvent aussi bien produire l'électricité pendant la nuit. Il est à souhaiter qu'on établisse pendant la nuit l'utilisation de cette énergie disponible ; ce sera toujours une source très économique d'énergie. J'habite une région où la force est distribuée sous toutes ses formes ; il y a une dizaine d'années, on a fait des contrats de location de nuit de 1 000 chevaux de force, à 25 francs le cheval-an. Par conséquent, pour 25 000 francs, on pouvait se payer une force de 1.000 chevaux toute l'année, pendant la nuit.

Nous proposons ce texte :

L'industrie du bois mécanique doit aussi profiter du développement de l'énergie électrique et servir à une utilisation rationnelle de la force disponible à certaines heures de distribution des réseaux à puissance hydraulique.

M. LE PRÉSIDENT. — Nous allons voter sur les trois derniers paragraphes dont il vient d'être question.

M. CROLARD. — Il serait bon d'ajouter le désir manifesté en ce qui concerne l'envoi au ministère de l'Agriculture.

M. P. DECOURCELLE. — On pourrait ajouter :

Le Congrès émet le vœu qu'un rapport circonstancié soit adressé au ministère de l'Agriculture, pour lui demander d'aider à la propagation de la culture du peuplier à croissance rapide.

(Les paragraphes, mis aux voix, sont adoptés).

M. CROLARD :

En ce qui concerne la pâte d'alfa, la production doit être réalisée le plus tôt possible en quantités importantes et à un prix qui permette son emploi pour la fabrication de papiers pouvant concurrencer, par leur prix, ceux actuellement importés en France et présentant les mêmes qualités.

Je crois inutile d'insister sur les qualités du papier d'alfa; ceux qui en sont les usagers ont pu l'éprouver. C'est un papier tout à fait supérieur en ce qui concerne l'impression. Je ne parle pas de l'écriture.

Je vous ai donné dans mon rapport des détails assez précis sur les raisons qui ont fait que le papier d'alfa ne s'est pas vulgarisé en France. Je vous ai indiqué aussi quel était l'avenir envisagé pour la pâte d'alfa. Ces considérations sont résumées dans la deuxième partie :

Elle compte pour cela : 1° sur le développement donné par la guerre aux usines de produits chimiques (soude, chlore)...

Vous savez qu'il y a de très grosses usines installées pour la fabrication du chlore, et, par conséquent, de la soude. La soude et le chlore sont les deux éléments de la fabrication de la pâte chimique. Je ne parle pas du charbon. Le charbon reviendra, je pense, à un prix normal; mais, si nous avons de la soude et du chlore à bon marché, nous ferons certainement des économies notables sur la pâte d'alfa.

2° Sur une organisation du marché de la matière brute par les Gouvernements de l'Algérie, de la Tunisie, du Maroc, modifiée grâce aux nouvelles lignes de pénétration ; 3° sur des tarifs de transport aussi favorables que possible soit dans l'Afrique du Nord, soit au travers de la Méditerranée.

Il y a peut-être un détail que vous ne connaissez pas, en ce qui concerne l'alfa.

Vous savez qu'en France nous avons des concessions pour la houille, pour les mines. En Algérie, il y a des concessions pour l'alfa, qui est considéré comme bien d'État et concédé. Pour en user, il y a toute une organisation. J'ai cité dans mon rapport un ouvrage concernant les concessions de l'Algérie.

La pénétration qu'on a faite dernièrement pour aller chercher les phosphates sera très utile pour l'utilisation des nouveaux champs d'alfa. L'alfa est souvent détérioré ; il s'agit de plantations naturelles, et les indigènes ne prennent souvent pas les précautions nécessaires pour le récolter. L'alfa est une tige qui croît, comme le blé, en touffe ; pour le récolter, il faut l'arracher de la touffe, mais ne pas arracher la partie qui porte les racines. L'exploitation est très dure, parce que la fibre tient fortement dans sa gaine ; elle est pleine, c'est comme un fil d'acier ; il faut entourer la partie supérieure de la touffe autour d'un bâton, pour former comme un nœud, et tirer. Souvent les indigènes arrachent les plants et les concessions se perdent. Il y a donc toute une série de précautions à prendre.

Il faut, d'autre part, que les marchés soient organisés ; il ne faut pas, par exemple, que les étrangers absorbent toute la production.

Il y a, en outre, la question du fret. Je puis vous donner ce détail que, si l'alfa s'est développé de la manière que vous savez en Angleterre, c'est parce que tous les bateaux anglais revenant des Indes sur lest prenaient en Algérie une cargaison d'alfa qu'ils emportaient en Angleterre en rentrant. Ils trouvaient de la soude, du chlore et du charbon à bon marché, et la fabrication était possible. Nous, au contraire, nous avions bien du charbon, mais il était plus cher qu'en Angleterre ; la soude et le chlore étaient d'un prix beaucoup plus élevé, et nous payions des prix très élevés quand nous voulions faire des bateaux d'alfa.

M. LAHURE. — Le fret d'Angleterre est meilleur marché, parce que les Anglais envoient directement le charbon en Algérie et en Tunisie et reviennent avec l'alfa et du minerai qui est traité dans les usines d'Angleterre qui sont presque à quai. En France, au contraire, les usines ne sont pas près des ports de mer, et cela revient plus cher, par conséquent, de traiter le minerai.

M. KEUFER. — Le rapport de M. Crolard sur la question du papier prouve quelle importance cette industrie a acquise en France ; néanmoins nous sommes encore tributaires de l'étranger. La guerre a démontré une fois de plus toutes les conséquences de cette situation et une étude très approfondie de cette question se justifie en raison de l'importance que le papier joue dans les prix de fabrication de notre industrie.

Je crois que notre devoir est d'étudier et de recommander partout l'étude des moyens qui permettraient une fabrication du papier à meilleur marché ; lorsqu'on constate la consommation prodigieuse de la pâte de bois faite pour la fabrication du papier, on se rend compte du rôle qu'elle joue dans la destruction des forêts non seulement en France mais à l'étranger. Notre obligation de recourir à l'étranger indique combien les bois sont nécessaires à l'hygiène d'une population, à l'hygiène d'un pays, et j'estime qu'il serait nécessaire d'étudier d'une manière très attentive l'emploi d'autres matières que le bois pour la fabrication du papier.

L'alfa est cultivé d'une façon très importante en Algérie ; nous pourrions avoir une production suffisante en Tunisie et au Maroc, de façon que nous soyons les bénéficiaires de cette culture, alors qu'en réalité cet alfa se produit dans une de nos colonies et que c'est un pays étranger qui en bénéficie, pour nous retourner ensuite le papier nécessaire à notre industrie.

Il y a là un manque de prévoyance. Je dépose un vœu dans le sens formulé tout à l'heure à propos de la culture du peuplier, et je demande que la culture de l'alfa soit poussée d'une manière très intensive en même temps que la culture d'autres fibres qui pourraient contribuer à la fabrication du papier et assurer une fabrication à meilleur compte pour l'industrie française.

Je demande que ce vœu soit envoyé également au ministère de l'Agriculture.

M. Crolard. — Je me permettrai de faire remarquer qu'on ne peut pas demander au ministre de l'Agriculture de développer cette culture, car c'est une plante naturelle. On n'y peut rien. Tout ce qu'on peut demander au Gouvernement, c'est d'éviter que les indigènes ne détruisent les champs d'alfa. Ensuite, il faut souhaiter que les voies de pénétration aillent le plus loin possible dans ces immenses champs d'alfa qui s'étendent depuis le Maroc jusqu'à la Tunisie. Je vous ai expliqué qu'on avait développé déjà beaucoup les voies de chemins de fer pour aller chercher les phosphates; les phosphates sont voisins des champs d'alfa; par conséquent, nous pouvons compter que, si on conserve les champs d'alfa, si on ne les détruit pas, nous en aurons pour de longues années et nous les aurons à bon compte en raison des moyens de transport.

M. Fortin. — On dit que les Anglais ont des facilités de transport, mais en France on n'a encore rien fait depuis plus d'un demi-siècle pour améliorer les transports. Le canal du Rhône, qui est une voie intérieure, est dans un état insuffisant ; si on s'occupait en France du développement de nos canaux — en Allemagne, ils ont plus du double de largeur des nôtres — on pourrait transporter les pâtes de bois à meilleur compte.

M. le Président. — Nous ne pouvons pas tout demander aux Pouvoirs publics à propos d'une discussion sur le papier. Il faut nous limiter.

M. Fortin. — Ce n'est pas seulement pour le papier, c'est pour tout.

M. Fabius de Champville. — Notre rapporteur nous a montré tout à l'heure combien il était difficile, en raison de la question du charbon, de produire de la pâte à papier d'alfa.

Je vais attirer l'attention de la Commission et du rapporteur en particulier sur le Maroc. Au-dessous de Safi, sur la côte, nous avons une quantité considérable de varech que nous pouvons, immédiatement et à bon compte, mettre en exploitation, et nous aurons le chlore et la soude à très bon marché. Nous pouvons brûler ce varech sans charbon, ce qui fait que nous aurons immédiatement une partie des matières nécessaires à très bon compte. C'est encore une indication qui doit être donnée aux Pouvoirs publics, d'un côté, et aux industriels que cela pourrait tenter, de l'autre.

M. Crolard. — On me passe un vœu rédigé par M. Keufer, et relatif à l'exploitation irraisonnée de nos forêts, ce qui peut amener des conséquences inquiétantes.

Voyez-vous quelque chose de nouveau par rapport à ce qui a été dit, ou voulez-vous insérer cette observation ?

M. Lahure. — Je vous demanderai d'ajouter cette idée du danger que la destruction des forêts fait courir à la santé publique.
M. Keufer avait dit cela, je le reprends.

M. Crolard. — Nous pourrions l'introduire après le paragraphe qui concerne les fibres coloniales, et dire que nous souhaitons leur développement pour diminuer la consommation de nos bois indigènes.

Un congressiste. — La commission pourrait peut-être aussi donner mission à quelques-uns des membres de cette commission, qui sont véritablement compétents, de présenter au Congrès prochain une étude qui réponde au vœu de M. Keufer. Il vous demande si nous pouvons employer l'ajonc, l'ortie, dans certaines conditions. Vous nous avez dit que, jusqu'à présent, c'était une erreur ; peut-être en le mélangeant à de la pâte de bois, dans de certaines conditions, l'ajonc sera-t-il utilisable plus tard !

M. Crolard. — On peut faire du papier avec n'importe quoi, avec des chardons, avec des artichauts, etc., des nids de guêpes ! Mais, en ce moment, nous discutons des questions industrielles.

La base d'un industriel, c'est le marché. Aurait-on des fibres merveilleuses, comme il en existe au Japon ou au Dahomey et au Congo, que nous ne pouvons pas songer à les utiliser pour en faire du papier et l'offrir. La première chose qu'on demande lorsqu'on présente un échantillon bien réussi, c'est : Pouvez-vous le reproduire ? Pourquoi ? Parce que, si l'éditeur s'engage sur un papier déterminé, et qu'on lui en demande ensuite et qu'il n'y en ait plus, il ne lui sera pas possible d'établir une édition sur n'importe quelle fibre. Ce sont des fantaisies, des curiosités, mais nous parlons de réalités.

Dans mon rapport, je me suis attaché à montrer l'importance qu'il y avait à s'adresser à ce que j'ai appelé des « peuplements », c'est-à-dire à des localités garnies de végétaux qu'on peut exploiter d'une façon régulière, par coupes, de manière que, lorsque la dernière est achevée, on retrouve la première à point. C'est ainsi qu'on pratique pour les forêts. Pour les sapins, il faut soixante ans pour faire le tour ; pour le peuplier, nous espérons faire le tour en vingt-cinq ou trente ans, et même on peut, au bout de quinze ans, abattre l'arbre, si on est pressé.

Pour le bambou, il faut neuf ans, et même six ans. Pour l'alfa, il faut trois ou quatre ans. Je crois qu'on ne peut en ce moment, pour des raisons aussi graves, s'occuper que de plantes réellement industrielles, dont l'exploitation est basée sur des marchés, ces marchés étant basés eux-mêmes sur des peuplements.

Il y a évidemment d'autres fibres à trouver ; je suis en ce moment en correspondance avec des officiers des Eaux et Forêts, qui ont été détachés par le ministère de l'Agriculture au Congo et au Dahomey. Il y a, notamment au Sénégal, la paille de sorgho, qu'on peut utiliser comme la paille française. Il y a, en outre, un végétal que je vous ai cité dans mon rapport, le Luc-Binh. C'est un roseau qui a infesté subitement tous les cours d'eau d'Extrême-Orient, à la suite de l'exposition d'Hanoï. On l'avait importé par curiosité, et il a pullulé à un point tel qu'il y a, en Indo-Chine, des bateaux spéciaux pour le faucher dans les canaux.

Si vous voulez, nous allons poursuivre l'examen du vœu concernant l'alfa ; j'estime que c'est le plus important.

M. Delmas. — Vous pourriez vous adresser au ministère de l'Agriculture, pour lui demander de développer la culture de l'alfa. On a dit que l'alfa poussait tout seul, mais on a dit aussi que les indigènes ne savaient pas arracher l'alfa ; il serait peut-être utile de transmettre au ministre un vœu pour lui dire de faire des études spéciales afin d'indiquer aux indigènes le moyen de couper l'alfa sans l'abîmer.

M. Crolard. — C'est écrit dans tous les traités. J'ai indiqué dans mon rapport les traités qui concernent l'alfa.

M. Delmas. — Il y a du sabotage indigène.

M. Crolard. — Que voulez-vous ! Ces gens sont payés aux 100 kilogrammes d'alfa ; ils arrachent tout et le vendent ; il faut donc qu'il y ait des surveillants de l'alfa pour que ces champs ne soient pas abîmés.

M. Delmas. — Je retire alors ma proposition.

M. Crolard. — Nous en arrivons donc à préciser pour cette question de l'alfa. M. le Président me faisait remarquer que l'on pourrait demander que les concessions d'alfa fussent réservées à nos nationaux. La question est assez grave, surtout étant donné qu'elle se présente devant une situation acquise...

M. du Thil. — Comment l'a-t-elle été ?

M. Crolard. — Par les circonstances. Nous avons délaissé les champs d'alfa. Les Anglais en ayant l'utilisation, pour les raisons que nous avons indiquées tout à l'heure : fret, apport de charbon, enlèvement de minerai, passage des paquebots venant de l'Inde, marché délaissé par nos nationaux, ont pris ce marché. On se trouve en face d'une situation acquise, non pas définitivement, mais pour une part, et en ce qui concerne seulement l'Algérie.

Pour la Tunisie, il y a des marchés pris par les Français. Il reste le Maroc, et j'espère bien qu'on ne l'aura pas déjà vendu.

Dans mon rapport, j'ai reproduit une note qui avait paru dans l'*Office de l'Algérie*. La rédaction du Journal de l'*Office colonial* a fait suivre ma note de la réflexion suivante :

> Au cours de l'étude ci-dessus, M. Crolard a indiqué, comme une des causes du prix de revient élevé de la pâte d'alfa en France, la situation privilégiée des acheteurs anglais qui bénéficieraient de marchés importants assurés par des concessions de peuplements d'alfa en Algérie. A ce sujet, nous croyons devoir rappeler que les exploitants anglais ne constituent pas la majorité des maisons organisées pour la cueillette de l'alfa dans la colonie.
>
> En effet, sur un total de 467 785 hectares de terrains domaniaux, soumis ou non au régime forestier et qui sont livrés à l'exploitation de l'alfa en vertu de baux de gré à gré ou aux enchères, les concessionnaires anglais ne détiennent actuellement que 91 429 hectares, soit environ un cinquième seulement de toute la superficie concédée. Les Espagnols en exploitent 136 424 hectares, et 232 260 hectares, soit la moitié approximativement des concessions, sont loués à des Français.

UN CONGRESSISTE. — Combien y a-t-il de fabricants de papier parmi ces concessionnaires ?

M. CROLARD. — Ce ne sont pas des fabricants de papier anglais qui sont les concessionnaires !

LE MÊME CONGRESSISTE. — Il semble que l'industrie du papier ne devrait pas se désintéresser des concessions d'alfa.

M. CROLARD. — Je sais qu'il y a en France plusieurs maisons qui fabriquent de la pâte d'alfa et qui se sont arrangées pour avoir des marchés ; il y a même un ancien ministre du Commerce qui a des concessions d'alfa.

LE MÊME CONGRESSISTE. — Les vœux que nous émettons sont peut-être excellents, mais l'industrie du papier devrait s'intéresser industriellement à toutes ces questions de concessions.

M. CROLARD. — Je puis préciser d'une façon très nette. Il y a eu à Fos-sur-Mer, dans la Camargue, une usine créée il y a quinze ans et qui n'a pas réussi à raison de la cherté du charbon, de la soude et du chlore ; elle avait été créée à l'instigation des papeteries de Vidalon. M. Rostand s'en est occupé d'une façon suivie, et aujourd'hui cette usine est utilisée comme fabrique de carton. On devait y traiter non seulement l'alfa, mais des roseaux.

Je ne reviens pas sur les raisons qui ont motivé la cessation de cette industrie. Actuellement, je puis vous donner les précisions suivantes : Une des plus fortes maisons de produits chimiques de France étudie la question de la fabrication de l'alfa en France.

Vous avez ensuite un très gros concessionnaire d'Algérie, qui m'a demandé tous les renseignements pour installer, soit en Algérie, soit en France, la fabrication de l'alfa. C'est une maison d'Alger dont je pourrais vous donner le nom.

Il y a, d'autre part, deux autres systèmes actuellement poursuivis en Tunisie et en Algérie, pour traiter l'alfa, non plus par la soude et le chlore, mais par des fermentations industrielles.

Par conséquent, la réalisation est absolument en chemin, et je puis me porter garant qu'après la guerre, aussitôt que la soude et le chlore nous seront donnés, la fabrication de l'alfa prendra un développement considérable.

Le même congressiste. — Ce sera d'autant plus intéressant que les observations présentées au début par les éditeurs et les auteurs seraient réglées du même coup.

M. Crolard. — Je crois que les vœux que nous émettons ne seront pas stériles ; ils feront leur chemin et iront aux Pouvoirs publics. Nous ne pouvons pas tout faire ; il ne faut pas trop compter sur les initiatives privées... (*Protestations.*)

M. A. Bernard. — La question de l'alfa est surtout une question de fret. L'alfa n'a pas de valeur ; ce qui a une valeur, c'est la soude, c'est le charbon, c'est le chlore. Les peuplements d'alfa doivent être conservés, exactement comme sont conservées nos forêts ; ils ne sont pas moins nécessaires, et il faut une certaine rotation pour les peuplements d'alfa, comme il faut une rotation pour les forêts. Je crois que nous avons des quantités suffisantes d'alfa, et que si, jusqu'à présent, ces quantités sont allées en Angleterre, c'est parce que, non seulement les navires qui reviennent des Indes, mais les navires qui apportent du charbon, emportent de l'alfa qu'ils ont pour rien.

Je crois que, pour toutes les industries, nous nous trouvons toujours en présence de cette question de fret. Nous avons une marine marchande inexistante, lamentable. Tant que nous n'aurons pas une marine marchande convenable, nous ne pourrons pas utiliser les produits de nos colonies.

M. Crolard. — Nous reprenons le paragraphe concernant l'alfa :

Elle compte pour cela : 1° sur le développement donné par la guerre aux usines de produits chimiques (soude et chlore).

(Adopté.)

Nous pourrions ajouter :

... et sur l'utilisation rationnelle et la sauvegarde des champs d'alfa, et sur une organisation du marché de la matière brute par les gouvernements de l'Algérie, de la Tunisie, du Maroc, modifiée grâce aux nouvelles lignes de pénétration.

Il faut faire appel à nos nationaux. Le gouvernement du Maroc, avant de concéder, pourrait faire une note, qui serait répandue partout, pour faire savoir qu'il y a des concessions d'alfa.

(Ce texte mis aux voix est adopté.)

Un congressiste. — Est-ce que le Syndicat des Fabricants de papier ne pourrait pas avoir des priorités ?

M. Crolard. — Nous pourrions ajouter :

...aux nouvelles lignes de pénétration et présentée particulièrement à nos nationaux.

C'est très délicat à cause des Anglais. Je crois que nous ne pouvons pas, actuellement, venir prendre un droit de préférence par rapport aux Anglais...

Un congressiste. — Ils ne se gênent pas avec nous !

M. Crolard. — Cette question est très grave. L'Angleterre vient de faire des restrictions pour ses importations...

Un congressiste. — Les Anglais ne font pas de sentiment !

M. le Président. — Je crois que la question dépasserait la portée du rapport.

M. Crolard. — Si nous mettions simplement :

2° Sur une organisation du marché, etc., grâce aux nouvelles lignes de pénétration.

On a fait de nouvelles lignes de pénétration qui étendent le marché ; il faut que ces gouvernements profitent de cette extension pour modifier ces marchés.

La question est très complexe ; il faudrait parler du droit de pavillon, des droits de quai. Nous ne pouvons pas entrer dans ces considérations.

M. le Président. — Voulez-vous émettre tout de suite votre opinion en votant sur l'adoption des vœux tels que M. Crolard vient de vous les rédiger, en ce qui concerne la question de l'alfa ?

(Adopté à l'unanimité.)

M. Crolard. — Je vous disais que l'industrie de la paille chimique a disparu à peu près de notre territoire par suite de la concurrence allemande. Il y avait autrefois, dans la Haute-Loire, une usine de paille, à Aurac ; on pourrait la restaurer. La paille est la même aujourd'hui qu'il y a vingt ans. Cette usine s'était arrêtée en raison de la cherté de la soude et du chlore.

Le vœu que nous émettons est de même objet que pour l'alfa.

Je vous disais qu'une usine allait être mise en route, pendant la guerre, pour la fabrication de la pâte chimique ; je n'entends pas la paille pour l'emballage, mais la paille blanche, qui est utilisée à l'égal de l'alfa, à l'égal du bois. Le vœu est très simple :

Pour la paille chimique, elle compte que l'abaissement des prix des produits chimiques produira le même heureux développement que pour l'alfa.

(Adopté.)

M. CROLARD. — Nous arrivons à un alinéa un peu plus long, mais sur lequel je crois que nous serons tous d'accord.

Pour les fibres coloniales, elle estime que leur momenclature, l'étude de leurs qualités caractéristiques sont suffisamment avancées aujourd'hui, mais qu'il faut par tous les moyens fixer leur emploi pratique par des essais industriels et réaliser les conditions nécessaires à leur emploi (organisation du marché au départ, transports, stocks).

Je me suis adonné particulièrement à cette étude. Il y a de très nombreux ouvrages sur la question, et l'on vient d'en éditer un ces jours-ci encore. M. Chevalier vient de produire un ouvrage très remarquable sur les végétaux de l'Afrique occidentale. Nous sommes très renseignés sur les autres régions, notamment sur l'Indo-Chine. Je puis dire que, en ce qui concerne la nomenclature, l'étude des caractéristiques des végétaux, il n'y a plus rien à faire ; tout ce qu'il faut, c'est industrialiser l'emploi de ces matières. Aussi je vous demande de voter le vœu suivant :

Pour les fibres coloniales, elle estime que leur momenclature, l'étude de leurs qualités caractéristiques sont suffisamment avancées aujourd'hui, mais qu'il faut par tous les moyens fixer leur emploi pratique par des essais industriels et réaliser les conditions nécessaires à leur emploi (organisation du marché au départ, transports, stocks).

On employait avant la guerre des quantités assez considérables de pâte de bambou ; cette industrie avait été déjà accaparée par les Allemands. Je connais plusieurs usines françaises qui ont essayé la pâte de bambou, qui en ont fabriqué du papier, qui ont voulu en avoir à nouveau, et qui n'ont jamais pu en retrouver, alors que les Allemands en ont fait venir des quantités considérables. Ils avaient accaparé déjà le commerce de la pâte de bambou et depuis la guerre leur maison de vente de Saïgon est sous séquestre. Ils espéraient bien, tenant le commerce, tenir ensuite l'industrie. J'ai reçu, il y a quelques jours, la visite du directeur de cette usine, qui est très embarrassé, parce qu'il ne peut pas apporter sur le marché des pâtes de bambou, alors qu'il en a la production. Avec ces régions extrêmement lointaines surgit une difficulté qui est celle du fret. Quel que soit le bon marché auquel on pourra l'obtenir, il sera toujours lourd, parce que la marchandise est très volumineuse, et sur les paquebots d'Extrême-Orient la marchandise paye au volume et non au poids. Il faut donc arriver à trouver un mode d'expédition spécial, c'est-à-dire qu'il faut débarrasser le bambou de tout ce qui est inutile au départ, le serrer, le comprimer et le faire arriver avec le moins de frais possible en Europe, où on le parachèvera, parce qu'il ne faut pas compter sur l'industrie dans nos colonies à l'heure actuelle ; c'est encore une utopie. J'ai fait des études, notamment à Cayenne ; je me figurais qu'on aurait de la main-d'œuvre à bon marché ; il n'y en a pas, et la force motrice est extrêmement chère.

Un congressiste. — Comment les Allemands faisaient-ils les transports ?

M. Crolard. — Ils avaient de nombreux bateaux faisant de l'exportation et au retour ils prenaient ces pâtes. Pour toutes ces fibres, grâce à une méthode générale, on peut économiser beaucoup sur le fret.

J'arrive à la fin de l'alinéa :

...Les recherches pour nos colonies, éparses aujourd'hui entre divers organismes, doivent être centralisées et complétées dans un esprit d'utilisation pratique des fibres provenant soit de récolte directe, soit de déchets d'industrie.

Quand j'ai voulu me renseigner sur les fibres des colonies, je me suis adressé à tous les groupements et même à des collègues de la Chambre, pour avoir des indications. J'ai été mis en rapport avec l'Office colonial, qui a des collections que vous avez vues certainement. Le ministère des Colonies a, à Nogent, un laboratoire qui s'appelle le « Jardin Colonial ». Nous avons différents organismes ; nous avons aussi l'Ecole de papeterie de Grenoble, où le Gouverneur de Madagascar avait envoyé pour essai, autrefois, toutes les fibres de cette colonie. D'autres laboratoires sont en préparation.

Je crois qu'il n'est pas bon d'éparpiller ainsi toutes ces études, étant donné qu'elles doivent toutes converger vers la fabrication du papier.

Un syndicat vient de se créer dernièrement, celui des fabricants de pâte à papier de cellulose et des dérivés ; il a pour but de développer en France et aux colonies la fabrication des pâtes à papier. Il pourra très bien poursuivre cette œuvre de centralisation de l'étude des fibres, mais il faudrait que les ministères eux-mêmes s'adressassent toujours, ou à peu près, aux mêmes organismes. Si le ministère des Colonies fait essayer par son laboratoire, et si, d'un autre côté, les fabricants ou le ministre s'adressent à l'Ecole de Grenoble ou au laboratoire de la Chambre de commerce de Paris, ou à la Sorbonne, il n'y aura pas une œuvre rapide et unique, comme nous le souhaitons. Je serais donc très désireux de vous voir appuyer ce vœu, pour que toutes ces recherches pour nos colonies soient centralisées et complétées dans un esprit d'utilisation pratique.

M. PIERRE MILLE. — Il y a une dizaine d'années, une mission a apporté mille huit cents échantillons de bois, qui sont au Muséum.

M. CROLARD. — Je les ai vus. Je suis allé au Muséum pendant la guerre; j'ai trouvé les collections fermées; je n'ai pas même trouvé de concierge, et, en faisant le tour de l'immeuble, j'ai fini par apercevoir une petite porte ouverte et un secrétaire, qui m'a dit que le laboratoire d'agriculture coloniale était fermé pendant la guerre, que le professeur était M. Chevalier, que M. Chevalier était mobilisé dans un hôpital de Sénégalais, sur la côte de la Méditerranée. Je me suis mis en relations avec M. Chevalier qui, pendant ses jours de permission, est venu me voir. Nous avons conféré de la question, et il m'a envoyé le volume qu'il vient de produire. Il m'a même remis une grande carte des forêts du Dahomey et du Congo; il m'a mis en rapport avec des officiers détachés au service des forêts, qui allaient en mission pour rechercher non seulement des bois de construction, mais aussi des bois pour la papeterie. On m'a demandé comment on devait s'y prendre pour les reconnaître. J'ai donné toutes ces indications par écrit.

M. DU THIL. — Vous profitez de vos déchets d'industrie pour faire de la pâte à papier. Voici des papiers faits avec des déchets de végétaux des Halles.

(Il distribue des spécimens.)

Il s'y trouve en majorité de la feuille de banane et du tronc de bananier. Cela a été fait avec une firme de Paris qui portait une marque allemande.

M. LE PRÉSIDENT. — Ces échantillons sont très intéressants, mais nous devons terminer la discussion.

M. DU THIL. — J'en ai pour une seconde. Vous avez parlé d'aller chercher de la pâte à papier dans tous les pays du monde; vous pouvez faire à Paris 20 000 kilos de ce papier par jour; on peut en faire 150 tonnes par jour dans les Landes; cela fait 170 tonnes. A côté de l'alfa, vous avez du palmier nain, qui donne d'excellent papier. Enfin, aux Canaries, vous avez de quoi faire 2 000 à 3 000 tonnes de pâte à papier par jour avec le bananier. Si vous n'avez pas ce papier en fabrication, cela tient à ce que, il y a huit jours, le chimiste qui fait ce papier à froid, avec un seul appareil qui comporte la désincrustation de la matière première et le blanchiment, a été invité à se présenter dans une maison où on a mis devant lui, sur une table, 50 000 francs pour prendre son procédé, sous la réserve qu'on ne s'en servirait pas.

Il a répondu : Vous m'offririez 500 000 francs pour faire une chose pareille, que je ne le ferais pas.

Et comme il est bon que vous sachiez qui a fait cela, je vais vous le dire. Cela s'est passé au journal *l'Heure* ; cela a été proposé par M. Raynaud, député, ancien ministre.

Quelqu'un qui était présent a ajouté : Nous allons vous donner une place dans notre usine ; vous n'avez qu'à fixer vos appointements. Cette maison, c'est la papeterie de Nanterre.

M. Glatron. — Non ! Je vous demande bien pardon !

M. du Thil. — Il y a deux papeteries à Nanterre. Ce n'est pas « Les Papeteries réunies », c'est-à-dire la maison qui se trouve en haut de la rue d'Alésia, Prioux ; c'est l'autre.

M. Glatron. — Un monsieur est, en effet, venu, il y a environ trois ou quatre mois, nous proposer de faire du papier avec des déchets des Halles ; il a apporté un tas de choses qui sentaient mauvais ; il nous a fait quelques petites expériences de laboratoire, et il nous a proposé, un beau jour, de nous apporter cinq ou six tombereaux de saletés qui auraient été balayées dans le marché de Nanterre même ; nous avons bien voulu pousser l'expérience jusque-là, mais nous n'avons jamais reçu les tombereaux...

M. du Thil. — Je vais vous dire pourquoi. C'est parce que la personne qui a amené M. Nemil... pour le nommer. (*Protestations.*)

Plusieurs congressistes. — Ce n'est pas une affaire de Congrès !

M. Glatron. — Il n'a jamais été question entre ce monsieur et moi d'aucune condition. J'ai mis mes appareils à sa disposition pour faire des expériences, et c'est tout.

M. du Thil. — C'est la personne qui avait amené...

M. le Président. — Vous traitez une question en dehors du débat.

M. du Thil. — Je vais finir !...

Les congressistes. — Non ! Non ! Assez !

M. le Président. — Je suis obligé de vous retirer la parole.

M. Crolard. — Vous me permettrez de dire un mot de cette question. Je suis d'autant plus fondé à répondre à M. du Thil, que j'ai fait moi-même des essais dans ce sens, non pas sur la totalité des produits des Halles, mais sur certaines matières des Halles, et mon collègue, M. Krantz, et M. Galland ont vu des échantillons que je leur ai remis. Il s'agissait d'essais industriels qui pouvaient être réalisés et qui auraient été poursuivis, si la guerre n'avait pas tari sur le carreau des Halles les sources mêmes d'utilisation. Les essais sont fixés ; ils sont à la disposition de la Papeterie française. Je n'ai pas caché le mode de procédé, je l'ai donné au Comité des Fabricants de papier ; par conséquent, je crois que la question est résolue...

M. DU THIL. — Les essais sont-ils bons ou sont-ils mauvais ?

M. CROLARD. — Ils sont très bons (montrant l'échantillon). Ils sont même meilleurs que ceux-ci. Mes essais ont porté sur des fibres particulières qui ont donné des résultats remarquables. Mes collègues du Comité les ont vus, les ont appréciés, et nous devions poursuivre les essais si le marché nous l'avait permis.

Je demande à M. le Président de vouloir bien mettre aux voix la partie du vœu qui concerne les fibres coloniales.

(Cette partie, mise aux voix, est adoptée.)

Enfin en ce qui concerne l'étude industrielle de toutes les fibres, elle juge indispensable de la centraliser dans un Institut unique à la fois scientifique et industriel dans son organisation. L'École de papeterie de Grenoble lui apparaît comme un noyau heureusement créé, mais qui doit comporter un développement immédiat et complet, grâce aux subventions de l'État et des groupements intéressés, par la fabrication du papier sous la direction scientifique du ministère de l'Instruction publique (Université de Grenoble); cet Institut doit renseigner officiellement les ministères du Commerce, de l'Agriculture et des Colonies.

Tout à l'heure, je me suis plaint de ce que les ministères éparpillaient leurs efforts. Il y a un groupement officiel, l'Ecole de Grenoble, qui dépend de l'Université de cette ville, et je crois que, par là, nous avons un lien tout naturel entre les différents ministères. Si vous voulez bien appuyer ce vœu, il donnera des résultats intéressants.

M. LE CHATELIER. — Je demanderai à faire une petite remarque au sujet de l'établissement de Grenoble. Je crois qu'il y a un grand intérêt à centraliser toutes les recherches de cette nature, et Grenoble est, en effet, indiqué ; mais je pense que ce qui existe ne suffit pas, et qu'il faut aussi changer l'orientation. On commet une erreur extrêmement fréquente quand on parle des rapports de la science et de l'industrie, c'est de vouloir transformer les savants en industriels. Ce n'est pas leur métier. On a fait des machines à papier, à Grenoble, à l'Université! On ne peut pas fabriquer du papier dans une Université! Ce qu'il faut, c'est étudier scientifiquement les conditions dans lesquelles doit se faire la fabrication du papier, et arriver à fournir aux industriels les renseignements précis dont ils peuvent avoir besoin. C'est le seul but des laboratoires scientifiques.

Je me permettrai de citer un exemple pris dans une industrie différente, Il y a actuellement, à Copenhague, une usine qui fabrique du matériel de fabrique à ciment; or, à Copenhague, il n'y a ni machines, ni minerai; il y a une installation de laboratoire; le four d'expériences a 1 mètre de long, et, d'après les essais faits dans ce four, les fabricants d'appareils garantissent non seulement la consommation dans un four de 70 mètres, mais la résistance du ciment.

On doit faire la même chose pour le papier; il faut établir une corrélation entre cette école et les fabriques pour pouvoir tirer certaines conclusions. Mais, mettre dans une Université de grandes machines à papier, ayant cette longueur, est une erreur et on n'arrivera à rien. Si on veut arriver à ce que la science rende des services à l'industrie du papier, il faut lui demander simplement des renseignements scientifiques.

M. CROLARD. — Je regrette de ne pas être d'accord avec vous; on a fondé précisément cette école de Grenoble pour créer des jeunes gens connaissant le métier, mais aussi et surtout pour pouvoir traiter les pâtes chimiques et les différentes matières premières dans des appareils équivalents aux appareils industriels. Si nous nous plaçons simplement au point de vue de la fabrication du papier, les Chinois et les Japonais nous ont donné des méthodes pour faire des feuilles, et vous n'avez pas besoin d'une machine pour fabriquer une feuille de papier, vous n'avez qu'à cuire des végétaux avec de la cendre, les laver dans l'eau, les frapper sur une pierre ou sur du bois, etc. Mais ce qu'il faut, c'est avoir des appareils industriels pour que les fibres soient traitées, pilées, triturées dans les mêmes conditions; aussi a-t-on estimé que les essais faits en Angleterre, à Kensington, avec des petits appareils d'un mètre de long ne sont pas probants; vous n'avez ni le poids, ni la vitesse, ni l'amplitude de la circulation comme dans les appareils importants. C'est comme si vous vouliez faire de tout petits pains dans de tout petits fours, vous n'auriez à mon sens pas de relation entre les résultats. S'il s'agit, au contraire, de température de fusion, comme M. Le Chatelier l'indiquait, alors nous sommes d'accord. Ce que vous produisez en petit, vous pouvez le produire en grand; mais, en papeterie, nous sommes en présence d'appareils triturateurs, de forme pratique, et nous ne pouvons compter que sur des appareils comme à Grenoble. Du reste, cette installation est modeste, mais comporte des appareils industriels. Ce que je voudrais, c'est attirer votre attention sur ce point. Nous venons de parler de toutes les fibres, mais il se produit ceci. Vous faites un échantillon de papier dans des conditions modestes : une feuille ou deux. Vous ne pouvez pas apprécier ce papier, vous ne savez pas quels sont ses avantages. Actuellement, vous avez du papier de bois, du papier d'alfa, du papier de coton; on en a tiré tout le parti possible, et les uns en ont fait du papier dur, les autres du papier tendre, du papier glacé. Je serais désireux que, avec le concours de l'Etat, avec des subventions des corporations intéressées, l'Ecole de Grenoble fît tous les ans deux, trois ou quatre essais de papier un peu sérieux, par exemple 300 ou 400 kilogrammes ; ce papier serait mis à la disposition des imprimeurs, afin de voir ce qu'on peut en tirer. Peu importerait le prix de ce papier, parce qu'on ne peut pas régler l'emploi du papier suivant son prix ; on peut avoir du papier qui coûte deux ou trois fois plus cher qu'un autre et qui aura quand même son emploi. Il y aurait donc une sorte d'établissement de luxe, où on produirait du papier à n'importe quel prix, mais au moins on pourrait savoir à quoi on pourrait l'utiliser. Actuellement, nous ne fabriquons que des papiers dont nous ne tirons pas le meilleur parti, mais si vous produisez du papier à 4 ou 5 francs le kilogramme, qui vous dit que vous ne tirerez pas de ces papiers un emploi remarquable pour des cas particuliers. Il y aurait des sélections à faire. (*Approbation.*)

De ce côté, on pourrait utiliser la machine à papier de Grenoble pour produire des sortes toutes nouvelles qu'on ferait apprécier par les différentes corporations.

UN CONGRESSISTE. — Encore faudrait-il qu'elle ne travaillât pas pour faire connaître aux Allemands le moyen de faire certains papiers, comme cela est arrivé pour le bambou.

M. CROLARD. — Dans ce cas, nous avions des difficultés de transport que les Allemands n'avaient pas. Nous pourrions peut-être ajouter un vœu en ce qui concerne la fabrication des papiers, même à des prix élevés, mais pouvant être appréciés par l'ensemble des consommateurs.

M. LE CHATELIER. — La principale concurrente de la France, c'est l'Allemagne. La fabrication allemande a été en grande partie dirigée et conduite par le docteur Erzberger, qui est directeur d'une école où il n'y a pas de machine à papier. En Allemagne, ils emploient le système de la séparation entre les recherches industrielles, qui sont faites dans la profession, et les recherches scientifiques, qui sont faites dans des laboratoires, et cette tendance, qui est générale chez nous, de vouloir transformer les savants en industriels, ne donnera rien.

M. CROLARD. — Nous pourrions ajouter, en ce qui concerne l'Ecole de Grenoble :

Que cette Ecole fabriquera annuellement une quantité de papier, avec des fibres de différentes provenances, qui serait livrée à l'examen et aux expériences pratiques des intéressés.

Vous voyez l'idée !

M. LE PRÉSIDENT. — On fera une rédaction définitive.

M. Crolard. — L'idée est de fabriquer, même à prix élevé, un papier dont la marche peut être suivie. Supposez qu'on trouve une fibre à Madagascar ; le ministre des Colonies ferait parvenir à l'Ecole de Grenoble la quantité nécessaire pour fabriquer 400 ou 500 kilogrammes de papier ; on tâcherait de tirer parti de cette fibre, soit au point de vue solidité, soit au point de vue blancheur ; on pourrait la triturer de différentes manières et soumettre les échantillons à des professionnels capables d'apprécier et de dire : même si ce papier coûte trois ou quatre fois plus cher qu'un autre, on peut en faire tel usage.

(Adopté.)

J'arrive au dernier alinéa :

Pour ce qui est des droits de douane, l'Union demande que, par logique et par équité, les papiers imprimés acquittent à l'entrée, pour le papier lui-même, le même droit qui frappe le papier non imprimé.

M. Max Leclerc. — Je demande que nous ne votions pas sur cet article, attendu que cela vient accessoirement. Nous venons de traiter des questions techniques, et, d'ailleurs, de la façon la plus compétente ; mais il s'agit là d'une très grave question économique, qui sera étudiée à fond et spécialement demain sur le rapport de M. Lahure et sur le mien, et nous ne pouvons pas la trancher aujourd'hui.

M. Lahure. — Je suis d'accord avec M. Leclerc. Je demande si, en ce moment, on ne pourrait pas dire, pour ce qui est des droits de douane : « L'Union demande que le papier imprimé acquitte à l'entrée les droits qui seront fixés et adoptés par le Congrès après délibération à la deuxième commission. »

M. Max Leclerc. — Je maintiens la demande d'ajournement.

M. Crolard. — Je suis d'accord avec M. Leclerc. Je crois qu'il vaut mieux laisser la question douanière entière ; d'abord, il y a une répercussion des desiderata d'un groupement sur l'autre ; il faut donc que la question soit envisagée dans toute son ampleur. D'un autre côté, je dois vous dire que la Commission des douanes de la Chambre étudie en ce moment la question du papier. Je ne connais pas sa doctrine, mais elle a en travail, précisément, le chapitre qui correspond au papier. Que va-t-il résulter de cette discussion ? Je n'en sais rien. Elle va probablement faire appel aux vœux des différents groupements, au moins pour s'éclairer ; par conséquent, je crois qu'il sera bon d'émettre des vœux ; mais nous serons réappelés, syndicat par syndicat, devant la Commission de la Chambre, pour faire valoir, les uns et les autres, nos raisons. Je ne vois aucun inconvénient à retirer le dernier alinéa.

M. LE PRÉSIDENT. — Vous avez voté les différents paragraphes ; je vais maintenant mettre aux voix l'ensemble.

(L'ensemble est adopté.)

Il nous reste à parler de deux vœux déposés, l'un par M. Cim, et l'autre par M. Le Chatelier. M. Le Chatelier ne tient pas à ce que ses idées soient transformées en vœu. Nous indiquerons ses observations au procès-verbal.

M. MAX LECLERC. — Je crois qu'il vaudrait mieux ajourner la discussion de M. Cim jusqu'au moment où nous aurons discuté la question des impressions. Nous sommes tout à fait édifiés sur le papier ; nous allons parler du parti que les éditeurs et les imprimeurs en tirent ; à ce moment, nous pourrons statuer sur le vœu de M. Albert Cim.

M. A. CIM. — Ne pourrait-on pas ajouter ma proposition à celle de M. Le Chatelier, à titre d'indication, dans le procès-verbal.

M. MAX LECLERC. — Je demande justement à faire des observations sur le vœu de M. Cim, qui n'a pas été discuté. On en a dit un mot incidemment ; mais nous autres, éditeurs et imprimeurs, nous aurons à expliquer à M. Cim pourquoi son vœu, si bien intentionné qu'il soit, n'est pas fondé actuellement, dans une certaine mesure, et à lui faire connaître les raisons des singularités qu'il nous montrait tout à l'heure dans certaines éditions anciennes, qu'on recherche parce qu'elles ont, en effet, des qualités, et les raisons qui ont déterminé les éditeurs à employer certains papiers aujourd'hui, raisons qui ne se présentaient pas il y a cinquante ou soixante ans, alors qu'on tirait sans gravures.

M. A. CIM. — Si j'ai fait mon observation, c'est parce que la pression à sec et la pression humide étaient relatées dans une colonne du rapport en discussion et je ne les ai pas vues dans le rapport concernant l'impression.

Ma proposition serait alors renvoyée ?

(Adopté.)

M. LE PRÉSIDENT. — Avant de passer à une autre question, je crois être votre interprète en remerciant M. Crolard, non seulement de son intéressant rapport, mais des explications nombreuses et également intéressantes, qu'il a bien voulu nous donner en développant son opinion. (*Applaudissements.*)

Nous avons maintenant à examiner le rapport de la Société fraternelle des Protes, et le rapport présenté au nom de la Société parisienne de l'Amicale des Protes.

Le premier de ces rapports se termine par des vœux et le second par des conclusions. Il y a une assez grande similitude entre les vœux. Peut-être pourrait-on les discuter simultanément ? (*Approbation.*)

M. Max Leclerc. — Il faut lier le rapport des Protes et des Maîtres Imprimeurs...

M. de Dampierre. — Je m'excuse de revenir sur la question du papier...

M. le Président. — Elle est terminée.

M. de Dampierre. — J'ai demandé la parole, on ne me l'a pas donnée.

M. le Président. — Expliquez-vous brièvement.

M. de Dampierre. — Voici les vœux que j'ai à vous proposer au nom du Comité du Livre :

Considérant que, dans l'état actuel de l'industrie du papier, la plupart des sortes employées pour les ouvrages d'imprimerie courants sont de courte durée;

Qu'ainsi beaucoup de documents ayant une valeur historique considérable, tels que : journaux, placards, lettres, etc. sont condamnés à disparaître plus ou moins rapidement, ce qui sera particulièrement regrettable pour beaucoup de documents intéressant la grande guerre;

Le Congrès émet les vœux suivants :

1° Que les grands journaux, témoins quotidiens des événements et principale source de l'histoire future, s'astreignent à faire tirer, chacun sur un papier spécial présentant de grandes garanties de durée, quelques exemplaires de leurs numéros, ou du moins ceux qu'ils doivent fournir au Dépôt légal ;

2° Que la Chambre syndicale des Fabricants de papier s'entende avec les corps savants pour étudier les moyens de soumettre les papiers médiocres, ayant une grande valeur historique, à un traitement chimique qui puisse assurer leur conservation, sans altérer les éléments graphiques (écriture, imprimerie, etc.) qui font leur intérêt.

M. de Dampierre. — Je me place au point de vue historique. Les papiers actuels, les papiers à bon marché, ne présentent pas des garanties de durée. C'est une chose très fâcheuse pour les papiers qui ont une valeur historique, par exemple pour les journaux et pour ces feuillets de petits carnets à bon marché dont il a été fait un grand usage dans la présente guerre ; ce sont des documents historiques de premier ordre.

Il est regrettable de penser que ces journaux sont condamnés à disparaître dans un siècle au plus. Je demande à émettre le vœu que les journaux veuillent bien faire tirer, si possible, un ou deux exemplaires qui seraient déposés dans les archives ; en second lieu, que la Chambre syndicale des Fabricants de papier s'entende avec les corps savants.

Les petits papiers dont je parlais tout à l'heure, certains placards, certaines lettres, ont une importance historique considérable. Je voudrais que ces papiers fussent soumis à l'action de réactifs, dans le laboratoire, avec le concours des fabricants de papier, qui pourraient traiter certaines de ces feuilles de façon à leur assurer une durée plus grande. J'estime que la question est d'un intérêt suffisamment important pour que nous puissions émettre un vœu, qui sera nécessairement platonique, mais qui aura une valeur d'indication. (*Applaudissements.*)

M. LE PRÉSIDENT. — Y a-t-il quelques observations ?

UN CONGRESSISTE. — Ce que l'on demande en premier lieu existe au *Journal officiel* qui, dans ses adjudications, prévoit des papiers à pâte de bois pour la vente au numéro, et qui, pour ses archives, a du papier de pâte de chiffon.

M. CROLARD. — On avait parlé de généraliser pour que les bibliothèques officielles fussent toutes constituées sur papier de conservation ; mais on s'est heurté à la difficulté suivante : la plupart du temps, les papiers sont pris pour leur qualités, parce qu'ils sont d'un certain poids, parce qu'ils sont glacés ou couchés, qualités qui sont le contraire de la conservation, et, quand vous voulez imprimer des ouvrages sur du papier de conservation, vous vous buttez à l'impossibilité. Vous ne pouvez pas faire sur papier de chiffon l'impression que vous faites sur du papier couché.

On a agité la question de savoir si on n'imposerait pas le dépôt officiel du papier de chiffon. C'est impossible pour la raison que j'ai indiquée, parce que l'impression ne peut pas se faire sur du papier de conservation comme elle se fait sur du papier couché.

Il faut souhaiter que l'on prenne toutes précautions pour les publications officielles. Il y a des cahiers des charges qui sont très léonins. Je trouve même que l'État paye trop cher certains papiers, parce que l'on impose des conditions de conservation qui sont illusoires.

En ce qui concerne la conservation, il y a quelque chose de plus important encore : Tout ce que vous faites aujourd'hui à la machine à écrire va périr dans quatre ou cinq ans. A part le carbone, à base de charbon, toutes les encres violettes, bleues, que nous employons actuellement sont très périssables, de sorte qu'à la question du papier se joint celle des encres.

En Allemagne, on a régularisé la situation. On a créé le papier normal, qu'on impose par catégories : normal 1, normal 2, 3, et papier d'archives. Il y a, d'autre part, un laboratoire pour les encres et l'on impose aussi des qualités d'encres.

La question est donc très complexe.

M. DE DAMPIERRE. — Je reprends mon vœu. Nous le transmettrons aux journaux, sans aucune obligation. Du moment que le *Journal officiel* le fait, d'autres peuvent le faire.

M. CROLARD. — Comme fabricant de papier, j'ai entendu

parler de la disparition des journaux. Je suis allé à la Chambre ; je me suis fait montrer les journaux les plus anciens, qui sont tous conservés dans des conditions moins bonnes que celles des Archives nationales, où il n'y a ni lumière ni gaz. Le grand destructeur des imprimés, c'est le gaz. Je n'ai trouvé aucune trace de détérioration. On disait qu'au bout de trente ou quarante ans, le papier journal tombait comme de la coquille d'œuf. Les papiers de vingt ans, placés à la pluie, au soleil, se détruisent, mais pas ceux qui sont dans une armoire, dans une bibliothèque, et je n'ai rien pu trouver à la Chambre qui m'indique une altération sur des journaux de vingt ans, c'est-à-dire faits avec les produits que nous employons aujourd'hui.

M. DE DAMPIERRE. — Ma deuxième partie paraît intéressante ; elle a pour objet de faire étudier s'il n'y aurait pas moyen de transformer ces papiers de façon à les améliorer.

M. LE PRÉSIDENT. — Le vœu présenté par M. de Dampierre vous semble-t-il intéressant ? Dans ce cas, nous n'avons qu'une chose à faire, c'est de l'adopter.

(Le vœu est adopté.)

II. — SYNDICAT PATRONAL DES IMPRIMEURS TYPOGRAPHES :

L'Impression

M. LE PRÉSIDENT. — Nous commençons maintenant la discussion du rapport présenté par le Syndicat patronal des Imprimeurs typographes sur les impressions typographiques. Je vais vous donner lecture des conclusions du rapport rédigé par les Maîtres Imprimeurs typographes :

L'Imprimeur typographe français se trouve placé entre les exigences de ses clients essentiels et l'insuffisance de ses fournisseurs nationaux.

L'édition et l'imprimerie sont aujourd'hui deux industries bien séparées, dont la première fait travailler la seconde uniquement à façon, sans se préoccuper suffisamment des éléments de réalisation qu'elle fournit à son façonnier. Cet état de choses place les intéressés en présence de l'alternative suivante : ou bien l'éditeur doit se contenter de l'outillage courant, caractères et machines, que l'imprimeur tient à la disposition d'une clientèle aux besoins infiniment variés ; ou bien il doit, si les travaux qu'il veut entreprendre exigent une organisation et un matériel particuliers, assurer à l'imprimeur une stabilité suffisante. A l'éditeur de décider lequel de ces deux partis assurera la meilleure posture au livre français en face du livre étranger.

Tant que les fabricants de papier et les constructeurs de machines, en France, ne produiront pas aux mêmes conditions de qualité et de prix que leurs concurrents du dehors, les industries françaises du livre se trouveront en état d'infériorité par rapport à celles de l'étranger, sans que l'imprimeur français puisse être incriminé.

Notre corporation est prête à s'associer, de toutes ses ressources et de toute son énergie, à la rénovation de l'apprentissage, question de vie ou de mort pour toute l'industrie française.

Elle demande qu'à défaut de la suppression des droits d'entrée sur les machines et sur les papiers, ces derniers soient appliqués avec logique, et que disparaisse de notre législation douanière cette offense au bon sens, qui consiste à frapper d'un droit d'entrée la matière première et à exonérer le produit fabriqué, — tout au moins en ce qui concerne le patrimoine littéraire et scientifique de notre pays.

Elle demande que l'Etat cesse de lui faire, par le moyen de l'imprimerie nationale et des imprimeries pénitentiaires, une concurrence que rien ne justifie, et qui est, d'ailleurs, sans profit pour le public et pour le budget.

Y a-t-il des observations à présenter ?

M. G. LECOMTE. — J'ai demandé la parole au sujet du paragraphe 4 :

Notre corporation est prête à s'associer, de toutes ses ressources et de toute son énergie, à la rénovation de l'apprentissage, question de vie ou de mort pour l'industrie française.

Ce n'est pas en tant qu'ancien président de la Société des Gens de lettres que je demande la parole, mais en tant que directeur depuis quatre ans de l'Ecole du livre.

J'ai eu la surprise, et je dois le dire, la tristesse, de lire dans ce rapport, d'ailleurs très bien fait, de MM. les membres du Syndicat des Imprimeurs typographes, des appréciations sur l'enseignement qui est donné à l'Ecole Estienne, qui peuvent avoir pour résultat, demain, d'empêcher les deux cent cinquante élèves dont j'ai la garde de gagner leur vie, et j'estime qu'il est de mon devoir de venir ici protester contre certaines des allégations qui ont été émises dans ce rapport.

Je me permettrai tout d'abord de faire remarquer à Messieurs les membres du Congrès, que, depuis quatre ans que j'ai l'honneur de diriger l'Ecole du livre, je n'ai jamais eu le plaisir de recevoir la visite d'aucun des membres du Syndicat des Maîtres Imprimeurs. Par conséquent, aucun de ces messieurs n'a pu se rendre compte de ce que sont, à l'heure actuelle, les travaux à l'Ecole du livre, de ce qu'est, à l'heure actuelle, l'enseignement dans cette école. Quand il s'agit d'une chose aussi grave que l'avenir des enfants, l'avenir d'une maison d'éducation, l'avenir de notre industrie, est-il raisonnable, est-il juste de venir pour le présent, alors qu'on pense à l'avenir, émettre un jugement pareil, aussi définitif, sans qu'aucun des Maîtres Imprimeurs membre du Syndicat soit venu se rendre compte de ce qui se passe ?

Ces messieurs pourraient répondre : Nous n'avons pas besoin d'aller juger vos travaux, nous voyons ce que sont vos élèves quand ils viennent chercher des places et arrivent dans notre industrie.

Ce à quoi je suis obligé de répondre : Depuis quatre ans, il y a à l'Ecole du livre un nouveau directeur, et, je l'affirme, certaines idées particulières qu'on a essayé systématiquement, méthodiquement, de réaliser; aucun des élèves qui sont sortis depuis que j'ai l'honneur de diriger l'Ecole du livre n'a pu aller faire ses preuves dans l'imprimerie, parce que tous ceux qui sont sortis après leurs quatre années ont été immédiatement appelés sous les drapeaux, ont été mobilisés, et que l'industrie des Maîtres Imprimeurs n'a pas encore pu voir quels sont les résultats de l'enseignement donné depuis quatre ans.

Je vous demande si, quand il s'agit d'une chose aussi grave pour le présent et pour l'avenir, on a le droit de juger sur des choses du passé, sur des renseignements et des constatations qui datent peut-être de dix, de quinze ou de vingt ans, qui datent de huit ans, de cinq ans si vous voulez, mais qui ne sont plus les conditions d'aujourd'hui. Je demande à MM. les Maîtres Imprimeurs, dont quelques-uns sont des amis très chers pour moi, de bien réfléchir à la gravité du jugement qu'ils ont porté; car si je résume en deux mots leurs constatations sur l'enseignement donné à l'Ecole du livre, c'est simplement ceci :

Les élèves qui en sortent sont des ignorants et des prétentieux !

C'est un jugement terrible que vous venez de porter là ! Il est entouré, pour le directeur, pour le personnel enseignant, de politesse charmante, mais c'est le velours avec lequel on entoure la massue pour donner plus élégamment le coup mortel.

Il ne s'agit pas de questions personnelles; personne n'est en cause; il n'y a pas d'amour-propre, mais il s'agit de l'avenir du pays, de l'avenir de notre industrie, de la formation de nos apprentis. Du haut de quoi jugez-vous la formation des élèves de l'Ecole Estienne, puisque c'est la seule chose qui existe, puisque vous n'avez rien à l'heure actuelle ? Si un ou deux d'entre vous ont dans leurs ateliers une école d'apprentis, une école qui donne de bons résultats, c'est tout ! Et les autres ?

Il n'y a rien; c'est du haut de ce rien que vous venez abattre le peu qui existe au lieu de chercher à l'améliorer.

Il y a une chose à laquelle je vais répondre. Vous parlez au nom des Maîtres Imprimeurs, mais vous ne parlez pas au nom de tous, car j'ai la bonne fortune de constater que certains de vos confrères s'aperçoivent des changements apportés dans le fonctionnement de l'Ecole Estienne, puisque, en pleine guerre, j'ai huit élèves libres, fils de Maîtres Imprimeurs de province. Ils se sont donné la peine de voir et de regarder, et ils ont vu qu'il y existe une chose qui peut donner quelque résultat. Nous devons marcher la main dans la main, au lieu de nous livrer à des jugements aussi sommaires et aussi définitifs, sans avoir pris la peine de venir voir. Je pense que nous devons chercher à améliorer le peu qui existe.

Je n'ai cessé de répéter partout, depuis que je suis là, que l'Ecole Estienne est une maison administrée portes et fenêtres ouvertes, où tout le monde a le droit de venir voir ce qui se passe, que nous sommes prêts à écouter les suggestions, les conseils ; je ne dis pas que nous les suivrons tous, mais il en est, quand ils paraîtront raisonnables, justifiés, intéressants, que nous sommes prêts à étudier.

Dans tous les cas, les Maîtres Imprimeurs seront toujours les bienvenus, et, s'il y a eu un petit changement apporté à la direction de cette école, c'est qu'on a ouvert les portes et les fenêtres et qu'on a dit aux industriels : venez, c'est votre maison, nous travaillons pour vous, vous n'avez qu'à venir nous donner vos conseils, nous discuterons, nous regarderons ensemble.

Songez à ce que vous faites, vous dirais-je, s'il y avait en France, à l'heure actuelle, beaucoup d'organisations.

Dans ce rapport qui sera très lu, très commenté, vous venez jeter le discrédit, décourager les familles qui font le sacrifice de garder pendant quatre ans leurs enfants au lieu d'en faire des petits porteurs de télégrammes, de dépenser pour eux les frais d'un apprentissage. Vous venez décourager ces familles, et vous, Maîtres Imprimeurs extrêmement importants, vous venez dire à ces enfants : « Vous êtes des prétentieux et des ignorants » ; ce qui fait que, lorsque je me retourne vers eux, j'ai envie de leur dire : « Allez-vous-en, vous ne trouverez pas demain à gagner votre vie ! »

Je sais très bien qu'il n'arrive pas au bout de la course autant d'enfants qu'il en est parti ; quand ils entrent cinquante, il en arrive le cinquième ou le quart. Je souhaite de tout cœur que les enfants restent plus nombreux dans leur quatrième année ; mais, étant donné le peu que vous avez aujourd'hui de votre côté, c'est-à-dire rien du tout, j'estime que, s'il ne sortait de l'Ecole Estienne que deux élèves complets, ayant fait leur quatrième année, ce serait mieux que rien. Et ce que vous avez à offrir pour l'instant, c'est rien !

Je voudrais vous montrer, par des exemples, quelques-uns des conseils que nous donnons à nos élèves de l'Ecole Estienne. Je ne sors pas de la question : c'est la vérité de dire que nous essayons de mettre dans la tête des enfants que nous éduquons, de mettre de l'art, du goût et de la beauté dans ce qu'ils font. Je regarde, par exemple, et il ne s'agit pas d'un esprit critique, il ne s'agit pas d'adresser des reproches, des blâmes ou des compliments à des gens, il s'agit uniquement de voir ce qui se passe, je regarde la carte d'invitation au Congrès du Livre.

J'ai reçu cette carte d'invitation. Je ne sais pas qui l'a imprimée, mais ce que je peux vous garantir, c'est que, si un élève de quatrième année était venu m'apporter ceci, je lui aurais dit : « Il faut recommencer, parce que je ne peux pas lire votre carte. Je mets une minute à la lire et je veux la comprendre tout de suite. Il y a un parti pris de diversité infinie des caractères, ce qui nuit à toute espèce d'unité et d'harmonie ; il y a inégalité entre les blancs et les noirs, qui fait que votre carte est illisible. »

Je prends tous ces papiers que nous avons reçus et je dis — les Allemands vont les avoir dans huit jours — vous parlez d'avenir, de la rénovation des industries du livre! Voilà sur quoi on va nous juger! J'aurais mis au concours parmi mes élèves cette carte, nous l'aurions eue meilleure...

M. Decourcelle. — ... Mais nous n'avions pas le temps !

M. G. Lecomte. — Je reçois cet ordre du jour. J'ai eu de la peine à le lire. Je ne dis pas que ce soit mauvais, je dis que ce n'est pas un travail soigné.

Je suis désolé de faire peut-être de la peine à quelqu'un de très digne et de très estimable, mais un de mes élèves n'aurait pas travaillé comme cela.

Enfin j'ouvre nos rapports. Je les ai lus les uns après les autres, très consciencieusement ; car ce Congrès n'aurait-il d'autre résultat que d'avoir provoqué un travail pareil, qu'il aurait rendu un très grand service, parce qu'il a été fait un travail préparatoire énorme.

Tout à l'heure, les imprimeurs ont dit aux éditeurs : « Vous êtes responsables, nous ne sommes que des façonniers. » Voici précisément le genre de travaux où l'éditeur n'intervient pas, mais où c'est l'imprimeur lui-même. Il est libre. Est-ce que l'éditeur est intervenu pour dire comment il fallait que ces rapports fussent imprimés ? Je comprends les grandes marges ; je vois ce qu'on a voulu faire ; on a dit que c'était sur un papier qui n'est pas beau ; j'ajoute que le texte est difficile à lire, et il y a disproportion entre la grande et la petite marge... (*Protestations.*)

M. le Président. — Cela a été fait exprès...

M. G. Lecomte. — Je comprends que c'est un parti pris, pour pouvoir mettre des notes...

M. Max Leclerc. — Vous gâtez votre cause qui était bonne.

M. Decourcelle. — J'aurais préféré que vous prissiez un

autre exemple que celui-ci. Vous êtes un homme infiniment pratique, et vous devez vous être rendu compte que nous n'avons reçu ces rapports qu'à la dernière heure, j'allais dire à la dernière minute. Je considère comme extraordinaire qu'on les ait imprimés si bien. Nous avons rédigé notre carte d'invitation à la dernière seconde. Quant au petit règlement de l'ordre du jour des travaux, il a été fait je ne sais comment, tant nous étions pressés.

J'aurais donc préféré que vous eussiez choisi un autre exemple ; car sur celui-ci, il y a une réponse facile à vous faire : Vous demandez qu'on ait mis au concours la carte d'invitation devant les élèves. Comment vouliez-vous qu'on le fît? Nous ne savions pas au juste ce qui devait composer cette carte ; nous avons fait cela en quelques heures, en quelques minutes, et ce n'est pas de notre faute si cela n'est pas parfait.

M. G. LECOMTE. — Il ne s'agit pas de déverser le blâme ou la critique... (*Protestations*.)

M. MAX LECLERC. — L'industrie est actuellement désorganisée ; par conséquent, vous ne pouvez pas la juger sur ce qu'on a fait.

M. DECOURCELLE. — Les typographes ont fait un rapport, parlez des typographes!

M. G. LECOMTE. — Je viens simplement dire : Vous donnez des blâmes, vous faites des critiques ; j'ai pris quatre exemples sur les papiers d'aujourd'hui. Je vais terminer sur un dernier exemple.

Ce dont je vais parler est particulièrement délicat. S'il y a quelqu'un ici, qui ait eu, dans tout temps, un infini respect pour MM. Peignot frères, qui étaient de grands industriels, c'est moi. Et pour parler d'eux, je suis heureux d'être debout, car si j'étais assis, je me lèverais aussitôt pour saluer leur mémoire (*Applaudissements*)... non seulement leur mémoire comme grands soldats héroïques, qui se sont sacrifiés volontairement pour leur pays, mais leur mémoire comme industriels, et mon intervention n'aurait-elle servi qu'à cela, j'estime qu'il fallait que, dans cette première journée du Congrès, hommage public fût rendu à cette grande famille de grands industriels français.

Vous voyez par conséquent dans quels sentiments je parle d'eux. Je les connaissais avant la guerre. C'étaient des chercheurs, et tout en cherchant à faire de leur mieux, à faire de leur maison une grande maison, ils cherchaient à agrandir l'industrie française. Ils ont créé, entre autres caractères, ce délicieux caractère Cochin, que je souhaite voir acheter par l'Ecole Estienne pour certains travaux particuliers, et que j'aime infiniment. C'est un très beau cadeau qu'ils nous ont fait. Mais de quoi s'agit-il dans ce rapport?

Le Syndicat des Maîtres Imprimeurs a voulu donner une preuve de son goût, faire une œuvre jolie, qui reste.

Ce n'est pas cela que j'attaque. Il s'agit du présent; il s'agit de l'avenir. Vous étudiez une rénovation de l'industrie française. De quel caractère allez-vous vous servir pour parler de l'avenir ? D'un caractère du passé !...

La première chose que nous essayons d'enseigner aux enfants de l'Ecole, c'est de chercher un caractère en harmonie avec ce dont ils parlent.

On a commis la faute de faire ce qu'on a fait pour toutes nos expositions universelles, où l'on présente les choses du présent et de l'avenir dans les monuments du passé. Voilà tout. Je l'ai dit non pour critiquer, mais pour indiquer quelques-unes des idées dans lesquelles nous voulons former nos enfants.

M. LE PRÉSIDENT. — Il m'est impossible de vous laisser plus longtemps la parole sur cette question.

M. DE MALHERBE. — Nous sommes à la disposition du Congrès pour répondre dans la moitié du temps employé.

M. MAX LECLERC. — Je crois qu'il vaut mieux ajourner la réponse jusqu'à la séance de l'apprentissage.

M. DE MALHERBE. — Nous avons été surpris de voir une des questions venir dans un autre ordre que son ordre chronologique. La question de l'apprentissage renferme la question de l'Ecole Estienne, qui n'est même pas nommée. Nous ne nous attendions pas à voir cette question, si importante qu'elle soit, prendre la tête de la discussion. La discussion a été soulevée, non pas sur un point particulier, mais sur l'Ecole Estienne. Nous sommes prêts à répondre, si l'assemblée le juge utile.

M. LE PRÉSIDENT. — Il vaut mieux joindre la question à celle de l'apprentissage.

M. DE MALHERBE. — Nous insistons auprès de M. Lecomte pour qu'il soit présent.

M. G. LECOMTE. — Je ferai mon possible pour être là.

M. MAX LECLERC. — Je demande la même chose pour la question des douanes, qui se trouve soulevée dans le rapport des Maîtres Imprimeurs. Je désire qu'elle soit renvoyée à la séance où l'on s'occupera des douanes.

M. LE PRÉSIDENT. — On demande le renvoi de ces deux questions, apprentissage et douanes, à la séance où ces deux sujets seront traités à fond.

M. RENOUARD. — Etant donné la violence de l'incident, et étant donné que le Syndicat des Maîtres Imprimeurs n'a certainement pas eu l'intention d'attaquer l'Ecole Estienne, nous demandons que cet incident ne figure pas au procès-verbal. (*Protestations nombreuses*.)

M. LE PRÉSIDENT. — Je crois qu'il n'est pas possible de faire une suppression pareille dans le procès-verbal. (*Approbation*.)

M. DECOURCELLE. — Je demanderai aux Maîtres Imprimeurs s'ils trouvent que les conclusions pratiques de leur rapport sont exprimées sous une forme suffisamment nette pour représenter l'expression de leurs vues.

M. DE MALHERBE. — Ce sont plutôt des conclusions que des vœux.

M. DECOURCELLE. — On a demandé que les conclusions fussent exprimées sous la forme de vœux très nettement fixés, de façon qu'on puisse faire voter l'assemblée sur chacun de ces vœux. Il serait difficile, dans l'état où sont formulées vos conclusions, de faire voter; il faudrait donc que vous eussiez la complaisance de reprendre en quelques secondes les idées que vous émettez, de façon à les transformer et à permettre de faire voter.

M. LE PRÉSIDENT. — Voulez-vous que nous procédions à une suspension de séance pendant laquelle vous rédigerez des vœux, de façon que l'on puisse discuter et voter? Si nous entrons dans une discussion et que nous ayons à rédiger des vœux en même temps, nous n'en sortirons jamais. Le vœu étant rédigé, nous le discuterons et nous le voterons.

UN CONGRESSISTE. — Il y a des vœux que nous adressons aux industries qui nous font travailler, et des vœux que nous adressons aux Pouvoirs publics.

M. DECOURCELLE. — Votre vœu concernant l'Imprimerie nationale est parfait.

M. LE PRÉSIDENT. — Nous avons déjà deux questions qui doivent être laissées de côté : l'apprentissage et les douanes...

M. DE MALHERBE. — Nous avons émis deux vœux, l'un qui consiste à dire que les travaux doivent être mis en adjudication ; nous pouvons le voter et ensuite voter le deuxième, qui soulève la question des travaux particuliers de l'Imprimerie nationale. Si vous voulez diriger le débat dans ce sens...

M. LE PRÉSIDENT. — Au point de vue pratique, il serait préférable de faire une suspension de séance de quelques minutes, pendant laquelle vous rédigerez vos vœux; nous les discuterons ensuite, et nous les mettrons aux voix.

La séance est suspendue.

(La séance est suspendue à cinq heures vingt.)

(La séance est reprise à cinq heures quarante.)

M. LE PRÉSIDENT. — La séance est reprise. Je donne la parole à M. Renouard.

M. RENOUARD. — Voici les vœux qui viennent d'être rédigés :

Le Congrès émet le vœu :

1° *Qu'une entente plus complète ait lieu entre les éditeurs et les imprimeurs dont les intérêts sont intimement liés.*

Ce vœu correspond à la première partie des conclusions de notre rapport. Nous nous sommes attachés à ce point que, pour arriver à la fabrication parfaite d'un livre, il est indispensable que tous les éléments de fabrication soient calculés de façon à marcher ensemble, et que, par exemple, le papier, le caractère soient choisis en vue du travail qu'on veut faire. Il arrive fréquemment de mettre un ouvrage en route et de recevoir du papier qui n'est pas fait pour le tirage auquel il est destiné.

Nous désirons qu'une entente ait lieu entre les imprimeurs et les éditeurs pour qu'ils se mettent d'accord, avant le commencement de la fabrication du livre, sur tous les éléments qui doivent le composer. Je crois que ce vœu ne peut pas soulever d'objections de la part des éditeurs.

M. MAX LECLERC. — Voyez-vous un moyen pratique d'établir cette entente ?

M. RENOUARD. — Je ne le vois guère que par une entente personnelle, une étude commune de l'éditeur et de l'imprimeur.

M. MOTTI. — Pour le caractère, vous la faites déjà par le spécimen ; pour le papier, on peut se documenter.

M. RENOUARD. — Fréquemment, on nous envoie des échantillons de papier.

UN CONGRESSISTE. — Il est fait un usage immodéré, pour le bon travail, des procédés directs. Par exemple, la similigravure exige des papiers que bien des gens accusent de n'être pas des papiers ; dans ces conditions, si l'on veut obtenir de ce procédé tous les avantages qu'il a, il faut que le papier soit approprié au procédé de gravure employé.

Ne parlons pas de l'état actuel ; mais, si l'on veut se rendre compte du résultat obtenu par le graveur, qui a tiré une épreuve sur un papier à 125 francs, en demandant à l'imprimeur une épreuve sur papier à 45 francs, on sait qu'on n'obtiendra sur ce papier très bon marché qu'un résultat très éloigné du résultat obtenu sur la première épreuve. Il ne faut pas s'étonner davantage du résultat en disant : c'est gris, c'est empâté ! On s'y attendait et on le savait à l'avance.

M. LE PRÉSIDENT. — Il me semble que ce vœu est une chose rationnelle et raisonnable, et qu'il ne peut résulter que d'heureuses conséquences de cette collaboration entre l'éditeur et l'imprimeur, lorsqu'il s'agit d'établir une publication nouvelle.

Je vous propose donc d'adopter ce vœu, à moins que vous ne voyiez l'utilité de discuter ou de présenter des observations.

M. DE MALHERBE. — Il y a aussi, dans la question du choix des caractères, quelque chose dont nous parlons dans notre rapport; c'est qu'il faut considérer non seulement la qualité graphique des caractères que l'on veut employer, mais aussi leur prix d'achat. Si, pour faire 300 francs de composition, il faut acheter 1 000 francs de caractères dont l'utilisation est fort problématique dans l'avenir, il y a évidemment là, dans l'état actuel de l'imprimerie, un petit point d'interrogation que l'imprimeur a le droit de se poser.

A l'heure qu'il est, nous avons eu, dans des considérations à côté, un petit coup de patte sur un caractère essentiellement à la mode aujourd'hui, et que tout le monde demande, même dans des publications qui ne le comportent pas. Il subit ce sort commun à tous les caractères, c'est qu'il a augmenté de 40 à 50 p. 100. Il faut en mettre. Il y a là aussi une question qui n'est pas une question de résultats techniques, mais de considérations commerciales. Le désir manifesté par un client important doit être pris en considération.

M. LE PRÉSIDENT. — C'est pourquoi, lorsque l'éditeur peut demander un caractère qui entraîne une dépense exagérée, étant donné l'importance du travail qui lui sera confié par la suite, on peut espérer que les bons rapports entre l'imprimeur et l'éditeur permettront de faire valoir ces raisons et de faire comprendre à l'éditeur que sa demande est peut-être exagérée. Il peut y avoir une question d'entente réciproque.

M. DE MALHERBE. — Il faut considérer qu'à côté de ce vœu très concret, chaque ligne de notre rapport est un souhait de gens ayant les mêmes intérêts, totaux et définitifs; il s'agit de bien les conjuguer dès le début. Mais à chaque instant, dans notre rapport, nous parlons de la façon dont nous voudrions que le travail nous fût donné et des possibilités d'exécution que nous voudrions avoir.

M. VALOIS. — Si nous ne considérons cette question qu'entre Maîtres Imprimeurs tout à fait qualifiés et entre éditeurs connaissant leur métier, elle ne se pose pas. Nous trouvons toujours auprès des Lahure, des Renouard, etc., les conseils techniques dont nous avons besoin. Mais un nombre considérable d'éditions sont faites en province; or, il s'agit pour nous tous de la rénovation du goût français, de la perfection de nos éditions. Nous l'obtiendrons chez les Maîtres Imprimeurs, mais bien moins chez un certain nombre d'imprimeurs de province qui prennent du travail à la grosse, qui ne se soucient pas énormément des règles de la typographie, qui, parfois, ne les connaissent pas et qui se laissent quelquefois imposer des conditions de travail qui ne sont pas extrêmement heureuses.

Tout à l'heure, j'entendais M. Draeger signaler le défaut considérable qui se présente pour de simples réimpressions : on confie des clichés en mauvais état, et on les donne à l'imprimeur qui a beaucoup de mal à faire une bonne réimpression. L'imprimeur très qualifié de Paris ou de province pourra faire une protestation auprès de l'éditeur et attirer son attention sur les inconvénients qu'il y a à faire une réimpression dans ces conditions; au contraire, certains imprimeurs de province se laisseront imposer les conditions que nous leur poserons. Résultat : mauvais travail, mauvais tirage, mauvais aspect de l'œuvre.

Certains imprimeurs de province ne fournissent pas du bon travail, se laissent imposer une fantaisie extraordinaire de composition, et vous voyez des ouvrages dont les titres, les sous-titres, les titres courants, la couverture sont composés d'une façon hétéroclite; dix caractères sont employés pour une seule page, et le résultat est mauvais.

D'autre part, il faut nous imposer certaines règles. J'ai vu, dans le rapport de M. Lahure, qu'on nous invite à ne pas demander des tirages dans des délais extrêmement rapides. On demande parfois de monter un livre à bon tirage, entièrement, en quinze jours ou trois semaines. C'est insuffisant pour faire quelque chose de bien. Que les imprimeurs prennent des décisions qui ne nous permettront pas de leur demander des travaux faits dans d'aussi mauvaises conditions! Si je me trouve devant une décision générale qui m'empêche d'obtenir un mauvais travail, rien de plus simple, je m'y conformerai. Ce sera aux imprimeurs d'établir des règles générales de travail. Je crois que, de cette manière, une réclamation syndicale sera extrêmement rare.

M. KEUFER. — Je suis complètement désintéressé dans cette grave question. J'ai écouté avec beaucoup d'intérêt les observations si judicieuses de M. Valois, lorsqu'il dit qu'il faut faire l'éducation des Maîtres Imprimeurs, pour qu'ils fournissent du bon travail. Je ne peux que m'associer au vœu qu'il vient d'exprimer. C'est le désir que nous avons tous de donner au livre la plus grande perfection, de façon à répandre notre pensée le plus possible et le plus loin possible. Mais, s'il y a l'éducation des Maîtres Imprimeurs, et si nous songeons aussi à faire l'éducation de l'ouvrier — c'est l'idée qui m'est venue spontanément — ne croyez-vous pas qu'il y aurait aussi à faire l'éducation de l'éditeur? (*Approbation.*) Si, dans certaines circonstances, l'imprimeur accepte trop facilement les prix qui lui sont imposés, pour avoir du travail, il ne calcule pas toujours que le prix minime que lui marchande l'éditeur l'obligera à produire rapidement, à faire le travail sans soin, de manière que ses frais généraux ne soient pas trop lourds en comparaison du prix que l'éditeur lui aura fixé.

Je m'excuse de tenir ce langage, mais je crois que je suis peut-être le mieux qualifié pour le tenir, parce que, en raison de l'expérience que j'ai déjà acquise, chaque fois que je me trouvais avec des Maîtres Imprimeurs, j'ai vu combien ils étaient étranglés par les prix qui leur étaient faits pour pouvoir en sortir. Tel imprimeur de province qui a un bon matériel, de bons ouvriers et qui paye des salaires convenables à son personnel — parce que la question du salaire n'est pas étrangère à celles de la bonne fabrication du travail et de l'éducation de l'imprimeur et de l'éditeur — pourra faire un bon travail, si l'éditeur ne marchande pas trop vis-à-vis de lui. Toutes les questions sont liées, et je suis content de pouvoir dire que non seulement les auteurs peuvent avoir quelquefois à se plaindre de l'éditeur lui-même, mais que les imprimeurs peuvent aussi se trouver dans le même cas. Il y a une relation entière, complète, entre les différents intérêts, et je m'associe très volontiers au vœu de M. Valois, mais à la condition que, si l'éducation de l'imprimeur est à faire, l'éditeur soit plus large dans les conditions qu'il fait à l'imprimeur pour que celui-ci sorte honorablement de l'exercice de son métier, qu'il puisse payer convenablement ses ouvriers et produire de beaux travaux, dans l'intérêt de l'industrie de l'avenir. (*Applaudissements.*)

(Le premier vœu, mis aux voix, est adopté.)

M. RENOUARD. — Voici le deuxième vœu :

2° *Que de nouvelles conditions de prix et de fabrication puissent être faites par les fabricants de papier et de machines, afin de satisfaire les besoins d'une clientèle justement exigeante et de ne pas nous laisser distancer par des formes de publication dont l'étranger nous donne quelquefois l'exemple.*

M. CROLARD. — Je crois que, en ce qui concerne la fabrication du papier, le rapport que j'ai déposé répond parfaitement au vœu.

M. RENOUARD. — Il est évident que votre rapport nous a indiqué de la façon la plus absolue que les fabricants de papier faisaient l'effort nécessaire, et que nous espérons beaucoup d'eux pour nous tirer de la situation actuelle. Nous en prenons acte bien volontiers, et nous vous en remercions.

UN CONGRESSISTE. — Après avoir voté le vœu émis par les marchands de papier, nous enregistrons leur promesse. Ils nous ont parlé de la plantation des peupliers et autres, mais ils ne nous ont pas parlé de la façon dont ils traitaient ces matières, et ont-ils promis de faire dans le traitement de ces papiers toutes les améliorations nécessaires? Nous affirment-ils qu'au point de vue outillage, ils sont ou vont se mettre — surtout si les promesses de la fabrication des produits chimiques se réalisent — à la hauteur de nos besoins?

M. CROLARD. — Je crois avoir donné des précisions suffisantes tout à l'heure, quand j'ai énuméré un certain nombre de sociétés qui s'occupaient, par exemple, de la fabrication du papier d'alfa, et, du moment que nous aurons des produits chimiques, nous donnerons nos papiers à des conditions meilleures, toutes choses étant égales, qu'avant la guerre.

LE MÊME CONGRESSISTE. — Nous en acceptons l'augure.

M. CIM. — Est-il bien nécessaire de parler de notre infériorité?

M. DELMAS. — J'estime que, au point de vue des machines à imprimer, nos fabricants auraient pu faire l'effort nécessaire, mais ont-ils trouvé du côté des imprimeurs les moyens de construire les machines qu'ils pouvaient désirer? Non. Parce que l'imprimeur n'est pas assez rémunéré par l'éditeur ou par le client pour qu'il puisse acheter des machines.

Les observations faites par M. Keufer constituaient la défense complète de l'imprimerie française. Des confrères de province ont fait de très bonne typographie; d'autres maisons ont été signalées comme fournissant des travaux ordinaires; c'est parce que les prix qu'on leur donnait étaient extraordinaires de bon marché. Comment voulez-vous qu'ils achètent des machines ou qu'ils modifient leur outillage, avec un argent qu'ils ne gagnent pas? Les fabricants de machines ne peuvent pas produire, parce qu'on ne leur donne pas le moyen de gagner leur vie.

M. RENOUARD. — Cependant quantités de machines étaient achetées à l'étranger et auraient pu être achetées en France.

M. MAX LECLERC. — Nous abordons incidemment une question qui n'a pas encore été traitée, celle des machines à imprimer.

Il y a sur cette question un rapport d'un constructeur qui va venir en discussion....

M. DECOURCELLE. — Ce rapport est-il fait?

M. LAMBERT. — Depuis notre dernière séance du 12 juin, je n'ai plus eu de communications relativement au Congrès.

Vous savez que nous travaillons tous pour la défense nationale, que nous sommes très occupés. Mes ateliers sont à Saint-Denis, et je n'avais guère de communications avec Paris; ce n'est donc que lorsque j'ai vu que le Congrès avait lieu, que je me suis préoccupé de faire mon rapport. J'espère qu'il vous sera remis imprimé avant la fin du Congrès, mais, puisque nous parlons de cette question des machines à imprimer, je crois que l'on pense des fabricants l'inverse de ce qu'on devrait penser. Depuis très longtemps, nous laissons agir la concurrence étrangère à notre grand détriment, nous luttons avec les plus grandes difficultés contre un état de choses que vous allez comprendre immédiatement.

Si le livre avait autrefois sa réputation, s'il était très répandu, si à ce moment nous étions en pleine prospérité, c'est parce qu'on travaillait énormément, parce que les machines n'étaient pas aussi compliquées, parce qu'elles n'étaient pas aussi coûteuses. Il nous était alors facile de fabriquer des machines, en même temps pour la métropole et pour l'étranger, parce que nous avions imposé notre goût.

Lorsque les nouveaux procédés ont été créés, la plupart inventés par nous, nous avons laissé les étrangers en tirer profit. Ayant exploité ces procédés chez lui, l'étranger nous a imposé sa méthode. Les pédales, par exemple, que nous exportions dans le monde entier, sont arrivées représentant non plus un produit d'imprimerie, mais un produit de gaufrage, et pour faire prendre la machine, qui coûtait plus cher que celle que nous fabriquions, on présentait des gravures repoussées avec des fonds crème. Cela a duré un an ou deux, et on n'en a plus voulu, mais les machines sont restées.

L'Allemagne voulait nous imposer son goût; il lui fallait donc imposer pour l'exportation son modèle de machine. Quelle est la machine qui règne en maîtresse en ce moment chez l'imprimeur? C'est la machine double. Il n'y a guère que la France qui l'emploie, et un peu l'Angleterre, où elle disparaît petit à petit. Vous nous demandez de faire de ces machines! Pour pouvoir lutter avec des pays qui ont une organisation comme celle de l'Allemagne, il faut pouvoir les faire en grande quantité. Nous avons des modèles très coûteux, des essais, du travail à dépenser; il faut que notre industrie ait ses débouchés. Ils n'existent pas. Donc, nous ne pouvons pas faire en France des machines spéciales pour vous. Nous ne pouvons avoir l'intention de les exporter à l'étranger, puisqu'on ne les prendra pas. Nous sommes obligés de vous faire payer le prix fort.

Quand une machine en blanc venait d'Allemagne en France, elle entrait à bon marché, mais avec perte pour l'Allemand. L'Allemand voulait nous détruire, et ensuite mettre la main sur votre industrie.

Je vous citerai des exemples. Toutes les maisons, les unes après les autres, commençaient à décliner. Une grande maison, Alauzet, ferme ses portes. Pourquoi? Maison prospère autrefois, gros sacrifices pour mettre de nouvelles machines debout, et enfin les gens ne s'intéressent plus à l'affaire. Lorsque nous avons voulu racheter cette maison, nous avons trouvé devant nous des Allemands qui ont mis la main dessus dans le but d'avoir une succursale en France, parce que, la machine étant introduite, on pourrait venir la faire réparer facilement.

Ayant détruit le constructeur français, ayant imposé ses machines chez l'imprimeur, l'Allemand aurait fini par mettre la main sur les imprimeries. Voyant grand, ils voulaient nous pousser à faire grand. Ce n'est pas par eux que nous voulons faire grand, c'est par nous-mêmes.

Par conséquent, notre sort dépend du vôtre. Faites beaucoup d'impressions, et nous serons prospères, et nous pourrons vous donner des machines à bon marché.

M. SIMON. — Dans le rapport des Maîtres Imprimeurs, il semble qu'il soit adressé des reproches à une société qui a vulgarisé en France la gravure et l'impression en creux. Il existait en Allemagne, en 1912, des brevets que cette société a payés aux Allemands, et qu'elle a introduits en France. Il est dit dans ce rapport qu'elle avait pour but l'introduction des machines allemandes en France. C'est une erreur. Elle n'a eu comme but, au contraire, que d'acheter des brevets appartenant à des Allemands, brevets français, italiens, espagnols, de construire en France des machines à imprimer, d'exploiter ces brevets et de vendre ces machines en France à des imprimeurs français.

Elle a acheté ces brevets en novembre 1912 et en avril 1913. Ayant construit en France et en Alsace des machines à imprimer, elle a imprimé en France des publications illustrées. Depuis la guerre, ces publications ont pris un essor considérable; il a fallu imprimer ces publications soit en typographie, soit en creux. Les imprimeurs avaient chez eux énormément de rotatives typographiques; ils avaient donc le choix.

Dans le rapport, il est dit que l'économie de ces procédés n'a pas été démontrée. Elle s'est réalisée toute seule, puisque l'imprimerie, qui avait le choix entre la typographie et le creux, n'a pas hésité à prendre le creux. Pourquoi? Parce que cette impression lui donnait toutes sortes d'avantages : d'abord de supprimer complètement la mise en train et de permettre l'emploi d'un personnel technique médiocre comme conducteurs, graveurs ou imprimeurs... (*Protestations*.) Elle a donc imprimé ces publications à des millions d'exemplaires en employant le creux.

Il est dit aussi que cette société prétend avoir le monopole de gravure et d'impression en creux. Nullement. Elle a acheté des brevets français, allemands, italiens, espagnols, appartenant à des Allemands, et elle a acheté le droit d'exploiter ces brevets en France, ce qui était préférable, plutôt que de laisser les Allemands introduire les machines en France et les vendre à des imprimeurs français. Elle a fait un gros chiffre d'affaires, non seulement en

France, mais en Espagne, en Amérique du Sud, en Belgique, en Italie. Pour empêcher les Allemands de vendre dans ces pays, elle a fait d'énormes sacrifices. Elle a payé ces brevets un prix très élevé; elle a le monopole des brevets achetés, jusqu'à ce qu'ils tombent. Si ces brevets tombent, elle aura donné aux imprimeurs français ces procédés pour peu de chose; s'ils sont maintenus, elle en profitera.

Nos imprimeurs ne donnent pas suffisamment de commandes pour alimenter nos industriels et permettre de fabriquer en série; nous avons dû chercher à fabriquer des modèles s'adressant à l'exportation, et nous ne vivons pas de l'imprimerie française, mais de l'étranger, en vendant à l'étranger, notamment à l'Amérique du Sud, des modèles de machines à imprimer au même prix que les Allemands. Nous sommes ainsi arrivés à enlever aux Allemands tout le marché des rotatives en Amérique du Sud. On ne peut donc pas dire que, dans beaucoup de cas, la machine à imprimer française est trop chère; elle est vendue souvent beaucoup meilleur marché que par les Allemands.

M. DE MALHERBE. — Nous achetons des machines étrangères, bien qu'elles soient d'un prix plus élevé, parce que nous ne trouvons pas, nous autres imprimeurs faisant des livres, les machines, exigées par les travaux que l'on nous confie, parmi les machines françaises.

Il y a quelques petites inexactitudes dans ce que disait tout à l'heure M. Lambert, qui parlait des machines en blanc rapides, qui ont causé une grande révolution dans l'imprimerie française. Il a eu l'air d'attribuer l'introduction de ces machines à l'Allemagne, alors qu'elles viennent en réalité, je crois, de l'Amérique qui les a inventées. L'Allemagne en a fait une contrefaçon qui a été expérimentée par quelques-uns d'entre nous qui s'en sont mordu les doigts, et qui ont vu que, malgré son bon marché, ils avaient eu tort d'acheter la machine allemande. Je crois que ceux qui avaient fait cette erreur ont acheté ensuite la machine de l'inventeur américain, qui nous a été proposée en 1900, et que l'on a vue, pour la première fois, expérimentée à l'Exposition universelle. Elle était exposée, dans le pavillon des Etats-Unis, par les inventeurs, les frères Muley, et, à côté, simultanément, en contrefaçon, chez Shelder, une maison de Leipzig, qui a obtenu un grand prix à l'exposition de 1900 avec cette contrefaçon...

M. LAMBERT. — ... Pour la fonderie, mais pas pour la machine.

M. DE MALHERBE. — Je crois qu'il y a ici le plus gros possesseur de machines en blanc de Paris, *l'Illustration*, et je demande s'il a des machines allemandes.

M. Baschet. — Pas une allemande !

M. Simon. — Il y a des machines anglaises.

M. de Malherbe. — Il y a des machines qui sont absolument sœurs. Il y a la machine des inventeurs, et il y a la machine de la société anglaise qui a acheté le droit de construire ces mêmes machines et de les vendre avec quelques petites modifications.

Nous nous sommes trouvés en présence de besoins nouveaux, et nous avons acheté des machines à ceux qui les proposaient. Quand nous avons été obligés d'avoir des machines imprimant certains procédés, nous avons bien dû les prendre là où on les trouvait, et nous avons dit qu'il était dommage de les acheter à John plutôt qu'à Durand.

D'autre part, permettez-moi de vous dire que ce qui vous est arrivé pour la machine en blanc vous pend au nez pour la machine double.

M. Simon. — La machine en blanc est construite par des constructeurs français aussi bien que par les Allemands, peut-être d'une façon plus robuste, et elle donne lieu pour les constructeurs français à une grosse exportation dans tous les pays du monde. Cela n'empêche pas qu'il y a beaucoup de machines en blanc allemandes, quoique les Français les construisent aussi bien et les vendent peut-être meilleur marché.

Un congressiste. — La machine à arrêt de cylindre constitue-t-elle un arrêt de fabrication ou un progrès ? Les imprimeurs ont tranché la question dans le second sens, car ils achètent, je crois, six machines deux tours pour une. Si les constructeurs français ont su déloger les Allemands, tant mieux, mais, je crois qu'à un imprimeur sur dix, seulement, ils offrent la machine dont il a besoin. J'estime que l'achat des machines en blanc à grande vitesse pour l'impression des procédés modernes se fait dans une proportion très faible.

M. Lambert. — Nous ne pouvons pas comparer l'industrie française du livre avec l'industie américaine du livre. En Amérique, nous voyons des imprimeries au capital de 250 millions, et une imprimerie au capital de 5 millions occupe le huitième, le neuvième ou le dixième rang. Des industries de cette importance ont pu s'arranger pour créer des unités, et vous voyez une méthode dans les dimensions, une méthode dans les modèles ; il n'est pas surprenant que les Américains, qui fabriquent jusqu'à deux machines par jour, puissent en exporter, et il n'est pas étonnant non plus que ces machines puissent être produites à un prix rémunérateur, parce que la métropole paye beaucoup plus cher que celui qui achète la machine exportée.

Dans ces conditions, j'émets le vœu que l'on prenne en considération les efforts très sérieux faits par les constructeurs français, mais qu'on leur donne les moyens de se développer. Pour les leur donner, il faut unifier la méthode de travail.

J'estime que la machine deux tours est certainement celle qui convient aux imprimeurs français, mais on peut compter ceux qui l'emploient, parce qu'elle est d'un prix très élevé.

M. DE MALHERBE. — Nous n'incriminons pas, nous constatons que, lorsque nous achetons une machine américaine à Paris, nous devons être handicapés par rapport à l'imprimeur américain.

M. LE PRÉSIDENT. — Il faut une solution pratique.

M. LAMBERT. — Le fabricant américain de machines ayant, par exemple, 1 000 machines à construire pour la métropole, en mettra 3 000 en chantier, ce qui lui fait 4 000 machines. Sur les 3 000 destinées à l'exportation, il ne comptera que sa matière première et sa main-d'œuvre ; les frais généraux seront supportés par la métropole. Le champ est assez vaste pour pouvoir rémunérer les frais de transport, les droits de douane et enfin le représentant. J'ai vu une machine vendue ici 15 000 francs, et vendue là-bas, à l'imprimeur, 20 000 francs.

M. LE PRÉSIDENT. — Je vous propose, ou d'arrêter la discussion, ou de mettre aux voix le vœu tel qu'il a été proposé.

M. MAX LECLERC. — Le vœu est très vague et peu satisfaisant.

M. LE PRÉSIDENT. — Je vous propose alors d'arrêter la séance et de continuer la discussion demain à deux heures.

(Adopté.)

M. DE MALHERBE. — On nous a mis en demeure de résumer nos conclusions dans un vœu ; nous avons fait ce que nous pouvions.

M. LE PRÉSIDENT. — La séance est levée.

(La séance est levée à six heures trente.)

DEUXIÈME SECTION

LUNDI 12 MARS 1917

I. — E. PINAT : **La Librairie industrielle française.**
II. — F. STROWSKI et R. PICHON : **Les Collections de textes classiques.**
III. — P. BERTRAND : **Les Éditions musicales.**

La séance est ouverte à deux heures cinquante, sous la présidence de M. Émile PICARD.

I. — E. PINAT : **La Librairie industrielle française**

M. LE PRÉSIDENT. — Nous allons commencer immédiatement nos travaux par la discussion du rapport de M. Pinat sur *la Librairie industrielle française*.

M. J. CLÈRE. — Je demande à faire une motion d'ordre. Je demande que, pour chaque rapport, tous les congressistes qui auraient à prendre la parole se fassent inscrire, dès le début de la séance, sur une feuille que tiendrait le secrétaire. De cette façon chacun pourra prendre la parole à son tour. Cela n'empêchera pas, bien entendu, qu'au cours de la discussion tout congressiste pourra demander la parole.

(La proposition est adoptée.)

M. LE PRÉSIDENT. — Nous discutons maintenant les conclusions de M. Pinat.

M. EUGÈNE MOREL. — Nous sommes ici un peu en famille et je m'excuse de certaines critiques que je pourrai formuler sur le rapport, admirable sous tous autres côtés, de M. Pinat.

Ce rapport commence par montrer que beaucoup d'industriels hésitent à acheter certains ouvrages industriels de prix plus ou moins élevé, et se contentent de les consulter dans les bibliothèques.

Il y a là, à mon sens, une critique qui, j'en suis convaincu, dans les cas cités, est parfaitement juste et motivée. En général, cependant, elle est très fâcheuse. Il me semble, au contraire, que, dans la librairie industrielle, ce sont les bibliothèques, si elles avaient l'importance qu'elles doivent avoir, qui devraient être la première et la plus importante des clientèles de ces livres, et il faut se demander si les éditeurs en France ont fait tout leur devoir et si les bibliothécaires, de leur côté, ont fait le leur.

J'ai fait là-dessus une petite expérience. Ayant eu à organiser la bibliothèque d'une petite ville, je l'ai fait de façon très simple : tous les livres étaient mis en tas par matière, si bien que pour la question qui l'intéressait, le lecteur avait devant lui non pas un livre, mais beaucoup de livres touchant cette question. Ce système me paraît le plus commode pour renseigner le public industriel et commercial sur les livres qui peuvent l'intéresser. En effet, il est excessivement difficile au public de choisir les livres, surtout quand il s'agit de les acheter. On est horriblement embarrassé. Quels sont ces livres ? Comment faire un choix ? Il y a la réclame, mais la réclame n'est pas une indication pour un choix : c'est souvent le contraire, parce que l'éditeur, qui a dépensé de l'argent pour faire des livres très savants, par compensation, n'en a souvent plus pour faire la réclame nécessaire, et ce sont d'autres qui en profitent pour mettre devant le nez du public des livres qui ont plusieurs défauts, mais qui ont surtout celui d'avoir des titres très attrayants par lesquels le public est tenté et qui ne correspondent pas du tout à ce qui est à l'intérieur du livre. Il y a généralement, dans ces livres, des conseils vagues, peu précis, qui rebutent le public ; d'autant plus qu'en général ces livres sont assez chers et dépassent le prix courant de 2 ou 3 francs.

Qu'il s'agisse de photographie, de cuisine, de petite technique industrielle, le public est exposé à acheter des quantités de livres, avant d'avoir le moindre conseil. Il y a un autre fait pour lequel vous m'excuserez d'employer le mot de supercherie : ces livres ont assez rarement une date et le public est à chaque instant trompé. On lui donne des traités d'électricité très anciens qui ne correspondent plus au point de vue moderne, et il y a là pour le public des déceptions continuelles qui ont raréfié la demande de ces ouvrages d'une façon considérable.

Dans les bibliothèques, on ne tient pas compte de la réclame. Les livres, on les a toujours ; au besoin, on se les fait offrir. Le bibliothécaire peut donc choisir ces livres et les présenter. Dans les quatre-vingts bibliothèques municipales de Paris, nous avons un homme qui s'en occupe et qui pratique ce système, M. Cognac. La demande des livres techniques a plus que doublé depuis le début de la guerre, simplement par le fait que le public est admis à les prendre lui-même sur les rayons sans les demander. Dans la bibliothèque que je citais, le nombre n'a pas seulement doublé, la demande qui était de 3 p. 100 pour les livres qui n'étaient pas des romans a passé à 30 p. 100. Vous avez donc là une clientèle de premier ordre, celle des bibliothèques. Cette clientèle peut assurer et elle assurerait certainement, comme elle le fait en Angleterre et en Amérique d'une façon immense, une première clientèle qui est celle qui paye tous les frais d'édition, frais d'articles, frais de clichés, etc. Le succès vient après.

Quant au public, il n'achètera que les livres dans lesquels une simple inspection d'une demi-heure lui aura donné déjà des renseignements, c'est-à-dire les excellents livres, les manuels qui ont une utilité constante.

Quant aux autres moyens de publicité, je vois proposée une extension du *Journal de la librairie*. Le *Journal de la librairie*, comme vous le savez, a donné une feuille verte qui est infiniment utile et qu'on voudrait voir répandre beaucoup plus ; mais le public ne peut pas avoir cette publication, au moins toutes les semaines. Je me demande, pour la librairie documentaire, s'il n'y aurait pas un grand intérêt à avoir une publication annuelle ou trimestrielle qui donnerait les rééditions, les additions faites dans le courant de l'année aux ouvrages déjà parus. Il n'est pas question de publier tous les ans le même ouvrage ; mais je me demande si, par voie d'annuaire, on n'arriverait pas à répandre dans le public ces renseignements qui ne se trouvent actuellement que dans un ouvrage formant à la fin de l'année un volume énorme et difficile à consulter.

Vous avez à peine en province quelques livres, dans quelques villes, qui puissent renseigner le savant ou même simplement l'homme qui a besoin d'une publication technique à côté de son industrie. Avant que nous ayons fait l'éducation du libraire — et à ce point de vue il y a beaucoup à faire — beaucoup sont à même de tirer parti de l'instrument qui est entre nos mains avec le *Journal de la librairie* tel qu'il est.

Comme conclusion, je tiens à signaler le rôle des bibliothèques qui est énorme en Allemagne ; pratiquement, je serais heureux de voir émetttre un vœu sur la mise d'une date certaine sur tous les ouvrages comportant une utilité scientifique. Il y a là un intérêt énorme.

UN CONGRESSISTE. — Il y a là une question d'honnêteté.

M. MOREL. — Comme vous dites. D'un autre côté, la Société des Bibliothécaires de France s'appliquera à corriger ses erreurs. Il y a là une réforme qui est en train de se faire dans les bibliothèques anglaises : lorsqu'on a un livre à acheter — je parle d'un livre de science — la première idée qui vient n'est pas d'aller acheter le livre, mais d'aller à la bibliothèque voir les livres qu'il y a. On peut les y consulter facilement, on fait son choix, et on les achète, lorsqu'ils en valent la peine.

Il y a là des réformes très graves ; et alors le vœu suivant est un peu platonique, mais il indiquerait une tendance : la création d'un annuaire donnant sur tous les sujets scientifiques et documentaires, chaque année, la liste des livres nouveaux parus sur la question. Ce petit annuaire, qui ne serait pas très gros — il y a peut-être mille ouvrages nouveaux par an, pas beaucoup plus — serait très répandu, donnerait toutes les nouveautés, et sa vente serait suffisante, je crois, pour couvrir les frais qui seraient faits par la collectivité.

Voilà les deux vœux sur lesquels j'appelle la discussion. (*Applaudissements.*)

M. FOURMOND. — Je vous prie de m'excuser si j'anticipe sur la question de publicité ; mais il y a un point qui présente une importance considérable. La vente aux bibliothèques fournit certainement aux éditeurs un élément très intéressant ; mais ce que visent les auteurs et les éditeurs, c'est le public qui achète le livre et le conserve. Or, nous nous trouvons en présence de deux catégories d'ouvrages différents : d'une part, les ouvrages de vulgarisation, et ceux-là le libraire les vend assez facilement et, par conséquent, a une tendance à les demander ; d'autre part, il y a les ouvrages purement techniques. Pour ceux-là, c'est beaucoup plus difficile. Comme le disait justement M. Morel tout à l'heure, l'éducation du libraire n'est pas faite ; il ne sait pas propager une marchandise qu'il ne discerne pas bien lui-même. Par conséquent, ce qu'il faudrait obtenir, c'est toucher directement le lecteur intéressé par une publicité bien faite et rationnelle.

Je vous demande pardon de citer un exemple personnel. J'ai créé, il y a deux ans, une publicité qui s'adresse aux industriels. Tous les mois, j'annonce une moyenne de quinze à vingt ouvrages, et je vois, par les demandes qui en sont faites, que si l'on donne à l'industriel, au technicien, des détails bien précis sur ce qu'il est appelé à trouver dans l'ouvrage, et si, comme le demande Monsieur, la date est bien fixée, de façon à éviter le retour de choses que tout le monde connaît, si on envoie ainsi un bulletin bibliographique aux personnes qui peuvent s'intéresser à ces ouvrages, je suis convaincu qu'on arrive à vendre très facilement les ouvrages techniques. Je suis persuadé que M. Pinat sera d'accord avec moi à ce sujet.

M. PINAT. — Je m'en suis personnellement très bien trouvé.

M. FOURMOND. — L'idée d'un annuaire est très intéressante, mais je crois que, parallèlement à l'annuaire, il faut envisager la question de la publicité directe.

M. PINAT. — Les industriels et les savants qui achètent des livres d'eux-mêmes aiment acheter les choses qui ont paru quinze jours auparavant. Les progrès sont tellement constants qu'on n'éprouve pas le besoin d'acheter le livre d'hier, mais celui de demain. Donc, un annuaire qui, nécessairement, paraîtrait à la fin de chaque année, ne répondrait pas, à mon avis, au but que tout à l'heure se proposait M. Morel.

Du reste, il paraît chez moi une bibliographie trimestrielle qui n'indique pas seulement les livres que la maison édite, mais tous les livres industriels et scientifiques qui paraissent. Cette bibliographie contient la table des chapitres de tous les livres et, en outre, une table alphabétique des matières traitées dans chaque volume. Cette table alphabétique précède chaque livraison, et rend beaucoup de services aux bibliothécaires et aussi à la clientèle industrielle qui s'y abonne moyennant 2 fr. 50 par an.

En ce qui concerne les dates, je suis parfaitement de l'avis de M. Morel, tellement que, depuis dix ans, j'annonce la date sur chacun des cinq ou six mille volumes que comporte le catalogue de ma maison.

M. Fourmond. — Je crois que la publicité directe pourrait jouer un rôle énorme dans cet ordre d'idées.

M. Pinat. — C'est ce que je fais depuis dix ans, et c'est ce qui m'a permis de décupler le chiffre d'affaires de ma maison.

M. Morel. — M. Pinat a parfaitement raison dans ce qu'il dit, mais la science pure procède beaucoup plus par les périodiques, par les revues que par les livres. Le rôle des livres dans la science pure est relativement réduit ; il se compose surtout d'aide-mémoire, de manuels qu'on a continuellement dans la main. Les ouvrages complets formant un tout, qui sont ceux que particulièrement j'avais en vue, il y en a excessivement peu qui soient de première main. Il y a donc déjà vulgarisation dans bien des cas. Quelques exceptions peuvent être faites, mais elles sont très rares. Les savants, dans les sciences proprement dites, ne consultent pas les livres ; ils n'y ont presque pas recours ; ils suivent les mémoires présentés à l'Académie, les notes parues dans telle ou telle revue. L'ensemble de ces notes vient dans un volume six mois, quelquefois un an après, et là, une publicité, comme la proposait M. Fourmond, me semble parfaitement suffisante.

Mais il y a, à côté de ces renseignements sur la science pure, toute une publication technique, industrielle, qui est parfaite, de seconde main, c'est-à-dire de vulgarisation. Je parle, si vous voulez, entre les livres à 20 francs, qui sont de grands manuels, et les publications, par exemple, de la libraire Larousse, des livres techniques de 3 et 5 francs qui doivent être mis dans toutes les mains chaque fois que quelqu'un a besoin, non pas de la science ou de l'industrie qu'il exerce, mais de l'à côté ; par exemple, le physicien de la chimie, un éleveur de la chimie des engrais, un photographe d'un traité d'optique qui ne soit pas de la science de première main mais de vulgarisation.

C'est là la somme immense des publications que j'ai en vue et pour celles-là je crois que la publication d'un annuaire serait le meilleur moyen d'action. Maintenant, quant à la forme, il est évident que ce n'est que quand on traitera la question à fond, qu'on pourra envisager si la publication devra être trimestrielle, annuelle ou semestrielle. Le journal hebdomadaire ne peut pas suffire par son mélange avec d'autres ouvrages; il faut une autre publication plus restreinte, où l'on puisse trouver, à peu près pour chaque sujet, les nouvelles publications.

M. PINAT. — A propos de la *Bibliographie de la France*, qui ne peut pas, en raison de son prix de revient, être envoyée à un nombre suffisant d'exemplaires, il pourrait y avoir un moyen terme qui serait celui d'expédier un grand nombre d'exemplaires de la *Bibliographie* à tous les libraires français et particulièrement étrangers dans l'Amérique du Sud, dans les pays latins. La table hebdomadaire de la *Bibliographie*, qui est publiée depuis quelques mois, rend de grands services aux personnes qui cherchent des livres sur la littérature ou la science.

M. FOURMOND. — Malheureusement, cet ouvrage ne touche pas le public.

M. PINAT. — La diffusion de cette table hebdomadaire qui, d'ailleurs, permettrait d'augmenter, je crois, assez considérablement le nombre des abonnés de la *Bibliographie*, constituerait une publicité permanente pour la *Bibliographie* elle-même et donnerait dans tous les cas les renseignements les plus immédiatement nécessaires aux bibliothécaires.

M. FLOURY. — Je demande à faire une simple observation. Dans le rapport de M. Pinat, que je n'ai pas compétence pour discuter, j'ai beaucoup remarqué sa conclusion. Il est évident que la *Bibliographie de la France* n'est pas assez répandue. On se plaint généralement que les libraires sont de piètres auxiliaires pour les éditeurs; mais ici, il faut que les éditeurs fassent leur *mea culpa*. Beaucoup de libraires font leur métier sans avoir subi aucune préparation, sans avoir fait aucun apprentissage, c'est un fait; mais les éditeurs eux-mêmes ont manqué à leurs devoirs. Qu'ont-ils fait pour ces libraires? Presque rien. Ils ont un organe, une publication très importante : la *Bibliographie de la France*; eh! bien, la plupart des libraires ne s'y abonnent pas. Je connais le chiffre exact des abonnés, mais il ne dépasse certainement pas de beaucoup un mille. Il me semble que, si on veut que le libraire soit renseigné, la première condition est de lui donner un organe de renseignements. Cet organe, c'est la *Bibliographie*, mais le prix en est inabordable, et il est absolument nécessaire qu'on examine le moyen de la mettre à la portée d'un plus grand nombre de libraires. J'irai plus loin : je crois que le Syndicat des Éditeurs devrait la donner pour rien, de façon qu'aucun libraire n'ait d'excuse. Quand, en province, un médecin, un avocat, un homme qui s'intéresse à la science cherche un livre, la plupart du temps le libraire est obligé de répondre qu'il ne sait pas. Son client lui demande : vous ne recevez donc pas la *Bibliographie* ? Non, cela coûte 20 francs et cela rend si peu de services ! Je crois que la première réforme à faire est de faire que la *Bibliographie* soit plus répandue. Je ne dis pas que cela nous donnera du jour au lendemain de bons libraires, mais c'est un acheminement. Il est certain que si on forme des libraires, la vente du livre s'en ressentira.

Je m'associe donc aux conclusions de M. Pinat : mettre la *Bibliographie* à un prix tel qu'elle puisse se répandre en grand nombre.

M. GILLON. — Je serais d'avis de proposer :

Que la Bibliographie *de la France soit plus répandue, et que le prix de son abonnement soit réduit, l'idéal étant qu'elle puisse être servie gratuitement.*

M. WELSCHINGER. — Je crois qu'en Allemagne cela se fait ainsi et que le Volckmar est transmis à une grande quantité de libraires. J'appuie donc de toutes mes forces le vœu qui vient d'être émis.

M. DE MARGERIE. — Je crois pouvoir dire que le Comité du livre a demandé à tous les éditeurs d'envoyer leurs catalogues. En ce moment, nous réunissons ces catalogues et nous faisons des fiches pour chaque matière. Nous espérons arriver bientôt à former nous-mêmes un catalogue de peut-être quatre-vingt mille fiches. Nous verrons si on veut nous aider à répandre ce catalogue pour éclairer tous ceux qui s'intéressent à la librairie.

M. DIEUDONNÉ. — La question reste toujours celle-ci : rendre l'industrie du livre prospère. On a parlé des bibliographies ; certainement, c'est une chose indispensable à la propagande du livre, mais il faut savoir lire les bibliographies ; les bibliographies ne vous documentent pas sur la voie à suivre dans vos recherches. Tout à l'heure on parlait des savants ; évidemment, les savants s'en tiennent aux publications périodiques, parce que là on trouve des mémoires originaux des travailleurs de tous les pays. Mais celui qui n'est pas un savant, l'industriel, l'artisan, l'ouvrier, le petit chercheur qui demande à s'instruire ? Il va dans une bibliothèque publique, il cherche à savoir ce qui s'est produit et généralement il est désorienté, il ne se renseigne pas. Les classifications sont informes et mal faites. C'est donc déjà un procédé de classification qu'il faudrait choisir. Ce procédé de classification choisi, il faut être sûr que vous rencontrez le domaine que vous voulez explorer. La documentation doit être précise. Il ne faut pas qu'on voie, dans les bibliographies ou dans votre périodique, des comptes rendus qui soient des « prière d'insérer ». Il faut supprimer le « prière d'insérer » ou trouver un mode de publicité différent. Il faut que les gens qui écrivent sur les volumes édités sachent ce que c'est que ces volumes et s'ils sont au degré où les sciences et la technique sont parvenues. Cela, vous ne le rencontrez jamais, et je vous assure que c'est un moyen d'information qu'il faut savoir faire pénétrer chez les lecteurs si vous voulez réussir. Il faut que les bibliothèques soient fournies d'abord, et n'allez pas croire que ce sera un préjudice pour le commerce de la librairie : ce sera un très utile moyen de propagande parce que, quand on aura vu le volume, on l'achètera.

M. Pinat. — Je partage difficilement votre avis au sujet des bibliographies données dans les revues. J'ai, pendant fort longtemps, envoyé mes nouveautés dans toutes les revues industrielles, sans y joindre quoi que ce soit ; mais, devant l'absence de tout compte rendu pour les livres qui n'étaient pas accompagnés de notes à insérer ou d'un résumé quelconque de l'ouvrage, je me suis résolu, malgré mon antipathie pour ce système, à refaire des « prière d'insérer ». C'était la seule manière de voir publier une note dans la majeure partie des revues. (*Applaudissements*.)

M. de Grandmaison. — Je me permets de rappeler l'existence du *Polybiblion* que je dirige. En écoutant ces Messieurs, il me semblait que, par bien des côtés, nous devions répondre à une partie de leurs desiderata. Cette revue comprend deux parties. Il y a une partie littéraire qui donne des comptes rendus établis par des spécialistes — nous en possédons cent quatre — sur toutes les matières. Voilà une première opinion donnée dans la partie littéraire.

M. le Président. — Il s'agit de la bibliographie industrielle.

M. de Grandmaison. — J'entends bien. Dans la partie technique, il y a l'indication des ouvrages qui paraissent mensuellement. Cette partie est composée de tous les livres, par matière, qui paraissent. Par conséquent, il me semble, au moins dans la grande généralité, qu'on pourrait, avec ce simple fascicule dont je parle, qui compte cinq ou six feuillets, avoir immédiatement une liste des ouvrages et en même temps se reporter à la seconde partie. Il me semble que l'on peut ici rappeler l'existence de ce périodique.

Un congressiste. — Quel en est le prix ?

M. de Grandmaison. — 20 francs, 17 francs pour les sociétaires, et la seconde partie 8 francs.

Un congressiste. — J'ai eu l'occasion de me servir pendant vingt-cinq ans de ce *Polybiblion* et j'ai été très étonné que cette revue excellente ne fût pas plus connue. Dans la plupart des universités étrangères, même en Amérique, je trouvais toujours le *Polybiblion* à l'entrée de la salle de travail. Bien que la rédaction soit surtout d'origine historique et artistique, les matières qui rentrent dans l'industrie sont largement représentées, et je dois à la vérité de dire que les fiches composant cette seconde partie offrent les plus grandes garanties d'exactitude, car elles ont été dépouillées sous la direction de M. Stein, qui est un maître. Je prends donc la liberté d'attirer l'attention de nos collègues sur cette revue qui peut rendre des services supérieurs.

M. l'abbé Bethléem. — On a parlé tout à l'heure des bibliothèques qui sont un bon moyen de contribuer à l'éducation populaire, au moins industrielle. On a parlé aussi des bibliographies et des revues. On pourrait peut-être exprimer le vœu que, de temps à autre, la grande presse, qui ne coûte que cinq centimes par jour, contribuât elle-même à la vulgarisation des meilleurs livres qui auraient paru. Il semble bien qu'à ce point de vue la grande presse n'ait jamais rempli son devoir.

Plusieurs voix. — Jamais !

M. le Président. — Il y a un rapport spécial sur le livre et la critique.

M. l'abbé Bethléem. — C'est uniquement au point de vue de l'éducation populaire. Cela me paraît excessivement intéressant, tant au point de vue du succès commercial du livre, que pour le développement industriel et professionnel du peuple.

M. le Président. — Cette discussion empiète un peu sur celle qui doit avoir lieu vendredi : *le Livre et la Critique*.

M. Deniker. — Des bibliographies, nous en avons un très grand nombre en France et de bonnes ; mais je crois que la meilleure pratique est l'envoi du livre en communication. Ce genre de travail n'existe pas chez nous. Je vois même dans le rapport que de longtemps nous ne pourrons pas avoir ce mode de propagande. Il y a à peu près trente ans de cela, la même réflexion m'a été faite par plusieurs libraires auxquels je m'adressais, en qualité de bibliothécaire d'une grande bibliothèque, pour leur demander des livres français, puisque je recevais les livres étrangers : je vois que depuis trente ans la question n'a pas fait grand progrès.

J'empiète là peut-être sur le domaine commercial, mais je voudrais tout de même avoir quelques renseignements : pourquoi est-ce que chez nous nous ne pourrions pas avoir ce mode d'action ? Malgré toute leur meilleure volonté, les bibliothécaires sont obligés d'acheter moins de livres français que de livres étrangers, parce qu'il est plus facile de les avoir sous les yeux et de les juger.

M. Pinat. — D'une manière générale, les éditeurs de livres scientifiques et industriels envoient, à leurs correspondants libraires, deux, trois ou quatre exemplaires de leurs nouveautés. D'autre part, lorsque les bibliothécaires ou les industriels eux-mêmes demandent à l'éditeur un volume en communication, il est extrêmement rare que celui-ci ne leur donne pas satisfaction. Les libraires, quand ils reçoivent quatre ou cinq volumes, doivent les communiquer. Les éditeurs ne peuvent pas envoyer deux mille volumes en communication. C'est donc aux libraires, quand ils reçoivent les dépôts en communication, de les communiquer à leur clientèle, ou de les montrer aux clients qui viennent. Je ne vois pas d'autre moyen de vous donner satisfaction.

M. Floury. — Lorsque nous recevons les ouvrages scientifiques, nous, libraires, les clients directs, c'est-à-dire les industriels, ont déjà reçu depuis quinze jours ou trois semaines les spécimens. Moi-même très souvent j'ai envoyé ces ouvrages en communication et presque toujours il m'a été répondu qu'on avait été averti par l'éditeur quinze jours ou trois semaines avant. Maintenant, la communication des ouvrages est un peu une question de mœurs. L'Allemand, par exemple, qui reçoit un ouvrage en communication, le feuillette; chez nous, nous sommes un peu paresseux. On le laisse dans le paquet. Quand il s'agit d'un ouvrage inutile, de luxe, l'amateur qui l'a reçu en commnnication, pris de scrupule au bout de trois semaines ou un mois, le garde souvent. Mais, quand il s'agit d'un livre scientifique, on le renvoie presque toujours. C'est une question de mœurs bien plutôt qu'une question de négligence du libraire. Les tentatives que nous avons faites n'ont pas été très heureuses.

M. le Président. — Si vous me le permettez, je présenterai quelques observations d'ordre général qui se trouvent intimement liées à la librairie industrielle française.

J'ai été particulièrement frappé, en lisant la première page du rapport, par une phrase qui répondait à des préoccupations que, dans toutes les sociétés savantes, on a actuellement : « Combien d'ingénieurs, dit M. Pinat, ou d'industriels pensent que c'est jeter son argent par les fenêtres que d'acheter un livre scientifique ou technique! »

Ceci a l'air très dur : c'est malheureusement, je crois, très vrai. A ce point de vue, en lisant le rapport de M. Pinat, je me suis laissé aller à écrire quelques phrases qui reproduisent, d'ailleurs, à peu près des articles que j'ai écrits sur des matières voisines il n'y a pas longtemps et, pour abréger, je vous demande la permission de donner lecture de ces lignes :

« Au début de son très remarquable rapport, M. Pinat nous parle longuement de l'indifférence de nombre d'ingénieurs et d'industriels à l'égard des livres scientifiques ou techniques. Quelle est donc la raison profonde de ce fait malheureusement exact ? C'est que, comme on l'a dit très justement, l'industriel français n'a pas, en général, foi en la science. Sans doute, dans notre pays, on glorifie la science dans de beaux discours, mais cette haute estime reste souvent purement verbale. Il semble qu'en France l'homme, regardé comme cultivé, n'ait pas en général une idée précise de ce qui constitue la méthode scientifique, et ne se rende pas compte des améliorations qu'elle permet de réaliser dans les circonstances les plus diverses. On a entassé matières sur matières dans des programmes démesurément étendus ; ce n'est pas ainsi qu'on arrive à donner une vue nette et éducative sur l'objet et la valeur de la science. Des réformes, qui amèneraient, d'ailleurs, des allégements favorables aux études littéraires classiques, s'imposent dans notre enseignement secondaire, et l'on peut espérer qu'il en résultera une mentalité nouvelle à l'égard de la science, ayant indirectement d'heureuses conséquences au point de vue de l'industrie. Sans doute des transformations s'imposeront ainsi dans notre haut enseignement technique, mais ceci est plus spécial, et ce n'est pas ici le lieu d'en parler.

» Dans une autre partie de son rapport, M. Pinat déplore que beaucoup de nos savants emmagasinent leur science sans profit pour personne, en ne publiant pas le résultat de leurs travaux. La remarque ne s'applique peut-être pas à des travaux vraiment originaux ; mais il est à souhaiter que nos savants consentent davantage à écrire eux-mêmes des ouvrages d'enseignement et des monographies, où seraient exposés d'un point de vue élevé les résultats essentiels d'une branche de la science ou de la technique. Du temps sera pris ainsi sur leurs recherches personnelles, mais ce patriotisme scientifique, si j'ose le dire, sera utile au pays.

» La question est de savoir s'il y a lieu d'émettre un vœu sur ce sujet. S'il est exact, comme je le crois et comme le croit M. Pinat si j'en juge par sa phrase, qu'il existe une mentalité regrettable au point de vue de la confiance des industriels dans la science, cette mentalité ne peut être transformée que par un changement très complet des programmes d'enseignement secondaire.

» Sortirions-nous du programme d'un congrès tel que celui-ci et notamment d'une discussion qui vient de rouler sur la librairie industrielle française, en émettant un vœu qui se rapporterait aux considérants que je viens de développer et où on demanderait une réforme des programmes dans le sens que j'indiquais tout à l'heure ?

» Dépasserions-nous le cadre de ce congrès en mettant quelques lignes sur ces questions ? C'est une question que je poserai.

» Dans une autre partie de son rapport, M. Pinat déplore que beaucoup de savants emmagasinent leur science pour personne et ne publient pas les résultats de leurs travaux. Je vois bien ce qu'il veut dire. En un certain sens, ce n'est pas exact. Les savants, généralement, publient des résumés de leurs travaux ; souvent même, ils en publient trop. Mais il désire que nos savants consentent davantage à écrire eux-mêmes des ouvrages d'enseignement, des monographies où soient traités des points spéciaux donnant les résultats essentiels d'un progrès de la science et de la technique. Évidemment, ils ont tort, et ils auront tort surtout à l'avenir. Il y a évidemment une sorte de patriotisme scientifique qui devra dans l'avenir obliger les savants à faire connaître les progrès de la science. Je n'aime pas beaucoup votre expression de science industrielle.

» Il n'y a pas de *science industrielle*. Il n'y a qu'une science se proposant l'étude des phénomènes et recherchant leurs lois. La distinction à faire est entre la science désintéressée, manifestation de la curiosité humaine, et les applications pratiques et méthodiques de la science. »

M. Pinat. — C'est un mot de l'usage.

M. le Président. — Oui, mais il est mauvais. Il y a la science, c'est-à-dire l'étude des phénomènes et de leurs lois, et il y a des applications industrielles ; que les phénomènes se produisent dans le laboratoire ou dans l'usine, ce sont toujours les mêmes phénomènes. Je crois que cette expression de science industrielle serait à supprimer de la propagande. Mais ceci est un détail. Je crois donc que ce programme, chacun désire sa réforme dans une certaine mesure, en général. A l'égard de la science, c'est peut-être un peu plus difficile.

Voilà les quelques observations que je voulais présenter. M. Pinat dans la première page de son rapport a touché ces questions qui me préoccupent ainsi que mes confrères ; je n'ai pas cru faire un hors-d'œuvre en développant ces conclusions, en vous laissant le soin de voir s'il y a lieu de formuler un vœu.

M. Pinat. — A propos des savants dont je parlais tout à l'heure, un de nos éminents professeurs de chimie à la Faculté des sciences s'est plaint un jour qu'il n'existât pas un cours de chimie. Je lui ai dit : faites-en un ! Il m'a répondu : je n'ai pas le temps.

M. le Président. — Si personne ne demande plus la parole, nous allons voter sur les vœux présentés.

Vœux de M. Morel :

Que les ouvrages documentaires, scientifiques, techniques, portent une date exacte de publication;

Qu'une publication annuelle ou trimestrielle donne, par matières, les principales publications techniques et industrielles.

Vœux de M. Pinat :

Que les professeurs des écoles techniques ainsi que les ingénieurs ou industriels pratiquant depuis longtemps une fabrication spéciale, contribuent à l'enseignement général, industriel et professionnel, en publiant leurs cours et les résultats de leur expérience;

Que certaines écoles techniques cessent d'interdire à leurs professeurs de faire éditer leurs cours;

Que les industriels fassent connaître, à la presse technique et aux auteurs qui sollicitent ces renseignements, les progrès réalisés dans leurs usines;

Que le Cercle de la librairie veuille bien étudier les moyens de répandre la Bibliographie de la France *ou tout au moins la «* Table hebdomadaire des annonces »;

Enfin, que les libraires contribuent également à la diffusion des livres industriels, en s'occupant plus activement de les faire connaître à leur clientèle.

M. LE PRÉSIDENT. — Je me rallie pour ma part à ces vœux qui remplacent fort bien ceux du Comité du Livre.

Pour moi, le vœu dont je parlais serait le suivant :

Que les programmes scientifiques de l'enseignement secondaire ne gardent plus le caractère trop encyclopédique qu'ils ont actuellement, mais aient pour principal objet de donner une vue nette et éducative sur la valeur de la science, en même temps qu'une idée précise de la méthode scientifique, cette mentalité nouvelle à l'égard de la science devant avoir indirectement de très heureuses conséquences au point de vue industriel.

M. MOREL. — Je ne veux ajouter qu'un mot. Le fond de la chose est évidemment que nos industriels n'ont pas été préparés à la bibliographie, n'ont pas cherché eux-mêmes en aucun cas à se documenter dans une bibliothèque. Vous savez qu'il y a en Amérique la méthode... par laquelle les jeunes gens sont obligés d'aller documenter des questions dans les bibliothèques à certains jours. Il y a là toute une méthode, et je crois que votre vœu pourrait se préciser en y ajoutant que des éléments de bibliographie industrielle pourraient être adjoints à l'enseignement technique donné.

M. LE PRÉSIDENT. — Mon vœu ne parle que des questions de l'enseignement secondaire, mais je crois que vous avez satisfaction avec ce qu'a dit M. Pinat.

M. DE MARGERIE. — Je demande si on ne pourrait pas tenir compte de ce que nous avons dit pour la date des livres. Je crois que le Congrès s'honorerait en disant que tout ce qui paraîtra devra porter une date authentique. (*Applaudissements.*)

M. Floury. — On demande aux libraires d'aider les éditeurs ; est-ce qu'on ne pourrait pas ajouter que les éditeurs donnent communication de leurs livres aux libraires, quand ceux-ci les demandent et ne les refusent pas systématiquement comme cela se produit ? Je ne parle pas de la maison Pinat, car elle est très libérale avec les libraires.

M. le Président. — Comment traduisez-vous cela ?

M. Floury. — Il n'y aurait qu'à ajouter cela au vœu concernant les libraires.

M. le Président. — Je crois que nous sommes tous d'accord sur le principe. A la fin de la séance, vous remettrez votre texte définitif et le vœu reviendra à la séance plénière.

M. Lévy. — Quels sont les vœux que nous allons voter ?

M. le Président. — Nous allons les mettre aux voix les uns après les autres en commençant par les vœux de M. Pinat.

I. — Que les professeurs des écoles techniques, ainsi que les ingénieurs ou industriels pratiquant depuis longtemps une fabrication spéciale, contribuent à l'enseignement général, industriel et professionnel, en publiant leurs cours et les résultats de leur expérience ;

II. — Que certaines écoles techniques cessent d'interdire à leurs professeurs de faire éditer leurs cours ;

III. — Que les industriels fassent connaître à la presse technique et aux auteurs qui sollicitent ces renseignements, les progrès réalisés dans leurs usines ;

IV. — Que le Cercle de la librairie veuille bien étudier les moyens de répandre davantage la Bibliographie de la France ou tout au moins la « Table hebdomadaire des annonces » ;

V. — Enfin que les libraires contribuent également à la diffusion des livres industriels en s'occupant plus activement de les faire connaître à leur clientèle.

Un congressiste. — Il y a un point délicat. Nous invitons dans ce vœu les industriels à faire connaître les progrès réalisés dans leurs usines, c'est-à-dire dans leur fabrication.

M. le Président. — Dans la mesure du possible, bien entendu.

Un congressiste. — On pourrait ajouter :

Et que les éditeurs fournissent aux bibliothèques et libraires leurs ouvrages en communication.

(Le vœu de M. Pinat avec cette adjonction est adopté à l'unanimité.)

Le vœu de M. Morel :

Que les ouvrages documentaires, scientifiques, techniques, portent une date exacte de publication ;
Qu'une publication annuelle ou trimestrielle donne, par matières, les principales publications techniques et industrielles.

Est adopté à l'unanimité.

Le vœu de M. le Président :

Que les programmes scientifiques de l'enseignement secondaire, etc.

Est adopté à l'unanimité.

II. — F. Strowski et R. Pichon : **Les Collections de textes classiques**

Présidence de M. le Général Malleterre

M. le Général Malleterre prend la présidence.

M. le Président. — Messieurs, la discussion est ouverte sur les rapports de MM. Strowski et Pichon.

M. Verrier. — Je n'ai ce rapport que depuis ce matin, et je l'ai parcouru avec beaucoup d'intérêt, mais rapidement ; cependant je me reprocherais de ne pas vous transmettre un vœu qu'on a souvent émis devant moi dans certains pays étrangers. Dans ces pays, qu'il s'agisse de l'enseignement supérieur ou de l'enseignement secondaire, les textes, non seulement latins et grecs, mais même français, dont on se sert presque partout, sont publiés en Allemagne, et naturellement on préférerait, surtout pour les textes français, des éditions venant de chez nous. Malheureusement, nous n'avons rien à offrir dans ce genre-là. Aussi j'ai été très heureux de lire dans ce rapport le projet formé tout récemment au Collège de France par certains professeurs, sous la présidence de M. Maurice Croiset. Mais j'aurais une remarque à faire à ce sujet. On a proposé de publier les textes latins et grecs avec la traduction en regard. Je comprends très bien une des raisons de cette proposition : c'est que, quand on publie un texte général, on esquive beaucoup de difficultés ; le traducteur, au contraire, qui sera forcé de comprendre toutes les phrases n'oubliera pas les passages difficiles dans ses notes. Mais je vois un inconvénient.

Je commence par dire que, pour l'enseignement supérieur et pour l'enseignement secondaire, il y aurait peut-être lieu de faire des publications d'après des principes différents. Mais mes remarques s'appliquent à tous les degrés.

Est-il pratique d'avoir une traduction en regard du texte pour des livres destinés aux étudiants et surtout à des collégiens ? Non évidemment.

D'autre part, on a fait remarquer qu'il serait heureux qu'il y eût collaboration entre alliés au point de vue de ces collections qui paraîtront en France : l'idée est excellente ; mais alors la traduction française ne servira pas en Angleterre, ni en Espagne, ni en Amérique, ni ailleurs ! Eh bien, il y a une raison d'ordre pratique. Si nous voulons lutter contre les Allemands pour répandre ces textes à l'étranger, il faut des livres à bon marché, à gros tirage. Nous ne pouvons pas espérer vendre beaucoup de livres, si nous nous limitons à la France : il faut que ces livres se vendent chez les Alliés et chez les neutres.

Voici donc ce que je proposerais : ce serait de publier simplement des textes, mais il y aurait, à côté du volume contenant uniquement des textes, un supplément contenant des notes, des explications, des commentaires, une préface, tout ce que l'on voudrait, et, si on le désirait, une traduction.

Vous comprenez pourquoi : on pourrait tirer ces textes en très grandes quantités pour tous les pays possibles, et puis on ferait faire, par des indigènes, sous le contrôle d'un Français, par exemple, un recueil de notes qui pourrait d'ailleurs se relier avec le texte dans chaque pays ; on pourrait procéder de même pour les traductions. Je crois que, de cette façon, on peut espérer enlever aux Allemands leur clientèle pour les textes latins et grecs, et surtout pour les textes français.

Mon vœu serait donc que l'on créât des collections de textes imprimées à part, mais avec des suppléments contenant des notes et des commentaires, une préface et, si l'on veut, une traduction.

Un autre avantage de cette combinaison, c'est que, lorsque l'élève expliquera le texte, il n'aura pas les notes et la traduction sous les yeux, mais ceci est d'ordre pédagogique. Je crois surtout qu'en publiant des textes séparés nous pouvons espérer tirer ces volumes en nombres considérables, les vendre bon marché et nous emparer du marché que les Allemands occupent depuis si longtemps.

M. COISSAC. — Je n'avais pas eu l'honneur de m'entendre avec M. Verrier, et je suis très embarrassé pour vous parler. Cependant, j'ai à apporter quelques précisions qui viennent de l'expérience que j'ai acquise moi-même à l'étranger, y ayant été professeur. Je crois que les professeurs ayant enseigné à l'étranger ne sont pas représentés à votre congrès. J'étais en Écosse où j'enseignais le français à des jeunes gens et à des jeunes filles qui se destinaient soit à l'enseignement secondaire, soit au commerce. J'ai dû les pourvoir de livres français. Vous ne serez pas étonnés, après ce que vous venez d'entendre, de savoir que les livrse français étaient absents. Cependant j'en ai trouvé quelques-uns que j'ai immédiatement vantés à mes élèves. J'ai trouvé que c'était le meilleur moyen, non seulement de faire du patriotisme, mais de rendre service à mes élèves. J'ai été extrêmement heureux de trouver quelques livres français qui répondaient exactement à mes vues : ce sont précisément ceux qui séparaient très nettement le texte des notes : un texte parfaitement imprimé, très sérieux, dans lequel on puisse avoir confiance et des notes rejetées à l'appendice. Cependant, je ne trouvais pas dans cet enseignement, dans le moyen de consulter les notes, les facilités que j'aurais souhaitées.

Je demanderais donc qu'on précisât un peu plus et qu'à chaque page il y eût une numérotation dans le livre qui renverrait à l'appendice. Vous direz que ceci n'est rien : ceci permet, comme l'a dit M. Verrier, de tirer 40 ou 50 000 exemplaires de textes qui peuvent être envoyés à l'étranger, aussi bien en Espagne qu'en Écosse, aux États-Unis qu'en Chine. Les appendices étant traduits dans les différentes langues peuvent être utilisés par les jeunes gens des différents pays. Je parle surtout de l'enseignement classique bien entendu. Nous avons l'avantage d'une mise en pages qui n'est jamais dérangée, et nous pouvons augmenter les notes suivant les besoins mêmes de l'enseignement dans les pays.

En dernier lieu — et c'est mon vœu principal — j'ai remarqué avec une profonde tristesse, l'ignorance de nos maisons d'édition sur les programmes d'enseignement des universités et des écoles à l'étranger. Je prends l'exemple de l'Écosse et vous pourrez généraliser : j'avais un seul livre qui pouvait servir aux jeunes gens préparant le civil service, par conséquent, à des jeunes gens qui étaient destinés à faire leur carrière dans l'administration de l'État et à des jeunes gens qui préparaient le baccalauréat. Nous n'avons rien chez nous qui ait la préoccupation de servir cette clientèle. Si nous avions soin d'isoler le texte des notes, non seulement nous préparerions des notes suivant les pays, mais nous préparerions des notes pour les jeunes gens suivant les catégories auxquelles le livre serait destiné.

Il me semble que ce vœu est d'autant plus réalisable que vous avez un marché à prendre à l'étranger et un marché très important.

Remarquez aussi que, dans la plupart des universités à l'étranger, on demande, non pas des ouvrages classiques, mais des ouvrages modernes. On lit dans les écoles du Molière, du Racine, on ne lit pas du tout de Ronsard ; mais on demande surtout des ouvrages contemporains, et vous trouverez, entre les mains des jeunes filles de l'enseignement secondaire, des livres de Daudet et de Mérimée, sans compter de plus récents. Comment se fait-il que des livres sur lesquels il y a des droits en France puissent être publiés comme ils le veulent par des éditeurs étrangers ?

Un congressiste. — Ce n'est pas possible !

M. Coissac. — Pardon ! il y en a.

Le même congressiste. — C'est qu'ils sont tombés dans le domaine public.

M. Coissac. — Par exemple, je cite un cas : *la Petite Fadette*.

Une voix. — C'est tombé dans le domaine public.

M. Coissac. — Il y a là une question dans laquelle nous sommes lésés.

M. Lobel. — Cela n'existe plus maintenant : la loi anglaise a été modifiée.

M. Coissac. — C'est à vous, hommes compétents, d'étudier la question. Je trouve qu'une partie du marché mondial nous est fermée, et je vous demande de nous la faire ouvrir. En deuxième lieu, j'émets un vœu pour que nos universitaires et nos éditeurs se mettent d'accord pour étudier les programmes des universités étrangères.

M. Welschinger. — Je soutiens le contraire de ce que vous venez d'entendre. On vous a dit qu'il ne faut pas de textes avec traduction : je dis qu'il en faut, parce que nous savons tous par expérience qu'il y a utilité à les donner : on les demande partout. Rien n'empêche l'éditeur de donner la traduction à part, mais comme l'a dit M. Havet, on ne doit pas éditer un ouvrage sans bien le comprendre. Dans le rapport que j'ai lu tout à l'heure, on dit que, si nous n'avons pas assez de latinistes, on peut les demander aux Anglais ou aux Italiens : je crois pouvoir faire l'hommage à l'Université de France de dire qu'il y a assez de latinistes pour que nous ne soyons pas obligés d'avoir recours à la science même de nos alliés. En conséquence, je demande qu'on fasse des collections de textes avec traduction, sans m'opposer à ce que la traduction soit séparée du texte.

M. Verrier. — C'est ce que je demande : la traduction à part.

M. Croiset. — Dans le premier rapport, M. Pichon a bien voulu faire figurer mon nom, et il a parlé d'une réunion dont il a semblé m'attribuer l'initiative. En réalité, je n'y ai aucun droit personnel ; c'est uniquement parce que le projet a été discuté dans la maison que j'habite, que mon nom figure ; mais puisqu'il en est question, il ne serait peut-être pas inutile de donner quelques explications.

On a parlé tout à l'heure des textes et des traductions, et on a posé la question de savoir s'il fallait publier des textes séparés, des notes séparées, et des textes avec traduction ou sans traduction.

Je vous dirai que nous avons examiné ces diverses questions dans la réunion dont il a été question et à laquelle ont pris part des universitaires compétents. L'opinion qui a semblé prévaloir, c'est que, évidemment, il y a là des choses très différentes qui ont des raisons d'être. Il doit y avoir des textes sans notes, des textes savamment annotés, des textes brièvement annotés ; il doit y avoir des traductions et des textes avec traduction. Seulement, nous nous sommes dit aussi immédiatement que nous ne pouvions pas, dans les conditions où nous étions, songer à réaliser tous ces desiderata, qu'il fallait s'attacher à une chose, de préférence à celle qui semblait actuellement la plus nécessaire et qui avait le plus de chances de réussir.

Il nous a semblé que c'étaient les textes grecs et latins accompagnés de traductions. Nous croyons que ce genre d'édition répond, en effet, à une curiosité. La plupart de ceux d'entre nous qui sont en rapports avec le public de Paris qui suit les cours de l'Université, d'une part étudiants, d'autre part amateurs, savent qu'il y a là quantité de personnes qui, ayant fait autrefois des études, sont bien aises de se remettre en commerce avec les auteurs de l'antiquité. Nous sommes convaincus que, depuis un certain nombre d'années, il y a certainement chez nous une curiosité qui s'est réveillée pour les auteurs grecs et latins, curiosité qui naturellement ne peut se satisfaire que par des traductions. Mais beaucoup de personnes qui se servent de traductions et qui ont suivi les classiques sont bien aises d'avoir, à côté de la traduction, un bon texte auquel elles peuvent se reporter. J'ajoute qu'il ne s'agit pas seulement ici d'amateurs, mais de gens qui travaillent, qui ont besoin de consulter des textes grecs et latins. Il y a je dirai même des savants dans certaines spécialités, des philologues, des historiens, qui ne sont pas assez familiers avec le grec et le latin pour lire les textes couramment, et qui ont cependant besoin de faire des vérifications dans les auteurs grecs et latins. Ceux-là sont enchantés d'avoir une traduction qui leur permet de parcourir rapidement le livre et de retrouver promptement le passage dont ils ont besoin ; celui-ci étant en face de la traduction, ils peuvent faire une vérification minutieuse telle qu'elle est exigée dans tout travail scientifique.

Ainsi nous avons, d'une part, une clientèle assez étendue et, d'autre part, une clientèle plus restreinte.

Je dois dire que quelques personnes particulièrement compétentes, des libraires, des éditeurs, auxquels j'ai eu occasion d'en parler, ont paru croire, en effet, que ce genre d'ouvrages avait des chances de réussir auprès du public. Il faut se rappeler qu'autrefois nous avons eu, en France, des éditions ainsi faites, texte et traduction, qui ont eu une grande vogue.

Au point de vue des examens, il y a là évidemment des nécessités particulières qui peuvent exiger qu'en certains cas on ait le texte nu ; mais d'abord, il sera parfaitement possible d'éditer le texte à part et la traduction à part ; je crois qu'on exagère pour ces examens.

Parlons d'abord, si vous voulez bien, des classes des études secondaires. Vous savez que tous les élèves, au moins un grand nombre, quand ils se trouvent en présence d'une version difficile, vont chercher la traduction à la bibliothèque ou chez un libraire. Par conséquent, quels que soient les moyens qu'on emploiera, on n'arrivera pas à soustraire la traduction aux élèves. Mais parlons de l'examen : je crois qu'il ne faudrait pas s'exagérer les dangers de la traduction. Il y a évidemment des examens, comme le baccalauréat, où je serais d'avis d'écarter les traductions ; mais, pour les examens difficiles, comme ceux de l'agrégation, dont je puis parler en connaissance de cause, je crois qu'on ne risquerait rien à mettre des traductions entre les mains des candidats, et je vous assure que, souvent, au contraire, on y gagnerait. J'ai eu l'occasion de faire passer les examens considérés comme les plus difficiles, les examens d'agrégation de lettres. Nous donnons une demi-heure au candidat pour jeter les yeux sur un texte et venir ensuite l'expliquer. J'ai pu constater très souvent que ce système présentait de nombreux inconvénients. Il peut se faire qu'un candidat qui a une bonne préparation générale, se trouvant ainsi en présence d'un texte assez difficile au premier abord, ne comprenne pas très bien une première phrase et se noie. Il arrive troublé devant les examinateurs et se perd complètement. Je crois que très souvent, s'il avait pu s'aider d'une traduction, il aurait compris le sens général et que, par ailleurs, les examinateurs auraient toute faculté, par des questions précises, de s'assurer que le candidat ne comprend pas seulement à l'aide de la traduction, mais comprend parfaitement, parce qu'il a les connaissances qu'il doit posséder. C'est une chose très facile qui ne gênera jamais les examinateurs qui connaissent leur métier.

Je crois donc qu'à cet égard il ne faut pas s'exagérer les inconvénients.

Voilà les idées qui sont en discussion et qui nous préoccupent en ce moment.

Je dois ajouter qu'il me paraît essentiel que ces éditions ne soient pas absolument semblables à celles qui se font dans les autres pays. Il faut qu'il y ait quelque chose d'original, de français. Nous pourrons avoir d'abord une présentation très claire, car il est certain que, dans des textes comme ceux de Teubner, il y a beaucoup à dire. On peut faire beaucoup mieux. Je crois aussi que ces textes devront être accompagnés de quelques notes, des notes très courtes ; d'abord des notes critiques qui sont considérées comme indispensables aujourd'hui, des notes critiques extrêmement sobres, qui devraient permettre simplement, à ceux qui lisent, de se rendre un compte exact du texte. Il ne faut pas qu'ils prennent la conjecture d'un savant moderne pour celle d'un savant ancien. Il y a des cas où nous sommes obligés de présenter des conjectures ; mais il faut qu'ils sachent que ce sont des conjectures.

Je crois qu'il est indispensable aussi d'avoir de petites annotations historiques, extrêmement courtes, mais qui donneront toutes les indications générales pour qu'on puisse lire le texte sans être embarrassé. Il est évident qu'il y a souvent dans les textes anciens des allusions à des faits contemporains qui doivent être connus par ceux qui lisent, si on veut comprendre ce qu'on lit.

Maintenant, je ne serais pas du tout partisan de l'idée de séparer l'annotation du texte : je crois que c'est le fait d'une expérience sur laquelle chacun peut se consulter ; mais je crois qu'en général les notes placées à la fin du volume ne se lisent pas beaucoup. Il faut que les notes se trouvent au bas des pages et qu'on les trouve tout de suite.

Voilà ce que j'avais à dire. Je répète que je n'ai pas de projet arrêté ; ce sont des idées qui sont actuellement en discussion ; mais, puisque nous sommes réunis pour nous occuper de ces questions, j'ai trouvé bon de vous soumettre ces observations.

Maintenant, quant à la réalisation, nous sommes en train de l'étudier ; elle présente de très grosses difficultés, et je serais très heureux, pour ma part, que les éditeurs français prissent cette idée à cœur et vinssent au-devant de nous, afin que nous puissions nous entendre pour réaliser cette idée dans des conditions meilleures.

M. Havet. — Dans le rapport qui nous a été lu, il y a deux points de vue différents pour les éditions grecques et latines : celui des études anciennes supérieures et celui des élèves de lycées.

Il me semble qu'il faudrait dissocier un peu ces questions qui ne sont pas forcément identiques pour les auteurs français ; je crois qu'il a été dit des choses excellentes auxquelles j'adhérerais très volontiers. Les auteurs français ne comportent pas que nous mettions en face la traduction. Les annotations pourront être placées soit au bas de la page, soit à la fin du volume ; c'est un point secondaire.

Mais, en ce qui touche les auteurs grecs et latins, je crois qu'il est impossible de ne pas dissocier les questions de l'enseignement secondaire et de l'enseignement supérieur. Il est bien certain que, pour l'enseignement secondaire, le nombre des exemplaires imprimés sera plus considérable ; par conséquent, les éditions destinées à l'enseignement secondaire auront avantage à être imprimées en grand nombre ; les frais seront moins élevés pour les éditeurs. Mais voici un point de vue qui m'intéresse particulièrement : mettons-nous au point de vue des éditions moins lucratives peut-être, mais qui doivent persister, les éditions d'auteurs grecs et latins faites pour l'enseignement supérieur.

La première chose que nous devons viser pour le moment, c'est que nos collections françaises ne soient pas des contrefaçons. Si nous nous bornons à réimprimer des éditions étrangères — vous savez chez quels étrangers nous trouverions des modèles à contrefaire — nous ferons œuvre d'improbité qui sera anti-éducative pour la jeunesse française. Il faut faire quelque chose de bien, et il faut d'abord veiller à faire une édition qui soit un travail probe. Pour cela, il faut que les textes latins et grecs soient accompagnés d'une traduction, parce que c'est le seul travail qui comporte, par définition, la probité permanente. Tous ceux qui ont pratiqué des éditions annotées de textes grecs ou latins, que ces éditions soient imprimées aux bords de la Seine, aux bords de la Tamise ou aux bords de la Sprée, savent très bien que, quand il y a un passage inextricable, les notes sont muettes, et que, quand il y a une vérité à la Palisse, les mêmes notes existent en français, en anglais et en allemand ! (*Rires*.) Si nous ne faisons que des rééditions de textes avec quelques notes sur les variantes, extrêmement sobres, avec deux ou trois notes historiques indispensables, ce sera en soi quelque chose d'excellent ; mais, si nous n'avons, en somme, qu'à réimprimer le texte, les plus honnêtes d'entre vous feront des éditions un peu soignées, où les textes seront un peu soignés, mais beaucoup d'autres, faute de connaissances suffisantes, feront simplement des réimpressions de ce qui existe.

Si, au contraire, nous adjoignons aux textes des traductions, il est facile de vérifier si la traduction est bien faite. Quand un éditeur donnera une page de trente lignes avec deux conjectures nouvelles, mais aura négligé un passage sans y toucher, qui donc ira lui jeter la pierre ? Mais s'il a fait une traduction incorrecte, sans soin, sans scrupule, on dira : ceci n'est pas du travail correct ; l'édition sera disqualifiée.

La traduction est le seul moyen d'obtenir une collaboration honnête et probe des expérimentés, comme des novices ; car il faudra bien avoir des novices pour faire les grandes collections ; ce ne sont pas les gens éprouvés par un long métier qui feront ces collections ; ce sont des débutants et des débutantes, car il faudra des femmes pour suppléer les hommes dans ces travaux. Il faudra les dresser, les former peu à peu dans leur métier, et, si on leur donne simplement à surveiller une réimpression, vous voyez le travail qu'on aura ! et ils ne se formeront pas, ils ne seront jamais capables de faire un bon travail. Si, au contraire, il y a la traduction, ils apprendront leur métier, et ils apprendront à mettre des notes avec profit.

Je soutiens donc qu'il est indispensable, pour les auteurs grecs et latins, qu'on se préoccupe avant tout des éditions avec traduction. Quand elles existeront, il sera possible de procéder à des réimpressions dans des conditions commerciales meilleures, de faire des publications dans des formats autres, avec des notes plus élémentaires, moins abondantes, de créer ainsi des éditions nouvelles destinées aux enfants ou aux tout jeunes gens. Mais il faut d'abord que les éditions avec traduction existent, afin qu'il ait été fait par tous les collaborateurs un travail personnel et que, par conséquent, il puisse y avoir, non pas seulement pour les années qui vont suivre immédiatement, mais dans dix ans, dans quinze ans, un stock considérable de bons travailleurs en philologie en France.

C'est pour cela que je ne me laisse pas ébranler par les objections de M. Verrier et j'insiste pour la traduction. Je trouve qu'il y a là une nécessité absolue. Il n'y aura jamais de bonne édition grecque ni latine en France, si on ne commence pas par l'édition avec traduction. (*Applaudissements.*)

M. VERRIER. — Je suis parfaitement d'accord avec M. Havet; il n'y a rien à dire contre les traductions; mais la place des traductions nous intéresse. Evidemment, nous savons que nos élèves ont toutes les traductions dans leurs poches, dans leurs serviettes, ou dans leurs pupitres, ou dans un placard quelconque; l'inconvénient n'est pas là. L'inconvénient, c'est, lorsqu'ils sont en classe, qu'ils aient devant eux un texte avec sa traduction. Je ne sais pas si c'est préférable, mais beaucoup de professeurs n'aimeront pas ce système là; ils préféreront avoir le texte sans traduction.

Donc, pour l'enseignement secondaire, je crois qu'il est préférable d'avoir la traduction à part, à la fin du volume, ou dans une publication séparée.

De même, pour l'enseignement supérieur : beaucoup estimeront peut-être qu'il est préférable d'avoir un texte sans traduction.

On peut parfaitement publier des textes grecs et latins avec la traduction, si on veut commencer par ce travail pour avoir un travail probe, mais rien n'empêche de séparer les deux choses, même dès le début, surtout pour les éditions destinées à l'étranger; car, si nous voulons supprimer l'allemand en France et à l'étranger, il faut avoir des textes en vente dans les pays décidés à acheter nos textes classiques.

Donc, je reviens à mon vœu : publication pour la France de textes avec traduction en regard comme on voudra, mais publication pour le monde entier, y compris la France, de textes sans notes et sans traduction.

M. Croiset fait remarquer qu'on ne lit pas les notes qui sont en fin de volume; je dois reconnaître que toutes les éditions classiques en Angleterre sont publiées ainsi : toutes les notes isolées à la fin du volume; et cependant on se sert de ces notes.

Au fond, nous sommes d'accord sur la nécessité d'avoir une traduction pour vérifier le travail, mais je continue à penser qu'il vaut mieux avoir les notes à part.

M. WELSCHINGER. — Je fais appel à ceux qui malheureusement ont mon âge : dans nos lycées, autrefois, nous avions la traduction non seulement en regard, mais le mot à mot ; je crois même que c'est chez Hachette que la publication a paru. Cela a-t-il empêché certains d'entre nous de devenir bons latinistes ? En aucune façon. On vient dire aujourd'hui que, si on donne des traductions, les élèves les auront dans leurs pupitres ; mais qui les empêche aujourd'hui d'aller à la Bibliothèque nationale, à la Bibliothèque Cardinal, entre deux classes, chercher la traduction qui leur manque ? Faisons donc quelque chose qui soit de chez nous, qui soit français, mais qui ne soit pas boche : la publication des textes avec traduction en regard.

M. STROWSKI. — Quand on pratique les collections de textes français, on s'aperçoit qu'elles sont excellentes. J'ai été frappé par ce fait que ces collections excellentes se trouvent comme arrêtées. Ainsi, la collection elzévirienne est passée par trois ou quatre mains avant d'arriver à la librairie Plon. La collection Jouaust a été soldée. Je me suis demandé d'où venait l'échec de ces collections excellentes, et les vœux que je présente ont pour but de parer à ces causes d'échec.

La première cause, c'est qu'en apparence ces collections ont l'air de se faire concurrence. Ainsi vous trouvez un Montaigne excellent chez Jouaust : vous en avez un excellent chez Lemerre. Vous avez des Pensées de Pascal chez Lecène, vous en avez chez Garnier. Il semble donc que cela doive créer un état de concurrence nuisible. Mais cette concurrence n'est qu'apparente ; car, ce qui est curieux, c'est que ces collections, probablement sans fins préconçues, par le fait que ceux qui les dirigent sont intelligents et inventifs, ne se ressemblent pas. Le texte du Montaigne de Jouaust n'est pas du tout le même que celui du Montaigne de Lemerre ; si bien que je peux posséder le Montaigne de Jouaust, et il faudra que j'achète aussi celui de Lemerre ; ainsi, au lieu de croire qu'une collection d'un éditeur peut me suffire, je suis convaincu par les faits qu'il me faudrait acheter les autres. Je ne dis pas qu'un particulier doive acheter toutes les collections ; mais les bibliothèques devraient comprendre toutes les collections, et je demande comme vœux :

1° *Qu'un catalogue général de toutes les collections françaises soit établi, qui donnera les caractéristiques des différentes collections et la liste des ouvrages parus dans chacune d'elles.*

Par exemple, Jouaust a reproduit le texte de Montaigne de

1588; Lemerre a reproduit un texte de 1595; de même, vous avez un texte des Pensées de Pascal qui commence à Port-Royal; vous avez, dans l'édition de Janet, un texte analogue mais plus complet.

M. Coissac. — Au sujet du catalogue, il me semble qu'il n'aurait qu'un intérêt rétrospectif.

M. Strowski. — C'est ainsi que je l'entends et c'est pour cela que j'ai proposé le vœu n° 2. Chaque année, on nomme un certain nombre de docteurs ès lettres. Ces docteurs doivent fournir une thèse qui est un travail d'érudition et une thèse complémentaire. Cette thèse peut être ou bien une étude, ou bien une édition de textes. Je demande qu'on engage les candidats à publier des éditions critiques qui pourront entrer plus tard dans les collections déjà existantes. Voici le deuxième vœu que je propose :

2° Que les candidats au doctorat ès lettres soient encouragés à présenter, comme thèses complémentaires, des éditions critiques susceptibles d'entrer dans les collections déjà existantes.

J'ajoute un troisième élément de succès. Les collections qui sont établies de façon très savante sont utilisées, en général, par les candidats à la licence ou à l'agrégation. Or les programmes sont instables pour la licence; les programmes changent d'université à université et, pour l'agrégation, ils changent tous les ans. L'éditeur se trouve donc gêné par ces changements de programme et, sur ce point, il y a nécessité absolue de modifier. Je ne demande pas une uniformité absolue, mais je demanderai que l'on mette, dans le choix du programme d'enseignement supérieur, une certaine stabilité qui permette aux éditeurs et aux auteurs d'élaborer des éditions de textes de langues anciennes. Aussi je propose :

3° Que la stabilité des programmes dans l'enseignement supérieur permette aux auteurs ou aux éditeurs d'élaborer des collections de textes de longue haleine;

Voilà les trois vœux que je présente pour les collections de textes; j'accepte, d'ailleurs, les vœux de MM. Coissac et Verrier. J'ai eu entre les mains un rapport établi par M. Monprofit en 1908, après sa mission en Russie. Il y constate avec étonnement que les textes d'explications, dont se servaient les Russes pour apprendre le français, étaient imprimés en Allemagne, avec des notes en russe; puis, il y avait des éditions imprimées en russe. M. Monprofit demandait qu'en France on préparât des éditions pour le russe. La seule façon de les préparer consiste à adopter la méthode de M. Verrier : faire des collections de textes — il y en a d'excellentes — et puis joindre, en appendice, des préfaces, des commentaires, des notes dans la langue du pays où ce livre doit aller. Les textes seraient les mêmes pour tous les pays, mais l'appendice changerait.

MM. Coissac et Verrier demandent que la collaboration des étrangers soit acceptée pour ces notes. Il me semble plus avantageux que les notes soient rédigées en France par des Français.

M. Verrier. — J'ai bien parlé de demander la rédaction de ces notes à l'étranger, mais sous le contrôle d'un Français. Le Français ne sait pas assez les langues étrangères pour se rendre compte des difficultés que l'étranger éprouve à lire le français.

M. Strowski. — Parfaitement. Pour terminer, je crois que l'on pourrait adopter le vœu de M. Coissac :

4° *Que les éditeurs étudient de près les programmes des universités étrangères, pour répondre aux desiderata des élèves et des professeurs de ces universités.*

5° *Que, pour les pays étrangers, des collections de textes soient établies avec des suppléments qui contiendraient des préfaces, notes et commentaires, dans la langue des différents pays où ces textes pourront être expliqués;*

Je ne crois pas, évidemment, que toutes les causes qui arrêtent le développement des collections françaises soient levées; il faut l'aide de l'Etat, un mouvement d'opinion publique; mais vous pouvez avoir confiance que les collections françaises existantes sont des modèles de conscience, de savoir, de goût. Je les ai comparées avec les collections allemandes. Dans bien des cas, il semble que la France soit restée en arrière, parce que les collections françaises n'ont pas toujours été mises au point, mais même les plus anciennes sont plus consciencieuses et plus jolies. Elles sont mieux faites. Nous pouvons donc dire en toute sincérité que nous avons, en France, l'image de la France dans des publications que nous pouvons répandre avec orgueil pour la France.

M. Verrier. — Les textes que répandent les Allemands sont généralement très mauvais.

M. Strowski. — La collection Romanica n'est pas mauvaise, mais elle n'est pas très consciencieuse.

Les vœux 1, 2, 3, 4, 5, sont mis successivement aux voix et adoptés sans observation ni opposition.

Un congressiste. — Il faudrait formuler un vœu concernant les classiques latins et grecs.

M. Croiset. — Je crois, en effet, qu'il y aurait lieu de formuler un vœu très simple ainsi conçu :

6° *Qu'une nouvelle collection d'auteurs latins et grecs, accompagnés de traductions, soit établie dans l'esprit du rapport de M. Pichon.*

Ce vœu, mis aux voix, est adopté à l'unanimité.

III. — P. Bertrand : **Les Éditions musicales**

M. LE PRÉSIDENT. — Nous commençons maintenant la discussion du rapport de M. Bertrand sur *les Éditions musicales*.

M. LE RAPPORTEUR. — Il nous a semblé que, sur une partie au moins du rapport, il n'y avait pas de vœu à formuler, parce que les conclusions du rapport ont trait à un effort à fournir par les éditeurs au point de vue de la fabrication, d'une part, et de la diffusion, de l'autre ; de sorte que, si nous formulions des vœux, ces vœux reviendraient aux éditeurs eux-mêmes. Il nous a donc semblé que, sur ce point, il n'était pas utile de formuler un vœu. Mais il y a un point sur lequel il apparaît qu'un vœu pourrait être formulé : c'est le concours de l'État et des Pouvoirs publics pour la diffusion des éditions.

Voici le texte de ce vœu :

Qu'une action soit exercée par l'État sur les Conservatoires, écoles de musique et établissements officiels d'enseignement, en vue d'écarter les éditions classiques étrangères et de recommander l'emploi aussi exclusif que possible des éditions françaises ;

Que l'attention des membres de l'enseignement musical officiel soit attirée sur les ouvrages d'enseignement ou les compositions d'auteurs français modernes qui seraient susceptibles de remplacer les ouvrages étrangers classiques ou modernes, auxquels beaucoup de professeurs restent exclusivement attachés par la seule force de l'habitude ;

Que les collections classiques en cours de publication soient, à titre d'encouragement, honorées d'une souscription officielle du Ministre des Beaux-Arts.

M. ROUART. — J'approuve entièrement les vœux présentés par M. Bertrand. Je voudrais d'autre part présenter quelques observations.

Quand on lit le rapport, il en ressort un fait certain : c'est que nous avons à lutter contre forte partie. Il est certain que les éditions allemandes ont sur nous une avance que nous aurons de la peine à rattraper. M. Bertrand préconise un effort collectif ; il est certain que cet effort n'a pas été fait, puisque sept ou huit éditions différentes se sont créées depuis la guerre, en partie ; de sorte que nous allons nous trouver, à la fin des hostilités, avec sept ou huit éditions différentes qui auront édité sept ou huit fois les mêmes volumes. En face de nous, les maisons allemandes auront édité sept ou huit fois plus de volumes. Si nous avions fait un effort collectif, si nous avions fait l'effort ensemble, nous aurions aujourd'hui sept à huit cents volumes différents à présenter, pour lutter contre nos concurrents étrangers, Littolf ou autres. Je me demande s'il ne serait pas utile d'essayer de faire maintenant ce qui n'a pas réussi autrefois, mais qui peut réussir : réunir toutes les forces dispersées en un seul faisceau qui nous permettra de lutter efficacement dans l'avenir, ce que nous ne pourrons pas si nous ne réalisons pas cette unité. (*Applaudissements.*)

UN CONGRESSISTE. — Il y a un autre point de vue; c'est celui de la fabrication. Les imprimeries spéciales de musique ne sont pas nombreuses en France, et elles sont mal outillées. Il y a à Nanterre une maison allemande qui est absolument sous séquestre, et il semble qu'au point de vue national il serait utile de faire ouvrir cette maison, non pas en son nom, mais de faire ce qu'ont fait les Anglais. Les Anglais avaient à Londres une maison d'édition dans le même cas. Cette maison a été mise en vente; elle a été achetée par une firme anglaise qui l'exploite sous un nom anglais.

Ne serait-il pas bon d'émettre un vœu pour que cette maison dont je parlais, la maison Roder, puisse être mise en vente ou en location, et être placée entre les mains d'un imprimeur français qui l'exploiterait au nom des Français et aiderait ainsi à la diffusion des éditions françaises ?

M. LE RAPPORTEUR. — Je me permets de ne pas être complètement d'accord avec M. Rouart pour la fusion des éditions classiques. Cette question a été étudiée au début. A ce moment, de nombreuses résistances se sont produites; elle a été très étudiée, et nous sommes arrivés à cette conclusion que nous ne pouvions pas nous unir. Chacun a travaillé; il y a déjà des résultats très sérieux acquis, et je crois qu'il est impossible d'obtenir la fusion dont parle M. Rouart. Au début, elle aurait pu se produire : il y a eu des résistances très sérieuses. M. Rouart en connaît quelques-unes. Je crois qu'à ce point de vue, on peut émettre un vœu, mais que ce vœu ne pourra pas se réaliser.

Pour l'affaire Roder, c'est une affaire qui regarde exclusivement les imprimeurs français. Ce sont eux qui ont demandé la fermeture de cette imprimerie qui avait été rouverte pour terminer les ouvrages en cours. Nous ne pouvons pas intervenir. Si les imprimeurs, qui ont demandé la fermeture, demandent la réouverture, je m'inclinerai, mais je ne puis pas prendre de décision.

LE MÊME CONGRESSISTE. — Je ne demande pas qu'on rouvre la maison Roder; je demande qu'on la transforme en maison française, de façon qu'après la guerre nous soyons outillés pour travailler.

M. LE RAPPORTEUR. — A ce point de vue, je suis complètement d'accord avec vous.

M. ROUART. — En ce qui concerne l'union à réaliser, il me semble que nous avons le devoir d'émettre un vœu; nous devons chercher, par tous les moyens, à réaliser cette union, et il faut que chacun prenne ses responsabilités, et que l'on sache ceux qui auront fait leur devoir.

M. ROMAIN COOLUS. — Je désirerais que notre rapporteur se rendît compte que le vœu qu'il a formulé quant aux subventions de l'Etat n'est réalisable qu'après l'adoption du vœu de M. Rouart. S'il y a sept ou huit éditions concurrentes, comment voulez-vous que l'Etat accorde sept ou huit subventions ? Il ne peut subventionner qu'une édition nationale. Un des dangers de cette concurrence, qui est l'âme du commerce, mais qui est nuisible en ce moment, a été signalé tout à l'heure : c'est que sept maisons différentes publient sept fois le même ouvrage, tandis que d'autres ouvrages restent non travaillés. Il faut donc que le vœu Rouart soit adopté ; cela ne peut gêner personne.

M. LE PRÉSIDENT. — Vous avez prononcé les mots d'édition nationale... Tout à l'heure, après la discussion sur les textes classiques, je n'ai pas voulu prendre la parole, parce que je crois que le devoir d'un président, surtout quand il porte un costume militaire et qu'il s'agit de questions qui ne rentrent pas dans sa profession, est plutôt de se taire. Mais vous avez dit « édition nationale » et je ne sais pas si c'est une rêverie, mais je voudrais bien que l'on fît, avec le concours des universitaires et l'union sacrée des éditeurs, une édition nationale des classiques ! (*Applaudissements*.)

M. LE RAPPORTEUR. — Il est certain que toutes les sympathies du rapporteur sont acquises aux idées que vient de développer M. Rouart.

Vous me permettrez de rappeler qu'en 1914 j'ai fait un travail assez complet sur cette question dont j'ai été le promoteur. Par conséquent, j'aurais pris moi-même l'initiative du vœu de M. Rouart, si je le voyais possible. Mais il faut bien reconnaître qu'aujourd'hui la situation n'est pas la même, que depuis les choses ont changé de face, et que la possibilité même d'un groupement, en vue d'une édition nationale, qui existait en 1914, n'existe plus en 1916. La situation s'aggrave au fur et à mesure que les mois passent.

Nous pouvons toujours émettre un vœu, mais il ne faut pas nous illusionner sur la portée de ce vœu, et il faut dire qu'il est peut-être un blâme, peut-être un regret pour le passé, mais que c'est une espérance inopérante, je dirai même dangereuse pour l'avenir : ce vœu pourrait constituer une sorte de critique vis-à-vis des éditions qui, malgré tout, se sont constituées.

Lorsqu'en 1914 j'avais moi-même demandé la constitution d'une édition française collective, j'avais tablé sur une édition unique, évitant toute concurrence, permettant de compter sur un chiffre de tirage très important et de canaliser les efforts du commerce français vers une seule édition, qui aurait été l'édition française en face du bloc allemand.

Pour des raisons que vous connaissez tous, qui tiennent surtout au tempérament individualiste français, ce vœu n'a pas pu être réalisé. Des efforts individuels se sont développés. Il est aujourd'hui, je crois que nous sommes unanimes à le penser, d'une impossibilité absolue de faire table rase de ces efforts.

Un congressiste. — Et des sacrifices qui ont été faits.

M. le Rapporteur. — ... Et des sacrifices qui ont été faits, pour faire une fusion qui ne pourra pas se réaliser. Lorsqu'en 1915 M. Rouart a eu le courage de réaliser l'idée que j'avais conçue, je lui ai dit moi-même qu'à ce moment, dans les conditions nouvelles qui se manifestaient, j'aurais reculé. Il a cru devoir tenir le drapeau; nous ne pouvons que l'en féliciter, mais il ne faut pas nous illusionner sur la portée d'un vœu de ce genre. J'en parle avec une grande impartialité, puisque, d'une part, la maison que j'ai l'honneur de représenter n'a pas constitué d'édition classique, et que, d'autre part, j'ai défendu moi-même les idées de M. Rouart; mais je me permets simplement d'attirer votre attention sur l'impossibilité de réaliser le désir de M. Rouart.

M. Rouart. — Je crois que, si on envisage la question comme vous l'envisagez actuellement, il est bien évident que nous ne pouvons pas avoir la prétention de lutter contre les Allemands. Vous saviez très bien, et votre rapport de 1914 l'indiquait, que le seul moyen de réussir, c'était l'union entre tous, l'union de tous les éditeurs français en un seul bloc pour enfoncer le bloc de nos adversaires. C'est pourquoi je reviens, malgré tout, à mon idée première. J'ai pu grouper autour de moi 104 maisons; je reviens à mon idée première pour tâcher de faire cette union qui est, de plus en plus, un devoir. Les Allemands sont, de plus en plus, contre nous; l'effort que nous devons faire contre eux doit s'augmenter chaque jour. Nous devons faire tout ce que nous pourrons pour constituer ce bloc. Tous les efforts que nous ferons individuellement sont appelés à ne pas réussir. Pour lutter avec les prix des Allemands, il faut un tirage considérable, et ce tirage ne peut être réalisé que si nous avons avec nous 150 ou 200 maisons qui chacune produiront tant de volumes. Nous aurons alors des prix suffisamment bas.

C'est par leur bon marché que les éditions allemandes ont eu du succès; c'est par le bon marché que nous les battrons.

Un congressiste. — Je demande la lecture du vœu de M. Rouart.

Vœu de M. Rouart :

Que des efforts soient faits auprès des groupements syndicaux et des éditeurs pour que toutes les éditions françaises de musique classique soient réunies en une édition unique et que l'Etat y intervienne au besoin.

M. LEMOINE. — On parle d'édition nationale comme s'il n'en existait pas déjà, antérieurement à la guerre. Depuis 1858, mon père, qui dirigeait la maison dont je suis directeur, avait commencé non seulement le premier en France, mais en Europe, une édition nationale. On ne l'appelait pas « nationale » à ce moment-là, parce qu'on a commencé par publier un volume ; on en a publié quelques-uns, au fur et à mesure ; car cette publication n'était pas la publication unique de la maison : c'était une publication accessoire, à un prix inconnu jusqu'alors ; car toutes les publications musicales étaient excessivement chères. Mon père a fait cette édition avec l'intention de donner une édition nationale très bon marché ; ç'a a été un tolle général dans le commerce ; on s'est absolument opposé, dans le commerce musical, à vendre nos éditions, sous prétexte que c'était un désastre que de vendre 0 fr. 50 ce qu'on vendait auparavant 1 fr. 50. Cela n'a pas empêché notre maison de continuer. Peu après, les Allemands ont repris notre idée, et ont donné tout de suite à leurs éditions une importance que la nôtre n'avait pas.

On a parlé des sonates de Mozart et de Beethoven, qui étaient publiées depuis longtemps chez nous avec des travaux nouveaux. Nous avions recherché les textes originaux. J'ai même fait pour les sonates de Mozart un travail qui n'existait nulle part. Les sonates de Mozart étaient publiées indistinctement et sans aucun ordre raisonné. Or, étant donné l'importance de l'œuvre de Mozart, il était intéressant d'adopter un ordre dans la publication de ses sonates. J'avais chargé quelqu'un de très compétent, M. Georges Poizot, de vouloir bien me donner un ordre pour la publication de ces sonates. Nous avons publié, il y a vingt-cinq ou trente ans, une édition qui a été la première faite dans un ordre raisonné ; elle a servi de modèle à beaucoup d'autres, et je crois que c'est l'ordre qui sera généralement adopté. Nous n'avons pas pu continuer notre publication en présence de l'invasion des éditions allemandes, et nous avons dû laisser de côté nos publications classiques. Mais, après la bataille de la Marne, quand les choses se retournaient de notre côté, je me suis adressé, avant qu'on ait eu l'idée d'une édition nationale, à plusieurs maîtres français, entre autres à M. Diémer, qui était un professeur tout indiqué pour donner le doigté qui est toujours une question intéressante pour les personnes qui veulent des notes dans une édition. Je n'ai pas mis en tête de mon édition tous les noms des professeurs du Conservatoire, aussi bien ici qu'à l'étranger, noms très connus qui ont collaboré, mais j'estime que cette indication des doigtés est précieuse pour les élèves comme pour les professeurs.

Dès 1914, pour bien établir que c'était moi le premier qui songeait à faire une édition nationale, j'en ai pris l'inscription au ministère de l'Intérieur. Je suis donc le premier qui ait pris l'initiative non pas de faire une édition, car elle existait déjà, mais de la refaire en ajoutant des renseignements modernes pour constituer une édition pouvant lutter contre les Allemands qui reviendront certainement, parce que certaines maisons françaises n'ont pas caché leur intention de les reprendre plus tard.

Je pense qu'il serait assez pénible pour moi de voir tout l'effort que j'ai fait repris en commun. Du reste, au moment où M. Rouart m'a soumis son projet de fusion, je lui ai dit : il me semblerait naturel d'emprunter l'organe que nous avons. Nous avons un titre : le Panthéon des Pianistes, j'en ferai l'abandon, à condition qu'il y ait compensation. On m'a demandé de voir ce qui faisait partie de la collection. J'en ai donc envoyé un exemplaire qui a été examiné. A la suite de cet examen, on m'a demandé de supprimer une grande partie des ouvrages les plus intéressants faisant partie de notre collection. De plus, on nous a demandé de supprimer notre titre *Panthéon des Pianistes*, déjà assez connu. Il a été assez pénible pour moi de refuser, d'autant que nous avions demandé un prix d'achat très inférieur au prix de revient de la gravure. J'ai donc été obligé, tout en acceptant de fusionner avec la nouvelle société, de conserver notre édition. J'ai promis à ces Messieurs de fusionner en ce sens que nous ne publierons plus dans l'avenir la plupart des ouvrages que la collection nationale a l'intention de publier ; nous nous arrêterons au programme que nous avions formé d'abord, collection qui constitue cent ou cent vingt-cinq ouvrages, et nous nous arrêterons là ; nous fusionnerons avec la société. Mais il me semble que nous ne pouvons pas accepter le vœu de M. Rouart, et que nous devons conserver nos droits acquis depuis longtemps.

D'autre part, il ne faut pas croire que c'est faire tort aux ouvrages classiques comme Mozart que d'avoir plusieurs éditions. En Allemagne, ce n'est pas une ou deux éditions qui existent pour un même auteur, mais cinq ou six éditions. Notre édition peut parfaitement continuer à exister avec celle que ces Messieurs feront. L'essentiel, c'est que les choses les plus compliquées, comme les symphonies, qui nécessitent un effort considérable, soient faites en commun, mais que toutes les choses courantes restent dans le domaine de chacun, que chacun conserve ses collections acquises.

Le vœu devrait se borner à dire que chacun conserve ce qu'il a actuellement, et que, pour l'avenir, chacun unisse son effort à l'effort commun et continue de publier ce qu'il avait l'intention de faire, de manière à conserver à l'effort de M. Rouart, que nous approuvons, toute sa force.

M. ROUART. — Je suis obligé de maintenir mon vœu tel que je l'ai présenté :

Que des efforts soient faits auprès des groupements syndicaux et des éditeurs pour que toutes les éditions françaises de musique classique soient réunies en une édition unique et que l'État y intervienne au besoin.

Le vœu, mis aux voix, est adopté.

Deuxième vœu de M. Rouart :

Que l'usine allemande Roder, à Nanterre, actuellement sous séquestre, soit remise à la disposition des Éditeurs français, par le moyen d'une vente à des Imprimeurs français.

M. LE PRÉSIDENT. — On pourrait ajouter, il me semble, que le vœu soit transmis au ministère du Commerce.

UN CONGRESSISTE. — Et au ministère de la Justice.

UN AUTRE CONGRESSISTE. — Si on trouve le moyen de rouvrir cette imprimerie allemande qui faisait 600 000 francs d'affaires avec 1 800 000 francs de capital, — vous comprenez bien qu'elle faisait autre chose que de l'édition, — je me demande comment elle vivra, attendu que nous manquons absolument d'ouvriers imprimeurs. Il n'y a pas moyen d'en trouver, et nous ne pouvons pas arriver, nous, les grosses maisons, à faire nos tirages. Si donc on peut trouver des ouvriers pour faire marcher cette maison, je demande qu'on réserve ces ouvriers pour les maisons françaises qui existent et qui font tous leurs efforts pour alimenter le commerce de la musique.

M. Rouart nous dira que cette maison a un outillage extrêmement moderne ; mais il y a des maisons à Paris qui ont aussi un matériel moderne, notamment des rotatives que nous n'avons que depuis quelques années. Mais nous n'avons pas pu trouver en France un ouvrier pouvant faire marcher ces rotatives.

M. ROUART. — Je ne demande pas qu'on utilise cette usine Roder en ce moment ; je demande qu'on prenne des dispositions pour l'utiliser après la guerre.

LE MÊME CONGRESSISTE. — Alors, nous sommes d'accord.

M. LE PRÉSIDENT. — Devant certaines oppositions qui semblent se manifester, M. Rouart croit-il que sa motion puisse faire l'objet d'un vœu ? Ce sont des questions d'imprimeurs...

M. ROUART. — Évidemment, c'est un peu délicat.

M. LE PRÉSIDENT. — ...Et de séquestres. Nous entrons dans une voie qui n'est peut-être pas la nôtre.

UN CONGRESSISTE. — On pourrait dire que les maisons allemandes qui ne sont pas en activité actuellement soient conservées à la France dans l'intérêt général, sans nommer la maison Roder.

M. LE PRÉSIDENT. — Il y a une objection qui m'a frappé, c'est qu'on ne trouve pas d'ouvriers. Conservons donc cela pour le Congrès d'après la guerre.

(Cette proposition est adoptée.)

Les vœux du rapporteur, mis aux voix, sont adoptés sans observation.

M. LEMOINE. — J'ai aussi émis le vœu que les publications commencées comme la mienne soient conservées et ne fusionnent pas.

M. LE PRÉSIDENT. — Cela va de soi : on ne peut pas attenter à la liberté individuelle.

Messieurs, permettez-moi de m'excuser ; je vous ai dit tout à l'heure : congrès d'après guerre, c'est congrès d'après la victoire qu'il faut dire.

La séance est levée à cinq heures trente.

PREMIÈRE SECTION

MARDI 13 MARS 1917

I. — Syndicat patronal des Imprimeurs typographes : **L'Impression** (*suite*).
II. — Société fraternelle des Protes des Imprimeries typographiques de Paris : **L'Industrie du livre.**
III. — L. Rivet : **Les Conditions actuelles de la technique du livre et les améliorations à y apporter.**
IV. — H. Magnier : **La Reliure et le Cartonnage.**
V. — L. Boivin : **La Technique du livre illustré moderne.**

La séance est ouverte à deux heures, sous la présidence de M. Paul Belin.

I. — Syndicat patronal des Imprimeurs typographes :

L'Impression (*suite*)

M. le Président. — Nous allons continuer la discussion qui a été interrompue hier, à cause de l'heure tardive.
Quelqu'un demande-t-il la parole ?

M. Simon. — Je me permets de prendre à nouveau la parole, étant donné que, dans le rapport des Maîtres Imprimeurs, le vœu exprimé tend à nous demander de faire des machines meilleures et à meilleur marché. Je me demande si, dans ces dernières années, les Maîtres Imprimeurs ont manqué de machines et de machines à bon marché. Je crois que, non seulement ils n'en ont pas manqué, mais qu'ils en ont été abreuvés ; ils ont eu à profusion des machines allemandes, américaines et françaises. Nous avons vu des imprimeurs français, de moyennes maisons, acheter du matériel allemand dans des proportions considérables, parce que les Allemands leur faisaient des crédits énormes. Nous avons essayé de lutter ; nous avons essayé de prendre les méthodes industrielles allemandes ; nous avons reçu des télégrammes de tous nos agents de l'étranger, d'Espagne, d'Italie, qui nous demandaient de consentir les mêmes crédits.

L'on peut dire que l'industrie de la machine à imprimer, à l'heure actuelle, ne manque pas de moyens de production ; avant la guerre, elle surproduisait parce qu'elle était obligée, pour vendre son matériel, de faire des crédits de plus en plus grands.

Nous avons vu ces maisons françaises abreuvées de matériel allemand. Avons-nous vu ces maisons se servir de ce matériel allemand pour améliorer le livre ? Je ne le crois pas. Elles s'en sont servi peut-être pour faire descendre les prix, et dans ce but les Allemands n'ont pas hésité à faire des sacrifices, à mettre dans ces maisons des machines à vapeur, des moteurs électriques.

Je ne crois pas que nous pouvions lutter. Nous avons fait un effort industriel considérable ; nous avons essayé de lutter contre ces méthodes commerciales que nous ne pouvions pas suivre ; moi-même, je me suis rendu bien des fois à Berlin ; je connais toutes les maisons de mes concurrents allemands, leurs méthodes industrielles, parce qu'ils m'en ont fait part, et eux-mêmes ont été, à certains moments, un peu effrayés de voir le genre commercial qu'avaient pris leurs affaires ; et ils m'ont demandé s'il n'y avait pas moyen de s'entendre. Je me rappelle qu'en juin 1914, à Berlin, on m'a demandé si je voulais faire la part des imprimeurs français qui étaient considérés comme clients des machines allemandes et des imprimeurs français qui étaient considérés comme clients des machines françaises ou américaines. Les Allemands offraient de séparer les imprimeurs français en imprimeurs qui n'achèteraient que des machines allemandes, parce qu'ils n'avaient que des machines allemandes, et en imprimeurs qui achèteraient les autres machines. Cela prouve à quel point les Allemands considéraient combien ce marché leur était acquis, et combien ils voulaient le maintenir.

On nous dit : Faites des machines meilleures. Nous ne pouvons pas faire mieux que ce qui a été fait avant la guerre. Les Américains vendent d'excellentes machines ; les Allemands vendaient également d'excellentes machines, et ils les vendaient à meilleur marché. Si, dans nos industries futures, nous vendons ces machines au même prix que les Allemands, nous aurons fait ce qu'ils ont fait ; mais il nous manquera ce qu'ils ont, c'est-à-dire un marché considérable en dehors de la France. Nous pourrons nous tourner vers la Russie, pour faire de l'industrie en série, mais il faut, pour que nous puissions faire de la machine en série, que les imprimeurs ne demandent pas trop de faire des machines trop bon marché, mais de bonnes machines.

Avant que les Allemands pénètrent en France, l'industrie du livre était peut-être supérieure à ce qu'elle est maintenant. Les machines allemandes ont permis peut-être de produire moins cher, mais elles n'ont pas permis de produire mieux.

M. DE MALHERBE. — Il semble qu'il y a d'abord une petite erreur de fait au début, quand on nous attribue le désir d'avoir à la fois des machines meilleures et meilleur marché.

Nous sommes en présence d'une situation de fait que nous constatons, et, si vous voulez bien, nous déblaierons la question des machines rotatives à journaux dont M. Simon nous a entretenus hier. Nous avons été heureux d'applaudir à ce qu'il a dit quand il a fait savoir que sa maison avait complètement supplanté la fabrication allemande sur les marchés du Sud-Amérique, en ce qui concerne les rotatives à journaux. Nous ne pouvons qu'applaudir à ce succès, et souhaiter à la maison Marinoni le même succès, qui ne nous étonne pas de sa part, sur tous les autres marchés ; mais les rotatives à journaux n'intéressent pas beaucoup le livre ni les imprimeurs qui travaillent directement pour le livre. Les machines qui intéressent plus directement le livre sont les machines plates, dont les fabricants de machines nous ont parlé hier par la voix de M. Lambert, c'est-à-dire les machines en blanc, pour le tirage des grands formats, les machines à platine pour les tirages des plus petits formats.

Nous constatons que les imprimeurs, qui ont voulu améliorer leur matériel dans la voie des machines susceptibles de faire de meilleurs travaux de livre, ont trouvé une plus facile et meilleure satisfaction de leurs besoins dans les machines étrangères. Je crois que c'est gâter un peu la question que de prétendre que cette concurrence a été exclusivement allemande. Je crois que, en ce qui concerne particulièrement la machine en blanc, à grande vitesse, qui a été la révélation de ces dernières années, l'invention a été américaine, et les quatre cinquièmes au moins de ces machines en blanc à grande vitesse proviennent, soit de l'Amérique, soit de la firme anglaise à laquelle l'inventeur américain a concédé sa licence. Nous serions très heureux de voir la meilleure machine au meilleur marché possible, mais ce n'est pas le prix plus élevé de ces machines par rapport à la machine similaire de fabrication française comme format, qui nous a empêchés d'acheter la machine étrangère. Nous nous plaçons au point de vue de la possibilité de rendement d'une machine ; nous achetons une machine double colombier, et nous constatons que cette machine, si elle est française, est d'un prix moins élevé que la machine étrangère ; mais nous achetons tout de même la machine étrangère, parce qu'elle nous paraît mieux répondre à nos besoins. Nous ne demanderions pas mieux de payer cette machine étrangère le prix que nous offre le fabricant français. Il est certain que, dans un autre ordre d'idées, dans la machine à petit format dont M. Lambert nous a parlé également hier, c'est peut-être la fabrication allemande qui domine. M. Lambert nous disait que cette machine était d'invention française et qu'ensuite...

M. Lambert. — Elle est d'origine américaine; elle a été copiée...

M. de Malherbe. — L'Allemagne a fait pour la machine à platine ce qu'elle a fait pour la machine en blanc à grande vitesse, mais avec moins de succès. Alors qu'elle a vu sa contrefaçon de machine américaine tomber en discrédit, à cause de sa qualité moins bonne, elle a vu l'autre mieux réussir parce qu'elle était mieux fabriquée.

Avant 1900, c'était la machine de petit format, permettant de faire un tirage soigné, un tirage de gravure dans un petit format, sans mettre en mouvement une grande machine, qui était le plus universellement demandée. L'imprimeur typographe la réclamait à cor et à cri; il l'a vue arriver d'Allemagne, il l'a prise d'Allemagne. Le fabricant français ne la lui donnait pas; il a bien été obligé de la prendre à celui qui la lui offrait. Et le fabricant français, dit M. Draeger aîné, n'a jamais essayé de la faire; par conséquent, nous l'avons achetée là où on nous l'offrait.

La possibilité qu'ont ces machines de faire du gaufrage comme de l'impression est la démonstration de leur possibilité de faire de l'impression parfaite, parce qu'elles ont la solidité nécessaire pour donner la pression qu'il faut pour imprimer une gravure. Mais si nous avons abandonné l'application de ce procédé, de ce gaufrage, nous n'en avons pas moins continué à employer ces machines à platine, de fabrication étrangère, allemande, pour faire ce qu'elles font parfaitement bien, c'est-à-dire l'impression de la gravure. Une fois de plus se révèle ce que nous disions tout à l'heure, la nécessité pour nous d'acheter des machines à celui qui nous les offrait. Si nous exprimons aujourd'hui le regret que celui qui nous offre le plus fréquemment la machine qui nous convient ne soit pas un de nos compatriotes, ce n'est vraiment pas notre faute.

Hier, M. Lambert, au nom du Syndicat qu'il représente, nous a parlé des machines plates, des machines à retiration et des machines en blanc, et, en somme, sa réponse se résume à ceci : Si nous ne construisons pas, c'est parce qu'il n'y pas de marché. Nous ne pouvions pas construire en assez grande quantité, nous ne pouvions pas nous livrer à une fabrication en série, nous ne pouvions pas faire une fabrication assez largement industrielle pour que le jeu en vaille la chandelle. Autrefois, il en était ainsi.

Il a donc commencé par poser le principe qu'il n'y avait pas de marché. Je pense que c'est bien documenté qu'il a produit cette affirmation, mais, à première vue, elle semble peut-être discutable; car si l'on envisage simplement le marché français, je crois qu'on peut affirmer hardiment qu'il a été fait, dans l'imprimerie typographique, depuis quinze ans, plus d'achats de machines qu'il n'en avait été fait dans les quinze années antérieures. Si, à ce moment, le marché national français s'est plutôt augmenté, il a pu se trouver, en effet, que le marché général était diminué de ce fait que les constructeurs français ne faisaient pas de machines susceptibles de satisfaire la clientèle étrangère ; mais, si leurs conditions de fabrication se sont ainsi trouvées péjorées, ce n'est pas de notre faute. Nous avons donc acheté ce qui nous était présenté.

Nous venons de dire quelques mots de la situation des machines à platine. Il y a les machines spéciales à l'impression des livres, les machines doubles et les machines en blanc à grande vitesse. Nous avons fait la même chose pour ces machines. Si les procédés nouveaux de gravure imposaient des principes de construction différents, c'était aux constructeurs, de quelque nationalité qu'ils fussent, à les étudier et à présenter la machine qui répondait à ces besoins nouveaux graphiques, mais ce n'était pas à nous à aller la chercher.

En ce qui concerne la machine double, on nous dit que c'était autrefois la machine générale, qu'elle était sur le marché français, sur le marché étranger. Je me suis permis de dire hier à ces Messieurs : Attention ! Pour la machine double, qui semble être aujourd'hui votre cheval de bataille, il peut peut-être vous arriver la même chose que ce qui vous est arrivé pour la machine en blanc, et peut-être allez-vous voir surgir une machine double répondant à tous les besoins actuels.

On nous a parlé de la disparition d'une firme importante pour les machines doubles, la maison Alauzet. Cette maison, qui avait une réputation établie pour la fabrication des machines doubles, a cessé sa fabrication. Comment a-t-elle liquidé ? Elle a cherché à vendre sa firme. Je n'affirme pas que je suis absolument bien renseigné, mais je crois l'être. Il nous a été dit que la maison Alauzet n'avait pas trouvé preneur de sa firme chez les autres fabricants français, et qu'elle avait accepté des propositions supérieures d'une firme allemande à qui elle avait vendu sa firme 70 000 francs, c'est-à-dire que des constructeurs allemands ont pu acheter pour la somme relativement élevée de 70 000 francs plusieurs centaines de clients et leur entrée chez ces plusieurs centaines de clients.

Si les individualités séparées de la fabrication française n'ont pas pu faire cet effort, c'est qu'elles ne sentaient peut-être pas le besoin d'élargir leurs affaires. Je crois aussi savoir que, dans le temps assez court qui s'est écoulé entre le moment où la firme allemande a acheté la maison Alauzet et celui où la guerre a éclaté, la firme allemande ne s'est pas contentée, comme on semblait vouloir le dire, d'avoir acheté plusieurs centaines de clients ; mais elle a fait des améliorations, et il existe dans une grande imprimerie de Paris des machines construites par les Allemands, acquéreurs de la firme Alauzet, qui présentent déjà de notables améliorations sur les machines que construisait la maison Alauzet.

Il y a aussi un truisme qui dit que, si on fabrique en série, on fabrique mieux. C'est un de ces truismes avec lesquels on endort l'initiative. Et pour citer des faits probants, je connais une imprimerie où il y a en service trois machines doubles de la maison Alauzet. Il a été apporté, non pas en série puisqu'on a commencé par une, des améliorations qu'il appartenait à d'autres constructeurs de faire pour les offrir aux imprimeurs. Il y a dans cette imprimerie des machines doubles dans lesquelles il ne reste plus de la machine initiale que le bâtis ; la prise de feuille, l'encrage, la réception, tout y est modifié. Et cela a été plus onéreux pour l'imprimeur, qui a pu le faire avec un mécanicien de quartier, de faire ces améliorations par unité que si elles lui avaient été présentées en série. Et, tout de même, au prix actuel que la machine représente avec addition de ces améliorations, elle est plus lucrative qu'à son prix initial qui était moins élevé. Et puis, où commence la série ? Est-il nécessaire d'avoir un client ayant 250 millions de capital pour faire des machines et les vendre en série ?

Il y a également de petits appareils qui s'appellent des pétroleurs, qui fonctionnent chez cet imprimeur. Ils ont été fabriqués un par un, et, quoique fabriqués dans de mauvaises conditions, avec des améliorations successives à l'unité, ils rendent des services excellents. Ce petit mécanicien de quartier, après en avoir construit pour des fabricants de machines, a vu que ces fabricants se mettaient à en faire. Il n'est donc pas nécessaire de faire de la série pour faire de la bonne construction.

Il y a aussi une amélioration qui consiste dans la réception automatique. Quand vous avez mis sur le margeur automatique une pile de papier, c'est très joli ; si vous avez une réception qui permet d'empiler également les feuilles sans aller les sortir rame par rame, vous avez fait une amélioration.

Il y a également la question des margeurs automatiques. Chez ce même imprimeur, il y avait des margeurs automatiques de provenances différentes. Il s'est inspiré de ceci et de cela, et aujourd'hui il a en construction, pendant la guerre, chez ce même mécanicien de quartier, quatre margeurs automatiques qui, quoique faits par quatre, lui reviennent à meilleur marché que des margeurs automatiques de fabrication étrangère.

Ces petites améliorations successives, que l'imprimeur, secondé par un mécanicien de quartier, a pu faire, n'auraient-elles pas dû être faites par Messieurs les constructeurs ? Pourquoi ne les ont-ils pas faites ? C'est une question que nous leur posons.

Nous avons proposé hier d'émettre un vœu invitant les constructeurs à faire mieux. Il est évident que ce vœu serait peut-être par trop platonique s'il s'adressait à une corporation qui, *a priori*, a avoué qu'il lui était impossible, pour des raisons commerciales, de faire l'effort nécessaire. Si elle renouvelle cette affirmation qu'elle ne peut pas ou ne veut pas construire, parce que le jeu n'en vaut pas la chandelle, nous sommes obligés, plutôt que d'émettre un vœu qui se perdrait dans le vide, de renouveler la question que nous posions dans notre rapport : Si nous voulons demain acheter des machines répondant aux besoins actuels, où allons-nous les acheter?

Nous ne voulons, bien entendu, attaquer personne, ni faire de personnalités, mais il est bien évident que, si nous prenons comme exact, un moment, pour la commodité du raisonnement, le fait, qui serait peut-être à démontrer, de l'insuffisance du marché, ce fait, s'il est reconnu exact, aura soit une cause générale commune à toutes les branches de l'industrie du livre, soit une cause due à la mentalité d'une certaine branche de cette industrie. Si c'est une cause générale, elle tendrait à se formuler ainsi : L'ensemble des industries du livre en France fait un tout trop peu important pour que l'une des branches, la plus importante de cette industrie, ait un tel besoin d'outillage que les constructeurs puissent s'organiser pour y satisfaire. Si c'est cette réponse que nous adoptons, elle est peut-être dangereuse dans un Congrès dont on disait, hier, que l'étranger avait l'œil fixé sur lui.

S'il faut, au contraire, envisager la question du fait particulier, et si c'est à la mentalité d'une des classes des industriels du livre qu'il faut attribuer ce manque de marché, nous nous permettrons alors d'insister et de saisir cette occasion de nous laver d'une légende qui pèse un peu trop sur la corporation des imprimeurs typographes, à savoir qu'ils ne savent pas s'outiller et suivre les progrès du mécanisme. Nous n'avons pas à défendre les autres industries, mais nous voulons nous défendre et prouver, par des faits, que nous avons parfaitement le désir de nous améliorer : nous prouvons ce désir, non pas par des affirmations vagues, mais par des faits probants, et, de même que le philosophe démontrait le mouvement en marchant, nous vous démontrons que nous étions des acheteurs... en achetant. Quand nous avons eu des besoins, nous avons acheté à ceux qui nous offraient, et nous voulons affirmer que nous avons l'esprit d'initiative nécessaire pour acheter des machines quand elles nous paraissent meilleures, et même pour acheter à contre-cœur. Il faut bien que nous ayons le désir d'acheter, puisque nous achetons dans des conditions qui ne nous plaisent pas!

Les conditions de crédit excessives, ce sont des affirmations. J'ai été acheteur; j'ai naturellement essayé d'avoir les meilleures conditions possibles. Permettez-moi de dire que, en ce qui nous concerne, je considère les conditions effrayantes, effarantes, de crédit, comme une légende. Ni à ma connaissance personnelle, ni à la connaissance des gens qui m'entourent, de tels crédits n'ont été consentis, et je ne sais pas si, véritablement, les Allemands perdraient beaucoup en n'étant pas payés de ce qui pouvait leur être dû quand la guerre a été déclarée.

Nous tenons, nous, imprimeurs typographes, à nous laver de cette légende que nous ne sommes pas des gens d'initiative. Cela était dit, cela se dit couramment ; c'est même dit dans des publications qui avaient la prétention d'être techniques, et qui n'étaient en réalité que des prospectus de fabricants étrangers, et il y a dans notre corporation un esprit tel de solidarité, que, lorsque nous avons voulu protester, le seul journal technique de notre profession n'a pas voulu accepter notre protestation.

Nous avons acheté des machines chaque fois que nous avons eu besoin d'en acheter, et nous saisissons cette occasion pour joindre à notre protestation une question que nous posons à Messieurs les éditeurs :

Est-ce que les éditeurs français, lorsqu'ils ont eu des projets d'importance, se sont trouvés gênés par la pénurie de matériel des imprimeurs typographes français ?

S'ils disent non, nous n'aurons qu'à nous déclarer satisfaits. S'ils avaient quelques observations à nous faire dans ce sens, nous serions prêts à les accueillir et à les discuter ; mais, *a priori*, nous disons que nous faisons notre devoir qui est de nous tenir au courant des progrès de l'outillage. Nous faisons tous les sacrifices nécessaires, dans la mesure qui nous est attribuée, parce que nous n'avons pas d'initiative à prendre, car nous ne sommes pas en rapports avec le public et nous ne savons pas s'il a besoin de telle ou telle publication. C'est à l'éditeur à nous dire : Voici mes projets, avez-vous le matériel pour le faire ? Si vous ne l'avez pas, êtes-vous disposé à l'acquérir ? La question posée de cette façon n'aurait jamais rencontré une réponse négative chez l'imprimeur français. Parfois il a dit : Je n'ai pas le matériel, et il l'a acquis sans demander des garanties de stabilité ou de durée. Notre situation est donc assez nette, et nous avons suffisamment répondu à ce qui nous a été dit par les fabricants de machines.

Nous demandons encore : Si demain les affaires reprennent avec l'intensité que nous pouvons espérer et que tout fait prévoir, et si nous avons besoin d'augmenter encore notre matériel, serons-nous obligés de l'acheter au même endroit ?

Ne parlons pas de l'Allemagne, mais parlons des autres fabricants étrangers. Quoique amis, ils ne sont pas autant amis que nos propres compatriotes. Le trouverons-nous chez eux ?

M. LAMBERT. — Il semble que M. de Malherbe nous mette absolument sur la sellette et nous considère comme des fournisseurs auxquels on doit enseigner leur métier et non pas comme des collaborateurs, et de très intéressants collaborateurs. Lorsqu'on vient dire : « Pourquoi ne pas faire des machines ? » Nous sommes des industriels, nous sommes surtout des fabricants de machines-outils, et il semble que nous soyons de la matière première. Une machine à imprimer résume non pas une seule transformation de matières, mais toute la science, tout l'art de l'ingénieur.

Si je venais demander à un imprimeur un très beau livre, il me demanderait : combien voulez-vous d'exemplaires ? Si je lui répondais : j'en veux un, il me dirait alors : Cela vous coûtera 3 000 francs. Je lui dirai : ce n'est pas possible, on le fait à tel endroit pour 5 francs. — Evidemment, parce que de l'autre côté on a demandé 3 000 exemplaires au lieu d'un.

Ce raisonnement s'applique à la machine à imprimer. Notre unité est toujours l'unité qui a coûté très cher par elle-même comme construction.

Dans le rapport, il est parlé des machines à composer. Supposez qu'on vienne nous dire de faire actuellement des machines à composer ; nous dirons que nous ne le pouvons pas. Pourquoi ? Parce que cette machine est le résultat de recherches incessantes qui ont été arrosées de capitaux énormes dont on peut se faire une idée en pensant que plus de 2 millions ont été dépensés en brevets et en maintien de droits de brevets. Par conséquent, un résultat acquis au moyen d'un effort pareil ne peut pas se détruire du jour au lendemain. Nous avons en France des publications qu'il serait absolument insensé de vouloir détruire, par suite de la vitesse acquise, et de l'intensité des capitaux engagés.

Lorsque les premières machines à arrêt de cylindre ont paru, c'est-à-dire en 1900, l'état d'esprit général de l'imprimeur était le suivant : Peut-on faire des machines pareilles ? Cela ne va pas aussi vite. Quand on veut marger, on met le pied sur la pédale, et si on tire 600 exemplaires à l'heure, c'est tout. Autre chose, comment une machine qui fait de la couleur n'a-t-elle pas de pointure ?

A la même époque, un de nos collègues avait fait un essai de machine deux tours ; c'était sa première machine. Evidemment, elle ne répondait pas à tous les perfectionnements qui existent aujourd'hui, mais je dois dire que les machines présentées en 1900 cassaient toutes, les unes après les autres. On a réparé ces machines ; un certain temps s'est écoulé, et l'on a toujours vu en France l'imprimeur continuer à prendre la machine que nous construisons, et notamment la machine double.

Petit à petit, les Allemands, qui avaient fait des études, qui étaient allés copier des modèles aux Etats-Unis, rapportant la machine à pédale et la machine deux tours, ont commencé à nous faire concurrence. Comment pouvaient-ils la faire ? Ils pouvaient la faire progressivement. Pour semer, il faut récolter. Ils ont commencé par envoyer des représentants proposer ces machines ; elles avaient certaines choses qui n'existaient pas dans les autres, notamment des rectificateurs de marge. Il y avait toute la technique moderne dans ces machines. Parce que produit allemand parce que produit étranger, il nous semblait que ces machines devaient avoir une supériorité sur nos produits; mais nous qui avions constamment à veiller au goût français, aux habitudes françaises, nous étions obligés d'avoir des machines métis, c'est-à-dire ayant la pointure, alors que d'autres ne l'avaient pas.

Nos machines arrivaient chez un imprimeur; le conducteur trouvait à redire à l'encrier, parce qu'il estimait qu'il ne valait pas le bon vieil encrier d'autrefois qui se serrait avec des vis. Quand nous avons voulu nous lancer dans la construction moderne, nous avons dû faire tout le temps des types dissemblables, et nous n'avons pas pu faire de la série. Par conséquent, il ne faut pas dire que nous n'avons pas fait tous les efforts possibles pour arriver à satisfaire la clientèle; mais pour qu'une industrie puisse vivre et prospérer, il faut qu'elle ait des débouchés.

Je maintiens ce que je disais hier, à savoir que le débouché français ne suffit sûrement pas dans l'imprimerie pour faire vivre le constructeur. Nous avons senti que la clientèle française, en admettant qu'elle prît les machines qui lui étaient nécessaires, ne pouvait pas nous faire vivre. Et quand on est bon industriel et bon commerçant, on doit faire attention à la question économique de son industrie.

Quels avantages trouvent nos concurrents en Allemagne, en Amérique? Ces pays étaient riches par la nature du sol, par les minerais, par les goudrons, par les houilles; fabriquant pour la métropole, avec un goût unifié, on pouvait imposer son produit dans des pays étrangers. Vous n'avez jamais vu se faire une modification à une machine établie en série. Vous voulez mon produit, le voilà! Vous voulez un changement; ce n'est pas possible, ce serait plus cher!

Je passe à la question de la machine double, qui nous intéresse particulièrement en France, et qui m'intéresse particulièrement. J'ai dépensé énormément d'argent; je suis, je crois, arrivé à un résultat qui donne satisfaction à beaucoup de mes clients qui ont de ces machines, et on vient dire: Faites attention, les étrangers vont venir et faire de la machine double!

Je prétends qu'il ne la feront pas, à moins de demander un prix de beaucoup supérieur à celui que nous faisons. C'est ce qui arrive toujours quand vous demandez à un Américain de faire une machine présentant une différence avec une machine faite en série. Immédiatement, le prix augmente considérablement.

Qu'est-ce que nous demandons? Nous demandons tout simplement que l'imprimeur, qui est notre collaborateur, pense à nous et à nous faire vivre. Ce n'est pas en tenant ce raisonnement que nous devons faire meilleur marché que l'Allemand, que l'étranger, qu'on nous soutiendra; c'est en disant qu'il vaudrait peut-être mieux que la corporation payât plus cher pour la machine française que pour la machine étrangère, et qu'elle ne laissât pas la porte ouverte à l'invasion étrangère. C'est de ceci que toute la France industrielle a souffert.

A nos réunions techniques d'ingénieurs, le cri est unanime; toutes nos industries étaient touchées, toutes étaient blessées, toutes ne pouvaient plus lutter, et, si l'Allemagne ne nous avait pas fait la guerre maintenant, dans dix ans toutes nos industries seraient devenues la propriété de l'Allemagne.

Les Etats-Unis nous ont fait une concurrence beaucoup plus honnête; ils continueront, mais ils ne m'effraient pas; c'est une concurrence loyale, commerciale, mais jamais les Etats-Unis n'ont eu l'idée de mettre le grappin sur la France, tandis que c'était le but de l'Allemagne. Les Allemands nous auraient pris; ils auraient pris l'Espagne et les autres pays.

Je viens donc demander de vouloir bien exprimer le vœu d'une autre façon. Je voudrais qu'on nous considérât comme des collaborateurs qu'on voudrait aider par tous les moyens possibles, afin qu'ils puissent servir utilement les imprimeurs. Je crois que la question doit être retournée; il ne s'agit pas de livrer des instruments à bon marché; du moment que vous réclamez la qualité, il faut payer ce qui est bon et en même temps protéger toute l'industrie française. Si nous ne pensons pas à cette énorme et importante question, je ne sais pas si, après la guerre, nous retrouverons notre essor.

M. LE PRÉSIDENT. — Vous avez entendu les explications très détaillées de M. de Malherbe et celles de M. Lambert. Je crois que les idées sont suffisamment échangées de part et d'autre pour que nous puissions arriver à une conclusion. Je vous propose de vous donner lecture des vœux se rapportant à la question.

M. MOTTI. — Des deux discours qui viennent d'être prononcés sur la question, il n'est sorti en somme qu'un désir de solution.

Je me dédouble un instant, je ne suis plus imprimeur, je suis le directeur d'une publication économique « Vouloir », et je vous dis : J'ai à l'étude un projet qui m'a été présenté par un imprimeur français qui sait, par des ramifications qu'il a en Suisse, qu'on prépare l'envahissement du marché français par les machines allemandes. Comme directeur de cette publication économique fondée depuis deux ans, il me propose d'étudier la constitution d'une société importante qui aurait pour but de réunir les fabricants français de machines pour fournir, à toutes les imprimeries des pays envahis qui ont été mutilées ou détruites, le matériel important qui va leur être nécessaire. L'estimation du matériel à fournir, d'après les renseignements qui semblent concluants, est de 300 millions. La possibilité de mettre cette affaire debout n'exigerait pas un capital énorme si les fabricants de machines pouvaient apporter à cette affaire une solution d'engagement de fournir du matériel.

Je me mets à la disposition du Syndicat des Fabricants pour leur exposer, à eux seuls, ce projet et essayer de chercher une solution ; car il me semble qu'elle réunirait tous les suffrages.

Je crois que, si les constructeurs français, pour les raisons qui viennent de nous être exposées, ne trouvent pas en France un marché suffisant, ils ne devraient pas se désintéresser de nous vendre quand même les machines étrangères ; j'estime qu'au lieu de laisser chaque firme ayant une machine intéressante à nous proposer venir elle-même faire l'affaire, ils pourraient tantôt l'un, tantôt l'autre, soit le Syndicat lui-même, prendre en main la vente de ces outils en France.

M. Marinoni a acheté des brevets pour une machine ; sans acheter les brevets, il semble qu'en 1900, au lieu de laisser s'introduire en France un ingénieur qui a été l'agent d'une maison américaine, les constructeurs français auraient dû prendre cette vente en main.

Comme vous n'êtes pas très nombreux, vous pourriez, en vous entendant, nous proposer toujours la meilleure machine étrangère, et on ne pourrait plus vous reprocher de ne pas nous offrir ce qu'il y a de mieux si vous étiez vous-mêmes les vendeurs. Vous la rechercheriez, vous prendriez votre bénéfice, vous n'auriez pas d'argent à dépenser pour des modèles, et, quand il vous viendrait l'idée de faire une machine qui répondrait vraiment aux besoins et qui trouverait l'essor suffisant, vous le feriez. Vous auriez des résultats sans perte d'argent.

M. SIMON. — Le désir de M. Motti a été réalisé il y a quatre ou cinq ans. J'ai fait alors avec la Linotype C° un traité par lequel la vente des machines L. M. m'était adjugée. Il m'est arrivé fréquemment d'aller proposer à des imprimeurs français la machine L. M. en concurrence avec la Linotype, et fréquemment je n'ai pas obtenu la commande parce que l'on préférait s'adresser à la Linotype, quoique je fisse les mêmes conditions de payement et que je livrasse les mêmes machines. Pourquoi ne pas s'adresser à la maison française ?

Les maisons françaises font la machine à arrêt de cylindre aussi bien que les maisons allemandes ; elles ont un outillage suffisant ; par conséquent, les imprimeurs français n'ont aucune crainte à avoir concernant cette machine et les rotatives.

Nos industries ont été augmentées d'une façon considérable pendant la guerre, et nous représentons, dans l'industrie de guerre, la quatre-vingtième partie de la production totale des obus français ; nous avons donc un matériel considérable qui nous permettra parfaitement de fabriquer la machine deux tours, si nous voyons que nous avons un débouché suffisant. Le débouché que nous offrent les imprimeurs français n'est pas suffisant, et, si le traité de paix nous permet d'avoir un débouché en Russie et en Italie et dans d'autres pays, nous pouvons entreprendre la construction de la machine deux tours ; mais nous ne pouvons pas faire que l'Amérique, qui vend chez elle 800 machines et qui en vend 100 ou 150 en France, abandonne la construction de ces machines.

M. MOTTI. — Le vœu devrait tenir compte des desiderata des deux corporations et leur demander de s'entendre pour chercher la solution.

M. DE MALHERBE. — Il n'y a plus lieu de continuer la discussion. Nous ne récriminons pas ; nous citons quelques faits qui prouvent qu'il n'est peut-être pas absolument nécessaire de faire de la grande série pour apporter des améliorations qui ont leur importance. Enregistrons leur promesse d'être à la hauteur. Nous avons tenu simplement à expliquer le fait. Les circonstances qui se sont déroulées pendant ces quinze dernières années nous avaient mis dans la nécessité d'acheter des machines dont nous avions besoin là où on nous les fournissait. Nous ne pouvons pas sortir de là. Nous n'avons voulu mettre personne sur la sellette. Le but du Congrès est de nous mettre tous, réciproquement, sur la sellette, de nous dire nos vérités de la meilleure foi du monde et d'entendre nos explications. Nous admettons que ces Messieurs ne sont pas incriminables, qu'il n'y avait pas moyen de faire autrement, et les raisons qu'ils nous ont exposées étaient nécessaires et obligatoires. C'est entendu ! Nous constatons ce fait, mais nous en constatons un autre, c'est que nous avons acheté des machines là où on nous les proposait.

Le seul point sur lequel il faille revenir, c'est que nous achetons ces machines non pas sur cette question de bon marché, qui n'est pas exacte, mais quoiqu'elles soient plus coûteuses, et nous essayons de faire aux unités des petites améliorations, bien que plus onéreuses que si nous avions pu les faire en série.

M. LE PRÉSIDENT. — En général, ces méthodes ont-elles donné satisfaction ?

M. DE MALHERBE. — En général, oui. Il y a eu des réticences, évidemment. Nous les avons adoptées en industriels conscients, plus ou moins vite, suivant que, dès l'abord, elles s'adaptaient plus ou moins à nos besoins ; nous les avons examinées, analysées, et nous avons été d'autant plus méritants de reconnaître leurs avantages, que peut-être nous avions contre elles des préventions de tours de main et de sentiments. Pour toutes ces raisons, nous achetons ; nous achetons malgré cela, et nous achetons plus cher, parce que nous avons une machine d'un format déterminé ; nous pouvons aussi la considérer comme plus lucrative, si au lieu de tirer 800 à l'heure, elle tire 1500.

Nous pouvons dire qu'à l'aspect elle ne paraît pas renfermer plus de matière et motiver un prix de construction plus élevé; nous l'achetons avec le regret bien personnel et égoïste de la payer plus cher que celle du voisin, avec le regret sentimental et général de ne pas l'acheter à un compatriote. Il ne faudra pas trop nous en vouloir si, devant la nécessité de faire des augmentations et des renouvellements de matériel, nous nous adressons encore demain à l'étranger. Il y a des imprimeurs qui ont acheté des machines même pendant la guerre ; et, si demain ils avaient besoin de deux ou trois machines deux tours, ils auraient plus vite fait de les demander à Chicago, que d'attendre la fabrication française. L'imprimeur attendra le fabricant français dans une certaine mesure, mais, s'il est talonné par son désir de bien faire et de satisfaire aux besoins de la clientèle, il sera obligé de s'adresser ailleurs. Il ne faudra pas l'en blâmer.

M. Delmas. — A côté de la machine deux tours, il y a la petite machine en blanc fournie par la maison Voirin, et par Marinoni, qui donne satisfaction à beaucoup d'imprimeurs ; mais il y a une machine double, qu'on ne trouve pas à l'étranger, qui a été étudiée d'une façon particulière par la maison Lambert.

J'ai suivi les efforts de cette maison, et je peux assurer que les machines qui sortent de cette maison, et que j'emploie, me donnent entière satisfaction. Je connais la machine double à retiration, dont parlait M. de Malherbe ; il y en a une ou deux à Paris, et elles se trouvaient à l'exposition de Londres, il y a quelques années. Ces machines sont d'un prix plus élevé et elles donnent les mêmes résultats que celles de la maison Lambert...

M. de Malherbe. — Je n'ai pas parlé de cela. J'ai nommé la maison Alauzet, à laquelle un imprimeur de mes amis avait acheté des machines doubles.

M. Delmas. — Nous parlons de ce que vous disiez tout à l'heure, à savoir de prier M. Lambert de se méfier d'une marque concurrente qui va revenir bientôt sur la place de Paris pour remplacer les machines à retiration. J'estime que les imprimeurs français ont le devoir d'aider la maison Lambert dans la fourniture des machines à retiration qui ont été faites avec beaucoup de soin par ce constructeur, et donnent des résultats supérieurs. J'estime que le devoir des Français est de défendre les maisons françaises.

Nous nous trouvons en présence de situations créées par des nouveautés qui viennent d'Amérique ou d'Allemagne ; il y a eu des essais, faits par la maison Alauzet, de machines deux tours ; je crois que M. Draeger a eu une de ces machines. Les premiers essais n'ont pas réussi, c'est possible ; les machines à pédale ne nous intéressaient pas, parce qu'elles étaient faites plutôt pour les petits imprimeurs, pour tirer les couvertures.

M. DE MALHERBE. — Vous avez dit hier que vous ne travailliez pas pour l'édition. Permettez-nous de nous défier de vos appréciations en ce qui concerne les travaux d'édition. C'est une des machines qui rendent le plus de services.

M. DELMAS. — Généralement, celui qui travaille pour l'éditeur ne fait pas la couverture. Nous disons que, actuellement, vous avez des machines à retiration françaises, qui font très bien, qui fonctionnent parfaitement et peuvent rendre des services. Pourquoi les imprimeurs ne chercheraient-ils pas à s'adresser à un constructeur français ?

M. DE MALHERBE. — Nous ne croyons pas faire acte de mauvais confrères en disant : Attention ! Cette machine n'a jamais été employée à l'étranger ! Vos concurrents étrangers sont au contraire convaincus que le marché français peut être suffisamment absorbant pour cette machine, dont ils n'ont pas l'emploi chez eux, et ils se préparent à venir vous faire concurrence... (*Protestations.*) On nous les offre !

M. LAMBERT. — N'affirmez pas des choses qui n'existent pas !

M. DE MALHERBE. — Je n'affirme pas que leurs machines vont être excellentes ; je dis qu'on nous les offre !

M. LAMBERT. — Notre unité est au moins de 10 000 francs. On nous demande de faire de la série, du stock. C'est très bien. Voyez donc les capitaux qu'il faut engager. Qu'est-ce qu'il faut faire ? Il faut nous aider et ne pas toujours penser à la concurrence étrangère, mais bien au moyen de l'arrêter.

M. LE PRÉSIDENT. — Je crois qu'il est indispensable de clore la discussion, parce que nous entrons dans des questions de détail. Je vous prie donc de déposer un vœu, si vous l'avez rédigé, entre imprimeurs et constructeurs de machines. Vous avez échangé vos idées. Si vous voyez l'utilité de déposer ce vœu, je vous prie de le faire, sinon nous passerons outre.

M. RENOUARD. — Nous avons voté hier un premier vœu qu'il faudrait modifier.

M. LE PRÉSIDENT. — Hier, nous avons, en effet, adopté un vœu. Il y aurait peut-être lieu de le modifier. Je vais vous lire le vœu plus complet qui a été rédigé ; vous verrez si vous êtes d'avis, non pas de revenir sur le vote précédent, mais de modifier le vœu précédent en l'adaptant à la nouvelle rédaction :

Le Congrès émet le vœu qu'une entente plus complète existe entre les éditeurs et les imprimeurs dont les intérêts sont intimement liés.

Laissant de côté la question de l'enseignement professionnel et de l'apprentissage qui sera examinée à l'occasion d'autres rapports, le

Congrès peut espérer néanmoins, en ce qui concerne les résultats à obtenir, que l'enseignement professionnel et l'apprentissage organisés devront développer les qualités de notre typographie, tout en obtenant un prix de revient moindre.

Le Congrès estime également que l'entente préconisée s'applique surtout au perfectionnement de l'outillage, au choix des caractères et à l'achat des clichés et du papier, des machines nouvelles, afin de satisfaire les besoins d'une clientèle justement exigeante et de ne pas nous laisser distancer par des formes de publication dont l'étranger nous donne quelquefois l'exemple.

C'est un vœu plus complet que celui qui a été émis, un peu rapidement peut-être, hier. Je vous propose de supprimer le texte voté hier et de le remplacer par celui-ci. Je mets ce nouveau texte aux voix.

(Adopté à l'unanimité.)

En ce qui concerne les fabricants de papier :

Le Congrès émet le vœu que se réalisent le plus promptement possible les promesses faites au nom des fabricants de papier, notamment celle de faire, à bref délai, les efforts nécessaires pour que la fabrication française du papier d'alfa, matière première française, soit mise, comme qualité et comme prix, à la hauteur de la fabrication étrangère, le papier d'alfa étant reconnu par tous les intéressés comme le plus propre à la bonne fabrication du livre courant.

Avez-vous des observations à présenter sur ce vœu? En constatez-vous l'opportunité?

Je vous propose de l'adopter.

(Adopté à l'unanimité.)

M. Renouard. — Nous aurions maintenant à émettre un vœu relatif aux fabricants de machines, et la question se pose de savoir si ce vœu est opportun, ou s'il ne faut pas passer à l'ordre du jour pur et simple. Je crois que ce serait préférable.

M. Simon. — Il faut dire que les constructeurs de machines à imprimer se mettront à la disposition des imprimeurs pour réaliser leurs désirs et leurs besoins. On peut enregistrer nos promesses.

M. Renouard. — Peut-être qu'après tout ce que nous venons d'entendre, nous pouvons difficilement comprendre que vous ayez fait de telles promesses. M. Lambert a dit qu'il ne pourrait fabriquer certaines machines qu'en série...

M. Lambert. — ...Ou à la condition que nous soyons protégés.

M. Renouard. — Cela ne dépend pas de nous.

M. Lambert. — Souvent, on croit que la protection nuit à une industrie. J'ai toujours soutenu que, lorsqu'un produit quelconque arrive dans un pays, cette invasion se traduit par un exode de capitaux. Si, au contraire, ce qui se consomme dans le pays se trouve fabriqué sur place, le pays conserve son argent.

M. Renouard. — Voulez-vous que nous passions outre ?
(Oui ! Oui !)

M. le Président. — Vous pourrez vous mettre d'accord pour rédiger ce vœu.
(Adopté.)

M. Renouard. — Il resterait le vœu concernant l'Imprimerie nationale. Pour celui-là, nous n'avons qu'à répéter les termes du rapport des Imprimeurs typographes qui demandent que l'Etat cesse de leur faire, par le moyen de l'Imprimerie nationale et des imprimeries pénitentiaires, une concurrence que rien ne justifie et qui est, d'ailleurs, sans profit et pour le public et pour le budget.

M. de Malherbe. — Il y a deux vœux.

M. Renouard. — Oui.

Tant qu'il ne s'agira pas des papiers fiduciaires ou que la sécurité de l'État ne sera pas en jeu, les administrations publiques devront mettre leurs travaux d'imprimerie en adjudication.

M. Keufer. — Au nom de mes collègues typographes et travailleurs du livre, je ne pourrai pas m'associer au vote de cette proposition intégrale, parce que les raisons qui nous guident sont de premier ordre pour les intérêts de notre corporation. Lorsqu'il s'agit de travaux administratifs exécutés par l'Imprimerie nationale, les ouvriers qui travaillent dans cette maison y travaillent à des conditions irréprochables au point de vue de la rétribution, au point de vue de la durée du travail, tandis que la demande qui est faite de soumettre les travaux administratifs, en dehors du papier fiduciaire, entraînerait l'adjudication, et nous ne savons pas, lorsque ces travaux seront mis en adjudication, dans quelles imprimeries et à quelles conditions ils seront exécutés.

Je n'ai pas le droit de faire ici la moindre appréciation désobligeante pour qui que ce soit ; mais je pense que les imprimeurs ici présents comprendront que, si certains de ces travaux administratifs vont dans certaines imprimeries de province où les conditions de travail sont loin d'être celles de l'Imprimerie nationale, les travailleurs ne seront pas satisfaits de voir ces travaux exécutés à des salaires réduits. Par conséquent, vous ne serez pas surpris que nous nous prononcions contre cette proposition, en ce qui concerne les travaux administratifs. Cependant, je dois ajouter que nous sommes complètement d'accord avec vous en ce qui concerne l'extension des travaux que l'Imprimerie nationale prétend entreprendre et enlever à l'industrie privée : que l'Imprimerie nationale reste limitée dans l'exécution des travaux administratifs, et nous resterons d'accord avec ce qui se fait en ce moment; mais nous serons avec vous pour nous prononcer contre l'exécution des travaux qui appartiennent en propre à l'industrie privée.

Voilà dans quel sens je serai obligé de me prononcer. J'ajoute qu'il y a un décret de 1889, auquel il est fait allusion dans le rapport des Maîtres Imprimeurs. Il a nommé une commission qui lui donne mandat de désigner quels sont les travaux qui peuvent ne pas être exécutés par l'Imprimerie nationale. Vous avez la possibilité d'intervenir auprès de cette Commission pour désigner quels sont les travaux qui devraient être confiés à l'imprimerie libre. Je crois qu'on ne fait pas assez jouer l'initiative que peut donner ce décret de 1889 et les conditions indiquées dans ce décret; je serai donc obligé de m'élever contre la première partie du vœu, en m'associant à la seconde partie.

M. LE PRÉSIDENT. — Je maintiens la proposition de la première partie du vœu.

Elle demande que l'État cesse de lui faire, par le moyen de l'Imprimerie nationale et des imprimeries pénitentiaires, une concurrence que rien ne justifie et qui est, d'ailleurs, sans profit et pour le public et pour le budget.

(Adopté à l'unanimité moins trois voix.)

Je mets aux voix la deuxième partie :

Il sera livré à un prix modéré, à tous les imprimeurs de France qui en feront la demande, des fontes de tous les caractères orientaux et étrangers, ainsi que des caractères français gravés avant 1800, dont l'Imprimerie nationale possède les poinçons. Ces fournitures seront faites par l'intermédiaire de la Chambre syndicale de la fonderie typographique, qui pourra prélever une commission déterminée.

(Adopté à l'unanimité.)

A cette question du rapport que nous venons de liquider, se rattachent trois vœux qui m'ont été soumis : un de M. Albert Cim :

Le Congrès émet le vœu que les impressions des livres soient dorénavant, autant que possible, surtout pour les ouvrages classiques, effectuées sur du papier non brillant, mat ou déglacé.

Ce vœu a plutôt trait à des questions d'édition qu'à des questions d'impression, mais nous pouvons cependant le rattacher tout de même à la discussion, et prendre de suite une décision.

M. ALBERT CIM. — Hier, mon ami Charles Saunier, bibliothécaire des Postes et Télégraphes, vous a dit qu'il désirait que tous les livres fussent à l'avenir imprimés sur papier de chiffon. Je ne vais pas aussi loin ; je crois que l'avenir est au papier d'alfa. En tout cas, je désirerais que les livres fussent imprimés sur des papiers non brillants, qui ne fatiguent pas la vue. La première condition, c'est que nos lecteurs soient nos amis et aiment les livres. Les livres imprimés sur papier brillant sont en général repoussés dans les bibliothèques.

Je vous parlais de faire des impressions sur papier humide ; il paraît que cela ne se fait plus, mais on peut prendre du papier mat et du papier non glacé. Ceci est une affaire de technique et de pratique. Ce que je vous demande, c'est d'imprimer autant que possible les livres sur des papiers qui ne fatiguent pas la vue, et de ne pas imprimer les classiques sur des papiers brillants, dont les professeurs ne veulent pas.

M. SAUNIER. — Je n'ai pas demandé que tous les livres fussent imprimés sur du papier de chiffon ; j'ai demandé simplement que les livres français fussent imprimés sur papier égal en qualité aux papiers des livres allemands et anglais que je possède, c'est-à-dire papier d'alfa ou papier bouffant.

M. LE PRÉSIDENT. — Il me semble difficile de donner à cette proposition la forme d'un vœu. Je crois qu'il suffit d'enregistrer ceci au procès-verbal : c'est un désir exprimé ; mais il me semble difficile de transformer ce désir en vœu.

Je vous propose de faire figurer au procès-verbal la mention de M. Cim, et de passer outre.

(Adopté.)

J'ai maintenant à vous entretenir d'un vœu déposé par le lieutenant-colonel de Castries, dont je vais vous donner lecture :

Considérant que le domaine de la France dans l'Afrique septentrionale comprend aujourd'hui la Tunisie, l'Algérie et le Maroc, c'est-à-dire toute la région que les géographes arabes appelaient autrefois « l'Ile du Maghreb » (Djezirat-el-Maghreb);

Que cette région du Maghreb a eu dans le passé son évolution propre et qu'elle a toujours représenté, dans le monde arabe, une entité historique, politique et sociale distincte;

Que la ville de Fez en particulier, aujourd'hui française, reste, comme de tout temps, la capitale intellectuelle de tout le Maghreb;

Que ces pays sont rattachés à la France par des liens beaucoup plus intimes que ceux qui existent d'ordinaire entre une métropole et ses colonies;

Considérant d'autre part qu'il importe de mettre la librairie française en mesure de répondre aux goûts et aux besoins intellectuels de notre empire africain;

Que l'écriture est un élément essentiel de l'art décoratif des Arabes et que l'écriture maghrebine en particulier a conservé ses traditions propres;

Qu'il y a un intérêt évident à présenter nos ouvrages dans la meilleure forme possible notamment à nos nombreux sujets musulmans;

Émet le vœu que les publications françaises de textes arabes, tant anciens que modernes, soient imprimées avec le caractère maghrebin, à l'exclusion du caractère oriental.

Il y a là une question intéressante, mais qui concerne surtout, je crois, les fondeurs. Néanmoins ce désir me semble légitime, et je crois que nous pouvons prendre ce vœu en considération et l'adopter si vous êtes de cet avis.

M. ALLAINGUILLAUME. — Au sujet de la gravure des caractères arabes, les fondeurs ne demanderont pas mieux, je crois, de se mettre à la disposition des imprimeurs pour graver les caractères, mais il faut que nous ayons des documents. Jusqu'à présent, ma maison a fait quatre corps d'arabe. Il existait un arabe de plusieurs corps dans une maison qui a disparu ; c'était la seule maison qui faisait de l'arabe jusqu'à présent. Notre maison s'est mise à créer quelques corps d'arabe, mais je ne dis pas qu'ils répondent exactement à la demande qui vous est faite, je ne dis pas que tous les signes correspondent exactement. C'est un arabe fait d'après l'arabe égyptien. Le Comité qui a réorganisé le caractère s'est adressé à ma maison, il y a une dizaine d'années, et j'ai fourni au Comité de réforme du caractère arabe plusieurs corps de caractères qui sont la propriété du gouvernement égyptien ; mais, m'inspirant des types qui avaient été créés, et dont je n'avais pas la propriété, j'ai fait à mon tour, pour ma maison, un genre de caractères arabes se rapprochant du type qui m'avait été confié, mais qui n'est pas une copie de ce type.

Comme nous pouvons graver tous les poinçons qui nous sont demandés, nous pouvons nous mettre en rapport avec les imprimeurs, et nous ne demandons pas mieux de graver ces caractères et même de faire la gravure à nos frais.

M. MOTTI. — ...A moins qu'ils n'existent à la Nationale !

M. ALLAINGUILLAUME. — Non, ce sont des caractères nouveaux.

M. LE PRÉSIDENT. — Voulez-vous que nous ajoutions à ce vœu :

Sous condition que des documents authentiques seraient fournis?

(Le vœu complété est adopté à l'unanimité.)

Il me reste à vous parler d'un dernier vœu déposé sur le bureau. C'est une lettre qui ne porte pas de signature. Je vous signale le fait, mais je crois que nous n'avons pas à l'examiner. La principale partie des conclusions se trouve renfermée dans les vœux précédents, qui ont été votés hier ; par conséquent, il n'y a pas lieu d'en faire état.

(Approuvé.)

II. — Société fraternelle des Protes des imprimeries typographiques de Paris : L'Industrie du livre

Nous avons maintenant à parler du rapport de la Société fraternelle des Protes. Y a-t-il quelqu'un de la Société fraternelle des Protes qui ait préparé et rédigé des vœux ?

M. BOURGE. — Nous n'avons pas de vœux personnels. Nos vœux sont conformes à ceux des imprimeurs.

M. LE PRÉSIDENT. — M. Bourge vient de nous dire qu'il n'y avait pas de vœu à formuler, parce que les conclusions étaient en tout conformes aux différents vœux qui ont été émis dans le rapport des Imprimeurs typographes. Dans ces conditions, je crois que nous n'avons qu'à enregistrer purement et simplement le rapport, sans émettre de vœu et sans voter sur les conclusions.

M. RENOUARD. — Peut-être, mais sans accepter entièrement les termes de ce rapport, parce que, dans la partie : conclusions, les Imprimeurs typographes n'ont pas lu sans étonnement les critiques faites à l'organisation des Syndicats patronaux. Je ne crois pas que ce soit dans le fonctionnement des organismes patronaux qu'il faille rechercher toutes les modifications d'avenir dans l'imprimerie : savoir si des jetons de présence seront donnés aux membres des Syndicats patronaux, savoir comment les employés des Syndicats patronaux seront choisis. C'est un peu en dehors.

Comme président du Syndicat des Maîtres Imprimeurs, je proteste énergiquement contre ce passage du rapport des protes.

M. LE PRÉSIDENT. — Je crois que ce que vient de dire M. Renouard est très sage et que l'insertion au procès-verbal de son observation apportera au texte du rapport un correctif suffisant pour donner satisfaction à tout le monde.

(Adopté.)

III. — L. RIVET : Les Conditions actuelles de la technique du livre et les améliorations à y apporter

Nous avons à étudier le rapport présenté au nom de la Section parisienne de l'Amicale des protes et correcteurs d'imprimerie de France par M. Rivet sur *les Conditions actuelles de la technique du livre et les améliorations à y apporter.*

M. Rivet. — Le vœu que je dépose est en quelque sorte la répétition des conclusions de mon rapport.

J'ai envisagé comme le meilleur moyen de remédier à la crise une meilleure entente entre patrons et ouvriers, et mes vœux proposent en quelque sorte l'étude des relations entre patrons et ouvriers.

M. le Président. — Voici les vœux :

L'amélioration de la technique du livre dépendant à la fois des efforts des patrons et des ouvriers, le rapporteur émet le vœu :

1° Que les Maîtres Imprimeurs apportent tous leurs soins à fortifier leur union syndicale, plus sûr moyen de donner à chacun d'eux un sens plus exact des nécessités et des connaissances professionnelles de leur industrie, et, par suite, d'abolir entre eux la concurrence ruineuse qui a été si préjudiciable à notre industrie du livre.

2° Que les patrons envisagent les moyens d'intéresser les ouvriers à leur maison pour s'en faire des collaborateurs, améliorer les rapports entre le patronat et le salariat, et essayer de supprimer l'instabilité qus règne dans les ateliers.

Avez-vous des observations à présenter sur ces différents vœux ? Nous pourrions voter séparément chacun des vœux, et si vous avez quelques observations, vous pourriez les présenter.

Je mets aux voix le premier paragraphe :

(Adopté à l'unanimité.)

Je mets aux voix le deuxième paragraphe :

Il serait peut-être bon d'indiquer un peu la réciprocité. Très souvent l'instabilité ne vient pas du patron, mais de l'ouvrier qui, parfois sans raison, quitte la maison et l'abandonne au cours de travaux intéressants.

M. Rivet. — Ce que vous dites s'applique plus spécialement à l'ouvrier parisien qu'à l'ouvrier provincial. La plupart des ouvriers sont provinciaux. En ce moment, nous envisageons un peu trop la question parisienne. A Paris, l'ouvrier se déplace très facilement ; en province, il n'en est pas tout à fait de même. Quand je demande aux patrons de vouloir bien envisager les moyens d'intéresser les ouvriers dans leurs maisons, je l'entends non seulement au point de vue pécuniaire, mais aussi au point de vue hygiénique et moral.

Pour moi, le grand défaut, c'est que nous envisageons un peu trop la question des rapports entre patrons et ouvriers à notre point de vue parisien, et c'est parce que je fais partie de la Société amicale des Protes et Correcteurs d'imprimerie, que je me permets d'appeler l'attention sur ce point. Les patrons ont certainement beaucoup à dire des ouvriers, mais il faut reconnaître qu'ils n'ont pas toujours fait ce qu'il était nécessaire pour avoir de bons ouvriers. Le patron dispose du capital; la plupart du temps, l'ouvrier dispose du savoir. Les patrons ont-ils fait tout ce qui était nécessaire pour profiter du savoir des ouvriers ? Qu'est-ce que l'ouvrier peut mettre à la disposition du patron ? Il ne peut mettre que son intelligence et ses capacités professionnelles ; il faut que le patron sache profiter des capacités professionnelles de l'ouvrier et lui donne les moyens de faire profiter ses camarades de ses capacités. Un bon ouvrier ne peut pas être toujours un bon professeur à l'atelier ; il n'est ni plus ni moins que la meilleure machine à produire. C'est au patron, en même temps au Parlement et aux municipalités, pour des cas en dehors de l'atelier, qu'il faut réclamer ce supplément qui permettra à l'ouvrier de répandre ses connaissances professionnelles, pour faciliter l'instruction de ses camarades. C'est pour cela que, lorsque je demande que les patrons cherchent le moyen d'intéresser les ouvriers, j'envisage la question au point de vue général et non pas seulement au point de vue parisien.

Les patrons peuvent faire beaucoup. Il y a à faire l'éducation entière du caractère ouvrier ; nous le savons, et, en tant que prote, je le sais aussi bien que les Maîtres Imprimeurs, mais cela ne se fera pas du jour au lendemain. J'estime que les Syndicats ouvriers, tels qu'ils ont malheureusement existé jusqu'à présent, ne sont pas suffisamment outillés pour faire cette éducation de l'ouvrier. Il faut que les patrons fassent quelque chose, puisqu'ils le peuvent. Pour l'instant, les ouvriers ne peuvent pas faire grand'chose, mais nous devons essayer, patrons et protes, d'améliorer la situation ; j'espère qu'après la guerre la mentalité de tout le monde aura changé, et que nous arriverons à de meilleurs résultats que par le passé. (*Applaudissements.*)

M. LE PRÉSIDENT. — Ces explications entendues, je crois, en effet, que le vœu, tel qu'il est rédigé, présente un caractère plus général et que nous pouvons l'adopter.

(Le vœu est adopté à l'unanimité.)

3° Que la question de l'apprentissage soit enfin résolue, pour le plus grand bien des intérêts généraux des professionnels du livre, et pour cela que les ouvriers de l'imprimerie apportent tous leurs efforts à régler définitivement cette question, conjointement avec les groupements patronaux et les Pouvoirs publics (parlement et municipalités).

Je crois qu'il faudrait passer outre, et ne pas insérer ce vœu relatif à l'apprentissage, puisque nous avons décidé, en ce qui concerne le rapport de la Chambre syndicale des Imprimeurs, de laisser de côté cette question qui sera réglée par d'autres rapports. (*Approbation.*)

4° Que les Syndicats ouvriers intensifient leurs efforts pour poursuivre l'amélioration des qualités professionnelles de leurs membres, et n'hésitent pas à en faire un sujet de propagande auprès des ouvriers se tenant à l'écart des groupements professionnels corporatifs.

M. RIVET. — Je n'ai pas craint d'employer les termes que j'ai insérés dans la rédaction de ce vœu, mais je ne voudrais pas que les Maîtres Imprimeurs s'imaginent qu'en parlant de la propagande des Syndicats ouvriers, j'ai voulu faire allusion à la propagande telle qu'elle existait dans les ateliers autrefois ; je veux parler de l'amélioration des connaissances professionnelles, et j'estime que les patrons n'ont pas à prendre ombrage.

M. RENOUARD. — C'est très possible, dans votre intention ; mais de la façon dont votre vœu est formulé, la propagande des Syndicats ouvriers dans nos ateliers, nous savons ce que cela veut dire...

M. RIVET. — Je n'ai pas dit : dans les syndicats ouvriers, j'ai dit : auprès des ouvriers.

M. RENOUARD. — Je connais les sentiments qui vous ont poussé ; mais je crains que la rédaction de votre vœu ne puisse faire croire que nous prenions un engagement. On pourrait dire : propagande professionnelle.

M. RIVET. — Je veux que les Syndicats ouvriers deviennent vraiment des Syndicats corporatifs et professionnels.

M. RENOUARD. — Voulez-vous que nous ajoutions le mot « professionnelle » ?

M. LE PRÉSIDENT. — En ajoutant l'adjectif *professionnelle*, nous donnerons un caractère plus précis, et cela ne prêtera le flanc à aucune équivoque. Je relis le vœu :

4° Que les Syndicats ouvriers intensifient leurs efforts pour poursuivre l'amélioration des qualités professionnelles de leurs membres et n'hésitent pas à en faire un sujet de propagande professionnelle auprès des ouvriers se tenant à l'écart des groupements corporatifs.

(Le vœu est adopté à l'unanimité.)

Nous sommes arrivés à la fin de la séance d'hier. Je vais passer maintenant la présidence à la personne qui devait présider la séance d'aujourd'hui, M. le comte Durrieu, membre de l'Institut.

IV. — H. MAGNIER : **La Reliure et le Cartonnage**

Présidence de M. le comte DURRIEU, membre de l'Institut.

M. DURRIEU. — Je dois commencer par vous présenter une double excuse. La première est celle de M. Durand, qui était président désigné, mais qui a aujourd'hui une réunion d'un syndicat professionnel et qui est forcément obligé de ne pas assister à cette réunion.

La seconde, c'est la mienne propre. Je suis, malheureusement, convoqué tout à l'heure à l'Institut, dont j'ai l'honneur de faire partie, pour une commission qui a lieu à quatre heures. Je ne pourrai donc qu'ouvrir la séance, et vous prier, presque immédiatement, de me donner la permission de me retirer en passant la présidence effective à M. Lambert qui a bien voulu faire partie du bureau avec moi. Je regrette d'autant plus vivement ce concours de circonstances fâcheuses que la question du livre illustré m'intéresse très vivement ; car c'est une question extrêmement vitale. Le livre illustré a toujours été une des parties les plus brillantes de la production nationale, et, l'année dernière encore, des efforts extrêmement intéressants ne cessaient d'être faits.

Je crois qu'en continuant à développer cette branche, en tenant compte peut-être de certaines particularités qui pourraient plus facilement être appréciées à l'étranger, on contribuerait à la propagation de notre gloire typographique française, et nous pourrions jouer un grand rôle.

Le premier rapport concerne *la reliure et le cartonnage*.

Quelqu'un a-t-il un vœu à présenter ?

M. MAGNIER. — Les indications que je pourrais donner ne seraient que la répétition de ce que j'ai énoncé.

(M. Magnier donne lecture de son rapport.)

Comme conclusion, nous demandons au Congrès d'émettre les vœux suivants :

1° Que l'industrie de la marbrure prenne un plus grand développement en France, et que des maisons d'impression s'intéressent aux différents genres de papiers en couleurs employés pour la reliure et les cartonnages de fantaisie;

2° Regrettant que la fabrication française des toiles gaufrées et de fantaisie n'ait pas pu encore concurrencer l'industrie étrangère au point de vue de la qualité, et appelant particulièrement l'attention des chimistes français sur l'importance pour ces toiles de la question d'apprêt, que, jusqu'à ce que ce résultat soit au moins obtenu, les droits de douane qui surchargent ces marchandises, sans profit pour l'industrie française, soient supprimés;

3° Que des fabriques de cuivre en feuilles soient créées en France;

4° Que les mécaniciens français entreprennent la construction des machines employées dans la reliure et la brochure pour coudre au fil de lin, plier, piquer, coller, arrondir les dos, confectionner les couvertures, etc.

5° Dans le but de faciliter l'emploi des machines à plier, en vue d'un meilleur rendement de la main-d'œuvre et aussi d'obtenir un tra-

vail *plus parfait, que les éditeurs substituent, à l'imposition in-12 et in-18, l'imposition in-16, de façon à obtenir des cahiers de 16 pages.*

6° Comme complément aux vœux précédents, que les imprimeurs s'attachent d'une façon toute spéciale à réaliser un équerrage absolu de la marge.

M. LE PRÉSIDENT. — Vous avez entendu les conclusions de M. le Rapporteur ? Quelqu'un a-t-il des observations à présenter ?

M. DELMAS. — En qualité d'imprimeur, j'appuie fortement la proposition de M. Magnier de supprimer l'in-18 et de ne faire que de l'in-16. Cela permet d'employer les machines à plier ; ce que l'on ne peut pas faire avec l'in-18 ; avec l'in-18, souvent le carton, mal coupé, ne s'aligne pas comme folio avec les autres pages. Il y aurait intérêt à adopter le format in-16.

M. PAUL BELIN. — Je me permettrai de faire une observation. On peut parfaitement plier de l'in-18 à la machine ; pour cela, il suffit de faire de l'in-18 roulé. Mais je suis de votre avis pour dire que le cahier in-16 est bien préférable.

UN CONGRESSISTE. — J'adopte volontiers la proposition de M. Magnier, mais elle ne dépend pas de nous. Nous ne demandons pas mieux de faire de l'in-16, qui est préférable à tous les points de vue ; mais on nous impose souvent le format in-18. C'est une question qui relève de MM. les éditeurs.

M. PAUL BELIN. — Etant donné que la proposition de M. Magnier est formulée dans le vœu, ce vœu peut avoir une certaine importance.

M. VOIRIN. — J'ai formulé également cette proposition dans mon rapport, dans la partie qui concerne l'impression et la reliure. J'émets le vœu que l'on adopte la pliure in-16 ; j'émets le vœu que les imprimeurs adoptent des margeurs automatiques, et se mettent d'accord, si possible, sur un margeur automatique unique, qui serait de fabrication française de préférence et dont nous pourrions nous-mêmes recommander l'achat à nos relieurs et brocheurs. De cette façon, nous arriverions à un pliage absolument régulier des impressions. Par conséquent, sur ce point, les éditeurs sont d'accord avec les imprimeurs et les relieurs.

M. LAMBERT. — En ce qui concerne la quatrième partie du vœu :

Que les mécaniciens français entreprennent la construction des machines employées dans la reliure et la brochure...

la question a été agitée à notre Chambre syndicale, et nous nous sommes réparti l'étude des différentes méthodes.

M. Magnier. — De plus en plus, nos outilleurs ont disparu, et nous ne pouvons même pas, pour ainsi dire, faire réparer nos outils.

M. Voirin. — Vous pourrez vous outiller à nouveau de machines plus modernes et plus perfectionnées.

M. le Président. — Je vais relire chacun des vœux :

1° *Que l'industrie de la marbrure prenne un plus grand développement en France, et que des maisons d'impression s'intéressent aux différents genres de papiers en couleurs employés pour la reliure et les cartonnages de fantaisie.*

(Adopté à l'unanimité.)

2° *Regrettant que la fabrication française des toiles gaufrées et de fantaisie n'ait pas pu encore concurrencer l'industrie étrangère au point de vue de la qualité...*

M. Delmas. — Je crois qu'il y aurait grand intérêt à engager une maison française à fabriquer ces toiles ; on pourrait lui donner toutes les indications utiles.

Un congressiste. — Il n'y a qu'un seul fabricant français qui puisse le faire, M. Esnault-Pelterie, et il ne le veut pas.

M. Paul Belin. — Cette maison a fait des essais nombreux et est arrivée à des résultats très appréciables ; mais, pour les toiles, une grosse question se pose, celle de l'apprêt. Malgré tous les efforts, nous ne sommes pas arrivés, en France, à obtenir des apprêts donnant la même qualité à l'emploi que les apprêts faits en Angleterre. La maison Esnault-Pelterie a fait de grands progrès ; elle est arrivée à obtenir des toiles qui, au début, ne donnaient aucune satisfaction ; elle les a améliorées, et aujourd'hui on peut employer un certain nombre de toiles françaises pour recouvrir les volumes. Je ne dis pas qu'on peut employer toutes les sortes, mais on peut espérer que, dans un avenir plus ou moins prochain, le résultat complet sera atteint. La maison Pelterie a fait tous ses efforts, et, si elle n'est pas arrivée à un résultat parfait, c'est parce qu'elle se trouve en présence de difficultés de fabrication.

Un congressiste. — C'est parce qu'elle n'a pas voulu faire les sacrifices nécessaires. Il n'y a qu'une usine en France qui s'occupe de la question des apprêts des toiles, c'est celle de Thaon.

Un congressiste. — Est-ce que nos chimistes ne pourraient pas étudier cette question ? Il y a, par exemple, aux Gobelins une véritable école de chimie et de teinture ; il me semble que l'Etat pourrait peut-être faire des études ; nous pourrions trouver ainsi les moyens de teindre nos étoffes.

M. Paul Belin. — Ce n'est pas une question de teinture, c'est une question d'apprêt.

Le même congressiste. — L'apprêt fait partie de la teinture. Il y a des questions de mordant qui en font également partie ; c'est donc une question de chimie, et elle n'est pas impossible à résoudre par les chimistes français, puisque les chimistes allemands l'ont résolue.

M. Lambert. — Chez nous, l'industrie chimique était extrêmement peu développée par suite de la grande concurrence que nous faisait l'Allemagne. Nos chimistes, en général, se proposent d'étudier toutes les questions qui, en quelque sorte, étaient inconnues d'eux, et il est fort probable que des questions de ce genre seront soumises à cette sorte de comité.

Le même congressiste. — La question est déjà étudiée aux Gobelins, mais en ce qui concerne les tissus de laine. Il faudrait étendre cette étude aux tissus de toile et de coton.

M. Delmas. — Actuellement, il est très utile d'avoir, en France, des toiles pour la reliure, parce que les étrangers réclament, pour les ouvrages classiques, des livres cartonnés sous toile, et n'acceptent pas les livres brochés. Quand on veut envoyer des éditions à l'étranger, il faut que les couvertures soient cartonnées. Dans ces conditions, nous serions en état d'infériorité si nous n'avions pas en France les matières nécessaires pour faire les toiles et livrer le volume cartonné.

On pourrait prier les ingénieurs ou les fabricants de toile de s'adresser aux chimistes pour obtenir des toiles préparées spécialement pour la reliure, en vue, justement, de l'extension du système de reliure qui est exigé.

M. Paul Belin. — On pourrait dire :

...appelant spécialement l'attention des chimistes français sur les questions d'apprêt.

(Le vœu ainsi modifié est adopté.)

M. le Président :

3° *Que des fabriques de cuivre en feuilles soient créées en France.*

M. Magnier. — Il paraît que l'on commence à en créer.

(Adopté.)

M. le Président :

4° *Que les mécaniciens français entreprennent la construction des machines employées dans la reliure et la brochure, pour coudre au fil de lin, plier, piquer, coller, arrondir les dos, confectionner les couvertures, etc.*

Il semble que ce que M. Lambert vient de dire tout à l'heure correspond à ce vœu, en montrant qu'il a reçu un commencement de prise en très grande considération.

(Adopté.)

5° *Dans le but de faciliter l'emploi des machines à plier, en vue d'un meilleur rendement de la main-d'œuvre et aussi d'obtenir un travail plus parfait, que les éditeurs substituent, aux impositions in-12 et in-18, l'imposition in-16, de façon à obtenir des cahiers de 16 pages.*

Comme on le disait tout à l'heure, c'est surtout une question d'éditeurs, mais il me semble que nous sommes toujours qualifiés pour émettre le vœu, dans l'espoir qu'il fera impression sur l'esprit de ceux qu'il touche.

M. Magnier. — Les éditeurs regardent aux quatre pages qu'ils perdent sur chaque feuille ; l'in-18 fait 36 pages, l'in-16 n'en fait que 32.

M. le Président. — Le vœu n'engage à rien, et nous pouvons toujours le proposer à votre approbation.

Un congressiste. — Si on est en train de fabriquer des machines pour faire de l'in-18, le vœu n'a peut-être pas d'objet.

Plusieurs congressistes. — Les machines ne sont pas faites.

M. le Président. — Je vous propose le vœu simplement à titre d'indication.

(Adopté.)

Enfin, comme complément :

6° *Que les imprimeurs s'attachent d'une façon toute spéciale à réaliser un équerrage absolu de la marge.*

(Adopté.)

Je suis obligé de me retirer, à mon grand regret, mais j'ai d'autres devoirs à remplir, un devoir un peu international. Nous avons un Comité qui cherche à exciter la plus grande bienveillance de la part de l'Espagne ; vous m'excuserez si je vais où je crois que j'ai peut-être un grand devoir à remplir.

M. Paul Belin. — J'avais demandé à M. Lambert de vouloir bien remplacer M. Durrieu. Il prétend que je suis plus compétent que lui sur la question étudiée dans le rapport de M. Boivin. Je cède à sa prière et je reprends le fauteuil du président.

(M. Paul Belin reprend la présidence.)

V. — L. BOIVIN : La Technique du livre illustré moderne

Présidence de M. PAUL BELIN

M. LE PRÉSIDENT. — Quelqu'un aurait-il l'obligeance de remplacer M. Boivin comme secrétaire, de façon à lui permettre de répondre aux observations qui seraient faites sur son rapport ?

(M. Motti prend la place de secrétaire).

M. LE PRÉSIDENT. — Vous avez sans doute lu le rapport de M. Boivin sur la *Technique du livre illustré*. A la suite du rapport lui-même, M. Boivin a ajouté des annexes. Il y a là une sorte de bibliographie très intéressante et très instructive à consulter ; elle va jusqu'à nos jours, puisque le dernier volume relevé par M. Boivin est de 1916.

Je crois être votre interprète en remerciant M. Boivin du soin avec lequel il a rédigé son rapport. Certainement, il sera intéressant à consulter dans plusieurs années encore.

Avez-vous des observations à présenter d'une façon générale sur les différentes parties du rapport de M. Boivin ?

Si personne ne demande la parole sur cette question, je prierai M. Boivin de nous donner communication des vœux qu'il a préparés et sur lesquels nous pourrons voter.

M. BOIVIN. — Voici les vœux émis comme conclusions de mon rapport.

Le Congrès émet le vœu :

1° Qu'une collaboration de plus en plus étroite règle les rapports des éditeurs avec les auteurs, illustrateurs, artistes graveurs, fabricants de papier, imprimeurs, et tous les industriels qui concourent à l'établissement du livre ;

2° Qu'en vue de la diffusion du livre français en France, les Pouvoirs publics appliquent rigoureusement les lois sur l'enseignement obligatoire, qu'ils organisent et rendent également obligatoires l'enseignement postscolaire et l'enseignement professionnel ;

3° Que les entreprises fondées pour l'exportation du livre français à l'étranger, en nous créant des débouchés nouveaux, en développant ceux déjà existants, fassent bonne justice du manque d'initiative reproché à la librairie française et nous libèrent de l'emprise des maisons étrangères qui exploitaient ce marché contre nous.

4° Les éditeurs, reconnaissant que le livre français est redevable à la gravure sur bois et à la gravure au burin d'un éclat et d'une renommée qu'il ne doit pas perdre, émettent le vœu que ces procédés, loin d'être abandonnés, soient employés toutes les fois que les conditions d'établissement de leurs publications le permettront.

Ils émettent également le vœu que l'emploi des procédés de repro-

duction mécanique qui ont permis l'extension de l'illustration et qui ont produit d'ailleurs des ouvrages d'une valeur artistique indéniable, se généralise de plus en plus dans l'édition classique et de vulgarisation.

M. LE PRÉSIDENT. — Avez-vous des observations à présenter sur le premier vœu ? Vous y trouvez des idées qui ont été agitées depuis deux jours ; ce ne sera qu'une confirmation, car je crois que ce vœu corrobore le vœu précédemment voté pour les autres rapports. Il est certain que la question est surtout intéressante pour le livre illustré.

M. JAMAS. — Je tenais à remercier M. Boivin, et à associer à l'avance mes camarades de la gravure sur bois à ces remerciements ; car il a bien voulu attribuer dans son rapport une part que nous estimons juste, mais qui devait être reconnue, à la collaboration des graveurs sur bois et des graveurs sur cuivre.

Je crois que mes camarades s'associeront à moi en demandant que, dans une partie du vœu qui vient de nous être énoncé et qui a trait aux rapports qu'on désire voir s'établir entre les éditeurs et les différents collaborateurs du livre, on veuille bien, d'une façon un peu spéciale, faire mention, pour les deux corporations d'artistes qui ne sont pas indignes de la collaboration du livre, des graveurs sur bois et des graveurs sur cuivre.

Vous avez fait allusion aux industriels, aux techniciens dont la collaboration assurait la parution du livre ; serait-ce trop vous demander d'ajouter deux ou trois mots dans le vœu formulé par M. Boivin ? Cela donnerait une grande satisfaction et un grand encouragement en ce qui concerne les efforts que vous attendez de nous.

M. BOIVIN. — Je le ferai d'autant plus volontiers que je vous ai mentionnés dans un vœu à part.

Il y a une dernière proposition, où l'on demande qu'on ne renonce pas complètement à la gravure sur bois et sur acier, à laquelle le livre français est redevable de sa gloire. Je ne demande pas mieux que d'ajouter ce que vous venez d'indiquer.

M. LE PRÉSIDENT. — On pourrait dire :

1° ...*les fabricants de papier, imprimeurs, artistes graveurs sur bois et sur métal et tous les industriels qui concourent à l'établissement du livre.*

(Adopté.)

M. LE PRÉSIDENT :

2° *Qu'en vue de la diffusion du livre français en France les Pouvoirs publics appliquent rigoureusement les lois sur l'enseignement obligatoire, qu'ils organisent et rendent également obligatoires l'enseignement postscolaire et l'enseignement professionnel.*

Je crois que ce vœu est extrêmement important, et je suis

heureux de le voir formuler d'une façon aussi précise. Vous avez pu constater, par les statistiques, que, malgré les sacrifices considérables qui ont été faits pour l'enseignement, et particulièrement pour l'enseignement primaire, nous avons une diminution assez importante dans la fréquentation des écoles. Il y a là un fait extrêmement regrettable, dont les causes sont multiples, mais qui produit des résultats navrants. Vous avez pu également voir, par les statistiques, que le nombre des illettrés, dans les dernières années avant la guerre, au lieu d'aller en diminuant, a été constamment en augmentant. Il y a des causes. Evidemment, ce ne sont pas les mérites de nos instituteurs qui ont baissé; ce ne sont pas leurs qualités pédagogiques qui sont en défaut, mais il y a peut-être de la part des familles un désintéressement très regrettable pour l'instruction des enfants, et peut-être bien qu'une des causes assez importantes qui a pu produire ces résultats regrettables, c'est le système de la gratuité, qui a été adopté par les municipalités, pour la fourniture des livres. Les conséquences en sont très graves : le livre n'appartient plus à l'enfant, il appartient à l'école, et, lorsque l'enfant quitte l'école, il n'a plus rien entre les mains; d'autre part, les familles, surtout à la campagne, aiment bien, quand elles ont dépensé de l'argent, quand bien même la somme est minime, que cet argent produise quelque résultat. Quand elles dépensaient quelques francs, chaque année, pour l'achat des livres nécessaires à l'instruction de leurs enfants, elles voulaient que cet argent dépensé produisît de l'effet; elles s'intéressaient aux études des enfants, à leur instruction. Aujourd'hui, elles n'ont plus rien à dépenser; l'enfant va à l'école ou n'y va pas; elles ne s'en préoccupent pas. Je crois qu'il y a là une cause très sérieuse, qui produit la non-fréquentation de l'école et l'augmentation considérable des illettrés.

Cette digression se rattache au passage du vœu de M. Boivin qui a trait à la loi sur l'enseignement obligatoire.

Avez-vous quelques observations à présenter sur ce vœu ?

M. Motti. — Cette question de l'obligation de l'apprentissage professionnel est également indiquée d'une façon très nette par les imprimeurs.

(Le vœu, mis aux voix, est adopté.)

M. le Président :

3° *Que les entreprises fondées pour l'exportation du livre français à l'étranger, en nous créant des débouchés nouveaux, en développant ceux déjà existants, fassent bonne justice du manque d'initiative reproché à la librairie française et nous libèrent de l'emprise des maisons étrangères qui exploitaient ce marché contre nous.*

(Le vœu, mis aux voix, est adopté à l'unanimité.)

M. LE PRÉSIDENT. — Nous continuons :

4° *Les éditeurs, reconnaissant que le livre français est redevable à la gravure sur bois et à la gravure au burin d'un éclat et d'une renommée qu'il ne doit pas perdre, émettent le vœu que ces procédés, loin d'être abandonnés, soient employés toutes les fois que les conditions d'établissement de leurs publications le permettront.*

Ils émettent également le vœu que l'emploi des procédés de reproduction mécanique qui ont permis l'extension de l'illustration et qui ont produit d'ailleurs des ouvrages d'une valeur artitisque indéniable, se généralise de plus en plus dans l'édition classique et de vulgarisation.

M. BOIVIN. — M. de Malherbe propose une petite modification à propos de la gravure sur bois.

M. DE MALHERBE. — Nous souhaitons que la gravure sur bois soit le plus propagée possible et qu'on fasse un peu moins usage de procédés photomécaniques, à l'avantage de la gravure sur bois qui, incontestablement, est trop négligée. Le bois est un élément d'illustration essentiellement et presque exclusivement livresque.

L'expression : *loin d'être abandonnés* est peut-être insuffisante ; il faudrait dire : *qu'ils soient encouragés, développés, multipliés*.

Est-ce qu'on ne se fait pas quelque illusion sur la différence qu'il y a entre les prix de revient de la gravure sur bois et des procédés photomécaniques ? S'il y a, de prime abord, une différence dans le prix de revient de la planche elle-même, est-ce qu'il ne faut pas employer des papiers plus coûteux que pour la gravure sur bois en employant les autres systèmes ? Il n'est pas nécessaire que le papier soit « suffisant » pour la gravure sur bois, il n'a même pas besoin d'être très glacé. Enfin, la gravure sur bois triomphe de tous les obstacles, elle est toujours un moyen d'illustration charmant, que l'on abandonne vraiment trop, même dans les ouvrages à bon marché. Dans les procédés photomécaniques, est-ce que l'on n'a pas un culte excessif pour la simili gravure et le trait, où reste encore un peu de la personnalité de l'exécutant ? Avec le trait, on a une reproduction fidèle, tandis qu'avec la simili, on a une reproduction édulcorée. Aussi, vive le bois !

UN CONGRESSISTE. — Toutes les fois que le bois est original, c'est un procédé parfait ; mais, quand c'est un bois d'interprétation, le procédé ne vaut rien. Le dessinateur fait une très belle œuvre ; les procédés photomécaniques reproduiront son dessin d'une façon exacte.

M. CLÉMENT. — Je tiens à m'associer au tribut d'éloges donné tout à l'heure à la gravure sur bois qui, évidemment, est dans le livre une chose que je qualifierai d'irremplaçable, chaque fois que l'on voudra avoir un très beau livre illustré.

Je ne parle qu'au point de vue du beau livre ; mais toutes les fois qu'on a employé, dans le beau livre, la gravure sur bois, de préférence au fac-similé, on a obtenu d'excellents résultats. En dehors des hors-texte, toute liberté est donnée au graveur, qui a le droit de faire de l'estampe; quand il s'agit d'illustrations dans le texte, il faut qu'il y ait, avec le caractère typographique et la page imprimée, une parenté, qui ne s'obtient que par la gravure au trait ou le fac-similé.

D'un autre côté, il y a un point qui est omis, c'est celui de l'illustrateur. Vous parlez du livre illustré en général; il comprendra aussi bien le grand livre, celui qui est un chef-d'œuvre, celui dont M. Boivin a parlé à la suite de son travail, que le livre qui sera illustré par la photographie. Nous avons eu là une série de livres que je qualifierai de « hideux »; or, ils rentrent tout de même dans la nomenclature des livres illustrés.

Pourquoi sommes-nous réunis? C'est pour arriver à avoir un livre qui puisse combattre le beau livre étranger, ou tout au moins être mis en parallèle avec lui. Nous n'aurons de beaux livres illustrés qu'à la condition d'avoir un bon illustrateur; or, les illustrateurs se font de plus en plus rares. Pourquoi? Parce que le livre illustré, grâce à l'invention de la simili et des procédés photomécaniques, a permis, à toutes sortes de gens qui n'étaient pas des illustrateurs, d'entrer dans l'illustration. Vous l'avez indiqué, mais il faudrait insister davantage. Dans le vœu émis, on ne parle pas beaucoup de la collaboration de l'auteur, de l'illustrateur et du graveur. Il faudrait mettre le mot « l'illustrateur ». Je vous demande, dans l'intérêt même du beau livre, que l'on pousse à l'illustration. J'ai entendu quelqu'un, qui est un critique très connu, parler d'un illustrateur qui est mort, Vierge, et dire: « Pour être illustrateur, il suffit de ne pas savoir dessiner. » Je ne crois pas qu'on ait pu, en si peu de mots, dire une pareille sottise!

Je crois qu'il est du plus grand intérêt de pousser au développement de l'illustration et de créer de véritables illustrateurs; il ne manque pas, dans la clientèle des Salons, des gens qui font de la peinture parce qu'on n'a pas découvert la vocation qu'ils ont en eux. C'est un métier à prendre, mais il faut qu'on encourage les artistes. Je demande qu'on n'abolisse pas l'illustration et qu'on pousse à la création de l'illustrateur.

M. LE PRÉSIDENT. — Il est regrettable que vous n'ayez pas formulé plus tôt votre observation, car on aurait pu vous donner satisfaction en ajoutant le mot *illustrateur* au premier vœu.

Si vous voulez, nous pouvons réparer cette omission.

(Adopté.)

UN CONGRESSISTE. — Il me semble que toutes les techniques sont intéressantes à être employées. Je trouve qu'on spécialise un peu trop. La lithographie aussi a produit des résultats!

M. Boivin. — Très peu dans le livre.

M. le Président. — Ce procédé n'est pas employé dans le livre, à proprement parler. Comme nous parlons de la technique du livre, il n'y a pas lieu d'ajouter cette mention. (*Approbation.*)

M. Jamas. — Je crois pouvoir dire à mon prédécesseur, que, sur le rapport de M. Boivin, on s'occupe de la technique du livre d'une façon générale. Après son rapport général, seront présentés à votre discussion deux rapports un peu particuliers, celui de la gravure sur bois, et celui de la gravure sur métal. Si vous le voulez bien ce seront deux annexes dans un rapport général, qui pourront justifier des petites exigences d'ordre particulier que nous aurons peut-être à formuler. Mais, en ce moment, nous pouvons tous nous associer à ce qui est proposé d'une façon générale et qui, à nos yeux, ne comporte aucun exclusivisme.

M. de Malherbe. — Sans nommer les procédés, nous pouvons dire : *les procédés artistiques*.

M. Jamas. — L'illustration comporte deux facteurs : un facteur industriel par un procédé industriel, et un facteur artistique par des procédés artistiques. Nous les englobons tous les deux, mais, vendredi, dans deux rapports spéciaux de la gravure sur bois et de la gravure sur métal, nous vous présenterons des observations spéciales.

M. le Président. — Je crois qu'il ne faut pas trop entrer dans le détail. Je vous propose de vouloir bien, sauf la modification qu'on vient de signaler, émettre le vœu...

M. Motti. — Je dirais :

Que les procédés artistiques soient employés toutes les fois que les conditions d'établissement le permettront.

M. le Président. — Il me semble qu'il y aurait lieu de conserver cette phrase : *loin d'être abandonnés*. Cela semble donner plus de force à la seconde partie.

Lorsque, pour un livre classique élémentaire bon marché, vous avez à reproduire une machine, il est incontestable qu'il est préférable de faire un simili et non un dessin ou une gravure sur bois. C'est pourquoi la phrase : *toutes les fois que les conditions d'établissement le permettront* a sa raison d'être et je vous propose de la maintenir.

M. Clément. — C'est tellement reconnu par l'éditeur, qu'on n'a pas besoin de le lui dire.

M. le Président. — Oui, mais ces vœux iront dans le public, et il est bon de le dire au public.

Je relis le texte du vœu :

Les éditeurs, reconnaissant que le livre français est redevable à la gravure sur bois et à la gravure au burin, d'un éclat et d'une renommée qu'il ne doit pas perdre, émettent le vœu :

Que ces procédés, loin d'être abandonnés, soient employés toutes les fois que les conditions d'établissement de leurs publications le permettront.

Je mets ce vœu aux voix.
(Adopté.)

Je lève la séance, en vous donnant rendez-vous à jeudi, deux heures, pour la séance plénière.

La séance est levée à quatre heures quarante-cinq.

DEUXIÈME SECTION

MARDI 13 MARS 1917

I. — E. FOURET : **Les Efforts tentés de divers côtés en France pour développer la vente du livre à l'étranger.**
II. — A. LAHURE : **La Question des douanes à l'égard des ennemis.**
III. — Max LECLERC et Jean-Paul BELIN : **Les Industries du livre et le Commerce extérieur de la France.**

La séance est ouverte à deux heures vingt-cinq, sous la présidence de M. Jules CLÈRE.

M. LE PRÉSIDENT. — La discussion est ouverte sur le rapport de M. Edmond FOURET sur *la Vente du livre français à l'étranger.*

I. — E. FOURET : **Les Efforts tentés de divers côtés en France pour développer la vente du livre à l'étranger**

M. MAINGUET. — En lisant le rapport, très instructif, de mon ami Fouret, j'ai été frappé, et beaucoup de mes confrères ont été frappés, d'une lacune que je vais expliquer.

M. Fouret nous énumère tous les efforts qui ont été tentés par le Service de la Propagande, en vue du développement de la vente du livre français à l'étranger : création de missions, enquêtes, fondation de librairies, organisation de conférences, d'expositions. Tout cela est très bien ; mais je ne m'explique pas pourquoi la corporation n'a pas été consultée sur l'opportunité de ces voyages, leur programme, le choix des villes où ces conférences, ces librairies devaient être organisées. Il y a là une lacune contre laquelle nous devons protester, et je demanderai au Congrès du Livre de vouloir bien émettre un vœu, dont la rédaction sera à étudier, invitant les Pouvoirs publics, lorsqu'ils ont des initiatives à prendre qui intéressent notre corporation, à vouloir bien appeler celle-ci et demander sa collaboration, en vue de concentrer nos efforts et d'arriver à un résultat plus général et plus certain.

M. Max Leclerc. — Comme sanction aux observations qui viennent d'être présentées et que je ne puis qu'approuver, je vous proposerai d'émettre le vœu suivant :

> Le Congrès, s'associant à la démarche faite, au cours de l'année 1915 auprès du président du Conseil, ministre des Affaires étrangères, et des présidents des Commissions des Affaires extérieures du Sénat et de la Chambre des députés, par la Société des Gens de lettres et le Cercle de la Librairie,
>
> Exprime le vœu que ces deux corporations soient désormais consultées en vue du choix des personnes qui seront envoyées en mission à l'étranger pour travailler à l'expansion intellectuelle française au dehors soit par le livre, soit par des conférences ; et que les rapports des missions déjà accomplies au Chili, en Italie, aux Etats-Unis, en Russie, en Espagne, etc., soient communiqués sans retard à ces deux corporations, afin qu'elles puissent en tirer les conclusions pratiques qui conviennent dans l'intérêt de la collectivité.

Une démarche a déjà été faite en ce sens ; mais nous sommes obligés de constater qu'elle n'a pas eu de résultat pratique.

M. Decourcelle. — Je tiens à confirmer, au nom de la Société des Gens de lettres, dont j'ai l'honneur d'être le Président, ce qui vient d'être dit par M. Max Leclerc.

Le ministre des Affaires étrangères, au cours de l'année 1915, sur une démarche faite par mon prédécesseur, M. Georges Lecomte, et une délégation du Comité de la Société des Gens de lettres, a formellement promis que, dans le choix des missionnaires envoyés à l'étranger, la Société des Gens de lettres et le Cercle de la Librairie seraient consultés.

Nous sommes allés au Sénat, au courant de l'année 1916, trouver le président de la Commission des Relations extérieures, et nous nous étions mis en rapport avec le président de la Commission des Affaires extérieures de la Chambre. M. Philippe Berthelot, avec une entière bonne grâce, nous a confirmé les excellentes dispositions du ministre. C'était une affaire complètement entendue, enregistrée, définitivement conclue : aucune mission ne serait envoyée à l'étranger sans que la Société des Gens de lettres, qui prétend avoir qualité pour connaître les missionnaires intellectuels quand ils vont dans les pays étrangers, eût été consultée.

Je dois vous dire qu'il en a été de ces promesses comme de beaucoup de promesses ! La résolution était excellente ; elle n'a malheureusement pas encore été suivie d'effet. C'est pourquoi la Société des Gens de lettres s'associe complètement, de tout cœur et avec une entière énergie, au vœu si judicieux présenté par M. Max Leclerc. (*Applaudissements.*)

M. le Président. — Il y a plusieurs personnes ici qui faisaient partie de cette délégation : M. René Fouret, M. Forest, M. Rodocanachi et moi, nous étions à cette séance dont M. Decourcelle vient de parler.

M. Decourcelle. — Si M. Max Leclerc n'y voit pas d'inconvénient, je demanderais que sa motion fût présentée au nom de M. Max Leclerc et de la Société des Gens de lettres.

M. Forest. — Le hasard fait que je suis un peu le représentant du ministère des Affaires étrangères ici, ce qui indique que le ministère ne reste pas tout à fait étranger à vos travaux. La preuve, c'est que le Congrès du Livre a eu toute sa collaboration depuis un an, et on peut bien dire que c'est grâce à ses efforts que l'on a pu lui donner tout l'élan voulu. Il faut en tenir compte au ministre.

M. Decourcelle. — Je tiens à confirmer pleinement ce que vient de dire M. Forest. D'ailleurs, ceux qui ont entendu mon discours avant-hier se rappellent que j'ai rendu pleinement justice à ce que la Maison de la Presse avait fait pour la réussite du Congrès.

M. Max Leclerc. — C'est une autre question.

M. Decourcelle. — Parfaitement.

M. Petit-Dutaillis. — Je voudrais simplement qu'il y eût une précision dans ce vœu, d'ailleurs excellent et dont je reconnais l'utilité. Ne serait-il pas bon de spécifier qu'il ne s'agit pas des savants ?

M. Decourcelle. — Mais non !

M. Petit-Dutaillis. — Il faudrait préciser. Vous dites « conférences ». On pourrait dire : « Conférences faites par des gens de lettres », parce que nous comptons bien qu'après le Congrès, beaucoup de missions seront organisées, dont certaines pour des savants.

M. Max Leclerc. — Remarquez qu'en pareil cas la Société des Gens de lettres et le Cercle de la Librairie seront incompétents ; ils le diront et le ministre consultera des gens plus compétents ; mais, si nous faisons une distinction, nous risquons qu'à la faveur de cette distinction on ouvre une fissure par où passeront à nouveau les choix arbitraires.

M. Petit-Dutaillis. — Néanmoins, je crois qu'il y aura un certain étonnement dans l'Université, si cette motion est votée sans distinction, parce qu'il y a là une apparence de méfiance...

M. Max Leclerc. — Nous n'avons pas le droit d'engager ici l'Université et les corps savants ; nous ne pouvons engager que les corporations que nous représentons. Le gouvernement pourra consulter les corps savants : nous ne lui disons pas de ne consulter que nous, mais nous lui disons de nous consulter.

M. Decourcelle. — Remarquez que, quand il s'agira d'un savant, il consultera d'abord, et cela va de soi, les savants.

M. Jules Perrin. — Ne serait-il pas possible de mettre ...*en ce qui les concerne, lorsque des missionnaires seront envoyés, etc.*

M. Max Leclerc. — Mais non !

M. Perrin. — Parce que vous vous exposez à justifier la remarque de M. Dutaillis.

M. Max Leclerc. — Si nous établissons des distinctions, nous ne serons jamais consultés et ce sera toujours l'arbitraire qui règnera.

M. Decourcelle. — On nous enverra des dames comme celle que l'on a envoyée dernièrement en mission et qui, véritablement, n'a aucune qualité pour nous représenter.

Je voudrais rassurer pleinement M. Dutaillis en lui disant que d'abord on s'adressera aux universitaires, quand il s'agira d'un savant ; dans ce cas, les noms donnés par l'Université ne peuvent pas un instant être mis en discussion, ni par le Cercle de la Librairie, ni par le Syndicat des Éditeurs, ni par la Société des Gens de lettres : nous nous inclinerons respectueusement, extrêmement heureux qu'une fois, par extraordinaire, on ait choisi quelqu'un de compétent.

M. Romain Coolus. — L'observation que j'ai à présenter n'est pas pour le fond, mais pour la forme. Le Comité du livre n'est pas une corporation : il faudrait mettre : *les deux comités*.

M. le Président. — Je relis le vœu. Le paragraphe auquel vous faites allusion ne fait qu'affirmer un fait : une démarche a été faite en 1916 ; elle a été faite par la Société des Gens de lettres et le Cercle de la Librairie. Dans le vœu d'aujourd'hui, nous visons cette démarche et nous devons naturellement viser ceux qui l'ont faite. Nous affirmons un fait et visons ceux qui ont fait la démarche à laquelle nous nous référons. Je mets ce vœu aux voix.

(Le vœu de M. Max Leclerc et de la Société des Gens de lettres, mis aux voix, est adopté à l'unanimité.)

M. Gillon. — M. Fouret a bien voulu signaler dans son rapport la création toute récente de la Société d'Exportation des Éditions Françaises. Il me permettra de compléter ses indications en faisant connaître la liste actuelle des maisons qui ont adhéré à cette Société et qui sont au nombre de vingt-neuf :

MM. Alcan et Lisbonne ; Baillière et fils ; Belin frères ; Berger-Levrault ; Boivin et Cie ; Chapelot et Cie ; Charles-Lavauzelle ;

Colin (Librairie A.) ; Crès (G.) et Cie ; Delagrave ; Delmas (Gabriel) ; Didier (Henri) ; Doin et fils ; Firmin-Didot ; Flammarion ; Gauthier-Villars et Cie ; Hatier ; Larousse ; Laurens ; Lecène ; Masson et Cie ; Nathan (Fernand) ; Nouvelle Librairie Nationale ; Ollendorff ; Picard (Auguste) ; Perrin et Cie ; Plon-Nourrit et Cie ; Tenin (Recueil Sirey) ; Vuibert.

Tout à l'heure, notre confrère M. Delagrave m'a informé que M. Fayard désirait se faire inscrire, ce qui porte à trente le nombre des maisons associées.

La note de M. Fouret étant forcément incomplète, je vous demande la permission de vous dire quel esprit a présidé à la fondation de notre société et quel est son programme.

Vous savez que, depuis longtemps, bien avant la guerre, nos consuls, nos attachés commerciaux, nos conseillers du commerce extérieur, tous ceux qui s'occupent en somme du commerce d'exportation demandaient aux industriels français, aux commerçants français, de se grouper le plus possible. Tous ont signalé l'insuffisance des efforts individuels et tous ont signalé les conséquences que ces efforts individuels avaient eues, c'est-à-dire un affaiblissement constant de notre commerce d'exportation.

La librairie n'a pas échappé à cette situation. A vrai dire, les éditeurs n'ont jamais négligé les pays étrangers. Tous, nous possédons des correspondants étrangers. Malgré cela, nous sommes obligés de faire notre *mea culpa* et d'avouer que tout de même nous n'avons pas fait les efforts nécessaires. Quelques maisons faisaient voyager de loin en loin, de façon intermittente, sans méthode ; la publicité était trop souvent mal faite, insuffisante. Il en est résulté que, petit à petit, nous nous sommes laissé enlever une place que nous n'aurions pas dû perdre, et tous ceux qui ont voyagé à l'étranger ont constaté que le livre français, tout au moins le livre sérieux, n'avait certainement pas la place qu'il devrait avoir.

C'est ce qui a conduit quelques-uns d'entre nous, sitôt la guerre commencée, à penser que le moment était venu de reprendre l'effort, de nous grouper, de faire bloc contre l'adversaire commun qui, malheureusement, nous a taillé de larges croupières.

Nous avons commencé par faire de petites réunions. Quelques-uns seulement d'entre nous sont entrés dans nos vues... la théorie du moindre effort est très pratiquée dans la librairie ! Nous ne nous sommes pas laissé décourager : nous avons continué notre effort et, au bout d'un certain temps, nous avons établi le projet d'une Société d'exportation. Si vous me le permettez, je vais vous donner connaissance du programme de cette Société d'exportation ; il n'est pas long :

« Cette Société a pour but de développer à l'étranger la vente des publications éditées par ses adhérents.

» Elle se propose notamment :

» De faire visiter régulièrement, par des représentants qualifiés, les pays étrangers ;

» De mettre le plus possible les libraires étrangers en rapport avec les éditeurs adhérents, de manière à les faire profiter des nombreux avantages que comportent les relations directes ;

» De former des vendeurs et des vendeuses, de préférence Français, et de les placer dans les maisons de librairie étrangère ayant un rayon de publications françaises ou voulant en créer un ;

» D'organiser une publicité méthodique, et de fournir à ses correspondants étrangers tous les éléments de propagande propres à développer la vente des publications de ses adhérents ;

» De créer dans les principaux pays, dès que les circonstances le permettront, un dépôt central des publications de ses adhérents, où les libraires étrangers pourront s'approvisionner rapidement et aux meilleures conditions. »

Ce programme, évidemment très complet, ne peut pas être réalisé du jour au lendemain, surtout dans les circonstances difficiles que nous traversons. Mais il nous semble qu'il répond aux vœux généralement exprimés et qui ont été formulés souvent devant nous par des écrivains, des artistes, des commerçants. Comme je vous le disais tout à l'heure, nous sommes arrivés à grouper trente maisons qui représentent, je crois, de la façon la plus honorable, la librairie française.

Je voudrais dire un mot, maintenant, de la façon dont nous entendons exécuter notre programme et des avantages que doit présenter un effort collectif. Il y a dans notre programme une chose qui vous frappera sans doute : c'est que nous voulons non seulement maintenir, mais développer considérablement les relations directes avec nos clients étrangers. C'est là un point capital, non seulement pour les éditeurs, mais pour les auteurs. Un éditeur n'est tout de même pas un commerçant ordinaire ; le produit qu'il vend a, en quelque sorte, une double personnalité : la personnalité de l'auteur et celle de l'éditeur. Un éditeur ne peut pas se désintéresser de cette personnalité : un livre est pour lui comme un enfant qu'il élève, qu'il dirige, qu'il suit dans la vie. Comment s'en désintéresserait-il ? Il faut qu'il sache où il va, pourquoi dans telle ville il a du succès, alors que dans telle autre il n'en a pas. Il n'y a que ses enquêtes personnelles qui puissent lui donner ces renseignements. C'est pourquoi il faut que l'éditeur reste en relations directes avec le client. D'ailleurs, c'est une loi, on peut dire presque générale aujourd'hui, que le producteur et le consommateur cherchent à être en contact direct et à écarter l'intermédiaire qui prélève une dîme sur le producteur et le consommateur. C'est donc là un des points importants de notre programme, et il est important non seulement pour l'éditeur, mais aussi pour l'auteur. Il est bien évident que, le jour où l'éditeur, à l'instar de certaines maisons de

Leipzig qu'on cite en exemple et qu'on voudrait peut-être imiter, abdiquerait entre les mains d'un commissionnaire, il ne saurait plus où en est son livre. Et comment renseignera-t-il l'auteur, quand l'auteur viendra lui demander : « De quel côté mon livre se vend-il ? Quels efforts faites-vous pour lui donner toute son expansion ? » Il sera obligé de répondre : « C'est l'affaire du commissionnaire ! »

De sorte que voilà un éditeur qui a une propriété, et la plus belle de toutes : celle de la pensée française, et qui s'en dessaisirait entre les mains d'un anonyme ? Les membres de notre Société ne peuvent pas admettre cela. C'est pourquoi ils veulent agir directement.

Les relations directes entre l'éditeur et son client ont encore un avantage, c'est de permettre à l'éditeur d'avoir une action directe sur ce client, de le faire bénéficier de tous les avantages possibles, des remises maxima, de grandes facilités de payement. On nous reproche, et on a tort, de ne pas faire d'assez longs crédits : nous sommes on ne peut plus libéraux. On dit que, dans l'édition, le terme ordinaire de payement est de deux à trois mois. Eh bien ! pour l'étranger, il est souvent de six mois et un an, et chaque fois qu'on nous demande un supplément de délai, nous sommes les premiers à l'accorder. Nous donnons aux clients toutes les facilités possibles. Nous envoyons d'abord des livres d'office ; quand on nous le demande, nous en envoyons en dépôt. Donc, le reproche est exagéré. Cela ne veut pas dire que nous ne puissions pas faire mieux, mais, pour faire mieux, il faut que nous soyons en contact permanent avec les clients et que nous sachions ce qu'ils désirent. C'est pour cela que nous ne pouvons pas remettre nos intérêts entre les mains d'un tiers.

Il y a un point qui paraît aussi important : c'est le point de vue moral. Un commissionnaire, qui est obligé, non seulement de fournir tout ce qu'on lui demande, mais d'acheter tout ce qu'on lui propose, est fatalement obligé de proposer des publications qui n'honorent pas toujours la pensée française ni le goût français. Nous sommes un certain nombre d'entre nous qui ne voulons pas voir nos publications à côté de certaines autres. Nous ne voulons pas que des publications de bonne littérature, d'histoire, de beaux-arts, d'érudition, figurent à côté de publications que je ne veux pas qualifier, mais qui nous font un tort considérable, non seulement en France, mais à l'étranger ; car c'est là-dessus qu'on nous juge. Le livre français est devenu le symbole de l'immoralité.

A qui la faute ? On dit aujourd'hui que c'est la faute des Allemands. Evidemment, les Allemands ont fait beaucoup de contrefaçons françaises, mais ils ont souvent contrefait des œuvres purement françaises, et ce sont des éditeurs français qui ont fait ces publications qui nous déshonorent. Eh bien ! nous ne voulons pas nos publications à côté de celles-là !

II. — 11

M. Welschinger. — Cela vous honore !

M. Gillon. — Je voudrais faire une petite profession de foi et je vous demande la permission de vous la développer. Je vous disais tout à l'heure que trente maisons s'étaient groupées pour constituer la Société d'Exportation des Éditions françaises.

Cet appel à l'effort collectif, à l'entente loyale et confiante, a été entendu : ces trente maisons d'édition se sont groupées autour d'un programme qui, respectant la liberté de chacun, assure aux membres de la Société d'Exportation les avantages, on pourrait dire les bienfaits de la collectivité qui sera probablement la grande loi de demain.

Et je crois pouvoir dire que ces trente maisons, par leur importance, par leur notoriété ancienne ou nouvelle, représentent dignement les principales branches de la librairie française : *Enseignement, Littérature, Histoire, Science, Erudition, Beaux-arts.*

Résolues à entrer dans les voies nouvelles que réclament les temps nouveaux, à n'épargner ni leur peine ni leurs sacrifices, elles ont l'ambition d'élargir le prestige de la France par des publications irréprochables dans le fond comme dans la forme, et de contribuer, elles aussi, à faire triompher dans le monde la pensée française et le goût français.

Faites-leur confiance, Messieurs, et ne négligez pas, le cas échéant, de leur donner votre appui. Il ne faudra rien moins que l'union de toutes les bonnes volontés, de toutes les énergies, pour atteindre le résultat désiré de tous : la plus grande diffusion du livre français, de celui bien entendu qui honore notre pays.

Je voudrais, en terminant cette communication, exprimer un vœu, et même un espoir, celui que le Congrès du Livre scelle l'alliance loyale, durable et féconde, des écrivains, des savants, des artistes et des professionnels qui, tous, sont les ouvriers passionnés de cette grande et magnifique œuvre : la Gloire du livre français.

M. Decourcelle. — Je voudrais vous soumettre quelques timides observations. Si, en le faisant, je commets quelques erreurs, je vous prie de m'en excuser; car cela tient à ce que, si, depuis dix mois, je fraye très intimement avec les éditeurs et si je conserve de ce contact un souvenir des plus agréables et des plus heureux...

M. Max Leclerc. — C'est réciproque !

M. Decourcelle. — ...Je ne suis cependant pas aussi ferré que je souhaiterais l'être sur les questions qui les touchent de près.

J'ai écouté avec le plus grand intérêt ce que vient de dire M. Gillon ; j'ai été très frappé des raisons qu'il exposait pour justifier — bien qu'elle n'en ait pas besoin — l'initiative à la tête de laquelle il s'est mis, ses raisons morales, qui sont des raisons extrêmement convaincantes, très hautes et qui l'honoreraient pleinement, s'il avait besoin d'être honoré. Je ne puis cependant m'empêcher de songer à ce que j'ai lu : vous me direz si je me suis trompé.

M. Gillon dit très justement et ne fait en cela que répondre à ce que je pense moi-même, qu'il ne fallait pas imiter servilement les coutumes et pratiques allemandes, mais les adapter à notre mentalité et à nos usages nationaux.

Cependant, il n'en est pas moins vrai que cette institution des commissionnaires, contre laquelle il a trouvé des raisons qui me semblent excellentes, a beaucoup fait pour l'expansion du commerce allemand au point de vue du livre. Eh bien ! je me demande s'il ne serait pas possible que la Société d'Exportation des Editions françaises remplît, à de certains points de vue, une partie des rôles du commissionnaire allemand, la partie qui ne répugne pas à M. Gillon.

J'ai été frappé d'une chose très simple : c'est que, quand un libraire allemand a besoin de 80 volumes édités par 35 éditeurs, il n'écrit pas 35 lettres, il en écrit une. Il ne reçoit pas 35 colis, il en reçoit un.

Je me demande si la Société d'Exportation des Editions françaises n'aurait pas avantage, — c'est très timidement que je le suggère, — au point de vue des maisons qu'elle groupe, à remplir le rôle du commissionnaire allemand, et à dire aux clients auxquels s'adressent ces 30 maisons : vous n'avez pas besoin d'écrire aux 30 maisons, si vous voulez un livre de chacune d'elles ; écrivez à la Société d'Exportation, et vous recevrez les volumes groupés ; comme les Allemands, vous recevrez non pas 30 colis, mais un colis contenant 30 commandes.

Il me semble qu'il y a là, dans l'organisation allemande, des choses que nous pouvons adapter à nos méthodes françaises et que la Société d'Exportation des Editions françaises est trop avisée pour ne pas concevoir mieux que moi. J'appelle simplement son attention sur ce mode de commerce. Il y a là évidemment une chose nouvelle dans la librairie française, mais qui est un usage dont nous devons profiter. Il me semble que la création si heureuse de cette Société d'Exportation pourrait remplir ce rôle, non seulement pour l'avantage que je viens d'exposer, mais peut-être pour beaucoup d'autres que la Société d'Exportation est bien plus qualifiée que moi pour trouver et s'annexer.

M. GILLON. — Je vous remercie beaucoup de votre observation, mais je me permets de vous faire remarquer que, précisément, dans notre programme, nous disons bien que, si c'est nécessaire, nous deviendrons les commissionnaires de nos clients. Je ne voudrais pas que l'on se méprît sur notre pensée. Notre Société n'est pas hostile aux commissionnaires, comme on l'a écrit. Nous savons que le commissionnaire est nécessaire ; ce que nous demandons, c'est qu'il ne sorte pas de son rôle.

M. Decourcelle. — Remplacez-le!

M. Gillon. — Quand nos clients en feront la demande et exprimeront le désir que la Société devienne un organe de commission, nous serons disposés à étudier ce projet.

M. Decourcelle. — Puisque vous faites quelque chose de direct et de nouveau, faites-le complet de suite!

M. Gillon. — Nous n'avons pas actuellement le personnel nécessaire. Remarquez que, si nous n'avions pas été en temps de guerre, il est bien certain que le service de la commission et de l'expédition ferait absolument partie de notre programme ; il en est la conséquence nécessaire.

M. Decourcelle. — Je crois qu'il y a là une force de centralisation qui peut être extrêmement utile.

J'ai enregistré avec grand plaisir ce que vous avez dit au sujet des crédits. Je croyais, dans l'ignorance où j'étais des procédés commerciaux de la librairie, que vous répugniez à ces longs crédits qui ont tant d'effet pour la propagation du livre allemand.

M. Max Leclerc. — C'est une erreur qu'on propage.

M. Decourcelle. — Très bien, mais il faut qu'on le sache. Il ne suffit pas de faire crédit, il faut que les gens à qui vous avez affaire sachent que vous faites crédit. Il y a là une question de publicité indispensable.

M. Gillon. — Nos correspondants étrangers le savent tous ; les méthodes allemandes sont tout à fait différentes, il y a là-bas la Foire du Livre, qui a lieu une fois par an.

On nous dit : Pourquoi ne faites-vous pas comme les libraires allemands? Parce que nos habitudes sont différentes ; mais cela ne veut pas dire que nous ne sommes pas prêts à accorder toutes les facilités possibles pour le crédit, et je vous assure qu'à ce point de vue on nous méconnaît.

M. Decourcelle. — On ne vous méconnaît pas, on ne vous connaît pas!

M. Gillon. — Nous nous ferons connaître.

M. Jules Perrin. — Je crois que votre association vous fournira des moyens que vous n'auriez pas individuellement ; il faut faire le trust de la librairie française.

Un congressiste. — Ne parlons pas de trust.

M. Jules Perrin. — Oui, pensons-y toujours, mais n'en parlons jamais.

M. le Président. — Je crois que cet intéressant échange de vues a montré l'unanimité de nos sentiments. Je vais donner la parole au rapporteur.

M. Edmond Fouret. — M. Gillon a dit que mon rapport était incomplet. Peut-être, parce que je n'ai pas donné le nom des trente maisons qu'il a groupées ; mais, comme je n'ai pas dit non plus quelle était l'importance de ceux qui avaient adhéré à sa proposition, je n'ai pas cru devoir donner des noms.

M. Gillon a indiqué un certain nombre de motifs qui ont déterminé la création de leur groupement. Je me permets de lui indiquer certaines objections qui ont été formulées au moment où il a été question, pour la première fois, de sa Société et quelques-unes des objections qui se sont présentées à l'esprit des éditeurs.

D'abord, il a semblé à l'esprit de beaucoup, et non des moindres, que certains articles du programme rentraient notamment et directement dans le programme d'action du Cercle de la Librairie, et que tout ce qui est renseignements commerciaux pourrait et, à notre sens, devrait être centralisé au Cercle de la Librairie, donnant ainsi à l'organe de notre corporation une force plus grande, qu'il est intéressant de lui accorder et dont le groupement ne peut qu'être favorable à tous les éditeurs.

2° Le désir très légitime, qu'il exprime, de voir instituer et développer une pépinière pour les employés français à répandre à l'étranger, semblerait devoir être très utilement réalisé au Cercle de la Librairie.

M. Gillon. — Qui n'a jamais rien voulu faire pour cela !

M. le Rapporteur. — Il est peut-être temps de le tenter ; je crois que ce serait pour le grand bien des éditeurs. Je crois que beaucoup de maisons seraient disposées à renforcer ainsi le Cercle de la Librairie, en lui donnant plus de force et plus de cohésion, en augmentant son prestige en France et à l'étranger. Je crois qu'il y aurait là une double tâche, qui pourrait être utilement remplie par le Cercle de la Librairie.

Si on croit qu'il n'y a rien à faire dans ce sens là, on peut peut-être tenter autre chose, et je suis tout disposé à ajouter, au vœu que j'avais préparé, ce vœu qui me paraît très intéressant. Voilà le premier point.

En dehors de cette question, il en reste une autre qui est plus grave ; c'est celle que MM. Gillon et Decourcelle ont développée : Comment peut-on favoriser la vente du livre à l'étranger et obtenir une diffusion plus grande ? M. Decourcelle a très judicieusement rappelé le rôle des grandes maisons de commission allemandes.

Les grandes maisons de commission allemandes ont eu une très grande influence, personne ne le nie, sur le développement de la librairie allemande à l'étranger. Donc, la question soulevée par M. Decourcelle est celle-ci : Est-il possible de faciliter aux clients étrangers la vente de nos livres en les réunissant ? Je crois que oui, et je crois qu'à ce moment-là, il y a une question qui se pose et qui peut avoir pour tout le monde une très grosse influence. Quand les Allemands ont pénétré dans un pays, ils ont toujours cherché à imposer leurs idées ; or, cette méthode qui a donné de très bons résultats, ne les a pas fait aimer, nous nous en sommes aperçus, et nous espérons que tout ce qui se fait autour de nous prouvera davantage cet esprit d'imposition qu'ils ont toujours cherché à pratiquer. Or, il semblait qu'il était peut-être possible de se servir des libraires locaux, en créant de grands dépôts où ces libraires locaux pourraient puiser très pratiquement leurs livres, de façon à satisfaire les clients immédiatement.

Ces dépôts peuvent-ils être créés, et par qui ? Peuvent-ils être créés et comment ? Ils peuvent certainement être créés très facilement par le commissionnaire, parce que le commissionnaire lui-même a intérêt à rester en contact avec les libraires locaux. Je ne crois pas que cette vente directe, qui peut être extrêmement intéressante, puisse gêner en rien l'action du commissionnaire, ni que l'action du commissionnaire puisse gêner en rien la vente directe ; mais il faut bien se dire une chose : c'est que, si une Société d'exportation veut devenir commissionnaire, il y a des questions très importantes, que je crois très difficiles à résoudre, notamment la question des crédits offerts, du développement possible des relations et des sommes considérables qu'il faut engager dans l'affaire ; de telle sorte que je crois que, s'il est très intéressant pour les éditeurs de maintenir des relations directes avec les clients, il est non moins intéressant que les maisons locales puissent s'approvisionner dans des centres locaux. Tous les auteurs disent : On n'a pas pu trouver mon livre à l'étranger ; ou : Il est difficile de le trouver à l'étranger. Il est évident qu'il en sera toujours ainsi, si on n'a pas, dans le pays même, la possibilité de s'approvisionner ou de trouver, chez le commissionnaire local ou chez l'agent du commissionnaire local, les livres dont on peut avoir besoin. Ceci n'exclut d'ailleurs pas la relation directe. En tout cas, je crois qu'il faut éviter à tout prix de donner l'impression que l'on veut gêner l'action locale du correspondant et ne pas lui permettre de prendre tout le développement voulu. J'ai pensé qu'il serait intéressant d'exposer ces idées.

M. Decourcelle. — Je vous demande vraiment pardon de prendre la parole aussi souvent ; mais c'est sur l'ensemble du vœu de M. Fouret que je voudrais dire deux mots. Je l'ai lu avec le plus grand intérêt, et je constate en particulier que la plupart des questions que M. Fouret résout dans son vœu touchent en grande partie au rapport de M. Petit-Dutaillis sur l'expansion intellectuelle. Il semble que les deux rapports n'en fassent pour ainsi dire qu'un. J'en appelle à M. Petit-Dutaillis lui-même. En effet, voici les désirs exprimés par M. Fouret dans son vœu :

Le Congrès constate que la diffusion du livre français est un des meilleurs moyens d'augmenter l'influence de notre pays et d'assurer la grandeur de la France dans le monde entier.

Pour que nos livres, nos périodiques, nos journaux aient la place à laquelle ils ont droit, le Congrès estime qu'il est indispensable que les Pouvoirs publics secondent énergiquement les efforts des éditeurs et de tous les groupements qui cherchent à développer l'usage de la langue française à l'étranger :

En faisant les démarches nécessaires et répétées pour qu'on introduise, dans les programmes des lycées, écoles et universités des pays alliés ou amis, l'étude de la langue française ou qu'on lui donne une importance plus grande ;

En développant, par réciprocité, dans nos lycées et Facultés, l'enseignement des langues étrangères ;

En faisant faire fréquemment des séries de conférences à l'étranger par les personnalités les plus marquantes du monde de la littérature, de la musique, des arts, des sciences et de la médecine ;

En encourageant le séjour, dans des Facultés étrangères, de professeurs et d'étudiants français qui noueront avec leurs confrères et les milieux littéraires ou scientifiques d'étroites amitiés et des relations durables ;

En favorisant la venue dans nos Universités de maîtres étrangers qui apporteront à nos élèves l'écho d'idées nouvelles et en facilitant l'accès de nos Facultés des lettres, des sciences, de droit et de médecine aux étudiants venus du dehors et qui, ayant appris à connaître la France, l'aimeront et deviendront des propagandistes de nos idées et de nos méthodes ;

En créant à Paris, sous forme de cercle ou de lieu de réunion largement ouvert, un centre plein de vie et de mouvement où tous les étrangers de marque appartenant au monde des sciences, des lettres et des arts seront accueillis et se rencontreront avec l'élite de la pensée française ;

En facilitant au commerce d'exportation ses relations avec ses clients lointains, en abrégeant les délais des transports, en augmentant les possibilités d'expédition, en diminuant les frais de port et en obtenant les tarifs de douane les plus favorables ;

En augmentant à l'étranger le nombre et l'importance des dépôts où les libraires détaillants pourront s'approvisionner facilement de tous les ouvrages dont ils ont besoin pour leur vente.

Ceci, c'est le rapport de M. Dutaillis, et je suis extrêmement heureux de voir que deux personnalités, aussi éminemment qualifiées pour traiter cette question, s'accordent et aboutissent à des conclusions identiques ; car nous n'aurons pas à formuler ces vœux quant au rapport de M. Dutaillis, bien que ce rapport les contienne en essence. Je suis donc pleinement d'accord sur l'excellence des vœux que M. Fouret soumet à vos délibérations comme conséquence de son rapport. M. Petit-Dutaillis nous avait fait, au Comité France-Russie, une conférence très nourrie, dont ce rapport est la seconde édition revue et augmentée ; ce qu'il a dit est excellent, et ce qu'a dit M. Fouret à ce point de vue ne me paraît pas discutable.

J'en arrive maintenant à certaines considérations sur lesquelles je ne puis m'empêcher de faire quelques observations.

M. Fouret s'adresse aux Pouvoirs publics, et il a raison, pour les desiderata qu'il exprime. Mais que voulez-vous... je suis d'avis qu'il faut demander tout ce qu'on peut demander au gouvernement, mais je ne suis pas d'avis qu'il faut tout demander au gouvernement. (*Applaudissements.*)

Eh bien ! je trouve dans vos vœux, tout de même, deux desiderata qui ne me semblent pas devoir être résolus par les Pouvoirs publics : aide-toi, le ciel t'aidera ! Ne sommes-nous vraiment en congrès que pour dire à l'Etat : viens à nous, sans cela nous ne pouvons rien faire ? Non ; ce n'est pas le devoir du Congrès. Il faut que le gouvernement vous aide, mais il faut que vous vous aidiez vous-mêmes ! Il faut que vous arriviez à une entente qui vous permette de prendre les mesures qui auront comme conséquence l'amélioration de votre industrie.

Laissez-moi vous relire un passage des vœux de M. Fouret :

En créant à Paris, sous forme de cercle ou de lieu de réunion largement ouvert, un centre plein de vie et de mouvement où tous les étrangers de marque appartenant au monde des sciences, des lettres et des arts seront accueillis et se rencontreront avec l'élite de la pensée française.

Programme admirable ! Je suis d'avis que dans ce centre doivent se réunir, non seulement les étrangers avec nos nationaux, mais les éditeurs avec les auteurs, les gens de lettres, les imprimeurs, et j'estime que nous devons avoir ce cercle auquel ne correspond pas suffisamment le programme de cette institution extrêmement utile qui s'appelle le Cercle de la Librairie. (*Applaudissements.*) Je voudrais que ce cercle fût un club de l'intellectualité française. Et ce club de l'intellectualité française, je ne trouve pas que ce soit aux Pouvoirs publics que nous devions le demander. Je trouve que c'est à nous de le faire, à tous ceux qui peuvent apporter une collaboration utile. Il ne faut pas trop demander aux Pouvoirs publics, parce que, si vous demandez trop aux Pouvoirs publics, ils ne vous donneront rien ; ils vous diront : je ne peux pas.

Il y a encore un autre point :

En augmentant à l'étranger le nombre et l'importance des dépôts où les libraires détaillants pourront s'approvisionner facilement de tous les ouvrages dont ils ont besoin pour leur vente.

Voyons ! Est-ce que c'est à l'Etat de faire cela ?

M. EDMOND FOURET. — Pas le moins du monde ! Il y a deux choses dans la disposition typographique du vœu ; le dernier paragraphe ne concerne pas l'Etat.

M. WELSCHINGER. — Alors, il faut changer le début ; vous avez mis un en-tête qui trompe.

M. EDMOND FOURET. — Il eût fallu, je m'en excuse, avoir deux lignes de blanc. Evidemment, « en augmentant le nombre des dépôts », c'est le rôle des éditeurs. Il est regrettable qu'on ait pu confondre les deux choses.

M. DECOURCELLE. — Dans les trois derniers vœux, il y en a deux pour les éditeurs : le cercle et les dépôts à l'étranger.

Maintenant, « en facilitant au commerce », cela, c'est pour l'Etat.

M. JULES PERRIN. — Il y a un paragraphe qui pourrait être extrait du vœu et ajouté sous forme d'adhésion à un projet de loi présenté à la Chambre des députés.

M. DECOURCELLE. — Le projet Honnorat.

M. JULES PERRIN. — C'est le paragraphe qui commence ainsi :

En favorisant la venue dans nos Universités de maîtres étrangers qui apporteront à nos élèves l'écho d'idées nouvelles et en facilitant l'accès de nos Facultés des lettres, des sciences, de droit et de médecine, aux étudiants venus du dehors et qui, ayant à connaître la France, l'aimeront et deviendront les propagandistes de nos idées et de nos méthodes.

Cette venue d'élèves étrangers dans nos Universités, avec des maîtres étrangers qui accompagneraient leurs élèves et pourraient enseigner chez nous, fait partie d'un projet de M. Honnorat déposé sur le bureau de la Chambre et dont l'auteur est venu nous parler à la Société des Gens de lettres.

M. DECOURCELLE. — Car il faut vous dire, Monsieur Petit-Dutaillis, qu'à la Société des Gens de lettres on vient nous parler quelquefois de questions qui concernent l'Université !

M. EDMOND FOURET. — Je suis extrêment heureux de m'être rencontré avec M. Petit-Dutaillis, et je ne pense pas qu'il n'y ait pas lieu de formuler, au nom des éditeurs, ce que M. Dutaillis a formulé pour les auteurs.

M. Petit-Dutaillis. — Je suis très heureux que M. Fouret se soit rencontré avec moi pour exprimer des idées conformes aux miennes et que ce soient des éditeurs qui les aient manifestées à côté des universitaires, parce que des universitaires plaident en somme *pro domo*. Je voudrais cependant donner quelques renseignements, d'abord, pour ce qui concerne le cercle, le lieu de réunion largement ouvert. Aujourd'hui même, et c'est pour cela que je vous avais demandé que mon rapport ne fût pas discuté, il doit y avoir à la Faculté de droit une séance où on s'occupera de cette question. Des universitaires, groupés sous la présidence de M. Larnaude, doivent s'occuper de cette question. On m'a demandé d'y participer, parce que je dirige l'Office national des Universités, qui est bien l'organe qui pourra, tout au moins au début, favoriser ce groupement et ses services. Nous l'avons fait déjà. Nous avons reçu des professeurs étrangers, notamment des professeurs italiens. Ils ont été reçus à l'Office national des Universités par un groupe de professeurs de la Sorbonne. Je crois que c'est bien ce qui est dans votre pensée, et que c'est quelque chose qui sera très utile.

En ce qui concerne le vœu lui-même, peut-être pourriez-vous ajouter, parce que cela ferait mieux connaître une situation qui existe et dont je ne puis trop parler puisque c'est moi qui dirige cette organisation : *et de l'Office national des Universités*.

L'Office national des Universités ne fait pas partie des Pouvoirs publics. C'est une association dont ceux qui veulent favoriser l'expansion intellectuelle peuvent faire partie, qui est présidée par M. Paul Deschanel. On pourrait dire : « les Pouvoirs publics et l'Office national des Universités ».

M. Coissac. — Je crois que nous sommes tous d'accord sur le principe de la question qui intéresse cette section ; mais, en rassemblant toutes les communications qui nous sont faites, je constate que l'accord n'est pas encore établi entre les universitaires et les industriels du livre. La preuve en est dans la réunion qui a lieu aujourd'hui. Il serait donc intéressant que tous ceux qui portent intérêt à la diffusion de l'intellectualité française, en particulier à l'étranger, membres du Cercle de la Librairie, représentants des éditeurs, membres de la Société des Gens de lettres, fussent saisis de ce que l'on projette pour obtenir une entente commune.

M. Max Leclerc. — Je voudrais faire une simple observation de méthode et de procédure. Tout en approuvant énergiquement ce qu'a dit M. Petit-Dutaillis, — car je ne puis que me réjouir de sa proposition, — je ne crois pas qu'elle puisse être discutée aujourd'hui avec toute l'ampleur qu'elle mérite, et je ne crois pas que cette proposition soit à sa place dans un vœu qui doit traiter des efforts tentés pour la vente du livre français à l'étranger.

M. Georges Lecomte, dont nous aurons à discuter un rapport après-demain, traite dans ce rapport des relations entre auteurs et éditeurs. C'est, je crois, plutôt à propos de ce rapport que la question pourra se poser, et il est probable que d'ici là des personnes qui ne sont pas ici, parce qu'elles ne pouvaient pas prévoir que la question serait soulevée aujourd'hui, seront à même de nous renseigner.

M. Welschinger. — J'ai entendu tout à l'heure avec plaisir M. Gillon dire que, parmi les transformations à faire en ce moment, il fallait — je prends ses paroles — donner des publications irréprochables au point de vue de la forme et du fond. Je crois savoir par beaucoup d'éditeurs que beaucoup de romans envoyés en Amérique reviennent en ballots, réexpédiés par les Américains. Je demanderais donc qu'on ajoutât à ce vœu :

... A encourager les éditeurs français à ne faire que des publications irréprochables dans le fond et dans la forme.

Nous ne voulons pas rester, nous autres écrivains, en relations avec ceux que vous savez. Nous voulons que le nom français soit respecté, honoré, popularisé à l'étranger. Je demande donc qu'on mette aux voix, comme dernier paragraphe, les lignes dont je viens de donner lecture.

M. le Président. — L'assemblée accepte-t-elle que le paragraphe relatif au Cercle soit disjoint pour être réservé à la prochaine discussion où la question reviendra dans son ensemble?

L'assemblée décide de disjoindre le paragraphe commençant par les mots :

En créant à Paris, sous forme de cercle ou de lieu de réunion largement ouvert....

M. Decourcelle. — Nous nous sommes mis d'accord avec M. Fouret pour que le vœu aille jusqu'au dernier paragraphe exclusivement, en supprimant celui du Cercle. Le vœu finirait par les mots :

... en obtenant les tarifs de douane les plus favorables.

Et puis on reprendrait :

En outre, le Congrès, constatant les efforts heureux déjà tentés dans ce but, formule le vœu que les éditeurs français s'efforcent chaque jour davantage d'accroître les moyens commerciaux destinés à propager à l'étranger le livre français, particulièrement en augmentant le nombre et l'importance des dépôts où des libraires détaillants pourront s'approvisionner facilement de tous les ouvrages dont ils ont besoin pour leur vente.

Nous juxtaposons ainsi les deux idées. Nous demandons aux éditeurs d'accroître les moyens commerciaux. Ce sont ceux dont parlaient ces Messieurs tout à l'heure et qu'ils connaissent mieux que nous.

M. EDMOND FOURET. — C'est ce que j'avais proposé sous une forme, qui, je l'avoue, péchait.

M. LE PRÉSIDENT. — Etes-vous d'avis d'ajouter au texte : *et l'Office national des Universités*?

(Adopté.)

M. HARAUCOURT. — J'entends avec épouvante notre ami Clère demander où on va mettre l'amendement de M. Welschinger. Je ne voudrais pas qu'on ne le mît nulle part ; je ne voudrais pas qu'on s'en occupât, au moins aujourd'hui. Il me semble que ce vœu formule dès l'abord une décision d'exclusion vis-à-vis d'auteurs et de livres que l'on n'a même pas jugés avant de les condamner. Veuillez vous rappeler que je suis rapporteur ici sur la question de la démoralisation par le livre et par l'image ; la question viendra même en discussion jeudi, et je suis étonné de la voir presque surgir aujourd'hui.

Je suis étonné aussi et bien davantage encore de la voir tranchée inopinément et d'une façon trop générale. On dit qu'il ne faudrait pas que des éditeurs français fussent admis à publier des livres qui seraient de nature à déshonorer les autres livres : mais voilà tout un monde d'écrivains qui vont se trouver exclus par la décision de ceux qui considèrent que ces hommes ne sont point dignes d'être imprimés ! La formule me semble un peu excessive et il me paraît un peu prématuré de trancher la question.

Que vous disiez que l'on n'exportera pas ces livres dans telle ou telle région, cela est raisonnable.

Il y a une question que j'ai abordée dans un paragraphe de mon rapport, c'est la question des étiages de la licence ; il y a des livres qui sont tolérables dans un pays et qui ne le sont pas dans un autre ; il y a des ouvrages que vous pourrez envoyer dans l'Amérique du Sud et que vous ne pourrez pas envoyer dans l'Amérique du Nord. Est-ce une raison pour que vous n'imprimiez pas ces livres en France? Il conviendra d'examiner cette question et de voir ce que vous pouvez mettre dans vos ballots ; mais je trouve un peu sévère de décider qu'il y aura toute une catégorie d'écrivains que non seulement vous ne mettrez pas dans vos ballots, mais qui ne seront pas imprimés !

M. LE PRÉSIDENT. — Je ferai remarquer, avant de donner la parole aux autres orateurs, que les observations de M. Haraucourt, en ce qui concerne la méthode de travail, me semblent très justes. De même que tout à l'heure nous avons disjoint l'article relatif au

Cercle et que nous l'avons reporté au rapport de M. Georges Lecomte, de même il me semblerait très juste de reporter la discussion de ce vœu à la discussion du rapport de M. Haraucourt ; c'est l'observation que je me permets de présenter.

M. Welschinger. — Ce n'est pas moi qui ai soulevé ce lièvre, si c'est un lièvre : c'est M. Gillon qui nous a dit tout à l'heure que trente éditeurs français se sont réunis pour s'engager à ne publier que des ouvrages irréprochables dans la forme et dans le fond ; je n'ai pas inventé le mot. Vous parlez de développer la vente du livre français à l'étranger ; vous ne pouvez pas développer cette vente, si vous vous trouvez en face de ce qui m'avait été confié par certains éditeurs qui m'ont dit : on nous renvoie des ballots de livres. La question est donc excessivement grave. Quant à dire qu'il y a des écrivains qui se trouveront dans la misère...

M. le Président. — N'entrons pas dans la question.

M. Welschinger. — Les publications qui se trouvent dans ce cas peuvent être appelées des « cochonstées » et nous n'avons pas à nous en inquiéter. Nous avons à voir quels seront les efforts tentés par la France pour développer la vente du livre à l'étranger : je soutiens, avec ces trente éditeurs auxquels je rends hommage, que mon amendement est justifié.

M. le Président. — La question à trancher n'est pas celle que pense notre confrère. M. Gillon, dans la discussion, a abordé une série de questions : c'était son droit. La question est de savoir si c'est maintenant, et dans la discussion actuelle, qu'on doit discuter l'amendement de M. Welschinger. Je ferai remarquer que M. Haraucourt, comme rapporteur d'une question spéciale, me semble avoir cent fois raison de dire : j'ai un rapport sur cette question, réservons-la. L'inconvénient à procéder autrement, c'est que vous allez ouvrir, dès maintenant, une discussion sur le rapport de M. Haraucourt. Si vous décidez d'ouvrir, dès maintenant, cette discussion, j'obéirai très volontiers à l'assemblée ; mais je vous ferai remarquer que beaucoup de personnes ne sont pas prévenues et ne pourront ainsi y prendre part.

M. Decourcelle. — Je me permets d'être de l'avis du Président. Dans les questions que nous avons à étudier, beaucoup de questions vont se chevauchant l'une l'autre. Il est certain que M. Welschinger a parfaitement raison : la question peut se poser ici, à propos de la vente du livre à l'étranger ; la question est de savoir s'il ne vaudrait pas mieux placer cette discussion avec celle du rapport de M. Haraucourt.

M. le Président. — Je vais faire une proposition mixte qui m'est suggérée par ce débat qui doit se clore. Vous avez entendu le pour et le contre. Comme l'a dit M. Decourcelle, toutes ces questions peuvent se rattacher. Pour donner satisfaction à tout le monde, je crois qu'on pourrait réserver la question, et le vœu de M. Fouret ne serait définitif qu'après la discussion du rapport de M. Haraucourt ; auquel cas vous joindriez, si besoin était, un amendement au vœu Fouret.

M. WELSCHINGER. — Je me rallie à cette proposition.

M. LE PRÉSIDENT. — Il est donc entendu que nous allons avoir une nouvelle lecture du vœu nouvellement rédigé, que dans ce vœu nous disjoignons l'article sur le Cercle pour qu'il soit rattaché au rapport de M. Lecomte, et que, lorsque vous allez avoir adopté le vœu de M. Fouret, il est entendu que ce vœu restera ouvert à l'adjonction possible d'un amendement, quand on aura discuté le rapport de M. Haraucourt.

Cela vous convient-il ?

M. HARAUCOURT. — Parfaitement ; il y a dans mon rapport un paragraphe destiné à étudier cette question et qui est intitulé : les Étiages de la licence. Par conséquent, je ne vois pas d'inconvénient à le discuter à un moment ou à un autre.

M. LE PRÉSIDENT. — Nous sommes tous d'accord.

M. TESSIER. — Je n'ai malheureusement pas pu assister à la discussion complète du rapport ; mais j'ai été frappé du fait que les vœux proposés n'accordent pas une part suffisante à l'instruction et à la formation des employés ou représentants à l'étranger. Or, il me semble, laissant de côté la partie technique qui concerne les ouvriers relieurs de France, il me semble que, pour la formation du personnel commercial, il y a quelque chose à faire.

Je parle au nom d'un Syndicat qui a 8.500 adhérents, et je vous assure qu'il y aurait là des activités qui se consacreraient volontiers à la vente du livre français à l'étranger, à condition que les adhérents du Syndicat dont je parle fussent sollicités par les chefs de maisons et que, d'autre part, par le moyen de commissions mixtes, on leur donnât une rémunération convenable.

Ce que je tenais à apporter ici, c'est la volonté du concours des employés français à la diffusion du livre français.

M. LE PRÉSIDENT. — C'est encore une question fort intéressante, mais on me fait observer que cette question pourrait se rattacher au rapport de M. Clouard. Si vous voulez, nous la disjoindrons pour la reporter au rapport de M. Clouard, M. Tessier connaît-il ce rapport ? Ne pensez-vous pas que cette question s'y rattacherait mieux ?

M. TESSIER. — Je ne sais pas. L'important, c'est que la collaboration des employés de l'intérieur ne soit pas écartée.

M. le Président. — Nous rattacherons donc votre proposition au vœu de M. Clouard.

Nous allons redonner lecture du vœu de M. Fouret tel qu'il a été modifié.

Le Congrès constate que la diffusion du livre français est un des meilleurs moyens d'augmenter l'influence de notre pays et d'assurer la grandeur de la France dans le monde entier.

Pour que nos livres, nos périodiques, nos journaux aient la place à laquelle ils ont droit, le Congrès estime qu'il est indispensable que les Pouvoirs publics secondent énergiquement les efforts des éditeurs et de tous les groupements qui cherchent à développer l'usage de la langue française à l'étranger :

En faisant les démarches nécessaires et répétées pour qu'on introduise, dans les programmes des lycées, écoles et Universités des pays alliés ou amis, l'étude de la langue française ou qu'on lui donne une importance plus grande ;

En développant, par réciprocité, dans nos lycées et Facultés l'enseignement des langues étrangères ;

En faisant faire fréquemment des séries de conférences à l'étranger par les personnalités les plus marquantes du monde de la littérature, de la musique, des arts, des sciences et de la médecine ;

En encourageant le séjour, dans des Facultés étrangères, de professeurs et d'étudiants français qui noueront avec leurs confrères et les milieux littéraires ou scientifiques d'étroites amitiés et des relations durables ;

En favorisant la venue dans nos Universités de maîtres étrangers qui apporteront à nos élèves l'écho d'idées nouvelles et en facilitant l'accès de nos Facultés des lettres, des sciences, de droit et de médecine aux étudiants venus du dehors et qui, ayant appris à connaître la France, l'aimeront et deviendront des propagandistes de nos idées et de nos méthodes ;

En facilitant au commerce d'exportation ses relations avec ses clients lointains, en abrégeant les délais de transport, en augmentant les possibilités d'expédition, en diminuant les frais de port et en obtenant les tarifs de douane les plus favorables ;

En augmentant à l'étranger le nombre et l'importance des dépôts où les libraires détaillants pourront s'approvisionner facilement de tous les ouvrages dont ils ont besoin pour leur vente.

Le vœu, mis aux voix, est adopté.

La séance est suspendue pendant cinq minutes.

II. — A. Lahure : **La Question des douanes à l'égard des ennemis**

III. — Max Leclerc et Jean-Paul Belin : **Les Industries du livre et le Commerce extérieur de la France**

La séance est reprise à quatre heures.

M. LE PRÉSIDENT. — L'ordre du jour appelle la discussion du rapport de M. Lahure sur *la Question des droits de douane à l'égard des ennemis* et du rapport de MM. Max Leclerc et Jean-Paul Belin sur *les Industries du livre et le Commerce extérieur de la France*. Les deux questions sont liées, et la discussion portera sur les deux rapports.

Je vous demande la permission, quoique président, de vous faire un petit exposé de la question ; je serai aussi bref que possible.

MESSIEURS,

En confiant la présidence de cette séance à l'un des vice-présidents de la Société des Gens de lettres, le Congrès du Livre a voulu faire à cette Société un honneur auquel elle sera assurément très sensible. Peut-être aussi le Congrès a-t-il pensé que le Président choisi par lui pouvait, avec quelque avantage, être de ceux qui connaissent de longue date la question qui va faire l'objet de vos débats. Mais il n'avait point songé qu'il est bien difficile, même pour un président, de se taire quand on parle devant lui d'un sujet qui lui est familier. La tentation est trop forte pour qu'il n'y cède point ; vous voudrez donc bien m'excuser si je dis, moi aussi, mon mot sur la question. J'étais, du reste, inscrit pour prendre la parole dans ce débat, en sorte que vous y gagnerez, puisqu'au lieu d'un discours, qui eût été certainement long, et probablement ennuyeux, je devrai me borner, comme président, à un simple exposé.

La question que vous allez discuter aujourd'hui est une des plus importantes du programme de ce Congrès, qui en compte tant d'intéressantes. Dans son beau discours inaugural, si justement applaudi, notre président a posé le problème des droits de douane concernant les livres en des termes que je tiens à rappeler. Voici comment s'exprimait M. Pierre Decourcelle :

« La revision des tarifs de douane, qui sera la base de la discussion des futurs traités de paix, réclame une étude aussi prudente qu'approfondie.

» Laissera-t-on subsister cette anomalie qui frappe toutes les matières premières composant un livre (papier, carton, toile à relier, encre, gravure), et qui les exonère lorsqu'elles sont transformées en un volume broché ou relié ? Continuera-t-on à admettre, après que nous serons libérés de l'oppression créée par le Traité de Francfort, que des ouvrages imprimés à l'étranger en langue française entrent chez nous en franchise, et fassent ainsi aux nôtres une concurrence inégale ? Mais comment conviendra-t-il de les imposer ? Recourra-t-on à des droits prohibitifs, à l'ombre desquels nos éditeurs, délivrés de la crainte de la concurrence étrangère, risqueraient peut-être de s'endormir sur le mol oreiller d'un protectionnisme trompeur ? ou à des droits simplement compensateurs, comme certains les réclament, avec un tarif plus élevé pour les pays ennemis ? ou encore, ainsi que d'autres le préconisent, partisans de la libre circulation de la pensée humaine, faudra-t-il laisser, comme par le passé, notre porte grande ouverte à tous les livres, et n'aider notre industrie à résister à leur invasion qu'en abaissant les droits sur les matières premières, qui l'empêchent de supporter le choc ?

» La discussion, mettant aux prises les partisans de ces divers systèmes, résoudra ce problème capital pour notre industrie. »

Le problème est, je le répète, fort bien posé ; à vous maintenant de le résoudre.

Parmi les sujets soumis à vos délibérations, il en est de deux sortes : ceux dont la solution dépend de vous-mêmes et de vous seuls, sur lesquels vous pouvez, par conséquent, prendre des résolutions fermes, immédiatement applicables, et ceux que vous avez aussi le devoir d'étudier, sur lesquels vous avez assurément le droit de donner votre avis, mais sans que la solution soit entre vos mains.

Parmi ces derniers, figurent les tarifs de douanes, qui ne peuvent être établis que par le Pouvoir législatif, et pour lesquels le Gouvernement et les Chambres doivent s'inspirer, non seulement des desiderata des industries intéressées, mais aussi des besoins généraux du pays.

Le premier point sur lequel vous allez avoir à vous prononcer est celui-ci : Convient-il de maintenir le principe de l'exemption douanière jusqu'ici accordée aux livres en langue française venant de l'étranger ?

Et les interrogations suivantes se posent aussitôt : Est-il possible de maintenir cette anomalie qui consiste à frapper de droits les différentes matières servant à composer ou composant le livre, et de laisser entrer en franchise le livre tout fabriqué ? Peut-on continuer à favoriser ainsi le travail étranger au détriment du travail national, et organiser, en quelque sorte, par nos tarifs douaniers, un système de primes à l'industrie étrangère ? Et cela au lendemain de la guerre, au moment où notre industrie nationale aura le plus besoin d'une protection particulière. Est-il possible, enfin, comme quelques-uns le proposent, pour rétablir l'équilibre et justifier le maintien de l'exemption du livre, d'abaisser, ou même de supprimer, les droits sur le papier et sur les autres matières servant à la confection du livre, et d'enlever ainsi à des industries françaises la protection qui leur est nécessaire pour soutenir la concurrence étrangère ?

C'est sur le terrain pratique des affaires que vous vous placerez pour répondre à toutes ces questions, sans vous attarder à des discussions de pure doctrine, à des débats d'école. Comme l'ont écrit MM. Max Leclerc et J.-P. Belin dans leur excellent rapport, si précis et si documenté, auquel j'aurais à faire tant d'emprunts si vous ne l'aviez tous lu et si je ne devais être bref : « Il y a des faits économiques nouveaux qui peuvent, à un moment donné, obliger le législateur à faire fléchir certains principes... » Et plus loin : « Il y a une situation de fait nouvelle qui nous oblige à réexaminer si l'application des principes n'a pas été trop absolue, et quels tempéraments pourraient et devraient désormais y être apportés. »

On ne peut mieux dire. Nous voulons certes maintenir ces grands principes que la France se fait gloire d'avoir toujours proclamés. Nous n'avons jamais cessé, et nous ne cesserons pas, de réclamer la liberté de la pensée, la libre circulation des idées. Mais il ne faut cependant pas que l'amour des principes nous condamne à sacrifier de justes, de réelles nécessités ; il ne faut pas que, répétant un mot connu, nous disions : « Périssent les colonies... Périssent nos industries plutôt qu'un principe. »

Y a-t-il lieu, du reste, d'invoquer ici les grands principes que je viens de rappeler ? Je ne le crois pas.

Il est bien certain que des droits de douane prohibitifs, ou même des droits très élevés sur les livres n'auraient pas seulement pour nous, à l'intérieur comme à l'extérieur, les répercussions fâcheuses que vous ont signalées M. Pierre Decourcelle dans son discours, et M. Max Leclerc dans son rapport ; il n'est pas douteux que de pareils droits pourraient, en outre, créer un sérieux obstacle, même une réelle entrave, à la libre circulation des idées. Aussi suis-je convaincu que le Congrès n'entrera pas dans cette voie.

Vous voudrez, je pense, tout d'abord maintenir l'exemption en faveur des livres en langue étrangère, qui peuvent contenir des idées n'ayant pas encore été exposées ou développées dans les livres parus dans notre pays. Mais en quoi empêcherait-on la circulation des idées, si on exigeait, des livres en langue française et en langues mortes venant de l'étranger, le payement d'un droit, du moment où ce droit ne serait que la représentation, la compensation des charges que supporte notre fabrication nationale ? En agissant ainsi, on ne ferait que mettre l'importation étrangère sur un pied d'égalité (et encore) avec notre industrie nationale ; on ne toucherait pas à l'idée, on ne frapperait pas la pensée, on ferait simplement à son véhicule, c'est-à-dire au livre, des conditions égales, qu'il soit fabriqué à l'étranger ou en France. Sans vouloir forcer l'analogie, on me permettra bien de faire ce rapprochement. Il est certain que la suppression de la contrefaçon a empêché la publication et la circulation de bon nombre d'ouvrages. Personne n'oserait cependant proposer, au nom des principes qui nous sont chers à tous, de permettre le retour de ce régime d'odieuse spoliation.

Ne nous payons pas de mots. Disons que des droits sagement établis, bien équilibrés, des droits compensateurs peuvent être institués au profit de notre industrie du livre sans que les grands principes que je viens de rappeler en soient affectés.

L'exemption du livre importé de l'étranger n'est pas un dogme; elle a existé, il est vrai, jusqu'ici dans nos tarifs de douane, mais vous aurez à examiner si les objections opposées, lors de la discussion de 1891, à l'établissement de droits ont conservé et conserveront encore, au lendemain de la guerre, toute leur valeur, si la situation n'a pas changé depuis vingt-cinq ans, et si ce qui n'a pas été trouvé bon alors ne peut pas être jugé utile, et même indispensable, aujourd'hui.

La discussion qui a abouti au vote du tarif de 1892 mérite d'être rappelée à cet égard. Le gouvernement, dans son projet primitif, déposé le 20 octobre 1890 par M. Jules Roche, ministre du Commerce, demandait que les livres imprimés en français fussent frappés, à leur entrée en France, d'un droit de 18 francs au tarif maximum, et de 12 francs au tarif minimum. C'est là un précédent que je n'ai pas vu rappeler dans les rapports présentés au Congrès, et qui a cependant, me semble-t-il, quelque intérêt. De son côté, la Commission des douanes de la Chambre des députés proposait d'appliquer à ces livres les mêmes droits qu'au papier.

La Chambre n'entra pas dans cette voie, et l'exemption complète du livre venant de l'étranger fut maintenue par elle dans notre tarif douanier. Au Sénat, la question donna lieu à une très vive discussion.

Vous trouverez, en vous y reportant, tous les arguments, pour ou contre le droit de douane, dans la bouche de M. Voland ou dans celle de M. Bardoux. Ce fut ce dernier qui l'emporta. L'un de ses arguments fut qu'il ne fallait pas que la France donnât au monde l'exemple d'un droit sur le livre, « sous prétexte, — et je cite textuellement — que le livre contient du papier ».

Il faut avouer que ce « prétexte », pour employer le mot de M. Bardoux, pouvait être invoqué avec quelque raison par les imprimeurs français, qui déjà alors payaient des droits sur le papier, et qui, depuis, en payent de plus élevés encore. Ce qui sembla décider le Sénat, ce fut surtout la crainte des représailles de la part de certains pays étrangers. On redouta de les voir dénoncer leurs Conventions littéraires avec la France, et de faire renaître ainsi, à nos portes, la contrefaçon si difficilement abolie. Mais la situation n'est plus la même aujourd'hui; il serait facile de le démontrer. Avec le progrès des idées en matière de propriété littéraire, après plus de trente années d'existence de la Convention de Berne, cette charte internationale de la propriété littéraire encore debout malgré la guerre, on ne peut plus concevoir de pareilles craintes, et c'est l'intérêt de notre industrie nationale, en tenant naturellement le plus grand compte des besoins, des nécessités de notre exportation, qui doit nous guider dans les résolutions que nous allons prendre, dans les vœux que nous allons émettre.

J'ai, au cours de cet exposé déjà long, été amené à parler du rapport de MM. Max Leclerc et J.-P. Belin. Je dois maintenant dire quelques mots du rapport de M. Lahure. C'est, en effet, sur ces deux rapports que va s'engager la discussion.

Je ne veux signaler qu'en passant une erreur, assurément typographique, qui s'est glissée dans le rapport de M. Lahure, et qu'il conviendra de rectifier dans la publication définitive de ce document. Il y est question de la loi du « 15 juin 1892 », alors que la loi de douane est du 11 janvier 1892. Ailleurs, et cela est plus important, M. Lahure se demande comment la France s'est laissé « imposer » pour les livres, publications, revues, etc. « l'entrée en franchise, ou avec des droits insignifiants », et il déclare que la cause en est au Traité de Francfort. Or, ce traité, qui a fait tant de mal à la France, et que nos admirables soldats sont en train de déchirer de leurs mains, de leurs armes victorieuses, ce traité n'est pour rien dans l'exemption douanière du livre venant de l'étranger; encore moins peut-on dire qu'il nous l'a « imposée ». Si cette exemption a été maintenue dans nos tarifs, c'est parce que le Parlement français a, jusqu'ici, jugé bon de ne pas frapper de droits cette importation. Il était libre d'en établir hier, comme il sera libre d'en établir demain.

M. Lahure termine son rapport en proposant un tableau détaillé de droits à imposer aux pays ennemis, en ce qui concerne les livres, imprimés, gravures, etc. Je n'en discuterai pas les chiffres, que vous avez du reste sous les yeux. Je crois, en effet, qu'il n'appartient pas au Congrès d'élaborer un tarif des douanes, mais qu'il lui convient — et la tâche est suffisante — de poser les principes suivant lesquels ce tarif devra être établi par le Parlement.

Il ne me semble pas que nous ayons à l'heure actuelle une idée suffisamment exacte et précise de ce que seront demain, après la guerre, les relations commerciales entre la France et les pays ennemis, entre la France et les pays alliés ou neutres, et enfin entre nos alliés et les Etats centraux, pour qu'il nous soit possible de voter ici un tarif de douane. Nous ne pouvons même pas rechercher quels seront les tarifs (tarif différentiel, tarif préférentiel, tarif général, tarif minimum, etc.) qu'il conviendra d'établir.

Dans ces conditions, il me paraîtrait absolument impossible, je le répète, de voter, et même de discuter, dans ce Congrès, des tarifs douaniers. Ce qui peut être immédiatement envisagé, ce qui doit être étudié par vous, c'est, par exemple, la question de savoir si les livres, imprimés en langue française et venant de l'étranger, devront continuer à bénéficier de la franchise des droits de douane, et aussi s'il ne conviendra pas de compléter, de renforcer l'article 15 de la loi du 11 janvier 1892 en exigeant, dans des conditions plus strictes, la marque d'origine (nom et adresse de l'imprimeur, etc.) sur tous les imprimés importés.

D'autres questions peuvent naître de la discussion, et mériter votre examen. De pareils débats ne sont pas inutiles; ils sont comme la préface des délibérations du Gouvernement et des Chambres.

La contribution d'hommes compétents, comme vous l'êtes, à ce travail préliminaire ne peut manquer d'être sollicitée par les Pouvoirs publics, quand viendra le moment de régler ces graves problèmes, dont dépend l'avenir économique de notre pays. En attendant ces consultations, qui ne peuvent tarder, vous ferez une œuvre utile en examinant ces questions, en les discutant ici, comme dans vos Syndicats, et vous pourrez utilement clore vos discussions en émettant des vœux, qui resteront comme l'expression réfléchie des besoins de notre industrie nationale du livre.

Le Congrès aura ainsi justifié les grandes espérances qu'il a fait concevoir.

Messieurs, j'ai fini, et je m'excuse d'avoir gardé si longtemps la parole. Je ne terminerai pas cet exposé par des phrases sonores, par un air de bravoure. La bravoure... c'est un mot qu'il faut réserver pour nos héroïques soldats; en nous donnant la victoire militaire, ils assureront, du même coup, la victoire économique, la victoire totale de la France.

Je reviens sur deux observations que j'ai déjà formulées au sujet du rapport de M. Lahure. M. Lahure nous parle d'une loi du 15 juin 1892; la loi à laquelle il veut certainement faire allusion est la loi du 11 janvier 1892.

M. Lahure. — Je crois que j'ai modifié.

M. le Président. — D'autre part, M. Lahure parle du Traité de Francfort, et il nous dit que c'est la faute du Traité de Francfort si la France s'est laissé imposer pour les livres, revues, journaux, etc., l'entrée en franchise ou avec des droits insignifiants.

Il est bon que, dans une réunion comme celle-ci où on précise les choses, nous ne nous en tenions pas à une formule générale sur la faute du Traité de Francfort. Il convient de bien connaître le Traité de Francfort et de n'en user que quand il s'applique. J'ai entendu, au début de la guerre, des personnes qui s'expliquaient ainsi la prise d'armes de l'Allemagne et l'invasion allemande : si l'Allemagne nous a déclaré la guerre, c'est parce que le Traité de Francfort venait à expiration !

Ces personnes s'imaginaient que le Traité de Francfort avait une échéance et que, n'étant pas sûre de le faire renouveler, l'Allemagne nous avait déclaré la guerre. M. Lahure n'a évidemment pas commis cette erreur, mais il me semble que, quand M. Lahure attribue au traité de Francfort l'absence de droits sur les livres, il se trompe. S'il n'y a pas eu de droits sur les livres, ce n'est pas à cause du Traité de Francfort, c'est parce qu'il n'a pas plu au Parlement d'en mettre. Le Parlement avait toute liberté, tout droit de mettre des droits ; s'il ne l'a pas fait, ce n'est pas le Traité de Francfort qui l'en a empêché.

Je pourrais dire encore que son rapport se borne à envisager un seul côté de la question, le côté des rapports avec les pays ennemis. Le rapport de MM. Max Leclerc et J.-P. Belin vous fournira une étude sur l'ensemble du commerce du livre et la situation à faire aux différents pays. Vous allez examiner ces rapports dans un instant ; je ne veux pas empiéter sur la discussion.

Je vais maintenant donner la parole aux orateurs inscrits ; mais M. Max Leclerc me l'ayant demandée comme rapporteur, je la lui donne.

M. Max Leclerc. — Je crois que, pour la bonne marche de la discussion, pour éviter des malentendus, des questions inutiles ou de mauvaises interprétations, vous devriez, Monsieur le Président, m'autoriser à lire le projet de vœu qui a été distribué, de façon qu'on sache quelles sont les conclusions de nos rapports. Ce vœu vient seulement de vous être distribué, et vous ne savez pas nettement à quelles conclusions nous aboutissons.

M. le Président. — Je trouve cette observation très juste.

M. Max Leclerc. — Voici le texte du vœu :

Le Congrès considérant :

Que la législation française doit rester fidèle au principe que la pensée circule librement;

Mais que, dans l'application, il y a lieu, pour des raisons économiques, de modifier le régime actuel qui laisse pénétrer en franchise, indistinctement, toutes les publications fabriquées à l'étranger, qu'elles soient rédigées en langue française ou en langues étrangères;

Que, en effet, les matières premières (papier, carton, toile, etc.), qui servent à la fabrication des livres et périodiques, étant frappées de droits de douane à l'entrée en France, la franchise accordée aux produits fabriqués place l'industrie française du livre en état d'infériorité en face de l'industrie étrangère qui jouit ainsi d'un véritable privilège sur le marché français;

Qu'il y a donc lieu de frapper de droits de douane les produits finis comme le sont déjà les matières premières elles-mêmes;

Qu'il importe que ces droits soient calculés de telle manière qu'ils ne constituent pas une barrière si haute que, la concurrence étant supprimée, toute chance de progrès futurs dans nos industries nationales soit supprimée du même coup;

Mais que, cependant, il convient de prévoir un régime spécial à appliquer aux pays de langue française et, en particulier, à la Belgique, pays allié, notre principal marché d'exportation;

Emet le vœu :

Que les livres, périodiques et imprimés non dénommés, en langues étrangères, restent exempts de droits;

Que les livres, périodiques et imprimés en langue française, et les livres et imprimés en langues anciennes, non annotés ou annotés en français, fabriqués à l'étranger, soient frappés, à l'entrée en France, de droits dont le taux variera selon l'origine (pays ennemis, neutres ou alliés, de langue française ou de langue étrangère);

Et que ces droits, sauf en ce qui concerne les produits des pays ennemis, soient compensateurs et non prohibitifs.

M. LE PRÉSIDENT. — Vous venez d'entendre la lecture du vœu de MM. Leclerc-Belin; de son côté M. Lahure vient de me communiquer les conclusions de son rapport; je vais lui donner la parole, après M. Renouard qui demande à dire un mot.

M. RENOUARD. — Dans la séance où l'on a discuté le rapport présenté par les Maîtres Imprimeurs, il a été décidé que la question des douanes qui y était envisagée serait réservée pour être discutée à la séance d'aujourd'hui.

M. LE PRÉSIDENT. — Je vous remercie. Nous avons fait de même pour certaines questions qui se rattachaient aux discussions de la première section. Aux deux rapports en discussion, nous joindrons donc la partie du rapport des Maîtres Imprimeurs qui a trait à cette question des douanes.

M. LAHURE. — Tout à l'heure, vous avez fait allusion au Traité de Francfort que je citais. Je citais le Traité de Francfort non pas au point de vue de droits qu'il aurait interdit d'imposer, mais parce que ce Traité de Francfort contient une phrase sur le « traitement de la nation la plus favorisée », et cette phrase, qui n'a pas l'air d'être grand'chose, a été la plus mauvaise chose du Traité de Francfort : elle frappe toute l'industrie française, parce que, quand nous trouvions de notre intérêt de faire une faveur à la Belgique ou à la Suisse, l'Allemagne venait se servir de cette faveur, sous prétexte que, dans le Traité de Francfort, elle avait droit au traitement de la nation la plus favorisée. Je me suis mal expliqué dans mon rapport, mais c'est cette clause insérée dans le Traité de Francfort qui nous a causé le plus de tort dans toutes les industries françaises.

Maintenant, Monsieur le Président, je suis de votre avis : on ne doit pas discuter en ce moment les questions de tarifs. Je retire donc le vœu qui a été émis au nom des Chambres syndicales qui m'avaient chargé de le rédiger, et je propose les autres vœux suivants :

1° *Que, dans aucun traité de commerce, ne soit jamais insérée la clause de la nation la plus favorisée.*

Je crois que ce sera l'avis général.

2° *Qu'à l'égard des nations ennemies, soient supprimés les tarifs « maximum et minimum », et qu'il soit établi un seul tarif sans aucune réduction ni atténuation.*

Je suis expert en douane, et j'ai toujours vu, depuis trente ans que je fais partie de ces expertises, que le tarif minimum a toujours été appliqué, et jamais le tarif maximum. Par conséquent, il faut bien se dire que ce sont toujours les tarifs minima qui seront appliqués.

3° *Que la loi de janvier 1892 soit revisée, c'est-à-dire qu'il y ait obligation absolue de l'apposition, sans aucune exception, de signe apparent destiné à révéler au public l'origine étrangère, pour tout ce qui vient de l'étranger ;*

4° *Qu'il soit établi une entente commerciale entre les nations alliées répondant au Zollverein allemand et pouvant le combattre effectivement ;*

5° *Que la loi de 1881 sur la presse soit observée d'une façon rigoureuse.*

La loi de 1881 veut que, sur tous les imprimés, il y ait le nom de l'imprimeur et son adresse. Trop souvent, il y a des publications qui ne portent aucun nom d'imprimeur. La loi de 1881 est une loi de sûreté générale ; elle a été faite pour pouvoir mettre l'imprimeur en prison. Naguère, il y avait un nommé Dubuisson qui avait récolté deux ou trois cents ans de prison. Il n'a pas pu les faire, malheureusement pour lui. Nous demandons que la loi soit observée d'une façon absolue, au lieu d'être observée quand on veut.

6° *Que le certificat d'origine actuel soit supprimé et remplacé par un certificat de fabrication avec pièces à l'appui garantissant que le capital, les matières premières, l'outillage, la marchandise et le personnel ne sont ni austro-allemands, ni bulgares, ni turcs.*

Aujourd'hui, on prend des noms suisses, on rachète des firmes suisses et le tour est joué.

7° *Qu'en réparation des préjudices que le « Traité de Francfort » nous a causés, soit obtenue l'entrée en franchise, dans les pays ennemis, de toutes les impressions en langue française ou morte avec ou sans texte d'origine française.*

Je demande que tous les imprimés en langue française entrent ou transitent à travers les pays ennemis sans payer de droits.

M. LE PRÉSIDENT. — Ce sont là les conditions de paix. Vous avez entendu les vœux de M. Lahure, vous avez en mains le vœu de MM. Leclerc et Belin; nous passons à la discussion générale.

M. EUGÈNE MOREL. — Mon observation ne porte que sur une question de détail ou plutôt de rédaction ; mais elle est énorme. Il me semble que le but du vœu que nous avons entendu est de mettre les produits fabriqués à l'étranger, à leur entrée en France, sur le même pied que les produits français, c'est-à-dire ayant payé les droits sur le papier, la toile, etc., exactement comme on les aurait payés si on avait fabriqué en France. C'est parfaitement juste. Mais, d'après la rédaction que j'ai, cela ne s'applique nullement aux estampes, aux cartes géographiques, à la musique, à tout ce qui constitue la gravure. C'est un danger, parce qu'il y a des éditeurs qui font faire à l'étranger tous les tirages en gravure, les tirages en trois couleurs, les clichés, tout ce qu'il y a de plus cher. Je sais bien que sur les cartes géographiques, par exemple, il y aura les noms en allemand ; mais il est très facile d'avoir un béquet pour mettre ensuite les noms en français. Nous avons eu une revue, *Studio,* qui était anglaise et qui, par la splendeur de son papier, de son texte, rendait impossible une concurrence en France à prix égal. Cependant, elle arrivait en France très bon marché, et on ne pouvait pas établir une publication à ce prix-là. Qu'y avait-il de français dans cette revue ? Un petit papier très bien, mais infime comme importance. Je crois qu'il y aurait lieu, dans la rédaction de ce texte, de parler de toutes les publications, ou de trouver un texte qui parle des gravures.

M. LE PRÉSIDENT. — A quel article faites-vous allusion ?

M. EUGÈNE MOREL. — C'est dans le vœu de M. Max Leclerc. Voici ce paragraphe :

Que les livres, périodiques et imprimés en langue française et les livres et imprimés en langues anciennes, non annotés ou annotés en français, fabriqués à l'étranger, soient frappés, à l'entrée en France, de droits dont le taux variera selon l'origine (pays ennemis, neutres ou alliés, de langue française ou de langue étrangère) ;

Et que ces droits, sauf en ce qui concerne les produits des pays ennemis, soient compensateurs et non prohibitifs.

M. Max Leclerc. — Le vœu que nous avons proposé a pour but de faire cesser une inégalité, une sorte d'injustice qui fait que, pour ce qui est des productions et des livres en langue française, les étrangers se trouvent dans de meilleures conditions que nous.

Nous n'avons pas, en ce moment, à refaire le tarif des douanes. Lorsque les tarifs de douane seront en discussion, on consultera les intéressés ; mais ce n'est pas dans un Congrès comme celui-ci que nous pouvons entrer dans la discussion de ces tarifs. Or, les estampes et imprimés en général sont frappés de droits de douane ; nous ne nous en sommes donc pas occupés dans notre vœu. Notre vœu a pour but d'atteindre les publications françaises imprimées à l'étranger qui nous font concurrence sur notre sol dans des conditions inégales. Mais vous avez satisfaction, étant donné que les imprimés dans lesquels rentrent les articles dont vous parlez sont frappés. La question est donc résolue. La revue dont vous nous parlez est en langue étrangère.

M. Eugène Morel. — Elle n'est donc pas frappée !

M. Max Leclerc. — Si nous mettons des droits sur les publications étrangères, nous atteignons la pensée.

M. l'abbé Wetterlé. — Dans les résolutions de M. Lahure, il y a un passage qui me semble peut-être sujet à caution. Il y a d'abord le Traité de Francfort. Là nous sommes tous d'accord pour dire que la clause de la nation la plus favorisée était une grosse faute commise par les négociateurs en 1871... (*Protestations.*)

M. le Président. — Mais vous savez bien que cette clause nous a été imposée par l'ennemi !

M. l'abbé Wetterlé. — C'est juste ; je suis le premier à reconnaître que la faute était de l'autre côté ; mais remarquez que la clause de la nation la plus favorisée n'empêchait en aucune façon le Parlement français de mettre des droits. Par conséquent, nous nous exposons, en parlant de cette clause du Traité de Francfort, à un reproche très facile. On nous répondra : le Parlement français pouvait mettre des droits, seulement il fallait qu'il appliquât toujours le tarif minimum à la Prusse.

Quant à la question du tarif minimum et du tarif maximum, nous ne pouvons pas admettre le vœu de M. Lahure. Dans tous les pays, il y a un tarif minimum et un tarif maximum. Pourquoi ? Le tarif minimum est toujours appliqué au pays qui consent à faire un traité de commerce avec la France. Le tarif minimum représente le minimum de protection nécessaire à l'industrie nationale pour se développer, et ce tarif minimum est toujours accordé aux nations qui nous accordent le tarif minimum. Mais, si nous n'avions que le tarif minimum, nous ne pourrions jamais prendre de mesures de répression contre les pays qui refusent de traiter avec la France. Le tarif maximum est pour dire à ces pays : si vous ne traitez pas avec nous, nous vous appliquerons le tarif maximum. C'est une simple menace, mais il faut que cette menace existe.

Par conséquent, nous ne pouvons pas émettre le vœu qu'il n'y ait pas ces deux tarifs, parce que la France serait liée et même, à ce sujet-là, le vœu de M. Max Leclerc prévoit un tarif minimum pour les alliés et un tarif maximum pour les ennemis...

M. MAX LECLERC. — Je ne suis pas d'accord avec M. Lahure.

M. L'ABBÉ WETTERLÉ. — Il faut absolument qu'il y ait les deux tarifs.

M. LAHURE. — Je demande simplement que, contre les pays ennemis, il y ait un seul tarif, parce que je ne veux pas que nous les mettions sur le même pied que nos amis et nos alliés. Je demande donc un tarif, aussi élevé que possible et qui ne puisse pas être modifié, frappant les produits des empires centraux.

M. DECOURCELLE. — En un mot, vous admettez les deux tarifs.

M. LE PRÉSIDENT. — M. Lahure nous disait tout à l'heure que le tarif maximum n'a jamais été appliqué : c'est une erreur. Il a été appliqué à divers pays.

M. LAHURE. — Je ne l'ai pas vu.

M. MAX LECLERC. — Je demande la permission, comme rapporteur, de donner mon avis : cela aidera à la clarté de la discussion, et je m'excuse auprès de ceux qui étaient inscrits avant moi.

Dans le rapport de M. Lahure, il y a souvent des erreurs de documentation et des erreurs de méthode générale. Il y en a une sur laquelle est fondé tout le rapport, puisque le rapport a été édifié pour proposer un tarif de douane auquel, d'ailleurs, M. Lahure vient de renoncer. Je l'en remercie ; mais, tout de même, comme tout le rapport a été édifié là-dessus, ce rapport me paraît entaché d'une tare originelle ; car il est basé sur l'établissement d'un tarif douanier imposé aux ennemis.

M. l'abbé Wetterlé vient de vous expliquer qu'un tarif de douane doit toujours avoir deux échelons, un minimum et un maximum. Nous, nous en proposons trois, parce que la guerre a renversé toutes les valeurs et divisé les nations en nations ennemies, nations alliées et nations neutres. Et même, parmi les nations alliées, il y en a une à qui nous proposons de faire une situation privilégiée : c'est la Belgique. Par conséquent, c'est quatre échelons que je propose au lieu de deux.

Or, M. Lahure voulait faire marcher un tarif de douane sur une seule jambe : sa proposition ne tenait pas debout. Je regrette de le dire, mais il était antiéconomique. Je suis doublement heureux de voir disparaître son tarif, parce que c'était une base de discussion qui n'était pas solide.

Je profite de l'occasion pour protester contre un certain nombre d'erreurs.

Par exemple, dès les premières lignes de son rapport, M. Lahure nous dit : « A l'étranger, les imprimés dans la langue du pays où ils veulent entrer sont frappés de droits; par contre, les imprimés dans une langue étrangère sont, en général, admis exempts de droits. »

C'est une erreur !

M. LAHURE. — Et l'Espagne ?

M. MAX LECLERC. — A la deuxième page, il nous parle du Traité de Francfort. Il a fait tout à l'heure son *mea culpa* sur le Traité de Francfort, mais il n'en maintient pas moins que nous sommes inondés par l'Allemagne. Or, si les chiffres que M. Belin et moi nous nous sommes efforcés de recueillir prouvent quelque chose, c'est qu'au contraire les importations allemandes, sauf sur un seul point, étaient en voie de décroissance, ou, tout au moins, n'augmentaient pas, sauf pour les périodiques, à l'inverse de ce qui se passait pour d'autres pays étrangers; et c'est justement à cet égard que, une situation particulière ayant été créée, nous avons proposé de prendre des mesures.

Cette question des droits de douane, qui a été posée par M. Lahure et par un certain nombre de Syndicats considérables qui lui ont donné leur appui, a été dès l'origine mal posée, et je crois qu'il faut la reposer en partant du principe que notre Président a si judicieusement exposé, à savoir que, d'abord, il ne nous appartient pas d'élaborer ici un tarif de douane; nous ne pouvons que poser des bases générales. Nous sommes ici des éditeurs, des gens de lettres; nous avons à exposer les principes sur lesquels nous pensons que doit être résolue la question, et nous adressons nos suggestions aux Pouvoirs publics. Nous ne pouvons pas faire plus. Nous ne pouvons pas nous substituer à la Commission des douanes de la Chambre; d'autant plus que, si nous nous mettions à discuter chiffres aujourd'hui, nous risquerions de nous tromper gravement, puisque les chiffres, que M. Lahure et les Syndicats qui marchent avec lui ont établis l'année dernière, paraîtraient déjà aujourd'hui insuffisants par rapport aux conditions économiques qui ont changé considérablement depuis un an. La Chambre elle-même réunit des documents, mais se garde bien d'établir un tarif.

Nous ferions donc œuvre vaine en fixant des taux de droits.

A la page 4 de son rapport (voir tome I, p. 320), M. Lahure cite des chiffres : ce sont les seuls qu'il cite. Il nous donne les importations en France des imprimés en langue française, et vous voyez, dans la colonne 6 et dans la colonne 5, les cartes géographiques et la musique qui sont présentés comme étant des imprimés en langue française, ce qui est déjà un peu troublant ; mais il nous cite les périodiques en langue française : je le défie bien de posséder les éléments de cette statistique, attendu qu'ils n'existent nulle part. La douane n'indique pas les importations de périodiques en langue française et en langue étrangère. Et c'est sur ces chiffres que les Syndicats qui ont élaboré ce tarif se sont basés ! Ils avaient une base bien croulante ! sans compter que M. Lahure, qui veut être prophète, conclut ainsi : « Il faut compter que, sans la guerre, l'importation aurait été, en 1914, supérieure au moins de 10 millions... » Il sait ce qui se serait passé en 1914, ce que l'Allemagne aurait importé ! il donne des chiffres et l'Allemagne, seule, y entre pour plus de 19 millions de francs !

Je suis étonné qu'il se soit trouvé autant de Syndicats importants pour appuyer des données aussi vagues quoique prophétiques. Je vous propose, pour ma part, de vous en tenir à l'exposé des principes.

M. LAHURE. — Quand j'ai dit que l'Allemagne aurait importé, en 1914, 10 millions de plus, j'ai calculé mon chiffre d'après l'importation des sept premiers mois de l'année. Généralement, quand on calcule et qu'on n'a pas tous les chiffres sous les yeux, on prend une proportion ; j'ai pris la proportion mensuelle. C'est ainsi que j'ai procédé. Ces chiffres ne sont pas pris au hasard ; je les ai établis d'après les premières mensualités de l'année.

M. LONGUET. — On a parlé de la loi de janvier 1892 qui devait être renforcée. On n'a pas dit que les imprimés importés devaient porter le nom de l'imprimeur. Je demande que l'on supprime le mot « importé » : quelle que soit l'importance de l'imprimé, nous devons connaître le nom de l'imprimeur.

M. FOURMOND. — Au point de vue de la loi de 1892, je crois qu'il y a un point qu'il serait intéressant de signaler. Il y a, en ce moment, un projet de loi qui est déposé, modifiant la loi de 1892. Ne pourrait-il pas être suffisant pour garantir la bonne foi des firmes qui pénètrent en France ? Nous avons un exemple dans le fait des cartes postales qui étaient importées en France par l'Allemagne ; il y avait, imprimé au bas de la feuille, « imprimé en Allemagne » ; mais, quand on coupait au massicot, on ne voyait plus rien.

J'ai préparé le texte d'un vœu ayant pour but d'appuyer l'action commencée pour la création d'une marque française d'édition et de la faire connaître tant en France qu'à l'étranger.

Que les Pouvoirs publics, ou, à leur défaut, les Chambres syndicales intéressées, déposent une marque « Éditions françaises » et la fassent connaître par une publicité nationale, afin d'authentifier indiscutablement les livres, brochures, périodiques et imprimés sortis de nos presses.

M. LE PRÉSIDENT. — Monsieur Émile Langlade a la parole.

M. EMILE LANGLADE. — La nomenclature douanière subdivise les productions imprimées intéressant le commerce de la librairie en :

Livres en langue française.

Livres en langues étrangères ou mortes.

Et, d'après les termes de la loi du 11 janvier 1892, quels qu'ils soient, les livres sont admis en franchise. Tel est le *modus vivendi* en vigueur actuellement.

Comme le propose le programme d'études qui nous a été soumis, il y a lieu d'établir une distinction absolue entre les deux catégories d'ouvrages : ceux qui sont imprimés en français, ceux qui sont imprimés en langues étrangères.

Quant à ceux qui sont imprimés en langues mortes, que ce programme ne mentionne pas, nous ne pourrions comprendre qu'ils continuent à figurer, dans les relevés de la statistique douanière, au même titre que les ouvrages en langues vivantes étrangères. Les livres en langues mortes, dont toute la littérature est du domaine public, doivent relever de l'une ou de l'autre des deux catégories, selon qu'ils ont été préfacés et annotés en langue française ou dans une langue étrangère. Les textes en langues mortes qui ne seraient pas accompagnés de préfaces ou de notes suivraient le régime applicable aux livres en langue française. Pourquoi ? Parce qu'il est évident que des livres de cette nature, c'est-à-dire placés dans le domaine public, ne doivent pas plus, imprimés au dehors, pouvoir venir concurrencer la production de la librairie classique française qu'une édition d'auteurs français imprimée en langue française ne devrait se vendre, sur le marché français, au même titre que l'édition originale issue de nos presses.

Examinons maintenant la solution suggérée par le Comité organisateur du Congrès ; elle est ainsi conçue : « Les livres en langue française, imprimés à l'étranger, seraient frappés d'un droit à l'entrée en France, mais tous les livres en langues étrangères entreraient franco, à charge de réciprocité. »

Cela signifie que le Comité recherche la meilleure solution qui permette : $1°$ d'écarter ou d'amoindrir les dangers de la concurrence étrangère dans la fabrication des livres en langue française ; $2°$ **tout** en favorisant l'exportation de nos livres, de répandre au dehors l'influence de nos idées, de nos théories, de toutes nos conceptions intellectuelles.

Avant toute autre chose, ce qu'il nous faut éviter, c'est d'aboutir à un régime qui tendrait à diminuer l'influence de la France. L'influence de la France dépendait non seulement de l'or de ses banques, dont la guerre actuelle aura, d'ailleurs, singulièrement appauvri la source, mais surtout de la grandeur et de la supériorité de l'âme latine, dont sa littérature a été pendant des siècles, et doit demeurer le porte-flambeau.

Que pourrions-nous redouter en modifiant le régime douanier applicable aux ouvrages de librairie ? Des représailles de l'étranger : nous devons les considérer comme toujours possibles et nous rappeler que, de ce côté, nous ne pouvons obtenir un traitement de faveur qu'en échange d'un traitement de faveur consenti par nous.

Le régime de la réciprocité est le plus simple et le plus naturel que nous puissions adopter.

Si donc nous taxons les importations de livres français imprimés à l'étranger, nous pouvons nous attendre à voir les pays contractants taxer nos exportations de livres imprimés dans leur langue.

Mais, d'autre part, en accordant la franchise aux ouvrages imprimés en langue étrangère, nous sommes fondés à réclamer la libre exportation de nos livres imprimés en français.

Voyons donc, sur des chiffres, quels sont les éléments du problème.

Relevons les chiffres d'une année normale, ceux de l'année 1913. En 1913, nous avons importé :

17981 quintaux de livres français.
3666 — — en langues étrangères ou mortes.

Et nos exportations, pendant la même période, ont été de :

38748 quintaux de livres français.
4799 — — en langues étrangères ou mortes.

Notons de suite que, dans ces chiffres, ne figurent pas les quantités entrées ou sorties en régime postal, qui se composent surtout de livres expédiés isolément, et dont les statistiques douanières ne font état qu'en les groupant avec toutes les autres marchandises entrées ou sorties sous forme de colis postaux.

Si nous continuons à accepter en franchise les livres imprimés en langues étrangères, à charge par les pays contractants d'autoriser également l'entrée en franchise de nos livres en langue française, l'avantage commercial est indubitablement en notre faveur, puisque nous exportons plus de dix fois autant de livres en langue française (38 748 quintaux) que nous ne recevons de livres en langues étrangères ou mortes (3 666 quintaux).

Sur ce chapitre, la solution préconisée ne souffre donc, à notre avis, aucune critique, et il ne resterait aux Pouvoirs publics, qui auront à discuter nos futurs traités de commerce, qu'à faire prévaloir ces conclusions.

Mais, d'autre part, on a suggéré l'idée de frapper d'un droit à l'entrée en France les livres en langue française imprimés à l'étranger.

A première vue, il semble que cette proposition ne présente que des avantages.

Tout d'abord, un but moral. Ce moyen empêcherait l'accès, ou tout au moins réduirait, dans une certaine mesure, l'importation de cette littérature de bas étage, qui, on le sait, provient en grande partie de presses étrangères, et dont la vente à bon marché nuit à l'expansion d'une littérature plus saine et vraiment française.

Ensuite, la production française serait efficacement protégée, et, dans les années qui vont venir, il est nécessaire que notre industrie le soit de toutes les façons et dans toutes les catégories où le génie national a des possibilités de s'exercer. Il le faut aussi, parce que l'imprimerie française qui est, par suite des événements, devenue fournisseur d'une clientèle qui était celle de l'imprimerie étrangère, a, en conséquence, dû créer, étendre ou perfectionner ses ateliers et son outillage, et qu'il ne faut pas qu'elle se trouve tout d'un coup, privée du fruit de ses efforts.

Enfin, le Trésor, affamé de besoins, trouverait son compte à cette tarification.

Mais une question se présente qui mérite d'être prise en considération :

Nous voulons parler du traitement auquel seront soumis les ouvrages imprimés en français, mais dont les auteurs sont étrangers. C'est le cas pour ceux des Suisses qui parlent notre langue, pour les Canadiens français ; c'est le cas pour les Belges que nous ne pouvons réellement pas traiter en étrangers.

Il est délicat de les frapper du droit protecteur que nous demandons contre les importations de livres français imprimés à l'étranger.

La Belgique, la Suisse, le Canada se trouveraient fondés à répondre à cette taxation par une taxation des ouvrages français que nous leur enverrions. Frappant d'un droit les œuvres imprimées chez eux dans une langue qui est leur langue, il serait naturel qu'ils frappassent d'un droit les œuvres imprimées chez nous dans la nôtre. Et nous n'y trouverions certainement pas notre compte, car nos exportations dans ces pays sont considérables ; sur un total de 38748 quintaux, en 1913, elles étaient de 7533 pour la Belgique, 3340 pour la Suisse, 2881 pour le Canada.

M. Pierre Legrand, rapporteur de la loi de 1892 à la Chambre des députés, disait : « Les défenseurs du droit étaient d'accord avec leurs adversaires pour exempter de tout droit les livres écrits par des étrangers dans notre langue nationale, si une pareille distinction pouvait être pratiquement faite à la frontière. »

En effet, les moyens d'y arriver ne semblent pas fort pratiques.

Nous ne pouvons pas taxer les œuvres de ces auteurs français de nationalité belge et suisse, ou même canadienne, à leur entrée en France, quand nous laissons libre champ aux auteurs espagnols, allemands ou autres. Il y a là quelque chose d'incompatible avec les liens qui nous unissent aux Belges ou aux Canadiens et que la guerre a tragiquement resserrés, comme avec l'amitié que nous gardons aux Suisses de langue française.

On pourrait donc exclure de la taxation les livres imprimés en français dans les pays de langue française, ou mieux, se contenter de les frapper d'un droit minime, celui du papier, par exemple, car il est anormal que le papier blanc importé pour le compte de nos imprimeurs soit frappé d'un droit, tandis que, du fait qu'il a été recouvert d'une impression à l'étranger, il entre en exemption.

Comment veut-on que, concurrencés de cette manière, nos imprimeurs puissent établir des séries de prix capables de lutter contre le bon marché de l'étranger?

Ce fut là un des résultats de la loi de 1892, qui est tout à fait insupportable et qui est une absurdité, sinon une injustice, que corrigerait, dans la mesure du possible, l'application, à cette catégorie de livres, du droit sur le papier et au besoin sur la matière première entrant dans la composition des reliures.

L'importance des entrées de livres français venant des pays de langue française n'est pas, du reste, ce qu'elle peut paraître à première vue.

Sur le total des importations de 1913 qui est de 17 981 quintaux, 7 993 quintaux provenaient de la Belgique, 724 de la Suisse et un seul du Canada.

L'intérêt de la question est nul en ce qui concerne ce dernier pays. On peut dire que cette question ne se pose pas actuellement pour le Canada. Il se pourrait qu'elle se posât par la suite ; car il faut tenir compte de ce que, si les œuvres de Fréchette, de Chapman et autres ne se vendent pas en France, c'est que la littérature canadienne française n'a qu'une histoire récente ; mais elle existe, et ne demande qu'à se développer.

Mais les quantités qui arrivent de Suisse, et surtout de Belgique, sont bien plus considérables.

Cependant, il faudrait en défalquer un nombre assez important de quintaux qui représentent le poids de volumes sans intérêt dans la question de protection de la littérature française qui nous préoccupe et qu'on peut parfaitement tarifer.

En effet, il y a, au nombre de ces volumes, certains catalogues, des almanachs, des annuaires, et surtout des livres de piété dont on importe de Belgique des quantités fort appréciables.

Je m'empresse de dire que je ne professe aucun mépris pour les livres de piété. Mais les livres de piété (paroissiens, mois de Marie, bibles, etc.) ne peuvent réellement pas être considérés comme des ouvrages de littérature, surtout pas comme des ouvrages de littérature destinés à l'expansion de la pensée française. Ce sont bel et bien des produits commerciaux.

Il apparaît donc qu'il n'y aurait aucun inconvénient à ce qu'on taxât ce genre d'ouvrages, les almanachs, les annuaires, certains catalogues assimilés aux livres, etc., et, par voie de conséquence, à classer les livres importés de la façon suivante :

1° Livres d'art, de science et de littérature en langue française dans un pays de langue française (y compris les livres en langues mortes annotés en français ou non annotés);

2° Autres ouvrages imprimés en français sous forme de livres (missels, bréviaires, bibles, paroissiens et autres livres de piété, catalogues, almanachs, annuaires, etc. imprimés dans un pays de langue française);

3° Tous ouvrages en langue française, de quelque nature qu'ils soient, imprimés dans un pays autre que ceux de langue française;

4° Autres ouvrages, imprimés en langues étrangères, que les œuvres d'art, de science et de littérature; — enfin laisser entrer en franchise les livres d'art, etc. imprimés en langues étrangères; car les livres en langues étrangères qui ne sont pas des ouvrages de littérature, d'art ou de science, sont des produits commerciaux, au même titre que n'importe quel produit manufacturé.

Nous aurions ainsi respecté la grande pensée directrice des partisans de la franchise qui n'envisageaient en 1892, comme le disait au Sénat M. Bardoux, que « l'expansion de nos idées par les livres ».

Nous aurions également tenu compte de l'existence de cette littérature française qui, née hors de France, ajoute sa part de lumière, d'art et d'influence à celle du grand foyer métropolitain.

Et nous aurions, par l'application d'un faible droit sur la matière première, rétabli, dans la mesure du possible, l'équilibre entre la production française et la concurrence des pays étrangers de langue française.

Ce système nous paraît le plus simple, le plus clair et le plus logique. Il nous dispense de toutes les complications de paperasserie qu'entraînerait le régime de formalités des certificats d'origine, revêtus de visas consulaires, qui ne sont qu'entraves au libre exercice du commerce.

Nous devons nous attacher, après la guerre, à faciliter les transactions du commerce, à ramener le flot de prospérité que trois années de conflit ont détourné de nous; et, tout en travaillant à la fortune nationale, ne pas oublier ce que nous devons à sa grandeur morale et à sa gloire universelle.

LA QUESTION DES DOUANES ET LES INDUSTRIES DU LIVRE

M. Decourcelle. — Je crois de mon devoir de vous donner lecture de la lettre suivante que j'ai reçue ce matin de M. Charles Desoer, le grand éditeur belge, président du Cercle de la Librairie de Belgique :

Paris, 12 mars 1917.

Monsieur le Président,

Je ne puis, évidemment, étant Belge, assister aux séances de votre Congrès national. Je m'excuse même d'intervenir auprès de vous par écrit.

Mais je crois de mon devoir d'attirer votre attention sur un point qui pourrait passer inaperçu.

Il est question, me dit-on, d'établir un droit nouveau pour l'entrée en France des livres imprimés en langue française à l'étranger.

Cette mesure, parfaitement justifiée en ce qui concerne les produits de nos ennemis, créerait à l'imprimerie belge, si elle lui était appliquée, une situation beaucoup plus difficile que celle qui existait avant la guerre.

Nous avions espéré, au contraire, qu'il s'établirait une entente plus intime entre nos deux pays de même langue, et que les droits, vraiment prohibitifs, quoiqu'on en dise, qui existaient, pour l'entrée en France des imprimés divers, tels que catalogues, prospectus, illustrations, estampes, etc., seraient considérablement réduits pour nous.

Notre pays est désireux de cesser toute relation commerciale avec ses envahisseurs.

Il deviendrait donc un client plus important pour la France, à laquelle nous achetions déjà pour plus de 10.500.000 francs de livres, journaux et imprimés tous les ans.

Aussi suffira-t-il, j'espère, que je vous aie signalé les conséquences désastreuses pour nous de la mesure proposée, dans le cas où elle serait appliquée à la Belgique, pour que vous trouviez un moyen de nous éviter cette déconvenue.

Veuillez agréer, Monsieur le Président, l'assurance de ma très haute considération.

M. Lahure. — J'avais reçu le 4 novembre 1916 la communication de M. Desoer que j'ai reproduite à la fin de mon rapport.

M. Jacob. — Depuis deux ans, nous nous sommes déjà occupés de la question des douanes. Nous avons fait démarches sur démarches auprès de diverses administrations. Nous avons reçu plusieurs avis, l'un pour appuyer nos idées, l'autre pour les combattre. Nous avons envisagé la possibilité de faire connaître au public français qu'on lui donne à lire des ouvrages qui ne sont pas fabriqués chez nous, bien qu'imprimés en français. Ceci se faisait de diverses façons : on imprimait à Leipzig ou dans d'autres villes allemandes et même autrichiennes des livres complets en français ; d'autres fois, on n'imprimait que le texte, et on faisait la couverture en France. Le livre ne portait pas de nom d'imprimeur, mais la couverture avait un nom français ou rien du tout.

Nous allons vous proposer certains vœux et avant je voulais vous mettre en garde, puisque nous sommes ici pour prévoir l'avenir. Ce que je dis intéresse les éditeurs et les imprimeurs.

Vous n'avez pas été sans remarquer quelle importance, depuis un certain temps, a prise l'industrie cinématographique. Or, il y a un grand rapprochement entre l'industrie cinématographique et l'impression. Les films ne rentrent pas tout seuls en France ; ils sont toujours accompagnés de leurs affiches, et nous ne voyons pas sur les affiches de nom d'imprimeur ; il y a simplement « le Consortium des maisons cinématographiques ».

Or, je ne sais pas si nos imprimeurs font beaucoup d'affiches cinématographiques, mais j'ai beau écarquiller les yeux, je ne vois pas de noms d'imprimeurs français ; je vois toutes sortes de choses, mais pas de noms d'imprimeurs. Et cependant, il ne manque ni à Paris, ni en province, d'imprimeurs d'affiches. Je crois que c'est la faute à nos grands fabricants de films qui ne veulent pas se faire imprimer en France, parce qu'ils ont plus de bénéfice à se faire imprimer à l'étranger.

M. Decourcelle. — C'est une erreur !

M. Jacob. — Il y a quelques jours, le ministre avait pris la décision d'augmenter les droits sur les affiches ; or, tandis que nous étions dans le cabinet du ministre, un coup de téléphone est arrivé d'une grande maison de films demandant s'il n'y avait pas moyen d'avoir une réduction sur les droits à payer !

M. Decourcelle. — Il s'agissait d'affiches étrangères pour films étrangers ?

M. Jacob. — Bien entendu !

Alors, on a tourné la loi. On a envoyé directement, à l'adresse de chaque employé, l'affiche sous enveloppe. Je ne sais pas si ce système a duré longtemps, mais on a tourné la loi. Or, non seulement les films font rentrer les affiches, mais il y a aussi une nouvelle méthode : nous avons le roman cinématographique avec affiches. Et moi, ouvrier typographe, qui défends les intérêts du typo et de l'imprimeur, je me demande si vraiment nous n'allons pas être sous le coup de l'invasion du roman cinématographique avec le film et avec l'affiche.

M. Decourcelle. — Ce sont des Français qui font le roman.

M. Jacob. — Mais justement, parce que l'affiche arrive de l'étranger avec le film, je crains, moi, que le roman cinématographique n'arrive, avec le temps, de l'étranger aussi.

M. Decourcelle. — Je vous dirai tout à l'heure en deux mots comment les choses se passent.

M. Jacob. — Je ne demande pas mieux.

Voici les vœux que la Fédération française des Travailleurs du livre propose :

LA QUESTION DES DOUANES ET LES INDUSTRIES DU LIVRE

I. — Tout ouvrage français imprimé à l'étranger devra, pour pouvoir être importé en France, porter au bas de la première feuille et au bas de la première page de la feuille du milieu, le nom de l'imprimeur ainsi que l'indication de la ville où se trouve l'imprimerie. Cette mention ne pourra être placée à plus de 10 millimètres de la dernière ligne de texte de la page, de façon qu'elle ne puisse être enlevée lors de la reliure de l'ouvrage.

II. — Les journaux, périodiques, illustrés ou non, édités et imprimés à l'étranger, ne pourront être importés en France que s'ils portent, en première et en dernière page, les noms et adresses de l'éditeur et de l'imprimeur.

III. — La hauteur des caractères employés ne pourra être inférieure à 2 millimètres pour les feuilles intérieures; elle ne pourra être moindre de 4 millimètres pour les noms d'imprimeur et d'éditeur sur la couverture et sur la première page des périodiques.

IV. — L'Administration des douanes sera chargée de veiller rigoureusement à l'application de ces mesures.

M. Decourcelle. — Il n'y a rien là dedans qui touche le cinématographe. Votre discours l'a visé, mais vos vœux n'y font pas allusion.

M. Jacob. — Je vous ai posé la question.

M. Decourcelle. — Il y a les affiches cinématographiques qui accompagnent certains films étrangers, certains films américains ou italiens : ceci est incontestable. Mais vous faisiez allusion au roman cinématographique.

M. Jacob. — J'ai peur...

M. Decourcelle. — Je vais vous rassurer, et vous dire où on en est ; je puis vous rassurer pour aujourd'hui bien entendu, mais pour demain... l'avenir n'est à personne.

Les affiches faites pour accompagner certains romans cinématographiques ont jusqu'à ce jour, bien que les films soient originaires d'Amérique, toujours été confectionnées en France.

M. Haraucourt. — Allons donc ! Il n'y a qu'à les regarder !

M. Decourcelle. — Voulez-vous me permettre ! Ces affiches ont toujours été confectionnées en France, et je vais vous expliquer comment. Elles ont été confectionnées en France en s'inspirant des affiches américaines. Un film américain arrive à Paris. Un éditeur cinématographique désire, d'accord avec un journal, faire faire un roman pour accompagner ce film, et créer cette dualité de l'apparition du film et du roman qui a été inaugurée par *les Mystères de New-York.*

Comment s'y prend-on ? Comme cela se passe à New-York ; cela s'appelle *les Mystères de New-York.* Il y a une publicité américaine que vous connaissez, que vous pouvez blâmer, que vous pouvez trouver de mauvais goût, je suis de votre avis (Hilarité); toujours est-il qu'elle est frappante, elle est tape-à-l'œil. La preuve, c'est que de grands journaux comme *le Matin*, qui pourraient trouver des sujets d'affiches, disent aux afficheurs français qu'ils emploient : inspirez-vous de ce placard américain !

Voilà pourquoi vous avez retrouvé, et vous avez raison de le dire, dans les affiches annonçant des romans tirés de films américains, cette expression picturale américaine. Mais je puis rassurer M. Jacob en lui disant — et je suis aux premières loges pour le savoir — que les affiches accompagnant les films américains sont faites en France. C'est, dans la maison Pathé, un M. Faria, qui a un atelier, qui tire des affiches françaises. Les affiches sont aussi françaises que le roman.

Comment se passent les choses pour le roman ? Voici en deux mots : un film américain arrive à Paris, et, pour faire ce que je disais tout à l'heure, on demande à un auteur français — j'en connais ! — de faire sur ce film américain un roman qui représente l'action, de façon que le lecteur français puisse la suivre. C'est ainsi que vous avez eu *les Mystères de New-York*, film américain, qui ont engendré un roman fait par un Français ; *le Masque aux dents blanches*, qui a engendré un roman fait par un Français ; *le Cercle rouge*, et d'autres encore. *Judex*, lui, est un roman purement français sur un film français.

M. JACOB. — Vous me rassurez pleinement.

M. LE PRÉSIDENT. — Après les explications cinématographiques que vient de nous donner M. Decourcelle, je me bornerai à dire à M. Jacob, qui se plaint de l'absence de la mention de l'imprimeur sur les ouvrages et affiches, qu'il y a là, en effet, une question très grosse, très importante ; j'ajoute qu'elle ne regarde pas la douane, mais le service de la librairie du ministère de l'Intérieur, service qui me paraît fort mal fait. L'article de la loi du 11 janvier 1892 ne me paraît pas du tout applicable, à cause, justement, de ce double service. La douane ne s'occupe pas de cela. Chaque fois qu'il s'agit d'un livre seul, c'est le ministère de l'Intérieur qui agit : il délègue ses pouvoirs au commissaire de police de frontière. Or il ne semble pas, d'après tous les abus signalés, que ce service soit fait bien sérieusement ; mais c'est aux Pouvoirs publics qu'il faudrait adresser les réclamations, et non à la Douane.

M. HAVET. — Je voudrais demander à MM. Max Leclerc et Jean-Paul Belin une petite explication que, je l'espère, ces Messieurs seront disposés à m'accorder. Je crois qu'il est inutile de faire entrer dans ce vœu les ouvrages rédigés dans les langues mortes.

Je ne crois pas qu'il y ait rien à craindre de ce que nos ennemis impriment dans ce genre-là, et qu'il y ait rien à redouter de la concurrence de la librairie allemande.

Les livres allemands sont de deux espèces. Les uns sont des travaux de pure érudition, qui ont souvent une grande valeur comme outils de travail, qui sont indispensables aux érudits. Mettre un droit élevé sur ces ouvrages, prélever le moindre impôt, c'est mettre un impôt sur les outils dont se servent certains travailleurs de la pensée. En dehors de cela, il y a des éditions qui peuvent être employées par les élèves. Il est arrivé dans le passé que quelquefois on a fait venir des éditions allemandes pour des élèves de facultés, peut-être de lycées. Le cas s'est présenté dans le passé, mais je ne crois pas qu'il se représente. Il y a, en ce moment, chez tous les élèves une répugnance évidente, et je défie un professeur de faire apporter à ses élèves des éditions qu'ils appelleraient *boches*. Il n'y a donc aucun danger immédiat de ce côté...

Un congressiste. — Immédiat !

M. Havet. — Dans l'avenir, dans quelques années, quand les colères seront tempérées, évidemment la chose pourrait arriver ; mais, d'ici là, il aura paru, en France et dans les pays alliés, en Belgique et partout, d'autres livres à bon marché. Je crois que cela ne fait que compliquer les vœux de MM. Max Leclerc et J.-P. Belin et de M. Lahure, et que l'on pourrait rayer purement et simplement.

J'ajoute que, dans la pratique, on mettra l'administration des douanes en face de certains problèmes très délicats à trancher. Qui est-ce qui jugera, parmi les douaniers, si un livre imprimé en grec est en grec vivant ou en grec mort ? Il y a là des chinoiseries dont les douaniers ne sortiront pas.

Je suis convaincu qu'il n'y a rien à faire de ce côté, qu'il faut simplifier les vœux et clarifier les questions, en mettant simplement le vote et la discussion des vœux sur le terrain des livres en langue française ou contenant des annotations en langue française. Il y a là une concurrence directe à la France.

Je demande donc pour ma part que l'on supprime du vœu la mention des langues anciennes ou mortes.

M. Renouard. — M. Bellenand, qui était inscrit pour prendre la parole, a dû se retirer. Il avait l'intention de faire remarquer que le projet placé dans le rapport des Maîtres Imprimeurs pouvait offrir la solution : c'est d'imposer les livres rentrant en France et écrits par des auteurs français.

M. Depelley. — Les rapports que nous avons entendus nous donnent satisfaction dans une assez large mesure, et je ne crois pas qu'il soit utile de vous prendre plus de temps en lisant les observations que j'avais préparées. Je vais me borner à vous prier de bien vouloir adopter le vœu qu'en taxant les livres dont il est question dans le rapport de MM. Max Leclerc et J.-P. Belin, on n'oublie pas les livres de prières en français et en latin.

Comme le rapport nous donne satisfaction, nous voudrions simplement qu'à la suite de ce vœu, lorsque les desiderata du Congrès seront transmis aux législateurs, il soit recommandé qu'on ne nous oublie pas, quand on convoquera les intéressés pour soumettre leurs desiderata.

M. LE PRÉSIDENT. — Je crois que ce vœu, qui est très justifié, devrait plutôt être adressé au Cercle de la Librairie ou au Syndicat compétent; car, quand on appellera les intéressés, le Congrès du Livre n'existera plus, et ce n'est pas nous qui pourrons vous faire donner satisfaction. Je vous demanderai donc de renouveler votre vœu auprès du syndicat intéressé.

M. KEUFER. — Ce qui m'amène à prendre la parole, ce sont quelques réflexions qu'a faites tout à l'heure M. Max Leclerc en ce qui concerne le nombre des syndicats qui se sont associés au rapport de M. Lahure.

La Fédération du livre s'est associée aux efforts que faisait le Syndicat des Maîtres Imprimeurs, parce qu'elle a considéré qu'il y avait un important intérêt à défendre, en raison même de la concurrence dont souffre l'industrie du livre, et nous avons pensé que notre collaboration pouvait donner plus de poids au Syndicat des Maîtres Imprimeurs.

Nous avons fait de nombreuses démarches, parce qu'il y a des efforts persévérants à faire en vue de limiter cette concurrence étrangère. Nous avons eu des exemples fréquents de la pénétration de cette concurrence en France par des procédés malhonnêtes, et nous avons pensé qu'il n'y avait pas trop de tous les concours, patrons et ouvriers, pour obtenir un résultat auprès des Pouvoirs publics; nous n'avons pas eu de résultats.

Nous avons pensé qu'en nous associant au rapport de M. Lahure, sans approuver toutes les résolutions qu'il a prises, parce que nous reconnaissons que les chiffres qu'il a proposés ne sont pas applicables, nous apportions un appui utile. M. Max Leclerc l'a dit avec raison : si nous imposons des droits très élevés, nous risquons de provoquer l'établissement de tarifs de représailles, et il peut y avoir des répercussions fâcheuses pour les produits français qui voudraient pénétrer à l'étranger.

Je crois, d'autre part, que nous nous faisons peut-être illusion, lorsque nous pensons que nous n'aurons plus besoin, en aucune circonstance, de produits allemands. Il faut faire cette hypothèse très juste qu'après la guerre il y aura probablement d'autres industries françaises qui auront besoin de recourir aux produits allemands, et alors nous pourrions redouter les conséquences des tarifs de représailles qui pourraient frapper d'autres industries.

D'autre part, je me permets de faire remarquer à M. le Président que je ne partage pas du tout sa manière de voir sur la proposition qu'a faite M. Jacob à propos de la marque à exiger sur les imprimés qui viendraient de l'étranger. Je crois qu'il y aura des modifications générales à faire à cette proposition, mais l'ensemble de la proposition me paraît très bon en ce sens que, quand des imprimés de l'étranger arriveront à la frontière, imprimés que la douane est chargée d'examiner, les fonctionnaires sauront si les ouvrages doivent entrer en franchise.

Je crois que la marque que nous indiquons comme nécessaire et pratique concerne la douane et non pas le ministère de l'Intérieur, parce que cette marque permettra aux douaniers de laisser pénétrer les marchandises en exigeant les tarifs, ou de les empêcher de pénétrer, quand elles ne porteront pas la marque. Je pense que la proposition de M. Jacob a de réels avantages pour les douaniers qui n'ont pas toute la compétence nécessaire, attendu qu'ils ont à examiner tous les produits qui viennent de l'étranger. J'appuie donc fortement cette proposition.

M. LE PRÉSIDENT. — Je n'ai fait aucune objection à la proposition de M. Jacob. Je me suis borné à indiquer à l'assemblée qu'actuellement c'est du ministère de l'Intérieur que dépend ce service.

M. L'ABBÉ WETTERLÉ. — Je tiens à déclarer que je n'ai jamais dit que je craignais les représailles de l'Allemagne. Au contraire, je souhaite qu'on prenne en France des mesures telles que jamais l'Allemagne ne puisse concurrencer les produits français.

J'ai ici une statistique de l'empire de 1914 et je trouve que, par exemple, pour les livres, les Allemands ont introduit en France 689 tonnes au lieu de 555. Mais ce qu'il y a d'important, c'est l'introduction des imprimés qui ne sont pas sous forme de livres, c'est-à-dire des livres imprimés en Allemagne, venant en France pour être mis sous couverture française. Là, les chiffres sont imposants : en 1912, 595 quintaux et en 1913, 719 quintaux. Il y avait donc tendance chez les éditeurs français ou chez certains commerçants français à faire imprimer leurs livres à l'étranger.

M. MAX LECLERC. — C'est une erreur. Vous mêlez les livres, les imprimés non dénommés et les périodiques : vous nous donnez des idées fausses ! Nous ne pouvons pas improviser des calculs de ce genre !

M. L'ABBÉ WETTERLÉ. — Je croyais que c'était la même chose.

M. MAX LECLERC. — Nous allons aboutir à des erreurs. Il faudrait savoir ce que représente la statistique que vous lisez ; or vous n'êtes peut-être pas en mesure de nous le dire. C'est en effet très difficile. Il faudrait un douanier pour le faire.

M. l'abbé Wetterlé. — Dans tous les cas, il y a une progression pour le livre.

M. Max Leclerc. — Nous avons montré que l'importation pour le livre n'a pas augmenté, elle a même diminué. Ce qui a augmenté, c'est l'importation des périodiques, et alors, dans ces statistiques, est-ce que l'Allemagne bloque les périodiques et la matière imprimée, ou est-ce qu'elle sépare les livres en feuilles? Vous ne nous le dites pas, et c'est là le point important.

M. l'abbé Wetterlé. — Ce qui m'a aussi frappé, c'est la question des imprimés en couleurs : importations de France en Allemagne : 84 tonnes, et importations d'Allemagne en France : 26 tonnes ; seulement, il y a valeur égale.

M. Max Leclerc. — La valeur en tonnes ne veut rien dire ; mais ceci confirme ce que nous avons dit dans notre rapport, c'est que les proportions se sont trouvées renversées en notre faveur, et la France a commencé à importer en Allemagne ce qu'elle tirait d'Allemagne autrefois.

M. l'abbé Wetterlé. — Enfin, pour la musique, je vois : aucune importation de France en Allemagne et importation d'Allemagne en France, 236 tonnes.

Quant au reste, je tiens à dire qu'il me semble que la marque de fabrication est absolument indispensable, même pour les livres latins, parce que, dans les derniers temps, les éditions classiques allemandes avaient pris des proportions énormes, et je ne vois pas pourquoi les éditeurs français ne pourraient pas faire des éditions aussi bonnes.

M. Depelley. — Et les livres liturgiques ?

M. l'abbé Wetterlé. — Vous avez la maison Paderborn qui avait un privilège exclusif, et il y a là une clientèle considérable. Il faut qu'un droit de protection couvre les éditeurs français.

M. de Malherbe. — Si les éditeurs ne craignent pas les conditions de réciprocité qu'on leur a exposées tout à l'heure, et s'en tiennent au vœu qu'ils ont formulé, c'est-à-dire que tous les imprimés en langue française soient frappés d'un droit, nous abandonnons nos conclusions qui étaient plus modérées et où nous avions demandé simplement que les auteurs français imprimés à l'étranger fussent frappés d'un droit ; mais nous voulons être aussi royalistes que le roi, et alors nous retirons le vœu que nous avions formulé en tenant compte des observations qui ont été faites par MM. les éditeurs au sujet des craintes de représailles.

Nous avions introduit cette restriction sur leur demande.

M. Lahure. — Je demanderai à M. Max Leclerc de supprimer à la dernière page de son rapport la phrase dans laquelle il dit : « On pourrait appliquer aux livres et périodiques en langue française la taxe actuelle des imprimés, etc. »

M. le Président. — Je réponds pour M. Leclerc : on ne peut pas retirer des phrases d'un rapport ; mais vous avez satisfaction, puisque M. Leclerc vous a dit, et je vous ai dit de mon côté, que nous demandions que l'on ne votât pas sur des tarifs. M. Leclerc a déposé un vœu, bornons notre examen à ce vœu. Nous votons sur les vœux présentés, et non sur les rapports.

M. Lahure. — Cela me donne satisfaction.

M. Max Leclerc. — Je crois qu'il faudrait essayer de résumer cette discussion un peu touffue.

Vous êtes en présence de nombreuses propositions, mais je crois qu'on peut les grouper sous deux titres : tout ce qui a trait au régime douanier, et tout ce qui est accessoire.

Dans notre projet de vœu, ayant connaissance des propositions de M. Lahure, nous avons formulé une contre-proposition. Vous avez donc à choisir entre celle de M. Lahure et la nôtre.

Je ne retiendrai donc des propositions nouvelles de M. Lahure, celles qu'on vous a lues, que deux ou trois points qui, d'ailleurs, se rattachent à d'autres propositions qui vous ont été faites, et qui sont accessoires.

Je vous proposerai, sous réserve, naturellement, des deux propositions qui ont été faites, l'une par M. Louis Havet relativement aux textes anciens, l'autre par M. Forest, de mettre aux voix ces propositions ; je vous parlerai ensuite des autres questions.

Seulement, il faut que je réponde à M. Havet et à M. Forest.

Pour M. Louis Havet, je suis tout prêt, si l'assemblée est de cet avis, à lui donner satisfaction, mais, tout de même, nous avons voulu, en visant les textes en langues anciennes sans notes, donner satisfaction principalement aux gens de lettres, car ce sont eux qui, à Lyon, avaient pris l'initiative de protester contre la prétendue invasion des établissements scolaires français. Je dois dire, puisque l'occasion s'en présente, que je proteste contre les affirmations vraiment trop larges à cet égard de M. Lahure. Si on l'écoutait, non seulement nos lycées seraient envahis par les textes allemands, mais on passerait la licence avec des textes puisés à Leipzig. Ce sont des exagérations. Il y a eu au programme de la licence, il y a quelques années, un texte qui était emprunté à une collection allemande, parce que c'était un texte rare qu'on n'avait pas pu trouver en France ; mais, dans les lycées, nous sommes les premiers intéressés à ce qu'on n'emploie que des livres français, et je ne sache pas que les éditeurs français aient demandé qu'on les protégeât contre les livres allemands. Par conséquent, laissons cela de côté.

Mais, pour les textes anciens, là, réellement il y a un certain danger. Ce danger existe. M. Louis Havet nous a dit : aujourd'hui vous êtes protégés par le sentiment public ; mais n'oubliez pas que la bière de Munich est rentrée en France très rapidement après 1870. Par conséquent, quels que soient mes scrupules scientifiques, je ne supprimerai cette partie de ma proposition que si l'opinion se manifeste en faveur de l'avis de M. Louis Havet.

En ce qui concerne les lignes suivantes des considérants :

Mais que cependant il convient de prévoir un régime spécial à appliquer aux pays de langue française, et, en particulier, à la Belgique, pays allié, notre principal marché d'exportation,

je propose de maintenir ce texte en l'arrêtant au mot *Belgique*.

M. LE PRÉSIDENT. — M. Lahure ayant retiré sa première proposition, c'est le vœu de M. Leclerc que je vais mettre aux voix. Vous avez sous les yeux le texte du vœu de M. Leclerc ; il n'y a de modifications proposées qu'en ce qui concerne la Belgique et la question soulevée par M. Havet.

Dans ces conditions, je vous propose de voter d'abord les considérants, en supprimant les mots :

Pays allié, notre principal marché d'exportation,

et ensuite le vœu, réserve faite de la question soulevée par M. Louis Havet.

M. DE MALHERBE. — Ne pourrait-on ajouter, après les mots *compensateurs et non prohibitifs* cette phrase :

A condition que les droits appliqués aux livres terminés soient au moins égaux à ceux que payeraient les matières premières dont ils sont composés.

M. MAX LECLERC. — Cela va de soi.

M. LE PRÉSIDENT. — Voulez-vous rédiger votre vœu ?

On met aux voix le premier paragraphe du vœu de M. Leclerc :

Que les livres, périodiques et imprimés non dénommés en langues étrangères restent exempts de droits ;

Que les livres, périodiques et imprimés en langue française, et les livres et imprimés en langues anciennes, non annotés ou annotés en français, fabriqués à l'étranger, soient frappés à l'entrée en France de droits dont le taux variera selon l'origine (pays ennemis, neutres ou alliés, de langue française ou de langue étrangère).

M. COISSAC. — Je voudrais demander à M. Leclerc l'importance qu'il ajoute à ces mots : pays alliés de langue française.

M. MAX LECLERC. — Il y a deux manières de classer les pays étrangers. Il y a d'abord les pays ennemis, les pays alliés, les pays neutres, suivant l'attitude qu'ils ont eue pendant la guerre. Puis, il y a les pays qui sont de langue française et ceux qui sont de langue étrangère.

M. Coissac. — Je ne les vois pas.

M. Max Leclerc. — La Suisse, la Belgique. La Belgique, par exemple, est de langue française et alliée, mais la Suisse est de langue française et allemande, et neutre. Ce sont deux catégories auxquelles on appliquera des régimes différents.

(Le vœu de M. Leclerc, paragraphe 1er, est adopté à l'unanimité, moins une voix.)

M. le Président. — Nous passons au deuxième paragraphe :

Et que ces droits, sauf en ce qui concerne les produits des pays ennemis, soient compensateurs et non prohibitifs.

M. Lahure. — Je demande que les droits pour les pays ennemis soient prohibitifs, c'est-à-dire des droits tellement élevés qu'ils soient prohibitifs.

M. Max Leclerc. — Eh bien ! mais c'est dans le vœu.

M. le Président. — Il y a dans le texte :

Sauf en ce qui concerne les produits des pays ennemis.

Par conséquent, vous avez satisfaction ?

(Le deuxième paragraphe mis aux voix est adopté à l'unanimité.)

M. le Président. — M. de Malherbe a proposé d'ajouter à ce paragraphe les mots suivants :

C'est-à-dire que les droits appliqués au volume terminé soient au moins égaux au total des droits qui auront frappé les matières premières le composant.

Je demande l'avis du rapporteur.

M. Max Leclerc. — J'ai déjà dit deux ou trois fois, au cours de la discussion, que nous ne refaisons pas ici un tarif de douane. Notre tarif de douane actuel distingue, d'une part, les imprimés non terminés, c'est-à-dire en feuilles, et, d'autre part, les imprimés terminés qualifiés livres. Par conséquent, c'est quand on discutera les tarifs que vous pourrez parler de la nomenclature que vous préférez, mais nous ne saurions entrer ici sans inconvénient dans la discussion d'une refonte de la nomenclature des tarifs de douane.

M. de Malherbe. — Mais c'est une question de principe, cela !

Un congressiste. — Oui, mais il y a des degrés dans la compensation.

M. DE MALHERBE. — C'est pourquoi nous soulignons la nécessité de supprimer ce système. Si on la souligne une fois de plus, cela n'a pas d'importance. C'est au nom des Maîtres Imprimeurs et des membres de cette association que nous faisons cette proposition.

M. MAX LECLERC. — Remarquez que dans nos considérants nous avons dit :

Que, en effet, les matières premières (papier, carton, toile, etc.) qui servent à la fabrication des livres et périodiques, étant frappés de droits de douane à l'entrée en France, la franchise accordée aux produits fabriqués place l'industrie française du livre en état d'infériorité en face de l'industrie étrangère qui jouit ainsi d'un véritable privilège sur le marché français.

Par conséquent, nous avons nettement exposé la situation dans les considérants.

M. DE MALHERBE. — Les considérants ne sont pas le vœu.

PLUSIEURS VOIX. — Aux voix ! Aux voix !

L'addition, mise aux voix, est adoptée par 26 voix contre 25.

M. LE PRÉSIDENT. — Nous passons maintenant aux adjonctions.

M. MAX LECLERC. — Je ne vous parle pas du traitement de la nation la plus favorisée sur lequel M. Lahure a insisté.

M. LAHURE. — Hier encore, on a adopté un vœu, comportant la suppression de la clause du traitement de la nation la plus favorisée.

M. MAX LECLERC. — Comment ! Nous n'avons pas encore discuté le rapport.

M. LAHURE. — Pardon ! Hier on a fait adopter dans l'autre section un vœu dans ce sens.

M. L'ABBÉ WETTERLÉ. — Ça ne fait de mal à personne de voter cela.

M. MAX LECLERC. — Il y a surtout, sous la deuxième rubrique que j'indiquais tout à l'heure, tout ce qui concerne les garanties d'authenticité et d'origine. Je vais vous lire les vœux qui ont été déposés à ce sujet.

Il est question d'abord de la signature de l'imprimeur. C'est une question qui a deux faces : d'abord l'application des lois françaises en France ; je l'écarte pour le moment, il n'y a pas de vœu nettement formulé sur ce point. Nous avons surtout à nous occuper pour le moment des marchandises qui entrent en France.

M. Fourmond. — Et de celles qui sortent ; les deux côtés sont envisagés dans le rapport.

M. Max Leclerc. — Je rappelle que M. Fourmond a déposé un vœu ainsi conçu et qui vous a été lu tout à l'heure :

> Que les Pouvoirs publics ou, à leur défaut, les chambres syndicales intéressées déposent une marque « Éditions françaises » et la fassent connaître par une publicité nationale, afin d'authentifier indiscutablement les livres, brochures, périodiques et imprimés sortis de nos presses.

Ceci reviendrait en quelque sorte à soumettre à la loi sur la propriété industrielle les ouvrages français qui relèvent de la propriété littéraire, et qui ont de ce fait une protection infiniment supérieure à celle que leur accorderait, une sorte de marque de fabrique.

De plus, si nous obtenons que la loi sur la presse soit rigoureusement appliquée comme elle devrait l'être, nous avons sur les livres le nom de l'auteur et de l'éditeur, les nom et adresse de l'imprimeur. Ce sont les certificats d'origine que le régime actuellement prévalant en France nous accorde. Ne compliquons pas notre industrie en ajoutant ce que font les marchands en gros ou les fabricants de quincaillerie qui ne peuvent pas mettre leur adresse sur les articles, mais qui y mettent leur marque de fabrique qui permet d'authentifier la marchandise et d'indiquer qu'elle est d'origine française aux initiés. Ce n'est pas le cas pour les livres français qui ne cachent pas leur origine.

M. Fourmond. — Je vous demande pardon de ne pas être de votre avis. Il ne s'agit pas simplement, en l'espèce, de livres sortis de maisons d'édition connues ; il s'agit de tous les périodiques, de tous les livres d'exportation. Le Président de la République nous a dit lui-même l'autre jour, au sujet des journaux de mode, que quantité de journaux de mode : le *Chic parisien*, la *Mode de Paris*, étaient faits en Allemagne, et trompaient jusqu'aux Français.

Un congressiste. — C'est le fait de la non-observation de la loi.

M. Fourmond. — La loi est valable pour la France ; mais pour l'exportation ?

Un congressiste. — C'est absolument la même chose.

M. Fourmond. — Mais non ! Dans les pays étrangers, vous vous adressez à une clientèle qui croit acheter des produits français et qui achète des produits étrangers.

M. Max Leclerc. — Vous déplorez qu'à l'étranger on soit en présence de produits qui se disent français et qui ne le sont pas, mais qui se donnent l'apparence d'être des produits français. Vous n'avez pas pensé que vous ne pouvez pas empêcher l'étranger d'apposer une marque quelconque sur ses produits. Par conséquent, nous ne pouvons nous occuper que de ce qui est fabriqué en France, et nous disons qu'avec les lois sur la propriété littéraire et sur la presse nous avons un moyen de donner à nos produits une authentification. Il n'y a qu'à exiger l'application de la loi.

M. FOURMOND. — Je considère que c'est insuffisant au point de vue de l'exportation et je maintiens mon vœu.

(L'addition proposée par M. Fourmond, mise aux voix, est rejetée.)

M. MAX LECLERC. — Restent les propositions de la Fédération française des Travailleurs du livre qui demande qu'on ajoute ce vœu aux propositions de M. Lahure :

1° *Tout ouvrage français imprimé à l'étranger devra, pour pouvoir être importé en France, porter au bas de la première feuille et au bas de la première page de la feuille du milieu, le nom de l'imprimeur ainsi que l'indication de la ville où se trouve l'imprimerie.* — *Cette mention ne pourra être placée à plus de 10 millimètres de la dernière ligne de texte de la page, de façon qu'elle ne puisse être enlevée lors de la reliure de l'ouvrage.*

Ceci, je l'accepte parfaitement, et, comme il s'agit de la police des douanes, sous réserve que nous obtiendrons l'application rigoureuse de cette motion ; c'est une garantie que nous aurons.

(Adopté à l'unanimité.)

2° *Lorsqu'un ouvrage français imprimé à l'étranger sera mis en vente sous une couverture imprimée en France, celle-ci devra porter, au bas de la première page, le nom et l'adresse de l'imprimeur français et, en dessous, ceux de la maison étrangère.*

J'avoue que c'est une mesure de police dont je vois difficilement l'application pratique. Si nous exigeons que tous les imprimés importés en France portent la signature de l'imprimeur, il suffira de lever la couverture pour voir l'origine.

3° *Les journaux périodiques, illustrés ou non, édités et imprimés à l'étranger, ne pourront être importés en France que s'ils portent, en première et en dernière page, les noms et adresses de l'éditeur et de l'imprimeur.*

Il s'agit là des périodiques illustrés ou non et en toutes langues.

M. LAHURE. — Il faudrait ajouter : en langue française.

M. DECOURCELLE. — Il faut indiquer l'origine.

M. MAX LECLERC. — Il s'agit au fond de nous protéger contre

les périodiques en français imprimés à l'étranger. Il faut spécifier : *en langue française.*

M. Jacob. — C'est bien ma pensée.

M. Decourcelle. — Je demande qu'on ajoute le nom de la ville et du pays d'origine, parce qu'il peut y avoir une assonance française. On peut s'appeler Dulaurier.

M. Jacob. — Dans un journal corporatif, j'ai vu deux exemples ; pour l'un, il y avait : Imprimerie Edouard, Leipzig, Allemagne. Pour l'autre : Paris, imprimerie Cavalier, ouvrage imprimé et composé à Leipzig.

M. le Président. — La loi de 1881 prévoit tout cela.

M. Max Leclerc. — Vous avez dit vous-même que les commissaires de police ne l'appliquent pas.

M. Jacob. — Le directeur des Douanes nous a affirmé qu'il n'y voyait aucun inconvénient et qu'au contraire cela faciliterait leur travail.

M. Max Leclerc. — Ceci, toujours sous réserve que nous obtiendrons que les douanes soient chargées de ce service.

M. Lahure. — Il faudrait demander que la loi de 1881 fût appliquée.

M. Max Leclerc. — Vous ne pouvez pas demander à l'étranger d'observer la loi française de 1881 !

M. Lahure. — Non, mais pour la circulation en France : tout ce qui circule en France doit porter le nom de l'imprimeur. La loi de 1881 le dit.

(La proposition de M. Jacob, mise aux voix est adoptée.)

4° *La hauteur des caractères employés ne pourra être inférieure à 2 millimètres pour les feuilles intérieures; elle ne pourra être moindre de 4 millimètres pour les noms d'imprimeur et d'éditeur sur la couverture et sur la première page des périodiques.*

(Adopté.)

5° *Les affiches, gravures, similigravures, photogravures, estampes, lithographies et chromolithographies, éditées et imprimées à l'étranger, ne pourront être importées en France que si elles portent, et à 3 millimètres au plus du dessin, le nom et l'adresse de l'imprimeur.*

Là, il faut regarder de très près. Je trouve très juste qu'on exige la marque de l'origine; mais d'abord, est-ce nécessaire ?

M. Jacob. — Vous n'avez qu'à voir nos gravures anciennes.

M. Longuet. — Pour les cartes postales qui sont rognées à

vif, il faudrait que le nom fût dans le texte même et non à 3 millimètres.

M. Max Leclerc. — Je trouve que tout ceci présente des difficultés techniques, et devrait être étudié. Il faudrait renvoyer cela aux Syndicats intéressés. Je demande que la Commission exécutive du Congrès soit chargée de renvoyer ce texte aux Syndicats intéressés pour étude.

(La question est réservée.)

M. Max Leclerc. — Je crois qu'il faut prévoir les moyens d'exécution, et qu'il faut ajouter un mot disant que nous comptons que ce sera l'administration des Douanes et non le ministère de l'Intérieur qui sera chargé de ce service.

M. le Président. — Monsieur Lahure, vous n'insistez pas sur le paragraphe premier de vos propositions ?

M. Lahure. — Non !

M. le Président. — Le deuxième paragraphe est supprimé. Pour le paragraphe 3, on vous donne satisfaction.

M. Lahure. — On a demandé que le certificat d'origine fût un certificat de fabrication, de façon qu'on pût vérifier, parce que tous les jours on dit : voilà quelque chose qui vient de Suisse, et ça vient d'Allemagne.

M. le Président. — Monsieur Leclerc, verriez-vous un inconvénient à adopter cette proposition ?

M. Max Leclerc. — Monsieur Lahure, je vous demande de ne pas soulever la question du certificat d'origine, attendu que nous ne sommes pas compétents. Je prie les Syndicats que M. Lahure représente d'envoyer leurs desiderata à la Chambre de commerce de Paris qui a seule qualité pour examiner la question.

(M. Lahure se rallie à cette proposition.)

M. Max Leclerc. — Je demande maintenant cette adjonction :

6° *Et que l'Administration des douanes soit chargée de veiller rigoureusement à l'application des mesures.*

(La motion, mise aux voix, est adoptée à l'unanimité.)

M. le Président. — Je mets aux voix les conclusions de M. Max Leclerc, complétées comme vous l'avez vu.

(Adopté à l'unanimité.)

M. le Président. — Je lève la séance en nous félicitant d'avoir fait une bonne journée, puisque nous avons pu terminer cette grosse question.

La séance est levée à six heures cinquante-cinq.

SÉANCE PLÉNIÈRE

JEUDI 15 MARS 1917

La séance est ouverte à deux heures quinze, sous la présidence de M. Pierre Decourcelle.

M. le Président. — Messieurs, le programme de vos travaux comportait pour aujourd'hui une séance plénière au cours de laquelle devaient être soumis à votre approbation les vœux qui ont été adoptés dans chacune des sections.

Après avoir examiné ces vœux d'une part, après avoir réfléchi d'autre part au peu de temps que nous avons devant nous, il nous a semblé que la séance plénière d'aujourd'hui était peut-être superflue, et que, d'ailleurs, il convenait d'étudier d'un peu près ces vœux, dont quelques-uns sont en contradiction, de façon à ne soumettre à à votre approbation qu'un texte correct et définitif.

Par conséquent, et pour ne pas perdre de temps, en raison des questions très importantes que vous avez à discuter, la séance plénière d'aujourd'hui, si vous n'y voyez pas d'inconvénient, sera remise à samedi. Nous apporterons alors à votre assentiment l'ensemble des vœux adoptés.

C'est une procédure meilleure, étant donné que, dans les autres vœux que vous allez émettre, il peut s'en trouver qui, à de certains points de vue, touchent à ceux qui ont été déjà émis.

Donc, si vous le voulez bien, nous discuterons uniquement *aujourd'hui* les questions inscrites au programme. A ce point de vue, je dois m'excuser d'avoir pris sur moi, hier, de demander un changement de front dans l'ordre de vos travaux, et d'avoir fait substituer aux questions, que vous deviez aborder aujourd'hui dans la première section, celles qui étaient inscrites au programme de demain vendredi, et de remettre à vendredi les travaux dont vous deviez vous occuper aujourd'hui jeudi.

Il y a, à ce petit changement, une raison importante. Beaucoup d'entre vous ont à cœur de prendre part à la discussion des questions qui viennent aujourd'hui dans la deuxième section, et également d'assister à la discussion sur l'apprentissage, qui est très importante. M. Georges Lecomte, entre autres, inscrit comme rapporteur aujourd'hui dans la deuxième section, veut prendre la parole sur la question de l'apprentissage. Dans ces conditions, devant l'impossibilité pour lui et pour beaucoup d'autres d'être présents dans les deux sections, j'ai demandé aux rapporteurs d'avoir la bonne grâce de substituer le programme de demain à celui d'aujourd'hui.

J'avais voulu vous faire avertir par les journaux que vous lisez tous. Malheureusement, la communication, qui a été envoyée à quatre agences, n'a passé que dans un nombre infime de ces journaux. Le nécessaire avait été fait; malheureusement, le but n'a pas pu être rempli autant que je l'aurais voulu pour vos commodités personnelles.

Je vous demande donc de substituer, à la discussion d'aujourd'hui, celle sur la gravure au burin, la gravure sur bois, l'impression en taille-douce, la calcographie; demain, nous reprendrons le programme d'aujourdui, les œuvres sociales et l'apprentissage, qui constitue une des questions capitales dont le Congrès du Livre a le devoir de s'occuper.

La séance plénière est levée à deux heures et demie.

PREMIÈRE SECTION

I. — D.-A. LONGUET : **La Photocollographie.**
II. — A. JAMAS : **La Gravure au burin.**
III — A. PORCABEUF : **L'Impression en taille-douce.**
IV. — SOCIÉTÉ ARTISTIQUE DE LA GRAVURE SUR BOIS : **La Gravure sur bois.**

La séance est ouverte à deux heures vingt-cinq, sous la présidence de M. BASCHET, directeur de *l'Illustration*.

M. LE PRÉSIDENT. — Messieurs, le changement inopiné qui a été décidé dans l'ordre du jour apporte un peu de trouble dans le cours de nos travaux. Ceux d'entre nous, qui avaient des vœux à présenter, les avaient préparés, mais ne les ont pas apportés. Pour leur donner le temps de réunir leurs documents, nous allons commencer par entendre lecture des procès-verbaux des deux premières journées, et par les mettre aux voix.

Je donne la parole à M. Jean-Paul Belin pour lire le procès-verbal de la séance du lundi 12 mars.

M. JEAN-PAUL BELIN donne lecture du procès-verbal de la séance du 12 mars.

M. DE MALHERBE. — Nous avions demandé à l'assemblée l'autorisation de répondre à M. Lecomte, lors de la séance consacrée à l'apprentissage. Nous ne voulions pas laisser sa protestation sans exprimer au moins le désir d'y répondre. On a pensé qu'il était préférable d'attendre. Mais nous tenons à répondre.

M. LE PRÉSIDENT. — Vous ferez bien de prévenir M. Lecomte de vos intentions, afin qu'il assiste à la séance de demain.

M. DE MALHERBE. — M. Lecomte ne manquera pas d'être présent. Il est aussi qualifié que quiconque, étant donné son titre de directeur de l'École professionnelle, pour assister à la séance qui doit avoir lieu demain.

Nous demandons donc qu'il soit indiqué au procès-verbal que « les patrons imprimeurs expriment le désir de répondre à M. Georges Lecomte, et que l'assemblée remet cette réponse à la séance de l'apprentissage ».

M. CROLARD. — J'ai un mot à faire corriger à propos de la pâte de bois.

Il est dit au procès-verbal que la fabrication de la pâte chimique est accidentelle en France. Cela n'est pas exact. Cette fabrication, bien qu'étant assez développée, est cependant limitée, parce que l'on ne travaille que des bois importés.

M. LE PRÉSIDENT. — Je vais mettre aux voix le procès-verbal de la séance du lundi 12 mars.

Le procès-verbal de la séance du 12 mars, mis aux voix, est adopté.

M. LE PRÉSIDENT. — Je donne la parole à M. Boivin pour lire le procès-verbal de la deuxième séance.

M. BOIVIN, secrétaire, donne lecture du procès-verbal de la séance du mardi 13 mars.

(Ce procès-verbal, mis aux voix par le Président, est adopté.)

M. LE COMTE DURRIEU (de l'Institut). — Je demanderai la parole d'abord pour renouveler l'expression de mes regrets d'avoir dû quitter la précédente séance pour me rendre à la réunion d'un comité siégeant à l'Institut, et pour communiquer, tout à fait entre nous, l'impression que j'ai remportée de la séance de ce comité.

En ce moment, grâce à des efforts simultanés, un revirement d'opinion et un très grand mouvement de sympathie au point de vue français se produisent en Espagne. Dans ce pays, un nouveau champ, qui autrefois nous était fermé, va s'ouvrir, qui pourrait être extrêmement intéressant à conquérir pour l'industrie typographique française. Sans entrer dans le détail (cela n'est pas permis et je parle à titre officieux), il serait bon que nous songions à faire cette conquête qui serait intéressante, à la fois au point de vue technique et au point de vue commercial.

Je me permets d'indiquer le fait sans insister davantage, et j'excuse en quelque sorte mon absence d'hier en vous donnant cette nouvelle réconfortante à la fois pour nous et au point de vue patriotique.

M. LE PRÉSIDENT. — Nous remercions M. Durrieu de sa communication intéressante. Nous espérons que le revirement qu'il a indiqué ne s'arrêtera pas à l'Espagne et s'étendra à d'autres pays.

Nous allons passer à l'ordre du jour fixé pour aujourd'hui et demander, pour cette séance, à M. Charles Clément de vouloir bien nous servir de secrétaire.

M. CHARLES CLÉMENT est nommé secrétaire de la séance.

I. — D.-A. LONGUET : **La Photocollographie**

M. LE PRÉSIDENT. — Les graveurs sur bois ayant été surpris par le changement d'ordre du jour et nous ayant demandé un court délai pour préparer leurs vœux, nous allons prier M. Longuet de résumer son rapport sur *la Photocollographie*, et d'indiquer les vœux qu'il désire voir adopter par l'assemblée.

M. D.-A. LONGUET. — Messieurs, vous avez eu en main les quelques feuilles concernant la photocollographie. Ces feuilles portent peu de détails, encore moins de chiffres. Elles vous disent simplement à quoi la photocollographie peut et doit être employée. Malheureusement, elle n'est pas usitée autant qu'elle devrait l'être dans l'art du livre ; car beaucoup ignorent les facilités qu'elle offre à l'éditeur.

Ces facilités, je ne vous les dirai pas à nouveau, elles sont indiquées dans les quelques pages du rapport. Je voudrais seulement joindre à ce rapport quelques considérations qui ont été omises.

J'ai signalé que la carte postale était une grosse branche de la phototypie ; j'ajoute ceci : c'est aussi une branche que l'importation étrangère est venue alourdir d'une grave concurrence, concurrence au moins aussi nuisible moralement que par son chiffre d'affaires. C'est, en effet, fréquemment au procédé phototypique que les Allemands, exportateurs-nés d'obscénités, de malthusianisme et d'antipatriotisme, ont eu recours pour introduire chez nous leurs ferments de dégénérescence. La douane laissait passer sous couleur de documents d'art, et réexporter en grande partie comme articles de Paris ; notre réputation professionnelle en a lourdement pâti.

Ce petit trafic était aisé ; le gouvernement était incapable le plus souvent de sévir, parce que la loi de juillet 1881 sur la Presse est malheureusement en fait non appliquée et que l'entrée en France de la librairie et de l'imprimerie est libre.

Nous sommes très désireux de rendre au Kayser ce qui est au Kayser, et de voir obliger ses aimables sujets à affirmer la paternité de leurs productions.

Ces considérations appuyeront, je pense, Messieurs, les vœux que je vous demande d'adopter :

Les imprimeurs-phototypeurs estiment, dans l'intérêt général et particulièrement dans celui de leur corporation :

1° Qu'un laboratoire central de recherches et d'analyses soit créé aux fins que les industriels puissent pratiquement faire analyser les matières premières utiles à leur profession et aussi exécuter toutes recherches dans les voies qu'ils indiqueraient comme susceptibles d'apporter un perfectionnement à leur industrie.

Ce vœu, du reste, n'est que la transcription d'un vœu que M. Le Chatelier a émis à l'Institut.

Ce laboratoire devrait être à la disposition non seulement des phototypeurs, mais des imprimeurs, des constructeurs de machines, de tous ceux enfin qui ont une matière première à transformer et qui souvent n'ont pas le temps ou les moyens de la faire analyser de façon pratique par l'industrie chimique privée, c'est-à-dire sans frais très onéreux. S'il existait un laboratoire central analogue en son fonctionnement au laboratoire du service des fraudes, chacun de nous pourrait, par exemple, lorsqu'il emploie un papier, et qu'il y trouve des inconvénients ou des avantages, en faire faire l'analyse à ce laboratoire. De la création de cet organe résulteraient certainement de nombreux perfectionnements tant dans la fabrication du papier que dans celle des produits chimiques que nous employons, et qui, pour tous ceux qui s'occupent soit de photogravure, soit d'héliogravure, soit de photocollographie, comportent souvent des lenteurs, des ennuis, des accidents de travail dont nous sommes incapables de préciser la cause et, par suite, la suppression.

2° Que sans délai soient étudiées par une commission composée non seulement de légistes et de fonctionnaires, mais aussi de délégués des Chambres de commerce et des Syndicats industriels, toutes modifications à l'instruction primaire obligatoire, ainsi qu'aux écoles professionnelles, dans le but de réagir rapidement contre la crise de l'apprentissage, un préapprentissage devenant obligatoire à l'école primaire et l'admission aux cours des écoles professionnelles devenant un privilège réservé aux meilleurs apprentis de l'usine.

Je crois que ce vœu a déjà été émis d'autre part. Mais, comme tous les vœux doivent être réunis en un vœu unique, ou en une série de vœux uniques, à la fin du Congrès, il n'est peut-être pas mauvais que nous aussi nous indiquions quelle est notre manière de voir qui sera adjointe à celles d'autres sections du Congrès.

3° Que la signature de l'imprimeur, prescrite par la loi de juillet 1881, soit rigoureusement exigée en fait sur tous imprimés exécutés en France.

L'intérêt de ce troisième vœu ainsi que celui du suivant vous ont été indiqués tant par le rapport que par l'adjonction faite tout à l'heure.

4° Que l'article 15 de la loi du 11 janvier 1912 relative à l'établissement du tarif général des douanes porte cette addition : « Sont prohibés à l'entrée, exclus de l'entrepôt, du transit et de la circulation, tous imprimés ne portant pas la signature de l'imprimeur. Lorsque ces imprimés par leur nature seront susceptibles d'utilisation commerciale par fractions, chaque fraction devra porter la signature de l'imprimeur placée de façon telle qu'elle ne puisse être enlevée par un découpage ultérieur. »

Pour ceux d'entre vous qui ne sont pas des praticiens, je dirai simplement qu'il arrive fréquemment qu'aux douanes se présentent des feuilles entières en un format quelconque : jésus, colombier, etc., portant une série d'impressions. Souvent, ces feuilles ne portent rien ; souvent aussi, elles portent en un petit coin, quelque part, une mention d'origine, quelquefois même un nom d'imprimeur. Mais, pratiquement, cela n'équivaut à rien ; car, si ces feuilles sont, par exemple, ce qu'on appelle un « bloquage » de cartes postales, comportant trente à trente-deux sujets à la feuille, ces feuilles postérieurement sont découpées ; on fait sauter le nom unique d'imprimeur qui se promenait en une marge, et l'on obtient trente ou trente-deux images plus ou moins correctes ou plus ou moins propres au point de vue moral qui entrent en France sans aucune mention de producteur. On imprime au dos de ces cartes la mention « Carte postale », un nom d'éditeur à Paris, et le tour est joué. On réexporte ensuite ces cartes, ou on les vend derrière l'Opéra aux étrangers qui viennent ici, en présentant cela comme article de Paris.

Et indirectement, les photograveurs, les chromolithographes et les photocollographes français recueillent, pour leur propre production, la réputation qui est créée par ces produits venus de l'étranger.

A nos offres de service pour l'exécution de certains travaux, l'on nous répond : ce genre de travail n'est pas le vôtre ; vous faites plutôt les petites choses amusantes ! Actuellement, il nous arrive des lettres de braves soldats qui sont au front, un peu las de la vie pénible qu'ils y mènent (la chose se conçoit), et qui nous écrivent en nous demandant de leur envoyer une douzaine ou deux douzaines de cartes postales un peu gaies... « comme celles que l'on fait à Paris ».

Eh bien ! les cartes postales de ce genre ne se fabriquent pas chez nous, et mes confrères m'ont demandé d'apporter devant vous l'affirmation absolue de ce fait.

Mais cette fausse attribution malheureusement se reproduira, si l'adjonction à la loi que nous demandons, complément qui, je crois, a déjà été demandé au moment de la discussion du tarif des douanes dans une autre section, n'est pas votée et appliquée.

J'ai indiqué ce qui existe pour les cartes postales ; il en est de même en gravure, héliogravure, photogravure, rotogravure. Ces différents arts ont à la douane la même présentation que nous, surtout la rotogravure. A l'heure actuelle, on présente des feuilles bloquages pour calendriers ; ces feuilles sont découpées, montées ensuite sur un carton qui porte : « X..., Paris. » Il faut qu'il y ait l'adresse du fabricant comportant son nom et le lieu de fabrication.

On n'obtiendra cela que si, dans la loi, il est nettement spécifié que le nom de l'imprimeur soit placé de façon à ne pouvoir être supprimé sur aucun des éléments destinés à être ultérieurement isolés. Sinon, une fois de plus, nous serons dupés.

M. LE Président. — Nous allons voter séparément les divers vœux.

Le premier concerne le laboratoire central de recherches et d'analyses; je n'ai pas besoin de le répéter; je crois que cela ne fait pas de difficulté. Êtes-vous d'avis de l'approuver?... Avis contraire...

(Le vœu est approuvé.)

M. LE Président. — Je crois que nous devons remettre le second vœu à la séance de demain où sera groupée toute la discussion sur l'apprentissage. (*Approbation*.)

Le troisième concerne la signature de l'imprimeur. Je crois qu'il conviendrait de l'envisager au delà de la photogravure et de la photocollographie; il faudrait l'étendre à toutes les productions imprimées. Nous sommes d'accord que tout objet imprimé doit porter le nom de l'imprimeur et le pays d'origine.

M. Motti. — Ou une marque, lorsque le nom de l'imprimeur ne peut être indiqué. Il y a des cas où c'est difficile.

M. LE Président. — Il ne faudrait pas qu'il y eût à cet égard d'impossibilité.

M. Motti. — Quand cela comporte un nom et une adresse, c'est long et difficile.

M. LE Président. — Si vous vous contentez d'une petite marque, bien des choses passeront sous ce trop restreint contrôle. Il faut exiger le nom.

M. Longuet. — Dans une carte postale, le nom et l'adresse peuvent très bien trouver leur place.

M. Motti. — Oui, du côté adresse.

M. Longuet. — La clientèle nous a d'abord refusé l'apposition de notre signature disant : « Nous ne voulons pas faire de publicité à votre firme. » Mais grâce à une bonne entente corporative, nous sommes arrivés à insister auprès d'elle et à lui dire : « Nous les ferons ainsi ou pas, car la loi est telle. » Maintenant, la clientèle en a pris l'habitude. Certains se sont d'abord défendus en disant : « Nous vous confions des clichés, et, si vous mettez votre nom d'imprimeur, vous allez les imprimer pour des tiers. » Ce à quoi nous avons répondu : « Si nous étions malhonnêtes, nous aurions pu vous voler avant; ce n'est pas le fait d'avoir mis notre nom qui va nous faire perdre nos habitudes de probité. »

La vérité, c'est que ceux qui s'opposent à la mention du nom de l'imprimeur sont des courtiers.

M. Motti. — Ce sont des intermédiaires qui ne sont pas imprimeurs.

M. Longuet. — D'accord, ce sont les imprimeurs marrons. Eh

bien! l'imprimeur marron est celui qui fait baisser ses prix à M. Motti comme aux autres. Nous n'avons pas d'intérêt à l'aider à nous mettre sous le boisseau, et à nous étrangler.

M. LE PRÉSIDENT. — Nous allons généraliser le vœu et dire que *tout imprimé, quel qu'il soit, doit toujours porter le nom de l'imprimeur et son adresse.*

M. LONGUET. — Je ne me serais pas permis de généraliser, mais je ne demande pas mieux qu'il en soit ainsi.

M. LE PRÉSIDENT. — Cela n'a figuré dans aucun vœu, mais cela peut figurer ici, et je crois que cette motion réunira l'unanimité.

M. BUGNIOT. — En ce qui concerne les cartes postales, dans un grand nombre de cas, lorsqu'il y a composition artistique, le nom de l'artiste devrait figurer.

Le Syndicat de la propriété artistique a fait arrêter en Suisse huit cent mille cartes qui étaient des contrefaçons d'œuvres artistiques. Il y avait, entre autres, le tableau de Paul Chabas, intitulé : *Revérie du soir sur le lac d'Annecy*. Les Allemands n'avaient pas hésité à intituler cela : *Bain froid*.

Nous avons été émus de ces contrefaçons, et, immédiatement, nous avons engagé un procès qui était assez gros de conséquences. Nous avons demandé au Bureau de la propriété artistique de s'en occuper, et nous venons d'avoir une solution très pratique. Le Bureau international a fait les recherches nécessaires, et nous avons pu constater qu'en Allemagne il y a encore des juges : l'éditeur, qu'on connaît maintenant, a été condamné à 7000 couronnes et à la destruction de tous les clichés.

Je crois que, dans un grand nombre de cas, les éditeurs, s'ils étaient affiliés au Syndicat de la propriété artistique, pourraient faire bloc avec les artistes pour défendre leurs intérêts, et les contrefaçons seraient dans l'avenir, évitées ou, en tout cas, poursuivies.

M. LE PRÉSIDENT. — Nous n'avons pas besoin de mêler les artistes à ce vœu ; ils sont protégés par les lois sur la propriété artistique. Nous ne demandons pas, même ici, le nom de l'éditeur, nous demandons le nom de l'imprimeur.

M. BUGNIOT. — La jonction du nom de l'artiste est une garantie contre la contrefaçon.

M. LE PRÉSIDENT. — Si l'on exige trois noms, ce sera un petit Bottin sur une carte postale.

C'est à vous à faire des procès. L'artiste a droit à ce que sa profession soit respectée. Vous n'avez qu'à faire des procès, et vous les gagnerez toujours.

M. BUGNIOT. — Je ne parle pas exclusivement au point de vue moral. Je crois que pratiquement c'est très utile. Ainsi, *l'Illustration* est affiliée au Syndicat de la propriété artistique. Le Syndicat des Architectes décorateurs, qui comprend aujourd'hui deux mille cinq cents membres, n'a pas hésité, comme un certain nombre de confrères en cartes postales, à en faire partie, et c'est une grande puissance, à l'étranger surtout. Il y a une quantité de lois qui vont être revisées; le Bureau international de Berne va être revisé prochainement. Je crois que, pour les imprimeurs et les éditeurs, il y aurait quelque chose à faire.

M. LE PRÉSIDENT. — C'est surtout là que vous devez agir, notamment en exigeant qu'on ne prenne pas des fragments de votre œuvre pour la dénaturer.

M. BUGNIOT. — Je parle incidemment, parce qu'il y a des efforts communs en vue d'un même but.

M. MOTTI. — Il ne faudrait pas perdre de vue les imprimés sur lesquels il n'y a pas moyen de mettre le nom de l'imprimeur, par exemple les journaux de modes qui contiennent des estampes en phototypie. On ne peut pas, sur chaque planche, mettre le nom de l'imprimeur. Mais on pourrait émettre le vœu qu'une marque française caractéristique, une marque nationale, un petit coq, par exemple, devrait figurer dans chaque gravure ne portant pas le nom de l'imprimeur.

M. LE PRÉSIDENT. — Ces planches portent déjà, pour être acceptées par la poste, la mention « Supplément à tel journal... »

M. MOTTI. — Il nous est arrivé de suivre des ouvrages pour lesquels M. de Malherbe ou moi imprimons la couverture. Nous imprimons une couverture pour quelqu'un qui est en France; cette couverture est envoyée en Suisse; la Suisse reçoit les gravures allemandes, et le tout revient en France comme si c'était français.

M. LONGUET. — Vous voyez donc la nécessité de la signature sur chaque gravure ou illustration. Pour ce qui est de la garantie d'une marque nationale, elle sera générale et indéterminée, tandis que vous aurez une caution spécificative avec un nom et une adresse d'imprimeur, puisque seul l'imprimeur a, en l'état de la loi, le privilège de la signature; n'en faites pas fi.

M. MOTTI. — Je reconnais que c'est difficile.

M. LE PRÉSIDENT. — La mode est de découper certaines gravures hors texte et de les coller sur un support. Si vous collez ainsi une gravure en trichromie, vous n'allez pas pouvoir y mettre le nom de l'imprimeur. Mais le directeur de *Femina* ou de *l'Illustration* est responsable, et est caution.

Quand des planches sont destinées à être vendues à part, il faut que la douane puisse y lire le nom de l'imprimeur.

M. Motti. — Cela va bien, lorsqu'il y a un éditeur français; mais, lorsque c'est un travail dont la couverture seule est imprimée en France...

M. le Président. — La couverture couvre la marchandise.

M. Longuet. — Vous vous êtes plaints et d'autres confrères se sont plaints d'être submergés, justement grâce à l'artifice de la couverture. Étant donné l'envahissement de la production française par la production suisse et allemande, envahissement plus ou moins dissimulé, il faut que vous cherchiez les moyens d'y parer dans l'avenir. Or, les journaux de modes de Stuttgart ou de Francfort auront leur entrée facile ici, du moment qu'ils auront une couverture sortant de nos presses.

M. Motti. — Je veux aller contre cela.

M. Bugniot. — C'est peut-être là que la contremarque serait intéressante, parce qu'il est fastidieux d'avoir dans les hors-textes le nom de l'imprimeur.

M. Longuet. — Vous pouvez mettre : « Paul, imprimeur, à Paris. » La signature de l'imprimeur est admise ainsi.

M. le Président. — Il est certain que cette mention du nom de l'imprimeur ne sera pas toujours commode, pas toujours jolie, mais tant d'intérêts l'exigent!

Un congressiste. — La loi de 1881 nous donnerait satisfaction, si elle était appliquée.

M. Longuet. — Oui, à l'intérieur, mais elle ne joue pas à l'entrée en France.

M. le Président. — Cette loi n'exige pas la signature sur les bilboquets et travaux de ville; nous ne voulons plus ces exceptions. Même un bulletin de vote doit porter un nom. On ne ferait grâce qu'aux cartes de visite.

M. Lahure. — Le bulletin de vote porte le nom de l'imprimeur, c'est la loi. Tout imprimé qui circule en France doit observer la loi de 1881, et cela nous donnera satisfaction.

Voyons ce qui arrive dans une publication. Prenons *l'Illustration*, par exemple. *L'Illustration* a un gros tirage, et elle insère dans son recueil différents procédés d'imprimerie. Il y a trois ou quatre imprimeurs qui y collaborent. Eh bien! il faut que chacun mette son nom sur la partie qu'il aura faite. La couverture peut être faite par l'un, le texte par un deuxième, les planches hors texte par un troisième; il faudra, pour entrer en France et être insérées dans le recueil, que chacune de ces parties porte le nom et l'adresse de l'imprimeur.

Il faut exiger que la loi de 1881 soit rigoureusement observée.

M. Abel Jamas. — Nous sommes au Cercle de la Librairie; or, ce Cercle n'a-t-il pas en sa possession un timbre réputé?

M. Longuet. — Les Syndicats ni les Unions de Syndicats n'ont le droit de posséder une marque. Il y a un projet de loi déposé, mais, quand passera-t-il? On ne peut, quant à présent, rien faire de plus.

M. le Président. — Contentons-nous, pour le moment, de demander l'application rigoureuse de la loi de 1881.

M. Longuet. — Nous voulons que la signature de l'imprimeur prescrite par la loi de 1881 soit rigoureusement exigée, en fait, sur tous les imprimés exécutés en France. C'est notre troisième vœu.

M. Lahure. — Ce n'est pas « exécuté en France » qu'il faut dire, c'est « circulant en France ».

M. Longuet. — Cela ne vous avancera à rien au point de vue de la douane, parce que, comme vous l'avez remarqué vous-même à plusieurs reprises en le regrettant, à la douane vous êtes incapable d'arrêter en vous basant sur une loi intérieure.

M. Lahure. — Si la loi le prescrit, la douane arrêtera. Il sera moins difficile de perfectionner la loi de 1881 que d'obtenir du Parlement une loi nouvelle.

M. Longuet. — Nous ne demandons pas une loi nouvelle. Nous demandons, d'une part, que la loi intérieure de 1881 soit appliquée. Nous ne demandons pas qu'on la modifie, nous demandons qu'on l'applique telle qu'est est. Puis nous demandons que la loi de douane de 1892 soit complétée. Il y a là deux choses : d'une part, la production française, et, d'autre part, la production se présentant soit pour entrer, soit pour transiter en France.

M. le Président. — Nous allons voter le numéro 3 :

3° *Que la signature de l'imprimeur prescrite par la loi de 1881 soit rigoureusement exigée en fait sur tous imprimés exécutés en France.*

(Ce vœu, mis aux voix, est adopté à l'unanimité.)

M. le Président. — Passons au numéro 4 :

4° *Qu'un article additionnel au tarif des douanes prohibe l'entrée ou le transit en France de tout imprimé exécuté à l'étranger, ne portant pas le nom et l'adresse de l'imprimeur, et qu'à cet effet l'article 15 de la loi du 11 janvier 1892, relative à l'établissement général des douanes, porte cette addition :*

Sont prohibés à l'entrée, exclus de l'entrepôt, du transit et de la circulation, tous imprimés ne portant pas le nom et l'adresse de l'imprimeur.

Lorsque ces imprimés sont susceptibles d'utilisation commerciale par fractions, chacune de ces fractions devra porter la signature d'imprimeur placée de façon telle qu'elle ne puisse être enlevée par un découpage ultérieur.

(Ce vœu, mis aux voix, est adopté à l'unanimité.)

II. — A. JAMAS : La Gravure au burin

M. LE PRÉSIDENT. — La parole est à M. Abel Jamas pour la lecture de son rapport sur la gravure au burin.

M. ABEL JAMAS. — Messieurs, vous avez eu tous entre les mains le rapport que j'ai présenté au nom des artistes graveurs au burin. Il est fort bref, ainsi que vous avez pu vous en rendre compte. Il aura eu, au moins, l'avantage de m'éviter de vous imposer une lecture trop longue.

Jusqu'à présent, dans les différentes salles qui nous réunissent pour une œuvre commune et dont nous attendons tous le plus grand bien, on a surtout discuté des intérêts économiques et des intérêts techniques. Il s'agissait donc, dans ces réunions, de discussions d'ordre matériel ; vous aviez à défendre vos intérêts contre la concurrence étrangère.

Mais, en ce qui nous concerne nous, graveurs, et je dis graveurs en général, j'englobe dans cette appellation commune les graveurs sur bois qui viendront ici après moi, nous avons à défendre un patrimoine d'un autre ordre ; car celui-là est purement moral.

Ainsi que je l'ai rapidement énoncé au cours des deux ou trois pages de ce rapport, je crois que nous n'avons rien à apprendre à qui que ce soit d'entre vous sur les Annales particulièrement glorieuses de la gravure dans l'art du livre français. Nous vous avons demandé la permission de nous joindre à vos travaux pour défendre ce patrimoine moral ; car ce ne sont, je le répète, que des considérations de cet ordre que nous avons à faire valoir.

Je sais, Messieurs, que vous êtes d'avance acquis à la cause que nous défendons.

Il s'agit de faire œuvre de beauté à côté d'une œuvre d'utilité. Or, dans le domaine du livre, personne n'a jamais surpassé la France au point de vue de la beauté.

Il y a évidemment une distinction à établir entre les différents procédés d'illustration, et nous voulons que cette distinction soit formelle.

Je vais droit au but : il y a les vieux procédés d'art, et il y a les procédés industriels.

Les procédés d'art sont aussi anciens que le livre. La gravure sur bois est plus ancienne, mais je parle en ce moment-ci spécialement de la gravure sur métal. Depuis une quarantaine d'années, l'industrie du livre a fait des progrès considérables, et justice est rendue à ces progrès par nous tous les premiers.

Nous voulons simplement qu'à côté de ces progrès on ne laisse pas dépérir et tomber en quenouille les belles traditions du beau livre français et des artistes graveurs. Les graveurs ont été, je crois pouvoir le dire sans exagération, les artisans glorieux de nos plus belles périodes. Je parle des graveurs sur bois qui paraîtront devant vous tout à l'heure et des graveurs sur métal dont j'ai l'honneur d'être le représentant.

Nous souhaitons qu'à l'avenir, entre les différents groupements d'artistes graveurs et les groupements analogues de bibliophiles éditeurs ou amateurs, il existe des rapports plus fréquents et plus étroits, afin de réunir, en un faisceau, toutes les forces qui doivent tendre vers un même but commun.

Les graveurs demandent simplement qu'on leur accorde une protection morale effective dans le flot des productions individuelles. Ce vœu est nettement défini, je crois, et d'une façon fort simple, dans le rapport que j'ai l'honneur de résumer devant vous.

Lorsqu'une publication tombe sous les yeux d'un lecteur, il ouvre le livre dans lequel il y a du texte imprimé et, à côté, ce que nous appelions dans le temps « une image ». Autrefois, les images étaient rares; elles le sont moins maintenant. Actuellement, lorsqu'un lecteur, quel qu'il soit, ouvre un livre et voit une image, il ignore trop souvent le moyen par lequel cette image a été obtenue. Petit à petit, on s'est habitué à dire non plus une image, mais « une gravure », quel que soit le procédé d'illustration par lequel le livre est orné. C'est contre cela que nous voulons protester et réagir, en demandant qu'à l'avenir, et quelle que soit la publication mise sous les yeux du lecteur, quelle que soit même l'éducation intellectuelle de ce lecteur, le mot « gravure » ne soit jamais employé seul, mais accompagné d'un autre terme déterminatif du procédé de gravure. Ce ne serait que justice, et, en nous accordant cette satisfaction, nous estimons considérables pour nous les conséquences qui en résulteraient.

En effet, qu'est-ce que signifie le mot « gravure »? Permettez-moi de prendre une comparaison très terre à terre. Si vous demandez un vin, vous aurez soin de spécifier son origine. Eh bien! nous demandons que l'on nous accorde à nous, artistes, ce même privilège de délimitation.

Ainsi, si un livre est illustré de planches gravées, nous demandons que, sur la couverture ou la première feuille, il y ait l'indication que les illustrations du livre ont été gravées au burin, originalement ou d'après les dessins ou les compositions de tel ou tel. Comme vous le voyez, cela n'est pas compliqué. C'est simplement quelques caractères en plus à vous demander; de même, s'il s'agit de gravures sur bois, d'eaux-fortes ou de toutes autres gravures d'art.

Je laisse à M. Porcabeuf, qui partage les mêmes idées que moi sur ce sujet, le soin de vous exposer que l'on pourrait ajouter l'indication du procédé auquel est due l'impression des planches.

Je crois avoir assez abusé de votre complaisance, et je vous remercie de m'avoir écouté dans mes conclusions. Je vous demande simplement d'adopter les quelques vœux qui vous seront présentés. Il est indispensable que le public ne soit plus entraîné à confondre les techniques d'art et les procédés photomécaniques.

Nous ne nous trouverions pas aussi fréquemment en présence de cas tels que le suivant : Une personne ayant vu par hasard une gravure fut intéressée tant par le sujet que par l'excellent rendu de son exécution, et chercha à se procurer une épreuve semblable. Elle me fut adressée. Je lui dis que cette gravure avait été éditée spécialement et tirée à deux cent cinquante exemplaires répartis entre les mains de privilégiés ou de souscripteurs, et que je croyais qu'il n'en existait plus beaucoup. Alors, ce Monsieur me dit : « Comme vous faites tort au public ! Pourquoi ne tirez-vous pas ces gravures à plusieurs milliers d'exemplaires ? » Je tâchai de le convaincre, et lui dis qu'on trouverait peut-être encore un ou deux exemplaires chez l'artiste à un prix avoisinant 100 francs. Le Monsieur se récria devant l'énoncé de ce chiffre, en s'excusant de son incompétence et de la démarche qu'il avait faite; car il s'attendait à payer la gravure environ 5 francs.

Je voulais terminer sur cette petite anecdote dont je vous garantis l'authenticité.

M. PAUL BELIN. — En principe, je suis d'avis d'adopter le vœu déposé par M. Jamas. Néanmoins, j'aurais une observation à présenter. Est-ce que sous la désignation de « livre populaire », le livre classique se trouve compris?

M. ABEL JAMAS. — Je n'ai pas employé le terme de « livre populaire ».

M. PAUL BELIN. — Voici quelle est la portée de mon observation. Dans la pratique, il arrive souvent, particulièrement en ce qui concerne le livre classique, que différents procédés de gravure sont employés. S'il faut indiquer que, sur deux ou trois cents gravures, il y a tant de similigravures, tant de photogravures, tant de gravures sur bois, cela fera une nomenclature un peu longue. Evidemment, lorsque cette indication sera possible, je ne vois pas d'inconvénient à ce qu'on la fasse figurer; mais, dans la pratique, il pourrait y avoir parfois une complication regrettable.

M. ABEL JAMAS. — C'est un cas d'espèce, évidemment. Si vous avez, par exemple, deux cent cinquante illustrations dans un livre de vulgarisation scientifique, il est évident que nous ne demandons pas que cela soit énuméré et catalogué par séries. Il est certain que, si vous dites, par exemple, que le livre contient deux cent cinquante illustrations parmi lesquelles il y a tant de photogravures, tant de similigravures, tant d'héliogravures, nous aurions pleine satisfaction.

M. PAUL BELIN. — Je suis d'accord avec vous sur le principe, mais je voulais vous signaler la petite difficulté qui pouvait se présenter.

M. LE COMTE DURRIEU. — J'ai l'honneur de faire partie de la plus ancienne société de bibliophilie qui existe en France, les Bibliophiles français. Pour les grands ouvrages qui sont publiés, nous pourrions exiger, avec l'indication du nombre de planches, la mention que tant de planches, de tel numéro à tel numéro, ont été exécutées d'après tel procédé; et telles autres planches, d'après tel autre procédé. Ceci peut se faire pour les livres de grand luxe.

Je crois personnellement qu'il y a grand intérêt à adopter le vœu qui nous est présenté. Je déclare que, dans la Société à laquelle j'appartiens, je tiendrai toujours le plus grand compte des observations qui viennent d'être faites, et je tâcherai de les faire accepter dans le monde des bibliophiles, c'est-à-dire de ceux qui s'intéressent aux livres de luxe; car c'est aux livres de luxe que peuvent s'appliquer le mieux les observations de M. Jamas.

M. ABEL JAMAS. — J'ai commencé par mettre hors de cause les bibliophiles, qui nous sont certainement acquis; j'ai parlé du lecteur moins averti.

M. LE COMTE DURRIEU. — Vos observations peuvent nous servir de guide pour insister encore davantage, le cas échéant.

M. ABEL JAMAS. — C'est là une question que j'ai vécue depuis fort longtemps, dont la solution me tient à cœur. Ce public moins averti a besoin d'être aidé dans son éducation; il est souvent persuadé qu'il possède des gravures, alors qu'il n'en a pas.

M. LE PRÉSIDENT. — Je crois que nous pouvons tous adopter le vœu proposé dans le rapport.

Pour les ouvrages de vulgarisation, il suffirait d'indiquer, en ce qui concerne les reproductions en photogravure et autres procédés mécaniques, le mot « reproduction », et lorsqu'il s'agit de gravures sur bois ou sur cuivre, le mot « composition », ce qui veut dire « produit de l'imagination ».

M. ABEL JAMAS. — Pas toujours. Je vise en même temps les graveurs originaux qui reproduisent eux-mêmes leur composition, et les graveurs de reproduction qui reproduisent les compositions des autres.

M. LE PRÉSIDENT. — Le mot « composition » indique l'idée de création.

M. ABEL JAMAS. — Il n'existe pas de difficulté, la solution est acquise à l'avance. Quant aux ouvrages d'études scientifiques, nous ne les visons pas. Jamais un lecteur, qui aura entre les mains un livre d'anatomie, de chimie ou de physique, ne s'imaginera qu'il a une œuvre d'art. Il aura une très belle reproduction illustrant et commentant le texte.

Je vise simplement les reproductions dues aux procédés mécaniques tendant à un caractère artistique qui n'est pas de même catégorie que le caractère artistique des gravures sur bois et sur métal.

Je le répète, car je voudrais que vous fussiez bien persuadés qu'il n'existe dans mon esprit aucune idée d'antagonisme, et que mes explications ne visent qu'à obtenir pour les artistes une satisfaction ayant comme conséquence pour le public la disparition de confusions qui lui sont préjudiciables.

M. LE PRÉSIDENT. — En résumé, vous demandez de faire décider :

1° Que le vocable « gravure » ne soit jamais employé seul pour désigner les illustrations d'une revue, d'une publication ou d'un livre;

2° Que ce vocable soit toujours accompagné d'un terme complémentaire explicite spécifiant d'une façon précise le procédé artistique ou industriel par lequel auront été obtenues les illustrations;

3° Que ces indications soient apposées en toutes circonstances, aussi bien dans la publication elle-même que dans les prospectus ou annonces qui en précéderont ou accompagneront l'apparition.

Je mets ce vœu aux voix :

(Le vœu est adopté à l'unanimité.)

M. ABEL JAMAS. — Je remercie tous mes confrères ainsi que mes camarades graveurs sur bois.

III. — A. PORCABEUF : **L'Impression en taille-douce**

M. LE PRÉSIDENT. — M. Porcabeuf étant absent, je donne la parole à M. Jamas pour nous présenter, en son lieu et place, le rapport des imprimeurs en taille-douce.

M. ABEL JAMAS. — Mon excellent camarade Henri Guerlin, qui s'intéresse beaucoup aux questions relatives à la rénovation du beau livre, nous a fait part hier de l'intention qu'il avait de vous soumettre une proposition.

M. LE PRÉSIDENT. — La parole est à M. Henri Guerlin.

M. HENRI GUERLIN. — Après avoir lu les très intéressants rapports de mon ami Jamas et de MM. les Graveurs sur bois, j'ai pensé qu'une conclusion s'imposait, à savoir que, malheureusement, l'art du graveur, qui nous a donné tant de chefs-d'œuvre, est actuellement en grand péril. Pour le relever, nous ne pouvons guère compter sur le livre tiré à grand nombre et sur l'édition purement commerciale. Notre espoir le plus sérieux repose encore sur le bibliophile, qui est presque toujours un Mécène averti, un connaisseur délicat, qui est aussi quelquefois l'homme providentiel, bon et doux, qui passe sa vie assailli de scrupules et plein de remords tant qu'il manque un numéro à sa collection de chefs-d'œuvre. Eh bien ! il ne tient qu'à vous, Messieurs, de stimuler ses scrupules, de multiplier ses cas de conscience fructueux pour l'art. Ce moyen est bien simple : vous n'avez qu'à vous unir pour obtenir la création d'un Salon annuel du Livre. Je ne dis pas une exposition quelconque, je dis le Salon du Livre, et le mot me paraît d'une importance capitale.

J'aurais pu formuler ma proposition devant la Commission qui s'occupera des expositions techniques ; j'avais le choix entre deux sections du Congrès ; mais j'ai préféré celle-ci, parce que sont réunis, pour le moment, ceux sur l'appui desquels je compte le plus, ceux qui sont le mieux faits pour m'entendre et me comprendre, je veux parler des artistes graveurs, qui sont des collaborateurs précieux pour le livre, c'est-à-dire de tous ceux qui continuent la lignée glorieuse des Moreau le Jeune, des Oudry, des Gustave Doré.

Je dis que le mot « Salon » est pour moi d'une importance capitale. En effet, il me paraît avoir quelque chose de plus élégant, de plus attrayant pour les profanes, de plus artistique enfin que le mot « Exposition ». Il implique un choix et un jury. Je sais bien que vous participez tous les ans au Salon annuel, vous y tenez une place très légitime ; mais le tableau, qui a pour lui l'attrait de la couleur, est, pour vous, un concurrent terrible. Vous ne m'en voudrez pas de dire que la gravure y fait un peu figure de parent pauvre. Il lui faut un cadre plus intime et plus recueilli. Le Salon du Livre viendrait vous offrir ce cadre. Songez que l'on pourrait y créer, tous les ans, plusieurs grands prix : grand prix de reliure, grand prix de gravure, etc. Ce serait un moyen de provoquer la création de chefs-d'œuvre pareils à ceux des anciennes corporations et ces chefs-d'œuvre, estampillés par votre jury et servis par une propagande efficace, attireraient l'attention des bibliophiles du monde entier. Ainsi pourrait se produire à travers le monde le rayonnement du Livre français lequel, quoi qu'on en ait pu dire, n'a jamais été éclipsé. Je vous propose donc le vœu suivant :

Qu'il soit créé un Salon annuel du Livre, où seraient décernés différents grands prix de reliure, de gravure, etc., qui seraient un encouragement précieux pour les artistes du livre et permettraient d'établir des chefs-d'œuvre que se disputeraient les bibliophiles du monde entier.

(*Applaudissements.*)

M. LE PRÉSIDENT. — L'idée est très intéressante ; mais il faudrait disposer d'un local important. Vous dites qu'au Salon la gravure fait un peu l'effet d'un parent pauvre ; cependant, elle occupe trois grandes salles.

M. ABEL JAMAS. — Il y a aussi les estampes, tandis que mon ami Guerlin ne vise que le livre.

M. HENRI GUERLIN. — Oui, le livre et la gravure considérés plutôt au point de vue artistique qu'au point de vue commercial. Bien entendu, le détail du projet serait à étudier. Je sais que le Salon d'Automne fait quelque chose comme cela chaque année. Ici, on ne s'occuperait que du livre.

M. ABEL JAMAS. — Les conditions d'admission devront être très restrictives.

M. HENRI GUERLIN. — J'entrevois un cadre tout trouvé, mais je ne veux pas entrer dans le détail du projet.

M. BOIVIN. — Cela rentre dans l'ordre des idées exprimées par M. Gillon dans son rapport.

M. ABEL JAMAS. — On pourrait renvoyer le vœu de M. Guerlin avec les vœux d'un autre rapport.

M. LE PRÉSIDENT. — Oui, à la Commission des expositions techniques. Nous ferons en sorte qu'il y figure.

M. Abel Jamas a la parole pour présenter le rapport des imprimeurs en taille-douce.

M. ABEL JAMAS. — M. Porcabeuf ne pouvant se rendre à notre réunion, M. le Président accepte que je vienne au pied levé soutenir les conclusions du rapport qui devait être présenté par lui. Le développement de ces conclusions sera extrêmement simple. Elles sont en connexité étroite avec celles que je viens de développer devant vous tout à l'heure en ce qui concerne la gravure sur cuivre. En effet, dans ce rapport, j'ai englobé également les aquafortistes et tous les graveurs sur métal.

La gravure sur métal, qu'elle soit exécutée au burin ou par la technique de l'eau-forte, aboutit dans les deux cas au même atelier : celui de l'imprimeur en taille-douce. L'imprimeur en taille-douce exerce un métier fort spécial dont la caractéristique est la suivante : C'est que, depuis l'impression de la première estampe tirée sur papier, la technique de cette impression, de même que son outillage, n'ont subi aucune modification essentielle et, disons le mot, presque aucun perfectionnement.

Vous voyez que l'impression et la gravure sur métal, qui ont pour ainsi dire la même vie, ont suivi la même voie, depuis leur apparition jusqu'à nos jours, sans progrès. Ici, il n'est question que de progrès ; peut-être pouvez-vous trouver étrange que l'on vienne défendre à la fois un art et une technique qui est son adjuvant, et que l'on dise qu'ils n'ont fait aucun progrès ? la raison en est fort simple ; c'est qu'il s'agit d'œuvres d'art et qu'une œuvre d'art est une chose imperfectible, parce qu'elle est parfaite en elle-même. Quelle qu'elle soit, elle représente toujours la perfection d'une idée. La première gravure sur métal connue peut être considérée comme une œuvre d'art parfaite, et l'imprimeur en taille-douce, qui a contribué à la répandre, l'a rendue lui-même parfaite dès le premier jour ; car il n'y a aucun perfectionnement à apporter dans l'art de la gravure, dans son impression, pas plus que dans son exécution.

Le vœu que présente mon ami Porcabeuf au nom des imprimeurs en taille-douce est excessivement simple, et il se confond avec le vœu que j'ai eu l'honneur de vous présenter pour les graveurs sur métal.

Il est nécessaire que, dans toute publication illustrée, le procédé d'impression soit explicitement spécifié pour éviter la confusion, et afin de tracer ainsi une délimitation obligatoire entre les procédés industriels et les procédés d'art.

M. LE PRÉSIDENT. — Le vote de ce vœu est acquis.

On emploie souvent, pour désigner le nouveau procédé de gravure en creux, le mot d' « héliogravure », celui de « rotogravure » et celui de « taille-douce » ; ce dernier ne devrait pas s'appliquer ici.

M. ABEL JAMAS. — Le mot « roto-taille-douce » m'épouvante, car il est sans signification.

M. BOIVIN. — C'est un mot barbare.

M. LE PRÉSIDENT. — C'est plutôt de l'héliogravure rotative.

M. ABEL JAMAS. — Même une planche en héliogravure se distingue sur la feuille de papier par le gaufrage du témoin de la planche. Mais il faudrait justement arriver à ne pas jouer autant sur les mots. C'est à l'abri de cet abus des mots que l'on trompe le public.

IV. — SOCIÉTÉ ARTISTIQUE DE LA GRAVURE SUR BOIS :
La Gravure sur bois

M. LE PRÉSIDENT. — Nous venons de recevoir un rapport sur *la Photogravure industrielle et la similigravure*. Ce rapport n'a pas pu être terminé plus tôt. Personne n'étant présent pour représenter ce procédé et présenter un vœu, je donne la parole à M. Clément Janin au sujet du rapport de la *Gravure sur bois*.

M. CLÉMENT JANIN. — Messieurs, je crois qu'après les discussions qui ont eu lieu avant-hier au sujet du livre illustré, et celles que vous venez d'entendre tout à l'heure, très éloquemment exposées par M. Jamas, nous n'avons que peu de chose à ajouter. Nos vœux se bornent simplement, avec beaucoup de modération, à demander que la gravure sur bois continue ou, comme on l'a dit l'autre jour, soit davantage encouragée dans l'édition illustrée.

Nous pensons, à la Société artistique des Graveurs sur bois, car cela fait partie intégrante de son office et de sa fonction, qu'il y a un gros intérêt à ce que le livre conserve son unité; car l'un des éléments de la beauté d'un ouvrage réside précisément dans les relations intimes, étroites et harmonieuses, de tous les éléments qui le composent. Or, on ne trouvera, dans aucun ordre de procédés, en dehors de la gravure sur bois, cet élément d'harmonie et d'adaptation étroite entre le caractère typographique et la gravure sur bois. Il n'y a pas de différence sensible, ou plutôt, si cette différence est sensible, elle n'est pas fondamentale.

Voilà pourquoi nous avons émis les vœux qui sont soumis aujourd'hui à l'approbation du Congrès.

Notre désir, c'est que, soit dans le livre populaire, soit dans le livre de bibliophile, la gravure sur bois continue à être considérée comme un élément d'harmonie, et, par conséquent, de beauté.

Il n'y a rien dans ce vœu qui puisse choquer aucune susceptibilité. Remarquez que nous ne contestons aucunement l'intérêt qu'il y a à employer d'autres procédés, et que nous n'allons nullement à l'encontre des procédés photomécaniques et industriels qui constituent des progrès. Or, comme on vous l'a dit, il n'y a à chercher de progrès ni dans les arts, ni dans leur application.

Voici les vœux émis dans mon rapport :

Que, soit dans le livre populaire, soit dans le livre de bibliophile, la gravure sur bois continue à être considérée comme un élément d'harmonie, et, par conséquent, de beauté ;

Qu'il y a lieu, sans proscrire les autres procédés dont l'utilité, la rapidité et l'économie ne sont pas contestées, de déclarer que les plus beaux livres ont été faits dans le passé (XVIe siècle) en gravure sur bois, et tout encore dans le présent (William Morris, Lepère, etc.), et doivent l'être dans l'avenir ;

Que le renom des éditions françaises est attaché, en grande partie, à l'emploi de la gravure sur bois dans les ornements et dans l'illustration.

Tels sont, Messieurs, les vœux très modérés que nous soumettons à votre approbation. Je crois que vous les accepterez après avoir entendu M. Jamas qui a une observation à présenter et que nous écouterons toujours avec le même intérêt.

M. ABEL JAMAS. — Je voudrais simplement demander à M. Clément Janin la permission de lui soumettre une petite modification de forme dans l'énoncé du second vœu. Cette modification de forme m'est dictée un peu par les idées qui ont présidé aux développements que je vous ai exposés tout à l'heure.

Vous avez vu que, nous également, nous laissions aux procédés industriels toute la part leur revenant. J'ai rendu aux graveurs sur bois l'hommage très légitime qui leur est dû. J'ai dit qu'à l'apparition du livre, ils avaient été là au premier appel. Mais M. Clément Janin, tout en défendant avec une conviction bien légitime la cause de la gravure sur bois, et en faisant valoir qu'elle est homogène avec la typographie, m'accordera bien que, dans les périodes où le livre français s'est signalé à l'attention des amateurs, il y a tout de même eu une époque particulièrement brillante durant laquelle, alors que l'harmonie réalisée par la combinaison de la gravure sur bois avec le texte typographique n'était pas réalisée, la gravure sur cuivre a cependant joué un rôle prépondérant. Je ne veux pas faire montre d'érudition facile, mais vous me permettrez de citer Fiquet, Cochin, Saint-Aubin, qui n'étaient pas des graveurs sur bois et qui ont participé à de beaux livres.

Je demande que, sous le couvert de ces brillants ancêtres, on veuille bien nous réserver la place à laquelle nous avons droit. Or, je trouve que nous avons un peu été mis à l'écart dans la rédaction du second vœu de M. Clément Janin. En effet, il dit : *qu'il y a lieu, sans proscrire les autres procédés*, etc. Ces termes me choquent un peu.

M. CLÉMENT JANIN. — Je n'aurais pas employé le mot « procédé » si j'avais entendu parler des graveurs. Il ne s'agit dans notre pensée que des procédés photomécaniques.

M. ABEL JAMAS. — C'est une petite chicane d'élégance.

M. LE COMTE DURRIEU. — Il y a des livres admirables qui ne doivent rien à la gravure sur bois.

M. HENRI GUERLIN. — Il existe notamment des ouvrages entièrement établis sur cuivre (texte et illustrations).

M. LE PRÉSIDENT. — Nous voudrions mettre tous les arts d'accord, mais ne pas décerner de grands prix, ni de diplômes d'honneur.

M. CLÉMENT JANIN. — Il s'agit de la question typographie. Avant-hier nous avons été soutenus par M. Jamas, mais surtout par nos meilleurs défenseurs, c'est-à-dire par les imprimeurs. Du moment que les imprimeurs typographes reconnaissent que la gravure sur bois est ce qu'il y a de mieux pour l'illustration typographique, nous ne pouvons que nous incliner.

M. ABEL JAMAS. — Je n'ai jamais dit le contraire.

M. Clément Janin. — Nous voulons parler du livre typographique et vous, vous voulez parler des hors-texte.

M. Abel Jamas. — Je n'ai pas formulé l'exclusivisme que vous semblez m'attribuer, et je suis complètement d'accord avec vous.

M. le Président. — Ne disons pas « les plus beaux livres ». Il ne faut pas que les livres illustrés de gravures sur bois prennent le pas sur les beaux livres illustrés de gravures au burin.

M. Abel Jamas. — Voici ma modification :

La Société artistique des Graveurs sur bois émet le vœu qu'en dehors des autres procédés d'illustration, il y a lieu non pas de déclarer, mais de rappeler que, dans les Annales du Livre français, un grand nombre de beaux ouvrages ont été ornés dans le passé de gravures sur bois (XVIe siècle), le sont encore dans le présent, et qu'ils doivent encore l'être dans l'avenir pour le beau renom de la bibliophilie nationale.

M. Clément Janin. — Nous avons satisfaction avec ce texte. Je le répète, étant donné la rapidité avec laquelle on est appelé à rédiger certains vœux, il est des nuances qui peuvent échapper et qui ensuite sont utilement rectifiées.

M. le Président. — On pourrait mettre : *ont été pour la plupart ornés...*

Le vœu ainsi modifié mis aux voix est adopté à l'unanimité.

La séance est levée à quatre heures cinq.

DEUXIÈME SECTION

JEUDI 15 MARS 1917

I. — CH. PETIT-DUTAILLIS : L'Expansion intellectuelle.
II. — C. HARAUCOURT : La Démoralisation par le livre et par l'image.
III. — F. CHEVASSU : Le Livre et la Critique.
IV. — G. LECOMTE : L'Union des écrivains et des éditeurs pour l'expansion de la pensée française.

La séance est ouverte, à deux heures et demie, sous la présidence de M. ÉMILE PICARD.

I. — CH. PETIT-DUTAILLIS : L'Expansion intellectuelle

M. LE PRÉSIDENT. — L'ordre du jour appelle la discussion du rapport de M. Petit-Dutaillis sur l'*Expansion intellectuelle*.

M. MAX LECLERC. — Ne vaudrait-il pas mieux lire chaque vœu et avoir sur chacun d'eux tour à tour une discussion séparée?

M. LE PRÉSIDENT. — Il peut y avoir une discussion générale tout d'abord.

M. MAX LECLERC. — Nous avons devant nous dix paragraphes! On est un peu effrayé par la variété des questions.

M. PETIT-DUTAILLIS. — Je voudrais réparer une omission qui m'a été reprochée assez justement. Je n'ai pas parlé du tout dans ce rapport d'un congrès extrêmement important, le Congrès pour l'expansion de la culture et de la langue françaises qui s'est tenu, en 1906, en Belgique, en 1908, à Arlon en Luxembourg et qui s'est tenu encore en 1914. Assurément, il n'était pas tout à fait indiqué que j'eusse à parler dans mon rapport d'un congrès, mais cependant, j'aurais pu, à titre bibliographique, indiquer que, dans ce congrès, on a discuté et publié des rapports extrêmement importants sur toutes ces questions. Ce congrès était belge plutôt que français; mais il est inutile de dire que, plus que jamais, nous n'avons pas de différence à faire, au point de vue de la langue française, entre la Wallonie et la France.

Je tiens, par conséquent, à réparer cette omission, et à faire amende honorable.

M. LE PRÉSIDENT. — Il y a évidemment, dans votre rapport, un grand nombre de questions étudiées. Un certain nombre d'entre elles débordent, dans une certaine mesure, le Congrès du Livre; elles sont d'ordre universitaire, académique. Votre rapport est extrêmement bien fait. Cependant, si vous me le permettez, je ferai une remarque sur un des paragraphes, dans lequel vous insistez, avec raison, sur ce que, dans notre enseignement, on ne doit pas trop faire pour les étrangers. Je m'explique. Il ne faut pas faire des choses spéciales, ou par trop spéciales, pour les étrangers ; et, à cet égard, il y a un certain nombre d'erreurs que nous avons commises. Les étrangers n'aiment pas qu'on leur fournisse des sortes d'examens au rabais, ou qu'on leur offre des titres qui ne correspondent pas à ceux que nous avons en France.

Dans son rapport, M. Petit-Dutaillis fait ressortir avec raison ce point qui a une importance véritable (tome I, p. 459). Il faut faire un certain nombre de choses pour les étrangers, mais pas dans un certain ordre d'idées. Ainsi, on a institué un doctorat d'Université, — je ne parle que de ce que je sais bien, — ce fut un désastre. Les étrangers n'en veulent pas ; ils le considèrent comme un examen au rabais qui n'est pas comparable à notre doctorat. Je ne sais pas ce qu'il en est dans la partie littéraire ; je n'en parlerai donc pas, mais dans l'ordre scientifique, voilà le résultat.

Cet exemple montre mon intention en disant qu'il ne faut pas trop faire pour les étrangers. Il faut faire, mais ne pas trop faire ; et je crois que ce sera l'avis de M. Petit-Dutaillis. (*Approbation.*)

M. PETIT-DUTAILLIS. — Cette question du régime du doctorat est extrêmement intéressante et embarrassante.

UN CONGRESSISTE. — Elle dépasse un peu le Congrès.

M. PETIT-DUTAILLIS. — Mais je crois qu'il est bon de la poser quand même. Il s'agirait de savoir s'il y a plus d'inconvénients que d'avantages à réformer le régime du doctorat. En ce qui concerne le doctorat ès lettres, qui comporte un travail extrêmement long, qui représente cinq ou six années de travail, — et la bibliothèque des thèses en doctorat ès lettres d'Etat compose une des collections les plus importantes et tout à l'honneur de notre patrimoine scientifique et intellectuel, — on peut se poser la question. Les partisans du régime actuel disent qu'il ne faut pas y toucher. De fait, au début de la loi constitutive des Universités, il a été entendu que les Universités pourraient, à côté des grades conférés par l'Etat, créer des grades qui pourraient être conférés sans l'obtention d'un diplôme antérieur, par exemple, un titre de doctorat qui pourrait être conféré sans l'obtention préliminaire de la licence et, par conséquent, conféré aux étrangers. Cela visait non seulement les étrangers, mais aussi les amateurs instruits, éclairés, qui voudraient faire des études en faculté et avoir une sanction.

Le résultat, comme le disait M. le Président, c'est qu'il s'est créé, à côté du doctorat d'Etat, un doctorat d'Université qui n'a guère été fait que pour les étrangers, et qui n'a pas été recherché par certaines catégories d'entre eux. C'est ainsi que les Américains, qui nous intéressent tant actuellement pour notre expansion, et constituent certainement un vaste champ d'action ouvert à la France, — car on peut dire que l'Amérique nous appelle au point de vue intellectuel, — les Américains ne veulent pas de notre doctorat. J'en parle au point de vue du doctorat ès lettres. Je pense qu'il en est de même au point de vue de la science. Ils ne veulent pas de notre doctorat, parce que nous avons deux sortes de doctorat : un doctorat d'Etat et un doctorat d'Université, et, avant la guerre, ils allaient chercher le doctorat allemand qui certainement ne prouve pas plus que notre doctorat d'Université, qui prouve même peut-être moins. Le doctorat allemand demande moins de travail que notre doctorat d'Université. Malgré cela, les Américains préfèrent aller en Allemagne, parce qu'il n'y a qu'un doctorat d'Etat, qu'ils atteignent facilement, parce que le doctorat allemand est peu de chose, et ils reviennent en Amérique avec le doctorat unique allemand.

Evidemment, il serait bon de mettre à l'étude cette question, d'établir une commission composée des universitaires les plus qualifiés pour examiner si la somme des avantages l'emporterait sur la somme des inconvénients au cas où on réformerait le régime du doctorat. Il est évident que cette réforme pourrait avoir des inconvénients pour l'entrée dans notre enseignement supérieur ; mais on peut imaginer un système qui ne subordonnerait pas uniquement à l'obtention de la thèse de doctorat l'entrée dans l'enseignement supérieur.

M. LE PRÉSIDENT. — Un examen d'Etat.

M. PETIT-DUTAILLIS. — C'est pourquoi j'ai effleuré cette question, très grave, très délicate, qui ne peut pas être traitée ici, mais qui intéresse au premier chef, cependant, la question de l'expansion, surtout pour les Etats-Unis. Il y a un fait incontestable : les Américains ne veulent pas de notre doctorat d'Université.

M. LE CHATELIER. — Je demande à appuyer les observations présentées au sujet du doctorat d'Université ; car j'ai eu souvent, moi-même, l'occasion de voir des étrangers refuser ce doctorat d'Université, parce que leur gouvernement n'attachait pas à ce doctorat autant d'avantages qu'au doctorat d'Etat.

Évidemment, la réforme du doctorat présenterait des difficultés pour les raisons que M. Petit-Dutaillis nous donnait; mais il me semble qu'il serait possible de concilier ces difficultés au moyen d'une mesure dont on a parlé déjà et qui consisterait à séparer, dans le doctorat, le titre et le droit à la fonction.

Nous aurions un seul doctorat; mais sur ce doctorat on porterait la mention de la licence et du baccalauréat. Il me semble que ce serait logique; et nous n'accepterions, pour l'enseignement, que ce doctorat, précédé du baccalauréat et de la licence. Ceci n'est plus qu'une question d'administration intérieure.

Nous faisons une campagne active pour amener à nous les étrangers : elle sera inutile si, en même temps, on fait tout ce qu'on peut pour les repousser. J'ai reçu des lettres me disant : « C'est la question du diplôme qui fait tout. Il faut que vous donniez à nos étudiants des diplômes semblables à ceux que vous donnez à vos étudiants, faute de quoi nous ne pourrons pas vous les envoyer. »

Il y a donc là quelque chose de très urgent. Ce n'est pas deux ou trois ans après la guerre qu'il faudra s'occuper de ces questions : c'est tout de suite qu'il faut les étudier.

M. Petit-Dutaillis. — Il y a eu déjà une réunion de professeurs, sous la présidence de M. Burcail, où on a commencé à examiner la question; mais cette question est extrêmement complexe, et il ne faut pas s'imaginer que les autres pays étrangers ne songent pas à quelque chose de semblable pour eux-mêmes. En Angleterre, notamment, il a été question de créer une seconde sorte de doctorat pour les étrangers. Je sais qu'en Amérique, notamment aux Etats-Unis, on a assez mal pris la chose.

M. l'abbé Wetterlé. — Je profite de ce qu'a dit le Rapporteur au sujet du doctorat allemand pour prendre la parole.

Le doctorat allemand est très recherché, quoiqu'il ne donne aucun droit. Le doctorat allemand n'entre pas dans l'enseignement. Par exemple, vous pouvez être docteur en droit sans même être référendaire. Il y a des étudiants en droit qui passent leur examen sur une thèse déterminée, et qui sont ensuite obligés de passer l'examen de référendaire pour entrer dans la justice. Le doctorat allemand est donc un simple titre, et un titre qu'on a cherché à étendre beaucoup. Il y a des docteurs ingénieurs dans toutes les branches. C'est un titre qui ne confère aucun droit, mais qui est extrêmement recherché. Tout le monde est docteur en Allemagne. Les commerçants se seraient crus déshonorés, s'ils ne m'avaient pas appelé Docteur !

M. le Président. — Les Américains m'affirment que le doctorat allemand aux Etats-Unis est beaucoup moins recherché qu'il y a quinze ans. Il serait peut-être utile d'avoir un doctorat qui attirât les étudiants étrangers.

M. Petit-Dutaillis. — Oui ; mais les étudiants étrangers ne veulent plus de ces examens au rabais.

M. le Président. — Ce ne sont pas des examens au rabais.

M. Petit-Dutaillis. — Je me sers des expressions dont ils se sont servis.

M. le docteur Demanchy. — Si le diplôme allemand a été recherché aux Etats-Unis, c'est grâce à l'ascendant que la guerre de 1870 avait donné, à notre détriment, à nos vainqueurs. Le diplôme allemand ou français, aux Etats-Unis, ne confère aucun droit. Donc, si les Américains viennent nous demander de leur donner un diplôme, il faut qu'ils nous donnent la réciprocité. Or, même le diplôme américain ne donne pas le droit d'exercer ; il faut, à côté du diplôme de docteur, acquérir un diplôme d'Etat qui varie avec chaque Etat. De sorte que, si vous avez un diplôme délivré à New-York et que vous vouliez exercer dans le New-Jersey, il faut que vous passiez un nouvel examen.

Par conséquent, ne partons pas de ce point de vue que les Américains ne veulent pas de notre diplôme, mais disons que, s'ils nous demandent des diplômes, ils doivent nous donner la réciprocité chez eux. Qu'ils commencent !

M. le Président. — S'il n'y a plus d'observations générales, nous allons prendre le premier vœu rédigé, pour le discuter.

I. — *Que les éditeurs français consentent à consulter, dans leur propre intérêt, les lettrés, les savants, les professeurs et les Comités d'entente intellectuelle internationale, qui peuvent leur donner les plus utiles avis, soit sur les initiatives à prendre, soit sur des desiderata exprimés par les étrangers ; que cette consultation, sans engager en rien les éditeurs et sans impliquer aucune intervention dans le mécanisme de leur commerce, soit organisée d'une façon précise, au lieu d'être livrée au hasard des conversations individuelles.*

M. Petit-Dutaillis. — J'ai rédigé ce vœu parce qu'il m'a semblé qu'en France on ne cause pas assez entre éditeurs et hommes de lettres, savants et professeurs. Il n'y a pas suffisamment de contact, et il me semble qu'il faudrait qu'il y en eût davantage. Nous ne devons pas avoir sans cesse l'Allemagne à la bouche, mais il est certain qu'en Allemagne ce contact existe beaucoup plus. Par exemple, s'il s'agit d'éditer une collection de manuels, comme on le fait maintenant, c'est-à-dire comportant un certain appareil scientifique, manuels de vulgarisation pour le public, ou même pour les élèves de nos facultés, généralement un éditeur a causé avec un savant qui lui a fait telle suggestion.

L'éditeur acceptera cette idée ou la modifiera, ce qui arrive très souvent, parce que les éditeurs modifient les idées qui leur sont soumises, et pas toujours de façon heureuse. Ils pensent connaître les idées et les besoins du public. Les connaissent-ils exactement? J'en doute. Je crois qu'il y aurait grand intérêt à ce qu'il y eût des conférences entre auteurs et éditeurs.

M. LE PRÉSIDENT. — Ce vœu est assez utile.

M. DELMAS. — Sous quelle forme auraient lieu ces réunions? C'est un vœu très général que celui-ci.

M. LE PRÉSIDENT. — C'est aux éditeurs de voir ce qu'ils devront faire; ce n'est pas à nous de le leur dire.

M. DELMAS. — Les industriels du livre ont fait la même remarque. Il y aurait intérêt à avoir, entre éditeurs et industriels du livre, des réunions assez fréquentes, et, à ce sujet, je pensais qu'il serait utile que le bureau du Congrès fût un bureau permanent qui pourrait continuer à écouter les observations de tous les intéressés, individuellement. Il y aurait lieu de proposer d'avoir, après le Congrès, un bureau du livre qui fonctionnerait jusqu'au prochain congrès. (*Applaudissements.*)

M. PIERRE DECOURCELLE. — C'est une création que nous allons vous proposer dans la prochaine réunion plénière. Nous comptons bien qu'un organisme subsistera, servant de liaison entre le présent Congrès et l'autre.

M. DELMAS. — Permettez-moi d'ajouter un mot. C'est une proposition que je devais faire; mais, puisque nous sommes sur ce point, j'en parle tout de suite. Je demanderai qu'une publication soit faite toutes les quinzaines ou tous les mois pour nous donner des renseignements sur tout ce qui peut nous intéresser.

M. PIERRE DECOURCELLE. — Je demande que la discussion de cette proposition soit reportée à la séance plénière.

M. LE PRÉSIDENT. — Personne ne demandant la parole sur le premier vœu, je le mets aux voix.

(Adopté.)

II. — *Le Congrès recommande d'ores et déjà aux éditeurs les entreprises suivantes :*

1° *L'édition de grammaires et dictionnaires russe-français et français-russe. Ces livres devront indiquer l'accent tonique;*

2° *L'édition de classiques français à bon marché sans aucune note, accompagnés d'un livret qui sera traduit en diverses langues étrangères. Ce livret contiendra : a) un glossaire ; b) des notes et un commentaire, expliquant les faits historiques et les traditions de la civilisation française auxquels le texte fait allusion;*

3° *L'édition d'un Annuaire de la France intellectuelle et scientifique, contenant des renseignements, soigneusement tenus au courant, sur les Universités et établissements d'enseignement supérieur, les Archives, Bibliothèques et Musées français;*

4° *L'édition de petits manuels et de livres de lecture sur la France moderne, à l'usage des étudiants et élèves étrangers, et pouvant intéresser également les voyageurs.*

M. Pierre Decourcelle. — J'ai été touché par une lettre d'un professeur, M. Mertz, je crois, à qui j'ai répondu que sa proposition pourrait utilement se greffer sur le rapport de M. Petit-Dutaillis. Il s'agit de la création de guides. J'ai écrit à M. Mertz de venir à la discussion ; malheureusement, peut-être a-t-il pensé que cette discussion n'aurait lieu que demain. Je le regrette très vivement.

M. Mertz, dans sa lettre, exposait son désir de voir se former une collection de guides à l'usage des voyageurs, et il recommande, pour la confection de ces guides, l'autorité et l'expérience des professeurs, qui, connaissant chacun la région où ils vivent, pourraient être de précieux collaborateurs. M. Mertz se réservait de compléter sa proposition lors de la discussion de la question. Je regrette qu'il n'ait pas pu être prévenu du changement de l'ordre du jour ; mais peut-être vous paraîtra-t-il intéressant de prendre sa proposition en considération. Si M. Petit-Dutaillis n'y voit pas d'inconvénient, nous pourrions l'ajouter comme un cinquième paragraphe.

M. Petit-Dutaillis. — Parfaitement !

M. Welschinger. — Il faudrait que ces guides eussent une date fixe. Les Joanne, par exemple, nous donnent souvent des guides qui datent de douze ou quinze ans, et, quand vous voulez voir ce qui se passe à Bordeaux, vous vous apercevez que Bordeaux est complètement changé. Quand vous achetez un Baedeker, vous n'êtes pas trompé sur la marchandise, parce que le guide porte une date vraie. Je demande donc que chaque guide porte la date de sa publication.

M. le Président. — Vous savez que nous avons demandé que, pour les autres livres, il en soit de même.

M. Hachette. — Je voudrais rectifier une petite erreur en ce qui concerne les guides Joanne et d'autres. Aucun d'eux ne remonte à quinze ans, je puis vous l'affirmer, parce que toutes les éditions sont renouvelées entièrement tous les trois ans, et lorsque l'édition n'est pas refaite complètement, nous avons le scrupule de prévenir que seuls les renseignements pratiques ont été corrigés, et d'indiquer la date à laquelle ces renseignements ont été corrigés. Je ne crois pas qu'on puisse trouver sur le marché un guide Joanne qui remonte à quinze ans...

M. WELSCHINGER. — A la bibliothèque du Sénat... (*Hilarité*.) Je suis heureux d'avoir soulevé cette hilarité, que je partage moi-même, mais, en réalité, nous avons des guides qui ont été achetés sous les arcades de l'Odéon...

M. HARAUCOURT. — Quand vous étiez étudiant !

M. WELSCHINGER. — Je le suis toujours ! Je crois que les guides Joanne ne contiennent pas tous les changements qu'on vient de nous indiquer. En tout cas, un guide qui a trois ans de date n'est pas un guide utile.

M. HACHETTE. — Permettez-moi d'ajouter qu'en ce qui concerne les guides la concurrence à Baedeker a été envisagée et qu'une édition internationale, d'accord avec la maison Macmillan, de Londres, sera, après les hostilités, publiée en une nouvelle collection de guides bleus, par opposition au rouge qui est la couleur allemande ; elle paraîtra comme collection internationale. (*Applaudissements*.)

M. PIERRE DECOURCELLE. — Puis-je signaler le désir de tous les gens qui font de l'automobile, de voir ces nouveaux guides appropriés aux besoins de la route, et ne pas se contenter de donner, purement et simplement, une description de l'itinéraire par chemin de fer. L'automobile est devenu une très grande industrie qui certainement se développera encore, et qui ne peut être que profitable à notre pays. Je fais quelquefois de l'automobile : il n'existe pas un bon guide. Si on prend un guide Joanne, on trouve bien la description du chemin qu'on suit en chemin de fer ; mais, pour les routes par automobiles, il ne contient rien. Je crois qu'il suffira de signaler cette lacune à la maison Hachette pour qu'elle l'étudie et y remédie.

M. HACHETTE. — Je crois que nous perdons beaucoup de temps sur cette question des guides Joanne. Je me tiendrai à votre disposition pour examiner vos desiderata et pour le perfectionnement des guides. Seulement, il se produit ceci, c'est qu'il y a encore beaucoup de gens qui voyagent en chemin de fer ; la majorité des gens voyagent en chemin de fer, et c'est ce qui fait que l'itinéraire par chemin de fer s'est maintenu au premier rang. Cela ne veut pas dire que nous ne prenions pas acte de votre désir et de vos idées pour une nouvelle collection.

M. PETIT-DUTAILLIS. — Je voudrais donner des explications sur le vœu qui vient de vous être lu.

C'est un vœu du comité France-Russie.

On a fait remarquer que, étant donné l'importance de nos

rapports avec la Russie, il est déplorable qu'il n'existe aucun bon dictionnaire français-russe. On a fait remarquer également qu'un dictionnaire ne suffit pas, et qu'il est regrettable que nous n'ayons que nos vieux classiques sans notes. Le dictionnaire, en outre, doit porter l'accent tonique; faute de quoi, il est sans valeur.

Ce vœu, en tant que concernant l'édition des classiques français à bon marché sans aucune note, a pour origine plusieurs conversations que j'ai eu le plaisir d'avoir avec un professeur en Sorbonne, qui est ici, qui pourrait donner des explications, et qui m'a exprimé cette idée qu'il faudrait que nous eussions des classiques bon marché, et que, pour éviter des prix excessifs, il importe qu'ils soient composés de deux parties : le texte lui-même, sans aucune note, et un livret, différant suivant les pays auxquels on s'adresse. Il serait intéressant que dans ces livres figurassent des notes faites par des professeurs français, parce que souvent les ouvrages sont commentés par des gens qui ignorent notre langue. Il serait donc important que les textes qu'on lit dans les classes fussent annotés par nous, Français.

Quant à l'édition d'un annuaire, il s'agirait, en somme, de faire une *Minerva* française, limitée à la France, de façon que nous ne soyons pas obligés de recourir à la *Minerva* allemande. Ceci a été proposé par l'Association générale des Bibliothécaires français.

L'édition de petits manuels est une idée qui est dans l'air; elle m'est venue d'Italie, d'Angleterre, de Belgique, sous la même forme, de même qu'on nous demande d'éditer des livres de lecture courante sur l'Italie et l'Angleterre pouvant nous renseigner sur ces pays.

M. EUGÈNE MOREL. — L'annuaire de la France intellectuelle, effectivement, est à l'étude chez les Bibliothécaires français. Je ne puis qu'attirer l'attention des éditeurs sur la grande utilité d'un annuaire pareil, ne fût-ce que pour la publicité et les envois de livres. La *Minerva* est faite, pour la France, par un Français. Les difficultés que ce Français a rencontrées pour être renseigné sont immenses. Il n'a eu fort peu de réponses, et son annuaire est très défectueux pour la France. Pour l'Angleterre, il n'est d'ailleurs pas meilleur; une énorme quantité de bibliothèques sont absentes. Il serait intéressant d'apporter le concours le plus grand à cette publication.

M. PIERRE DECOURCELLE. — Il semble à beaucoup de membres du Congrès que les demandes de M. Petit-Dutaillis, au nom de l'Office national des Universités, sont tellement rationnelles, si nettement présentées, qu'il n'y a, pour ainsi dire, qu'à les lire et que, véritablement, la discussion n'a pas besoin de s'éterniser sur des demandes aussi naturelles. (*Applaudissements.*)

Je propose cependant l'adjonction d'une nouvelle série de guides.

M. Welschinger. — Il faudrait aussi reprendre le *Dictionnaire des contemporains*, qui s'est arrêté.

M. Eugène Morel. — Il est publié chez Delagrave.

M. Welschinger. — Il y a trois ans que la maison Delagrave a arrêté son *Qui êtes-vous ?* Je félicite M. Delagrave de son œuvre, en regrettant qu'il ne la continue pas.

M. Delagrave. — Nous la continuerons après la guerre.

M. Verrier. — Je dois signaler que des professeurs se sont associés et ont commencé un travail analogue à celui dont on parle, en publiant des guides-manuels pour les étudiants et élèves français et étrangers.

M. le Président. — Il y a toute une série de vœux, du numéro III au numéro X, qui paraissent clairs, mais j'avoue que quant au vœu III, je ne m'y rallierai pas pour ma part. Ce vœu III dit :

> *Que toutes les initiatives concernant notre expansion intellectuelle soient portées par leurs auteurs à la connaissance du directeur de l'Office national des Universités et Ecoles françaises, siégeant à Paris, 96 boulevard Raspail, afin que l'Office soit un organe complet d'informations, et que ses archives offrent un ensemble complet de renseignements sur les entreprises faites dans chaque pays pour y répandre nos idées et notre langue.*

Ce désir me paraît un peu trop spécial, et, pour ma part, je ne proposerai pas de voter cet article.

M. Petit-Dutaillis. — J'insiste, au contraire, beaucoup pour qu'il soit voté. Je crois qu'il y a un intérêt extrême à faire concorder tous les efforts.

M. le Président. — Oui, mais d'autres peuvent en faire aussi. Est-ce au Congrès du Livre, qui n'est pas officiel, à recommander un établissement d'État ?

M. Petit-Dutaillis. — Ce n'est pas un établissement d'État, et je tiens à protester contre cette assertion. C'est une erreur très répandue, parce qu'il a pu y avoir confusion. L'Office des Universités n'est en rien officiel ; c'est une société qui a ses statuts, qui est présidée par M. Deschanel. Son conseil d'administration n'est pas composé uniquement d'universitaires, mais de parlementaires, d'industriels et de commerçants. Cet Office national des Universités est hébergé, c'est vrai, dans un bâtiment appartenant à l'Université de Paris ; mais il n'a contracté aucune obligation vis-à-vis de l'Université. C'est un établissement qui n'est en rien officiel, qui est l'organe d'une association.

Un congressiste. — Mais puisque nous aurons un bureau permanent du Congrès !

M. Petit-Dutaillis. — Je ne vois pas l'inconvénient qu'il peut y avoir à voter ce vœu !

M. Pierre Decourcelle. — J'y vois un inconvénient tout de même. Le vœu demande que toutes les initiatives concernant notre expansion intellectuelle s'en aillent 96, boulevard Raspail. Or, nous avons d'autres groupements français qui ont à cœur l'expansion intellectuelle et qui s'en occupent activement et heureusement. Que l'Office du boulevard Raspail fasse sa besogne très dignement, très noblement, très utilement, nous en sommes certains ; mais, la Société des Gens de lettres, elle aussi, s'est consacrée puissamment, efficacement, à l'expansion intellectuelle de la France, et nous ne voyons pas très bien la nécessité d'aller diriger nos efforts du côté du boulevard Raspail. Je pense que toutes les associations qui concourent à ce but partageront, sur ce point, les idées de la Société des Gens de lettres. Je suis tout à fait d'accord avec M. Petit-Dutaillis pour reconnaître les efforts multiples de l'Office des Universités ; mais il travaille chez lui ; qu'il nous permette de travailler chez nous !

M. Petit-Dutaillis. — Je ne comprends pas ces objections... Il ne s'agit d'absorber personne. Je demande qu'on veuille bien nous renseigner ; je ne vois pas le mal qu'il y a là dedans. Mais, quant à se mêler des affaires des autres, je ferai remarquer à la Société des Gens de lettres qu'elle se mêle des affaires de l'Université, puisqu'elle demande à être consultée pour le choix des conférenciers qui iront à l'étranger !

M. le Président. — Je mets aux voix le vœu III.

(Le vœu III n'est pas adopté.)

M. Petit-Dutaillis. — Je le déplore.

Un congressiste. — Ne pourrait-on pas dire que toutes les initiatives pourraient être communiquées ?

M. Pierre Decourcelle. — Nous n'avons pas besoin qu'on exprime cela dans un vœu ; mais nous nous conformerons à ce désir avec grand plaisir !

M. le Président. — Nous n'avons pas besoin d'attirer l'attention sur un office particulier.

Nous passons maintenant au vœu IV :

IV. — *Que chaque Université française possède un Comité de patronage des étudiants étrangers, puissamment organisé, s'occupant de la réception des arrivants, de leur logement, de la surveillance discrète des pensions, des fêtes amicales et des excursions, et, collaborant avec l'Université, en vue des organisations pédagogiques propres à donner toute satisfaction aux étudiants : cours spéciaux de français, cours de vacances, etc.*

Que ce Comité de patronage se compose, en partie de professeurs, en partie de notables de la ville, et que des témoignages de la reconnaissance nationale soient accordés aux amis de l'Université qui auront, par leur dévouement à la cause de l'expansion intellectuelle, rendu à leur pays de signalés services.

(Le vœu IV est adopté.)

M. LE PRÉSIDENT. — Nous prenons le vœu V :

V. — *Que M. le Ministre des Affaires étrangères invite les consuls français, en résidence dans les pays amis de la France, à lui fournir un bref rapport annuel sur les efforts qu'ils ont faits pour envoyer des étrangers dans les Universités et Ecoles françaises, et que les doubles de ces rapports soient envoyés à M. le Directeur de l'Enseignement supérieur et à l'Office des Universités.*

M. LE PRÉSIDENT. — Nous retrouvons toujours l'Office des Universités mentionné comme organe particulier. Je propose la suppression de l'Office des Universités.

PLUSIEURS VOIX. — Mais non, là il est dans son rôle!

M. LE PRÉSIDENT. — Oui, mais le voilà à côté du directeur de l'Enseignement, c'est-à-dire à côté du ministre. Ce n'est pas possible!

M. CROISET. — Je ne puis pas concevoir l'inconvénient qu'il y a à ce que l'on transmette des renseignements à une organisation qui existe, qui rend de grands services et qui est la seule qui centralise les renseignements de cette sorte. Les étrangers qui viennent en France s'adressent utilement à cet établissement, parce qu'ils savent y trouver tous les renseignements. Certainement, il n'y a pas un ministre, pas un directeur de l'enseignement qui donnerait ces renseignements. Il y a donc toutes sortes d'avantages à ce que les renseignements de cette nature soient adressés à l'Office national des Universités.

M. LE PRÉSIDENT. — Le ministre de l'Instruction publique les transmettra à l'Office des Universités.

M. HAVET. — Il y a, je crois, une question de formule. Je crois que nous sommes tous d'accord pour reconnaître qu'en général nous souffrons en France d'un vice qui consiste à ne pas donner une cohésion suffisante à nos efforts. Il se trouve qu'il y a une organisation qui agit par d'autres moyens en vue d'obtenir cette cohésion que nous souhaitons tous. Cette organisation se présente devant vous et elle vous dit : « Venez à nous! » Mais elle le dit trop nettement, et elle prend un caractère trop officiel, alors que nous serions tout disposés à lui concéder un caractère officieux. Je crois que ce serait donc une question de formule. Nous sommes en train d'effacer tout le temps des vœux ce qui concerne l'Office national des Universités, parce qu'il a pris une place trop importante. Moi j'ignorais l'existence de cet office, mais il me paraît très utile. Nous sommes tentés de retirer à l'Office des Universités le rôle qu'il était en train de prendre, parce qu'il veut trop en prendre. J'attire votre attention sur ceci. Il veut assumer un caractère trop officiel.

M. PETIT-DUTAILLIS. — Je ne comprends pas ce que vous voulez dire. Je n'ai pas demandé à être organe officiel.

M. HAVET. — C'est l'impression que le vœu donne à l'assemblée.

M. PETIT-DUTAILLIS. — Je me demande pourquoi.

M. HAVET. — A tort, peut-être, mais c'est une faute de formule.

M. PETIT-DUTAILLIS. — J'ai toujours dit que l'Office n'était pas un organe officiel. Je n'ai rien dit de tout ce que vous me reprochez. Relisez mes vœux!

M. LE PRÉSIDENT. — Je mets aux voix le texte jusqu'à *et à l'Office des Universités*. Nous voterons ensuite sur le reste.

(La première partie est adoptée.)

Maintenant il reste à savoir si nous conserverons : *et à l'Office des Universités*.

M. DELMAS. — Il serait peut-être bon d'indiquer que les membres de l'enseignement supérieur seront chargés de transmettre les renseignements qu'ils posséderont. (*Approbation*.)

M. LE PRÉSIDENT. — Parfait! Alors toutes les œuvres seront sur le même pied.

M. DELMAS. — Dans le vœu, on aurait pu mettre cela.

M. PIERRE DECOURCELLE. — Mais vous n'avez pas d'instructions à donner au directeur de l'Enseignement!

M. GILLON. — Je proposerai la rédaction suivante : *et à toutes les associations françaises s'occupant de l'expansion intellectuelle*.

M. LE PRÉSIDENT. — Je mets cette rédaction aux voix.

(Adopté.)

M. LE PRÉSIDENT. — Nous arrivons au vœu VI.

VI. — *Que toutes les mesures propres à attirer les étudiants étrangers soient étudiées par l'Administration et par les Universités, avec la collaboration de l'Office des Universités, sans que, d'ailleurs, les intérêts et les exigences légitimes des étudiants français et du haut enseignement soient perdus de vue. Qu'on mette notamment à l'étude la question des diplômes et certificats d'assiduité pouvant être obtenus par les étrangers ; les nouveaux groupements de cours susceptibles de les attirer dans les facultés de droit et de médecine ; la répartition des enseignements, notamment dans les facultés des lettres, en deux semestres et même trois trimestres complètement distincts ; qu'on établisse entre le deuxième et le troisième trimestre des vacances fixes, indépendantes de la date de Pâques.*

M. PETIT-DUTAILLIS. — Ces questions, si minimes qu'elles soient, sont capitales, si nous voulons attirer les étudiants étrangers en France. Je serais très heureux que les personnes qui m'en ont donné la suggestion voulussent bien le dire.

M. LE PRÉSIDENT. — Alors, nous mettrions, à la place de l'Office national des Universités, comme tout à l'heure : « avec la collaboration des associations s'occupant de l'expansion intellectuelle » ?

PLUSIEURS VOIX. — Non !

M. LE PRÉSIDENT. — Alors, je propose de supprimer purement et simplement le passage : « avec la collaboration de l'Office des Universités ».

(Le vœu VI est adopté avec cette suppression.)

M. LE PRÉSIDENT. — Nous prenons le vœu VII.

VII. — Que, en se reportant aux expériences procurées par le séjour des écoliers serbes, il soit fait accueil à des groupes d'élèves étrangers dans les lycées, collèges, écoles primaires supérieures, pourvus d'un internat et de locaux confortables.

M. WELSCHINGER. — Quels étrangers ? Est-ce que les Allemands seront accueillis ?

M. PETIT-DUTAILLIS. — Je me demande quel serait l'établissement qui, après la guerre, accueillerait les élèves allemands !

M. LE PRÉSIDENT. — Si les étrangers veulent venir dans un lycée français, rien ne s'y oppose. Cet article est inutile.

M. PETIT-DUTAILLIS. — Il s'agit de savoir si nous allons organiser les choses, ou si nous les laisserons aller à vau-l'eau comme avant la guerre. Il y a des exemples de sections organisées pour des élèves étrangers. J'en connais une dans un établissement secondaire. Le lycée de Bayonne a organisé une section spécialement pour avoir des élèves espagnols : elle en avait soixante. Il me semble que c'est une chose extrêmement intéressante. Ce ne sont pas seulement des élèves qui viennent chez nous. Voilà des enfants qui vont rester sur notre sol, quatre ou cinq ans, au moment où l'intelligence se forme. C'est à ce moment que nous leur donnons une éducation française qu'ils conserveront. Je crois que c'est intéressant, et qu'il serait utile que, dans nos établissements d'enseignement secondaire, il fût établi des sections anglo-américaines, par exemple.

M. WELSCHINGER. — Je demande qu'on ajoute, après les mots : *élèves étrangers*, les mots : *autorisés par l'Etat*.

M. PETIT-DUTAILLIS. — Il ne peut pas être question qu'ils ne soient pas autorisés par l'Etat français, puisque je parle des lycées et des collèges, ou des écoles primaires supérieures ! Il s'agit d'une institution d'État.

M. LE PRÉSIDENT. — Je trouve l'idée très juste, mais je trouve faible la phrase : *qu'il soit fait accueil à des groupes d'élèves étrangers*. Est-ce que l'idée d'organisation ne pourrait pas apparaître plus clairement ? Ne trouvez-vous pas quelque chose à modifier ?

M. PETIT-DUTAILLIS. — On pourrait dire : *Qu'il soit organisé des sections*.

M. WELSCHINGER. — Je demande qu'on ajoute : *autorisés par l'État français*.

UN CONGRESSISTE. — Cela n'a pas rapport à la question !

M. WELSCHINGER. — Pardon, cela a rapport au vœu qui nous est soumis.

M. PIERRE DECOURCELLE. — Parfaitement, cela ne fait aucun doute !

M. JULES LÉVY. — C'est la proposition de M. Honnorat, qui est déposée sur le bureau de la Chambre.

M. VERRIER. — Outre les centaines de places offertes aux étudiants turcs, de nombreuses villes allemandes ont voté des crédits pour permettre, à des enfants de fonctionnaires ou d'officiers turcs, de faire leur éducation en Allemagne, et non en France, comme par le passé. Par conséquent, je trouve que la phrase *faire accueil* n'est pas suffisante. Il faudrait parler d'attirer et d'organiser.

M. PETIT-DUTAILLIS. — On pourrait dire : *et qu'il soit organisé des sections pour des élèves de pays amis*.

Bien entendu, cette organisation comporte des postes de professeurs de langues vivantes ; par exemple, à Bayonne, il y a trois agrégés d'espagnol.

M. LE PRÉSIDENT. — Nous pourrions mettre : *qu'une organi-*

sation soit étudiée pour attirer les élèves étrangers. Je sais bien que c'est un peu montrer le bout de l'oreille...

M. WELSCHINGER. — Pourquoi ne pas mettre : *autorisés par l'État français*? Nous avons oublié 1870, mais aujourd'hui, il ne faut pas que nous oubliions. Il faut prendre des mesures pour cela. Vous les attirez dans vos lycées et vos collèges. Qu'est-ce qu'ils viendront faire? De l'espionnage, comme avant !

M. VALOIS. — Je comprends qu'il y a un extrême intérêt à ce que nous attirions les pays étrangers, mais je demande qu'il y ait une limitation précise pour l'Allemagne.

UN CONGRESSISTE. — Et l'Autriche? Et la Bulgarie?

M. VALOIS. — Je préciserais pour l'Allemagne... nous aurons peut-être avantage, après la guerre, à attirer des gens qui font partie aujourd'hui de nos ennemis.

M. L'ABBÉ WETTERLÉ. — En Allemagne, où de nombreux cours sont suivis par les étrangers, on a un mouvement xénophobe dans les milieux universitaires. Généralement, les étudiants se plaignent de ce que les étrangers viennent prendre leurs places. Par exemple, à l'École de médecine, dans les derniers temps, il s'était produit un mouvement allant jusqu'à exiger une limitation déterminée d'étudiants pour chaque nationalité; par exemple, on mettait à la disposition des Russes vingt postes d'étudiants pour la médecine, etc. Les Allemands sont partis de ce point de vue qu'ils n'avaient pas à fournir les ressources de leur science à des étrangers, qui, peut-être, s'en serviraient contre eux; et je crois qu'après la guerre, quelle qu'en soit l'issue, les universités décréteront qu'on ne reçoit plus d'étrangers : la tendance est formelle.

M. LE PRÉSIDENT. — Oui, il arrivait ceci que, par exemple, dans les laboratoires de physique, il n'y avait plus de place pour les étudiants allemands. Cela arrivera chez nous.

M. DE DAMPIERRE. — Je crois qu'il faudrait dire dans le vœu : *Étrangers non allemands*. On a dit qu'il fallait mentionner les alliés de l'Allemagne, mais M. Valois a très justement fait remarquer que nous devions restreindre l'ostracisme aux Allemands. Il n'y a aucun inconvénient à le dire tout haut : l'Autriche-Hongrie d'aujourd'hui ne sera pas, quoi qu'il arrive, l'Autriche-Hongrie de demain ! Il ne faut pas que nous soyons liés par une parole imprudente à l'égard de nations opprimées, et nous ne devons pas solidariser avec le peuple allemand des gens qui nous ont donné des preuves d'amitié, et parmi lesquels nous comptons de fidèles amis, comme les Polonais.

M. PETIT-DUTAILLIS. — Tout ce qui vient d'être dit est d'accord avec ce que nous avons dit des groupements de pays amis.

M. LE PRÉSIDENT. — Je crois qu'il y a des objections de tous côtés, et je me rallie aux mots : *autorisés par l'Etat*. De cette façon, nous ne nous engageons dans aucune phrase dangereuse. L'Etat sera juge. D'un jour à l'autre, les choses peuvent changer. Avec l'autorisation de l'Etat, nous sommes sûrs du terrain sur lequel nous marchons.

M. PETIT-DUTAILLIS. — Mais c'est inutile, puisqu'il s'agit d'établissements d'Etat !

M. LE PRÉSIDENT. — Il y a une idée de plus. Nous disons, par ces mots *à l'Etat*, dans la mesure où nous pouvons nous permettre de la lui dire : Que nous le prions de faire attention !

M. PIERRE DECOURCELLE. — On pourrait mettre : *dans des limites sagement étudiées*.

M. LE PRÉSIDENT. — Je préfère : *autorisés par l'Etat*.

(Mis aux voix, le vœu VII est adopté avec adjonction des mots : *autorisés par l'Etat*.

M. LE PRÉSIDENT. — Nous prenons maintenant le vœu VIII :

VIII. — *Que les crédits accordés aux établissements d'enseignement français à l'étranger, et particulièrement aux Instituts créés par les Universités, à l'Ecole française de droit du Caire et à l'Institut français de Pétrograd, soient considérablement augmentés.*

(Le vœu VIII est adopté sans discussion.)

M. LE PRÉSIDENT. — Voici le vœu IX.

IX. — *Que l'Administration et les Universités, en collaboration avec l'Office des Universités et avec les Comités d'entente internationale, favorisent de tout leur pouvoir les échanges de professeurs, les missions, et la représentation de la France dans les congrès scientifiques, et qu'à cet effet des crédits suffisants soient prévus au budget.*

M. LE PRÉSIDENT. — Nous trouvons ici encore l'Office des Universités. Je propose de mettre à la place : *Avec les associations compétentes déjà nommées*.

Les comités d'entente internationale : Qu'est ce que vous visez par là ?

M. PETIT-DUTAILLIS. — Il y en a beaucoup qui font de la bonne besogne : le Comité franco-britannique, France-Russie, etc.

M. LE PRÉSIDENT. — Cela rentre dans les associations.

(Le vœu IX, mis aux voix avec la modification présentée par le Président, est adopté.)

M. LE PRÉSIDENT. — Voici le vœu X :

X. — *Que l'Administration étudie les mesures à prendre pour que l'œuvre de notre expansion intellectuelle ne soit pas compromise par la rareté très probable des candidatures aux postes de professeurs détachés, par suite des pertes très graves que le personnel universitaire aura subies pendant la guerre.*

M. PETIT-DUTAILLIS. — Je demande la parole sur ce vœu qui se rapporte très exactement à ce que M. le Président vous a dit, dans la séance de lundi, si je ne me trompe, au sujet de la réforme du programme de l'enseignement secondaire. Je crois, et je l'ai indiqué dans les dernières pages de mon rapport, qu'on pourrait faire des économies sérieuses dans le personnel de l'enseignement secondaire, si on faisait une réforme qui, par elle-même, serait bonne : l'allégement considérable du programme. On économiserait les professeurs, et ce ne sera pas inutile dans la situation qui existera après la guerre. On ne sait déjà plus où prendre les professeurs pour les envoyer à l'étranger. Il y a là une situation qui menace d'être très grave. Nous avons besoin de professeurs de réelle valeur pour les envoyer à l'étranger ; sinon, il vaut mieux ne pas en envoyer du tout. D'autre part, nous faisons des pertes extrêmement élevées dans l'Université. Je reviens d'une tournée générale d'inspection à Dijon. Or, à Dijon, sur douze professeurs agrégés, il y en avait cinq de tués. La proportion est peut-être plus forte là qu'ailleurs, mais elle est très forte partout. Si on ne trouve pas le moyen de faire des économies dans le personnel par l'allégement des programmes, nous n'aurons plus de professeurs à envoyer à l'étranger ! (*Très bien !*)

Le vœu X, mis aux voix, est adopté à l'unanimité.

M. DE DAMPIERRE. — Je voudrais demander une explication au sujet d'un racontar colporté un peu partout, relativement à la situation faite aux jeunes professeurs français à l'étranger. Il a été dit que ces professeurs perdaient leur temps en allant à l'étranger. J'avais l'intention de déposer un vœu à cet effet, pour remédier à la pénurie des professeurs voulant s'expatrier. M. Petit-Dutaillis m'a dit que cet état de choses avait disparu.

M. PETIT-DUTAILLIS. — Je tiens à rassurer M. de Dampierre. Il y a eu sur ce sujet une polémique dans *le Temps*, et j'ai même envoyé un article pour remettre les choses au point. Il y a eu plusieurs décrets, et même une loi de 1913, qui ont complètement remédié à la situation qu'on déplorait. Actuellement, la situation des professeurs à l'étranger est non seulement consolidée, mais favorisée. (*Applaudissements.*)

M. DE DAMPIERRE. — Par conséquent, je prends acte qu'au point de vue matériel cette situation s'est prolongée jusqu'en 1913. C'est ce qui explique que, jusqu'en 1913, nous ayons eu si peu de professeurs.

Mais il y a une autre question sociale, si j'ose m'exprimer ainsi. Je crois qu'aucun universitaire ne me contredira si je dis que, dans notre démocratie, les jeunes maîtres n'ont pas la place éminente dans la société qui revient à leur science et à leur haute valeur morale. C'est une lacune, un abus d'autant plus regrettable que, actuellement, alors que la vie matérielle devient très difficile, que tout renchérit, ces maîtres doivent être tentés de quitter la voie où la vocation les avait attirés.

M. Pierre Decourcelle. — Une telle question concerne-t-elle bien le Congrès du Livre ?

M. de Dampierre. — Et ils peuvent être tentés de chercher ailleurs...

M. Pierre Decourcelle. — Je crains que nous ne sortions de notre programme !

M. de Dampierre. — Je ne crois pas, parce que vous avez dit dans le vœu X :

Que l'administration étudie les mesures à prendre pour que l'œuvre de notre expansion intellectuelle ne soit pas compromise par la rareté très probable des candidatures aux postes de professeurs, etc.

Je demande que, parmi ces mesures, on mette celles qui augmenteront le plus le prestige des professeurs résidant à l'étranger. Voici comment. A l'étranger, le pays est représenté par des agents consulaires, et je constate qu'en fait il y a des cloisons étanches entre les agents consulaires, les agents diplomatiques et les fonctionnaires de l'enseignement ; et je voudrais que, pour favoriser le développement de ces professeurs qui jouent un rôle capital, ces jeunes maîtres fussent considérés comme chargés de mission et, comme tels, bénéficient du prestige et des avantages qui s'attachent aux agents d'ordre consulaire ou diplomatique.

Voici le vœu que je présente au nom du Comité du Livre :

Considérant que le plus important de tous les propagandistes de la pensée française à l'étranger doit être le professeur français et surtout celui qui, appartenant à l'Université de France, présente ainsi les plus hautes garanties de compétence et de moralité ;

Que, dans l'état actuel des choses, les jeunes professeurs français, qui acceptent d'enseigner à l'étranger, non seulement ne reçoivent aucun encouragement de l'Etat français, mais même perdent, pendant toute la durée de leur absence, le bénéfice de leur ancienneté, tant au point de vue de l'avancement qu'à celui de leur retraite ;

Que ces conditions leur créent une infériorité manifeste, non seulement à leur retour vis-à-vis de leurs collègues restés en France, mais même à l'étranger vis-à-vis de leurs concurrents des autres

nations beaucoup mieux soutenus par leurs gouvernements respectifs;
Emet le vœu :

1° *Qu'à l'avenir les jeunes professeurs français des trois ordres de l'enseignement, détachés à l'étranger dans des établissements d'instruction publique, soit officiels, soit privés, conservent leurs droits à l'ancienneté, tant au point de vue de l'avancement qu'à celui de la retraite;*

2° *Que, pour favoriser le recrutement de cette élite d'un rôle si capital pour l'expansion de la pensée française à l'étranger, tous ces jeunes maîtres soient considérés, tout en continuant à ressortir personnellement au ministère de l'Instruction publique, comme chargés de mission par le département des Affaires étrangères, et, comme tels, bénéficient, dans leurs champs d'action respectifs, du prestige et des avantages moraux et sociaux qui s'attachent aux agents d'ordre consulaire ou diplomatique.*

M. Petit-Dutaillis. — Je crois que l'adoption de ce vœu, en y réfléchissant, aurait un inconvénient. Il y aurait un inconvénient à ce que les professeurs s'occupassent d'autre chose que de science et d'instruction ; et je crois que leur prestige pourrait même être atteint, en certaines circonstances, par le fait qu'ils ne seraient pas seulement des fonctionnaires de l'Instruction publique en France. Je veux dire que, dans les Universitées étrangères, on aurait une certaine méfiance vis-à-vis d'eux s'ils étaient autre chose que des professeurs... Je vous assure que mon expérience personnelle, les conversations que j'ai, les lettres que je reçois m'assurent que je suis dans le vrai. Il ne faut pas qu'on croie qu'un professeur, qui vit dans l'Université étrangère, soit autre chose qu'un professeur.

M. de Dampierre. — Il faut qu'il se sente appuyé par toutes les forces vives du pays.

M. Petit-Dutaillis. — Oui, mais pas par ce moyen-là.

M. de Dampierre. — Les Allemands sont toujours appuyés par leur ambassadeur.

M. Petit-Dutaillis. — Ces envoyés allemands se sont fait détester partout.

M. Welschinger. — Ils se sont fait détester parce qu'ils envoyaient des rapports qui n'avaient rien à voir avec l'enseignement.

M. de Dampierre. — Il serait très bon de montrer que nos missionnaires scientifiques sont pleinement scientifiques.

M. le Président. — Vous maintenez votre vœu?

M. de Dampierre. — Non, je le retire.

Un congressiste. — Maintenez-le ; il contient une idée très juste.

M. de Dampierre. — Je crois que cet échange de vues suffit et que le vœu X aura toute sa valeur indicative avec les commentaires qui ont été donnés.

M. le Senne. — Cela rentre dans le détail des mesures à prendre.

M. l'abbé Bethléem. — Vous ne trouverez peut-être pas étrange que je constate que, dans le vœu VIII, on n'ait pas parlé de l'enseignement libre congréganiste à l'étranger. Il est cependant très important dans les pays d'Orient, et son action a été si bienfaisante que les crédits, qui étaient accordés précédemment aux établissements congréganistes, ont été rétablis depuis le début de la guerre.

M. Petit-Dutaillis. — Je n'ai rien exclu dans mon rapport.

M. le Président. — Nous mettrons dans le texte du vœu : à *tous les établissements d'enseignement français à l'étranger*, au lieu de mettre simplement : *aux établissements*.

M. Petit-Dutaillis. — Je ferai remarquer que, dans mon rapport, j'ai consacré une page aux établissements congréganistes.

M. le Président. — La discussion concernant les vœux formant la conclusion du rapport de M. Petit-Dutaillis étant épuisée, la séance est suspendue pendant quelques minutes.

II. — E. Haraucourt : **La Démoralisation par le livre et par l'image**

M. le Président. — Nous avons maintenant à discuter la question rapportée par M. Haraucourt. La parole est à M. du Thil.

M. du Thil. — Parmi les reproches qu'on adresse à l'imprimerie, un des plus vifs est basé sur les publications immorales.

Toute la difficulté vient de fixer les limites de la licence.

Où commence et où finit l'immoralité ?

Toute la question est là, et il serait impossible d'arriver à une solution, si on restait sur ce terrain.

Tout devient facile, si on se place sur un autre, que voici :

La publication de livres licencieux est-elle de nature à améliorer le sort de l'humanité ?

Si oui, il faut la laisser libre.

Si non, il faut l'empêcher.

En réalité, les publications immorales sont le fait d'individus qui les font pour s'enrichir, et l'art n'a rien à y voir.

Elles ont pour résultat de pervertir les êtres, qui sont à la merci d'une influence, bonne ou mauvaise.

L'énergie morale est aussi variable que l'énergie physique, et l'on peut comparer la première à trois figures géométriques.

L'une aura une volonté semblable à une pyramide aux côtés égaux sur sa base. Aucun effort ne pourra la renverser.

L'autre aura la sienne, comme une sphère, qui reste immobile, si on ne la pousse pas.

La troisième ressemblera à une pyramide sur sa pointe. Si elle n'est pas soutenue constamment, elle tombera infailliblement.

Les humains du premier genre sont exceptionnels, et ils pourraient tout lire ; mais ils n'achètent pas les ouvrages libidineux.

Ceux du deuxième sont la grande masse, et ceux du troisième sont heureux de trouver, dans les publications immorales, une excuse à leurs propres faiblesses.

De même que les Romains avaient défini l'orateur : *Vir bonus dicendi peritus*, j'appellerai volontiers l'écrivain : *Vir bonus scribendi peritus*.

Mais cela n'est pas la réalité.

Il y a des forbans de la plume, comme il y a des pirates de la mer et des bandits des grands chemins.

La fourberie et l'hypocrisie ont amené à appeler réalisme ou naturalisme ce qui n'était que de la pornographie.

Au début, les romans ne sortaient pas du salon.

On est allé ensuite à la salle à manger, dans la chambre à coucher, le boudoir, la cuisine ; et les réalistes purs, ou impurs, n'ont pas eu peur de voir ce qui se passe dans les latrines et de remuer les matières fécales.

Tel est, en résumé, l'histoire du réalisme ou naturalisme.

On affecte de considérer des actes exceptionnels, qui relèvent des médecins aliénistes, comme des faits normaux et habituels, et leur diffusion par les livres laisse croire aux ignorants et aux faibles d'esprit, que c'est une peinture vraie des mœurs d'un peuple entier.

Pour moi, qui sais jusqu'où est allée la préparation allemande, pour nous discréditer et faire croire au monde que notre disparition serait un bienfait pour l'humanité, je suis certain que la débauche de publications littéraires et musicales licencieuses a été organisée par l'Allemagne, dont les *Salomeries* ont donné la mesure.

C'est une erreur de croire que l'Allemagne seule répand par le monde des livres et des images obscènes. La Belgique, la Hollande, l'Espagne surtout en font éclore des quantités.

Il existe en Belgique des éditeurs, des libraires, connus d'un public spécial et qui, sous le couvert d'une *honneste* vitrine, vendent, dans leur arrière-boutique, aux initiés des livres, des images, des photos, qui, sous la qualification d'artistiques, n'en sont pas moins obscènes.

En Espagne, c'est encore mieux. Dans les restaurants, les cafés, sous le prétexte de vous distribuer des feuilles anarchistes, des camelots vous offrent en vente des gravures, des brochures, des cartes plus que suggestives. Les touristes peuvent facilement en rapporter des collections.

Pour nous protéger contre la réapparition de ces turpitudes, il ne faut pas demander des lois prohibitives, qu'on tournerait.

Il faut seulement une simple application des principes fondamentaux contenus dans les articles 1382 à 1386 du Code civil, et tarifer les dommages moraux causés à un père ou à une mère de famille par la corruption de leurs enfants, à un mari par celle de sa femme, à une jeune fille séduite, avec ou sans enfant à la suite de sa séduction, et aux enfants naturels, produits de l'union libre.

Ce tarif établi, toute victime demandera la réparation du préjudice causé, conjointement et solidairement, aux auteurs, imprimeurs, éditeurs, libraires et propriétaires d'immeubles, où seront installées les imprimeries et librairies, et qui auront à payer, en outre des dommages accordés par les Cours, un impôt spécial pour les enfants naturels, les filles-mères et les femmes divorcées.

Comme juridiction, la Cour d'assises avec jury est la seule possible.

Devant la perspective de payer les dommages causés, il n'y aurait pas d'auteurs, pas d'imprimeurs, pas d'éditeurs, pas de libraires et pas de propriétaires pour les impressions licencieuses en France.

Quant aux productions étrangères, il faut interdire absolument l'entrée de tout ouvrage non didactique.

Nous avons bien assez de romanciers, en France, sans nous laisser encombrer par ceux des autres pays.

La juridiction est la meilleure possible; car le jury sera sans pitié pour la bourse de ceux qui veulent s'enrichir en démoralisant des êtres humains.

La sanction sera efficace, sans cette stupide manie de prison, qui n'a jamais corrigé personne, et qui a fait des milliers de récidivistes.

Le délinquant, ou le criminel, n'est pas autre chose qu'un anémique cérébral dont la volonté n'est pas assez forte pour contrebalancer les impulsions maladives.

Toutes les autres théories sont des boniments, et le meilleur moyen de ne pas avoir à corriger les hommes, c'est de ne pas les laisser corrompre.

Quant à la prison, d'un anémique cérébral elle fait surtout un anémique physique, et ce sont des loques humaines qui en sortent, incapables d'un effort moral, comme d'un effort physique, vouées à la rechute aussi sûrement que si on le faisait exprès.

Les lois répressives n'ont jamais rien valu.

Frappez à la bourse, et vous ne verrez plus de publications immorales, soi-disant des œuvres d'art.

Tartarin de Tarascon n'est pas licencieux, et c'est un chef-d'œuvre d'esprit, susceptible d'égayer l'existence, et qu'on relit toujours avec plaisir.

Quand on a lu *l'Assommoir*, on ne le relit jamais.

Il n'y a donc pas à hésiter.

Si le Congrès veut faire cesser les publications immorales, il n'y a qu'à voter une motion dans le sens indiqué, sous forme du vœu ci-dessous :

Le Congrès national émet le vœu, que la loi suivante soit présentée au Parlement :

LOI SUR LES PUBLICATIONS IMMORALES

ARTICLE PREMIER. — Toute publication immorale pourra être poursuivie devant la Cour d'assises par les pères, mères, tuteurs, maris ou patrons d'individus des deux sexes, qui auraient pu être détournés de leur devoirs, dévoyés ou corrompus par des publications immorales trouvées en leur possession, exposées à leur vue en public ou offerte en vente ; et par les magistrats de tous ordres, chargés d'assurer la tranquillité des familles, des citoyens et le bon ordre.

ART. 2. — L'instruction des délits se fera comme en matière de délits de presse, et comprendra l'auteur, l'imprimeur, l'éditeur, le libraire et les propriétaires de l'imprimerie, de l'éditeur et du libraire et tous complices.

ART. 3. — Si l'auteur, l'imprimeur, l'éditeur, le libraire et leurs propriétaires et leurs complices sont reconnus coupables, ils seront condamnés à payer les dommages et intérêts demandés par les plaignants, sauf faculté de solliciter une réduction, en faisant la preuve que la demande est exagérée.

Les dommages et intérêts pourront comporter, en outre d'un capital exigible de suite, une rente pour les filles-mères et leurs enfants et les divorcés des deux sexes.

ART. 4. — Les individus condamnés auront, en outre, à payer un impôt spécial, dont le produit sera destiné à l'entretien des enfants abandonnés, et qui sera établi en doublant les impôts directs payés par eux.

ART. 5. — Il est interdit de publier aucun compte rendu de l'instruction, des débats et des condamnations prononcées, et les noms des parties, sous peine de dommages et intérêts alloués par la Cour, et, en cas d'acquittement, de 25 000 francs d'amende à prononcer d'office par celle-ci, si le délit est commis avant l'arrêt, et par mesure administrative s'il est commis après l'arrêt.

ART. 6. — Les dommages et intérêts ne peuvent pas être inférieurs à :

1° 5 000 francs pour exposition à la vue, mise en vente, offre à titre onéreux ou gratuit de publications immorales, imprimés, gravures ou photographies ;

2° 25 000 francs pour détournement ou corruption provenant ou pouvant provenir de publication immorales trouvées en possession de personnes ayant été détournées de leurs devoirs;

3° En cas de poursuites par les fonctionnaires indiqués à l'article premier, le minimum de l'amende à infliger ne sera pas inférieur à 10 000 francs, dont le montant sera versé aux enfants abandonnés.

ART. 7. — L'article 463 du Code pénal n'est pas applicable.

ART. 8. — Le jury sera composé de pères de famille ayant au moins deux enfants vivants.

ART. 9. — Toutes les dispositions antérieures à la présente loi sont et demeurent abrogées.

La proposition de loi avec exposé des motifs a été rédigée, avant que je n'aie lu le rapport remarquable de M. Edmond Haraucourt.

Le distingué conservateur du Musée de Cluny a dit bien des vérités dans un style que l'écrivain lui envie, sans penser pouvoir l'égaler.

La principale est celle-ci :

Le premier homme vivra, tant que le dernier sera debout.

Depuis les premiers âges, l'homme n'a pas changé.

La lutte de Caïn et d'Abel s'est perpétuée à travers les siècles.

C'est celle de la force brutale et ignorante contre la force habile et intelligente.

L'une sue et peine pour obtenir un résultat médiocre ou négatif.

L'autre obtient davantage avec un effort moindre et même caché.

Seuls des ignorants ou des crétins peuvent se laisser tromper par les apparences.

M. Edmond Haraucourt confirme la proposition que j'ai l'honneur de soumettre à l'approbation du Congrès, qui l'aurait certainement adoptée si j'avais eu son talent pour l'exposer et la défendre.

M. LE PRÉSIDENT. — M. Welschinger a la parole.

M. WELSCHINGER. — Le Comité du Livre, dont la création a été proposée par notre consul de France, à Rome, M. Tondeur-Schefer, et qui a eu, à son origine, l'illustre Maspero pour président, auquel a succédé le savant Émile Picard, secrétaire perpétuel de l'Académie des sciences, s'est proposé, comme but principal, l'expansion de la Pensée française dans tout ce qu'elle a d'élevé, de noble et de généreux, ainsi que la délivrance de l'emprise allemande sur notre littérature et de ses tendances à l'hégémonie littéraire, artistique et scientifique. Dans notre programme, figurait, au premier rang, une action virile contre la démoralisation par le livre et par l'image. Nous avons été heureux de voir que la Société des Gens de lettres, dont je m'honore de faire partie depuis trente-quatre ans, — car je suis un de ses doyens, — ait pris à cœur cette même idée, dans ce Congrès du Livre dont M. Pierre Decourcelle a si bien réglé la marche, et l'a placée au premier rang de ses préoccupations.

J'ai lu, Messieurs, avec une attention profonde, le rapport de M. Edmond Haraucourt, sur *la Démoralisation par le livre et par l'image*. Vous me permettrez d'en parler en toute franchise, comme il convient devant des hommes libres et nullement enchaînés. Avant de donner mon opinion sur les vœux qui terminent ce rapport et que j'approuve presque totalement, il faut bien que je dise quelques mots des considérants qui les précèdent.

Il y a deux parties bien distinctes dans le rapport de M. E. Haraucourt : une qui paraît excellente, c'est celle qui va de la page 25 à la page 37 (Voir tome I, de la page 391 à la page 403); une autre, la première partie, qui est moins bonne et qui appelle nécessairement de justes critiques.

C'est sur celle-là que je désire tout naturellement vous faire connaître mes observations. Je le ferai sans avoir la moindre intention de froisser, ici ou ailleurs, aucune susceptibilité, mais avec la franchise que vous pouvez attendre de moi.

Le rapporteur, qui combat *in fine* et si vertement la pornographie, s'explique çà et là en termes d'une crudité toute particulière, et nous présente des observations qui revêtent parfois un caractère fort étrange. Etudiant ce qu'il appelle « la Géographie des passions », il croit pouvoir diviser l'humanité en deux groupes : les peuples orientaux que leur climat incline vers la volupté et la littérature fougueuse, et les peuples occidentaux doués d'une énergie plus saine et qui préfèrent plutôt le genre sérieux. Il admet que, chez les peuples du Midi, on aime ce qu'il appelle « la gaudriole », qui peu à peu, la surenchère allant son train, suscite des frissons nouveaux, une inquiétude morbide, des sensations malsaines. Il lui faut des livres sensationnels, des romans à énigme et à cauchemar, des faits criminels, des images violentes, des tableaux sensuels. M. Haraucourt n'incrimine cependant pas le roman populaire tel que la France l'a conçu. Au brave homme de feuilleton qui passionnait les portières et mettait hors d'elles les futures élèves du Conservatoire, « qui prenait tout juste du crime ce qu'il faut pour exciter la curiosité imaginative des humbles », avait succédé une littérature rouge. « On demandait à voir le fauve, et son repaire, à l'approcher, à le frôler, à connaître ses gestes, ses mœurs, son odeur, et à se donner, par la lecture, l'illusion du péril, comme d'autres se procurent, par elle, l'illusion de l'amour. Insensiblement, l'intérêt qui se portait jadis vers la victime se transporta sur l'assassin. » Ce roman qui, jadis, propageait dans les masses « une religion d'altruisme et d'humanité, laquelle est le dogme de notre race, subit des déformations déplorables, et, comme l'avoue le rapporteur, devint un manuel de banditisme ». On ne saurait trop condamner de telles œuvres, n'en déplaise à certaines critiques qui prétendent que l'écrivain a le droit de tout dire. Un exemple, Messieurs, vous fera comprendre combien ce droit est dangereux. J'ai un jour, il y a bien longtemps, assisté en Cour d'assises à un procès criminel atroce. L'assassin, un garçon boucher, avait attiré une fillette de neuf ans dans un passage peu fréquenté sur la Butte-Montmartre, et l'avait assassinée dans des conditions épouvantables. Et, comme le Président lui demandait avec horreur où il avait trouvé les raffinements de cruauté qui avaient signalé son crime, le malheureux répondit simplement : « J'avais lu ça dans un roman de Boulabert. » Voilà comment les romans populaires n'ont pas d'influence sur les imaginations simples !

Ce manuel de banditisme continue son œuvre néfaste dans le cinéma, que M. Haraucourt a raison de condamner et qu'il appelle « l'image qui tue et l'image qui souille ». Tout récemment, les tribunaux ont condamné de jeunes scélérats qui avaient trouvé l'idée de leur crime dans les scènes rapides et émouvantes qui se déroulaient sous leurs regards attentifs. On ne se borne pas, hélas! à montrer ces tableaux dans le cinéma seul, on les affiche sur les murs des villes, comme on affiche certaines scènes épouvantables du Grand-Guignol, telle que *le Laboratoire des hallucinations*, sur les palissades ou les murs de nos boulevards.

Au Grand-Guignol, on a joué dernièrement *le Laboratoire des hallucinations*. Cela représentait un chirurgien qui voulait tuer un soldat blessé dont il était jaloux. Il l'étendait sur la table d'opération, mais le soldat retrouvait encore assez de forces pour se relever, mettre à son tour le chirurgien sur la table d'opération, et il le découpait en petites lanières ! Le public entendait les cris, voyait couler le sang et, sur les affiches, on voyait la reproduction de ce spectacle ! On a joué aussi *le Baiser mortel*.

UN CONGRESSISTE. — Ce n'est que demain qu'on le jouera.

M. WELSCHINGER. — Pardon, Monsieur, on l'a déjà joué, et je l'ai malheureusement vu. C'est un homme qui avait été vitriolé par une femme ; il a réussi à attirer cette femme, sous prétexte de compassion, et, quand elle fut en face de lui, il l'a couverte de vitriol ! Et, devant le public, on montrait cette face ignoble ! Le lendemain, sur toutes les affiches, on assistait à pareil spectacle. C'est absolument dégoûtant ; je ne comprends pas qu'on tolère des choses pareilles. Qui plus est, le lundi et le mardi, il n'y a pas de représentations dans les théâtres, mais le Grand-Guignol bénéficie d'une autorisation spéciale !

Je continue :

Ce qui m'étonne, par exemple, dans le rapport de M. Haraucourt, c'est la constatation suivante: « L'excès de tolérance a multiplié la débauche des paroles, mais l'exagération de la pruderie a orienté vers le crime la littérature populaire et ceux qui s'en occupent... En se préoccupant avec outrance des contagions libidineuses, on a, sans le vouloir, et sans le voir, préparé le terrain pour une épidémie mondiale qui n'avait jamais existé : on a semé le microbe de l'assassinat précoce. » Je ne comprends pas très bien. Comment, parce qu'on a été trop prude, trop sévère, on aurait poussé les esprits à aimer le crime ? Et cela viendrait par l'importation étrangère, comme le choléra ? « La promptitude et la facilité des rapports internationaux tendent, de plus en plus, paraît-il, à mettre en commun toutes les passions humaines et consécutivement tous les vices. D'où il suit que nous restons victimes de cet effet de la névrose universelle. » Ceci n'est ni très exact, ni très clair.

Mais, que dire du passage qui suit et où le rapporteur dénonce la corruption qui se dégage des fleurs ? Oui, des fleurs que jusqu'ici j'aimais à considérer comme le charme de nos yeux, le délice de notre odorat, la parure de nos appartements ! Il paraîtrait que certaines plantes s'exposent à nous « avec une indécence provocante et s'adonnent à une orgie de couleurs et de parfums dont l'outrance dépasse de beaucoup le tranquille cynisme des roquets les plus dévergondés » ! Je ne puis dissimuler ici ma surprise. Elle devient plus grande encore quand je lis ce qui suit : « Il n'y a rien de plus inconvenant qu'une rose ou une violette, si ce n'est le lis monstrueux... » Comment, l'humble violette est cynique ! Comment, le lis que les Latins appelaient *magna forma pudicitiæ* est une fleur dévergondée ! « Les champignons, les lichens, les algues, les fougères, cachent leurs turpitudes. Ils protestent, ils sont protestants. »

J'arrive à un passage du rapport qui m'a paru bien extraordinaire :

« Pour dépister le mystère dont s'entoure la truffe pudibonde, il ne faudra pas moins que la narine avisée d'un cochon, celle d'un savant n'y suffit pas encore. »

M. LE PRÉSIDENT. — Me permettez-vous de vous interrompre quelques secondes ? J'avais annoté d'un coup de crayon, et je voulais intervenir simplement pour cette phrase. L'affirmation de M. Haraucourt n'est pas exacte ; tout cela a été étudié très à fond.

M. WELSCHINGER. — Je continue ma lecture.

Les savants, qui s'y connaissent, ont protesté ; mais que vient faire ici ce jugement extraordinaire sur le monde des fleurs et des végétaux ? Qu'est-ce que cette nouvelle légende du sexe floral ?... Il paraît, après réflexion, que ces deux sectes de végétaux donnent une image assez forte des deux évolutionnismes qui se partagent l'humanité. On peut les considérer comme nos emblèmes et nos précurseurs. Pour bien comprendre cette affirmation, il faut se contenter de cette phrase étonnante : « Dans le règne végétal, l'indécence vague, croissante des fleurs, a marqué la série des conquêtes, les étapes du progrès, alors que, dans les sociétés humaines, la pudeur tend de plus en plus à devenir une vertu. »

Mais M. Haraucourt ajoute aussitôt cette restriction que je n'admets point : « La pudeur n'est jamais que relative. Quoi qu'on fasse ou qu'on dise, les peuples de piété resteront des phanérogames et voudront célébrer leurs amours par des peintures ou par des chants qui sont la floraison des hommes, aussi bien que les pétales et les parfums sont l'hymne énamouré des plantes ! » Et, se contentant du relatif, le rapporteur dit : « N'essayons pas de faire l'ange, alors que nous savons à quoi ça nous expose. Puisqu'il s'agit de tous, et non de quelques-uns, ne visons pas à la perfection surhumaine, mais à une amélioration qui soit ethniquement possible... Cherchons le mieux qui est humain, et non le bien idéal qui, malheureusement, ne l'est pas. »

Il ne nous est certes point défendu de chercher à réaliser le mieux, le meilleur dans toute son étendue, et de ne pas nous contenter du peu qui satisfait M. Haraucourt. Il considère que « il ne s'agit pas de protéger la morale qui se défend toute seule, — alors, que faites-vous des atteintes à la morale condamnées par la loi ? — mais la santé publique, qui est fragile parce qu'elle obéit à toutes les suggestions passionnelles ! Le danger, ce n'est pas la bibliothèque, ce n'est pas le musée, c'est le kiosque ; ce n'est pas l'artiste, c'est la bête. » La bibliothèque a ses dangers, elle aussi, comme on peut en juger par les emprunts faits à nos bibliothèques populaires et l'observation d'un auteur qui, ayant écrit certain livre, se croyait autorisé à inviter les jeunes gens qui le lisaient à le lire à deux mains, chez eux ou ailleurs.

Quant à soutenir que l'artiste peut traiter en toute liberté tous les sujets sans se déshonorer, tandis que le marchand se déshonore quand il fait trafic de l'œuvre de l'artiste, comment ce marchand pourrait-il vendre une telle marchandise, si elle n'existait pas ? Et celui qui l'a faite se contenterait-il de la cacher à tous les yeux ? Du moment qu'il l'a écrite et publiée, il s'est rendu aussi responsable, si ce n'est plus responsable encore, que celui qui la vend. On dira peut-être que cela n'a été fait que pour quelques rares amateurs ; mais, dès que cela est connu, cela a l'attrait du fruit défendu ; c'est à qui essayera de le voir et d'y goûter.

« Tant que telle ou telle planche reste introuvable, dit le rapporteur, c'est un chef-d'œuvre ; mais, si on la tire en carte postale pour la vendre dix centimes aux midinettes ou aux collégiens, l'éditeur fait de la pornographie, et l'auteur n'en deviendra complice que s'il touche son tant pour cent ». Or, quand même l'auteur ne gagnerait rien sur sa production à la fois artistique et obscène, il n'en aurait pas moins fait une œuvre détestable, et c'est commettre un paradoxe que de vouloir l'en excuser.

Pour innocenter tels ou tels écrivains « qui par quelque soir d'été trop solitaire ont écrit des strophes ou des épîtres que la morale réprouve », M. Haraucourt ne voit là que le signe d'une chasteté intempestive qui se console, comme elle le peut, et à la sourdine. « Nous ne sommes pas des saints ni capables de l'être, ni désireux de le devenir, et ceux-là apparaissent doués d'une sincérité suspecte ou d'une candeur par trop naïve qui prétendent n'avoir plus rien à redouter d'eux-mêmes. »

M. Haraucourt. — Nous sommes ici en présence d'une critique littéraire très flatteuse pour moi, mais nous sortons de la question. J'ai essayé, par une image qui n'est peut-être pas suffisamment spirituelle, de montrer la différence qu'il y a entre les cryptogames et les phanérogames. Cette différence n'existe pas seulement entre les races protestantes et les races non protestantes, entre les peuples orientaux et occidentaux ; j'ai essayé de montrer que cette différence n'existait pas seulement entre les hommes, mais aussi entre les animaux et parmi les végétaux. Que cette image soit, mon Dieu ! d'une littérature pas très drôle, je veux bien ; mais il me semble que nous perdons à l'examiner un temps qui pourrait être employé plus utilement, quand il s'agit de questions qui intéressent la natalité française !

M. Welschinger. — Pour comprendre les vœux, il faut connaître les considérants.

Un congressiste. — Nous avons tous lu le rapport.

M. Welschinger. — Je vais m'interrompre, mais il me semble que nous avons le droit de parler ici. Nous ne sommes pas « l'Homme enchaîné ! » Il déplaît à M. Haraucourt que je lise...

M. Haraucourt. — Pas du tout ! Cela me plaît beaucoup ; mais je trouve que c'est du temps perdu ! Il est quatre heures vingt, et, si nous faisons une critique complète, nous serons encore là cette nuit !

M. Welschinger. — Eh bien, je vais m'attacher à quelque chose de particulier.

Un peu plus loin, M. Haraucourt nous dit : « J'aime mieux la modestie craintive de Térence : *Homo sum*, ou l'aveu un peu cynique de Sainte-Beuve :

> Tout homme a dans le cœur un cochon qui sommeille. »

Sans admettre, en aucune façon, les aveux de M. Haraucourt et ses restrictions personnelles, je relève dans ces citations une erreur grave. Ce n'est pas Sainte-Beuve qui a composé le vers ci-dessus, c'est Monselet, qui, dans son amour de gourmet sensuel pour le cochon, auquel il a dédié un sonnet enthousiaste, a osé faire cet aveu peu flatteur.

Un congressiste. — Qu'est-ce que cela fait ?

M. Welschinger. — Cela fait qu'il faut dire la vérité, et ne pas attribuer à Sainte-Beuve des choses qu'il n'a jamais dites. Je renonce à ma critique, puisqu'elle a le don de déplaire à M. Haraucourt.

M. Haraucourt. — Elle me plaît beaucoup au contraire !

M. Welschinger. — Alors je continue.

Mais ce n'est pas assez pour M. Haraucourt. « Eh là, s'écrie-t-il, il y a bien d'autres bêtes encore au fond de nous. Toute la ménagerie des forêts primitives subsiste dans l'être sociable et civilisé : le tigre y côtoie le porc. A eux deux, ils s'appellent l'instinct : « Pour l'amour vers la mort ». Et, bien qu'ils sommeillent ou qu'ils feignent de sommeiller, ils sont là, toujours présents et toujours prêts pour le réveil. Qu'on y consente ou non, et que cela nous semble humiliant ou vénérable, honteux ou magnifique, l'instinct est le moteur, et la passion est la mise en marche du moteur. Suscitée par les lois de conservation universelle, la passion est d'essence divine ; elle a des fins qui nous dépassent. Qu'il faille l'enrayer, c'est sûr ; nous lui opposons les lois de conservation sociale, mais il faudra nous souvenir qu'elles sont d'origine humaine ; notre œuvre est, par conséquent, entachée de notre faiblesse et toujours en péril de se voir débordée. Osons le dire, c'est la passion qui règne sur le monde. La raison des hommes n'intervient et ne peut intervenir que comme un « frein ».

Et à quoi aboutit alors le rapporteur ? A la nécessité de chercher des mesures relatives, adéquates au tempérament de chaque race, de chaque peuple et à celle de se préoccuper non pas des élites, mais des masses. Il faut laisser de côté, suivant lui, les fermiers généraux, les poètes, les artistes dont la fantaisie peut paraître malséante en soi, mais ne constitue qu'une manifestation exceptionnelle. Personnellement, je ne suis pas pour les demi-mesures et pour les exceptions. La loi de morale, comme toutes les lois justes, doit s'appliquer à tout le monde, et les poètes comme les artistes en sont et doivent en être les observateurs. Il n'y a pas que l'enfant et l'homme-enfant qu'il faut protéger contre le mal, il y a tout le monde. M. Haraucourt nous prédit une révolution après la guerre, qui abattra des conventions sans nombre, des illusions invétérées et d'antiques coutumes. « Une formidable lessive se prépare, dit-il, qui même est déjà détrempée, et d'où sortira un monde neuf, peut-être meilleur, peut-être pire, mais à coup sûr si différent de l'autre que pas une révolution encore n'a creusé un tel gouffre entre sa veille et son lendemain. »

Sans aller jusqu'à un tel pessimisme, je crois, en effet, qu'une rénovation, et non pas une révolution, se prépare, et j'espère qu'elle sera féconde en bons et utiles résultats.

Mais ce n'est pas à l'instinct qu'il faut se fier pour mettre tout en marche d'une façon régulière. M. Haraucourt plaisante le mot superbe de Virgile : *Mens agitat molem*, et raille le pauvre Prudhomme qui répète ce mot à tout propos sans en comprendre la portée philosophique, et en l'appliquant indistinctement pour le mal et pour le bien. Que le rapporteur le veuille ou non, c'est bien l'Esprit qui gouverne la Matière, et c'est lui qu'il faut suivre.

Là, où je suis d'accord avec M. Haraucourt, c'est quand il veut protéger l'enfant, suivant le précepte du grand satiriste : *Maxima debetur puero reverentia*.

Il a compris que rien n'est plus néfaste que de souiller l'imagination viciée de l'enfant, de l'habituer à des spectacles grossiers et infâmes, de lui mettre en main des livres et des images obscènes. La malédiction divine, comme celle des hommes, poursuit le misérable qui cherche à polluer l'âme enfantine et à la faner dans sa fleur. Il n'est pas de besogne plus vile, plus lâche, plus déshonorante, et jamais les lois ne seront assez sévères contre les auteurs d'écrits qui cherchent à flétrir le présent et l'avenir de la race humaine. C'est avec raison que le rapporteur condamne les mauvais livres, les poèmes vicieux, les affiches ordurières ou perverses. Il s'est senti aujourd'hui surtout un dégoût profond pour ce qu'il appelle « des fadaises hebdomadaires » et ce que je nomme moi carrément des « saletés ». Il dit qu'en ce moment c'est la proclamation de l'inconscience et du cynisme, l'action scandaleuse des mauvais citoyens qui s'appliquent à oublier et à faire oublier que les meilleurs d'entre les Français meurent à toutes les minutes pour le salut et l'honneur de la patrie. J'aime à l'entendre dire dans un transport tout nouveau d'indignation. « Il y va de la santé publique, de l'énergie nationale qu'on attaque dans ses formes vives et, par moment, dans son avenir. Demain, la Patrie aura besoin d'une génération qui possède l'intégralité de ses ressources physiques et morales, et nous avons le devoir de défendre cette génération-là contre l'industrie criminelle de ceux qui délibérément travaillent à l'anémier. Avant la guerre, ils inquiétaient la morale ; depuis la guerre, ils outragent la douleur. Après la guerre, ils menaceront la Patrie. »

Je ne puis me résigner, Messieurs, à ne pas dénoncer, à l'exemple de M. Haraucourt, ces kiosques du boulevard où s'étalent les images audacieuses et cyniques de *la Vie Parisienne* et autres revues plus ou moins plaisantes, qui cherchent, dans les scènes de guerre, non pas le côté héroïque ou original, mais qui y mettent une note grossière ou sadique. C'est là du mercantilisme artistique « exécuté sur commande pour enrichir quelque exploiteur d'égout. C'est un défi qu'on jette à la dignité du pays, c'est l'insulte à sa douleur. » Je ne comprends pas que la Censure, si sévère pour quelques lignes qui condamnent tel ou tel acte politique, tolère de telles infamies, et je les dénonce ici avec toute mon indignation de bon et sincère Français.

Examinant les lois qui ont été votées contre la prostitution et la débauche, le rapporteur les trouve trop étroites et trop lâches. Il craint de rencontrer le signe de l'arbitraire dans ces mots : *Tout ce qui est contraire aux bonnes mœurs*, parce qu'avec ces mots le régime de l'arbitraire peut être instauré sous la domination d'une censure universelle. Il semble bien pourtant qu'il n'y a rien d'imprécis dans ces termes, et je ne vois pas que l'art et le lyrisme puissent être à un moment, par eux et grâce à eux « transformés en pourceaux de droit commun ». Il faudrait en finir une bonne fois avec les privilèges que l'on veut accorder au lyrisme et à l'art en matière de vers ou de tableaux. Que les descriptions de telle ou telle scène soient faites par un écrivain de talent ou un peintre génial, cela n'est pas une raison pour les excuser et les glorifier. Je dirai même que c'est une raison de plus pour les condamner. Mettre, au service de turpitudes, d'ignominies, de monstruosités, le talent qui vous a été imparti, c'est donner à ces choses méprisables un relief particulier, un attrait nouveau, un intérêt bien spécial. Je ne répéterai pas ici ce que disait un grand homme de bien, qui a supporté sans se plaindre toutes les railleries et toutes les angoisses. J'ai nommé M. Béranger. Mais il est certain que, comme lui et avec lui, j'estime que l'art du poète, du peintre, du sculpteur est fait pour le beau idéal, pour la splendeur du vrai et non pour la glorification du faux, du vil ou du vicieux. Il ne convient pas de dire qu'on a sans cesse travaillé entre les mots abstraits de liberté et de moralité. Ce qu'il appartient de reconnaître, c'est qu'il faut écarter tout ce qui est de nature à flétrir ou à corrompre l'esprit. Ne répétons pas avec les sorcières de Macbeth : *Le beau est horrible, et l'horrible est beau.*

Ici cessent, Messieurs, mes critiques du rapport de M. Haraucourt ; car, ce qui suit, c'est-à-dire la poursuite inutile des écrits et images obscènes devant le jury toujours prêt, hélas ! à acquitter, la nécessité de correctionnaliser tous ces délits, la réfection d'une loi pénale avec échelle régulière des délits et peines, ont mon approbation complète, ainsi que les mesures à prendre contre l'invasion de la France par l'hypocrite pornographie allemande et nos devoirs envers l'avenir.

Dans les vœux que propose le rapporteur en matière de conclusion, je me demande seulement comment on pourra établir une distinction *entre l'Art qui doit rester libre* de traiter tous les sujets humains, et le commerce de pornographie.

Je sais bien, et je reviens un instant encore sur cette question, que nombreux sont ceux qui disent : « L'art purifie tout, et d'une obscénité fait une merveille de beauté et de noblesse. » A ceux-là, je réponds : « Rappelez-vous les exhibitions artistiques du Salon d'automne, du Salon des Indépendants, de certaines salles du Salon des Beaux-Arts, etc., et dites-moi si l'art purifie et ennoblit tout. »

Il faut, je le répète, avoir le courage de l'avouer : « L'art qui ne s'inquiète pas sincèrement de la qualité des choses qu'il veut exprimer, l'art qui ne compte pas avec les impressions à produire sur l'esprit ou sur le cœur, va droit à l'immoralité. Livré à lui-même en toute licence, il dégénère en œuvres basses qui n'ont d'autre objet que d'exciter la sensualité. »

L'art n'est plus alors un conducteur, mais, comme le remarquait Brunetière, *un entremetteur*. Qu'on y prenne garde, par une faiblesse trop grande ou par une lâche indifférence, on en viendrait à égarer le goût public et à faire, en art aussi bien qu'en littérature, un peuple d'ignorants, de pervertis, d'abrutis, d'esclaves. Ceux qui, comme moi, critiquent la liberté absolue donnée à l'art, sont appelés par des imbéciles : « Bourgeois, Philistins, Bavards ou Pécuchets, pompiers, épiciers, charbonniers... », quoique, en ce moment, ce soit un honneur d'être épicier ou charbonnier, quand on songe avec quelle déférence on aborde ces potentats du jour ! Je sais aussi que les audaces ou folies de l'art sont aux yeux de certains admirateurs « une supériorité de goût, une absence de préjugés, une indépendance de caractère, un épicurisme intellectuel, une virtuosité transcendante, une reproduction littérale de la nature... » Dites ce que vous voudrez, inventez même les termes les plus louangeurs et les plus extraordinaires ; la nature sans idéal, c'est tout simplement l'animalité.

On me répondra que tel ou tel artiste a le droit de faire des œuvres mauvaises ; eh bien ! je réclame, à mon tour, le droit de les trouver mauvaises, et de le dire hautement.

Donc, à mon avis, l'Art pour l'Art est un terme fallacieux, car, l'Art doit avoir un but idéal et pour le moins moral. « Le talent impose des devoirs, disait George Sand, et l'Art pour l'Art est un vain mot. » Et moi, j'ajoute : « Quand un homme est délicat en quelque endroit de son esprit, il l'est aussi bien en art qu'en littérature ; c'est par là qu'on juge de ses talents et de sa valeur. »

Pour les autres vœux, qui suivent le rapport de M. Haraucourt, je n'ai qu'à y donner toute mon adhésion, puisqu'ils aboutissent à condamner sans réserve la pornographie et ses scandaleuses manifestations. Je demanderai seulement que, dans le paragraphe D, au numéro 13, on ajoute, aux noms des groupements, le nom du Comité du Livre, et qu'on statue sur ma proposition d'avant-hier qui tendait à encourager la publication par les édi-

LA DÉMORALISATION PAR LE LIVRE ET PAR L'IMAGE

teurs, comme le déclarait justement M. Gillon, « d'ouvrages irréprochables tant par le fond que par la forme ».

M. LEVEL. — Au cours de son argumentation, M. Welschinger a parlé du Grand-Guignol. Je ne viens pas ici prendre la défense du Grand-Guignol, mais il a fait allusion à une pièce : *Le Baiser dans la nuit*, qui y a été jouée, et je voudrais rectifier une erreur. Vous avez parlé, je crois, d'une affiche : elle n'a jamais existé. Or, comme vous avez bien voulu relever une erreur de M. Haraucourt...

M. WELSCHINGER. — Pardon, j'ai vu une affiche qui représente un homme tenant à la main une tête de femme, toute déchirée, et sa tête à lui est vitriolée. Je l'ai vue sur les grands boulevards et, en particulier, boulevard de Clichy, sur une palissade, en face de l'Hippodrome.

M. EUGÈNE MOREL. — Le titre que vous avez donné est celui d'une pièce de moi qui va être jouée après-demain, et où le vitriol ne joue aucun rôle.

M. LEVEL. — Permettez-moi de vous dire que M. Welschinger doit commettre une erreur. Le directeur du Grand-Guignol, qui est mon ami, n'aurait certainement pas fait cette publicité gratuite sans m'en parler. Je n'ai jamais connu cette affiche, et j'affirme qu'elle n'a pas été apposée.

M. SOLARI. — Nous pouvons, sans préciser, dire qu'il y a eu des affiches regrettables.

M. GILLON. — Je n'ai que quelques mots à dire.
Dans la communication que j'ai eu l'honneur de vous faire, avant-hier, au nom de la Société d'exportation des éditions françaises, une phrase a provoqué, de la part de M. Edmond Haraucourt, une émotion qui m'a un peu surpris, et qui appelle quelques précisions de ma part. Cette phrase est la suivante : « Résolues à entrer dans les voies nouvelles que réclament les temps nouveaux, à n'épargner ni leur peine ni leurs sacrifices, les trente maisons qui composent la Société d'exportation des éditions françaises ont l'ambition d'élargir le prestige de la France par des publications irréprochables dans le fond comme dans la forme, et de contribuer, elles aussi, à faire triompher dans le monde la pensée française et le goût français. »

Comment M. Haraucourt a-t-il pu penser que cette petite profession de foi pouvait porter atteinte à la liberté de certains écrivains, et les priver de leur gagne-pain ? S'il y a des éditeurs qui ne veulent pas publier de livres « irréprochables dans le fond comme dans la forme », libre à eux ; mais il en est d'autres qui comprennent autrement leur mission.

Toutes les marchandises sont évidemment représentatives du pays qui les produit ; mais la plupart (même les plus précieuses, l'orfèvrerie, les bijoux, les soieries) ne visent que des satisfactions matérielles.

Le livre, par son essence même, a une destination plus noble ; c'est la pensée de son pays qu'il représente et propage, c'est lui, peut-on dire, qui sert d'introducteur à tous les autres produits. Un étranger qui lit et pratique notre langue est un client assuré pour la France, souvent même un ami dévoué et fidèle. Comment, se pénétrant de cela, un éditeur n'attacherait-il pas le plus grand soin *au fond et à la forme* des livres qu'il publie ?

Ne vous semble-t-il pas qu'un éditeur exerce une sorte d'apostolat ? Suivant qu'il publie de bons ou de mauvais livres, il peut faire beaucoup de bien ou beaucoup de mal. Il n'a pas les moyens, comme les conférenciers (ou « comme les parlementaires ») de porter la bonne parole aux quatre coins du monde ; c'est par ses livres qu'il parle au public, c'est par ses livres qu'il forme ou déforme la pensée et le cœur de ceux qui les lisent ; c'est par ses livres qu'il sert bien ou mal son pays. A côté de ces responsabilités matérielles, il a une responsabilité morale.

Eh bien ! ces responsabilités, les membres de la Société d'exportation des éditions françaises ne les redoutent point, ils les revendiquent même hautement ; et c'est ce qui leur donne le droit d'être exigeants pour leurs auteurs et pour eux-mêmes, et de ne vouloir **publier que des ouvrages** « irréprochables dans le fond comme dans la forme », parce qu'**ils sont profondément** convaincus de contribuer ainsi, pour leur part, au prestige de la France.

J'espère que ces explications dissiperont les craintes de M. Edmond Haraucourt qui, dans son magnifique et véhément rapport, a stigmatisé si courageusement non seulement les mauvais mais les vilains livres. J'espère aussi que l'éminent écrivain, que nous admirons tous, voudra bien nous prêter son appui dans l'œuvre d'intérêt national que nous entreprenons.

M. DE DAMPIERRE. — En connexion avec l'ordre d'idées exposé par M. Gillon et le rapport de M. Haraucourt, le Congrès pourrait préciser quelque peu, non pas ce qu'il y a lieu d'appeler immoral, mais ce dont nous avons à poursuivre la limitation.

Or, il est bien entendu que la liberté de la parole écrite doit rester entière, mais qu'il n'en va pas de même du commerce extérieur, c'est-à-dire de l'étalage de la pensée écrite, de la pensée graphique, figurée par un procédé quelconque.

Je crois que toute cette question, extrêmement grosse, de la démoralisation par le livre et par l'image peut se ramener à une question de mise en vente. Tout au moins, je crois que, pour faire œuvre utile, le Congrès aurait intérêt à se placer tout d'abord sur ce terrain précis. Sans cela, nous risquons de nous engager dans des discussions interminables sur ce qu'il convient de considérer comme immoral, artistique, moral, inartistique, etc...

Je demande pardon aux dames qui sont là d'entrer dans quelques détails ; mais, si nous restons dans des considérations générales, nous ne ferons pas œuvre pratique. Or nous ne sommes pas ici pour manifester des sentiments, mais pour aboutir à des considérations pratiques.

Réduisons la question à une question d'étalage, et je crois que nous arriverons à nous mettre d'accord sur quatre ou cinq points essentiels.

Il ne s'agit pas de donner des prix de vertu, au contraire, à des écrivains ; il s'agit pour nous, qui sommes tous des pères de famille ou devrions l'être, d'écarter dans la rue, des yeux de nos enfants, des spectacles qui peuvent nous intéresser, mais qui ne sont pas de leur âge, ou des publications que notre budget paternel nous permet d'acheter, mais qu'il est essentiel que nos fils n'emploient pas leurs économies à se procurer. Dans la question de l'immoralité, — j'emploie cette expression sous réserve, — écartons d'abord la question de l'étiage, qui est une question très compliquée, et arrêtons-nous d'abord aux questions essentielles.

Qu'est-ce que nous devons éviter avant tout ? Les publications dont la propagation porte atteinte au développement de notre pays. Eh bien ! je demande qu'à ce point de vue le Congrès prenne l'initiative du vœu suivant :

I. — A) *En ce qui concerne le livre :*
Que soit formellement interdit l'étalage, même sous couverture fermée, des livres et des publications de toutes sortes, illustrées ou non, ayant un caractère :

a) *malthusien, c'est-à-dire propageant des méthodes abortives ou préventives de la natalité. (Applaudissements) ;*

b) *sadique, c'est-à-dire mêlant les sévices à la volupté (flagellations, etc.) ;*

c) *homéosexuel, c'est-à-dire tendant au saphisme ou à la pédérastie ;*

d) *incestueux, dans les divers sens du mot.*

Je reconnais qu'il y a des œuvres qui ont un caractère artistique indéniable, dont on peut, tout au plus, déplorer qu'elles contiennent tant de talent, et qui sont des œuvres saphiques. Vous savez tous ce que je veux dire. J'estime, et vous estimerez comme moi, qu'il est déplorable qu'en France des publications à 95 centimes s'étalent partout, propageant dans le peuple le saphisme, alors que ce vice était autrefois l'apanage de l'Allemagne. En temps de guerre, je demande un vote de principe pour interdire l'étalage de ces publications. (*Applaudissements.*) Restons chez nous avec notre gauloiserie, tenons-y, parce qu'après tout c'est un excès de force ; mais pas de saphisme, pas de pédérastie !... Laissons cela à Berlin !

J'ai ajouté « incestueux », mais on m'a fait une observation...

M. Pierre Decourcelle. — Et Phèdre ?

M. de Dampierre. — Je supprime donc le mot.

M. Pierre Decourcelle. — Je crois, d'ailleurs, que vous êtes bien servis par les trois premiers mots.

M. Haraucourt. — Nous sommes tellement de votre avis que nous sommes plusieurs ici qui voudrions qu'à votre idée d'étalage on pût adjoindre l'idée de colportage.

M. de Dampierre. — Si vous voulez, je vous préparerai à ce sujet un second vœu, mais parlons d'abord de l'étalage : c'est vaste, mais c'est précis. Un colporteur, s'il fait circuler des papiers sous le manteau, est assez difficile à saisir ; mais on peut toujours le prendre, s'il étale sa marchandise. Or, pour la vendre, il faut qu'il l'étale.

M. Floury. — Votre proposition confère au libraire une faculté de censure qu'il ne peut pas exercer. Le libraire, qui reçoit vingt volumes dans la journée, les met à l'étalage ; il ne peut pas savoir s'ils sont licencieux dans un sens ou dans l'autre, et vous ne pouvez pas le rendre passible de pénalités pour des ouvrages qu'il n'a pas ouverts. C'est l'éditeur et l'imprimeur que vous devez poursuivre, mais pas le libraire ! On a dit que les libraires n'avaient pas assez d'éducation professionnelle : je le confesse. Nous ne sommes pas assez renseignés, et vous voulez nous charger d'une censure comme celle de dépouiller les livres, de les lire et de décider que tel ou tel ouvrage est licencieux ou non ! Je la décline.

M. de Dampierre. — Je n'ai pas les noires intentions que vous me prêtez. Il s'agit ici du principe et non de l'application. Vous m'avez parlé de la responsabilité du libraire, mais je vous ferai remarquer que je ne l'ai pas mise en cause. Le libraire, en pareil cas, doit retirer de sa devanture, au premier avertissement, le livre qui, à première vue, n'a pas paru présenter de caractère licencieux.

M. Floury. — Cependant, si je mets à l'étalage l'ouvrage : *la Génération*, par exemple, je serai poursuivi ! Je ne suis pas censeur, et, pour moi et mes collègues, je décline cette censure.

M. de Dampierre. — Je continue mon texte :

B) *Que les publications, tant littéraires que documentaires, traitant les sujets ci-dessus énumérés, ne soient, en aucun cas, tolérées sous la forme populaire, c'est-à-dire, se vendant à un prix inférieur à 3 fr. 50.*

Ceci est la précision apportée au vœu qui ressort du rapport de M. Haraucourt. M. Haraucourt a fait ressortir très justement que ce qui était mauvais, ce n'était pas en soi le fait d'écrire sur un sujet, mais de mettre ce sujet entre les mains de tout le monde ; et nous voulons chasser des mains de nos enfants les livres en question ; nous ne voulons pas qu'ils puissent se procurer ces livres à 60, à 95, et même à 30 centimes.

Voilà qui répond déjà à l'objection de M. Floury, parce que, si vous ne recevez pas le livre à 95 centimes, vous ne serez pas tenté de le mettre à l'étalage. Maintenant, si vous mettez à l'étalage un livre dont le titre n'a rien d'anormal, il passera un agent qui vous dira que ce livre est sur la liste noire et que vous avez à le mettre à l'intérieur. Vous le mettrez à l'intérieur, et tout sera dit...

Voilà pour le livre. En ce qui concerne l'image :

Que soit également interdit l'étalage de toute image, soit isolée, soit faisant partie d'une publication quelconque, qui aurait un caractère de déshabillé (étant réputée déshabillé toute figure humaine, en costume ou dans un cadre moderne, laissant voir ou deviner les parties du corps comprises entre les genoux exclusivement et les seins inclusivement).

Ici, il faut quelques explications. L'art français a toujours été gaillard. Il y a, dans ce genre, des choses charmantes que je suis le premier à apprécier ; mais, ici encore, loin de moi la pensée de vouloir donner une directive. La question n'est pas là. Il paraît pour moi inutile de mettre sur les kiosques, à l'étalage, à l'extérieur des boutiques, des visions très déshabillées, dont quelques-unes charmantes, d'ailleurs, mais qui doivent, autant que possible, être écartées des yeux des jeunes gens. Ici, nous sommes dans le domaine des rapports sexuels normaux ; mais est-il bon d'exciter les jeunes gens de quinze à dix-huit ans à leur passage devant les vitrines ?

Prenez, par exemple, le nu photographique : la photographie a beaucoup travaillé dans ce sens. Je suis le premier à reconnaître que les collections de modèles sont d'un grand secours pour les artistes. Tout le monde ne peut pas se payer un modèle ; spécialement, les illustrateurs de livres, quand ils ont une petite illustration à faire, trouvent très économique de feuilleter une collection dans laquelle ils rencontrent de bonnes photographies qui leur donnent les éléments dont ils ont besoin. Il ne faut donc pas porter atteinte à cela. Mais il peut y avoir une différence essentielle entre la collection de photographies feuilletée dans la boutique, et les cartes postales qui représentent des petites femmes avec des bas qui vont très haut et des chemises qui ne vont pas assez bas, cartes postales qui sont pour 10 centimes à la disposition de tous. Je fais une différence entre l'élément utile et l'élément inutile, pour ne pas dire davantage.

La distinction entre le nu et le déshabillé de la femme a été faite assez souvent ; je crois, quand on réfléchit, qu'on peut en donner assez facilement une définition. Quand vous voyez une femme nue dans un parc, dans un décor quelconque, vous pouvez n'avoir qu'une impression artistique. Si cette femme est drapée dans une draperie vague, il en est de même. Il n'en va pas de même, si cette femme exhibe une partie intéressante de sa personne, vêtue au surplus à la mode actuelle. D'une façon générale, il en est de cela comme de la criminalité ; la chose qui donne le désir est celle qui se présente dans le cadre quotidien : le Tanagra est nu, même quand il est drapé, et une gravure du dix-huitième siècle est nue, même quand la femme y garde sa robe.

Par conséquent, je me place ici encore au point de vue de l'étalage et de la vente. Il ne faut pas qu'on ennuie mesquinement nos artistes : ce serait contraire à nos traditions et au développement de notre art. Il est essentiel qu'on ne mette pas à l'étalage certains déshabillés. J'entendais tout à l'heure citer *la Vie Parisienne*; dans *la Vie Parisienne*, j'ai remarqué qu'on avait suivi cette indication, qui ne venait pas de moi, de mettre sur la couverture des figures qui ne sont pas déshabillées. Ceci vient probablement de la clientèle étrangère, étant donné que ce que j'ai demandé existe à l'étranger. Je crois qu'il n'y a aucun inconvénient à ce qu'il y ait, à l'intérieur de la publication, des vues plus lestes, mais on peut demander que ces vues ne figurent pas à l'extérieur. Je vous citerai, comme exemple, la couverture du *Byzance* de Jean Lombard, qui a une nature nettement obscène, surtout aux yeux des étrangers.

Un congressiste. — C'est une affaire d'impression.

M. de Dampierre. — Je relis donc mon vœu.

Que soit également interdit l'étalage de toute image, soit isolée, soit faisant partie d'une publication quelconque, qui aurait un caractère de déshabillé (étant réputé déshabillé toute figure humaine, en costume ou dans un cadre moderne, laissant voir ou deviner les parties du corps comprises entre les genoux exclusivement et les seins inclusivement.)

M. le Président. — Nous aurons à voir dans quelle mesure ce vœu concorde avec ceux de M. Haraucourt.

M. Pierre Decourcelle. — J'ai écouté avec le plus grand intérêt la communication de M. de Dampierre. Je ne m'associe pas pleinement, pour ce qui me concerne, à cette mensuration au centimètre des parties qu'on doit voir ou ne pas voir aux étalages. Je considère que ce n'est pas ce plus ou ce moins qui fait l'obscénité d'un dessin.

Je crois, au surplus, qu'il y a dans le vœu de M. de Dampierre une lacune sur laquelle j'attire votre attention. Ce qui nous fait le plus de tort, c'est surtout, je crois, de proposer à l'étranger des livres et des images qui sont susceptibles de donner aux étrangers, par avance, une mauvaise interprétation de notre art, de notre génie, de notre poésie. Je considère donc que, avant même de s'occuper de l'étalage chez nous, il faut introduire dans le vœu de M. de Dampierre ces mots :

Que soit formellement interdite l'exportation, même sous couverture fermée, des livres et publications de toutes sortes, illustrés ou non, ayant un caractère, etc. (Applaudissements.)

M. DE DAMPIERRE. — L'étalage, c'est l'exportation à l'intérieur, et quand il s'agit de malthusisme...

M. PIERRE DECOURCELLE. — Je ne critique par vos idées au point de vue de l'étalage ; je vous demande simplement de penser à l'exportation.

M. DE DAMPIERRE. — Nous pouvons mettre : « l'étalage et l'exportation ».

M. SOLARI. — Je demande, pour la clarté du débat, si nous sommes en train de discuter les vœux du rapport.

M. LE PRÉSIDENT. — Non ! En ce moment, chacun émet des vœux pour son compte personnel. Tout à l'heure je donnerai la parole à M. Haraucourt, quand tous les orateurs auront terminé. Il vous indiquera ses vœux, et on verra dans quelle mesure les uns et les autres peuvent être fondus.

M. COISSAC. — M. Haraucourt vous a fait un rapport qui, à mon avis, est exclusivement littéraire. Je ne puis adhérer pleinement à ses dires, ni dans son début, ni, j'ose dire, dans ses conclusions. Lorsqu'on pose des principes, il faut les poser sagement.

Dans la géographie des peuples, M. Haraucourt a dit qu'il y avait des peuples protestants et des peuples non protestants. Ceci est la base même de son argumentation, et je vous prie de ne pas vous y tromper. A un moment donné, il a été dit que l'animal humain était seul en cause et que vous aviez beaucoup plus la préoccupation de l'avenir et de la vigueur de la race que la préoccupation de la question de morale. Or, c'est précisément sur les questions de morale que M. Haraucourt base son argumentation.

M. Haraucourt, dans les douze premières pages de son rapport, nous dit qu'il y a deux races qui évoluent dans leur imagination ou leur littérature vers un sens différent : l'une vers la littérature de la mort, l'autre vers la littérature de l'amour. Ceci est déjà très osé, mais je ne veux pas ici engager un débat académique. En général, la littérature s'inspire de la vie ; mais, pour sa démonstration, M. Haraucourt avait besoin d'une géographie. Je vous prie de lire son rapport, je n'invente rien. Cette géographie, selon lui, est celle des peuples de l'Orient, auquel il lui plaît d'ajouter la Méditerranée ; l'autre est celle d'Occident. Je ne sais pas à quelle latitude pour lui commence l'Occident, auquel il lui plaît d'ajouter les peuples du nord de l'Europe ; enfin, il appelle ceci sa géographie européenne ! Cette géographie est fort contestable. Je n'entrerai pas dans la discussion ; mais, où les choses s'aggravent, c'est lorsque, pour justifier cette notion géographique, M. Haraucourt nous donne des notions de théologie, disons le mot, qui sont passablement étranges.

Il veut distinguer, entre ces peuples d'Orient, de la Méditerranée et ces peuples d'Occident ou septentrionaux, deux tendances : l'une, c'est la tendance vers l'amour, c'est-à-dire, comme nous le voyons dans son développement, l'expression de l'amour vers la saleté. De l'autre côté, par contre, il y a eu un obstacle; car M. Haraucourt nous dit très nettement que les peuples du Nord, par tempérament, ne sont pas entraînés vers l'amour, comme les peuples de la Méditerranée. C'est très contestable, mais enfin, c'est un de ses principes, et il ajoute : « Fort heureusement est survenu — (Pourquoi : Fort heureusement ? Je n'en sais rien) — un fait historique. »

C'est ici que la chose devient très grave dans un Congrès du Livre. Ce fait historique, c'est la Réforme chez le peuple de Luther ; et il a confondu dans la Réforme tout le mouvement luthérien. Ceci est une méconnaissance complète de l'histoire et des faits historiques. Luther peut personnifier tout un mouvement, qui a été, en effet, contraire à un certain relâchement des mœurs ; mais ce n'est pas lui qu'il va nous proposer comme ayant fait cette révolution. Nous savons les mœurs et la littérature de Luther, et l'influence morale qu'il a eue sur son pays. Il y a eu, en vérité, une révolte, si vous voulez, contre l'immoralisme à cette époque ; elle est partie de France et elle a gagné les pays anglo-saxons.

Je ne veux pas, pour l'amour de nos amis, qu'on confonde le Luther allemand avec les Robert Burns d'Ecosse, nos collègues de France, et même les partisans de Henri VIII qui firent la réforme en Angleterre.

Un congressiste. — Ce n'est pas la question.

M. Coissac. — Je vous demande pardon. Nous avons donc une scission entre des peuples qui, aujourd'hui, sont alliés et qui littéralement se tournent le dos. Est-ce vrai ou non ? Nous avons des peuples anglo-saxons qui, par le fait même de leur protestantisme, aboutissent à une doctrine de la mort, et nous autres, Latins, qui aboutissons à une doctrine de l'amour. Tout ceci est fondé sur l'évolution religieuse.

LA DÉMORALISATION PAR LE LIVRE ET PAR L'IMAGE 277

Je déclare, pour ma part, que les étrangers seront vivement impressionnés par une pareille doctrine et ne voudront pas l'accepter.

Un congressiste. — On ne la leur offre pas !

M. Coissac. — Je vous demande pardon : nous sommes dans un Congrès. Vous cherchez en ce moment à développer les livres français à l'étranger, et cela a été précisément un des objets principaux de ce Congrès. Or, n'oubliez pas que vous allez rendre les étrangers et les Anglo-Saxons d'autant plus sévères que vous les accusez, par le fait même de leur religion, de certaines tendances hypocrites (le mot est dit), qui sont le contraire de leurs mœurs et de leur religion. Je vous déclare, pour ma part, que je connais un petit peuple qui se tient très bien, et que l'Écosse puritaine n'a pas été moins libérale dans sa littérature que nous et que la plupart des autres peuples. Il se peut que d'autres veuillent prendre la défense d'autres pays saxons, notamment des Yankees américains, et je proteste, au nom de l'Écosse, contre l'accusation d'hypocrisie portée contre elle.

Voilà tout ce que j'avais à vous dire.

M. le Président. — Le rapport donne l'opinion personnelle du rapporteur et les considérants qui lui sont propres. Ce que vous dites serait très grave au point de vue du Congrès, si dans notre vœu nous faisions allusion aux considérants historiques qui ont pu guider le rapporteur. Mais ceci ne figurera nullement dans nos vœux, dans les vœux de M. Haraucourt qui sont tout à fait distincts des considérants historiques, contestables ou non. Ce sont les vœux seulement qui seront l'œuvre du Congrès.

M. Coissac. — Permettez-moi alors de lire mon vœu ; je crois qu'il s'y rattache. Je demande simplement que les auteurs se mettent en rapport plus direct avec l'opinion des pays intéressés :

Pour obtenir une juste appréciation de la moralité de nos œuvres littéraires à l'étranger, et particulièrement dans les pays de langue anglaise, en majorité protestants ; pour se faire une idée équitable de la littérature de ces mêmes pays :

Les auteurs français s'honoreront en n'invoquant pas des raisons empruntées à la différence des religions ;

Ils agiront sagement en créant des rapports, fondés sur un libéralisme cordial, avec les Associations de ces pays, dévouées à notre influence, composées en majeure partie d'éléments indigènes, exerçant sur l'opinion une action directe et désintéressée ;

Ces Associations, que l'Entente cordiale a multipliées et que la paix conquise en commun rendra plus prospères, seront invitées à donner leur avis sur le grave problème de la « moralité des œuvres littéraires », pour le pays où elles sont établies.

M. SOLARI. — Je tiens à rendre un hommage justifié au rapport de notre éminent confrère, M. Haraucourt. Je constate qu'on a lu des passages séparés, ce n'est pas cela qu'il faut faire. Il faut prendre le rapport dans son ensemble, autrement on en a une idée très fausse.

Je forme le souhait dès à présent qu'au prochain Congrès du Livre nous puissions, à la suite des efforts que nous ferons d'ici là, instituer un rapport, non pas sur la démoralisation, mais sur la moralisation par le livre et par l'image.

Nous avons à nous occuper aujourd'hui de faits négatifs; j'émets le vœu que la prochaine fois nous puissions nous occuper de faits positifs.

Je crois qu'il est dans la pensée du rapporteur que les mesures qui seront votées contre la pornographie soient appliquées également en ce qui concerne ce qu'il appelle l'enseignement du crime ; il n'en est pas question dans le vœu. Cependant, il me semble que la démoralisation par le livre s'exerce encore davantage par l'enseignement du crime que par la pornographie. On pourrait compléter le vœu en y ajoutant : ... *et que la question de la moralisation par le livre et par l'image soit soumise à un prochain Congrès.*

M. PIERRE DECOURCELLE. — Il n'y a pas en France de commerce d'enseignement du crime ; vouloir le faire croire serait une plaisanterie déplacée. M. Solari, tout à l'heure, se plaignait de ce qu'on n'avait pas lu, dans son entier, le rapport de M. Haraucourt. Je crains qu'il n'ait jamais lu lui non plus dans leur entier les ouvrages qu'il vise. Il n'y a pas d'enseignement du crime, et je ne peux pas laisser dire, parlant au nom de la Société des Gens de lettres, qu'il existe, au sein de cette association, des auteurs qui feraient commerce de l'enseignement du crime. (*Applaudissements.*)

UN CONGRESSISTE. — C'est une affirmation qu'on doit interdire, parce qu'on la laisse aller à l'étranger.

M. SOLARI. — Les mots dont j'ai demandé l'adjonction sont la répétition de termes du rapport de M. Haraucourt, qui visent la pornographie. Je suis d'accord avec le confrère qui parlait tout à l'heure. Il serait extrêmement difficile d'établir ce qui peut être une incitation au crime.

Je n'aime pas ce mot de commerce d'enseignement du crime ; je crois qu'il n'y en a pas. Nous sommes d'accord ; mais je voudrais, si nous avions à voter des projets de loi qui pussent faire emprisonner soit le libraire, soit l'éditeur, soit les auteurs, pour pornographie, qu'il soit bien entendu que nous avons voulu viser dans son ensemble la démoralisation. Il n'y a pas que le vice de pornographie. Je voudrais qu'on indiquât, par un mot, qu'on ne vise pas seulement la pornographie, mais tout ce qui peut démoraliser.

M. LE PRÉSIDENT. — Vous avez un texte ?

M. SOLARI. — C'est celui que j'ai lu tout à l'heure. On pourrait peut-être adopter des termes plus vagues.

Je demande encore une minute pour répondre à l'objection de M. Floury. Ne pourrait-on pas envisager la création d'un office qui se fondrait avec l'office dont vous parliez tout à l'heure, qui doit préparer le prochain Congrès, et auquel les libraires et les éditeurs pourraient s'adresser respectivement et préventivement pour demander une sorte d'indication et qui pourrait dire aux libraires : voici le danger !

M. L'ABBÉ WETTERLÉ. — Je tiens à appuyer une phrase prononcée tout à l'heure par M. Decourcelle. De fait, la littérature française qu'on exporte est une véritable entreprise de calomnies vis-à-vis de la France. Vous n'avez pas idée de ce que l'on trouve dans les bibliothèques des gares de Berlin : des écrivains complètement inconnus en France. (*Applaudissements.*) Pas un de nos grands auteurs ! La pire et la plus dégoûtante des littératures ! Et les Allemands disent : « Voilà la famille française ! » Or, je suis à même d'établir des comparaisons, et je puis dire que la famille française est merveilleuse, comparée à la famille allemande. C'est l'éternelle hypocrisie allemande qui veut toujours trouver le vice chez les autres et qui, quand on le trouve chez eux, dit : « C'est de l'importation ! »

Il est certain qu'il faut que nous exercions un contrôle plus sévère sur ce que nous exportons.

Quant au reste, je suis prêt à reconnaître que les conclusions du rapport de M. Haraucourt sont excellentes. C'est la première fois que j'ai trouvé des formules que le législateur peut accepter.

La question est extrêmement difficile. Nous avons eu les mêmes difficultés au Landtag, quand la loi a été présentée. Nous avons eu des débats qui ont duré huit jours, qui ont fait remonter les bas-fonds de la vie allemande... Pendant les huit jours qu'ont duré les débats, nous nous sommes toujours heurtés aux mêmes difficultés. Le principe de la loi était basé sur la pudeur. Le facteur pudeur varie à l'infini suivant les milieux. Il y a des choses qui ne scandaliseront pas le petit Parisien, habitué dès son enfance à toutes sortes d'images, et qui, à la campagne, produiront un effet déplorable. Voilà des choses qui, pour le même motif, seraient condamnées par les juges de la campagne et acquittées par les juges de Paris.

Vous voyez la difficulté de légiférer sur ce point. La difficulté est presque insurmontable.

Notez bien que je ne parle pas comme prêtre. Il y a une foule d'ouvrages dont je défendrais la lecture comme prêtre, mais dont je ne croirais pas, comme législateur, devoir interdire la vente. Il y a là deux concepts différents, et c'est le mérite des propositions de M. Haraucourt de nous donner une base pour une législation beaucoup plus sévère que celle que nous avons. De même, j'approuve les propositions de M. de Dampierre qui sont explicatives de ce qu'a fait M. Haraucourt. Par contre, il y a un point sur lequel je ne suis d'accord ni avec l'un ni avec l'autre. Ces Messieurs ne s'en prennent qu'à la littérature bon marché ; le vice à 3 fr. 50 est permis. Cela n'est pas démocratique, d'autant plus que ceux qui se livrent précisément aux essais dont nous parlait M. de Dampierre ne sont pas les pauvres gens ; il faut chercher ces vices-là plutôt dans les classes élevées de la société. Je n'aime pas une distinction qui semblerait dire : « Préservons le peuple de la contamination, mais laissons les riches faire ce qu'ils voudront ! » S'il y a vice en bas, il y a vice également en haut et le législateur doit toucher l'un comme l'autre. (*Applaudissements.*)

Au sujet du paragraphe D, au nom des individus intéressés ne faisant pas partie des groupements désignés, je réclame une rédaction moins étroite.

M. LE PRÉSIDENT. — J'ai reçu une lettre de M. Voirol, secrétaire général de l'Association corporative des écrivains français. M. Voirol veut-il la parole ?

M. VOIROL. — Qu'on lise simplement le vœu que je propose.

M. LE PRÉSIDENT. — Voici le texte :

Au sujet des « conclusions et vœux » par le rapporteur, M. Edmond Haraucourt, m'associant aux paragraphes B et C, je propose, à la place du paragraphe A, la résolution suivante :

Attendu que ni la loi, ni ceux qui sont chargés de l'appliquer ne sauraient établir une distinction nette et formelle entre l'art et le commerce de pornographie, à moins de décréter pornographie toute description érotique prêtant à rire, ce que certains pourraient trouver excessif dans la patrie de Rabelais, ou de recourir à des experts choisis expressément parmi les auteurs prétendus licencieux, nous demandons pour les écrivains français la liberté.

Voulez-vous défendre votre vœu ?

M. VOIROL. — Non, Je voulais simplement le soumettre à la clairvoyance de mes collègues.

M. FABIUS DE CHAMPVILLE. — Je vous ai adressé un vœu. Voudriez-vous en donner lecture ?

M. LE PRÉSIDENT. — Voici le vœu de M. Fabius de Champville, président de la Chambre syndicale des libraires-marchands de journaux de France.

Art. 4. — Que la signature réglementaire de l'imprimeur, qui est prescrite en droit, soit exigée en fait et avec plus de rigueur dans tous les cas, sur toute espèce de publication et que les œuvres non destinées à la jeunesse portent en caractères lisibles : Ne peut être vendu aux jeunes gens ;

Et que la non-exécution de ces formalités expose les délinquants à des amendes très élevées, qui, seules, seront susceptibles d'arrêter les infractions.

(Protestations.)

M. Fabius de Champville. — Ce vœu peut paraître enfantin en apparence, mais il vous fournit un moyen immédiat d'appliquer les mesures demandées par le Rapporteur. Vous pourrez punir le libraire qui laissera vendre un livre, un imprimé, un périodique qui portera ces mots : « Ne peut être vendu à la jeunesse. » Vous comprenez qu'un homme n'ira pas risquer quelques mois de prison pour vendre un livre de quelques sous, même de quelques francs. Cela permettra d'attendre une loi qui mettra à couvert la moralisation.

Un congressiste. — Mettre cette phrase sur un livre, c'est lui faire la meilleure des réclames.

M. Haraucourt. — J'avais pris des notes sur les propos tenus par les différents orateurs ; mais je crois que ce serait allonger inutilement les débats que répondre à chacun d'eux des choses que chacun a répondues au fond de soi-même. Je voudrais cependant répondre deux mots à M. Coissac, lorsqu'il me cherche si aimablement querelle à propos de la recherche à laquelle je me livre sur les causes du mal. Je lui répondrai que cela importe peu dans la question actuelle. C'est une discussion philosophico-littéraire. Ce qui doit nous préoccuper, ce n'est pas la recherche de la cause, mais des conclusions ; nous ne sommes pas en présence d'une question philosophique, mais d'une question juridique et de commerce extérieur.

Je passe donc, sans protester davantage.

M. de Dampierre a ramené tout de suite, il me semble, la question à une question de mise en vente ; mais il me paraît avoir fait confusion dans l'ensemble des questions ; car il me paraît nécessaire — et je voudrais le répondre à M. Decourcelle, — de sérier très exactement la question. Il y a un double problème qui se pose : la démoralisation en France et l'exportation à l'étranger. Il faudrait sérier les deux questions et, après avoir examiné à part la question de la vente en France, examiner, quand on traitera la question de l'exportation, les ouvrages à interdire.

Un mot à M. Gillon, en le remerciant d'avoir mis au point une question qui l'autre jour m'avait un peu surpris, quand on avait parlé d'établir une loi morale qui ne permettrait aux éditeurs que de faire des livres irréprochables quant au fond et quant à la forme. J'ai été, en effet, épouvanté d'un ostracisme aussi général.

Si j'ai été épouvanté, il paraît que c'est à tort. Je le comprends. Il a voulu apporter une déclaration très nette. Nous sommes parfaitement d'accord. Il ne s'agit pas, comme moi le premier je ne voudrais pas qu'on le pensât, de défendre notre pain professionnel. Il s'agit d'une question supérieure, d'intérêt général, et non pas de notre intérêt corporatif, de l'intérêt du pays dans ses rapports commerciaux avec l'étranger et de l'intérêt du pays considéré d'autre part dans sa liberté de penser. Si l'on fait le départ des deux questions, nous sommes donc d'accord.

Je crois, d'ailleurs, que je ne suis en désaccord avec personne, et je vais, si vous voulez, présenter les uns après les autres les vœux que j'ai formulés.

J'ai signalé que la question se divisait en deux parties, mais en réalité, c'est en trois qu'il faut dire :

1° Les publications d'origine française ;
2° Les publications étrangères et leur entrée en France ;
3° L'exportation à l'étranger des publications françaises.

M. PIERRE DECOURCELLE. — Je répondrai donc à M. Haraucourt quand il parlera de l'exportation.

M. HARAUCOURT. — Il me semble que, pour mettre de l'ordre dans nos idées, nous devons nous occuper d'abord de ce que nous faisons en France et de la façon dont nous le faisons.

M. LE PRÉSIDENT. — Je vais lire les vœux : Paragraphe A avec ses sections, puis vient ensuite le vœu de M. Voirol, et enfin les vœux de M. de Dampierre.

M. DE DAMPIERRE. — C'est à ce premier paragraphe que je demande l'adjonction de mon vœu.

M. HARAUCOURT. — Il me semble que la partie, que vous avez développée dans votre intéressante communication se référerait davantage au deuxième paragraphe.

M. DE DAMPIERRE. — Nous sommes d'accord ; vous avez raison.

M. VOIROL. — Il me semble qu'il faudrait procéder par élimination. Le vœu de M. Haraucourt institue en quelque sorte la censure ; le mien lui est contraire !

M. LE PRÉSIDENT. — Oui, en somme, c'est une question préalable.

Je relis donc le texte de M. Voirol.

Attendu que ni la loi, ni ceux qui sont chargés de l'appliquer ne sauraient établir une distinction nette et formelle entre l'art et le commerce de pornographie, à moins de décréter pornographie toute description érotique prêtant à rire, ce que certains pourraient trouver excessif dans la patrie de Rabelais, ou de recourir à des experts choisis expressément parmi les auteurs prétendus licencieux, nous demandons pour les écrivains français la liberté.

M. Haraucourt. — M. Voirol demande la liberté complète. Mon vœu demande la liberté et une action législative pour dire où s'arrêtera cette liberté. M. Voirol dit qu'il n'y a pas de question de pornographie.

M. Voirol. — Non, ce n'est pas cela. Mon idée est : « Comment délimiter la pornographie ? » Parce que je crois qu'il est impossible, pour qui que ce soit, d'établir les limites en question.

M. le Président. — Je mets aux voix le vœu de M. Voirol.

(Le vœu est repoussé.)

M. Solari. — Je demanderai, pour la clarté du débat, qu'il soit bien indiqué que nous n'allons pas voter sur la démoralisation en général, mais sur la pornographie exclusivement.

M. de Dampierre. — C'est la question : on va tout mettre aux voix.

M. Solari. — Oui, mais je demande que ce soit entendu ; je ne demande pas qu'on mette aux voix.

M. de Dampierre. — Je rappelle que le vœu 13 de M. Haraucourt prévoit une modalité pour définir la matière.

M. Haraucourt. — J'admets que le vœu est un peu platonique : je demande que la loi arrive enfin à nous donner cette définition que nous ne pouvons pas trouver ! Nous y travaillerons tous. On me dit : « Faites-le ! » Je ne demanderais pas mieux, si je m'en sentais capable, mais je ne m'en sens pas capable.

M. Max Leclerc. — Nous avons un ordre du jour très chargé, et je crains que, si nous continuons dans cette voie, nous n'aboutissions pas. Il y a ici des orateurs qui ont émis des vœux. Nous n'arriverons pas à mettre d'accord ces vœux qui, tous, méritent considération. Si nous étions au Parlement, nous renverrions à une commission. Le mieux serait de renvoyer les auteurs à une commission, entre eux, pour la mise au point de ces vœux qu'ils nous remettraient demain.

M. le Secrétaire. — Oui, car votre secrétaire de séance ne peut plus en sortir !

M. le Président. — Le vœu de M. Voirol a été rejeté.

M. Max Leclerc. — Oui, mais il s'agit de mettre d'accord MM. de Dampierre et Haraucourt.

Je vous parle au nom de la commission du Congrès qui se trouve en présence de textes qu'elle est obligée d'interpréter. Or, nous sommes en présence de textes trop délicats pour faire de l'interprétation. Ce n'est pas en séance que nous pourrons faire adhérer à des textes rédigés par deux personnes qui ne peuvent pas s'accorder. Je maintiens donc ma proposition ; je demande que toutes les personnes qui ont proposé des vœux veuillent bien se réunir et se mettre d'accord.

M. LE PRÉSIDENT. — Il ne reste plus que deux vœux.

M. DE DAMPIERRE. — Ces vœux ne se contredisent sur aucun point. Il n'y a que deux paragraphes à mettre dans le corps des vœux de M. Haraucourt.

M. LE PRÉSIDENT. — La commission prendrait une responsabilité que le Congrès doit prendre.

M. MAX LECLERC. — Il la prendra demain. Je demande que ma proposition soit mise aux voix.

(La proposition de M. Max Leclerc, mise aux voix, est adoptée.)

III. — F. CHEVASSU : **Le Livre et la Critique**

Présidence de M. LE SENNE

M. LE PRÉSIDENT. — Pendant que la commission délibère, nous continuons la séance par la discussion du rapport de M. Francis Chevassu, sur *le Livre et la Critique*.

Messieurs, vous avez tous lu le rapport ; la discussion générale est ouverte.

M. CLÉMENT JANIN. — Je suis fort embarrassé pour prendre la parole au nom du Syndicat de la critique artistique. Je pensais que la discussion serait engagée par la critique littéraire, et, comme nos vœux sont à peu près similaires et qu'il y a intérêt à ce qu'ils soient connexes, je n'aurais eu que quelques mots à dire pour développer les conclusions que j'avais déposées sur le bureau.

Voici ce que demande mon vœu :

Le Syndicat de la Presse artistique, considérant :

Que l'art et la critique sont étroitement liés et que celle-ci n'est pas étrangère au développement même de celui-là ;

Que les articles, publiés sur l'art et sur les livres d'art, dans la presse quotidienne et périodique, sont fréquemment réunis en volumes, où ils prennent toute leur signification et leur valeur ;

Que tout ce qui contribue à développer et à améliorer les conditions de la critique sert la cause de l'art en même temps que la cause du livre et, par contre-coup, le bon renom de la France, en cette matière de la critique intelligente, sensible et érudite, où l'on a prétendu nous distancer ;

Emet les vœux suivants :

1° Que la critique d'art et celle des livres traitant de l'art, dans les journaux, ne soit plus tenue pour secondaire et subordonnée aux autres rubriques ;

2° Qu'elle soit toujours indépendante de la publicité ;

3° Que les diverses techniques, en dehors des cas reconnus et peu communs de compétences générales, soient traitées par des compétences distinctes.

Ces trois vœux s'expliquent assez d'eux-mêmes. Néanmoins, pour les personnes qui ne sont pas familiarisées avec ce qui se passe dans les journaux, je dirai ceci. Les meilleurs représentants de la critique sont considérés dans les journaux comme matière secondaire. La critique artistique sert à justifier le journal quand la politique est peu abondante, et vous savez que la politique n'est guère intéressante que pour ceux qui la font. Quand la politique est trop abondante, on laisse sur le marbre la critique artistique ; ce qui est fort regrettable, ne serait-ce que dans l'intérêt de l'art. On fait passer quelques lignes de critique sur des expositions... Je ne veux pas insister ; vous savez ce que je veux dire ; quelquefois, nous, critiques d'art, nous nous sommes trouvés embarrassés parce que nous voulions parler d'un artiste dont le manager avait payé des articles ; et on refusait les nôtres.

Le point le plus important de mon vœu demande que, sauf exceptions, la critique ne soit pas exercée par une compétence générale. Rien n'est plus divers que les connaissances demandées à un critique d'art. Par exemple, un critique s'occupe de la peinture, mais, à côté de cela, il a à parler de la sculpture ; or, s'il est peu compétent pour la sculpture, il le sera encore moins pour la gravure, et il ne le sera pas du tout pour l'architecture. D'un autre côté, l'art appliqué a pris au cours de ces dernières années une importance très grande ; alors on peut dire que, pour la critique, c'est le désarroi complet. Il faut que le critique compétent en peinture le soit aussi pour le livre illustré, la broderie, la pyrogravure, la ferronnerie, et toutes sortes de matières.

Il me semble qu'il serait dans l'intérêt du bon renom de la France à l'étranger, et en France même, que ces diverses critiques fussent exercées par des compétences particulières, comme elles le sont dans les revues d'art.

M. LE PRÉSIDENT. — Je vous ferai remarquer que nous faisons actuellement un Congrès du Livre et que vous posez la question pour les journalistes. Je ne parle même pas au point de vue artistique ; nous ne sommes pas un Congrès de la Presse.

M. Clément Janin. — Je demande à répondre un seul mot. Au début de la séance, nous avons eu un long débat sur l'Université : je crois que le Congrès du Livre a un peu débordé, et je crois qu'il déborderait moins en parlant de la Presse.

M. le Président. — Vous maintenez votre vœu comme amendement; nous le verrons après les conclusions de M. Chevassu.

Voici le vœu de M. Chevassu :

La sous-commission « le Livre et la Critique » émet le vœu que le comité du Congrès fasse une demande officielle auprès du Syndicat de la presse afin d'obtenir de MM. les directeurs des journaux qu'ils consentent à élargir encore la rubrique de la critique littéraire;

Et que M. le Ministre de l'Instruction publique soit sollicité de patronner cette démarche en représentant, avec toute l'autorité qui lui appartient, l'intérêt national de la requête.

M. Chevassu. — Je crois qu'il n'y a rien à ajouter à ce simple vœu, parce que les autres dispositions qu'on a votées hier peuvent aboutir à des dispositions légales, tandis qu'ici nous sommes en présence de la bonne volonté de certaines personnes. Nous ne pouvons que formuler un vœu et compter sur l'éloquence du Comité pour amener les journaux à adopter ce point de vue. (*Applaudissements.*)

M. Pierre Decourcelle. — Je demande simplement qu'au Comité qui sera chargé de cette démarche vienne s'ajoindre le président de l'Association de la critique qui, en l'espèce, est M. Francis Chevassu. (*Applaudissements.*)

(Le vœu de M. Chevassu, mis aux voix, est adopté à l'unanimité.)

M. le Président. — Êtes-vous d'avis d'adjoindre au vœu de M. Chevassu le vœu de M. Janin qui, du reste, dans son ensemble, aboutit aux mêmes conclusions. Je dois faire remarquer, comme journaliste, qu'il faut essayer de rentrer dans la pensée des directeurs de journaux; et, dans la pratique, il sera très difficile d'y arriver.

M. Pierre Decourcelle. — J'ai peur qu'en leur demandant trop, on n'obtienne rien.

M. Chevassu. — C'est vrai! Si vous demandez trois ou quatre choses, vous avez des chances pour ne rien obtenir.

M. Clément Janin. — Remarquez qu'il ne s'agit pas seulement des tableaux, dans ce que nous disons, mais des livres d'art que nous critiquons.

M. le Président. — Il est vrai qu'un livre d'art vaut une œuvre d'art. Pour moi, je ne vois pas d'inconvénient.

M. Chevassu. — Nous ne nous proposons pas de faire vendre des livres de critique, mais des romans, de même que M. Janin ne se propose pas de faire vendre des critiques, mais des œuvres d'art. Par conséquent, l'objet de notre travail et de notre propagande est tout à fait dissemblable.

M. l'abbé Bethléem. — Au sujet du vœu de M. Janin, je demande qu'on l'utilise, et qu'on étende son concept à toute la critique en général. Il me semble que, s'il est important que la critique d'art soit moins secondaire et moins sacrifiée, il est non moins indispensable que la critique littéraire soit elle-même moins secondaire et moins sacrifiée.

M. le Président. — C'est le vœu de M. Chevassu.

M. l'abbé Bethléem. — Je demande qu'on généralise. Je demande que, dans les grands journaux, on emploie un peu moins les « Prière d'insérer », qui sont quelquefois de la publicité.

M. le Président. — Votre vœu rentre dans le vœu de M. Chevassu.

M. Max Leclerc. — J'en appelle de vous-même à vous-même. Vous nous avez fort bien dit tout à l'heure que le vœu de M. Janin, si justifié qu'il soit, ne rentrait pas dans l'objet de notre Congrès. Je suis d'accord avec MM. Decourcelle et Chevassu pour vous dire : « Ne demandez pas trop à la fois ! Commençons par quelque chose, nous qui n'avons rien, et bornons notre vote au vœu Chevassu ! » D'autant plus que nous allons engager la conversation avec les directeurs de journaux et de revues ; nous verrons comment nous serons accueillis. Si nous réussissons, nous n'attendrons pas le prochain Congrès pour leur glisser dans l'oreille qu'ils feront bien de choisir leurs critiques.

M. Clément Janin. — Si vous estimez qu'il y a intérêt pour la critique artistique, que je représente ici, à passer derrière vous et après vous, si vous pensez pouvoir nous ouvrir les voies, je n'ai qu'à vous remercier. Mais je voudrais bien être sûr que le vœu que j'exprime ne viendra pas, au contraire, renforcer le vôtre, plutôt qu'amoindrir sa force. La critique littéraire et la critique artistique vont du même pas, et je ne vois pas pourquoi le vœu, que j'exprime au nom de la presse artistique, ne serait pas simplement émis en même temps que le vôtre. Les directeurs de journaux ne feront guère plus pour l'un que pour l'autre !

M. Max Leclerc. — Nous n'avons pas qualité, nous Congrès du Livre, pour nous prononcer sur des questions de critique d'art.

M. Clément Janin. — Il ne s'agit pas de la critique d'art, mais du livre d'art.

M. Max Leclerc. — Alors, cela rentre dans le vœu Chevassu.

M. Jules Perrin. — M. Janin retire son vœu, mais il demande s'il y en aura trace au procès-verbal.

M. le Président. — Naturellement.

(M. Janin retire son vœu qui est réservé.)

IV. — G. Lecomte : **L'Union des écrivains et des éditeurs pour l'expansion de la pensée française**

M. le Président. — Nous passons au rapport de M. Georges Lecomte sur *l'Union des écrivains et des éditeurs*.

M. Jules Lévy. — Tout en approuvant le vœu qui nous est soumis par M. Georges Lecomte, je vous demande l'autorisation de déposer deux vœux à adjoindre à ce rapport.

Le Congrès du Livre, estimant que le Mémento des règles en usage et points à prévoir dans les rapports entre auteurs et éditeurs, Mémento rédigé en 1896, peut et doit être modifié, émet ce vœu :

1° Au lendemain de la clôture du Congrès, le Cercle de la Librairie d'une part, et la Société des Gens de lettres d'autre part, nommeront l'un et l'autre une Commission de cinq membres. Ces deux Commissions se réuniront et rédigeront en commun un rapport sur les modifications et additions à apporter à ce Mémento, rapport qu'elles soumettront à l'approbation de chacun des Comités des groupements qu'elles représentent.

2° En outre, pour affirmer l'union qui doit exister entre les auteurs et les éditeurs, le Congrès du Livre, considérant qu'il est utile de supprimer, d'une part, les frais de justice qui sont toujours onéreux, d'autre part, la publicité qui n'est jamais profitable lorsqu'un différend se produit entre les deux parties contractantes d'un traité, charge cette même Commission d'étudier les moyens de création d'une Commission arbitrale composée, en parties égales, d'éditeurs et d'hommes de lettres, Commission qui aura à connaître des litiges et qui jugera en dernier ressort, en vertu des pouvoirs que la législation confère aux Commissions d'arbitrage.

La Commission soumettra aux deux groupements intéressés le rapport sur cette dernière question.

M. Max Leclerc. — Il y a une erreur historique à la base de l'intervention de M. Lévy. Il a mal consulté les archives de la Société des Gens de lettres. Le travail qu'il propose de faire a été fait, il y a de cela dix-neuf ans.

M. Jules Lévy. — Depuis, les mœurs ont changé.

M. Max Lecerc. — Laissez moi parler. Il y a dix-neuf ans, et j'étais membre de la Commission qui a travaillé tout un hiver avec des délégués de la Société des Gens de lettres dont voici les noms : Alfred Duquet, Marc Mario, le comte de Mouy, Marcel Prévost.

Les éditeurs étaient représentés par MM. Armand Templier, Paul Ollendorff et moi-même. J'étais secrétaire, et nous avons élaboré un rapport que j'ai présenté à la Commission et qui concluait à l'adoption d'une réglementation dans les rapports entre auteurs et éditeurs. Il y a de cela dix-neuf ans, et je ne crois pas que depuis il se soit passé, dans ce domaine, des faits qui aient modifié la propriété littéraire et nous obligent à recommencer ce travail auquel nous avions donné le meilleur de nous-mêmes. Donc, je vous prie de justifier votre proposition, car je n'en vois pas l'utilité.

M. JULES LÉVY. — Je n'ignorais pas la convention qui a été passée il y a dix-neuf ans. Mais, dans le monde des éditeurs et des auteurs, il y a eu beaucoup de nouveautés depuis dix-neuf ans ; il y a eu certaines prétentions qui ont été émises d'un côté et de l'autre. Je ne viens pas dire qu'il y a de la faute de l'un ou de l'autre, mais il est utile, je crois, de réglementer la situation d'une façon plus précise que celle qui a été faite il y a dix-neuf ans. J'en demande pardon à M. Max Leclerc, mais j'ai eu, entre les mains, beaucoup de traités, et ces traités ne sont malheureusement pas tous conformes au modèle qui a été fait. C'est justement parce que ces traités ne sont pas faits sur ce modèle — et je vais même étonner M. Max Leclerc en lui disant qu'on n'en a presque pas fait sur ce modèle — qu'il faut, aujourd'hui, pour notre bonne entente commune, pour qu'il n'y ait pas de défiance, que nous venions affirmer que nous voulons nous entendre d'une façon définitive.

M. MAX LECLERC. — Rien n'est définitif.

M. JULES LÉVY. — Non, mais nous ne devons pas avoir de méfiance les uns pour les autres, nous devons marcher la main dans la main, et c'est dans cet esprit de bon accord entre les éditeurs et les auteurs que j'ai fait cette proposition que je crois de première utilité.

M. MAX LECLERC. — Je demande qu'on relise votre proposition à la lumière de ces explications, et qu'on y ajoute ceci :

Cette Commission aura pour mission de partir du travail qui a été fait et de n'en pas faire abstraction.

J'ai mes raisons de le dire : c'est qu'à la Société des Gens de lettres même, un de vos anciens présidents a parlé des éditeurs, il y a quelques années, dans des termes tels qu'il semblait ignorer totalement cette histoire. Je croyais qu'elle continuait à être ignorée. Alors, je suis tout prêt, en ce qui me concerne — et je suis convaincu que mes confrères seront de mon avis — à collaborer avec vous, car vous avez raison de dire que, depuis dix-neuf ans, il y a eu certaines nouveautés dont il y a lieu de tenir compte.

M. GEORGES LECOMTE. — Il est bien certain qu'il ne peut être question que de continuer la conversation commencée il y a dix-neuf ans, et de prendre pour base le traité élaboré alors. Il est certain qu'il faudra faire quelques mises au point, mais on travaillera toujours sur la base de ce traité.

M. JULES LÉVY. — J'ajoute à mon vœu la phrase :

... en prenant pour base le modèle établi il y a dix-neuf ans.

M. MAX LECLERC. — Votre vœu, tel qu'il est rédigé, semble faire abstraction de toute espèce de convention antérieure. Je vous demande de modifier votre proposition et de rappeler que cette convention antérieure existe, mais qu'elle appelle une revision.

M. PIERRE DECOURCELLE. — Il n'y a qu'à mettre :

... que les conventions déjà établies appellent une revision.

Maintenant, il y a dans votre vœu une phrase qui me paraît superflue, c'est celle disant :

... que cette convention ne vise que les auteurs et les éditeurs.

N'est-ce pas évident ?

M. LE PRÉSIDENT. — En présence de l'accord intervenu entre MM. Lévy et Leclerc, je crois que l'on peut voter le vœu de M. Lévy, sous les réserves qui ont été faites.

(Le vœu est adopté à l'unanimité.)

M. LE PRÉSIDENT. — Maintenant, y a-t-il des objections pour le second vœu de M. Lévy, commençant par ces mots :

Pour affirmer l'union qui doit exister entre les auteurs et les éditeurs...

M. CHEVASSU. — Il ne me semble pas qu'il puisse y avoir de graves objections à ce vœu qui tend à supprimer le plus possible les procès, et à rendre plus intimes les rapports que nous voulons, comme l'indique mon rapport, très resserrés et très unis. Il me semble que c'est un acte qui prouve cette volonté.

M. MAX LECLERC. — Je ne puis qu'approuver ce vœu, mais je ne crois pas que nous ayons le droit de créer cette commission.

LE CONSEIL JUDICIAIRE. — Vous avez toujours le droit de créer une commission arbitrale, mais la question qui se posera, c'est de savoir si les personnes appelées viendront.

M. Max Leclerc. — Nous avons déjà créé l'arbitrage entre éditeurs, c'est vous montrer combien nous sommes partisans de l'arbitrage. Nous sommes d'avis que nous devons l'organiser, mais nous ne pouvons pas l'improviser. Je demande que cette proposition soit libellée de telle manière qu'elle soit mise à l'étude et que la réalisation soit renvoyée à la Commission qui doit fonctionner après le Congrès.

M. Pierre Decourcelle. — M. Leclerc est tout à fait dans le vrai. Je crois, au reste, que ce vœu ne peut avoir une consécration pratique que si la Société des Gens de lettres le soumet à notre assemblée générale. Pourquoi ne pas joindre les deux vœux, et ne pas les remettre à la commission qui va être chargée d'instituer les rapports entre auteurs et éditeurs, en lui donnant la mission de les réaliser pratiquement ? (*Très bien !*)

M. le Président. — Etes-vous d'avis de renvoyer les vœux de M. Lévy à la Commission des éditeurs et des auteurs ?

(Adopté à l'unanimité.)

M. Georges Lecomte. — Il faut bien dire que le Congrès souhaite que cet arbitrage soit établi. (*Approbation générale.*)

M. le Président. — Nous arrivons au vœu de M. Georges Lecomte.

Désireux que, dans le domaine de la création littéraire comme dans tous les autres modes de l'activité nationale, toutes les forces du pays soient exclusivement consacrées à la propagation de la pensée française et au développement des industries françaises qui s'y rapportent,

Le Congrès émet le vœu que :

Pour assurer le complet succès de l'effort commun et travailler ensemble dans une plus étroite union à la prospérité commune, les écrivains et les éditeurs, dont les intérêts sont étroitement solidaires, appliquent invariablement, dans la féconde sécurité résultant d'une estime et d'une confiance réciproques, leur volonté pareille d'une collaboration intime, franche et cordiale, ayant pour principe, selon l'équité et les lois, le respect absolu du droit d'auteur sous toutes ses formes, et quels que soient les modes actuels et futurs de la production littéraire.

M. Georges Lecomte. — Je ne crois pas qu'il puisse y avoir d'objection à ce vœu. C'est l'expression de ce que nous souhaitons les uns et les autres. Il y a une chose qui domine tous nos efforts, c'est l'intérêt national que nous voulons défendre la main dans la main.

(Adopté à l'unanimité.)

M. MAX LECLERC. — Dans les vœux qui terminaient son rapport, M. Fouret avait mis un paragraphe ainsi conçu :

En créant à Paris, sous forme de cercle ou de lieu de réunion largement ouvert, un centre plein de vie et de mouvement où tous les étrangers de marque appartenant au monde des sciences, des lettres et des arts seront accueillis et se rencontreront avec l'élite de la pensée française.

Comme nous devions traiter aujourd'hui des rapports entre auteurs et éditeurs et qu'il me parut que le centre même de la question soulevée ici se trouvait dans la discussion de M. Lecomte, j'ai demandé que ce vœu fût renvoyé à aujourd'hui, et que nous fussions amenés à nous prononcer. Je vous demande aujourd'hui, comme nous n'avons pas eu le temps d'étudier pratiquement cette question, de sauver le principe et de laisser à la commission d'organisation du Congrès, qui sera ultérieurement transformée en Comité exécutif, toute liberté, dans l'intérêt même de l'idée qui nous anime, de chercher les moyens pratiques pour arriver à la réalisation de ce vœu, qui est dans l'air, et répond aux préoccupations, non seulement du monde des lettres, des sciences, de l'art, mais aussi des industries qui collaborent au livre et de toutes les industries qui dépendent des progrès mêmes de la science.

Nous croyons que ce cercle est à créer, qu'il est à créer sur la rive gauche, qui est le cerveau de Paris, et que nous devons chercher à lui donner les bases les plus larges possibles. Je demande cependant de renvoyer à la commission d'organisation du Congrès l'étude des moyens d'action.

M. GEORGES LECOMTE. — A la Société des Gens de lettres, nous acceptons votre idée avec beaucoup d'empressement et de plaisir. C'est une idée dont nous souhaitons depuis très longtemps la réalisation. Il nous a paru nécessaire de créer à Paris un centre intellectuel où nous pourrons nous voir. Il y a de grands malentendus entre nous, parce que nous ne nous connaissons pas assez. Il y a dans ce pays des cloisons étanches dangereuses, entre ceux qu'on appelle des intellectuels d'une part, et ceux qui ne méritent pas moins le nom d'intellectuels, et qui sont des commerçants, des financiers, des industriels. Il faut que nous causions ensemble. Je suis sûr que, si ce lieu de réunion avait existé depuis vingt ans, quand la guerre a éclaté, nous aurions été dans d'autres conditions pour la faire. Nous pensons aussi aux étrangers. Vous savez comment nous sommes reçus, quand nous allons à l'étranger, avec quelle sympathie, et, quand ces étrangers viennent à Paris, ils ne sont reçus nulle part ; ils repartent avec une certaine tristesse, en songeant aux réceptions qu'ils nous ont faites. Quand un étranger, au contraire, est l'objet d'une belle réception, il repart avec le souvenir de l'accueil cordial qui lui a été fait par des gens qualifiés. Je suis sûr que, si nous réalisions ce vœu, nous aurions des occasions fréquentes de rendre service à notre pays. (*Applaudissements.*)

M. DE DAMPIERRE. — J'avais l'intention, à la suite du rapport de M. Lecomte, de donner lecture d'une note un peu plus étendue, mais, comme l'heure s'avance, je ne dirai que deux mots.

J'ai lu avec un très grand intérêt le rapport de M. Lecomte. Je crois que nous sommes tous d'accord sur le fond même de la question. M. Lecomte vient de dire une chose très profonde : il y a trop de cloisons étanches entre nous. Je ne voudrais pas vous laisser ignorer davantage qu'une partie des vœux émis par ces Messieurs est en réalisation par le Comité du Livre.

M. GEORGES LECOMTE. — Cela se fait aussi en beaucoup d'autres endroits, aussi nous ne revendiquons pas la propriété de l'idée. Je pourrais aussi parler d'une organisation qui existe depuis dix-huit mois, l'Union française créée par M. Bergson, union des intellectuels et des hommes d'action.

M. MAX LECLERC. — Nous n'ignorons pas l'existence du Comité du Livre, mais il ne s'agit pas de savoir ce que fait le Comité du Livre, il s'agit de nous mettre d'accord sur la création de quelque chose qui n'existe pas, et que ni le Comité du Livre, ni le Cercle de la Librairie n'ont réalisé.

M. DE DAMPIERRE. — Mais je ne vous ai nullement combattu, M. Leclerc ! Je veux faire simplement remarquer que le Comité du Livre, par sa création, a eu pour but de réunir le Cercle de la Librairie et la Société des Gens de lettres.

M. GEORGES LECOMTE. — Il y a des années que nous entretenons des relations très étroites. Si vous aviez assisté au début de la séance, vous auriez entendu M. Max Leclerc nous dire qu'il y a dix-neuf ans le Cercle de la Librairie et la Société des Gens de lettres s'étaient déjà mis d'accord.

M. DE DAMPIERRE. — Nous n'avons jamais dit le contraire !

M. JULES LÉVY. — La Société des Gens de lettres date de 1838.

M. MAX LECLERC. — Et le Cercle de la Librairie de 1848. Depuis nos deux naissances, nous nous sommes rencontrés quelquefois.

M. DE DAMPIERRE. — Le Congrès n'existe que depuis quatre jours : il a fait cependant de bonne besogne. Je voulais simplement faire remarquer que ce Comité, qui siège au grand jour, vous fera des propositions qui rentreront probablement dans les vues du Congrès. Voilà ce que j'avais à vous dire.

M. Max Leclerc. — Moi aussi j'ai des propositions à apporter, et je ne les apporte pas. J'apporte le vœu de M. Fouret que je reconnais incomplet, et je demande simplement que ce vœu, quoique incomplet, avec les explications que nous avons données, soit renvoyé à la sollicitude du Comité d'organisation du Congrès.

(L'Assemblée consultée vote le renvoi du vœu Fouret à la Commission d'organisation.)

M. le Président. — Nous revenons maintenant au rapport de M. Haraucourt.

M. Haraucourt. — Ce sera très court, étant donné que, dans la petite Commission où nous nous sommes réunis, nous avons pu trouver une formule nouvelle mettant tout le monde d'accord. Les vœux que je vous avais présentés étaient au nombre de treize ; la formule nouvelle que nous vous présentons va constituer un ensemble de quinze articles. Les voici :

Le Congrès émet le vœu :

A. — En ce qui concerne les publications d'origine française ;

1° Que la loi, par des textes précis, établisse enfin une distinction nette et formelle, — qui jusqu'à ce jour n'a jamais été définie, — entre l'art, qui, au même titre que la science, doit rester libre de traiter tous les sujets humains, et le commerce de pornographie, qui est une exploitation lucrative de l'instinct génésique, au même titre que le proxénétisme ;

2° Que, sans porter atteinte à la liberté de l'un, elle frappe l'autre avec sévérité, même quand celui-ci exploite les œuvres de l'art ou de la science pour atteindre et contaminer les masses populaires, et plus particulièrement la jeunesse ;

3° (Addition suggérée par M. de Dampierre.)

En ce qui concerne la mise en vente :

Que soit formellement interdit l'étalage, même sous couverture fermée, des livres et publications de toutes sortes, illustrés ou non, ayant un caractère :

a) malthusien, c'est-à-dire propageant des méthodes abordives ou préventives de la natalité,

b) sadique, c'est-à-dire mêlant les sévices à la volupté (flagellations, etc.)

c) homéosexuel, c'est-à-dire tendant au saphisme ou à la pédérastie ;

(Addition suggérée par M. Languereau.)

Et que la publicité par affiches, annonces ou prospectus, en faveur des publications ci-dessus désignées, soit assimilée à leur étalage et frappée des mêmes peines ;

4° Ces distinctions essentielles étant catégoriquement établies, que la justice atteigne, comme auteur principal, non plus seulement le vendeur, mais le fabricant lui-même ;

5° Que la signature réglementaire de l'imprimeur, qui est prescrite en droit, soit exigée en fait et avec plus de rigueur dans tous les cas, sur toute espèce de publication, et que la non-exécution de cette formalité expose les délinquants à des amendes très élevées, qui, seules, seront susceptibles d'arrêter les infractions ;

6° Que les délais de prescription qui sont actuellement d'une année, en ce qui concerne les livres, soient portés à trois ans, comme pour tous les délits de droit commun ;

7° Que la loi nouvelle établisse, entre les différents délits, une échelle de culpabilités et de pénalités, comme elle fait, par exemple, pour le vol, en le qualifiant ;

8° Que le ministère public, ainsi armé par une loi moins vague et plus ferme, intervienne avec plus de fréquence et de vigueur ;

9° Que les affaires concernant les livres obscènes, aussi bien que celles relatives aux images ou autres publications de même caractère, soient déférées, sans distinction, non au jury, mais au tribunal correctionnel ;

10° Que le tribunal, en cas de doute, recoure à des experts commis à cet effet, et choisis parmi les groupements existants d'écrivains, artistes, éditeurs et libraires.

B. — *En ce qui concerne les publications étrangères et leur entrée en France* :

11° Que la loi exige, sur tout ouvrage entrant en territoires français, la déclaration d'origine et le nom d'imprimeur ;

12° Que les agents du service des douanes soient armés, contre les ouvrages d'une obscénité manifeste, d'un droit analogue à celui qu'ils possèdent contre toute autre marchandise également prohibée ; qu'ils signalent tout colis suspect au commissaire de police, aux fins de saisie et poursuites ;

C. — *En ce qui concerne le trafic à l'étranger des publications licencieuses d'origine étrangère et présentées sous le couvert de la langue française* :

13° Que le ministère des Affaires étrangères rassemble les éléments d'information et étudie les moyens qui permettraient au gouvernement de la République d'intervenir auprès des divers États, en vue d'obtenir que les publications, qui se réclament indûment d'une origine française, cessent d'être admises à se produire en dissimulant leur origine véritable.

(Les articles de 1 à 13, inclus, sont adoptés à l'unanimité et sans discussion.)

D. — *En ce qui concerne l'exportation à l'étranger des publications françaises* :

14° Que les groupements intéressés se concertent en vue de surveiller ensemble et d'empêcher, par tous les moyens en leur pouvoir, la diffusion des ouvrages, qui discréditent notre littérature et compromettent à l'étranger l'expansion de la pensée française.

(Adopté à l'unanimité.)

E. — En ce qui concerne la défense des intérêts privés mis en cause :

15° Que, pour aider à trancher toutes les questions d'espèces soulevées par l'application des vœux ci-dessus, soit créé un organisme consultatif où siégeront, à côté des délégués de l'Administration, des représentants désignés par les groupements existants d'écrivains, artistes, éditeurs et libraires.

M. PIERRE DECOURCELLE. — Je voudrais savoir quelles sont les personnalités que vise la commission par ces mots : les délégués de l'Administration.

M. DE DAMPIERRE. — Il s'agit des délégués de l'administration judiciaire.

M. JULES PERRIN. — C'est impossible pour l'administration judiciaire. Aucun magistrat n'acceptera une association comme celle-là.

M. MAX LECLERC. — Nous n'allons pas demander au ministre de l'Intérieur de nous donner des lumières spéciales. C'est en notre indépendance complète que nous avons à donner notre avis à la justice qui nous consulte en présence du commissaire de police.

M. GILLON. — Chacune de nos sociétés a un conseil judiciaire.

M. PIERRE DECOURCELLE. — Je crains que la Commission ne veuille appareiller des éléments qui ne vont pas ensemble, et qui refuseront d'aller ensemble en tant que pouvoirs judiciaires. Donnez ce pouvoir de surveillance à l'administration, mais ne le donnez pas à des gens de lettres ni à des éditeurs! Parlant au nom des premiers, je refuse pour eux la mission de faire œuvre d'enquêteur et de délateur.

M. DE DAMPIERRE. — Mais il ne s'agit pas de cela!

M. MAX LECLERC. — Vous pouvez vous récuser ; mais ne refusez pas à la justice le droit de vous consulter.

M. HARAUCOURT. — En somme, ce sont des experts.

M. PIERRE DECOURCELLE. — Mais ces experts existent déjà. La Société des Gens de lettres possède une liste d'experts que consultent régulièrement les tribunaux.

M. DE DAMPIERRE. — Je demande à donner quelques explications. Dans un certain cas, un libraire est poursuivi pour l'étalage d'une publication. Le tribunal est saisi de la question et il hésite. Il se dit : « Dois-je poursuivre ou ne pas poursuivre ? » Le tribunal s'adresse à des experts. Au lieu que le tribunal choisisse tout seul les experts, nous demandons qu'il soit créé un organisme consultatif où se trouvent représentés les éditeurs et les libraires. Voilà la question.

M. LE PRÉSIDENT. — Je redonne lecture des articles 13, 14, 15, en supprimant, dans ce dernier, les mots : *à côté des délégués de l'Administration.*

13° *Que le ministère des Affaires étrangères rassemble les éléments d'information et étudie les moyens qui permettraient au gouvernement de la République d'intervenir auprès des divers Etats, en vue d'obtenir que les publications, qui se réclament indûment d'une origine française, cessent d'être admises à se produire en dissimulant leur origine véritable.*

14° *Que les groupements intéressés se concertent en vue de surveiller ensemble et d'empêcher, par tous les moyens en leur pouvoir, la diffusion des ouvrages, qui discréditent notre littérature et compromettent à l'étranger l'expansion de la pensée française.*

15° *Que, pour aider à trancher toutes les questions d'espèces soulevées par l'application des vœux ci-dessus, soit créé un organisme consultatif où siégeront des représentants désignés par les groupements existants d'écrivains, artistes, éditeurs et libraires.*

M. JULES CLÈRE. — Vraiment, je ne vois pas la surveillance possible par les groupements.

M. HARAUCOURT. — Nous sommes mal renseignés sur les dangers que nous courons en envoyant à l'étranger certaines choses qui ne sont pas faites pour lui, sur la nécessité de localiser nos envois. Il faut que nous soyons renseignés par les commissionnaires en librairie. Une fois qu'on sera renseigné, on examinera ce qui pourra être envoyé, au lieu que ce soit laissé à l'initiative de chacun.

M. JULES CLÈRE. — Je ne vois pas le rôle que pourra jouer un groupement dans cette question.

M. L'ABBÉ WETTERLÉ. — Il y a dans la question qui a été soulevée une question judiciaire. Nous demandons simplement au tribunal d'avoir recours à des experts désignés par les sociétés intéressées pour protéger l'écrivain, le libraire et l'éditeur. Le juge ne doit pas rendre un arrêt d'après son impression personnelle, mais d'après le jugement des experts.

M. PIERRE DECOURCELLE. — Cela, oui.

M. L'ABBÉ WETTERLÉ. — Mais par l'article 14, nous ne prévoyons plus des experts, nous prévoyons simplement les mêmes experts comme pouvant être au besoin consultés par les différents intéressés pour savoir quels sont les livres qui conviennent le mieux à l'étranger.

M. Max Leclerc. — C'est inutile : nous nous sommes constitués en société pour régler cette question.

M. l'abbé Wetterlé. — Alors il n'y a qu'à supprimer l'article 15.

M. Max Leclerc.— Il faut supprimer l'article 15. Nous sommes tous d'accord pour accorder à M. Haraucourt ce qu'il demande, savoir, fournir à la justice des experts pour l'aider en cas de doute. Pour le reste, je vous demande la suppression de ces groupements qui seraient chargés d'une tâche mal définie.

M. Haraucourt. — Alors nous mettrons :

...*des experts élus par les groupements intéressés.*

M. Max Leclerc. — Non, désignés.

Un congressiste. — Je crains que la rédaction qu'on nous propose ne viole le Code de procédure civile, d'après lequel il appartient au tribunal, sous sa propre responsabilité, de choisir comme expert qui bon lui semble. Il y a là une limitation imposée au choix du tribunal.

M. Max Leclerc. — Je demande le renvoi de ce vœu à la Commission pour étude plus complète.

(Adopté.)

La séance est levée à sept heures.

PREMIÈRE SECTION

VENDREDI 16 MARS 1917

I. — P. DE PACHTERE : **Les Œuvres sociales du livre.**
II. — A. KEUFER : **L'Apprentissage dans l'industrie du livre.**

La séance est ouverte à deux heures quinze, sous la présidence de M. DUBREUIL.

M. LE PRÉSIDENT. — La parole est à M. le Secrétaire, pour donner lecture du procès-verbal de la séance d'hier.

(M. Longuet donne lecture du procès-verbal.)

Y a-t-il des observations sur le procès-verbal ?

M. JAMAS. — Je crois qu'il y a eu dans les notes, très complètes, mais cependant prises un peu à la hâte, du Secrétaire, une petite confusion. Vous dites que le mot « gravure » pourra être employé seul lorsqu'il sera approprié à des productions d'art. Je n'ai pas dit cela ; j'ai été plus général. J'ai demandé que le mot « gravure » ne fût jamais employé seul et que, lorsqu'il signifiera des gravures d'art, on ajoute le procédé d'art par lequel la gravure a été obtenue. Je voudrais qu'il n'y eût pas confusion. Mon idée dominante est très exclusive. En somme, je veux que le mot gravure ne soit employé seul dans aucun cas.

Telle est la portée générale des idées que j'ai développées et du vœu que nous avons formulé en conséquence. Je demande qu'il y ait précision absolue dans l'énoncé de ces revendications. Je ne veux pas qu'il puisse y avoir une interprétation erronée de notre pensée.

M. LE PRÉSIDENT. — Je crois que telle a été l'intention de la réunion, hier.

M. GUERLAIN. — Je demanderai que l'on mette les mots « Salon du Livre ». On avait mis dans le procès-verbal : « Un véritable salon ».

M. LE PRÉSIDENT. — Il n'y a pas d'autres rectifications ?

(Le procès-verbal est adopté.)

Il vient d'être déposé sur le bureau un rapport présenté par le Syndicat de la photogravure. Ce rapport étant venu trop tard pour pouvoir être imprimé ne peut être discuté. Si vous n'y voyez pas d'inconvénient, il sera purement et simplement inséré au procès-verbal[1]. (*Approbation*.)

Tout à l'heure, un membre du Congrès m'a entretenu d'une intervention qui n'a pas pu avoir lieu hier.

Un congressiste. — Hier, on a modifié l'ordre du jour, et je n'avais pas mes documents avec moi. Mais la question peut venir au moment de la discussion sur l'apprentissage.

I. — P. de Pachtere : **Les Œuvres sociales du livre**

M. le Président. — L'ordre du jour appelle la discussion du rapport de M. de Pachtere, sur *les Œuvres sociales du livre*.

Quelqu'un demande-t-il la parole dans la discussion générale du rapport de M. de Pachtere ?

M. Longuet. — Je demande simplement à signaler, de la part de M. Delmas, qui ne peut assister à la réunion, qu'il a été omis dans le rapport, très complet cependant, de M. de Pachtere, les œuvres sociales de la maison de la Bonne Presse.

M. de Pachtere. — J'ai justement une petite déclaration à faire. Je vais vous répondre.

A la fin de mon rapport, j'ai dit que j'avais regretté d'être aussi long. Aujourd'hui, j'exprime le regret de ne l'avoir pas été assez. En effet, quelques omissions se sont produites, et elles sont très regrettables. De qui sont-elles le fait ? Des circonstances peut-être. Je me permettrai de vous dire comment s'est faite ma documentation. En 1913, le Cercle de la Librairie a constitué un Comité pour l'organisation de l'Exposition de Leipzig. Ce comité avait pour président M. Bourdel, comme vice-président votre serviteur, et comme secrétaire M. René Failliot ; il a établi une circulaire, qui a été adressée à tous les membres du Cercle et aux différents groupements du Livre. Nous avons reçu en tout une vingtaine de réponses environ ; nous n'avons pas désespéré, et nous avons envoyé une nouvelle circulaire, qui nous a valu encore quelques adhésions ; et, à la suite des démarches personnelles de M. Bourdel, de M. Failliot et de moi-même, nous sommes arrivés à réunir des documents pour une soixantaine d'adhérents. Les documents sont partis à Leipzig ; je n'avais plus rien entre les mains. Je devais même partir à Leipzig, comme rapporteur, à la fin de juillet ; bien m'en a pris de ne pas le faire, je serais probablement encore là-bas.

Lorsque je me suis trouvé en face de la demande de M. Hachette, j'ai accepté, mais je n'avais plus aucun document. J'ai pris,

---

[1]. Voir le texte de ce rapport à la page 363?

comme base d'étude, les soixante premières adhésions, et j'ai écrit à un certain nombre de personnes qui avaient des organisations sociales pour leurs employés. J'ai écrit ainsi une centaine de lettres, et je ne vous cache pas que je n'ai pas eu beaucoup de réponses. Il n'en est pas moins vrai que des omissions ont été commises ; mais elles pourront être réparées, lorsqu'il s'agira d'imprimer le rapport général.

Les œuvres de la maison Berger-Levrault ont été omises, et elles sont extrêmement importantes. Il y a là une caisse de maladie, une caisse de retraites, des suppléments de retraite qui sont votés pour les ouvriers et ouvrières venus de Strasbourg, une caisse de secours pour les femmes en couches, une caisse spéciale pour les colonies de vacances, et toutes les œuvres de guerre que la maison Berger-Levrault a beaucoup développées, notamment une ambulance, une caisse de secours pour les membres du personnel victimes de la guerre.

Je tiens d'autant plus à signaler l'importance de cette œuvre, qu'elle nous fait songer à ceux de nos ouvriers du Livre qui travaillent à proximité des coups de l'ennemi et souvent sous des bombardements plus répétés que les communiqués ne l'assurent. Il y a là cinq cents femmes qui travaillent et qui donnent l'exemple du plus beau courage civique et patriotique.

J'ai également omis les œuvres de la Bonne Presse. Il y a là toute une série de bonnes œuvres dont il sera donné le détail au rapport général ; elles concernent à peu près tout ce que l'on peut faire en mutualité et en solidarité. Nous y reviendrons plus tard.

La maison Peignot a également organisé une société de secours mutuels qui est obligatoire pour le personnel, et une organisation de participation aux bénéfices. Là encore, je vous demanderai de vous associer au rapporteur pour adresser un salut à la maison Peignot qui a tant perdu de ses membres au cours de la guerre.

Enfin, il y a l'imprimerie Brodard, à Coulommiers, qui a une société de secours mutuels très bien organisée, qui donne des indemnités en cas de maladie et une certaine somme lorsqu'un sociétaire meurt, une sorte de caisse d'assurance au décès, fort bien organisée et qui mérite d'être signalée.

Et, puisque nous parlons de M. Brodard, qu'il nous soit permis de lui adresser nos félicitations au sujet de la croix de la Légion d'honneur et de la croix de guerre qu'il a reçues. On peut dire comment il a eu ces distinctions ; cela mérite d'être cité :

Un obus venait de tomber dans la batterie ; un de ses canonniers, asphyxié par les gaz délétères, était resté dans le cratère produit par l'explosion ; le capitaine Brodard n'a pas hésité à se faire attacher, et il a essayé de sauver le canonnier et un brigadier qui s'était porté au secours du soldat et était tombé lui-même asphyxié. Il a eu assez de chance pour en sauver un, et il est remonté, atteint à son tour et très affaibli. Il est encore malade des suites de son acte de dévouement.

J'ai bien fait, je crois, de vous signaler ce trait. (*Applaudissements.*)

Ceci dit, je fais ressortir l'importance de toutes les œuvres du Livre. En effet, je ne crois pas qu'il y ait une seule corporation qui puisse présenter un ensemble d'œuvres sociales à conceptions si variées, si ingénieuses et même si bienfaisantes.

Et l'idée vient alors tout naturellement : Pourquoi toutes ces organisations, si belles, ne seraient-elles pas, non pas fédérées — le mot est un peu gros — mais groupées en un solide faisceau ? Et pour me faire comprendre, je vais vous citer un exemple. Supposez que quelque chef de maison désire organiser chez lui la participation aux bénéfices ou établir une caisse de retraites. N'y aurait-il pas un centre intéressant à créer au Cercle de la Librairie, pour documenter les intéressés et, au besoin, les mettre en rapports ?

Vous savez que le rêve de tous les employés et ouvriers des maisons du Livre est d'avoir une société de secours mutuels du personnel. Vous avez vu combien elles sont nombreuses dans notre industrie.

Il y a là un gros écueil. On crée des mutualités, et, si on ne prend pas toutes les dispositions nécessaires, c'est l'insuccès et des reproches amers pour ceux qui ont lancé l'affaire. Je crois que nous pouvons trouver dans tous les éléments divers qui constituent les sociétés de secours mutuels du Livre de quoi donner toutes les indications possibles, quel que soit le genre de mutualité qu'on veuille aborder : la retraite, la maladie, l'assurance au décès. Toutes ces questions peuvent être solutionnées par l'intervention de nos mutualistes du Livre, et voilà comment je me suis demandé pourquoi il ne serait pas créé, au Cercle de la Librairie, une commission d'économie sociale, qui pourrait étudier immédiatement toutes les questions, suivre le mouvement des œuvres sociales dans le commerce et l'industrie du Livre, et apporter son concours à tout ce qui pourrait se faire de nouveau parmi nous.

Telles sont les raisons du premier vœu que j'ai déposé :

Le Congrès, reconnaissant l'importance des résultats acquis par les Œuvres sociales du Livre, tant au point de vue matériel que moral, émet le vœu qu'une Commission d'économie sociale soit constituée au Cercle de la Librairie.

Cette Commission centralisera tous documents utiles concernant les questions de participation, de retraites, de prévoyance et de solidarité, fournira aux intéressés tous renseignements nécessaires et travaillera au développement et à la propagation des Œuvres sociales du Livre.

J'ai, à la fin de mon travail, étudié la question des orphelins de la guerre. Comme je l'ai dit dans mon rapport, il est impossible de dénombrer ces orphelins. Vous n'avez qu'à regarder à la porte de nos librairies, de nos imprimeries, ce tableau bien triste, mais vraiment honorable, de nos morts au champ d'honneur ; ils sont nombreux, et il ne me semble pas que notre devoir soit de constater simplement leur mort et de les laisser, pour ainsi dire, toucher uniquement la maigre pension que donnera le gouvernement.

Les chefs de maisons, les ouvriers, les employés, les syndicats, les sociétés de secours mutuels ont tout fait pour parer aux premières difficultés ; mais, lorsque la guerre sera terminée, lorsque la victoire aura suivi nos drapeaux, tout cela risque de tomber. Il me semble qu'il serait utile de faire quelque chose en ce qui concerne les orphelins de la guerre et, puisque nous avons constitué, il y a dix-sept ans, une œuvre si belle, celle de l'Orphelinat du Livre, dans laquelle on a pratiqué réellement la véritable Union sacrée, n'y aurait-il pas lieu de continuer pour ces chers enfants l'œuvre de protection qui a été établie pour les autres orphelins ?

Voilà la question que je me suis posée. D'autre part, vous n'en doutez pas, l'intervention de l'Etat sera bien insuffisante, et les Pouvoirs publics s'en rendent compte, puisqu'il a été déposé une loi sur les pupilles de la guerre, dont le principe est absolu : « La France adopte les orphelins dont le père, la mère ou le soutien de famille a péri au cours de la guerre de 1914. »

Je me permets de vous lire les dernières phrases de la partie de mon rapport concernant les orphelins de la guerre :

C'est, a dit Léon Bourgeois, l'auteur de la proposition de loi, une dette sociale de solidarité envers les enfants et une dette nationale de reconnaissance envers les pères.

Comment l'Etat va-t-il s'acquitter de ce devoir ? Et la première crainte qui vient à l'esprit est de voir créer une nouvelle nuée de fonctionnaires chargés de distribuer la manne gouvernementale à de pauvres orphelins attendant, au froid et sous la pluie l'heure de l'ouverture des bureaux de l'Assistance publique.

Il n'en est rien heureusement. Le projet sénatorial prévoit la création pour toute la France d'un Office central composé de 99 membres ; il comprend 62 délégués élus par les chambres de commerce, syndicats patronaux et ouvriers, sociétés de secours mutuels, associations philanthropiques, etc., et, chose extraordinaire en France, 37 fonctionnaires seulement.

Cet Office central est chargé de prendre toutes mesures nécessaires en faveur des pupilles de la nation ; il répartit entre les offices départementaux les subventions de l'Etat et allocations de toute nature provenant de dons et de legs.

Dans chaque département fonctionne un Office départemental composé des mêmes éléments, quant à la composition, que l'Office central et qui a pour mission, par ses délégués cantonaux, de veiller, au profit des pupilles, à l'observation des lois protectrices de l'enfance, qui pourvoit au placement dans les fondations ou les familles; car on cherche surtout à élever ces pauvres enfants au milieu des autres enfants de France et plus particulièrement dans la famille corporative.

Voilà la proposition que j'avais à vous faire; nous ferons ainsi une œuvre nouvelle, noble et belle, utile pour nos vaillants défenseurs; elle sera l'honneur de notre corporation et l'honneur également de la patrie française ! (*Applaudissements.*)

Voici le texte du vœu :

Le Congrès du Livre,

Tenant à rendre un hommage patriotique à la mémoire des travailleurs du Livre morts au champ d'honneur, déclare que leurs enfants deviennent dès ce jour les pupilles du Livre;

Il émet le vœu que la Commission d'économie sociale qui sera créée conformément à la décision adoptée, mette à la tête de son ordre du jour l'étude de tous moyens propres à leur venir en aide matériellement et moralement.

M. LE PRÉSIDENT. — Je vais mettre le vœu aux voix. Il s'agit d'abord du premier vœu.

Personne ne présente d'observation à la rédaction de ce vœu ?

Adopté à l'unanimité.

Je passe maintenant au deuxième vœu :

Le Congrès du Livre, tenant à rendre un hommage patriotique à la mémoire des travailleurs du Livre morts au champ d'honneur, déclare que leurs enfants deviennent, dès ce jour, les pupilles du Livre;

Il émet le vœu que la Commission d'économie sociale qui sera créée conformément à la décision adoptée mette à la tête de son ordre du jour l'étude de tous moyens propres à leur venir en aide matériellement et moralement.

Adopté à l'unanimité.

Nous remercions M. de Patchtere du travail très intéressant qu'il a soumis au Congrès, et des conclusions qu'il a déposées aujourd'hui.

II. — A. KEUFER : **L'Apprentissage dans l'industrie du livre**

M. LE PRÉSIDENT. — L'ordre du jour appelle la discussion du rapport de M. Keufer sur *l'Apprentissage dans l'industrie du livre.*

Il résulte, de la lecture des procès-verbaux des séances des 12 et 13 mars, que les parties concernant l'apprentissage, dans le rapport du Syndicat patronal des Imprimeurs typographes, dans le rapport de la Section parisienne de l'Amicale des Protes et Correcteurs d'imprimerie et dans le rapport de la Société fraternelle des Protes, seraient renvoyées à la séance de ce jour. Il a été décidé, en outre, que le Syndicat patronal des Imprimeurs typographes répondrait aujourd'hui à une observation ou plutôt à des observations présentées à la séance de lundi par M. Georges Lecomte au sujet de l'Ecole du Livre.

Quel est le membre de la Chambre syndicale des Imprimeurs qui doit prendre la parole ?

M. DE MALHERBE. — Vous avez bien voulu accepter, comme M. le Président vient de vous le rappeler, que la séance consacrée à l'examen des questions d'apprentissage débutât par la réponse que les Imprimeurs typographes avaient à cœur de faire aux reproches qui leur ont été adressés lundi dernier par mon excellent ami, M. Georges Lecomte. Nous vous avions proposé de répondre immédiatement. D'un commun accord, il a été reconnu préférable de remettre cette réponse à aujourd'hui.

Nous vous avions promis, l'autre jour, que notre réponse serait aussi brève que possible. Nous reprenons cet engagement. Cependant, pour brève qu'elle soit, il faut qu'elle soit assez nette pour dissiper jusqu'à l'ombre d'un malentendu entre M. Georges Lecomte et nous. D'ailleurs, depuis la séance de lundi dernier, M. Georges Lecomte a pu, dans des rencontres occasionnelles, entendre des paroles qui ont dû lui donner tous apaisements. Cependant, je crois qu'il importait que ces paroles fussent répétées ici devant tout le monde, et vous comprendrez, dans quelques minutes, pourquoi j'ai demandé à être chargé de faire cette réponse.

Il importe donc, avant tout, que je dise bien haut qu'il n'a jamais pu entrer dans l'esprit d'un seul des imprimeurs qui ont collaboré à la rédaction de notre rapport, — et comme tous les imprimeurs ont collaboré à la rédaction de ce rapport, il est impossible qu'il soit entré dans l'esprit d'aucun d'eux — de laisser paraître dans ce rapport une seule parole qui aurait pu être désobligeante pour une personnalité, au sujet de laquelle les termes de sympathie, d'estime, de respect seraient tout juste suffisants pour exprimer nos sentiments à son égard.

Nous avons peut-être été un peu surpris de voir que M. Lecomte avait été plus sensible à nos observations qu'à celles qui sont contenues dans le rapport de MM. les correcteurs ou de M. Keufer.

M. SAUNIER. — Ils sont beaucoup plus modérés. Je demanderai à répondre.

M. DE MALHERBE. — Cependant, je dois dire tout de suite

que nous ne nous sommes nullement formalisés de ces observations, quelque véhémentes qu'elles aient pu être en apparence ; nous savons trop par quelle généreuse susceptibilité pour la maison qu'il a faite sienne, et par quelle ardente bonne foi elles ont été dictées, pour nous en formaliser un seul instant. Par principe même, nous pourrions dire que cette espèce de prise à partie ne nous a pas été désagréable ; nous estimons qu'il n'est pas mauvais que, de temps en temps, dans des réunions du genre de celle-ci, on s'empoigne un peu. Les Congrès auraient peut-être une tendance à devenir des solennités un peu creuses, si on y voulait toujours rester dans les idées générales, si on n'y apportait pas des faits précis ; mais souvent, pour entrer dans des précisions, on est entraîné à employer des arguments *ad hominem* et, par conséquent, à faire quelques personnalités.

Nous disions l'autre jour, avec MM. les constructeurs de machines, que, certainement, pour bien construire, il faut construire en série ; mais, à force de répéter cette vérité, on arrive à ne plus construire du tout. De même, à force de dire « pas de personnalités », on en arriverait à se perdre dans de vagues généralités et à rester à cheval sur des nuages. C'est pourquoi, je répète que nous ne nous sommes nullement formalisés de la prise à partie de M. Lecomte.

M. Lecomte a reproché aux patrons imprimeurs d'ignorer l'École Estienne, et de ne jamais la fréquenter. Ce n'est pas tout à fait exact. Les patrons imprimeurs fréquentent l'Ecole Estienne, dans la mesure du rôle qui leur y est attribué. La Direction de l'École Estienne est escortée d'un Comité très nombreux, où sont d'abord représentés le Conseil municipal, puisque c'est une école municipale, sous la présidence de M. Lampué, doyen du Conseil municipal. A côté de lui, figurent les représentants de toutes les industries du Livre. Avant la direction de M. Georges Lecomte, toutes ces industries étaient représentées chacune par une unité, et une des observations qu'a pu faire M. Lecomte, dès son entrée à l'école, c'est qu'il n'y avait pas là un mode de représentation proportionné à l'importance respective de ces industries ; il a désiré que quelques-unes d'entre elles fussent représentées d'une façon un peu plus importante.

C'est dans cet ordre d'idées qu'à M. Renouard, notre Président, qui nous représentait à lui seul, ont été adjoints M. Alban Chaix, dont la présence s'imposait et à cause de la notoriété de sa maison et parce qu'il est à la tête de la plus importante école d'apprentissage privée ; puis votre serviteur. Comme ma présence dans ce Conseil s'expliquait beaucoup plus par les amicales insistances de M. Georges Lecomte que par ma valeur personnelle, j'aurais à la fois trahi mes sentiments d'amitié personnelle et d'estime professionnelle, si j'avais pu admettre un instant qu'il fût dit quelque chose de désobligeant à son égard dans ce rapport.

S'il y a une chose que nous regrettons, c'est de ne pas être convoqués plus souvent aux séances du Comité de patronage, et surtout de ne pas y être convoqués à l'avance, périodiquement, de façon que, lorsque nous recevons une convocation quelques jours à l'avance, nous ne soyons pas sous le coup d'un rendez-vous antérieur.

Je ne crois pas cependant qu'à aucune réunion importante du Comité les imprimeurs n'aient pas été représentés par l'un au moins d'entre eux. Mais enfin, que nous y allions plus ou moins souvent, cela nous a suffi pour constater l'excellente direction de M. Georges Lecomte. Je ne surprendrai pas mon ami en lui disant que sa nomination avait été peut-être accueillie avec un peu de scepticisme. On disait : Encore un journaliste ! Mais les préventions n'ont pas tardé à se dissiper, et il a été facile de voir combien la direction de M. Georges Lecomte était élevée et féconde.

En somme, surtout en présence d'un organisme très important comme l'Ecole Estienne, il ne faudrait pas se faire un monde de la compétence nécessaire, ni confondre la compétence avec la technicité. Quand, dans une école semblable, il y a douze ou quinze industries représentées, quel est le technicien qui pourrait, techniquement, les connaître toutes également ?

Il n'est pas nécessaire, pour être un bon chef d'orchestre, de connaître tous les instruments et de savoir en jouer ; mais il faut être un bon musicien, avoir une bonne oreille et savoir diriger.

Savoir diriger ! M. Lecomte le sait parfaitement. Il a ces qualités essentielles du chef, qui sont de deviner les capacités, de susciter les dévouements et les heureuses collaborations.

M. Lecomte nous a fait observer qu'il y avait huit fils de patrons, qui suivaient les cours de l'Ecole Estienne, ce qui semblait dire qu'elle n'était pas si mauvaise ! Sans doute, ces jeunes gens font très bien de fréquenter cette Ecole, et nous avons été heureux d'apprendre qu'ils étaient huit ; il vaut mieux qu'ils soient huit que six ; il vaudrait mieux qu'ils fussent dix. Mais c'est là un fait concret, d'une importance peut-être un peu secondaire pour battre en brèche un autre fait d'un ordre plus élevé, — s'il est exact, — à savoir que la véritable conception de l'Ecole professionnelle n'est peut-être pas celle qui a présidé à la fondation de l'Ecole du Livre.

M. Lecomte nous a également reproché d'avoir dit, ou semblé dire, que les jeunes gens qui sortaient de l'Ecole Estienne avaient plus de prétentions que de capacités. Il n'y a là rien de bien méchant, et, en somme, comment pourrait-il en être autrement ? Vous savez combien la demi-instruction développe la vanité, et il est naturel que des jeunes gens qui se sont vus entourés de plus de sollicitude que ceux qui vont à l'atelier, en aient tiré quelque vanité. Je crois que M. Lecomte se fait un peu de terreur imaginaire lorsqu'il se figure que les parents des élèves de l'Ecole, parce qu'ils auront lu notre rapport, en auront été découragés.

M. Lecomte a également critiqué la malfaçon des rapports du Congrès du Livre. Passons! M. Decourcelle nous a suffisamment défendus en expliquant les raisons qui justifient la plupart des défauts qu'on pouvait reprocher à l'impression de ces rapports.

M. Lecomte nous a encore fait grief du choix du caractère que nous avons employé pour l'impression spéciale de notre rapport. Il nous a reproché de ne pas avoir employé « le caractère de l'avenir » ! Ce caractère n'existe pas encore. Il était donc difficile de s'en servir et, que nous eussions choisi le plus élégant des Elzévirs ou le plus classique des Didots, il aurait toujours fallu prendre un caractère du passé. D'ailleurs, le caractère Cochin, de la maison Peignot, — et ici j'ouvre une parenthèse pour nous associer tous, une fois de plus, à la mémoire des quatre frères Peignot, dont la mort a été aussi belle que la vie, toute remplie de labeur et d'initiative, — ce caractère n'est peut-être pas d'une typographie aussi dix-huitième siècle que veut bien le dire M. Lecomte : ayant fréquemment causé avec Peignot, au moment où il cherchait ce caractère, je sais pourquoi il l'a ainsi appelé et pourquoi il a voulu lui donner le nom, non pas d'un fondeur typographe, mais le nom d'un graveur en taille-douce : il a donné le nom de « Fournier le Jeune » aux sortes directement inspirées de ce maître fondeur, tandis qu'il a donné celui des Cochin aux sortes de labeur, plus spécialement inspirées de l'écriture des graveurs en taille-douce. On pouvait puiser à de plus mauvaises sources.

Quoi qu'il en soit, nous avons employé ce caractère, surtout parce que nous l'avions, et parce que nous n'en avions pas d'autre, nous, Syndicat. Ces messieurs du Cercle de la Librairie savent dans quelles conditions le Syndicat des Imprimeurs est devenu possesseur de ce caractère, à l'occasion d'une œuvre corporative ; depuis, ce caractère est resté entre nos mains ; nous nous en sommes servis à différentes reprises ; un œil exercé pourra même voir dans notre rapport qu'il n'est pas d'une fraîcheur absolue. Nous nous en sommes servis une fois de plus, pour une œuvre d'intérêt général.

Qu'est-ce que nous avons voulu faire ? Non pas un chef-d'œuvre de typographie, mais simplement une œuvre de propagande. Laissez-moi vous expliquer que ce rapport, qui n'est pas signé, est dû à la collaboration de tous les imprimeurs typographes. Notre syndicat n'est pas parisien, il est national ; nous avions donc la nécessité de correspondre avec nos amis qui sont en province, pour leur demander leur avis. Les trois ou quatre imprimeurs qui ont rédigé ce rapport n'ont fait que l'écrire sous la dictée de leurs confrères, et, l'ayant imprimé, nous avons supposé qu'il pouvait être utile de l'envoyer à ceux qui n'avaient pu venir à nos réunions et de le répandre un peu autour de nous, ce qui n'a peut-être pas été tout à fait inutile à la publicité qui s'est faite au sujet du Congrès.

Nous avons fait de ce caractère un emploi qui, au point de vu de l'exécution matérielle, ne mérite pas les éloges excessifs que M. Lecomte lui a décernés, et nous l'avons utilisé pour des raisons qui expliquent tout naturellement le choix que nous en avons fait.

Je vous ai dit tout à l'heure combien nous admirions la direction de M. Georges Lecomte ; mais il y a là une question de personne et cela ne veut pas dire que nous admirions aussi les conceptions qui ont présidé à la fondation de l'Ecole Estienne ; si nous estimons qu'il est l'excellent jardinier d'un arbre qui a été mal planté, nous avons le droit de le dire ; et il ne faut pas hésiter à dire ce que l'on pense dans une question d'ordre aussi général. Si l'Ecole Estienne, telle qu'elle est conçue, ne répond pas à nos vœux, c'est parce que nous estimons qu'elle répond à une conception trop métaphysique et pas assez réaliste, trop pédagogique et pas assez industrielle ; notre conviction est qu'elle devrait être ouverte plutôt à des jeunes gens de dix-huit à vingt ans, qu'à des enfants de treize à dix-sept ans.

Je m'égare dans des questions générales d'apprentissage sur lesquelles vous allez entendre des voix plus autorisées que la mienne. Mais, puisque je suis lancé, voulez-vous me permettre, si je n'abuse pas de votre bienveillante attention, de vous parler encore un peu de la question, non pas des Ecoles professionnelles en général, mais d'une Ecole professionnelle en particulier.

Nous savons tous qu'il a été fait beaucoup de choses pour l'apprentissage, en Allemagne ; l'état florissant de toutes leurs industries prouve assez qu'il y avait là-bas une bonne éducation professionnelle.

Les travaux de la typographie anglaise sont assez remarquables pour prouver qu'il existe aussi, chez nos amis, un bon apprentissage. Je ne sais pas grand'chose de l'apprentissage anglais à proprement parler ; je connais un peu l'Ecole professionnelle des Maîtres Imprimeurs anglais.

Vous vous rappelez qu'il y a quelques années, il avait été organisé à Londres une exposition franco-britannique. J'avais envoyé à cette exposition quelques cadres et, dans ces sept ou huit mètres carrés, il y avait une centaine d'épreuves dont une demi-douzaine peut-être pouvaient présenter un exemple de réussite typographique. Etant allé visiter cette exposition, je fus l'objet d'une démarche de la part d'un des directeurs de l'Ecole professionnelle anglaise qui vint me demander de lui donner ce qui, dans mon envoi, lui paraîtrait présenter quelque intérêt. Je fus flatté... et je répondis : « Prenez tout si vous voulez. »

Le lendemain de la fermeture, tous les cadres étaient déménagés, emportés à l'Ecole, et on me bombardait membre du Comité de patronage de la *Saint-Bride foundation*, Ecole professionnelle des Maîtres Imprimeurs d'Angleterre.

Ce n'est qu'un honorariat, une sinécure, et j'y vais encore moins souvent qu'à l'Ecole Estienne. Cependant, à cette occasion, j'ai fait un peu connaissance avec cette Ecole, et j'ai constaté, une fois de plus, combien nos mentalités étaient différentes, et combien les cerveaux anglais différaient des nôtres. Si on examine un peu ces deux Ecoles, on voit que, comme à plaisir, elles sont conçues à l'antipode l'une de l'autre. Nous avons donné à notre Ecole ce beau nom philosophique « l'Ecole du Livre » ! Les Anglais l'ont simplement appelée du nom de la rue où elle se trouve.

L'Ecole professionnelle anglaise est entièrement privée ; elle ne vit qu'avec des subventions privées, des dons particuliers. Fréquemment, par un legs, dans un testament, un imprimeur fait un cadeau à l'Ecole, et, sans attendre toujours des circonstances aussi précises, on lui fait souvent, de tous côtés, des dons variés. Bref, elle vit de ses propres ressources, de contributions privées et uniquement patronales.

En dehors de cette conception, le côté matériel est aussi tout à fait différent. Quand on se rend à l'Ecole Estienne, dans un quartier un peu éloigné, au bout d'une belle avenue, derrière une grille somptueuse, dans de beaux jardins, on entre dans un magnifique pavillon Louis XIII, dont la porte vous est ouverte par un gardien en uniforme ; et l'oreille est agréablement frappée par les cris joyeux des enfants en récréation. Le premier abord est très séduisant... Un examen sommaire de l'outillage de l'atelier des machines typographiques laissera, par contre, une impression moins favorable.

L'Ecole anglaise est tout autre. Elle est située au fond d'un quartier assez fumeux, au cœur du quartier de l'imprimerie, en plein Fleet Street, et, quand vous arrivez à la porte, elle vous est ouverte par une vieille dame, qui est la veuve d'un imprimeur. Le premier abord est refroidissant, et, si on visite l'Ecole dans la journée, on la trouve déserte, car c'est une école du soir. Cette Ecole, qui ne peut être fréquentée que par des volontaires, ne nous paraît certes pas être l'Ecole professionnelle-type ; elle ne paraît pas devoir mériter le nom de véritable Ecole professionnelle. Cependant, il nous faut l'admettre telle qu'elle est ; il nous faudrait surtout y prendre ce qu'elle a de bon.

Quand on entre dans la première salle, on constate que c'est une salle de gymnastique, avec de nombreux agrès, et qui se transforme, pendant l'été, en une piscine où les jeunes gens, à la sortie de l'atelier, peuvent venir prendre un bain.

La salle à côté est plus petite et réservée uniquement à MM. les Patrons directeurs. Cette salle est un bar, et celui des membres du Comité qui m'accompagnait me déclara que ces messieurs ne croyaient pas prendre une bonne délibération s'ils ne l'avaient fait précéder ou suivre d'un verre de *whysky and soda*. Ce n'est pas là ce que je proposerai à votre imitation, et je crois que l'hydrothérapie de la grande salle vaut mieux que celle dont je vous parle.

Ensuite, nous entrons dans une grande bibliothèque, alimentée par des dons particuliers, qui est non seulement une des plus riches au monde en ouvrages techniques, mais où l'on a réuni aussi un grand nombre d'ouvrages intéressants par leur exécution typographique; ce qui en fait un excellent instrument de travail pour les patrons comme pour les apprentis.

J'avais oublié de vous dire tout à l'heure — et c'est encore un exemple de la façon pratique dont les Anglais savent tirer parti de tout — que si, en me nommant membre de leur Conseil, mes confrères n'avaient pas fait une acquisition extraordinaire, cependant, ils avaient su tirer de ma modeste personnalité toute la petite parcelle d'utilité qu'elle pouvait contenir, en m'envoyant des apprentis.

J'ai reçu dans ma maison trois de ces jeunes gens; deux y sont restés assez longtemps, et un y est resté pendant plus d'une année. Cet envoi m'avait donné l'idée de la réciprocité; j'ai voulu en faire autant, mais j'ai été moins heureux. Le fils de mon prote à l'atelier des machines a voulu aller en Angleterre pour y terminer son étude de l'anglais et y compléter son apprentissage; quoique ce fût un garçon apte à rendre des services, — il avait déjà trois ans de présence à la maison, — malgré tous nos efforts et toutes les recommandations des membres du comité de patronage de l'École anglaise, sur plus d'une année qu'il a passée en Angleterre, il n'a pas pu être admis plus de trois ou quatre mois dans les ateliers. On le recevait très gentiment, mais gentiment on lui faisait comprendre que l'ordre du syndicat ouvrier était qu'il ne fallait pas d'ouvriers étrangers dans les ateliers.

J'espère, aujourd'hui que l'entente cordiale est devenue une amitié de frères d'armes, qu'on pourra arriver à de meilleurs résultats; il y aurait là quelque chose d'intéressant à creuser au point de vue de l'apprentissage, et il pourrait se faire des échanges d'apprentis entre ateliers, analogues aux échanges d'étudiants entre Universités, dont on nous a parlé dans des réunions voisines.

Je reviens à notre petite promenade, qui va se terminer. Après la bibliothèque, nous sommes allés dans les ateliers. Je crois me souvenir qu'il y avait des ateliers de lithographie; mais, étant typographe, je me suis plutôt intéressé aux ateliers de typographie qui étaient au nombre de deux : atelier de composition et atelier de machines. L'un et l'autre comportaient un matériel assez simple, parce que la conception anglaise n'est pas que, dans une école, on puisse exécuter du travail industriel. Je dois dire que cette École n'est ouverte qu'à des jeunes gens qui ont au moins trois ans d'apprentissage et qui, s'ils sont momentanément en chômage, doivent être munis d'un certificat prouvant que, s'ils ne travaillent pas, c'est accidentellement. Ce sont des jeunes gens qui ont déjà fait preuve d'une certaine vocation pour le métier, et qui, au bout de six mois, ne diront pas : « L'imprimerie m'ennuie, je vais me mettre pâtissier. »

Le maître sollicite, fait naître leurs questions ; il leur demande ce qu'on leur a fait faire à l'atelier, comment ils s'y sont pris, pourquoi ils s'y sont pris de telle façon. Il leur explique que, si on leur a demandé tel travail, c'est pour telle raison ; il leur fait la théorie de ce qu'ils ont eu à mettre en pratique ; il leur fait comprendre pourquoi on leur a fait exécuter un travail. En un mot, il développe l'apprentissage de l'atelier en expliquant théoriquement ce que celui-ci n'a pu faire que d'une façon un peu trop empirique.

Je vais m'arrêter là. Maintenant que j'ai fait cette digression, qui ne concernait que des faits assez relatifs, mais dont il y a peut-être quelque enseignement à tirer par comparaison avec ce qui se fait chez nous, il reste à des personnes plus autorisées que moi à parler des questions générales et essentielles de l'apprentissage.

Je vais céder la parole à mon excellent ami et confrère Motti, un ancien apprenti, qui est peut-être assez compétent dans ces questions et qui, quoique patron, n'est certainement pas un de ces capitalistes incompétents auxquels il est fait une si cordiale allusion dans le rapport de MM. les Protes et Correcteurs d'imprimerie.

M. Motti a cinquante-quatre ans ; il est imprimeur depuis quarante ans. C'est vous dire qu'il a commencé de bonne heure, et la façon dont il est arrivé à une situation éminente dans notre corporation prouve ce que peut faire un bon apprentissage, quand il y a un bon apprenti. (*Applaudissements.*)

M. SAUNIER. — Je regrette que la Chambre des Imprimeurs ne soit représentée ici que par M. de Malherbe et par M. Motti. Je connais les travaux de l'imprimerie Motti, ils sont excellents ; je connais également ceux de l'imprimerie de Malherbe ; je les connais mieux, parce que j'ai collaboré de longues années durant à une publication illustrée, *Art et Décoration*, qui s'imprimait chez M. de Malherbe, et il m'a fallu, bien souvent, pour des raisons de mise en page, pour allonger ou diminuer des articles, me rendre à son imprimerie. Je sais comment elle est installée. Elle est charmante et séduisante. C'est ainsi que, selon moi, une imprimerie doit être installée. C'est dire que, si je vais être obligé de faire quelques critiques, je regrette qu'elles soient entendues par

M. de Malherbe et par M. Motti ; j'aurais mieux aimé qu'elles fussent également entendues par d'autres imprimeurs.

La Chambre des Imprimeurs a violemment attaqué l'Ecole du Livre ; elle n'a pas proposé de remède. Je m'étonne qu'elle n'ait pas rappelé qu'elle avait créé une école, l'Ecole Gutenberg, qui a fonctionné de 1886 à 1902, et qui n'a pas donné de résultats, puisque la Chambre des Imprimeurs a fermé cette école qui était son œuvre. Je m'étonne que, dans ce rapport des Imprimeurs, elle ait tranché d'une façon aussi violente contre une école qui n'est pas parfaite, je le reconnais, — moi-même j'ai fait des articles contre elle, — mais qui, cependant, donne des résultats, surtout maintenant.

Le rapport de la Chambre des Imprimeurs a parlé également des procédés photomécaniques en disant qu'en France on avait pris une certaine part à leur développement. Depuis, la Chambre des Imprimeurs a reçu, je crois, une lettre de M. Albert Vuaflard, qui lui apprend que tous les procédés photomécaniques sont d'invention française.

M. LE PRÉSIDENT. — Je vous demande pardon de vous interrompre, mais je vous ferai observer que nous nous occupons de l'Ecole du Livre.

M. SAUNIER. — Je veux montrer que, dans ce rapport des Maîtres Imprimeurs, il y a quelque exagération.

Tout à l'heure, M. de Malherbe a parlé d'un rapport sur l'apprentissage et du rapport de la Société fraternelle des Protes ; je constate que, dans le rapport de la Société fraternelle des Protes, on attaque l'Ecole Estienne, en proposant des remèdes très nets, en disant que les professeurs devront rentrer un certain temps à l'imprimerie et que les élèves devront y aller également. Je constate d'un autre côté que l'admirable rapport de M. Keufer est d'une modération parfaite. Je constate que les rapports ouvriers sont pleins de respect pour les imprimeurs, tandis que les imprimeurs ont tranché de très haut, un peu violemment, à mon avis.

M. DE MALHERBE. — Nous retiendrons cette petite leçon ; nous en ferons notre profit. Mais nous estimons que nous ne sommes pas venus à ce Congrès pour échanger la casse et le séné des congratulations réciproques. Nous sommes venus, en toute franchise, dire ce que nous croyons être des vérités. Je pense que les imprimeurs typographes, jusqu'ici, ont assez défendu la façon dont ils croient jouer leur rôle dans l'ensemble des industries du Livre, pour pouvoir s'accuser eux-mêmes ; ils n'hésitent pas à le faire, parce qu'ils pensent qu'en ces matières d'apprentissage, tout le monde a à faire son *mea culpa*, les ouvriers comme les patrons. Les Pouvoirs publics — si, à notre avis, ils ont fait fausse route dans leur conception de l'Ecole professionnelle — ont au moins fait quelque chose. S'il n'y a qu'un quasi-néant, c'est à eux qu'on le doit et non pas aux patrons ou aux ouvriers qui, en ce qui concerne l'apprentissage, ont fait preuve, les patrons d'inertie, les ouvriers d'hostilité.

Il y a lieu de croire que la tournure des esprits est en train de changer chez les ouvriers, et nous attendons avec confiance de très bonnes assurances dans ce sens de la part de M. Keufer. Certainement, nous ne sommes pas venus ici pour féliciter ou récriminer; nous sommes des gens qui voulons sincèrement améliorer l'avenir. Enregistrons, les uns et les autres, avec bonne grâce, avec le sourire, les petites leçons que nous nous donnons.

M. SAUNIER. — Pourquoi l'Ecole Gutenberg a-t-elle été supprimée ?

M. DE MALHERBE. — Nous n'avons pas pensé qu'il était utile d'en parler. Nous avons voulu être courts ; nous nous mettrons d'accord sur les principes qui peuvent présider à la réorganisation de l'enseignement professionnel en général ; il y aura des modalités particulières aux arts graphiques. Nous sortirons notre système ; on verra s'il est bon. Quant à l'Ecole Gutenberg, nous avons pensé que c'était de l'histoire ancienne, et qu'il n'y avait plus lieu d'en parler. Nous nous trouvons en présence de l'Ecole Estienne, qui existe ; cette existence n'est pas celle que nous souhaiterions ; nous nous mettons en face d'elle, et nous la discutons avec le respect qui lui est dû. (*Applaudissements.*)

M. LE PRÉSIDENT. — Je puis vous dire, à titre documentaire, à propos de l'Ecole Gutenberg, dont j'ai été un des fondateurs, que cette Ecole, fondée par l'ancienne Chambre des Imprimeurs, l'avait été avec des ressources très modiques ; elle n'a pas pu donner, par conséquent, tous les résultats que nous en espérions, surtout lorsqu'elle a été concurrencée par l'Ecole du Livre, qui a attiré à elle, grâce aux ressources de toutes sortes qu'elle pouvait leur offrir, les quelques apprentis que nous avions pu recueillir.

M. FOREST. — Je voudrais dire un simple mot au sujet d'une école née tout de suite avant la guerre et qui est fort intéressante, parce que c'est une invention française, et une création telle que, quoique la guerre ait interrompu son fonctionnement, elle a eu une grosse influence à l'étranger où on a étudié de très près les nouvelles modalités scolaires. Il s'agit de l'École de ganterie, créée à Grenoble.

C'est une école d'apprentis ; elle est installée d'une façon nouvelle. Les fabricants se sont réunis, et ont créé un capital commun, un gros capital, et ils n'ont pas fait une Ecole, mais une maison de commerce, qui est organisée exactement comme si elle devait fournir à des clients, et qui fournit à des clients. Elle a parmi ses élèves des voyageurs qui circulent en France, qui circulent à l'étranger; et elle est organisée comme une concurrence.

Les premiers résultats ont été admirables. On a été stupéfait; car cette question de l'apprentissage n'est pas spéciale à l'imprimerie, elle est universelle et se pose dans toutes les industries.

Dans l'industrie de la ganterie, on a essayé de tout avant la création de cette école, et on n'a obtenu que de petits résultats; mais depuis qu'on a créé cette école, qui a un chef de maison à sa tête, pris en dehors de la profession, placé là grâce à la confiance de tous les fabricants de gants de Grenoble, on a trouvé des apprentis. Il n'y a pas longtemps qu'elle existe; elle a été créée six ans avant la guerre, et tout le monde en est très satisfait. On y a trouvé des contremaîtres, des voyageurs. La ganterie de Grenoble, qui n'allait pas au Canada, s'est mise à y vendre des gants, uniquement parce que d'anciens élèves sont allés, avec une mission de l'Ecole, vendre des gants dans ce pays.

C'est une création française; elle est nouvelle; elle a fait beaucoup de bruit à l'étranger. Je vous demande simplement de considérer ce que je dis comme une suggestion, parce que l'on a fait quelque chose de sérieux et de pratique.

En ce qui concerne les récriminations mutuelles entre ouvriers et patrons, au sujet de l'apprentissage, dont on parlait tout à l'heure, j'ai communiqué hier à M. Motti une petite brochure sur toutes les discussions qui ont eu lieu entre patrons, imprimeurs et ouvriers depuis le quinzième siècle. Tout ce qui s'est dit ici s'est dit au moins tous les vingt ans, dans des réunions à peu près semblables, depuis quelques centaines d'années. Je ne veux pas lire les détails; les paroles sont tout à fait les mêmes que celles qui viennent d'être prononcées tout à l'heure; mais je crois que ces vieilles querelles continueront éternellement, si, éternellement, on continue à employer les mêmes moyens pour mettre les gens d'accord.

Il y a quelque chose de nouveau, qui provient tout de même de la guerre : il y a un nouvel état d'esprit, et il faut que nous en tenions compte, parce que, sans cela, les vieilles querelles renaîtront toujours, et on n'arrivera à rien. Je crois que, dans les discussions qui vont venir, il sera bon de considérer qu'à partir d'aujourd'hui tout le monde est de bonne foi, tout le monde cherche la vérité, et que, si on se dit quelquefois des choses désagréables, il faut se dire que ce sont des vieilles pensées d'avant la guerre qui reviennent, parce qu'on ne peut pas se changer tout à fait, mais que maintenant on n'y pense plus.

Je vous ai donné le modèle de l'Ecole de Grenoble, parce que je crois que c'est le vrai modèle. Cette Ecole a réussi, et on essaye à Cluses, à l'Ecole d'horlogerie, de créer une nouvelle école sur ce modèle. Cela commence à donner de bons résultats également.

Je vous demande de réfléchir à cette idée qui est française.

Mme Béraut-Berger. — Je désire dire un mot au sujet des subventions allouées par le ministère du Commerce aux sociétés industrielles et professionnelles. Je suis de Saint-Quentin...

M. le Président. — C'est étranger à la discussion !

Mme Béraut-Berger. — Non.
Je veux vous proposer le vœu suivant :

1° *Création d'urgence d'une Ecole professionnelle primaire du Livre pour les enfants réfugiés de nos confrères et employés (filles ou garçons titulaires du brevet élémentaire ou du certificat d'études).*

2° *Fiches d'aptitudes professionnelles à réclamer des directeurs d'écoles.*

3° *Visites médicales des enfants pré-apprentis susdésignés et envoi en colonies de vacances des sujets fragiles, mais en excellente disposition de travail.*

4° *Demande de subvention pour ladite Ecole au ministère du Commerce, sur le reliquat des subventions 1914, 1915 et 1916, attribuées aux écoles professionnelles et industrielles des départements envahis, sommes énormes qui restent actuellement sans emploi au ministère.*

En résumé : Création d'une Ecole de prévoyance technique, sorte de réservoir d'une main-d'œuvre bien formée et adaptée aux machines nouvelles, afin de contribuer à rendre rapidement la prospérité aux régions dévastées dont l'endurance est faite des espoirs qu'elles fondent sur notre activité réparatrice.

Une entente mutuelle, immédiate, au sujet d'une sorte d'Ecole primaire du Livre assurerait la première fraction de la victoire économique qui, en notre domaine, signifie victoire intellectuelle (j'allais dire spirituelle) et sociale[1].

M. le Président. — La parole est à M. Georges Lecomte.

M. Lecomte. — Je commence par vous dire, avec infiniment de plaisir, que je suis reconnaissant à M. de Malherbe des paroles si aimables qu'il a bien voulu me dire, non pas seulement pour moi, car nos relations personnelles n'ont jamais eu l'ombre de gêne, mais pour l'Ecole Estienne, et je remercie en sa personne les Maîtres Imprimeurs, ses confrères et amis, au nom desquels il a bien voulu parler. Par conséquent, il ne reste plus rien de ce qui, l'autre

---

1. Sièges sociaux des Comités des régions envahies, afin d'y faire dresser des listes d'apprentis : *Nord* : chez Barbotte, en face de la gare du Nord. — *Ardennes* : 22, galerie d'Orléans. — *Aisne* : à la mairie du X⁰ arrondissement, 72, rue du Faubourg-Saint-Martin. — *Meurthe-et-Moselle* : 41, rue du Faubourg-Montmartre. — *Oise* : 48, rue de la Bienfaisance. — *Pas-de-Calais* : 48, boulevard Barbès. — *Somme* : 22, rue Pigalle. — *Vosges* : 34, rue d'Anjou. — *Marne* : 29, boulevard du Temple. — *Belgique* : 32, rue Louis-Blanc. — *Office de renseignements pour les Familles dispersées*, créé par le Conseil national des Femmes françaises, 184, boulevard Saint-Germain.

jour, m'avait un peu froissé et peiné. Il ne s'agit pas de choses personnelles ; ceux qui me connaissent savent assez que, dans des questions aussi graves, j'ai horreur du moi et que, si j'ai parlé avec un peu d'émotion, c'est parce que je venais d'avoir connaissance de ce rapport, que j'étais sous le coup de l'émotion, et que j'avais à me préoccuper de deux cent cinquante familles dont les enfants sont à l'École ; enfin, si vous me permettez de le dire, c'est, d'une manière plus générale, parce que je pense constamment, au-dessus de toute autre chose individuelle et personnelle, à l'intérêt de notre pays. Il y a un principe bien simple, et je crois l'avoir indiqué, c'est que, dès qu'il existe quelque chose, si peu que ce soit, il faut essayer de le parachever, de l'améliorer, et c'est ce que je ne cesse de demander depuis trois ans et demi que j'ai l'honneur de diriger l'École Estienne, car je demande qu'on vienne la voir. J'ai fait savoir que cette École, qui avait peut-être été un peu fermée, où l'on connaissait trop les paperasses administratives et pas assez l'industrie, aurait ses portes ouvertes aux industriels, que je priais ceux-ci de venir et qu'ils seraient les bienvenus, qu'ils auraient une conversation avec moi, que leurs suggestions seraient écoutées, et que je les suppliais de venir nous donner leurs conseils. Et je leur demande non seulement leurs conseils, mais leur aide morale.

Je pense qu'il est impossible de faire mieux comprendre aux industriels que nous travaillons pour eux, que nous n'avons qu'un seul désir, celui de nous mettre à l'unisson de leurs besoins. Ces besoins se modifient de mois en mois, d'année en année ; c'est à eux de venir nous dire : « Vous commettez telle erreur ! » Voilà dans quel sens vous pouvez améliorer l'enseignement. Est-ce que je ne veux pas tenir compte des besoins de l'industrie et de ses désirs ! Ce que j'ai pu vous reprocher amicalement, sur un ton un peu vif, — on ne refait pas son tempérament, — c'est la vérité. J'ai été un peu surpris que, depuis ces trois ans et demi, personne, sauf les membres du Comité de patronage, n'ait répondu à mon appel et que, malgré toutes ces preuves de bonne volonté, jusqu'à présent je n'aie reçu aucune visite d'aucun des membres de l'industrie du Livre ; et je les supplie aujourd'hui, très cordialement, en leur disant qu'ils rendront un service à l'École, qu'ils me rendront un service personnel et qu'ils se rendront un service à eux-mêmes, parce que nous n'avons qu'un désir, celui de travailler, pour eux et par eux, en faveur du développement de l'industrie française.

J'ai donné, depuis que je suis directeur de l'École, une preuve publique de l'esprit dans lequel j'entends la diriger. La guerre a été déclarée le 4 août ; le 5, le directeur de l'École, de sa propre autorité, sans consulter personne, aucune autorité administrative, a rappelé les professeurs de l'École ; ils sont revenus immédiatement, et il leur a dit : « Je ne crois pas que nous puissions nous reposer alors que les soldats se battent pour nous défendre. Il y a des enfants qui vont traîner dans les rues, les enfants de l'Ecole et les apprentis des ateliers qui sont fermés pour de longs mois. Voici ce que nous allons faire : Nous allons rouvrir l'Ecole, et, au lieu de ne recevoir égoïstement que les élèves, je vais téléphoner, je vais écrire à tous les patrons des différentes industries du Livre que l'Ecole est ouverte à leurs apprentis, parce que je considère que mon devoir est de ne pas laisser ces enfants à la rue. »

Non seulement, j'ai pu le faire, mais, loin d'être blâmée par le Conseil municipal, mon initiative a été applaudie.

J'ai pu mieux faire encore. Pendant les vacances, j'ai pu nourrir ces enfants. Ils n'avaient aucun droit d'être là, mais il y a autre chose que le droit administratif, il y a le devoir national. Et j'ai pensé que ce serait rendre service que d'occuper vos apprentis, de les faire travailler, et même de les faire manger.

En octobre, quand les vacances ont été terminées, j'ai demandé au Conseil municipal de me permettre de continuer à recevoir les apprentis de l'industrie privée, et l'autorisation me fut donnée. Pendant tout le premier hiver de la guerre, tandis que beaucoup de vos maisons étaient encore fermées, j'ai eu la très grande satisfaction de recevoir à l'Ecole quatre-vingts ou quatre-vingt-dix apprentis de chez vous. C'est la meilleure preuve que je puisse vous donner des intentions de la direction de l'Ecole à l'égard de l'industrie française. (*Applaudissements.*)

Enfin, pour vous montrer le souci que j'ai d'adapter l'enseignement de l'Ecole aux besoins de vos industries, je me permets de vous citer un fait qui est d'hier. J'avais été frappé de ceci, c'est que, dès la déclaration de guerre, un certain nombre de machines, éparses dans des maisons importantes, des roto-calcos, étaient inutilisables parce qu'il y avait un peu trop d'ouvriers allemands en connaissant seuls la manœuvre. J'ai pensé alors que l'Ecole se devait à elle-même, devait à l'industrie française, d'essayer de préparer l'avenir; car il faut que nous ayons le plus vite possible, en assez grande quantité, en aussi grande quantité que possible, des apprentis sachant se servir de ces machines. Nous n'avions pas d'argent; je ne pouvais pas songer à demander à la Ville 30 000 francs qui étaient nécessaires pour avoir une de ces machines; j'ai fait ce que je devais, je suis allé demander à un industriel, auprès duquel j'ai trouvé le meilleur accueil, de vouloir bien donner à l'Ecole une roto-calco, afin, non seulement d'apprendre le fonctionnement de cette machine à nos élèves, mais aussi de pouvoir permettre aux ouvriers du dehors, quels qu'ils soient, et sans s'occuper de leur origine, de venir apprendre, le dimanche matin, à l'Ecole, le fonctionnement de cette machine.

Evidemment, j'aurais pu ne pas le faire. J'ai des élèves; ils entrent par le concours ; j'aurais pu me borner à leur enseigner ce qui est; j'aurais pu, ayant obtenu cette roto de M. Voirin, la réserver aux élèves de l'Ecole. J'ai pensé que ce serait trahir les intérêts de l'industrie française, et, de mon propre mouvement, j'ai demandé au Conseil municipal de permettre l'organisation de cours du dimanche matin où pourront venir les ouvriers de tous vos ateliers.

Je pense qu'il est impossible de donner une preuve plus grande de la bonne volonté qu'on a à l'Ecole Estienne.

C'est aussi au nom des professeurs que, l'autre jour, j'ai protesté, parce que leurs efforts me sont connus ; ce sont des hommes qui, pour la plupart, ont été choisis au concours parmi les meilleurs ouvriers de leur corporation. On sait ce qu'ils valent.

Cela dit, j'ai lu avec le plus grand intérêt les divers rapports qui ont parlé de l'Ecole Estienne, et je m'excuse de parler un peu longuement, mais il faut que je réponde seul à tous.

Parmi ces rapports, il en est un — celui de M. Keufer — où l'on retrouve son souci du bien public, son esprit de justice, sa haute raison et son sens pratique. Il vous parle d'une manière générale de l'apprentissage, et il y a deux questions : la question générale et celle de l'Ecole du Livre. M. Keufer est pour l'apprentissage à l'atelier, mais il ne combat pas les Ecoles professionnelles ; il trouve leur rôle justifié ; il trouve qu'elles peuvent être très utiles pour former des cadres ; il connaît très bien nos Ecoles il sait très bien ce dont il parle et il se rend compte que, étant donné l'instruction générale qu'on donne aux élèves de l'Ecole Estienne, étant donné la qualité de l'instruction professionnelle qu'ils y reçoivent, ce sont des jeunes gens qui sont appelés à exercer une très bonne influence dans les ateliers.

Je suis de son avis en ce qui concerne l'apprentissage à l'atelier. Ce n'est pas une seule école qui peut suffire à faire l'instruction de milliers d'enfants. Aurait-on multiplié par dizaines les élèves des Ecoles professionnelles que ce serait encore insuffisant, et qu'il faut se hâter de faire voter et d'appliquer une loi sur l'apprentissage.

Je me permets de vous rappeler que, dans ma carrière d'écrivain, je n'ai cessé de lutter pour le vote de cette loi sur l'apprentissage; elle est, à l'heure actuelle, votée par le Sénat ; elle sera votée bientôt, je l'espère, par la Chambre, et cela seul est important.

Il faut, pour les apprentis, des cours qui ne seront pas des cours du soir, parce que les enfants arrivent tardivement après l'atelier ; il faut l'école de demi-temps, c'est-à-dire celle qui leur permettra de profiter de cet enseignement, et où ils pourront recevoir des leçons à une heure où ils sont en état physique d'en profiter.

L'Ecole professionnelle a surtout pour but de lutter contre la spécialisation excessive, c'est-à-dire d'apprendre à un enfant, quelle que soit sa profession, tout son métier. Je crois que l'Ecole Estienne donne cet enseignement dans les conditions techniques les meilleures. J'ai lu tous les rapports; ils m'ont beaucoup intéressé. J'ai lu notamment avec grand intérêt celui des protes et correcteurs qui m'ont apporté souvent le conseil, l'avis, la suggestion que j'ai vainement cherchés ailleurs et partout depuis trois ans et demi. Je reprendrai tout à l'heure les desiderata des protes et correcteurs; il en est beaucoup sur lesquels nous sommes d'accord.

On a fait un reproche à l'Ecole Estienne; on a dit : « Sans doute, elle peut donner des résultats, mais ils ne sont pas en rapport avec les sacrifices; il y a trop de déchet. Il entre, par exemple, cinquante enfants chaque année, mais il s'en perd beaucoup en route; au bout de la quatrième année, il en reste à peine cinq ou dix. » Je ne nie pas ce déchet. D'où vient-il ? Il provient de causes très complexes. D'abord, beaucoup de familles pensent pouvoir faire pendant quatre ans le sacrifice d'avoir un enfant qui ne leur rapportera rien et qui leur coûtera, et, en cours de route, on est débordé. Chaque fois que je le constate, j'en suis attristé, et nous faisons à l'Ecole tout ce que nous pouvons pour défendre les élèves contre leur famille. Nous avons une lutte de tous les jours pour les conserver jusqu'au bout de la quatrième année. Il y a une autre cause de déchet : elle vient trop souvent des critiques injustifiées, excessives, trop générales qui sont adressées à droite et à gauche sur l'Ecole. Lorsque des enfants — car ils écoutent et ils entendent — entendent critiquer, soit par des patrons, soit par des ouvriers, une Ecole où ils viennent, ils se dégoûtent; ils ne veulent pas y rester, et, petit à petit, ils s'en vont. C'est la même chose de la part des familles. Le père de famille, la mère travaillent durement pour maintenir l'enfant à l'Ecole.

Je vous en prie : faites bien attention dans vos critiques, qui sont formulées quelquefois un peu légèrement, parce que c'est une idée répandue depuis plusieurs années qu'on ne fait pas ce qu'on devrait faire. Ces familles, qui travaillent, se découragent et disent : « Mon petit ! N'y retourne pas ! »

Je fais appel à votre collaboration. Je vous en prie, prenez garde à ce que vous dites. Pensez aux oreilles qui peuvent vous entendre, et vous verrez que nous aurons moins de déchet.

Y a-t-il actuellement déchet ? On a cité le chiffre d'un cinquième ou d'un quart. Ce déchet est tout au plus d'un tiers. Quand je suis arrivé à l'Ecole, les promotions étaient peu nombreuses; malgré la guerre, elles sont aujourd'hui beaucoup plus importantes. Il entrait environ cinquante à soixante-quinze à l'Ecole; aujourd'hui nous obtenons chaque année, et en pouvant choisir, la centaine d'élèves qu'il est indispensable d'avoir pour que les cours marchent bien, et que nous ayons véritablement une Ecole donnant des résultats. Il faut chercher d'après les comptes rendus des élèves qui sortent de l'Ecole ; nous savons dans quel atelier ils sont entrés, pourquoi ils sont pris ; nous savons où ils sont placés, nous savons ce qu'ils sont devenus dans la vie. Je pourrais faire appel au témoignage d'un ou deux des plus anciens professeurs de l'Ecole Estienne, qui sont ici ; ils pourraient vous citer des noms, des prix, des dates et des situations obtenues, conquises et gardées, de très belles situations, dans des maisons fort importantes, occupées par les anciens élèves de l'Ecole, qui font honneur à l'enseignement qu'ils ont reçu.

Voilà en qui concerne le déchet ! Voilà en ce qui concerne le résultat. Il y a aussi une chose sur laquelle j'appelle l'attention de de Messieurs les Maîtres Imprimeurs.

Il ne faut pas seulement voir ce qu'est un apprenti lorsqu'il sort de l'Ecole, lorsqu'il a dix-sept ou dix-huit ans. Il sort de l'Ecole n'ayant pas le tour de main qu'on acquiert dans les ateliers, le rythme de travail de l'atelier, n'ayant pas l'habileté et l'habitude de travailler en atelier ; mais il faut voir non seulement ce résultat présent, mais aussi les possibilités d'avenir. C'est entendu ; il peut ne pas vous donner immédiatement tout ce que vous espérez de lui ; mais je vous demande d'avoir de la patience, de voir en lui ce qu'il peut donner demain, si vous savez le garder et le regarder faire. J'ai causé bien souvent avec des Maîtres Imprimeurs ; car cette question de l'Ecole du Livre m'intéresse à plusieurs titres, et il y en a deux qui m'ont dit : « Sans doute, les élèves ne donnent peut-être pas toujours ce qu'ils pourraient donner, mais il faut les voir dix ans après, et, à ce moment, on est enchanté, on a pleine satisfaction, et on est content de les avoir conservés. »

Sur ce point encore, je fais appel à votre collaboration ; je vous demande d'avoir de la patience, de les garder et de regarder, et de tirer parti de l'instrument que vous avez, moins peut-être pour le présent immédiat que pour l'avenir, qui sera d'autant plus prochain que vous entourerez de plus de sympathie cet élève, cet apprenti que vous avez chez vous.

L'autre jour, j'ai parlé de l'enseignement de l'Ecole, et j'ai regretté qu'on ne le connût pas assez. On le connaîtra davantage, je l'espère ; mais il y a certains points généraux sur lesquels je voudrais vous renseigner pour vous bien montrer quelles sont, à l'heure actuelle, les tendances de la direction de l'Ecole et de l'enseignement qu'on y donne. Je vous ai indiqué la première de toutes, à savoir : moins faire attention à la paperasse administrative et être en contact permanent avec les industriels, leur mettre dans l'esprit que l'on travaille pour eux et que cette Ecole peut leur rendre tous les services qu'ils voudront, le jour où ils voudront bien s'y intéresser d'une manière complète.

Il y a un autre point essentiel : nous sommes à une époque, nous pouvons bien le dire, où il y a un peu de désordre moral, et il y a une première chose, indispensable, à apprendre aux élèves, c'est une connaissance parfaite du passé, parce qu'ils y trouvent les leçons les meilleures de simplicité, de goût, de lisibilité dans tout ce qu'ils font ; c'est à la condition de bien connaître le passé qu'on peut être un bon ouvrier d'aujourd'hui, et qu'on peut préparer l'avenir. Or, qu'ai-je fait en pleine guerre ? Me rendant compte de cette nécessité d'apprendre le passé, j'ai demandé obstinément la création d'un cours d'histoire et du dessin de la lettre, qui n'existait pas. Les traditions sont perdues, il y a des ignorances dangereuses ; il ne s'agit pas seulement de l'impression typographique, il s'agit de tous les ateliers de l'Ecole. Dans toutes les professions du Livre, il est indispensable de bien savoir le passé.

Ainsi, à certains moments, on demande à un ouvrier excellent, par exemple, en écriture lithographique, de faire un bel en-tête de lettre et de facture. Il vous apporte des choses qui, techniquement, sont parfaites, mais qui, très souvent, manquent de goût, parce qu'il manque de la connaissance du passé. Je suis sûr que ce cours d'histoire et du dessin de la lettre, qui sera fait par un homme éminent, M. Grasset, dont vous connaissez le goût et l'érudition, rendra les plus grands services. Je suis convaincu que les élèves de tous les ateliers qui vont le suivre — et ils auront à leur tête non-seulement leurs professeurs, mais leur directeur — ne pourront plus faire une vilaine lettre, dessiner un vilain caractère, et je suis certain que cet enseignement aura sur toutes les professions des industries du Livre la meilleure influence. J'en espère beaucoup, et je suis arrivé à obtenir la création de ce cours en pleine guerre. (*Applaudissements.*)

Le troisième point sur lequel j'insiste dans l'enseignement que je fais donner à l'École Estienne, c'est la volonté systématique d'apporter du goût, des soins, de la beauté dans le moindre travail de ville : une carte d'invitation, une tête de lettre, une tête de facture. J'essaye par tous les moyens, et c'est l'effort que nous faisons du haut en bas à l'Ecole. Je ne dis pas que notre ambition soit toujours réalisée ; notre ambition est qu'il y ait, partout, dans le moindre travail, cette volonté d'art, de goût, de soin, de beauté, et, si nous sommes aidés, j'ai l'espérance que les enfants qui sortiront ne vous apporteront plus des choses laides, désordonnées, sans goût ; ils auront de bons principes, et nous faisons tout ce que nous pouvons à l'Ecole pour y arriver.

Enfin, dernier point qui caractérise l'enseignement que nous donnons à l'Ecole, c'est ceci : maintenir, mettre de plus en plus dans l'esprit des enfants le goût de la recherche et de l'effort. Trop souvent, on se contente de répéter des choses d'autrefois. Une industrie ne peut grandir, ne peut être respectée et avoir de l'influence que si elle innove. Je m'efforce, par tous les moyens, de mettre dans l'esprit des élèves de l'Ecole cette volonté constante de recherche et d'effort.

Je vous demande pardon. J'ai plaidé un peu trop longuement pour vous expliquer ce que serait l'enseignement de l'Ecole. Je vais terminer simplement par ces mots : Vous avez vu cette volonté de travailler. Non seulement nous acceptons vos conseils, vos avis, mais nous vous les demandons. Venez voir !

Messieurs les protes et correcteurs, dans leur rapport extrêmement intéressant, ont émis un certain nombre d'idées que nous acceptons. Ils ont dit : « Faites des expositions permanentes. » On n'a qu'à venir au vestibule de l'Ecole, on n'a qu'à venir le premier jeudi de chaque mois causer avec les professeurs ; on vous montrera les travaux faits pendant le mois. Vous demandez des expositions soumises à des jurys chaque année ; la guerre est venue nous empêcher d'en organiser ; les élèves s'en vont trop tôt ; nous n'avons pu faire les expositions habituelles de fin d'année, ni le concours soumis à un jury professionnel ; mais, chaque année, tous les travaux de l'Ecole sont soumis à un jury professionnel qui vient les voir ; nous avons des rapports, et je vous prie de croire que, du haut en bas de l'Ecole, ces rapports sont consultés, examinés, discutés, et, quand nous trouvons une suggestion utile, nous disons : l'an prochain, il faudra en tenir compte.

J'ai eu cela avant la guerre, à la fin de juillet 1914, et ces rapports nous ont beaucoup intéressés.

Quant à la suggestion des Maîtres Typographes, que l'École Estienne devienne uniquement une école complémentaire pour des apprentis sortis de chez vous ayant fait leurs preuves, je suis de votre avis de créer ce cours important, ce cours pour des enfants de seize à dix-huit ans, pour des enfants dont vous auriez la générosité de payer l'entretien pendant qu'ils viendraient à l'Ecole. Vous avez raison. Si nous avions eu plus souvent l'occasion de causer ensemble, vous auriez su que depuis longtemps c'est notre désir. Nous nous rendons compte qu'il est difficile d'apprendre un métier à un enfant de treize ans. Nous nous associons de tout cœur au vœu de M. Keufer, qui consiste à demander l'enseignement obligatoire jusqu'à quatorze ans.

M. DE MALHERBE. — Nous aussi. Mais dites aussi, de temps en temps, que les patrons et M. Keufer sont d'accord.

M. GEORGES LECOMTE. — Il est certain qu'un enfant de treize ans ne peut pas recevoir l'enseignement comme un enfant de quatorze ans.

Vous nous demandez d'avoir des cours supérieurs qui seront faits à des jeunes gens de dix-huit ans. Tant que vous voudrez ; nous ne demandons que cela ; nous le désirons depuis toujours. Ce sont les meilleurs élèves, et c'est grâce à eux que nous pourrons donner le mieux notre mesure ; c'est sur eux que nous pourrons expérimenter ce que nous voulons faire. Par conséquent, nous sommes d'accord avec vous. La seule chose que je vous demande, c'est de ne pas rayer ce qui est, pour organiser ce qui n'est pas encore. Les deux choses peuvent parfaitement cohabiter ; au contraire, la présence de vos apprentis de dix-sept à dix-huit ans sera excellente dans l'atmosphère générale de l'établissement, et je vous assure qu'il serait imprudent, alors qu'il n'y a rien pour l'instant, de faire table rase de tout, pour simplement vouloir créer un cours hypothétique de jeunes gens de dix-sept à dix-huit ans. Ce serait peu pratique et pas très raisonnable. Essayons d'organiser les deux choses.

Il est évident qu'il y a des enfants qui se croient avoir une vocation des industries du Livre et qui ne l'ont pas. Pensez qu'il y a des quantités de familles d'une certaine aisance, qui veulent bien vaincre le préjugé du goût des fonctions publiques, ne pas mettre leurs enfants aux écoles primaires supérieures, et les faire entrer dans une école d'apprentis. Pourquoi le font-elles ? Elles le font parce que c'est encore l'école et pas encore l'atelier. Le jour où nous n'existerons plus, vous aurez des quantités de familles qui ne mettront pas directement les enfants à l'atelier ; ces enfants iront apprendre un métier de comptable, d'employé de bureau, ou se prépareront à quelque fonction publique ; ils seront perdus pour l'industrie. Maintenez les Écoles professionnelles en les améliorant. Vous sentez bien qu'avec la formation que nous essayons de leur donner, avec cette instruction générale extrêmement complète, avec ces cours de dessin, de composition décorative, qui ont une influence extrêmement heureuse, qui donnent aux enfants le goût de la composition, qui les habituent à ne vouloir que de l'équilibre, du goût et de l'harmonie partout, vous obtiendrez des résultats, et que vous perdriez, si nous n'existions plus, des ouvriers qui vous rendraient service, puisque, certainement, ces familles ne mettraient pas directement, de l'école communale, leurs enfants à l'atelier. Il y a certains préjugés à vaincre, et nous aidons à vaincre ces préjugés. Ne jetons pas par terre ce qui est, sans savoir si nous pourrons mettre autre chose à la place. Ce que vous voulez créer peut avoir la meilleure influence sur ce qui est à l'heure actuelle. (*Applaudissements*.)

M. LE PRÉSIDENT. — Avant de donner la parole à M. Motti, pour la discussion générale sur le rapport de M. Keufer, je dois vous donner lecture de la lettre que je viens de recevoir de M. Rivet, rapporteur de la Société des Protes et Correcteurs.

MONSIEUR LE PRÉSIDENT,

N'ayant pas eu connaissance du changement d'ordre du jour, j'étais venu aujourd'hui croyant pouvoir assister à la séance où serait discuté le rapport sur l'apprentissage.

Comme il ne me sera pas possible d'assister à la séance de demain, je vous prierais de vouloir bien donner lecture à l'Assemblée du vœu suivant et le mettre aux voix s'il y a lieu.

Vœu présenté a l'Assemblée générale des Protes et Correcteurs de France en 1911 et adressé a la Commission supérieure du travail

1° *Que le programme d'instruction de l'école primaire comporte l'instruction professionnelle* ;

2° *Que l'apprentissage soit rendu obligatoire, soit par les Écoles professionnelles qui formeraient l'instruction professionnelle au second degré, soit par Contrat dans les ateliers, sous la surveillance des inspecteurs du travail ou des Chambres de commerce* ;

3° *Que les Pouvoirs publics encouragent la création de cours professionnels organisés par les groupements corporatifs, à la seule condition qu'il n'y soit pas fait de production susceptible de porter tort à la main-d'œuvre ouvrière.*

Agréez, etc.

M. Keufer. — Voulez-vous me permettre de faire une observation. La discussion générale me paraît entamée ; tout le monde aura pris la parole, excepté le rapporteur. Il me semble qu'il y a là quelque chose de contraire aux habitudes. Jusqu'à présent, tous les rapporteurs ont exposé leurs idées, le but et les conclusions de leur rapport. Tout le monde répond, et je n'ai pu encore exposer mes idées. Ce n'est pas que j'aie envie de parler, parce que je ne voudrais pas abuser des instants de la réunion ; pourtant, je crois que l'ordre de la discussion a été renversé. Je ne m'oppose pas à ce que M. Motti expose ses idées ; j'ai lu son rapport dans le volume qu'il a publié, rapport tout à fait remarquable, et je serais très heureux de l'entendre, avant que je fasse mes observations. Je tenais simplement à faire cette remarque. Le temps s'écoule ; il ne serait pas étonnant que nous arrivions à six heures du soir, sans que le rapporteur ait pu prendre la parole.

M. le Président. — Je pensais, au contraire, que c'était la meilleure méthode, d'entendre d'abord les observations sur votre excellent rapport que tout le monde a lu avec fruit, pour vous permettre de répondre en une seule fois à toutes ces observations. C'est ce qui a été fait hier dans la deuxième section.

M. Paul Belin. — Les rapports ont été imprimés et distribués ; ils ont donc été lus. La discussion s'ouvre sur le rapport et les rapporteurs répondent.

M. le Président. — La parole est à M. Motti.

M. Motti. — Mon premier mot sera pour remercier MM. les organisateurs du Congrès national du Livre d'avoir donné à cette question vitale de l'apprentissage une si importante place, et les féliciter d'avoir confié le rapport à un professionnel aussi averti que l'est M. Keufer ; car nous possédons ainsi une base de discussion émanant du représentant le plus qualifié des intérêts ouvriers de la corporation, et je me félicite personnellement de voir que sur bien des points nos idées se rencontrent.

Ses conclusions et les nôtres se rapprochent et pourront certainement se fondre, étant donné le désir commun des patrons et des ouvriers pour procurer aux industries du Livre les éléments indispensables à son avenir et à sa prospérité.

Si je n'avais pas été chargé par le Syndicat patronal des Imprimeurs typographes de développer ses conclusions concernant l'enseignement professionnel, j'eusse néanmoins considéré, pour deux raisons principales, que mon devoir était de prendre la parole à l'occasion de l'apprentissage. La *première* est, comme vous l'a dit mon excellent confrère de Malherbe, qu'ayant derrière moi un passé de quarante années de travail dans l'industrie du Livre, j'estime qu'élevé sur les bases de l'Ecole de typographie de l'imprimerie Chaix, et ayant fait dans cette maison — à laquelle je tiens à rendre hommage — *un bon apprentissage*, j'estime que c'est grâce à cela que j'ai pu m'élever successivement dans la carrière du Livre, passant par les divers échelons, avant d'atteindre, il y a quinze ans, le dernier, celui de patron imprimeur. Mon opinion est donc établie sur une documentation complète à tous les degrés, et je pourrai vous parler au nom de tous les intérêts, différents, mais non divergents. La *seconde* raison, c'est que dans des temps aussi difficiles que ceux dans lesquels entrera l'industrie, chacun doit prendre ses responsabilités et donner à son pays le meilleur de ce qui forme son bagage propre, qu'il soit intellectuel ou professionnel.

Après ce préambule explicatif, j'entre dans la question.

J'aborderai tout d'abord le rôle de l'éducation pour tout travailleur.

Si élémentaires que puissent être les fonctions à remplir dans la vie, nul ne peut les exercer sans qu'une éducation préalable soit venue l'y préparer. Ainsi se justifie cette phrase de Danton : « Après le pain, l'éducation est le premier besoin du peuple. »

En ce qui concerne le travail et les travailleurs, l'éducation est indispensable ; mais il est regrettable de constater que trop souvent elle fait défaut en tout ou en partie.

Laissant de côté intentionnellement pour le Congrès du Livre : d'une part, l'éducation morale, qui fait *l'homme* ; d'autre part, l'éducation sociale, qui fait *le citoyen* ; nous nous bornerons à examiner : *l'éducation professionnelle, qui fait l'ouvrier*.

Nous tracerons seulement les grandes lignes de ce qu'elle devrait être à notre avis pour donner à l'individu qui travaille le meilleur rendement, pour son plus grand profit et pour le plus grand bien de la Société.

C'est à l'éducation professionnelle qu'il appartient d'enseigner la technique, grâce à laquelle *les enfants*, lorsqu'ils sont devenus *des hommes*, pourront participer à cette production dont la nécessité n'est plus à démontrer.

C'est à l'éducation professionnelle qu'il appartient de faire d'eux des *ouvriers*.

Ne pouvant donner ici à cette question tout le développement qu'elle comporte, nous nous contenterons d'en établir les parties essentielles et nous procéderons successivement à l'examen :

1° De l'état de choses actuel ;
    a) des conséquences qu'il entraîne ;
    b) des causes qui l'ont déterminé.

2° Du remède consistant en l'obligation d'apprendre un *métier*.

1° L'ÉTAT DE CHOSES ACTUEL

a) Les conséquences. — Depuis nombre d'années, toutes les branches de l'activité humaine, l'agriculture comme l'industrie, comme le commerce, comme l'administration, se sont trouvées encombrées d'une foule de gens, *bons à tout et propres à rien*, dont la présence a réduit sensiblement la production et provoqué, pour une très large part, la décadence économique et sociale qu'il est, à l'heure actuelle, indispensable d'enrayer, si nous voulons sauvegarder les intérêts supérieurs du pays.

Ces hommes, incapables ou incomplètement capables, se peuvent diviser en deux catégories, portant également préjudice à la bonne marche des affaires : ceux qui n'ont jamais appris de métier, et ceux qui en ont appris un ou plusieurs, mais de façon insuffisante.

Les uns comme les autres constituent un danger immanent pour la Société dont ils font partie, et le fait que leur nombre n'a cessé de s'accroître, que leur situation n'a cessé de se généraliser, sera, vis-à-vis de la postérité, une faute inoubliable à la charge de ceux qui, dirigeant, n'ont su ni prévoir le mal, ni l'enrayer à son origine.

Les résultats d'un tel état de choses ont été concluants, et ont amplement démontré la nécessité absolue de réagir énergiquement.

Les diverses spécialités de notre industrie générale se sont étiolées, faute d'être représentées par ces artisans qui étaient de véritables artistes, et qui avaient fait le renom de la France sur toute la surface du globe.

La malfaçon et l'insuffisance de rendement d'une main-d'œuvre peu ou pas exercée a augmenté, au delà de toute proportion normale, le prix de revient des objets fabriqués, favorisé la concurrence étrangère et découragé les initiatives.

Le nombre des ouvriers, vraiment dignes de ce nom, s'est réduit de plus en plus, tandis que s'augmentait le nombre des manœuvres, et ceux-ci, ne trouvant plus ceux-là pour coordonner leur travail, ont vu leurs efforts stériles dédaignés par les employeurs.

Les emplois considérés comme n'exigeant pas de connaissances spéciales ont été envahis par la foule des inaptes à tout métier, qui ont ainsi encombré jusqu'à pléthore les administrations publiques et privées, augmentant encore, par leur présence, les complications et les formalités qui sont, trop fréquemment, le propre de toute administration.

La foule, sans cesse croissante, des fonctionnaires, employés, garçons de magasin ou de bureau, grooms, livreurs, etc., est vite devenue telle que les places ont été insuffisantes pour caser tout le monde, et le nombre des chômeurs a augmenté sans cesse.

Et tous les sans-travail, tous les sans-place, tous les gens à la recherche d'une situation, totalement dépourvus de connaissances techniques ou professionnelles, mais surabondamment munis de prétentions, sont allés grossir le flot montant des aigris et des révoltés, en lutte, non sans raison, contre une société qui s'était montrée incapable de leur fournir les éléments strictement nécessaires à la vie de l'individu; marâtre n'ayant aucun droit à l'amour ni au respect d'enfants déshérités.

Ainsi ont été semés les germes de haine et de désordre, et la Société tout entière, en même temps que chacun de ses membres individuellement, a subi, dans tous ses principes vitaux, les conséquences d'un état de choses qui, s'il n'y est remédié rapidement, pourra mener avant peu à la désorganisation.

Telles sont les conséquences que peut, que doit fatalement entraîner l'absence ou l'insuffisance de préparation professionnelle, mettant en présence des difficultés et des dangers de la lutte pour la vie de malheureux jeunes gens munis, en tout et pour tout, d'un bagage scolaire, qui leur crée des aspirations et des besoins, mais est notoirement insuffisant à leur donner le moyen de les satisfaire.

Il convient d'ajouter que les circonstances présentes viennent encore compliquer la situation.

Jusqu'à ce jour, l'absence d'une main-d'œuvre exercée a gravement compromis nos essais de concurrence économique et fait éclore, dans notre Société, des ferments de désagrégation.

Si nous persistons dans la mauvaise voie, il serait à craindre que demain elle ne parvînt à réduire encore notre commerce, notre industrie, notre agriculture, éléments essentiels de notre vie économique, sociale et nationale.

b) Les causes. — Avant d'envisager le remède qu'il convient d'apporter à une telle situation, si préjudiciable pour l'individu et si périlleuse pour la collectivité, il importe, afin de le choisir en toute connaissance de cause et de l'appliquer ensuite avec le discernement qui pourra seul en assurer l'efficacité, de rechercher d'abord les raisons multiples qui l'ont pu déterminer.

Elles sont d'origines et d'ordres divers, et incombent : partie aux Pouvoirs publics, partie aux patrons, partie aux ouvriers.

Toutes sont le fait d'un manque d'équilibre entre l'évolution scientifique et sociale de l'ensemble, et l'évolution intellectuelle et morale de chaque être, pris en particulier; elles sont la résultante d'une insuffisance d'éducation chez ce dernier.

Le Code du travail, tout entier, est à faire.

En ce qui concerne le cas spécial qui nous occupe, il faut bien convenir que les fautes les plus lourdes ont été commises, et que leurs conséquences entrent, pour une large part, dans la crise de l'Éducation professionnelle.

Non seulement l'action parlementaire a, malgré les objurgations de techniciens qui, à maintes reprises, se sont évertués à lui montrer le péril et la nécessité d'y remédier au plus vite, délibérément écarté, en la reportant aux calendes grecques, l'organisation de l'apprentissage [1]; mais encore, par la loi sur la limitation des heures de travail dans les ateliers employant des mineurs, elle a porté la crise actuelle à son paroxysme d'acuité.

M. Keuter le constate également dans son rapport.

La loi sur la limitation des heures de travail interdit catégoriquement aux patrons de faire travailler plus de dix heures tout le personnel des ateliers où l'on forme des apprentis.

Il aurait été si facile d'établir, dans le texte même, une distinction entre le personnel ouvrier et les apprentis, et, tout en interdisant d'exiger des derniers un surcroît de travail qui pourrait dépasser leurs forces, ce qui aurait été très équitable, d'autoriser, pour les premiers, les mêmes accommodements que ceux admis dans les ateliers où l'on ne trouve pas de mineurs.

Comment faire grief au patron de se refuser à former des apprentis, alors qu'en dehors de la perte de temps inhérente à l'enseignement consciencieux d'un métier, tout au moins pendant la période d'initiation, le seul fait de la présence chez lui de jeunes élèves le met en état d'infériorité vis-à-vis de ses concurrents n'employant qu'un personnel ouvrier, en lui interdisant d'accepter toute commande pouvant exiger l'augmentation temporaire des heures de travail?

---

1. Nous ne saurions pourtant, sous peine d'être injustes, passer sous silence les très intéressants travaux de M. Astier au Sénat et de M. Verlot à la Chambre des députés, et les louables efforts qu'ils ont consacrés à l'aboutissement de cette réforme urgente.

De tels effets sont produits par la défectuosité de textes législatifs établis dans les meilleures intentions! N'est-ce pas à se féliciter presque de voir l'organisation professionnelle être restée en suspens?

La responsabilité des Pouvoirs publics, en l'espèce, est très lourde; elle ne se borne pas à ce défaut de prévoyance dans l'élaboration des lois régissant le travail; elle réside également et surtout dans l'insuffisance de l'éducation première donnée à l'enfant, par suite de la mauvaise appropriation des programmes scolaires dans l'enseignement primaire.

Loin de nous la pensée de dénigrer systématiquement l'instruction obligatoire!

Nous estimons, au contraire, que, si elle n'a pas donné tout ce que ses protagonistes en attendaient, elle n'en est pas moins une base sur laquelle il est possible d'édifier solidement, et que le programme primaire, débarrassé de ses excès, rendu adéquat aux besoins futurs de ceux pour lesquels il fut créé, est une institution à laquelle il ne faudrait pas toucher, de crainte de porter atteinte au principe même de la constitution d'une société organisée.

Ceci dit, et étant rendu l'hommage qu'ils méritent aux bienfaits de l'école primaire, il nous faut bien constater qu'à l'époque actuelle, et dans l'état actuel de ses programmes, elle répond peu, et mal, aux fins auxquelles elle a été destinée.

Les éléments préparatoires aux études secondaires y accaparent la majeure partie du temps d'enfants, dont 95 p. 100 environ n'auront jamais lieu de les aborder, alors que, de six à treize ans, aucune indication sérieuse ne leur est donnée sur les professions dont il leur faudra vivre plus tard; aucune notion ne les prépare à l'apprentissage d'un métier.

M. Keufer propose de porter à quatorze ans la sortie de l'école primaire; nous n'y voyons, pour notre part, aucune objection sérieuse.

Il y a là une lacune regrettable à laquelle il faut faire remonter la désaffection de la plupart des jeunes gens pour les métiers en général, et, en particulier, pour les métiers manuels.

Nous aurons lieu de rechercher, plus loin, le moyen de la combler; pour l'instant, suivons ces enfants du peuple, c'est-à-dire la majorité des enfants de France, qui, à treize ans, munis d'un bagage scolaire insuffisant parce que superficiel, quittent l'école pour entrer dans la vie.

Le moment est venu où les parents doivent intervenir pour leur faire choisir un métier.

Quel guide éclairé intervient alors? Aucun!

Et, de suite, deux grandes divisions s'établissent entre eux :

1° Ceux dont les parents ont pour seul souci de cesser les

sacrifices consentis jusqu'alors, et de les récupérer par un salaire immédiat ;

2° Ceux dont les parents, raisonnant plus judicieusement, estiment que leur tâche n'est pas achevée, tant qu'ils ne leur ont pas mis entre les mains l'arme qui leur permettra de soutenir victorieusement la grande lutte pour la vie de chaque jour.

Il faut bien, hélas! constater que la première catégorie, celle où les parents manquent inconsciemment (et cette inconscience est leur seule excuse) à leur devoir, en négligeant de faire faire à leurs enfants un apprentissage, est, de beaucoup, la plus nombreuse, et porte sur au moins les deux tiers de l'ensemble.

Disons à leur décharge que, souvent, c'est la nécessité qui les pousse à rechercher, dans un gain immédiat de l'enfant, une amélioration à une situation parfois misérable, et que c'est à la Société, bénéficiaire, en définitive, de toute amélioration ou augmentation des capacités productives de l'un des individus qui la composent, qu'il incombe de concilier les besoins inéluctables ou même, simplement, les désirs légitimes des chefs de familles pauvres et nombreuses, avec l'intérêt national, économique et social, attaché à ce que tous les jeunes gens fassent l'apprentissage complet d'un métier.

Ainsi, mais ainsi seulement, pourra s'accroître sans cesse l'armée, si lourde à traîner en remorque pour une société, des non-valeurs dont le travail est, en général, improductif et stérile ; troupeau lamentable où se sont toujours recrutés tous les tarés, tous les révoltés.

La seconde catégorie est de beaucoup plus intéressante, puisque productive ; mais elle ne va pas sans être quelque peu disparate, et, pour réduite qu'elle soit, sans subir encore d'importantes réductions, quant à l'utilisation pratique des jeunes gens qui la composent.

C'est qu'il ne suffit pas que les parents aient accompli leur devoir en envoyant leur enfant à l'atelier pour y apprendre un métier ; encore faut-il que ceux à qui échoit la tâche de le lui enseigner, les ouvriers comme les patrons, remplissent le leur, eux aussi.

Or, il faut bien reconnaître que, souvent, les uns et les autres y ont manqué, et qu'ils ont ainsi contribué pour leur part à créer et à entretenir un état de choses regrettable.

Il convient, d'ailleurs, d'ajouter que le nombre des chefs d'industrie disposés à former de jeunes élèves est allé sans cesse en diminuant, au cours de ces dernières années, et l'on a trop souvent oublié que c'est aux précieuses qualités de notre main-d'œuvre que l'industrie française a dû son universelle réputation.

Certes, il faut bien admettre que certains patrons aient, à bon droit, pu hésiter devant les inconvénients graves résultant des erreurs de la législation, et devant les lourdes charges inhérentes à toute tâche éducatrice ; il faut bien admetttre qu'ils aient dû se refuser à former des apprentis, dont la présence pouvait constituer pour eux une cause d'infériorité, et qu'ils avaient neuf chances sur dix de voir, l'apprentissage terminé, porter à des concurrents l'expérience acquise grâce à leurs patientes leçons[1].

Quoi qu'il en soit, la valeur des apprentis variant suivant la valeur de l'enseignement qui leur a été donné, il est advenu que, sur l'ensemble des jeunes gens ayant fait ou commencé un apprentissage, on peut évaluer ainsi, sans crainte d'être contredit ni par les faits, ni par aucun syndicat patronal ou ouvrier, le rendement de l'ensemble :

1° Ouvriers que leur insuffisance professionnelle notoire classe parmi les inaptes et les incomplets : 50 p. 100 ;

2° Ouvriers qu'un apprentissage défectueux fait classer parmi les médiocres : 25 p. 100 ;

3° Ouvriers complets, connaissant parfaitement leur métier : 25 p. 100.

Encore est-il que, de cette élite, il faudrait déduire ceux-là que le fait même de leur supériorité fait sortir de leur profession.

Quelques chiffres.

Rien ne vaut l'éloquence des chiffres pour, en quelque sorte, illustrer une argumentation et lui donner toute sa force et toute sa valeur.

Sur les données que nous avons établies plus haut, nous allons en poser quelques-unes qui suffiront à démontrer l'énorme déperdition d'activité productive résultant de l'insuffisance de l'éducation professionnelle, et l'augmentation disproportionnée du prix de la main-d'œuvre provoquée par la présence, dans nos diverses entreprises, d'ouvriers incapables et incomplets.

Il ne faut pas s'y tromper : c'est là que réside la question primordiale à résoudre, si nous voulons assurer la prospérité économique du pays ; car :

De là est venue, dans la plupart des cas, l'augmentation du prix de revient de l'article fabriqué, qui a mis notre industrie en état d'infériorité flagrante vis-à-vis de concurrents étrangers mieux organisés, et disposant d'une main-d'œuvre plus nombreuse et mieux exercée.

De là est venue, par contre-coup, l'hésitation, bien naturelle en somme, des propriétaires d'argent à engager leurs fonds dans des

---

[1]. Il convient cependant de reconnaître que certaines corporations patronales et ouvrières ont fait de louables efforts pour la création d'écoles corporatives d'apprentissage, et que quelques-unes même sont parvenues à la réalisation ; mais il ne s'agit là que d'initiatives trop rares et de faits isolés, exceptions qui ne font que confirmer la règle.

L'APPRENTISSAGE DANS L'INDUSTRIE DU LIVRE 333

entreprises commerciales, industrielles ou agricoles, destinées à végéter, parce que fâcheusement handicapées par ce fait que l'inaptitude du personnel producteur provoquait un rendement réduit, moyennant un prix de revient élevé, hors de toutes proportions.

Pour cent enfants du peuple ayant commencé l'apprentissage d'un métier, il y en a deux cents autres qui, à la sortie de l'école primaire, s'en vont grossir le nombre des gens incapables d'assumer leur participation dans l'œuvre de production dévolue à toute collectivité.

Sur ces malheureux êtres destinés à végéter lamentablement s'ils sont trop honnêtes pour recourir aux expédients, ou bien à devenir les forbans d'une société si leur moral ne peut résister aux tentations dont ils sont appelés à être obsédés, nous n'ajouterons rien à ce qui a été dit plus haut, croyant suffisant d'en souligner l'effrayante proportion.

Voyons donc, dans cet autre tiers, où se recrutent les producteurs, à quelque catégorie qu'ils appartiennent, quel rendement on peut attendre d'eux, dans les conditions très imparfaites où s'est opérée leur éducation professionnelle.

Sur cent ouvriers, pris dans la plupart des professions, les données établies ci-dessus permettent de faire la répartition suivante :

Cinquante ouvriers, inaptes ou incomplets, n'employant utilement à la production que la moitié de l'effort fourni, et donnant un rendement-travail de . . . . 25 hommes.
Vingt-cinq ouvriers à peu près aptes, mais encore imparfaits, auxquels leur imperfection fait subir une certaine déperdition qui réduit leur rendement-travail à . . . . 15 —
Vingt-cinq ouvriers aptes et complets, donnant le maximum de production, soit. . . . . 25 —

Ce qui donne un rendement total de travail utile de 65 hommes.

Or, il est advenu que l'organisation syndicale ouvrière corporative est parvenue très souvent à imposer aux patrons une base de salaire unique et unifiée, basée sur le rendement normal d'un ouvrier connaissant bien son métier.

Il en résulte que le patron, ne pouvant payer chaque ouvrier à sa valeur propre, est obligé d'augmenter le prix de vente de l'objet fabriqué, proportionnellement à ce que lui coûtent, en supplément, les ouvriers dont l'insuffisance d'apprentissage réduit la production.

C'est ainsi que, dans l'exemple pris ci-dessus, si nous admettons que les cent ouvriers cités appartiennent à une profession où le taux de salaire, basé sur la production normale d'un bon ouvrier, a été fixé, pour la facilité du calcul, à 10 francs par jour, nous obtenons les résultats suivants :

Salaire payé réellement par le patron : 10 fr. × 100.	1 000 fr.
Salaire équitablement dû, suivant le rendement-travail : 10 fr. × 65.	650 fr.
Différence représentant la perte du patron à reporter sur le prix de revient de l'article fabriqué.	350 fr.

Ainsi, le prix de revient de la main-d'œuvre, dans la moyenne des cas, se trouve majoré d'environ 35 p. 100, qui sont reportés par le patron sur le prix de vente de l'article fabriqué, provoquant ainsi une perte sensible pour le consommateur, sans aucun profit pour le producteur.

Et, comme il faut tout ramener aux chiffres, et que c'est là le meilleur moyen de démonstration pour faire comprendre l'importance capitale de cette question de la préparation professionnelle, nous allons maintenant en démontrer la répercussion sur l'ensemble de la Nation.

En admettant un nombre de six millions d'ouvriers recevant chacun un salaire moyen quotidien de 5 francs (et nous sommes ainsi au-dessous de la vérité), nous obtenons un total de salaires quotidiens de 30 millions, sur lesquels 35 p. 100, soit, un peu plus du tiers, soit plus de 10 millions, ne sont représentés par aucune production correspondante.

Et nous voyons qu'en une année de trois cents jours de travail, l'insuffisance de l'apprentissage coûte à l'ensemble du pays la somme exorbitante de 3 milliards, c'est-à-dire les trois cinquièmes de notre budget annuel avant la guerre.

2° LE REMÈDE INDISPENSABLE, C'EST LE MÉTIER OBLIGATOIRE

Chaque individu, jouissant des divers avantages nés de la vie en Société a le devoir strict de contribuer, dans la plus large mesure, à la prospérité et à la force de cette Société, en assurant, proportionnellement à ses aptitudes et à ses facultés, sa participation à l'effort fécond et producteur.

Or, pour que l'effort soit véritablement fécond et producteur; pour qu'il donne un rendement qui lui soit proportionné et qui soit proportionné au salaire qui le vient rétribuer; pour que chacun puisse mettre pleinement en valeur cette part du capital social qui lui est confiée, et que constituent ses connaissances professionnelles et son aptitude au travail;

Il faut que ses facultés soient développées;
Il faut que ses connaissances soient complétées;
Il faut que ses initiatives soient disciplinées, en vue de la spécialisation nécessitée par la division rationnelle du travail;

Il faut, en résumé, qu'il fasse un apprentissage.

Il y a là un devoir inéluctable, une obligation à laquelle nul ne doit pouvoir se soustraire, et qu'une loi doit promulguer et sanctionner, dès lors que la conscience individuelle est insuffisante pour assurer son accomplissement intégral.

Mais encore est-il que, quels que soient les avantages qui résulteront, pour l'homme, du sacrifice consenti de quelques années de sa jeunesse, il n'en sera pas seul bénéficiaire, et la Nation et la Société en profiteront avec lui et par lui; aussi est-il logique que cette Nation, que cette Société s'efforce d'alléger la charge de son sacrifice.

De telles mesures, prises de suite, peuvent encore sauvegarder l'avenir du pays, tant au point de vue économique qu'au point de vue social.

Mais il importe que pas un jour ne soit perdu pour les mettre à l'étude, les voter, puis les appliquer; car nulle réforme n'est plus urgente que celle qui doit assurer au pays une main-d'œuvre exercée, après la crise terrible que nous traversons.

Il faut bien le dire et le clamer, et le proclamer, jusqu'ici l'apprentissage n'étant que volontaire et individuel, sans contrat bi-latéral, l'insuffisance professionnelle qui en est résultée a porté préjudice à la masse ouvrière et l'a rendue incapable d'obtenir ce qui lui devait revenir, en bonne justice, dans la répartition des résultats de son travail, favorisant ainsi les haines de classes et les troubles sociaux.

Nous insistons particulièrement sur ce point; il n'y a que par l'obligation pour tout Français d'apprendre un métier que nous pourrons préparer à la Patrie un avenir de paix et de prospérité.

En rendant obligatoire l'instruction primaire pour tous les Français, nos pères ont ébauché l'œuvre d'épanouissement national; en rendant obligatoire l'instruction professionnelle, nous devons, aujourd'hui, la parachever sous peine de la voir non seulement demeurer stérile, mais même donner les effets les plus néfastes.

Les étapes d'une éducation. — Une fois bien établi ce principe de l'apprentissage obligatoire, il importe d'envisager les méthodes à employer pour le rendre aussi profitable que possible et d'en rendre les résultats appréciables aussi rapidement que possible.

La question est extrêmement complexe et demanderait presque une étude spéciale pour chaque catégorie professionnelle; nous ne commettrons donc pas l'erreur d'en aborder le détail, et nous nous contenterons d'examiner rapidement les grandes lignes d'un programme général d'éducation professionnelle.

Il importe de le faire remonter jusqu'à l'extrême jeunesse de l'enfant, pour l'amener, par étapes successives, jusqu'aux cours complémentaires de perfectionnement que suivra l'homme mûr, pour acquérir le maximum d'habileté dans le métier qu'il aura choisi, en le graduant de manière à permettre le maximum d'utilisation pratique et productive dans le minimum de temps.

Nous envisageons les étapes suivantes :

a) L'éducation manuelle préparatoire dès l'école primaire, complétée par des cours appropriés sur divers métiers pouvant s'offrir à l'activité humaine;

b) Le préapprentissage chez certains patrons ou à l'école corporative, dont l'enseignement devra dégrossir l'apprenti et le rendre désirable en raison des services qu'il lui permettra de rendre dès son entrée à l'atelier patronal;

c) L'apprentissage proprement dit à l'atelier patronal, où l'enfant, une fois dégrossi par le préapprentissage, trouvera l'enseignement de la pratique de son métier, et s'exercera à la production.

d) Les cours complémentaires de perfectionnement, où l'apprenti, devenu ouvrier, trouvera les éléments permettant de développer ses aptitudes et de compléter ses connaissances.

e) Les écoles professionnelles, où l'élite des ouvriers se formera et d'où sortiront les patrons, les directeurs, les chefs de fabrication et, en général, le personnel supérieur des diverses professions.

Nul doute qu'avec un enseignement professionnel ainsi conçu, la crise ne soit bientôt conjurée, et que chaque ouvrier, parfaitement au courant de ce qu'il doit faire, n'accomplisse avec entrain et satisfaction la tâche qui lui sera confiée, parce qu'il ne se trouvera plus en face des à-coups qui gênent, à l'heure actuelle, son existence d'ouvrier.

Nul doute que le salaire, actuellement considéré comme base, pour les ouvriers d'une même profession, ne devienne un salaire minimum, par suite du meilleur rendement du travail.

Nul doute que l'augmentation notoire de la production et la diminution du prix de revient des articles fabriqués, qui en résulterait, n'amènent rapidement la prospérité nationale, source indispensable de la prospérité de chaque individu.

Quoique ayant étudié très sérieusement chacune des étapes que nous venons d'indiquer, nous craindrions d'alourdir les travaux de notre Congrès du Livre en entrant dans les détails de chacune d'elles.

Nous estimons que ce pourrait être l'œuvre d'une Commission interprofessionnelle nommée spécialement à l'effet d'examiner les méthodes préconisées par le rapporteur et par nous.

3° CONCLUSIONS

L'application du programme ébauché ci-dessus ne peut être obtenue sans un effort considérable, tant de la part de la Nation même, que de celle des diverses organisations professionnelles ; aussi ne faut-il pas se dissimuler que de nombreuses et graves difficultés seront à vaincre pour parvenir à sa mise en action intégrale.

Mais devant l'absolue nécessité qu'il y a, si nous ne voulons pas voir définitivement sombrer notre prestige économique, à remédier de suite au grave danger dont nous menace la crise de l'apprentissage, et devant la déperdition énorme de main-d'œuvre qui en découle, attendre serait préparer la ruine du pays.

La partie engagée est assez importante pour que nous insistions sur ces points.

Si nous voulons reconquérir la place que nous avons perdue sur les marchés de l'univers, il faut que nous rendions à notre production cette perfection tant appréciée qu'elle n'avait plus depuis des années ; il faut que nous augmentions le rendement de chaque individu, et que nous parvenions à réduire le prix de revient de la plupart de nos articles fabriqués.

Si nous voulons travailler en paix à notre grande œuvre de reconstitution nationale, il faut que nous assurions la paix sociale, en fournissant à chaque citoyen le moyen de gagner honorablement sa vie ; il faut que nous supprimions, par la généralisation du travail, tous les ferments de discorde, de haine, de rancœur, capables de troubler notre vie par de dangereuses querelles intestines.

De même que, par le service militaire obligatoire, le pays s'est constitué une armée de soldats capable de repousser toute agression venue du dehors et de soutenir le prestige du drapeau, par l'éducation professionnelle obligatoire il formera l'armée des travailleurs capable de lutter efficacement contre toute concurrence étrangère et de porter bien haut, sur tous les points du globe, notre pavillon commercial.

Nul sacrifice de temps ni d'argent ne peut sembler exagéré en regard des résultats éventuels d'une telle action, et les dépenses qu'elle pourra nécessiter, quelles qu'elles puissent être, seront amplement récupérées par les bénéfices obtenus par elle.

Il faut donc que, sans tarder, soient mises en œuvre, d'un commun accord, l'action législative et l'action corporative, pour établir sur des bases solides un enseignement professionnel capable de former, dans toute l'acception du terme, des ouvriers.

Toute hésitation, tout retard, à cette heure tragique où les forces du pays sont surexcitées par les ravages de la guerre, où des coupes sombres sont pratiquées dans cette main-d'œuvre déjà si réduite en qualité comme en quantité, serait un crime dont les auteurs responsables mériteraient l'anathème de cette Patrie qu'ils auraient si mal défendue.

Nous ne voulons pas être parmi eux.

En conséquence de ce rapport, le Syndicat des Imprimeurs typographes vous propose de donner votre approbation aux vœux suivants :

Le Congrès national du Livre,

Considérant, d'une part :

Que le Gouvernement vient de prendre des dispositions pour rendre obligatoire l'enseignement postscolaire ;

Que d'autres dispositions tendent à rendre obligatoire la préparation militaire ;

Qu'une main-d'œuvre exercée est et devient, de plus en plus, aussi absolument nécessaire qu'une jeunesse instruite et une armée entraînée ;

D'autre part :

Que les dispositions législatives à intervenir pour l'établissement des programmes d'enseignement professionnel ne sauraient rendre leur plein effet que s'ils sont judicieusement adaptés aux besoins de chaque profession ;

Émet les vœux suivants :

1° Que le Gouvernement présente d'urgence au Parlement un projet de loi rendant l'enseignement professionnel obligatoire ;

2° Que les programmes de cet enseignement soient établis, pour chaque profession, après consultation des organisations patronales et ouvrières.

PROJET DE RÉSOLUTION

Le Congrès national du Livre prend la résolution de désigner, avant de se séparer, une Commission interprofessionnelle ayant pour mission d'élaborer un programme d'enseignement professionnel conforme aux besoins des industries du Livre.

Cette Commission devra comprendre des patrons et des ouvriers de chaque profession intéressée.

(Applaudissements.)

M. BELLAMY. — J'ai l'honneur de déposer un vœu qui ne porte que sur un côté spécial de la question. Tous ceux qui se sont occupés de la crise de l'apprentissage ont reconnu que la principale cause de cette crise est l'indifférence coupable des parents qui placent leurs enfants en s'inquiétant plutôt du gain immédiat à réaliser que de l'avenir de l'enfant. Ces enfants sont placés, non comme apprentis, mais comme petites mains et petits ouvriers. Aussi, pour remédier à ce mal, je proposerai au Congrès d'adopter le vœu suivant :

Que l'article 19 du Code de travail, ainsi conçu :

« Le contrat de travail est soumis aux règles du droit commun, et peut être constaté dans les formes qu'il convient aux parties contractantes d'adopter ;

« Le contrat de travail entre les chefs ou directeurs des établissements industriels ou commerciaux, des exploitations agricoles ou forestières et leurs ouvriers est exempt de timbre et d'enregistrement » ;

Soit complété comme suit :

« *Toutefois, on ne peut engager les services des enfants âgés de moins de seize ans que par contrat d'apprentissage.* »

Je ne m'étendrai pas sur ce vœu. Vous savez que lorsqu'un enfant est placé comme petit ouvrier, le patron n'est pas obligé de lui enseigner son métier ; il peut quitter du jour au lendemain ; il n'apprend pas de métier. Au contraire, quand il est considéré comme apprenti, la loi sur l'apprentissage intervient et le patron est dans l'obligation de lui apprendre progressivement et complètement son métier ; par contre, l'enfant est tenu de rester chez son patron pendant la durée de l'apprentissage qui est d'usage dans la corporation : trois ans dans la typographie, et quatre ans dans la gravure.

M. KEUFER. — J'avais d'abord lu le rapport de M. Motti ; il m'avait extrêmement intéressé, et la lecture que j'ai encore entendue tout à l'heure m'a frappé davantage. Il est inspiré par des considérations vraiment équitables et généreuses. Je me plais à lui rendre cet hommage, et je peux dire que les conclusions auxquelles il aboutit sont à peu de chose près semblables aux miennes. Nous n'aurons aucune difficulté, je pense, à nous mettre d'accord sur les vœux que nous aurons à vous soumettre et à vous prier d'adopter. Mais je tiens à dire, et je m'en excuse tout de suite, quelques mots qui me concernent personnellement. M. de Malherbe, en parlant de M. Motti, a dit qu'il était un vrai professionnel, ayant quarante ans d'exercice de l'imprimerie, ayant conquis sa situation par son travail.

Je ne voudrais pas que, parmi les membres du Congrès, il y en eût qui auraient la pensée que je ne suis pas un professionnel. (*On rit.*) Je tiens à le dire, parce que, étant délégué d'une Fédération, beaucoup de personnes pourraient croire que je n'ai jamais mis la main à la pâte. Je tiens au contraire à affirmer que, pendant de nombreuses années, j'ai été ouvrier typographe ; par conséquent, ce que je dirai, et ce que j'ai écrit, n'est que le résultat de longues observations et d'une expérience personnelle. Je ne suis donc pas, sous ce rapport, suspect d'être un inconnu dans la typographie.

Au point de vue de la défense de mon rapport, puisqu'il a été dit que tout le monde l'avait lu, je n'ai plus à répéter les arguments que vous avez pu y trouver ; mais je voudrais cependant répondre à quelques-unes des observations qu'a faites M. Motti, puisque, en somme, c'est le travail le plus sérieux qui ait été fait sur cette question pour éclairer les membres du Congrès.

Tout d'abord, je dois établir ce point si capital, c'est que toutes les questions, sur lesquelles nous sommes appelés à nous prononcer, ont une extrême gravité par la solution qu'elles appellent. Nous ne pourrons résoudre aucune question, qu'il s'agisse de concurrence entre imprimeurs typographes et éditeurs, entre imprimeurs et fondeurs, ou de l'apprentissage, si les hommes qui ont à se prononcer sur ces questions, et qui auront surtout à les résoudre, ne comprennent pas qu'il y a dans tout une question d'éducation, et cela est vrai aussi dans la question de l'apprentissage où des devoirs s'imposent à tous.

Il faut distinguer entre l'instruction des individus et l'importance de leur éducation. Il ne suffit pas d'avoir des hommes ou des jeunes gens instruits, il faut surtout avoir des hommes ou des jeunes gens qui aient reçu une bonne éducation. L'instruction concerne l'intelligence, le développement des facultés intellectuelles ; mais l'éducation concerne la formation de l'individu au point de vue moral, au point de vue du caractère, au point de vue de ses devoirs professionnels. Nous proposerons toutes les solutions que nous voudrons, nous adopterons tous les vœux possibles ; si les patrons, les ouvriers, les apprentis eux-mêmes et les familles ne comprennent pas que, pour l'avenir de notre industrie, pour le perfectionnement de l'apprentissage et le développement des connaissances professionnelles ils doivent avoir le souci de devoirs réciproques à remplir, tout ce que nous voterons et déciderons restera vain et inutile. Et ceci est vrai dans toutes les questions qui s'imposent aujourd'hui à l'attention générale.

Je ne veux pas avoir l'air d'exposer des théories; mais il me semble que cette opinion est formulée à propos, puisque nous sommes en présence, dans ce Congrès, d'hommes qui ont une part considérable d'influence sur l'opinion publique, qu'il y a parmi nous des écrivains, des feuilletonistes, des auteurs de pièces de théâtre, qui ont une action constante, continuelle, très importante sur la formation de l'opinion publique, sur les intelligences et sur la conduite des individus. Il serait bon de voir ces hommes contribuer, par leurs écrits, dans toutes les circonstances, à faire apercevoir ce qu'il y a de grand, de noble et de nécessaire dans le travail manuel, de façon que, dans toutes les familles, on eût ce souci de former des ouvriers, et surtout, d'encourager les jeunes gens à apprendre des métiers manuels et à ne pas rechercher les professions administratives ni surtout à se lancer dans les professions libérales. La guerre crée des besoins d'une extrême urgence; il faut donc exalter l'importance du travail manuel. Alors, nous aurons des jeunes gens — si dans nos écoles ils en comprennent toute l'importance — qui apprendront très volontiers un métier, qui se subordonneront au devoir à remplir et aux études constantes qu'il faut faire.

M. Motti a parlé des responsabilités relatives à la décadence de toutes les industries, à la décadence de la valeur technique des ouvriers de notre industrie. J'ai établi que tout le monde, ouvriers, familles et patrons, était responsable ; mais je suis bien obligé cependant, tout en restant dans les termes les plus courtois vis-à-vis des patrons, de leur dire qu'en premier lieu ce sont les patrons qui ont manqué à leur devoir dans la question de l'enseignement professionnel.

Je sais la lutte si âpre qu'ils sont obligés de soutenir dans notre industrie pour faire face aux exigences de la clientèle ; et j'aurais voulu qu'au cours de ces séances du Congrès, on soulevât cette question du rôle de la clientèle dans les circonstances où nous nous débattons dans notre industrie. Les industriels, les éditeurs jouent un rôle en qualité de clients des imprimeurs ; la masse des clients joue un rôle inquiétant par ses exigences vis-à-vis des imprimeurs ; ils rendent l'exercice de notre industrie difficile et en même temps peu avantageux.

Ensuite il faut faire remarquer combien les patrons eux-mêmes sont d'abord responsables de cette insuffisance et de la décadence professionnelle des ouvriers dans notre industrie. En somme, ce sont les patrons qui dirigent les ateliers. Ils consentent à former des apprentis, non seulement dans l'intérêt de notre industrie, mais aussi animés par des considérations sociales. Je ne crois pas exagéré de dire qu'ils n'ont pas, sous ce rapport, rempli leur devoir vis-à-vis des enfants qui leur étaient confiés.

M. Motti a souligné le cas de patrons qui ont renoncé à former des apprentis, parce que la loi avait interdit aux ouvriers de travailler plus de dix heures lorsqu'il y avait des enfants dans l'atelier ou dans l'usine. Je crois que, dans les circonstances actuelles, dans la situation économique que nous crée la guerre et en raison des difficultés qu'elle aura suscitées pour la production, il y aura quelque chose à faire dans le sens d'une modification de la loi pour permettre aux ateliers, où l'on travaille occasionnellement plus de dix heures, d'occuper des apprentis ; mais, d'une manière générale, on peut également décider que ces apprentis ne travailleront pas plus que la durée habituelle à la profession. (*Approbation*.)

Je dois dire que la commission mixte départementale, à laquelle je collabore avec M. Bellamy et d'autres collègues qui sont ici, a accepté cette condition de modifier la loi dans un sens qui permette aux apprentis de travailler dans les ateliers où l'on fait plus de dix heures occasionnellement.

J'ai relevé la statistique que vous a exposée M. Motti tout à l'heure. Qu'il me permette de lui dire que cette statistique me paraît quelque peu excessive dans ses conclusions, lorsqu'il affirme qu'il y a pour 3 milliards de déchet ou d'insuffisance de production ; c'est un calcul assez difficile à établir, et je considère le chiffre comme tout à fait excessif. C'est une question d'appréciation. Je ne crois pas qu'il y ait une insuffisance professionnelle aussi grande et une proportion aussi élevée d'incapacités parmi les ouvriers typographes et travailleurs du Livre de France.

Voilà les quelques points que j'avais relevés.

M. Motti. — Je n'ai pas spécialisé ; j'ai parlé d'une façon générale.

M. Keufer. — Je pense, dans tous les cas, qu'il n'y a pas un préjudice de travail de 3 milliards pour l'imprimerie.

Il y a un point sur lequel je ne suis pas complètement d'accord avec M. Motti ; c'est lorsqu'il parle des cours complémentaires pour ouvriers. Les cours professionnels dont je parle dans le rapport ne visent pas les ouvriers, mais d'abord les apprentis, parce que, malheureusement, beaucoup de patrons ne sont pas outillés et n'ont pas toujours le personnel nécessaire pour former de bons ouvriers avec les apprentis qu'ils pourraient occuper. C'est pourquoi nous pensons, ceux qui comme moi ont accepté cette manière de voir, que les cours professionnels ont pour but de compléter l'éducation des enfants, lorsque, dans l'atelier, ils ne reçoivent pas l'instruction professionnelle nécessaire, et, malheureusement, il y en a beaucoup. On nous a cité ce qui se passe à l'étranger. Les cours professionnels, en Allemagne, en Autriche, en Suisse, concernent les enfants qui sont en apprentissage ; ce qui n'empêche pas les ouvriers ayant déjà atteint l'âge de dix-huit, dix-neuf, vingt ou vingt-deux ans, de continuer à fréquenter ces cours.

D'autre part, M. Motti parle d'une école de préapprentissage, qui devrait être généralisée. J'appelle votre attention sur les conséquences de ces écoles spéciales de préapprentissage.

M. Motti. — J'ai pensé que les écoles de préapprentissage devront débuter chez les patrons.

M. Keufer. — Dans le texte des propositions que nous avons l'honneur de vous soumettre, nous disions que l'application de la loi de 1882, qui prévoit que dans toutes nos écoles primaires on initiera les enfants à l'étude des matières premières : bois, fer, etc., nécessaires à la fabrication des produits, permettra aux enfants de choisir la profession qui sera le mieux adaptée à leurs aptitudes, à leur goût, à leur intelligence. Dans ces conditions, il n'y a pas de frais élevés pour la création d'écoles spéciales de préapprentissage.

J'ajoute que c'est un projet qu'a réalisé un homme très connu dans le monde parisien, qui a fondé une école de préapprentissage. Je veux parler de M Kula ; il a obtenu d'excellents résultats, en initiant des jeunes gens de quatorze à seize ans à différents travaux relatifs à la métallurgie ; il en a fait de véritables professionnels et il a obtenu des résultats remarquables. Mais c'est une initiative privée, qui ne coûte rien à l'État ni aux communes. Or je tiens à à dire, à cette occasion, que, quelles que soient les nécessités dans lesquelles nous pourrons nous trouver de recourir à l'État, pour faciliter l'application de toutes les mesures que nous pourrons décider, je persiste toujours à penser que, si nous voulons aboutir à des résultats sérieux et décisifs, ce ne sera que par l'initiative personnelle et privée. Quand nous voulons recourir à l'intervention de l'État, c'est toujours pour dissimuler notre manque d'initiative, notre inertie ou le défaut de persévérance. (*Applaudissements.*)

Tout à l'heure, j'ai écouté avec intérêt ce que disait M. Dubreuil, notre président, lorsqu'il a indiqué les raisons pour lesquelles l'Ecole Gutenberg avait disparu. Les industriels n'avaient pas fait les sacrifices nécessaires. Au contraire, M. de Malherbe nous racontait ses impressions de voyage, lorsqu'il a été visiter l'Ecole professionnelle de Londres, et il nous a dit combien cette école fonctionnait d'une façon remarquable, qu'elle n'avait besoin du concours ni de l'État, ni de la ville de Londres, mais qu'elle était bien dotée par les imprimeurs eux-mêmes.

Vous voyez la différence entre l'attitude des uns et celle des autres. C'est un manque d'initiative, aussi un manque de générosité, qui cause le manque de ressources.

J'appelle votre attention sur cette différence et sur la nécessité qu'il y aurait demain, lorsque nous aurons voté des résolutions, de ne pas nous contenter de les avoir votées, mais aussi de poursuivre la réalisation des vœux que nous aurons émis. C'est un des points sur lesquels j'appelle votre attention.

Je ne veux pas revenir sur d'autres points de mon rapport, qui, cependant, ont, à mes yeux, une certaine importance, par exemple en ce qui concerne la fréquentation des cours professionnels, c'est-à-dire à propos des heures auxquelles ces cours devront être fréquentés. Je n'examine pas la question au point de vue de la volonté, de la ténacité ou de la persévérance des élèves. La fréquentation constante, régulière des cours, après une journée de travail, n'est pas le fait de tous les jeunes gens, c'est le fait de quelques individualités énergiques, courageuses, mais on ne peut pas exiger cet effort de tous les enfants. C'est pourquoi nous pensons que les cours professionnels doivent être fréquentés pendant la journée, de manière à ne pas gêner le travail des ouvriers, mais cependant sans imposer aux apprentis une durée trop longue de travail, c'est-à-dire que la fréquentation des cours professionnels doit se faire, par exemple, de cinq à sept heures, comme on en exige la fréquentation dans les pays que je citais tout à l'heure, en Autriche, en Suisse et en Allemagne.

Je m'excuse de citer les Allemands, mais je suis de ceux qui pensent que, malgré tous les sentiments qui nous animent à leur égard, nous ne devons pas perdre de vue ce qui pourrait être utile à notre éducation et à notre instruction personnelle.

M. Motti nous a parlé, et avec beaucoup de chaleur, des conditions à remplir pour que les luttes qui existent entre patrons et ouvriers s'apaisent, afin d'assurer une production plus sérieuse, plus assidue, plus consciencieuse, et il a dit qu'il était du devoir des ouvriers et des patrons de faire tout ce qui dépend d'eux pour faire disparaître ces ressentiments et ces rancœurs. Je ne peux que m'associer, en ce qui me concerne, à ce vœu ; mais ces ressentiments ne disparaîtront qu'à la condition que l'on soit animé, du côté patronal, d'un esprit d'équité, et, du côté ouvrier, que l'on comprenne bien que l'on a des devoirs professionnels à remplir.

Comme je le disais au début, toutes les solutions ne se présenteront qu'autant que des deux côtés on reconnaîtra ses devoirs et qu'on les remplira.

Voilà comment je conçois l'avenir. Il en sera de même dans la question du contrat d'apprentissage. Dans les projets de vœux que j'ai eu l'occasion de vous soumettre, et qui ont été imprimés à part, j'ai retiré une partie des indications relatives au contrat d'apprentissage, qui font connaître les devoirs des patrons et des ouvriers. Je considère comme très bonne la proposition de M. Motti de nommer une commission qui aura pour mission d'indiquer quelles seront les conditions de formation des apprentis, le rôle des cours professionnels et les différentes attributions mentionnées dans la résolution.

Je m'aperçois que j'allais oublier de vous parler de la question de l'apprentissage à l'atelier. Je considère que l'apprentissage ne saurait jamais être donné d'une façon meilleure, plus efficace et plus pratique qu'à l'atelier. Beaucoup de personnes, qui ont étudié la question de l'apprentissage, pensent qu'il devrait être fait de préférence dans les Écoles professionnelles. M. Lecomte nous a dit, et c'est depuis longtemps mon avis, qu'il était impossible de prévoir la création d'Écoles professionnelles dans toutes les communes, même dans toutes les villes importantes et pour toutes les professions. D'autre part, j'ajoute que la fréquentation d'Écoles spéciales où l'on reçoit une instruction plus générale et plus complète que dans les écoles primaires ou à l'atelier, crée un état d'esprit qu'il faut s'efforcer de détruire ; car ces jeunes gens se considèrent comme supérieurs aux ouvriers formés à l'atelier.

Je le dis devant M. Lecomte et devant mes amis les professeurs que je vois ici : quand on fait une leçon aux élèves, il ne faut jamais oublier de leur dire qu'ils sont, comme les autres, de futurs ouvriers, et qu'avant de commander, comme ils peuvent espérer le faire un jour, il faut qu'ils sachent obéir et remplir leur devoir à l'atelier. (*Applaudissements.*)

D'autre part, j'estime que les enfants qui se forment à l'atelier apprennent plus vite les obligations que l'industrie impose ; ils se familiarisent plus facilement avec toutes les exigences de la clientèle, même avec les difficultés matérielles que fait surgir parfois l'insuffisance du matériel mis à leur disposition. Dans une école professionnelle, on ne manque pour ainsi dire de rien ; tous les matériaux sont à la disposition, on pourrait presque dire à profusion ; tandis que, dans un atelier, il faut souvent s'ingénier pour compléter par son intelligence le matériel qui fait défaut, et c'est une ressource énorme pour un patron que d'avoir des ouvriers intelligents, qui se plient à toutes les difficultés et qui épargnent l'usure du matériel.

Voilà les raisons pour lesquelles je considère que le travail à l'atelier est nécessaire. Je n'insiste pas sur le rôle des commissions mixtes. Je considère aussi que le contrat écrit doit être obligatoire, c'est-à-dire qu'aucun enfant ne pourra plus être occupé chez un patron, sans qu'un contrat écrit lie le patron et l'enfant et sa famille. Ce contrat, établi par la loi de 1851 et imposé, a été complètement négligé. C'est cette négligence qui a contribué, pour une bonne part, à l'oubli, de la part du patron comme de la part de l'enfant, de toutes les obligations respectives. D'autre part, le contrat obligera l'enfant à plus de stabilité chez le patron avec lequel il sera engagé. Depuis de nombreuses années, tous ceux qui observent les méthodes actuelles de l'apprentissage ont pu constater toutes les conséquences de l'absence de contrat. Lorsque l'enfant a un an ou deux de métier chez un patron, désireux qu'il est de gagner un salaire plus élevé, il quitte ce patron. Quelquefois la famille est dans une situation gênée. La préoccupation du jeune homme est très honorable, il veut aider ses parents. Il n'en est pas moins vrai que cette instabilité a des conséquences fâcheuses, parce que l'enfant ne complète pas son apprentissage, et risque de rester un ouvrier médiocre toute sa vie. D'autre part, c'est un patron, qui tirera profit de l'apprenti qui ne connaîtra pas son métier. Celui-ci travaillera à des conditions onéreuses pour lui, mais peut-être avantageuses pour le patron.

J'estime qu'il est indispensable d'habituer l'enfant à terminer l'apprentissage chez le patron avec lequel il a contracté un engagement. Le contrat écrit obligera le patron à remplir ses devoirs vis-à-vis de l'enfant, et l'enfant à rester chez ce patron, s'il sait que personne n'acceptera ses services avant qu'il ait rempli ses obligations vis-à-vis de son patron.

Je crois que nous pouvons maintenant passer à l'examen des vœux et écouter les observations ou les modifications que vous pourriez avoir à proposer aux textes qui vous sont soumis. Je ne veux pas prétendre que ces vœux constitueront une panacée au moyen de laquelle tous les abus disparaîtront et tous les avantages seront réalisés ; mais je crois qu'ils sont l'expression de l'expérience que nous avons acquise et qu'ils permettront d'apporter un remède sérieux aux difficultés et aux inconvénients de l'apprentissage actuel. (*Applaudissements*.)

M. LE PRÉSIDENT. — M. Gusman a la parole.

M. GUSMAN. — La première section du Congrès ayant adopté un vœu en faveur de l'emploi de la gravure sur bois dans le livre d'art, je présente, aujourd'hui seulement, quelques considérations nécessaires. L'interversion inattendue des ordres du jour des 15 et 16 mars a seule empêché la présentation, à sa juste place, de ce qui suit :

Si, dans l'avenir, nous désirons voir fleurir l'art du bois gravé, il est urgent de se préoccuper du recrutement des jeunes graveurs.

Depuis assez longtemps, le maître graveur ne forme plus d'élèves ; cela est regrettable. L'Ecole Estienne, elle-même, en forme à peine en moyenne un ou deux par an et dans une tradition industrielle, c'est-à-dire une orientation exclusive vers la gravure de reproduction.

Nous savons aussi qu'au programme de l'Ecole des Beaux-Arts est inscrit un cours de gravure sur bois ; mais, jusqu'ici, cette chaire est restée stérile dans ses résultats, parce qu'elle a été instituée sans raison logique.

Même des élèves peintres de l'Ecole des Beaux-Arts, et devenus graveurs sur bois, ont ignoré l'existence de ce cours. Il est vrai que, s'ils l'avaient connu, les jeunes gens auraient délaissé l'enseignement officiel ; car la gravure de reproduction, généralement d'après les maîtres, est la seule inscrite au programme.

Cette catégorie de gravure, qui eut son temps et ses maîtres, ne trouve plus acquéreur ; nulle revue n'existe réellement pour lui donner asile. Si donc le cours de l'Ecole, par sa nature, ne répond pas aux besoins modernes, il faut ou le supprimer ou le modifier.

Si l'on enseignait, à l'Ecole des Beaux-Arts, toutes les manières modernes de graver sur bois, on arriverait facilement à grouper un nombre suffisant d'élèves, qui ont déjà étudié la gravure, mais qui ne savent à qui s'adresser pour améliorer leur technique. Ces graveurs, peintres également, peuvent, dans l'avenir, contribuer efficacement au renouveau du Livre d'art.

Si le cours de l'Ecole avait existé et fonctionné utilement, nous verrions certainement moins d'étrangers, même très sympathiques, mais formés aux Ecoles étrangères, signer les bois originaux qui décorent souvent les livres français modernes.

Ce qui se passe à l'Ecole des Beaux-Arts, ou même ce qui ne s'y passe pas, intéresse l'industrie du Livre, puisque le même graveur sur bois exécute aussi bien l'estampe que l'illustration du Livre, que la décoration du Livre.

Nous sommes donc fondés à réclamer une meilleure utilisation d'une fondation officielle qui, faute d'action avertie, est, pour nous Français, une cause de faiblesse.

Notre désir est d'éclairer les Pouvoirs publics, et nous sommes certains que, si un vœu était émis sur la nécessité de réformer le cours de l'Ecole des Beaux-Arts, le livre d'art français ne pourrait qu'y gagner.

Les critiques justifiées, faites au sujet du cours de l'Ecole des Beaux-Arts, sont aussi à formuler au sujet du cours de gravure sur bois à l'Ecole des Arts décoratifs.

Aussi je propose le vœu suivant :

Reconnaissant que la gravure sur bois est le meilleur auxiliaire du Livre d'art, et considérant que l'enseignement de cette gravure aux Ecoles nationales ne correspond pas aux fins désirées, il serait à souhaiter que l'enseignement de la gravure sur bois fût mis en harmonie avec l'évolution moderne du Livre d'art français.

M. VAUNOIS. — Avant de passer à l'examen en détail des vœux qui vous sont soumis, je désirerais vous présenter quelques observations, et apporter quelques éléments, nouveaux peut-être, à la discussion.

Je crois que la question de l'apprentissage est tellement délicate, qu'elle ne pourra pas être tranchée, même quand vous aurez voté tous les vœux sur lesquels nous allons avoir à nous prononcer. Du reste, M. Motti et d'autres demandent encore la création d'une commission qui aura charge de continuer vos travaux. C'est, en somme, comme contribution aux études de cette future commission, que je veux vous apporter le document suivant :

Vous savez peut-être qu'il existe, depuis quelques mois, au Sous-Secrétariat d'Etat des Beaux-Arts, un Comité central technique des Arts appliqués, Comité créé par le Sous-Secrétariat d'Etat des Beaux-Arts dans le but d'assurer, pour après la guerre, la rénovation de toutes nos industries artistiques. On a mis dans ce comité, qui renferme une soixantaine de personnes, naturellement des fonctionnaires des Beaux-Arts, et également des fonctionnaires du Commerce ; on y a mis aussi des industriels, des artistes et des intéressés, des compétences présumées de toute nature.

L'un des premiers objets, qui se sont présentés aux travaux de ce Comité central technique, a été naturellement la question de l'apprentissage. Cette question a eu deux rapporteurs collectifs ; l'un était une personne qui connaît merveilleusement cette question, un fonctionnaire, M. Gabelle, ancien directeur de l'Enseignement technique au ministère du Commerce, auquel on avait adjoint, paraît-il, une personne qui n'avait aucune attache avec les fonctionnaires.

Dans ces conditions, le rapport qui a été élaboré, qui a été soumis au Comité central technique, et qui a été voté par ce comité, à une date toute récente, 2 mars 1917, a abouti à un certain nombre de conclusions que je vous demande la permission de vous lire :

Le Comité central technique des Arts appliqués émettait l'avis de recommander l'adoption, dans la législation réglementant l'apprentissage, des dispositions suivantes : d'abord, une disposition qui avait pour but de dire qui devait être considéré comme apprenti. C'est une question très intéressante, car elle se relie à celle posée par M. Motti, qui veut rendre l'apprentissage obligatoire pour tous les Français. Il faut savoir, d'abord, qui doit être considéré comme apprenti; car, à côté des apprentis, il peut y avoir de simples manœuvres qui resteront toujours manœuvres, et pour lesquels l'apprentissage n'est aucunement indiqué. Puis, le Comité central s'était prononcé en faveur de l'obligation du contrat d'apprentissage écrit. Nous sommes arrivés aux mêmes conclusions que M. Keufer et que le Comité mixte, qui s'était occupé de la question à la préfecture de la Seine. Ce Comité central technique a ensuite envisagé que la question de l'apprentissage était très délicate; c'est, en effet, très bien de s'occuper de l'apprentissage, mais il faut d'abord assurer le recrutement des apprentis. On aura beau élaborer les plus admirables dispositions possibles, si personne ne doit en bénéficier, ce n'est pas la peine de continuer. Il faut prendre une série de mesures et trouver probablement de l'argent. Ce qui empêche actuellement le recrutement des apprentis, dans beaucoup d'industries, c'est précisément le désir qu'ont les apprentis de gagner immédiatement quelque chose et le désir qu'ont les familles d'exploiter, dès le début, le travail des enfants. Donc, si l'on veut assurer le recrutement de l'apprentissage, il faut prendre des mesures pécuniaires qui procureront aux familles, aux apprentis, aux patrons mêmes qui formeront des apprentis, des avantages, de manière à reconstituer petit à petit une classe d'apprentis qui, actuellement, n'est plus assez nombreuse en France. C'était dans ce but qu'on proposait la création d'une taxe d'apprentissage, dont l'établissement est assez délicat, sur laquelle il existe des projets variés, mais dont l'étude, assurément, mérite d'être approfondie. Enfin, le Comité central technique s'était arrêté à ce point de vue, qui actuellement prévaut dans toute l'industrie, que l'apprentissage doit se faire à l'atelier plus qu'à l'École. L'École peut avoir ses avantages; elle peut être nécessaire dans certains cas, mais toutes les fois où elle n'est pas absolument indispensable, l'apprentissage doit se faire dans l'atelier. Enfin, tout cela réglé, l'on arrive à la question du programme des cours professionnels et complémentaires. Or, pour les cours professionnels et complémentaires, dans ce qui touche les arts appliqués, et toute l'industrie du Livre y est comprise, une préoccupation nous était venue, à savoir la suivante :

Toutes les commissions qui s'occuperont des apprentis sont des commissions dans lesquelles, jusqu'à présent, on a classé, d'une part, des industriels, et de l'autre, des ouvriers. Mais n'y a-t-il pas, dans les arts, une classe d'artistes et d'artisans qui ne sont réellement ni patrons, ni ouvriers? Il y a des artisans, qui travaillent dans leurs ateliers, qui fournissent des modèles qui sont exécutés par les ouvriers, qui sont acceptés par les patrons ; mais ces artisans, dont les conseils techniques peuvent être très utiles aussi bien pour les patrons que pour les ouvriers, ont été un peu oubliés dans tous les projets relatifs aux commissions mixtes en vue de l'apprentissage. Ne serait-il pas bon que les patrons et les ouvriers fussent aidés par ces artistes et ces artisans ?

M. Lecomte citait tout à l'heure le nom de Grasset. Est-ce qu'un homme comme Grasset, qui n'est assurément ni patron, ni ouvrier, ne figurerait pas aussi légitimement que possible dans toutes les commissions relatives à l'apprentissage ? C'est dans ces conditions que je tenais à vous mettre au courant de ce qui s'est passé dans cette organisation, que vous ne connaissiez pas, et que, à titre de document, pour les commissions qui travailleront sur vos vœux, je dépose sur le bureau les vœux qui ont été adoptés par le Comité central technique des Arts appliqués [1].

1. Vœux adoptés dans la séance générale du 2 mars 1917 par le Comité central technique des Arts appliqués :

Le Comité central technique des Arts appliqués est d'avis de recommander l'adoption, dans la législation réglementant l'apprentissage, des dispositions suivantes :

1. Sont apprentis les mineurs des deux sexes de moins de dix-huit ans, titulaires d'un contrat d'apprentissage. Le contrat d'apprentissage est celui par lequel un fabricant, un chef d'atelier, un ouvrier, s'oblige à enseigner la pratique de sa profession à une autre personne qui s'oblige, en retour, à travailler pour lui ; le tout à des conditions et pendant un temps convenus.

2. Le contrat d'apprentissage sera rédigé par écrit et sur un modèle dont les clauses essentielles seront définies, dans chaque métier, par les commissions mixtes locales d'apprentissage.

3. Le contrat d'apprentissage sera transcrit sur un registre au secrétariat du Conseil des prud'hommes ou, à son défaut, au greffe de la Justice de paix du canton ; il sera délivré aux apprentis, en même temps, un livret d'apprentissage.

4. Il sera institué, pour chaque profession intéressée, une taxe d'apprentissage. La quotité et l'assiette de cet impôt seront déterminées par décrets, rendus sur le rapport du ministre du Commerce et de l'Industrie, sur l'avis des Chambres de commerce et des Chambres consultatives des Arts et Manufactures, après consultation des organisations patronales et ouvrières et des Comités régionaux des Arts appliqués.

Il sera tenu compte, pour l'établissement de la taxe, du nombre des ouvriers occupés et du montant de la patente.

Pourront recevoir des primes ou des réductions de taxe, pouvant aller jusqu'à l'exonération, les industriels qui formeront un nombre d'apprentis proportionné au nombre des ouvriers employés dans leurs usines et ateliers. Cette proportion sera fixée en même temps et dans les mêmes formes que la taxe.

La taxe servira à alimenter les caisses d'apprentissage départementales.

5. Tout en reconnaissant les services rendus à l'enseignement technique par les Écoles spéciales existantes et les services que pourraient, dans certaines professions, rendre à l'avenir celles qui seront créées, le Comité est d'avis que l'apprentissage proprement dit doit, dans la plupart des cas, se faire à l'atelier, comme étant le plus pratiquement réalisable et pouvant donner des résultats immédiats ; que cet apprentissage ne doit pas être consacré à des spécialités,

M. DE MALHERBE. — Tout à l'heure, M. Keufer a paru croire que, lorsque j'avais fait valoir que M. Motti, par ses quarante années de profession, était compétent en matière d'apprentissage, je voulais dire qu'il fût le seul. Il ne m'est jamais venu à l'idée de mettre en doute les capacités et la compétence universellement reconnues, dans les questions techniques, de M. Keufer. Ma pensée avait été plutôt de faire allusion à un passage du rapport des protes, où l'on semblait dire que les patrons imprimeurs se composaient le plus généralement de capitalistes incompétents. D'autre part, je voudrais faire remarquer à M. Keufer, que, dans les conclusions de M. Motti, qui sont en somme résumées dans notre rapport, il n'a pas été question d'école de préapprentissage, mais il a été dit « création du préapprentissage ». Comme M. Keufer, nous sommes partisans de la prolongation de la scolarité; il peut se faire que ce soit dans cette année supplémentaire d'école qu'on puisse placer le préapprentissage, qui n'a pour but que de faire un filtrage préalable et de donner à l'enfant une légère notion des métiers qui peuvent lui convenir.

Ces deux petites observations faites, il serait intéressant de connaître l'avis de M. Keufer sur la question de l'obligation de l'apprentissage.

M. KEUFER. — Je ne prévois pas qu'on puisse imposer l'apprentissage dans toutes les circonstances. Vous pourrez le mettre dans un vœu, si vous voulez, mais je ne crois pas que ce soit pratiquement applicable.

M. MOTTI. — A première vue, quelle difficulté prévoyez-vous? Vous avez actuellement l'obligation de l'école; vous avez

mais à l'exercice général du métier et qu'il doit être complété par des cours de perfectionnement.

Le Comité central technique des Arts appliqués constate que tous les principes relatifs aux cours professionnels ont été posés par la loi Astier.

En ce qui concerne la nomination des professeurs des cours professionnels, le Comité rappelle encore qu'il a émis le vœu :

Qu'il soit fait appel au Sous-Secrétariat des Beaux-Arts et à l'avis du Comité central technique des Arts appliqués, pour toutes les applications de la loi.

Il exprime donc le vœu :

Que la nomination des professeurs se fasse après avis du Sous-Secrétaire d'Etat des Beaux-Arts, le Comité central technique des Arts appliqués consulté.

Le vœu ainsi rappelé se termine par les deux paragraphes suivants :

Il convient en conséquence que, dans les commissions d'apprentissage départementales et locales, figurent des délégués de l'administration des Beaux-Arts.

Il importe également d'y faire représenter, à côté des industriels et des ouvriers, des artistes et artisans. Les représentants des artistes et artisans seront désignés par l'administration des Beaux-Arts, sur présentation des Comités régionaux et après l'avis du Comité central technique des Arts appliqués.

l'obligation du service militaire. D'après votre projet, vous gardez l'enfant jusqu'à treize ou quatorze ans ; vous le reprenez à vingt ans, obligatoirement, et, entre quatorze et vingt, nous allons le laisser libre !

Le Gouvernement vient de déposer un projet de loi sur l'obligation postscolaire. Cet enfant, qui, à vingt ans, va être pris pour le service militaire, et que vous aurez gardé jusqu'à quatorze ans, va de nouveau être pris, à certaines heures de la journée, par l'obligation postscolaire, et l'obligation professionnelle ne pourrait pas lui être imposée ! Je crois que les parents en seront enchantés.

M. KEUFER. — Je vais vous renseigner sur le travail qui s'est fait à la Commission mixte départementale. Il y a une quantité d'enfants occupés dans de nombreuses professions où le travail est ce qu'on appelle non qualifié, c'est-à-dire qu'il n'est pas propre à une profession spécialement désignée ; et ce travail est généralement exécuté, soit par des jeunes filles, soit par des enfants qui sont dans une situation matérielle regrettable, et qui travaillent parce qu'il faut apporter un concours financier à la famille. Ils ne font pas un travail professionnel proprement dit.

Préoccupé de ne pas laisser tous ces enfants, jeunes filles et jeunes garçons, indéfiniment sans profession, on a voté un paragraphe qui indique la préoccupation des patrons et des ouvriers qui siégeaient dans cette commission.

Je ne l'ai pas mentionné dans mon rapport pour l'industrie du Livre ; cela n'avait pas de raison d'être, parce que, jusqu'alors, dans notre industrie, il n'y a qu'une profession où il y ait un travail qu'on considère comme non qualifié, c'est celui du receveur de machine à imprimer ou celui du margeur, alors que j'estime que cela peut conduire à la profession de conducteur. Cette question mérite d'être examinée très attentivement, puisque c'est la seule profession de notre industrie qui est considérée comme fermée pour un certain nombre d'enfants, mesure contre laquelle nous nous élevons énergiquement, puisque nous estimons qu'il y a là une filiation nécessaire pour les enfants qui entrent dans l'imprimerie, de manière qu'ils puissent devenir des conducteurs capables, ayant fait un apprentissage régulier. Nous estimons également que les margeurs doivent être considérés comme des professionnels. Il n'y a que les receveurs qui peuvent devenir margeurs par le séjour prolongé à l'atelier.

Dans des industries comme la métallurgie, le cuir, le bois, les textiles, il y a des quantités d'enfants qui ne font qu'un travail secondaire, qui n'est pas professionnel et qui est indéfiniment répété depuis le premier jusqu'au dernier jour de l'année et pendant toute leur existence.

Nous avons pensé qu'il était impossible de laisser ces enfants condamnés, pour toute leur vie, à ne pas apprendre un métier et à ne pouvoir s'élever à la dignité de professionnel ayant conscience de sa valeur, avec la perspective de gagner un salaire meilleur que celui qu'ils gagnent, étant considérés comme non qualifiés.

A ce titre, nous avons voté le paragraphe suivant :

Pour les enfants exclusivement occupés à des travaux non qualifiés, n'exigeant aucune préparation technique, la fréquentation d'une École professionnelle complémentaire devra être facilitée, de façon à mettre ces enfants, partout où les cours seront établis, en apprentissage d'un métier dans l'industrie qui les emploie.

Vous voyez qu'on essaye de remédier à cette lacune ou aux conséquences si fâcheuses d'un travail constamment répété et sans aucun espoir d'amélioration.

Reste l'obligation, pour les industries comme la nôtre. Je vous avoue que je ne vois aucun inconvénient à ce qu'on impose l'obligation pour les enfants de notre métier ; mais c'est une question extrêmement délicate. Il y a des familles qui sont dans une telle situation matérielle qu'il sera impossible de leur dire : « Vos enfants vont aller travailler pendant trois ans en gagnant un franc par jour. »

M. MOTTI. — Il n'est pas démontré que l'apprentissage doive se faire gratuitement.

Si je demande que l'on institue le préapprentissage, c'est pour permettre à l'apprenti d'arriver à l'atelier patronal avec un bagage permettant au patron de le payer.

M. KEUFER. — J'enregistre avec plaisir votre état d'esprit ; mais je déclare très nettement qu'à première vue je ne vois pas d'opposition à faire à l'obligation de l'apprentissage. Je dois vous dire que j'ai eu une conversation à ce sujet dans un autre milieu. J'en ai parlé avec M. Buisson, l'ancien directeur de l'Enseignement primaire au ministère de l'Instruction publique, et il est également partisan de l'obligation de l'enseignement professionnel, c'est-à-dire de cours professionnels obligatoires, parce qu'il considère que, sans obligation, il y aurait trop de lacunes dans l'enseignement de notre jeunesse.

Je lui ai fait cette observation : « Vous savez ce qu'est l'enseignement primaire obligatoire, comment il est appliqué, comment la loi est respectée. » Il m'a répondu : « Elle est mal appliquée. » J'ai peur que tant d'obligations, dans tous les domaines, n'entraînent une pareille négligence, et que l'obligation dans toutes les circonstances de la vie des individus, une fois introduite, ne constitue pas une grande amélioration et ne paralyse l'initiative individuelle.

Je répète que je ne vois aucun inconvénient majeur et capital à l'imposition de l'obligation. Au contraire, je crois qu'elle peut très bien être décidée dans notre vœu.

M. LE PRÉSIDENT. — Nous allons aborder le vote des vœux qui ont été déposés sur le bureau.

Voyez-vous, M. Keufer, la possibilité de fondre vos vœux avec ceux présentés par M. Motti ?

M. KEUFER. — Je crois que les vœux de M. Motti sont compris dans les miens, sauf la nomination de la commission mixte à laquelle j'attache une réelle importance, et que j'accepte très volontiers, ainsi que mes collègues.

Je crois que M. Motti pourra faire une modification, s'il y a lieu, et que nous arriverons à une solution satisfaisante et rapide.

M. LE PRÉSIDENT. — Je prends donc les conclusions de M. Keufer :

1° *Prolongation de la fréquentation scolaire jusqu'à l'âge de quatorze ans* :

Que pour l'avenir, le Parlement vote la prolongation de la fréquentation obligatoire de l'école primaire pendant une période d'un an, soit jusqu'à l'âge de quatorze ans.

Application de la loi du 28 mars 1882 qui a pour but d'initier les élèves aux travaux du bois, du fer, etc.

Qu'il soit procédé à l'organisation de l'orientation professionnelle des enfants à la sortie de l'école primaire.

A cette fin, des commissions scolaires seraient chargées de centraliser les renseignements fournis par les fiches individuelles que dresseraient respectivement les instituteurs et les médecins inspecteurs des écoles, en ce qui concerne les facultés intellectuelles ou manuelles et l'aptitude physique des enfants.

Ces commissions, en présence de tous les renseignements, suggéreraient aux parents la voie dans laquelle il semblerait le plus judicieux d'orienter l'enfant.

M. PAUL BELIN. — Je suis tout à fait d'avis de voter le texte proposé par M. Keufer, mais il me paraît incomplet. Il faudrait d'abord obtenir que la loi sur l'obligation scolaire fût mieux observée. Cela ne servira à rien de prolonger l'obligation scolaire, si cette obligation n'est pas bien observée. Je vous propose donc d'ajouter un membre de phrase :

Que, pour l'avenir, le Parlement prenne les mesures nécessaires pour assurer la fréquentation de l'école primaire et vote la prolongation de cette fréquentation.

M. KEUFER. — Je n'y vois pas d'inconvénient.

M. PAUL BELIN. — S'il y a une prolongation d'un an, elle pourra produire tous ses effets.

M. de Malherbe. — Ne pourrait-on introduire les mots de « préapprentissage » ? La prolongation de la scolarité peut être la façon de faire le préapprentissage ; c'est dans l'année supplémentaire d'école qu'on peut organiser ce préapprentissage.

M. le Président. — Cela donnerait satisfaction au vœu présenté par la Société des Protes et Correcteurs, qui dit :

Emet le vœu que le programme d'instruction de l'école primaire comporte l'instruction professionnelle.

M. Keufer. — Voici ce que je proposerais, au paragraphe 2 :

Application de la loi du 28 mars 1882, qui a pour but, comme préapprentissage, d'initier les élèves aux travaux du bois, du fer, etc.

(Le premier vœu, mis aux voix, est adopté à l'unanimité.)

M. le Président :

2° *Apprentissage à l'atelier avec contrat obligatoire.*

Un congressiste. — C'est peut-être là qu'il faudrait placer le paragraphe relatif à l'obligation de l'apprentissage, si on veut fondre les deux vœux.

M. le Président. — La Société des Protes et Correcteurs demande que l'apprentissage soit rendu obligatoire, soit par les Ecoles professionnelles qui formeraient l'instruction professionnelle au second degré, soit par contrat, etc.

M. Bellamy. — Je rappelle le vœu que j'ai déposé, qui oblige les enfants placés dans l'industrie à être des apprentis. La modification à l'article 19 du Code du travail n'a d'autre but que celui-là.

M. Motti. — Au fond, c'est l'obligation de travailler qu'il faut imposer.

M. le Président. — Voici le vœu déposé pour compléter l'article 19 du Code du travail :

Le contrat de travail est soumis aux règles du droit commun, et peut être constaté dans les formes qu'il convient aux parties contractantes d'adopter.

On propose de le compléter comme suit :

Toutefois, on ne peut engager les services des enfants, âgés de moins de seize ans, que par contrat d'apprentissage.

M. Keufer. — Cela ne répond pas au désir de M. Motti.

M. Bellamy. — M. Motti demande que tous les parents soient obligés de faire apprendre un métier à leurs enfants.

M. le Président. — Au fond, vous voulez que le receveur soit un apprenti.

M. Bellamy. — Quand on prend des receveurs dans les imprimeries, ils s'en vont au bout de quelques jours ; si on les considérait comme des apprentis, on pourrait leur apprendre petit à petit le métier de margeur et ensuite celui de conducteur, les initier à l'entretien des machines. On en ferait des ouvriers complets, tandis que nous ne savons pas toujours ce que deviennent nos margeurs.

M. Motti. — Nous demandons que le Gouvernement présente au Parlement un projet de loi rendant l'enseignement professionnel obligatoire...

M. le Président. — ... A qui ?

M. Motti. — A tous ceux qui ne continuent pas leurs études, et qui, par conséquent, ne prennent pas une direction qui n'est pas une direction manuelle. Si vous faites vos études secondaires, il n'y a pas de profession manuelle à vous faire apprendre.

M. le Président. — Il y a aussi les études primaires supérieures.

M. Motti. — Dans ce cas, vous ne vous destinez généralement pas à un métier manuel. Si vous n'allez plus à l'école, c'est l'obligation professionnelle.

M. de Malherbe. — C'est pour cela que, dans certains pays, on est obligé d'aller au collège jusqu'à un âge déterminé, sinon on est obligé de prendre un métier. Vous avez la faculté de poursuivre votre instruction secondaire jusqu'à un âge déterminé ; sinon, vous devez prendre un métier.

M. Rivet. — Il y a des chambres syndicales qui demandent, comme un privilège, qu'on leur donne les enfants à l'âge de onze ans, pour apprendre un métier.

M. Georges Lecomte. — Nous ne sommes pas des législateurs chargés de faire la loi ; nous sommes des gens émettant des vœux. En admettant même qu'il y ait de grandes difficultés, et il est incontestable qu'il y en a, le législateur nous dira si notre vœu n'est pas réalisable. Ce qui importe, c'est d'émettre un vœu en faveur des métiers. Nous pourrons peut-être, sans nous arrêter trop aux difficultés que nous apercevons, encourager les gens vers les métiers manuels, et détourner les familles des professions qui n'en sont pas et qui peuvent laisser à vingt-cinq ou trente ans les gens sans métier. Peut-être pourrions-nous, à titre d'indication et de vœu, présenter cette idée de l'obligation, qui est en somme extrêmement juste et très profitable, et dire :

... Sauf pour ceux qui, sous une forme quelconque, continuent leurs études.

Si nous étions des législateurs, il ne faudrait pas voter cela au pied levé.

M. RIVET. — Nous voulons que l'apprenti, pour lequel vous aurez pris un engagement, puisse rester à la corporation et devenir un ouvrier sérieux pouvant rendre des services. C'est l'obligation de reconnaître l'apprenti.

M. KEUFER. — En ce moment, nous étudions la situation des enfants qui iront à l'atelier. Nous ne nous occupons pas des enfants qui iront dans une École professionnelle spéciale, ni dans une École supérieure ; nous nous occupons de la masse des enfants qui sont obligés d'apprendre un métier dans un atelier, parce que c'est le lieu où l'ensemble des enfants pourra seulement avoir une formation professionnelle. Je crois donc que le vœu qui vous est soumis, en y mettant simplement l'obligation, pour donner satisfaction à M. Motti, pourrait résoudre la difficulté. Voici ce que je vous proposerais :

Le Congrès émet le vœu :

Que soit obligatoire l'apprentissage à l'atelier avec contrat pour tout enfant au-dessous de dix-sept ans, occupé dans le commerce ou l'industrie.

M. LE PRÉSIDENT. — Ce n'est pas l'obligation demandée par M. Motti.

M. GEORGES LECOMTE. — M. Motti demande que tout enfant qui n'ira pas au lycée ou à l'École supérieure soit obligé d'apprendre un métier.

M. KEUFER. — Je vous ai fait part des difficultés que présente ce vœu. Nous travaillons pour l'imprimerie ; il ne faut pas oublier que le législateur ne fera pas un texte de loi pour l'imprimerie, mais un texte pour l'ensemble des enfants de France. Il y a des industries dans lesquelles il est nécessaire d'occuper des enfants à un travail appelé non qualifié.

M. RIVET. — Il y a des métiers où l'enfant doit être à l'atelier à onze ans, par exemple, dans la verrerie.

M. MOTTI. — Emettons notre vœu, et le vœu de M. Keufer me paraît possible.

M. KEUFER. — Voici le texte du vœu :

2° *Que soit obligatoire l'apprentissage à l'atelier avec contrat pour tout enfant au-dessous de dix-sept ans, occupé dans le commerce ou l'industrie ;*

Que le contrat d'apprentissage dressé conformément aux usages de la profession, fixe les droits et les devoirs réciproques des patrons, des parents ou tuteurs et des apprentis.

Le contrat indiquera le temps à accorder à l'apprenti dans la journée légale du travail, pour les cours complémentaires, lorsque ceux-ci existeront dans sa profession.

M. Georges Lecomte. — Je crains que votre article ne ferme entièrement la porte aux écoles professionnelles. Vous dites que l'apprentissage sera obligatoire à l'atelier avec contrat.

M. le Président. — Je comprends que le contrat d'apprentissage soit obligatoire dans l'atelier.

M. Georges Lecomte. — Je crains que, d'après votre rédaction, on puisse conclure qu'il ne sera obligatoire qu'à l'atelier.

M. Keufer. — Votre observation semble juste, mais il ne peut entrer dans l'esprit de personne qu'on veuille interdire aux enfants l'apprentissage d'un métier dans une École spéciale.

M. Motti. — En demandant que l'apprentissage soit obligatoire, on ne veut pas dire qu'il ne le soit qu'à l'atelier.

M. Keufer. — Supprimez les mots *à l'atelier*.

M. le Président. — Voici le deuxième vœu modifié :

Emet le vœu que soit obligatoire l'apprentissage avec contrat pour tout enfant au-dessous de dix-sept ans occupé dans le commerce ou l'industrie.

M. Motti. — Pourquoi pas dans l'agriculture ?

M. le Président. — Nous sommes des imprimeurs !

M. Keufer. — Le reste du vœu sera-t-il maintenu ?

Dans les professions pour lesquelles la pratique de l'apprentissage est nécessaire, le contrat d'apprentissage écrit fixera les droits et les devoirs réciproques des patrons, des parents ou tuteurs et des apprentis.

M. Bellamy. — C'est contradictoire.

Je n'insiste pas plus que cela pour mon vœu, mais il évitait tous les inconvénients qu'on a signalés ; il ne portait que sur les enfants employés dans le commerce et l'industrie.

M. Motti. — Croyez-vous qu'il soit nécessaire d'indiquer les modalités du contrat ?

M. Keufer. — Cela n'y est plus. On supprimera :

Dans les professions pour lesquelles la pratique de l'apprentissage est nécessaire ;

Et on mettra :

Le contrat d'apprentissage écrit fixera les droits et les devoirs réciproques des patrons, des parents ou tuteurs et des apprentis.

Le contrat indiquera le temps à accorder a l'apprenti dans la journée légale du travail, pour les cours complémentaires, lorsque ceux-ci existeront dans sa profession.

M. Bellamy. — En ce qui concerne le contrat écrit, je crois qu'il ne faut pas se faire de trop grandes illusions sur sa valeur.

Je parle avec l'expérience du juge chargé d'examiner les contrats d'apprentissage. Nous avons pu constater que très souvent l'apprenti aurait été plus efficacement protégé, dans ses intérêts, s'il n'y avait pas eu de contrat écrit. Il faut se méfier du contrat écrit qui viendrait contredire les règles établies dans chaque profession. Nous avons vu des contrats d'apprentissage où il était spécifié que ce contrat durerait six mois. Nous savons qu'il faut au moins trois ans pour faire un ouvrier ; c'était une façon de se dérober aux obligations. Nous en avons vu d'autres, où il était spécifié qu'en cas de rupture du contrat, l'indemnité serait fixée à 10 francs. C'était dire qu'on pouvait se dérober aux obligations de l'apprentissage en donnant 10 francs.

Il faudrait donc que ce contrat, s'il devient obligatoire, n'allât pas à l'encontre de certaines dispositions professionnelles.

Il y a, dans un projet de loi déposé au Sénat, la clause suivante :

Il est établi suivant les usages et conventions réglant les différentes professions, et en tenant compte des règles communes élaborées par les Chambres syndicales patronales et ouvrières relativement auxdits usages et aux nécessités de chaque profession.

Ce serait une bonne précaution d'insérer cela à la fin de votre vœu, afin que nous ne puissions pas rencontrer des contrats d'apprentissage venant détruire l'effet de l'apprentissage lui-même.

M. le Président. — Cette rédaction pourrait même remplacer ces deux alinéas.

M. Bellamy. — Ce que demande M. Keufer est contenu dans le dispositif de la loi. Le projet de loi voté au Sénat prévoit tous ces points. Un texte envoyé aux Chambres spécifie que les employeurs seront tenus d'accorder quatre heures par semaine à leurs apprentis pour suivre les cours professionnels, lorsqu'ils seront organisés. M. Keufer aura satisfaction, lorsque le projet sera voté.

M. Keufer. — Ma proposition ne précise rien ; elle demande simplement de respecter les décisions qui pourront être prises pour la fixation des heures.

M. Bellamy. — Je demande que l'on ajoute la clause que j'ai indiquée tout à l'heure. Je crois que ce serait complet ainsi.

M. Keufer. — Il y a des quantités de villes où il n'y a pas de syndicats, ni syndicats patronaux, ni syndicats ouvriers.

M. Bellamy. — Il n'y a pas de petite commune qui ne ressortisse à un Conseil des prud'hommes ou au juge de paix. Les usages corporatifs sont conservés dans chaque Conseil des prud'-hommes pour toutes les professions.

Un congressiste. — Je crois qu'il a toujours été dans l'esprit de ceux qui ont préconisé le contrat d'apprentissage écrit, que cette écriture comportait obligatoirement un certain nombre de clauses qui seraient arrêtées par des organisations patronales, ouvrières ou mixtes. En effet, il serait vraiment absurde de dire que le contrat d'apprentissage sera écrit, si on tolère dans ce contrat des clauses qui seraient absolument ridicules. Je crois donc que, dans tous les textes législatifs qui ont été proposés et qui prévoyaient la nécessité d'un contrat d'apprentissage écrit, on déclarait qu'un certain nombre de clauses seraient arrêtées par des organisations patronales, ouvrières ou mixtes.

D'après le projet de loi qui a été voté par le Sénat, on a supprimé tout ce qui était relatif au contrat d'apprentissage, et le projet, tel qu'il est actuellement transmis à la Chambre des députés, ne parle que de l'obligation de suivre des cours professionnels, obligation imposée à tous les jeunes gens de moins de dix-huit ans employés dans l'industrie. Il n'est pas question du contrat d'apprentissage.

Mais, à la Chambre des députés, il existe différentes propositions de loi, et un rapport fait sur elles par M. Verlot, où, précisément, on prévoit l'organisation d'un contrat d'apprentissage écrit. On prévoit également la nécessité d'un certain nombre de clauses pour le contrat d'apprentissage, clauses qui seront arrêtées par des organisations spéciales.

Je crois qu'il faudrait renvoyer l'examen de cette question aux commissions qui continueront les travaux du Congrès.

M. Keufer. — Si nous entrons dans l'examen des différents textes de loi qui ont fait l'objet des préoccupations du Parlement, nous n'en sortirons pas. M. Astier, M. Dubief, M. Verlot ont étudié cette question ; ils se sont placés au point de vue de l'ensemble des prévisions, se sont préoccupés de cas particuliers à telle ou telle industrie. Ce n'est pas notre cas. Nous nous plaçons au point de vue de notre industrie. C'est pour notre métier que nous avons proposé ces résolutions qui nous semblent conformes aux traditions, aux habitudes de notre industrie, et qui permettront aux patrons, comme aux ouvriers, de contracter les engagements nécessaires pour assurer l'obligation, pour les apprentis, pour les parents et pour les patrons, de remplir certains devoirs, et d'assurer l'apprentissage d'un métier aux enfants qui seront confiés aux patrons. C'est simple. Nous devons nous placer au point de vue pratique, et ce sera déjà bien, si nous réussissons avec les propositions que nous faisons.

M. LE PRÉSIDENT. — Ne pourrions-nous pas ajouter :

... Que le contrat soit fait d'après les usages de la profession.

M. KEUFER. — Ou bien :

... Et des apprentis conformément aux usages de la profession.

Le contrat indiquera également le temps à accorder à l'apprenti, dans la journée légale du travail, pour les cours complémentaires, lorsque ceux-ci existeront dans sa profession.

(Le vœu ainsi amendé est adopté.)

M. LE PRÉSIDENT :

3° *Organisation des cours professionnels par les patrons, par les ouvriers, par les syndicats, d'un commun accord ou par initiative respective. Les communes pourraient également organiser des cours pour une industrie locale ou régionale.*

Les dépenses de création, d'installation et d'aménagement des cours professionnels complémentaires : immeuble, mobilier et outillage, seront réparties également entre les communes intéressées, les départements et l'État.

M. KEUFER. — Je voudrais suggérer une idée qui m'est venue en étudiant cette question. Il y a des communes ou des villes où il ne sera pas possible d'établir tout de suite des cours professionnels spéciaux dans des locaux particuliers. Mais je pense qu'il y aura toujours, dans certaines villes, des patrons qui pourront mettre une partie de leur établissement à la disposition des cours professionnels, où les jeunes gens de la localité pourront venir écouter les leçons d'un praticien et recevoir ses conseils, sans qu'il soit nécessaire d'acheter un matériel spécial et de louer un local. C'est une initiative qui sera extrêmement précieuse et qui est facile à réaliser sans frais. Je tiens à signaler le fait pour que cela figure au procès-verbal, afin que cette pensée soit suggérée aux patrons qui pourraient prendre cette initiative.

(Le troisième vœu, mis aux voix, est adopté.)

M. LE PRÉSIDENT :

4° *Création de commissions mixtes locales. Leurs attributions.*

Est-ce que le quatrième vœu ne viendrait pas avec le projet de résolution de M. Motti :

Le Congrès national du Livre prend la résolution de désigner, avant de se séparer, une commission interprofessionnelle, ayant pour mission d'élaborer un programme d'enseignement professionnel conforme aux besoins des industries du Livre.

Cette commission devra comprendre des patrons et des ouvriers de chaque profession intéressée.

M. Keufer. — Il faut d'abord voter sur mes vœux ; la proposition Motti viendra ensuite.

M. le Président. — Voici le quatrième vœu :

4° *Création de commissions mixtes locales. Leurs attributions :*

Elles auront dans leurs attributions l'établissement des programmes d'enseignement technique, la fixation des jours et heures de cet enseignement, la désignation des professeurs techniques, la surveillance des apprentis et la marche normale des cours. Remise du certificat de fréquentation des cours.

Les commissions mixtes locales devront organiser des réunions, des concours, des expositions, des conférences, des visites collectives d'établissements, de façon à obtenir le concours des parents et à compléter l'éducation générale des enfants.

Lesdites commissions mixtes locales seront composées de membres désignés par les syndicats patronaux et ouvriers; dans les localités ne possédant pas de syndicats, elles seront composées moitié patrons et moitié ouvriers, le nombre variant suivant les professions et le groupement de professions qui seraient représentées dans les cours professionnels complémentaires.

Ne vous semble-t-il pas que ce paragraphe ne s'applique pas exclusivement à notre profession et que nous nous mêlons un peu des autres professions ?

M. Keufer. — Il me semble que tout ce qui est dit dans ce paragraphe peut très bien être appliqué à notre industrie. Si cela a un caractère plus général, cela ne peut pas nuire.

(Le quatrième vœu est adopté à l'unanimité.)

M. le Président. — Nous arrivons maintenant aux vœux de M. Motti.

M. Motti. — Il ne reste que le projet de résolution, les autres ont été intercalés dans les vœux votés.

M. le Président :

Le Congrès national du Livre prend la résolution de désigner, avant de se séparer, une commission interprofessionnelle ayant pour mission d'élaborer un programme d'enseignement professionnel conforme aux besoins des industries du Livre.

Cette commission devra comprendre des patrons et des ouvriers de chaque profession intéressée.

(Le vœu est adopté à l'unanimité.)

M. le Président. — Il reste le vœu présenté par la Société des Protes et Correcteurs, à laquelle il me semble que le vœu voté donne satisfaction. Nous avons aussi la proposition de Mme Béraud-Berger, relative à la création d'urgence d'une École professionnelle du Livre. Je vous propose d'en faire mention au procès-verbal. Il en sera de même de la communication faite par le Comité central technique des Arts appliqués. Nous avons encore le vœu présenté par M. Gusman, concernant la gravure sur bois. Ce vœu me paraît sortir du cadre de la séance d'aujourd'hui.

M. Gusman. — C'est la suite de celle d'hier.

M. le Président. — En ce moment, nous n'avons pas qualité pour voter un vœu relatif à la gravure sur bois ; nous ne pouvons que le mentionner au procès-verbal.

M. Motti. — Il n'y a qu'à le proposer à la séance plénière demain.

M. de Malherbe. — Je suis saisi d'une demande de vœu dont je vous prie de bien vouloir écouter la lecture :

Considérant les services que rend l'Ecole Estienne et ceux plus grands encore qu'elle peut rendre dans l'avenir, le Congrès, sur la demande du Syndicat patronal des Imprimeurs typographes et de la direction de l'Ecole, émet le vœu :

Qu'à son enseignement actuel soit ajouté un cours supérieur pour les apprentis du dehors ayant fait leurs preuves dans les ateliers.

M. Keufer. — Je n'y vois aucun inconvénient.

(Le vœu, mis au voix, est adopté à l'unanimité.)

Un congressiste. — Ne pourrions-nous pas demander la modification de la loi de 1900, qui empêche les apprentis de travailler dans les locaux où les ouvriers travaillent pendant plus de dix heures ?

M. le Président. — Nous pourrions l'ajouter.

(Adopté.)

M. le Président. — Nous aurons demain à nous réunir quelques instants avant la réunion plénière, pour pouvoir lire le procès-verbal de la séance d'aujourd'hui, et le voter.

La séance est levée.

(La séance est levée à six heures quinze.)

DOCUMENT ANNEXE

LA PHOTOGRAVURE

Rapport présenté par le SYNDICAT DE LA PHOTOGRAVURE

Observation. — *Ce rapport, n'ayant pas été déposé en temps voulu, n'a pu être imprimé avant le Congrès. Il a par suite été impossible de le discuter. Il est inséré ici à titre documentaire.*

A. Étude au point de vue économique et social

Instruction spéciale. — Dans tous les métiers, une bonne instruction primaire est le viatique indispensable à l'apprenti qui veut s'élever d'abord au rang d'un bon ouvrier et plus tard devenir patron.

À l'instruction doivent s'ajouter les connaissances pratiques spéciales à la branche industrielle à laquelle il désire s'attacher.

Pour le futur photograveur, outre une bonne instruction primaire, la connaissance du dessin, quelques notions sur la manière de discerner les styles, un abrégé de l'histoire de l'art sont indispensables. L'intérêt qu'il trouvera à photographier ou à graver un document dont il pourra reconnaître l'origine, le style, l'époque, l'incitera certainement à mieux soigner ses diverses opérations. Le résultat à atteindre n'en sera qu'augmenté pour le profit de tous.

Il reste entendu que les notions indispensables en physique et en chimie seront données soit dans des cours spéciaux, soit dans les études poursuivies dans une École pratique.

Pour le dessin, les différents cours ouverts le soir, tant dans de nombreuses écoles de la Ville de Paris que dans celles des grandes villes de France, sont suffisants.

Pour les cours spéciaux de manipulations photographiques ou de gravure, l'École du Livre ou « Estienne », avec ses quatre années de cours, pourrait produire des apprentis suffisamment armés de connaissances techniques et capables de rendre des services immédiats dans les divers ateliers qui les recueilleraient, mais à certaines conditions.

Qu'il nous soit permis de signaler les desiderata du « Syndicat de la Photogravure » relativement aux modifications qu'il serait heureux de voir adopter dans la seule École professionnelle française, où l'on a la prétention de former de futurs contremaîtres pour notre industrie. La Ville de Paris serait bien inspirée en plaçant, à côté du directeur général de l'École, un « Conseil » formé de spécialistes réputés, patrons et ouvriers, dans chacune des deux branches, photographie et gravure, et dont les avis feraient autorité. Le niveau des connaissances techniques des élèves y gagnerait. Avec des professeurs capables et bien payés, des cours nombreux et très pratiques, des récompenses bien comprises, telles qu'une bourse de voyage, par exemple, à l'étranger pour les premiers élèves sortis des rangs, nous trouverions dans cette École l'appoint nécessaire pour augmenter notre personnel ouvrier et le tenir ainsi à la hauteur de celui que dresse l'industrie similaire de l'étranger.

Contrats d'apprentissage. — L'établissement de contrats d'apprentissage entre patrons et parents d'apprentis a été étudié à fond par le syndicat. Il n'y a qu'à tenir la main à leur exécution et à en assurer les sanctions. Y a-t-il lieu d'indiquer quelques modifications à la jurisprudence, suivie jusqu'ici par les tribunaux ? L'intérêt évident de notre corporation consisterait surtout à faire élire au Conseil des Prud'hommes un représentant de nos industries.

Apprentis. — La question du nombre d'apprentis à admettre dans chaque maison par rapport au nombre d'ouvriers a été débattue dans les réunions mensuelles du syndicat, mais surtout en vue de parer au manque de main-d'œuvre dû à la guerre.

En admettant une période constamment normale, peut-on fixer un rapport, assez approximatif, entre apprentis et ouvriers, ne donnant lieu qu'au minimum de critique au double point de vue tant des ressources nécessaires en personnel, sans pléthore, que de la dépréciation possible du prix du travail ? Le syndicat estime cette proportion à 20 p. 100 du nombre d'ouvriers employés.

Relations entre syndicats. — C'est surtout par une sincère collaboration entre les syndicats patronal et ouvrier que des questions de ce genre devraient être discutées et résolues. Le syndicat patronal ne s'est jamais dérobé aux justes demandes des ouvriers. L'organe du syndicat ouvrier n'a pas toujours apprécié en des termes justes ni mesurés les efforts des patrons pour donner satisfaction aux desiderata formulés par le syndicat ouvrier. Ce n'est pas en recherchant des querelles propres à entretenir la lutte de classes que l'on résout des problèmes d'équité. Des rapports haineux ou tout au moins agressifs ne facilitent point une solution. Devant chaque problème nouveau qui surgit, chacun doit apporter un véritable esprit d'équité dans son étude. Il est alors facilement résolu pour le plus grand bien de tous.

En vue de faciliter une entente parfaite, l'affichage dans tous les ateliers des différentes conditions et des règlements en usage dans l'industrie de la photogravure mettrait chacun au courant de ses droits et de ses devoirs. Il en résulterait une harmonie immédiate.

Prévoyance sociale. — Dans les industries où le salaire est peu rémunéré, force est bien de recourir aux bienfaits de la loi nouvelle sur les « Assurances ouvrières ». C'est le seul moyen de parer aux misères qui attendent l'ouvrier vieilli et sans ressource, n'ayant su ni pu amasser quelques économies.

Dans l'industrie de la photogravure où les salaires sont plutôt élevés, il semble que chacun de ses membres pourrait économiser quelques petites sommes à placer avantageusement dans les caisses de Sociétés du type de « La Fourmi » par exemple, sans négliger les « Caisses d'épargne » de l'Etat, la « Caisse de retraite pour la vieillesse ».

Pour aider à la propagande de l'épargne, on pourrait ajouter, sur les « Affiches » apposées dans les ateliers, le nom et l'adresse des Sociétés d'épargne ayant fait leurs preuves. En outre un membre du personnel pourrait recueillir chaque mois les économies de tous, et les confier à l'établissement choisi dans ce but. L'Assurance contre les accidents du travail est pratiquée par tous ; mais il y a lieu de s'élever ici contre les abus que la presse a souvent signalés et qui n'ont pas été suffisamment réprimés : nous voulons parler de la tendance de certains médecins sans clientèle cherchant un revenu dans l'exploitation d'un accident. Il y aurait lieu peut-être de ne les choisir que sur une liste soigneusement établie.

Dans la voie de création de « retraites » après un nombre d'années de travail à déterminer pour nos industries, y a-t-il lieu de penser à une création spéciale pour le personnel? Nous ne le pensons pas pour le moment. Ce personnel n'est pas assez nombreux pour donner un résultat appréciable avec un nombre d'années même considérable d'exercice. L'effort individuel nécessairement noyé dans l'effort d'une Société ou d'une œuvre importante sera, pour longtemps encore, la loi des ouvriers photograveurs. La mutualité se développe d'ailleurs d'une façon continue et ne laissera bientôt plus d'indifférents.

B. Matières premières. — Produits. — Outillage

Avant la guerre, en France, chaque photograveur prenait dans la maison de son choix les métaux et les produits nécessaires à son industrie ; mais il se les procurait à des prix presque toujours supérieurs à ceux pratiqués en Angleterre, en Belgique, en Hollande et en Allemagne.

Par suite des réquisitions forcées qu'entraîne la guerre actuelle, le Syndicat a groupé toutes les demandes des syndiqués et non syndiqués pour certains produits. C'est un avantage incontestable. Les traités de commerce internationaux qui seront échangés après la signature de la paix diviseront l'Europe en deux grandes agglomérations opposées d'intérêt. Devrons nous, ou pourrons-nous continuer à grouper une partie ou la totalité de nos besoins et faire intervenir le Syndicat dans leur distribution? Il est difficile de répondre à cette question. Il semble toutefois que cette façon d'opérer abaisserait le prix de revient des transports et supprimerait des intermédiaires onéreux. Pour certains produits, comme la colle émail, les émulsions, la France est encore tributaire de l'étranger. Il y aurait lieu d'attirer l'attention de certains industriels bien placés pour tenter la fabrication de ces produits. Des essais ont déjà été faits ; poursuivis, ils donneraient sans doute un meilleur résultat et nous libéreraient de l'étranger. Quant à l'outillage et aux machines, à quelques exceptions près, la France pourvoit à tous nos besoins. Au nombre des articles qui nous font défaut, citons : les glaces tramées, les appareils d'optique photographique, les écrans, les plaques sèches. Nous sommes tributaires des Etats-Unis pour la confection des glaces tramées et leur réparation ; et, comme l'usure de ces objets et leur renouvellement ne fourniraient pas sans doute une besogne suffisante à celui qui tenterait d'établir en France une usine où l'on pourrait puiser, force nous sera de recourir, pour un certain temps encore, à l'Amérique, à moins que la fabrication de ces glaces ne soit tentée dans les laboratoires de l'*Institut d'optique appliquée* que l'État va subventionner à l'instar de ce qui s'est fait en Allemagne pour les laboratoires d'Iéna, qu'il faut à tout prix supplanter. Il est inadmissible que, dans le pays qui a vu naître Niepce et Daguerre, nous soyons à nouveau condamnés à aller demander de l'autre côté de la frontière tous les instruments d'optique dont nous avons besoin. L'Institut dont nous parlons pourrait et devrait se charger de ce soin.

C. Expansion commerciale

Pour que l'expansion commerciale de nos industries puisse se réaliser dans une certaine mesure, entre d'excellents ouvriers instruits et bien dressés, avec des outils parfaits et des produits de première qualité fabriqués en France dans de bonnes conditions, il nous faut d'abord évincer la concurrence étrangère, favorisée par le bon marché de la main-d'œuvre et les produits en dehors de nos frontières.

Longtemps, quelques maisons françaises d'édition ont préféré confier leurs travaux à des firmes étrangères, alléguant, outre un prix réduit, une meilleure exécution par ces dernières. La Chambre syndicale des Imprimeurs français a souvent reproché aux maisons françaises d'apporter moins de soin à ses clichés que l'étranger. Nos confrères pourraient faire remarquer que, si l'on n'a pas su tirer le meilleur parti de leurs photogravures, la faute en retombait le plus souvent sur le papier ou l'encre, de qualité insuffisante, quand ce n'était pas sur le conducteur de la machine chargé de les faire valoir. Dans la plupart de nos maisons, on peut montrer aujourd'hui des épreuves de gravures, tant monochromes que polychromes, ne laissant rien à désirer et comparables aux meilleurs travaux du dehors.

Nous lisons dans le rapport du Syndicat des Imprimeurs typographes (p. 3) (Voir tome I, p. 67) : « La qualité du travail exécuté par l'imprimeur façonnier est en raison directe de la qualité des éléments mis à sa disposition. » Cela est vrai, malheureusement pour un trop petit nombre d'imprimeurs dont les ateliers sont dotés de bonnes machines modernes.

Mais combien de fois n'arrive-t-il pas, hélas! que le résultat est médiocre, même avec des éléments de bonne qualité. Si, pour le tirage des gravures, tous les imprimeurs se servaient de blocs, ils ne se plaindraient pas des différences de hauteur des clichés livrés.

Reconnaissons toutefois que l'éditeur est bien souvent coupable de l'aspect médiocre de ses productions. En effet, si l'une de nos grandes maisons d'édition lance une nouvelle « Collection » illustrée, d'un format séduisant, très maniable, d'un prix modique, emportant d'emblée les suffrages du public, on peut être certain qu'il aura des imitateurs mettant en circulation des publications du même genre, mais à des prix inférieurs. Pour parvenir à ce résultat, on aura mis en coupe réglée le fabricant de papier, le graveur, l'imprimeur, le brocheur, jusqu'à l'artiste même chargé des illustrations. Un éditeur consciencieux, digne de ce nom, devrait renoncer à de semblables procédés qui conduisent directement à l'avilissement du livre.

MM. les Imprimeurs typographes peuvent étudier et comparer les luxueux catalogues d'industriels français, parus depuis bien des années déjà, ainsi que quelques beaux livres d'art édités en France; ils se convaincront aisément que non seulement les photogravures sorties de nos ateliers peuvent soutenir la comparaison avec celles de l'étranger, mais que souvent même elles l'emportent à tous les points de vue. C'est surtout le livre classique ou de vulgarisation étranger qui l'emporte sur le similaire français. Le rapport auquel nous faisons allusion en donne d'ailleurs la raison : plus grand nombre de lecteurs correspondant à une population supérieure en nombre et en besoin de lecture à celle de langue française, condition permettant une plus grosse dépense, au point de vue de l'établissement matériel du livre. Il est certain qu'à un nombre plus considérable de lecteurs français correspondra une amélioration sensible de nos publications de cette catégorie.

Par suite des conditions différentes faisant hausser ou baisser le coût de la vie chez tous les peuples, à la suite du cataclysme qui bouleverse le monde, il y aura lieu de protéger nos industries contre la concurrence étrangère. Dans quelle proportion? Il est difficile de l'envisager dès maintenant.

Il y aura, en outre, une question assez ardue à résoudre, celle des avantages que nous pourrions offrir à nos alliés et qui iraient certainement à l'encontre de nos intérêts.

Enfin, la distance et le temps sont des obstacles sérieux pour notre expansion au dehors. Tout le monde comprend la nécessité absolue de graver sur place les illustrations des quotidiens, les actualités.

Pour toutes ces raisons, il serait préférable d'envisager la possibilité de découvertes nouvelles dues au génie français pour donner quelque essor à notre industrie de la photogravure. Nous y convions tous les chercheurs qui ne manqueront pas de surgir, espérons-le, dans le nouvel *Institut d'optique appliquée*.

DEUXIÈME SECTION

VENDREDI 16 MARS 1917

I. — H. CLOUARD : **Les Modes de vente et de publicité dans la librairie.**
II. — PAUL GILLON : **Les Expositions techniques.**
III. — ASSOCIATION DES BIBLIOTHÉCAIRES FRANÇAIS : **La Bibliographie.**
IV. — ANDRÉ GILLON: **Nécessité de publier des bibliographies à l'usage du grand public.**

La séance est ouverte à deux heures quinze, sous la présidence de M. l'abbé WETTERLÉ.

I. — H. CLOUARD : **Les Modes de vente et de publicité dans la librairie**

M. LE PRÉSIDENT. — La première question à l'ordre du jour est la discussion du rapport de M. Clouard sur *les Modes de vente et de publicité dans la librairie.*

Le rapporteur présente quatre conclusions : la première question, qui a été réglée, est celle de l'apprentissage : la quatrième retombe dans l'article Bibliographie, et elle ferait, par conséquent, double emploi.

Je crois que nous ferons bien de limiter la discussion (sans cela nous perdrions un temps infini) aux questions des dépôts, des commissionnaires, du crédit éventuel, d'une banque à créer, autant de questions qui pourraient être discutées en quelques mots.

Nous commencerons, si vous voulez bien, par le vœu de M. Clouard, qui vous a été distribué :

1° *La création d'une librairie-école à Paris, où les futurs commis feraient un véritable apprentissage en face de réalités commerciales et d'un public réel à servir, avant d'être envoyés faire leur stage à l'étranger.*

Cette question a déjà été discutée, comme je l'ai dit, dans une autre commission et peut être considérée comme liquidée.

2° *La sauvegarde de la librairie provinciale par une série de mesures :*
a) *admission des livres dans les trains de grande vitesse au tarif de la*

petite: b) *gratuité du port de retour pour les invendus, dans le cas de livres envoyés avec faculté de retour.*

3° *L'examen — avec le concours du ministère du Commerce — de la question du crédit à long terme dans ses rapports avec la question bancaire, et étant donné le manque regrettable de grands commissionnaires français.*

Ensuite, nous retombons de nouveau dans la modification de la *Bibliographie de la France*, que nous discuterons plus tard. Par conséquent, je vous prie de ne pas discuter les vœux 4, 5 et 6, parce que nous les retrouverons par la suite.

7° *La création à Paris d'un Bureau de renseignements centralisant et dépouillant tous les catalogues de librairie dès leur apparition, donnant verbalement et par correspondance tous les renseignements sur la production littéraire et scientifique française; collaborant avec le Cercle et la Société d'exportation à la rédaction du catalogue général des livres français.*

8° *La création, dans les principales villes étrangères, de Maisons du Livre français par la coopération des éditeurs et, s'il le faut, avec l'aide de l'Etat.*

Avec le neuvième article, nous retombons dans les deux rapports que nous avons à discuter, les expositions techniques. Nous réservons donc ce vœu.

10° *L'entente et l'union des maisons d'édition françaises pour l'envoi de voyageurs à l'étranger.*

11° *Un effort soutenu du Comité d'organisation du Congrès et d'un Comité d'exécution qu'il conviendrait de nommer, devenu permanent, pour combler, selon les moyens, l'absence d'une organisation centrale analogue au « Börsenverein » de Leipzig.*

Je crois donc que la discussion devra être limitée aux vœux 2, 3, 8, 10 et 11. Nous avons là une matière suffisante, et nous ne risquons pas de chevaucher sur d'autres rapports.

M. CLOUARD. — Je vous propose de modifier le vœu 3. J'ai dû formuler ce vœu très vite, et il y aurait inconvénient à le laisser tel qu'il est, car il est trop vague. Je vous propose de le modifier ainsi :

3° *L'amélioration des conditions faites aux libraires à l'étranger par :*

a) *L'extension du taux courant des remises aux périodiques français dans tous les pays ;*

b) *L'unification et la stabilité des délais de payement accordés ;*

c) *L'examen, avec le concours du ministre du Commerce, de la question du crédit à long terme, dans ses rapports avec la question bancaire, et étant donné le manque regrettable de grands commissionnaires français.*

LES MODES DE VENTE ET DE PUBLICITÉ

M. LE PRÉSIDENT. — La discussion est ouverte.

M. SCHWARTZ. — Je voudrais déposer un rapport.

M. LE PRÉSIDENT. — Je vous ai dit que la lecture des rapports prendrait trop de temps ; vous feriez mieux, je crois, de remettre votre rapport à la commission permanente du Congrès. Vous arrivez avec des propositions nouvelles, qui peuvent être extrêmement intéressantes, mais qui vont nous prendre au moins vingt minutes.

M. SCHWARTZ. — Voulez-vous que j'attende après la séance ?

M. LE PRÉSIDENT. — Remettez-nous votre rapport ; on le remettra à la Commission permanente du Livre, qui sera enchantée d'en prendre connaissance et de le communiquer.

M. SCHWARTZ. — Il s'agit du service de courtage bien organisé.

(M. Schwartz remet son rapport au bureau.)

M. TEISSIER. — Je n'ai aucun développement nouveau à ajouter à ma communication d'avant-hier ; mais ce que je tiens à redire, c'est la bonne volonté des employés parisiens, notamment quant au concours à apporter par eux à la vente des livres, soit à l'intérieur, soit au dehors.

Il me paraît qu'il y aurait, pour les industriels du Livre, un effort très intéressant à essayer, soit pour le recrutement, soit pour la rétribution, soit enfin pour la formation des employés ou des représentants, qu'ils soient sur le marché français ou sur le marché extérieur, qui s'adonnent plus spécialement à la diffusion du Livre. Seulement, il y a lieu de remarquer que les éléments jeunes et actifs, dans le monde des employés, ont été sollicités déjà et le seront davantage encore après la guerre par l'industrie et le commerce, et je me demande, en toute simplicité, si, dans le monde de la librairie, on est disposé à faire aujourd'hui des sacrifices suffisants pour s'attacher des collaborateurs suffisamment capables afin de donner à notre commerce le développement convenable.

C'est dans cette pensée que j'avais déposé un vœu, tendant à l'organisation — d'accord entre les syndicats patronaux et les syndicats d'employés, — de relations pour le placement ou d'un enseignement spécial.

Je crois d'ailleurs que le vœu de M. Clouard, dont je n'ai pu prendre complètement connaissance, me donne en grande partie satisfaction.

M. MAX LECLERC. — Le rapport de M. Clouard touche à un très grand nombre de questions, qui ont d'ailleurs été déjà traitées, soit incidemment, soit à fond, dans plusieurs séances. Je voudrais présenter quelques observations sur certaines affirmations contenues dans ce rapport et qui soulèvent des objections.

Par exemple, M. Gillon a déjà eu l'occasion de protester contre cette affirmation, beaucoup trop souvent renouvelée, que les éditeurs français ne font pas de longs crédits... C'est une erreur à laquelle il faut qu'on renonce, parce qu'elle nous fait le plus grand tort ; à force de le répéter, on finit par faire croire au grand public et même aux étrangers qu'il n'y a rien à faire avec les éditeurs français, sous prétexte que, si on n'a pas d'énormes capitaux, il est inutile d'engager des relations. Je demande aux publicistes qui sont ici de renoncer à cette affirmation qui est fausse ; elle est d'autant plus fausse que, bien loin de refuser de longs crédits aux étrangers, nous faisons des crédits de six mois, d'un an, et même dépassant quelquefois dix-huit mois. Il y a des pays pour lesquels il n'est point de limite de crédit ; en particulier, dans l'Amérique du Sud, dans l'Amérique espagnole, les libraires payent quand ils veulent. Quand il leur plaît d'envoyer des fonds, on les accueille avec plaisir ; mais si on avait le malheur de prendre les devants, ils trouveraient la chose fort mauvaise : et nous nous gardons bien de le faire.

Voilà où en est la question. Vous voyez que les longs crédits sont, au contraire, à l'ordre du jour pour l'exportation, et il est certain que mes confrères approuveront ce que j'ai dit.

M. Clouard dit un peu plus loin des choses tout à fait contradictoires. En même temps qu'il nous reproche de ne pas faire de longs crédits, comme les Allemands, il vient nous dire, en parlant des commissionnaires allemands, à la page 4 (voir tome I, page 284) :

« Le commissionnaire règle comptant les commandes et liquide le bilan annuel à la Foire de Leipzig. »

J'avoue que je ne comprends pas très bien cette phrase : car si les mots « payer comptant » veulent dire quelque chose, cela prouve la suppression du crédit. Alors, quel argument M. Clouard en tire-t-il ?

Plus loin, à la page 5 (voir tome I, page 285), je lis :

« Cette conception du crédit a permis au livre allemand de s'imposer partout. On le connaît, il est toujours là. Aussi les Allemands ont-ils été à peu près les seuls à fournir l'Europe et l'Amérique en manuels, ouvrages scientifiques populaires, encyclopédies. »

Ceci est inexact et faux ; et, en admettant même que les Allemands soient seuls à faire des exportations de ce genre en Amérique et particulièrement en Amérique du Sud, ce que j'ai dit des longs crédits accordés par les éditeurs français suffirait à démontrer que cette raison des prétendus succès des Allemands ne serait pas la bonne.

Au contraire, je crois pouvoir dire que nous avons en Amérique du Sud un très grand marché, que nous désirons agrandir encore, mais dans lequel nous tenons une large place.

M. Clouard revient ensuite sur cette éternelle question du crédit :

« Nos modes français de payement ne sont-ils pas étroits et timorés en comparaison ? »

C'est toujours le même argument, et je suis obligé de protester, parce que, ce rapport ayant été distribué, il va rester dans les archives du Congrès, et il faut qu'il reste trace aussi de la protestation des éditeurs :

« L'éditeur, de son côté, est paralysé dans l'exportation par les risques à courir, n'ayant à compter ni sur un banquier ni sur nos consuls (qui n'aiment point se mêler d'affaires commerciales). La question du système bancaire se pose en France, pour la librairie comme pour toutes les branches du commerce et de l'industrie. »

Ici se pose la question bancaire, c'est entendu ; mais je ne crois pas que nous ayons la prétention de la résoudre ici ; nous ne sommes pas compétents. Cette question ne s'est pas posée pour le développement de notre commerce d'exportation ; la preuve, c'est que, comme on le disait hier, trente maisons d'édition viennent de se grouper pour développer le commerce d'exportation, et que, si elles n'ont pas mis à leur programme la création d'une banque d'exportation, c'est que, probablement, elles ne la considèrent pas comme une chose essentielle. Nous nous en sommes passés jusqu'à présent, et nous sommes prêts à exécuter les commandes que l'étranger voudrait bien nous donner, sans avoir besoin de la création d'une banque d'exportation.

Le rapport, que nous avons présenté, M. J.-P. Belin et moi, n'a pas été écrit seulement pour détruire — et nous croyons y avoir réussi — certaines affirmations erronées de M. Lahure, mais aussi pour répondre à tous ces articles de journaux et de revues où on reprochait aux éditeurs français de n'avoir rien fait, où l'on prétendait, sur des renseignements insuffisants, par des affirmations sans preuves, présenter notre commerce d'exportation du livre comme étant en plein recul. Nous croyons avoir montré par des chiffres, comme d'ailleurs notre Président l'a fait remarquer dans son discours d'ouverture du Congrès, que, tout au contraire, notre commerce d'exportation est en plein développement.

Cela ne nous empêche pas de faire de nouveaux efforts, et nous sommes très heureux de constater que vous voulez bien nous encourager.

A la page 6 (voir page 286 du tome I), je vois :

« Il est absolument nécessaire, si l'on veut concurrencer l'Allemagne à l'étranger, d'entrer dans la voie du crédit prolongé. Pour cela, il faudrait ou une banque spéciale, ou une très grosse maison de commission, ou une société d'éditeurs. De ces trois secours, il semble que ce soit le troisième qui doive se constituer. Si la Société d'exportation des éditions françaises se fonde définitivement, elle disposera d'un fonds de garantie qui devrait lui permettre de jouer, tout comme une grande maison de Leipzig, le rôle de banquier. »

C'est toujours la même erreur ; nous n'avons pas besoin d'une banque spéciale ni d'une grosse maison de commission pour supporter à notre place les risques financiers du commerce d'exportation ; une grosse maison de commission pas plus qu'une banque ne nous rendrait service. Une Société d'Editeurs, je viens de le dire, vient de se créer, et elle ne s'est pas préoccupée de la question du crédit à ouvrir aux éditeurs.

Puisque nous parlons de la question du crédit, je dois vous dire que nous perdrions notre temps à la discuter ici, hors de la présence de financiers compétents. Cette question, outre qu'elle n'intéresse pas en général — pour les raisons que je viens d'exposer — le commerce de l'édition, est très complexe, et une banque d'exportation ne peut réellement se créer que si elle répond aux besoins de toutes les industries et de tous les commerces. De plus, je ne vois pas trop ce que nous pourrions dire, en dehors des groupements comme les Chambres de commerce, et quelle autorité pourrait avoir une délibération de notre Congrès à ce sujet.

J'aurais beaucoup à dire sur cette question d'une banque d'exportation, mais je trouve que ce n'est pas ici le lieu.

M. Haraucourt. — Je voudrais dire un mot, en réponse à M. Leclerc, à propos de la création d'une banque. Je ne suis pas compétent, mais j'ai souvenir d'une proposition présentée par un des hommes les plus compétents, et je voudrais attirer l'attention sur cette proposition.

M. Herriot, maire de Lyon, lors du Congrès qui a eu lieu l'an dernier dans cette ville, ne nous a pas caché qu'il était personnellement l'auteur d'une proposition de loi tendant à la création d'une banque d'exportation, qui serait soutenue par l'Etat ; il ne s'agissait pas uniquement de la librairie et de l'édition, mais de tout le commerce français.

M. Herriot considère que tout le commerce français aurait un intérêt immense à la création de cette banque et que l'Etat devrait, par conséquent, s'intéresser à cette question ; et M. Herriot allait jusqu'à prévoir la source de richesse à laquelle il pourrait s'adresser pour trouver la somme nécessaire ; il s'agissait, je crois, de 600 millions.

M. Herriot n'a pas caché qu'il espérait que le Congrès du Livre, quand il se réunirait, émettrait un vœu sur la question, afin que, quand la question viendrait à la Chambre, il pût s'appuyer sur l'argument fourni par nous, c'est-à-dire sur notre désir de voir créer cette banque d'exportation, venant en aide aux efforts des éditeurs et des auteurs français. (*Applaudissements.*)

C'est simplement ce fait que je tenais à signaler à M. Leclerc. Ce n'est pas notre affaire, je le crois comme lui ; mais je crois qu'il faudrait tout de même prononcer cette parole, puisqu'on la demande.

M. Max Leclerc. — Nous ne voyons aucun inconvénient à ce que le Congrès émette un vœu en faveur de la création d'une banque d'exportation, à condition qu'on en reste là.

M. Haraucourt. — Ce serait d'autant plus nécessaire que, pour la question du commerce à l'étranger, cela peut avoir un très grand intérêt.

M. Valois. — Sur le vœu de M. Clouard, je ne puis que m'associer à ce qu'a dit M. Leclerc ; mais, d'autre part, j'aurais quelques observations à faire à M. Clouard pour les libraires, qui ne sont pas représentés officiellement, qui n'ont pas de rapport...

M. Decourcelle. — Nous l'aurions désiré.

M. Valois. — J'ai eu l'occasion de parler avec certains libraires, et, en tant que Français, il y a quelque chose qui nous gêne dans le rapport.

Vous avez attiré notre attention sur le fait que certains points traités dans le rapport dépassent les capacités du Congrès. Par exemple, il y a la gratuité du retour pour les invendus : cela ne peut concerner que les syndicats intéressés.

En ce qui concerne les libraires, je lis dans le rapport de M. Clouard :

« Il est certain qu'ils vivent assez mollement dans la routine et une sorte d'indifférence », et il signale, par exemple, M. Floury, qui se tient isolé.

Un peu plus loin, je trouve que « nos libraires sont ignorants, d'une ignorance générale et d'une ignorance professionnelle ». Un peu plus loin encore, je lis que « le Français sort peu de France » !

S'il y a là des constatations de faits vrais pour un certain nombre de libraires, il me semble que l'affirmation est extrêmement exagérée et que, étant donné qu'il n'y a pas une librairie française organisée, que s'installe libraire qui veut, on ne peut pas parler d'une manière globale des libraires français qui ne sont pas reconnus comme tels. Vous savez par le fait que n'importe qui ne peut pas s'improviser éditeur, ouvrir une maison d'édition, parce que cela exige des capitaux, des connaissances particulières qui rendent l'entrée dans la profession difficile. Mais, au contraire, un nombre considérable de personnes s'installent libraires. Vous voyez beaucoup de veuves de guerre, qui manquent totalement de connaissances professionnelles et qui s'installent libraires, parce qu'on croit que c'est un métier facile. Il a été répandu dans le public que c'est un métier facile, qui n'exige pas de connaissances professionnelles, et on s'improvise libraire ! Quand vous parlez de ces personnes peu qualifiées et que vous les appelez libraires, vous commettez une exagération.

Il y a un assez grand nombre de personnes qualifiées au point de vue librairie, et vous trouverez dans toutes les grandes villes de France de hautes compétences.

M. LE PRÉSIDENT. — Vous développez l'article premier qui a été déjà traité dans une autre commission : « La formation des commis-libraires. » Il s'agit dans le vœu de former justement des professionnels pour éliminer toutes ces personnes qui se sont introduites dans la librairie.

M. VALOIS. — Il s'agit d'une protestation générale contre une affirmation qui peut nous nuire, parce qu'elle présente nos professionnels français comme des gens qui ne sont pas capables de s'organiser, qui n'ont pas les qualités nécessaires.

M. JULES PERRIN. — Vous en convenez vous-même, puisque vous avez dit qu'il y a des personnes qui s'improvisent libraires et qui ne savent même pas le français.

M. CLOUARD. — Il y a des libraires incompétents, vous en connaissez peut-être. Voilà les raisons pour lesquelles je cherche avec le Congrès le moyen d'y remédier.

M. MAX LECLERC. — Il me semble que, pour le bon ordre, il vaudrait mieux que nous eussions d'abord une discussion générale et ensuite la discussion de chaque vœu. Sans cela, nous n'en finirons pas.

M. LE PRÉSIDENT. — Je suis absolument de votre avis. Puisque le premier vœu est écarté, prenons le deuxième vœu :

2° *La sauvegarde de la librairie provinciale par une série de mesures :* a) *admission des livres dans les trains de grande vitesse au tarif de la petite ;* b) *gratuité du port de retour pour les invendus, dans le cas de livres envoyés avec faculté de retour.*

M. JULES CLÈRE. — La gratuité, qu'est-ce que cela veut dire ? Qui payera la gratuité du transport pour les chemins de fer ?

M. CLOUARD. — Dans mon esprit, il ne s'agit pas de discuter la question, mais d'émettre simplement un vœu, pour que les syndicats compétents entrent en relations avec les compagnies de chemins de fer, et obtiennent d'elles les meilleures conditions possibles.

M. JULES CLÈRE. — En somme, vous voulez qu'on renvoie les livres comme des fûts vides ?

M. CLOUARD. — Si vous pensez qu'il y a lieu de s'en tenir à

la première partie du vœu, c'est-à-dire au paragraphe *a* : « admission des livres dans les trains de grande vitesse au tarif de la petite », je suis prêt à faire le sacrifice du paragraphe *b*.

M. Paul Gillon. — C'est un vœu qui peut se défendre, mais évidemment la deuxième partie *b* est impraticable.

M. Clouard. — Alors, réservons cette deuxième partie.

M. Méry. — Je suis convaincu qu'en se tenant dans le vague on a plus de chances de réussir.

M. Clouard. — Je donne lecture du troisième vœu modifié ainsi qu'il a été convenu :

L'amélioration des conditions faites aux libraires étrangers par :
 a) L'extension du taux courant des remises aux périodiques français dans tous les pays ;
 b) L'unification et la stabilité des délais de payement accordés ;
 c) L'examen, avec le concours du ministre du Commerce, de la question du crédit à long terme dans ses rapports avec la question bancaire, et étant donné le manque regrettable de grands commissionnaires français.

M. Clouard. — M. Leclerc, je vous entendais parler tout à l'heure de la question de crédit, en assurant que j'avais commis des erreurs. Je veux bien, mais je suis d'un avis différent. Voici pourquoi.

Discutons d'abord les questions de remises dont il n'a pas été question.

Les remises sont à peu près les mêmes de la part des éditeurs allemands et des éditeurs français. Cependant il y aurait, si j'en crois mes renseignements, des exceptions. Par exemple, un monsieur, envoyé en mission en Russie, il y a quelques années, en a rapporté les doléances des libraires de Russie qui prétendaient que les remises, surtout pour les ouvrages scientifiques, étaient inférieures aux remises faites par les éditeurs allemands. Je n'ai pas été en Russie, mais je m'en tiens aux renseignements donnés par M. Monprofit.

M. Paul Gillon. — Le Syndicat des Éditeurs a-t-il eu connaissance du rapport ?

M. Decourcelle. — Je vous le ferai envoyer.

M. Jules Lévy. — Je l'ai ici, si vous le voulez.

M. Clouard. — En somme, toutes les questions que nous discutons ici sont archiconnues. Je suis allé consulter également le rapport de M. Le Soudier, éditeur. Ce rapport confirme à peu près tout ce que j'ai dit ; mais, si j'en crois encore une fois les renseignements qui m'ont été donnés, ce rapport n'était pas le premier. M. Le Soudier aurait fait un rapport qui remonterait à 1893 ; vous y retrouverez les doléances que j'ai signalées. Je demande s'il a été question, au Syndicat des Editeurs, de ce rapport, et je demande si ce rapport a eu le moindre résultat.

M. Max Leclerc. — Nous nous engageons dans des discussions un peu trop techniques et qui, je crois, dépassent la compétence d'une partie de l'assemblée.

La question des remises surgit maintenant, et elle n'était pas visée dans le rapport. Or les éditeurs de sciences qui sont visés ne sont pas là ; ils n'ont pas été prévenus pour venir expliquer eux-mêmes pour quelle raison — évidente à mon sens — les remises que l'on fait sur les ouvrages de médecine ou de mathématiques, ou sur les productions scientifiques, bien que ce soient des ouvrages souvent d'un prix élevé, ne peuvent pas être les mêmes que sur les volumes à 3 fr. 50. Par conséquent, il y a des raisons techniques qui échappent à notre compétence. Nous ne sommes pas préparés à traiter ici ces questions, et, même si le Congrès prenait un parti sur ce vœu, ce ne pourrait être que pour soulever la question sans plus et la renvoyer à l'examen du Syndicat des Editeurs.

M. Clouard. — Je n'ai pas dit du tout que les remises devraient être les mêmes sur les ouvrages scientifiques que sur les livres à 3 fr. 50. J'ai simplement dit, d'après les renseignements contenus dans le rapport de M. Monprofit et d'autres que j'ai trouvés ailleurs, que les remises faites par les éditeurs français sur les ouvrages scientifiques étaient inférieures aux remises faites par les éditeurs allemands.

M. le Président. — Il y a peut-être une raison à cela, c'est que le livre scientifique allemand est beaucoup plus cher que le livre scientifique français.

M. Max Leclerc. — C'est parfaitement exact.

M. Méry. — C'est la même chose pour les éditions anglaises.

M. Max Leclerc. — Par exemple, l'édition française d'un grand ouvrage scientifique allemand, étant plus richement illustrée et moins chère que l'édition allemande, s'est répandue dans le monde entier, alors que l'édition allemande, plus chère et moins bien illustrée, ne s'est en réalité que fort peu répandue.

M. Decourcelle. — Il faudrait renvoyer cette question au Syndicat des Editeurs pour étude.

M. Max Leclerc. — Qu'on nous soumette des textes, nous les étudierons.

Je demande maintenant la lecture de la deuxième et de la troisième partie du troisième vœu.

M. Clouard. — Voici :

b) *L'unification et la stabilité des délais de payement accordés*;

c) *L'examen, avec le concours du ministre du Commerce, de la question du crédit à long terme, dans ses rapports avec la question bancaire, et étant donné le manque regrettable de grands commissionnaires français.*

Je m'explique. Théoriquement, les délais de payement accordés par les éditeurs aux libraires étrangers sont de trois et six mois chez nous et d'un an en Allemagne.

M. Max Leclerc. — Mais non!

M. Clouard. — En fait, il y a équivalence.

M. Max Leclerc. — On vient de vous expliquer que c'est inexact.

M. Clouard. — J'affirme qu'en théorie les termes diffèrent, mais en fait ils ne diffèrent pas.

M. le Président. — Nous nous trouvons en présence d'espèces; vous avez des éditeurs qui font des conditions différentes; mais je ne sais pas si nous pouvons engager les éditeurs à uniformiser les remises et les conditions de payement.

M. Paul Gillon. — Il n'y a pas d'uniformité possible.

M. Max Leclerc. — J'ai dit tout à l'heure que, quand il s'agit de ventes à l'étranger, les éditeurs sont très larges, parfois même plus que les Allemands, contrairement à toutes vos affirmations. Vous me répondez : « en théorie »; moi je vous dis qu'il n'y a que la pratique qui compte!

M. Clouard. — J'ai dit qu'il y avait équivalence en fait. Permettez-moi d'ajouter que, quand je fais la critique de ces modes de vente, je ne fais pas la critique des maisons Colin ou Hachette, mais de la librairie française en général. Par conséquent, il est possible que vous ayez raison de me faire ces objections de la part de vos maisons; mais il s'agit de savoir si tous les éditeurs français pourraient soutenir le choc de la librairie allemande pour les modes de vente.

M. le Président. — Dans ce cas, nous ne pouvons souhaiter qu'une chose : que les maisons d'édition s'entendent!

M. Méry. — M. Leclerc a dit tout à l'heure que les clients sud-américains payent quand ils veulent; il en est de même pour tous les pays étrangers. La loi des parties est faite le plus souvent par les acheteurs et non par les vendeurs. Quant à unifier les conditions, cela me paraît impossible. Demandez à une maison anglaise de vous couvrir à soixante jours, et vous vous brouillerez avec la maison.

M. Max Leclerc. — La théorie de M. Clouard est contraire aux pratiques courantes du commerce, qui sont celles de la plus grande souplesse et du plus grand libéralisme.

M. Decourcelle. — Je crois qu'on a exprimé une vérité, quand on a dit que cela dépendait des espèces et des maisons. Il y a des maisons qui peuvent faire un crédit et des maisons qui ne peuvent pas faire le même crédit. Les Allemands, qui ont compris cela, ont remédié à cet inconvénient ; par quoi ? Par la création précisément de cet organe qu'ils ont appelé le commissionnaire, qui prend tout sur lui, qui a les reins assez solides pour faire un crédit d'un an, qui est liquidé tous les ans à la Foire de Leipzig.

Voilà pourquoi l'institution du commissionnaire a paru utile aux Allemands. Ici, on nous a expliqué, l'autre jour, que l'institution des commissionnaires était difficile, mais que l'on pourrait peut-être suppléer en partie à cette institution par une organisation analogue. J'ai pris volontiers acte de cette déclaration, parce qu'il me semble de toute évidence que l'on ne peut pas imposer à certains commerçants des crédits pareils ; c'est une chose devant laquelle le bon sens se hérisse ; mais justement le commissionnaire allemand intervient, et dit : « Il n'y aura pas de crédit semblable d'éditeur à libraire, mais justement par moi, commissionnaire, ce crédit sera accordé aux libraires. »

Et voilà pourquoi nous, qui sommes des profanes, nous avons paru si étonnés de cette institution des commissionnaires, qui n'existe pas chez nous et qui aurait peut-être des avantages.

M. Clouard. — C'est pourquoi, par le troisième vœu, je demande que soit examinée au moins la question bancaire, étant donné le besoin des longs crédits.

M. Paul Gillon. — Je rends hommage aux intentions de M. Clouard ; mais je suis obligé de m'associer aux protestations de M. Leclerc, parce qu'il y a des affirmations inadmissibles. Je ne veux dire qu'un mot de l'universalité des remises et des crédits. On a dit déjà ce qu'il fallait dire ; mais je puis ajouter que, dans notre maison, par exemple, nous avons quinze sortes de remises, parce que nous avons quinze sortes d'ouvrages différents, et que les remises sont en rapport avec la nature des ouvrages, leur vente possible et toutes sortes d'autres questions. Il est certain que, déjà, si l'uniformité est impossible dans notre maison, à plus forte raison le sera-t-elle dans un syndicat.

D'autre part, au point de vue du crédit, nous avons des règles à peu près communes. Par exemple, pour la France, le crédit normal est de trois mois, non compris le mois de la fourniture. Mais il arrive fréquemment qu'un client dise : « Pouvez-vous reporter ma traite de trente ou soixante jours ? » Et nous le faisons. Pour l'étranger, nous n'avons pas de règle ; nous faisons six mois en Belgique, dans l'Amérique du Sud dix-huit mois ou deux ans; car ces messieurs payent quand le change leur est favorable.

En ce qui concerne le rôle des maisons de banque, il serait néfaste pour nous, parce que c'est nous qui faisons notre propre banque, parce que, si cette banque d'exportation fait du crédit, elle le fera payer aux éditeurs et les éditeurs ne pourront pas le faire payer aux clients.

M. CLOUARD. — Ceci confirme absolument mes craintes. Il est certain qu'avec ce système le petit libraire et le libraire de moyenne importance à l'étranger ne sont pas débarrassés du spectre des invendus, et ils sont obligés de vous demander si vous ferez traite à la date indiquée.

M. MAX LECLERC. — Je ne comprends pas.

M. PAUL GILLON. — Si vous voulez entrer dans le mécanisme de nos affaires, je le veux bien, mais nous irons loin ; nous envoyons d'office nos publications nouvelles aux libraires ; ils nous demandent, en outre, certains ouvrages en dépôt ; tous les six mois, nous envoyons notre relevé de compte. Je suppose, nous envoyons un relevé de 1 000 francs ; il nous dit : « J'ai 500 francs d'invendus. » Nous reportons ces 500 francs à nouveau sans lui demander de justification, tandis que les Allemands vous obligent à détailler les articles que vous avez chez vous ; et je vous assure que les éditeurs allemands ne sont pas en si bonne odeur de sainteté que cela chez les libraires. Quant à nous, nous ne sommes pas caporalisés, et nous ne voulons pas marcher au pas de l'oie !

M. CLOUARD — Il n'y a aucune raison pour que la librairie française se trouve en infériorité vis-à-vis de la librairie allemande.

Que vient faire ici ce rapport ? Récemment un éditeur français, que je pourrais nommer, est allé en Suisse étudier ce qui est fait par les Allemands et par les Français. Pour les délais de crédit, il n'y a absolument rien de changé pour les Allemands; mais, pour les Français, il y a un grand changement.

M. MAX LECLERC. — Lequel ?

M. HACHETTE. — Pendant les deux premiers mois de la guerre, peut-être.

M. FLOURY. — Comme libraire, j'ai quelque peu l'expérience de ce qui se pratique comme crédit et comme relations entre les libraires et les éditeurs.

Dans les maisons d'édition de littérature générale, le libraire jouit de la meilleure situation ; nous avons des comptes qui sont trimestriels et qui, en outre, s'allongent sur deux trimestres pour les invendus. On se montre très libéral pour reporter les invendus ; par conséquent, nous sommes dans une très bonne situation. Nous ne demandons qu'une chose, c'est de voir généraliser ce système.

Nous sommes bien moins favorisés pour la librairie scientifique. De ce côté, à part une maison, que je ne nommerai point, les libraires parisiens n'ont de compte nulle part et ne peuvent avoir aucun ouvrage en communication. L'autre jour, on se plaignait de l'ignorance du libraire ; mais, quand il est en face de cette situation, il lui est difficile de faire un effort, puisqu'il ne peut pas avoir un ouvrage en communication.

M. LE PRÉSIDENT. — Nous parlons actuellement de la librairie étrangère.

M. FLOURY. — Oui, mais ces Messieurs ont exposé la situation de l'éditeur vis-à-vis du libraire. Je prends la contre-partie. Je regrette que la libéralité qui existe dans certaines maisons, comme la maison Hachette et la maison Plon, ne soit pas étendue partout. Tout à l'heure, on parlait des comptes supprimés depuis la guerre ; en effet, au début de la guerre, certains éditeurs ont supprimé les comptes ; mais je dois reconnaître que, presque immédiatement, les comptes ont été rouverts, presque comme avant la guerre.

M. CLOUARD. — J'ai parlé des libraires étrangers.

M. HUMBLOT. — En ce qui concerne les remises que peuvent faire les éditeurs allemands, je me permets de vous dire que, depuis la guerre, les éditeurs allemands se sont montrés plus généreux que les éditeurs neutres. Tous les commis libraires allemands qui étaient dans les pays neutres ont été mis en sursis d'appel en Allemagne pour faciliter le développement des ouvrages de propagande, que l'on donnait, même gratuitement, aux libraires pour répandre dans tous les pays neutres. Il n'y a, par conséquent, rien d'étonnant à ce qu'ils soient généreux en ce moment.

M. CLOUARD. — Raison de plus pour nous organiser.

M. MÉRY. — Je crois, que, dans tout ce que nous venons d'entendre, il y a, de part et d'autre, une part de vérité. Mais je crois aussi, pour ne pas entrer dans les détails, que, si les éditeurs, qui sont, en somme, les meilleurs juges, sont hostiles aux commissionnaires et à la banque, il y aurait peut-être quelque chose qui serait de nature à rallier tous les suffrages : ce serait le développement de l'esprit d'association et la création d'un groupement qui rendrait les commissionnaires inutiles et la banque superfétatoire, tout en permettant l'extension du crédit aux petites maisons, qui n'ont pas les moyens de leurs grands confrères.

Je crois que l'union qui vient de se fonder devrait voir d'autres éditeurs se joindre à elle, si la chose est possible ; car je crois que c'est la solution de la question.

M. le Président. — Ce serait un commissionnaire collectif.

M. Méry. — Et corporatif.

M. Paul Gillon. — Vous avez dit le mot.

M. le Président. — Insistez-vous, M. Clouard, pour que votre vœu soit mis aux voix ?

M. Clouard. — M. Méry veut-il formuler un vœu ?

M. Méry. — Volontiers. Voici le vœu que je formule.

Le Congrès émet le vœu de voir s'étendre et se développer l'esprit d'association qui a présidé à la création de différentes sociétés d'exportation du Livre.

M. Clouard. — Il y aurait la question des commissions qui a été renvoyée.

M. Max Leclerc. — Nous venons de vous expliquer que, techniquement, ce vœu est formulé dans des termes qui ne permettent pas de le conserver.

M. le Président. — M. Clouard vous offre de communiquer ce vœu à la commission qui siégera entre les deux Congrès, en vous fournissant les rapports sur lesquels il s'est appuyé. De cette façon, nous liquidons la question pour le Congrès actuel. M. Clouard vous enverra les documents avec son vœu, et vous fera connaître ce qu'on peut en faire.

M. Clouard. — Et nous substituons le vœu de M. Méry.

M. le Président. — Nous passons au vœu 8. Il s'agit là d'un vœu extrêmement intéressant. C'est aux éditeurs de dire s'il est réalisable ; ce serait une sorte d'exposition du Livre, organisée par les éditeurs français.

M. Clouard. — Ces maisons peuvent être annexées aux maisons de dépôt, qui ont été adoptées à la suite du rapport de M. Fouret.

M. Paul Gillon. — Nous n'y voyons aucune objection, au contraire.

(Adopté à l'unanimité.)

M. le Président. — Nous passons au vœu 10 :

L'entente de l'union des maisons d'édition françaises pour l'envoi de voyageurs à l'étranger.

M. Max Leclerc. — Cela est inutile ; nous avons exposé que nous avons créé une chose semblable.

M. Paul Gillon. — Il peut y avoir d'autres sociétés qui en fassent autant…

M. Clouard. — Il me semble que le vœu peut subsister tout de même ; en attendant que l'unité soit faite, cette société existe, mais elle ne groupe pas encore toutes les maisons de Paris, et, pour le moment, je ne vois pas pourquoi ce vœu ne subsisterait pas.

M. Jules Perrin. — Pourquoi n'émettrions-nous pas un vœu exprimant le désir du Congrès de voir tous les éditeurs adhérer à votre société ?

M. Hachette. — Pour les maisons qui se sont créées en vue de l'exportation, le premier devoir est de vendre leurs livres, et pour cela d'avoir des voyageurs.

M. le Président. — Il s'agit de savoir si chaque maison aura des voyageurs dans tous les pays étrangers, ou s'il n'y aura pas plus d'avantage à réunir toutes les maisons pour les faire représenter à l'étranger. La Société des Gens de lettres a, à l'heure actuelle, dans la plupart des pays, un représentant chargé précisément de répandre dans le pays les productions de ses adhérents ou de ses sociétés. De même, ne pourrait-on avoir dans chaque pays un représentant de la librairie française chargé de répandre tous les produits de la librairie française sans avantager personne ?

M. Schwartz. — C'est précisément ce que j'expliquais dans ma communication.

M. Max Leclerc. — Cette idée est incluse dans le programme de la Société d'exportation des éditions françaises.

M. Jules Perrin. — Ne pensez-vous pas que, si le Congrès émettait le vœu que votre Société obtienne l'adhésion de l'universalité des maisons d'édition, ce vœu serait réalisé et que l'expansion de la pensée française en bénéficierait ?

M. Méry. — Cette pensée est implicitement contenue dans le vœu que j'ai remis.

M. le Président. — Voici le vœu de M. Méry.

Le Congrès émet le vœu de voir s'étendre et se développer l'esprit d'association qui a présidé à la création de différentes sociétés d'exportation du Livre.

M. Jules Perrin. — Il ne faudrait pas qu'il y eût : *de différentes sociétés.*

M. Méry. — Il serait regrettable qu'il n'y en eût qu'une.

M. Jules Perrin. — Je ne sais pas s'il ne serait pas préférable, pour la France, qu'il n'y eût qu'une maison pour représenter l'idée française à l'étranger.

M. Paul Gillon. — Nous ne le désirons pas, parce que, s'il

n'y avait qu'une seule organisation, nous serions obligés d'accueillir des concours que nous ne désirons pas du tout.

M. Jules Perrin. — Ce sont là des préférences personnelles, et il me semble que le Congrès du Livre ne devrait pas entrer dans ces considérations ; il me semble que l'universalité nous serait plus profitable.

M. Lobel. — En Allemagne, il y a plusieurs maisons de ce genre; il n'y en a pas qu'une seule.

M. Paul Gillon. — Ce que nous demandons, c'est que l'association soit aussi large et l'union aussi parfaite que possible; mais on ne peut songer à admettre qu'il n'y ait qu'une seule association.

M. Clouard. — C'est pour cela que je demande que soit maintenu le vœu 10, qui ne vise pas votre association.

M. Max Leclerc. — Mais nous le votons tous.

M. le Président. — Reste à nous occuper du vœu 11 dont voici le texte :

11° *Un effort soutenu du Comité d'organisation du Congrès et d'un Comité d'exécution qu'il conviendrait de nommer, devenu permanent, pour combler, selon les moyens, l'absence d'une organisation centrale analogue au « Börsenverein » de Leipzig.*

M. Max Leclerc. — Ce que l'on demande de décider, c'est l'organisation d'un comité exécutif; mais ce que nous ne pouvons pas décider, c'est de prendre nos modèles exclusivement à Leipzig. Nous vous avons expliqué tout ce que nous avons fait, qui est adapté à nos mœurs. Le Congrès a émis toute une série de vœux qui tendent au même but : le développement de l'expansion française à l'étranger. Ceux que l'on nous présente maintenant nous inciteraient à prendre modèle sur l'organisation de Leipzig.

M. Clouard. — Il ne s'agit pas de prendre modèle sur Leipzig ; il s'agit de combler des lacunes. Ce devrait être le point principal de ce Congrès : l'absence d'une organisation centrale analogue à celle de Leipzig. Il ne s'agit pas de prendre Leipzig pour modèle.

M. le Président. — Supprimez le « Börsenverein » de Leipzig !

M. Clouard. — Nous sommes obligés de constater une chose, c'est que la librairie allemande a son organisation et sa coordination. Ce vœu a simplement pour but d'attirer l'attention du Congrès.

M. Jules Perrin. — Ne faisons pas allusion à l'Allemagne !

M. Paul Gillon. — Le développement de l'exportation allemande tient à deux causes : l'Allemagne a plus d'habitants que nous, et, d'autre part, lorsqu'elle n'a pas pu exporter des produits,

II. — 25

elle a exporté des hommes. C'est ce qui fait que son commerce à l'étranger s'est beaucoup développé : l'Allemagne y a envoyé beaucoup de monde.

M. Hachette. — M. Clouard demande la création d'un comité exécutif ; mais il existe. Nous avons un Syndicat des Editeurs qui ne fait peut-être pas trop parler de lui dans la presse, qui ne fait pas de bruit, qui n'est peut-être pas très connu, mais qui, je vous assure, travaille et fait de la besogne ; et, chaque fois qu'une question corporative nous est soumise, nous ne manquons pas de l'examiner. Il n'est donc pas nécessaire de créer un corps nouveau. Quand il s'agira de recevoir les professeurs et les universitaires qui ont besoin d'être en contact avec nous, le président du Syndicat des Editeurs sera là pour les accueillir, et nous serons heureux de donner toutes les collaborations qu'on pourra nous demander, quand le moment sera venu.

M. Clouard. — On ne peut pas comparer une organisation purement professionnelle, faite pour défendre les intérêts d'une profession, avec une organisation qui aurait, au contraire, pour but d'adjoindre à des éditeurs de livres des membres de la Société des Gens de lettres, des auteurs, autrement dit de substituer, à un organisme purement professionnel, un centre d'action qui essayerait de concilier les intérêts professionnels et ce qui constitue tout de même le prestige de la France, parce que, quand nous nous plaignons de l'insuffisance de la librairie française, nous n'avons aucune crainte pour les romans de Bourget et de Prévost ; il y a dans notre pensée autre chose qui concerne le prestige de la raison et de la science française, qui concerne, par conséquent, les livres de fonds ; vous voyez que c'est très loin de ce que vous proposez.

M. le Président. — Je me demande s'il n'y aurait pas lieu de formuler un autre vœu : *qu'après la guerre le Gouvernement maintienne l'institution d'un organisme semblable à la Maison de la Presse*. La Maison de la Presse s'est occupée exclusivement, au nom du Gouvernement, de faire la propagande française à l'étranger par le livre et par la brochure. Il y a énormément d'ouvrages français qui ont été répandus à l'étranger de cette façon systématique, et je crois que ce serait un organisme qui pourrait être conservé après la guerre, et qui rendrait de grands services.

M. Delmas. — Hier, j'avais demandé la création d'un Comité permanent du Congrès, de façon à servir de trait d'union entre les deux Congrès.

M. Jules Perrin. — Cela existe !

M. Delmas. — Il est utile que cela existe, parce que tous les renseignements qu'on pourrait se procurer, on les enverrait à ce comité ; car il y a des règlements qui ont paru, et on semblait les ignorer. Ce comité permanent aurait pour mission de transmettre aux membres du Congrès tous les renseignements qu'il recueillerait. J'ajoute qu'il serait peut-être nécessaire de publier un bulletin qui pourrait avoir simplement quelques pages et qui serait ajouté à la *Bibliographie*. Ce bulletin contiendrait les renseignements qu'on pourrait communiquer aux membres du Congrès, sans attendre le Congrès prochain. Ce serait peut-être une prépatation pratique du Congrès prochain. A chaque instant, on vient apporter des vœux qu'on ne peut pas lire. Si nous avions toute l'année pour préparer des réponses, des vœux, même des rapports, je crois que nous aurions, pour le prochain Congrès, un travail fait qui rendrait des services.

M. LE PRÉSIDENT. — Vous pouvez être sûr qu'après l'expérience qui a été faite, on pourra préparer le prochain Congrès d'une façon beaucoup plus précise.

M. DELMAS. — L'organisation du Congrès, telle qu'elle a été faite, a donné lieu à quelques observations. La division en sections peut simplifier les rouages ; mais, quand une réunion a lieu en même temps...

PLUSIEURS CONGRESSISTES. — Ce n'est pas la question !

M. LE PRÉSIDENT. — Ce sont des questions d'ordre pratique qui se sont posées et qui trouveront une solution pour le prochain Congrès.

M. MAX LECLERC. — Nous en sommes au paragraphe 11 et je voudrais bien que nous prissions un parti.

Ce vœu part d'un très bon sentiment, et j'approuve l'idée de M. Clouard. M. Clouard voudrait, inspiré par un sentiment très noble, que ce Congrès servît à quelque chose et stimulât les bonnes volontés, aboutissant à la centralisation de tous les efforts. Mais je ne crois pas que l'on atteigne ce but, en nous fixant comme programme de créer une organisation centrale analogue au « Börsenverein » de Leipzig. Je ne crois pas que nous, éditeurs français, nous puissions adopter pareil vœu, parce que ce « Börsenverein » n'est pas notre idéal, et ce serait une erreur économique de notre part que d'aller copier une institution allemande. Nous n'avons pas plus à copier une institution allemande que la constitution française n'a copié la constitution allemande.

On nous parle du commissionnaire allemand et du « Börsenverein » de Leipzig ; mais ces institutions répondent à un développement géographique et historique particulier. On vous a déjà dit pourquoi le commissionnaire est nécessaire en Allemagne sous la forme où il existe. Ceci tient principalement à ce que, sans cette institution, le libraire aurait été obligé de s'adresser aux éditeurs répartis sur toute la surface de l'Allemagne. En France, l'édition est concentrée à Paris : à quoi bon créer un tel organisme ? Il faut en France des commissionnaires, mais des commissionnaires ayant d'autres attributions.

Je crois donc que, tout en approuvant l'esprit du vœu de M. Clouard, il suffit de lui en donner acte, mais qu'il est inutile de voter.

M. CLOUARD. — Je maintiens mon vœu, et voici pourquoi. Je crois qu'il faut encore insister sur cette lacune d'une organisation centrale qui existe dans la librairie. Cette organisation aurait pour but de répondre à des nécessités que vous allez sentir à la suite d'une lecture que je vous demande la permission de faire.

C'est un article qui a paru dans les *Débats* d'hier et qui a pour titre : « Croquis de Budapest » :

Le Français qui arrivait à Budapest, il y a six ou sept ans, était agréablement surpris de voir combien sa langue maternelle était en honneur dans la capitale hongroise, surtout parmi les femmes. L'enseignement du français n'était obligatoire pour les garçons que dans les écoles d'enseignement moderne; mais dans les lycées de jeunes filles, où ce cours était facultatif, un grand nombre d'élèves le suivaient avec ardeur. La ville entretenait des cours de français pour ses instituteurs et ses institutrices comme pour ses fonctionnaires et ses employés; enfin, on ne comptait pas moins de cinq cents professeurs privés, avec ou sans diplôme, dans la capitale, de telle sorte que, si l'allemand restait, avec le magyar, la langue des affaires, le français était la langue littéraire par excellence que toutes les personnes un peu cultivées parlaient peu ou prou — et souvent à la perfection.

Ce goût pour notre langue n'impliquait nullement, à l'ordinaire, une admiration ou une sympathie particulière pour la France considérée comme nation. Quelques publicistes venus de Paris pour faire une conférence à Budapest, et qui ont découvert la Hongrie en huit jours, ont pu s'y tromper. Dans l'enthousiasme où les avait jetés l'excellente hospitalité hongroise, ils ont écrit, au retour, des articles « de digestion », où ils annonçaient à leurs compatriotes qu'il faudrait peu de chose pour détacher la Hongrie de la Triplice. Mais les Français qui avaient séjourné longtemps dans le pays savaient que l'admiration des Magyars allait toute à l'Allemagne, quand il s'agissait de politique, d'industrie, de commerce ou d'art militaire ; ce qu'ils demandaient à la France, c'était seulement sa littérature — son théâtre surtout, avec ses romans — son goût artistique, ses modes, bref tout ce qui fait pour le monde entier le charme et le prestige de Paris.

Les journaux et les livres français étaient donc fort goûtés à Budapest. Si les premiers ne comptaient pas dans la ville un grand nombre d'abonnés, on les trouvait dans tous les cafés sérieux ; or, il n'est pas de ville au monde où les hommes et les femmes passent plus de temps au café. Le café Bristol était particulièrement bien pourvu, puisqu'il offrait à ses clients, à côté de nos grands journaux du soir, les publications les plus spirituellement folâtres de Paris ; et c'était un vrai plaisir que de parcourir les uns et les autres, les après-midi d'été, à l'heure du « corso », pendant que les élégances pestoises passaient et repassaient indéfiniment sur le quai du Danube.

Quant aux livres de chez nous, ils s'étalaient en rangs serrés aux vitrines des libraires à la mode, dans la rue de Vacz et sur la place Gisella. Toutes les

« nouveautés » y paraissaient ; mais, sur les couvertures jaunes, deux auteurs l'emportaient sans conteste : si les hommes demandaient surtout les ouvrages de France Anatole, les femmes réclamaient de préférence ceux de Prévost Marcel (car en hongrois le prénom vient toujours après le nom). Malheureusement, nos volumes de 3 fr. 50 ne coûtaient pas moins de 4 couronnes 20 à Budapest, c'est-à-dire environ 5 francs ; car les libraires faisaient toutes leurs commandes à Leipzig, et ainsi l'acheteur devait payer deux emballages, deux transports, plus le bénéfice de trois marchands. Je demandai à l'un de ces libraires s'il ne pourrait pas commander directement ses livres français à Paris ; il me répondit que son traité avec la maison de Leipzig le lui interdisait, ainsi qu'à tous ses confrères.

Rentré en France, je m'adressai donc aux directeurs de plusieurs grandes maisons d'édition parisiennes, et leur présentai l'idée d'établir, à frais communs, un dépôt général des livres français dans un magasin de Pest, qu'ils loueraient spécialement à cet effet. En se passant de l'intermédiaire saxon, ils pourraient vendre nos livres à meilleur marché, ils en écouleraient un bien plus grand nombre, et le commerce de la France, comme un rayonnement intellectuel, en serait grandement favorisé... On me répondit qu'une telle entreprise était contraire à tous les usages, aléatoire et sans aucune chance de succès. Et personne ne la tenta.

Dimanche dernier, au Congrès du Livre, M. Raymond Poincaré a conseillé aux éditeurs — entre autres innovations — de « créer à l'étranger des dépôts centraux ». Que ce conseil, venu d'une telle autorité, trouve des oreilles favorables ! Nous en acceptons l'augure.

M. Paul Gillon. — Cela a changé, puisque la Société d'Exportation des Éditions françaises vient d'être créée.

M. Clouard. — Évidemment, si l'organisation dont je parle avait existé alors, ce monsieur s'y serait adressé.

M. Max Leclerc. — Mais ce n'est pas le « Börsenverein » qui organise ces dépôts ! Vous nous proposez de copier le « Börsenverein ».

M. le Président. — Il faut que nous aboutissions. Nous allons reprendre les vœux que nous avons retenus.

Nous avons un vœu de M. Teissier :

Que les organisations patronales des industries du Livre se concertent avec les organisations d'employés, pour le recrutement et la formation des vendeurs et des voyageurs.

(Adopté.)

Nous avons le deuxième vœu de M. Clouard avec le deuxième paragraphe modifié comme il a été dit :

2° La sauvegarde de la librairie provinciale par une série de mesures : admission des livres dans les trains de grande vitesse au tarif de la petite.

(Adopté.)

Nous passons au troisième vœu :

3° *L'amélioration des conditions faites aux libraires étrangers :*
a) *par l'extension du taux courant des remises aux périodiques français dans tous les pays;*
b) *l'unification et la stabilité des délais de payement accordés;*
c) *l'examen, avec le concours du ministre du Commerce, de la question du crédit à long terme dans ses rapports avec la question bancaire, et étant donné le manque regrettable de grands commissionnaires français.*

M. LANGUEREAU. — M. Clouard croit que les périodiques n'accordent pas des remises suffisantes aux correspondants étrangers. Depuis de nombreuses années, à peu près dans tous les pays, nous avons des correspondants qui reçoivent nos périodiques et qui les vendent...

M. CLOUARD. — La remise dépasse-t-elle 15 p. 100 ?

M. LANGUEREAU. — Vous me permettrez de ne pas vous répondre. Mais j'ai trouvé pour la Suisse, pour la Belgique, pour les pays étrangers de langue française, quantité de correspondants; j'ai des exportations qui finissent par atteindre un chiffre considérable, bien que ces publications soient d'un prix peu élevé, et j'ai toujours trouvé ces Messieurs disposés à pousser nos publications. Il me paraît impossible que dans un Congrès on veuille imposer aux éditeurs d'augmenter leurs remises.

M. MAX LECLERC. — C'est inadmissible.

M. CLOUARD. — Nous émettons un vœu.

M. MAX LECLERC. — Oui, mais pas sur des matières commerciales..., pas plus que nous ne pouvons imposer aux gens de lettres de ne pas collaborer au-dessous d'un certain prix !

M. CLOUARD. — Les éditeurs français n'accordent que de 10 à 15 p. 100 de remise sur les périodiques, alors que les Allemands accordent la même remise que sur les livres. C'est un fait.

M. LE PRÉSIDENT. — Il me semble que la discussion suffit et que nous ne pouvons pas émettre un vœu.

M. CLOUARD. — D'ailleurs, il me semble que ce vœu avait été écarté.

M. LE PRÉSIDENT. — Le vœu est renvoyé à la commission du Congrès.

Nous passons au huitième vœu :

8° *La création, dans les principales villes étrangères, de Maisons du Livre français par la coopération des éditeurs et, s'il le faut, avec l'aide de l'Etat.*

(Adopté.)

Voici le dixième vœu :

10° *L'entente et l'union des maisons d'édition françaises pour l'envoi de voyageurs à l'étranger.*

(Adopté.)

Enfin, nous arrivons au onzième vœu :

11° *Un effort soutenu du Comité d'organisation du Congrès et d'un Comité d'exécution qu'il conviendrait de nommer, devenu permanent, pour créer un organisme central d'expansion de la librairie et de la pensée française.*

M. Max Leclerc. — Qu'est-ce que c'est qu'un organisme central ?

M. Clouard. — Il s'agit d'émettre un vœu pour créer cet organisme central.

M. Max Leclerc. — Tout à l'heure, on nous a parlé du « Börsenverein ». J'ai montré que c'était une erreur économique et historique. On supprime le « Börsenverein » et on ne met rien à la place : cela n'a plus de sens. Je demande au rapporteur de s'expliquer ; car, en tant que membre probable du Comité exécutif, j'aurai à éclairer mes collègues

M. Clouard. — Si vous relisez le vœu, vous verrez que les objections de M. Max Leclerc tombent dans le vide, puisque, d'une part, il ne s'agit pas d'un modèle pris en Allemagne, mais d'une création qui pourrait rendre les services que rend cette organisation ; et d'autre part le vœu demande simplement un effort du Comité exécutif pour combler l'absence de cette organisation centrale. Il me semble que ce vœu exprime quelque chose de très net.

M. Haraucourt. — Le reproche que l'on fait à M. Clouard est celui qu'on m'a fait sur la même question, quand j'émettais un vœu identique quant au fond. On m'a reproché de ne pas bien savoir ce que seraient les groupements intéressés susceptibles d'éclairer les éditeurs sur l'opportunité de faire des envois dans tel pays. Nous demandons simplement qu'un groupement soit constitué afin d'éviter les erreurs qui se sont produites. Le vœu de M. Clouard me semble concorder avec le vœu quatorze de ma série, lequel a été admis à l'unanimité, étant ainsi réformé :

Que les groupements intéressés se concertent en vue d'empêcher, par tous les moyens en leur pouvoir, la diffusion des ouvrages qui discréditent notre littérature et compromettent à l'étranger l'expansion de la pensée française.

Au fond cela revient au même.

M. Clouard. — Mais non !

M. Haraucourt. — Nous demandons qu'existe quelque chose qui n'existe pas. M. Clouard a invoqué une comparaison avec un organisme allemand. On répudie cette comparaison : je veux bien ; mais ce qu'il y a au fond de tous nos esprits, c'est la nécessité de reconnaître qu'il faut créer quelque chose en France qui n'existe pas, pour éclairer ceux qui ne sont pas éclairés.

M. le Président. — L'objection de M. Max Leclerc porte là-dessus : dites-moi ce que sera cette organisation.

M. Max Leclerc. — Je me refuse à créer quelque chose qui n'est pas défini.

M. Haraucourt. — Nous demandons qu'on cherche et qu'on crée. Nous ne sommes pas parvenus à le créer ; mais vous voyez qu'en nous concertant nous avons émis des vœux qui, dans le fond, sont identiques.

M. le Président. — Je crois que la discussion peut être maintenant close, et je mets aux voix le vœu présenté par M. Clouard.

(Le vœu est adopté par 29 voix contre 27.)

M. le Président. — Nous n'avons plus que le vœu de M. Méry :

Le Congrès exprime le vœu de voir s'étendre et se développer l'esprit d'association qui a présidé à la création de différentes sociétés d'exploitation du Livre.

(Adopté.)

II. — Paul Gillon : **Les Expositions techniques**

M. le Président. — Nous arrivons au rapport de M. Paul Gillon sur *les Expositions techniques.*

Je donne la parole à M. Georges Moreau.

M. Georges Moreau. — Messieurs, je suis, vous le pensez bien, entièrement d'accord avec mon ami et associé Gillon sur les desiderata et les conclusions de son rapport.

La nécessité, pour les progrès de la librairie française, d'expositions périodiques, sans cesse renouvelées, l'intérêt capital qui s'attache à la création d'un Musée du Livre, sont des questions d'ordre professionnel qui furent souvent le sujet de nos entretiens, et nous avons maintes fois déploré l'ajournement constant de si beaux projets.

Mais comme, cette fois, j'en entrevois la prochaine réalisation, je crois devoir intervenir dans la discussion pour apporter un vœu complémentaire, dont l'objet est de donner aux expositions futures toute leur portée éducative.

Voici quel est ce vœu.

Toutes les fois qu'il sera fait, au Cercle de la Librairie, une exposition spéciale moderne concernant l'une des industries du Livre, il y aura lieu d'y joindre une rétrospective relative à cette spécialité. Exemple : une rétrospective de l'art typographique, de l'illustration, de la gravure, de la reliure, etc.

Dans ma pensée, Messieurs, il ne s'agit point d'un entassement de pièces nombreuses, encombrantes, où le profane ne peut rien discerner, mais de quelques *spécimens typiques*, choisis avec soin parmi les chefs-d'œuvre du passé, et classés avec méthode, de manière à former un ensemble vraiment éducatif.

Ce serait, en quelque sorte, pour chaque catégorie, la leçon des maîtres, le diapason du goût français.

A la lumière de ces beaux exemples, on jugerait les œuvres modernes avec plus de sûreté, et l'on aurait la notion des limites qu'il ne faut pas dépasser sous peine de commettre de lourdes fautes de goût et de tomber dans l'incohérence.

Je suis d'autant plus convaincu de l'utilité de pareilles rétrospectives, que je suis persuadé que nous n'obtiendrons la suprématie à laquelle nous aspirons que par le goût et la perfection apportés à nos réalisations.

C'est pourquoi je n'hésite pas à relever, dans le rapport, du reste si exactement documenté, de notre jeune confrère, M. Boivin, un paragraphe qui m'a choqué et dont je m'excuse de faire ici la critique.

Il s'agit de *la Technique du Livre illustré moderne*, p. 20 (Voir tome I, p. 150).

Voici ce paragraphe :

« Aujourd'hui la couverture des livres d'étrennes est une véritable affiche, destinée à attirer l'attention à la devanture du libraire.

«... Ces couvertures n'ont pas toujours eu une bonne presse, et nous ne prétendons pas qu'elles soient des merveilles d'art, mais on a vite fait de les traiter de cartonnages bariolés ; il faut tenir compte des moyens rudimentaires avec lesquels ils sont obtenus ; *puis ils sont destinés à des enfants*, et les enfants aiment ce qui brille, les couleurs violentes, témoins les jouets. On nous dit : vous leur faussez le goût. Nous ne demanderions pas mieux que de revenir à des couleurs plus simples ; elles nous coûteraient moins cher. Nous en avons essayé, elles n'ont pas réussi ; or, si nous éditons des livres, — confessons-le, — c'est avec l'intention de les vendre. »

Certes, Messieurs, la préoccupation de vendre à grand nombre est légitime chez tout commerçant. Il ne s'ensuit pas cependant qu'il doive chercher le succès à tout prix et, en particulier, ce succès de mauvais aloi qui consiste à flatter le mauvais goût du public, en lui offrant une marchandise qu'on ne voudrait point pour soi-même.

Nous savons tous, par le beau rapport de M. Haraucourt, les moyens très efficaces pour vendre beaucoup, beaucoup de livres.

La pornographie est un de ces moyens et, cependant, vous avez vu hier avec quelle indignation nous l'avons répudié.

L'éditeur français, digne de ce nom, doit être un éducateur de beauté ; son rôle est de former le goût, et non de le pervertir.

Or, une vilaine couverture, toujours en évidence, est une offense constante au sens délicat de la vue, comme la pornographie est une offense à la délicatesse des sentiments et des bonnes mœurs.

« Les livres d'étrennes sont destinés aux enfants », nous dit M. Boivin : raison de plus, mon cher confrère, pour que leur couverture soit irréprochable.

Permettez-moi, Messieurs, pour plaider mieux cette noble cause, d'appeler à la rescousse le bon poète Raoul Ponchon, et de vous lire une page que je tiens pour un chef-d'œuvre du plus gaulois des pédagogues :

Cela s'appelle : *Rouge et Or*.

> Connaissez-vous rien d'horrible,
> D'affreux, ignoble, odieux,
> Affligeant, inadmissible.
> Atroce, ignominieux,
>
> Comme ces livres d'étrennes
> Éperdument rouge et or,
> Qui donneraient des migraines
> A des boas constrictor ?...
>
> Il faut être des gens ivres,
> Des bandits, des sacripants,
> Pour mettre de pareils livres
> Entre les mains des enfants.
>
> Cet or qui jamais ne bouge,
> Au contraire, vient sévir
> Fatalement sur ce rouge.
> A quoi devraient-ils servir,
>
> Sinon à relier quelque
> Fantasque roi d'opéra,
> Ou tout autre nègre, tel que
> L'Empereur du Sahara.

Or des fêtes solennelles,
Rouge des jours de gala,
Des pompes officielles,
Quand nos alliés sont là,

Vous êtes pour nos Byzances
Le dernier terme du Beau,
Et de la Magnificence,
Golconde, Tyr, et Cambo.

Ainsi, rêvent, or et rouge
Leurs salons, nos enrichis,
Les épiciers de Montrouge,
Les philistins de Clichy.

Mais l'enfant est incapable,
Me direz-vous, de choisir?
Aussi seriez-vous coupable
De lui laisser ce loisir.

Vous pouvez, dès son aurore,
Sans fatigue et sans douleurs,
L'initier à la flore
Merveilleuse des couleurs.

Avec des mots pleins d'astuce,
Vous le rendrez soucieux
De la nuance, ne fût-ce
Que pour façonner ses yeux.

C'est ainsi que l'on insuffle
Quelque goût dans son esprit.
Plus tard, s'il n'est pas un buffle,
Il en connaîtra le prix.

Mais reprenons notre affaire.
Si — mais Allah le défend —
J'avais cet heur d'être père
De quelque bizarre enfant,

Et qu'à cette humaine graine
Je résolusse donner
Un livre pour ses étrennes
— Quitte à le bien étonner —

Je lui dirais : « Vois ce livre,
Il n'est pas d'un rouge fol
Il n'est, non plus, d'un or ivre...
Il fut, par Georges Auriol

» (Je suppose) ou, par Rivière
Conçu, façonné, ganté;
Arrange-toi de manière
A t'en montrer enchanté.

» Si ce livre, d'aventure,
N'est pas selon ton souhait,
Misérable créature,
Tu vas recevoir le fouet. »

Raoul PONCHON.
(*Les Arts de la Vie*, 1904.)

Après la protestation véhémente de Raoul Ponchon contre les reliures raccrocheuses, voici l'auteur impeccable des *Trophées*, qui nous dit, dans un beau sonnet, l'impression produite sur ses sens délicats par les reliures anciennes, aux tons apaisés.

VÉLIN DORÉ

Vieux maître relieur, l'or que tu ciselas
Au dos du livre et dans l'épaisseur de la tranche,
N'a plus, malgré les fers poussés d'une main blanche,
La rutilante ardeur de ses premiers éclats.

Les chiffres enlacés que liait l'entrelacs
S'effacent chaque jour de la peau fine et blanche:
A peine si mes yeux peuvent suivre la branche
De lierre que tu fis serpenter sur les plats,

Mais cet ivoire souple et presque diaphane
Marguerite, Marie, ou peut-être Diane,
De leurs doigts amoureux l'ont jadis caressé;

Et ce vélin pâli que dora Clovis Eve
Évoque, je ne sais par quel charme passé,
L'âme de leur parfum et l'ombre de leur rêve.

Je dédie ce sonnet à nos jeunes confrères, les bibliophiles de l'avenir, et je conclurai en leur disant :

Vous désirez faire des affaires, vendre beaucoup de livres ; eh bien ! vous y réussirez sûrement, en commençant par aimer le livre. Ayez la passion du livre, le reste viendra par surcroît.

Si vous aimez le livre, vous ferez de bons et beaux livres, vous supplanterez sur tous les marchés la marque *made in Germany* et ferez triompher, *urbi et orbi*, la pensée française par la diffusion de son bel écrin, le livre français.

Comme conclusion, voici le texte du vœu que je propose :

Toutes les fois qu'il sera fait, au Cercle de la Librairie, une exposition spéciale moderne, concernant l'une des Industries du Livre, il y aura lieu d'y joindre une rétrospective de l'art typographique, de l'illustration, de la gravure, de la reliure, etc.

M. LE PRÉSIDENT. — Nous sommes tous d'accord avec M. Moreau pour les livres de prix. Je crois que nous devrions renvoyer ce vœu d'abord aux relieurs, et puis aux maîtres de pension, qui, quand ils achètent des livres de prix, veulent acheter le meilleur marché possible. Le jour où les maîtres de pension et l'Etat mettront le prix qu'il faut y mettre, peut-être aurons-nous des livres plus présentables.

Je me permettrai d'ajouter un petit vœu personnellement ; c'est que, si nous établissons une exposition permanente du Livre, il y ait aussi une section que j'appellerais le musée « secret », parce que je ne voudrais pas que tout fût mis indistinctement à la disposition de tout le monde ; dans ce musée, on trouverait les plus beaux échantillons de la librairie étrangère, pour que nos éditeurs pussent y trouver des renseignements ; car il n'y a pas à dire, l'édition anglaise a fait beaucoup de progrès, et nos éditeurs auraient intérêt à étudier sur place ces échantillons.

M. LARNAUDE. — Je demanderai que le nom soit changé, à cause de la signification qu'on lui donne dans le public.

M. LE PRÉSIDENT. — Je sais : c'est pourquoi j'avais mis le mot entre guillemets. Ce que je demande, c'est que ce musée soit réservé aux professionnels qui y trouveraient des renseignements.

M. ALBERT CIM. — Dans toutes les bibliothèques, on compare les livres que l'on reçoit, et cette comparaison n'est malheureusement pas toujours à l'honneur de la France !

M. LE PRÉSIDENT. — Vous comprenez ce que je veux dire : un musée d'échantillons où les éditeurs pourraient se renseigner sur les progrès réalisés.

M. MOREAU. — Chaque année, on peut faire une exposition du livre étranger.

M. LE PRÉSIDENT. — Il s'agirait dans mon idée d'une exposition permanente.

M. PAUL GILLON. — C'est ce que j'avais demandé l'année dernière : faire une exposition permanente.

M. LE PRÉSIDENT. — Pour la véritable édition de luxe, je crois que la France a la maîtrise, mais, pour les éditions populaires illustrées, les belles photogravures, les beaux papiers, l'image, l'Allemagne a fait des progrès considérables dont nous pourrions peut-être nous inspirer.

M. MÉRY. — Il est toujours désirable d'avoir des éléments d'appréciation.

M. Paul Gillon. — A l'exposition de Bruxelles, il y avait une exposition allemande très importante, et, notamment, une exposition de librairie remarquable ; mais les membres du jury dont je faisais partie ont eu vite fait de s'apercevoir que les livres allemands n'étaient pas autre chose que des pastiches de publications anglaises. Quand la proposition de M. l'abbé Wetterlé n'aurait que ce résultat, ce serait déjà quelque chose ; cela montrerait que les Allemands ne sont pas aussi supérieurs qu'on veut bien le dire.

M. le Président. — Ce ne sont que des imitateurs, mais des imitateurs remarquables.

M. Moreau. — Le livre allemand est inférieur au livre anglais.

M. le Président. — Cela dépend... il y a des éditions remarquables.

M. Max Leclerc. — Ils ont fait de grands progrès depuis dix ans.

M. le Président. — Les Allemands ont toujours la même manière d'agir. Ils envoient à l'étranger des ingénieurs ou des artistes. Ceux-ci s'inspirent des meilleurs modèles, et ensuite ils produisent en séries. C'est toujours le même système.

M. Moreau. — Les Anglais et les Américains font des couvertures extrêmement harmonieuses et jolies. Celles des Allemands sont sombres et n'ont pas le même éclat.

M. Paul Gillon. — Je ne sais pas si vous avez lu mon rapport...

Nombreuses voix. — Oui! Oui!

M. Paul Gillon. — Je vais vous donner lecture du vœu ; cela ira plus vite. Je n'ai pas besoin de plaider la cause des expositions techniques. Je suis cependant obligé de dire qu'on avait eu autrefois l'idée de expositions techniques au Cercle de la Librairie. L'idée n'a pas eu de suite. Le Cercle de la Librairie comprend si bien l'utilité des expositions qu'il prête ses salons, par exemple, pour les peintres de montagne.

M. Floury. — Pourquoi cette idée n'a-t-elle pas réussi ?

M. Paul Gillon. — Cette tentative a été, comme toutes les tentatives en général, déconseillée.

M. Floury. — Est-ce que le même obstacle ne se représentera pas demain ?

M. Paul Gillon. — Je ne le crois pas. Dans tous les cas, je trouve que, puisque le Cercle de la Librairie a des salons magnifiques, si on utilise ces salons pour des fêtes, pour des artistes, on pourrait aussi les utiliser pour les artistes du Livre. Nous avons une foule de choses intéressantes dans le Livre, et la preuve, c'est que, dans ces derniers temps, on a fait au Pavillon de Marsan une exposition de gardes de livres qui a été une révélation. On a vu que non seulement on avait autrefois des gardes charmantes, mais on s'est aperçu aussi qu'il y avait un mouvement en faveur de la garde du livre.

M. MOREAU. — Justement, à la suite de cette exposition, j'ai reçu une foule de commandes de personnes qui croyaient que je fabriquais des gardes de livres.

M. PAUL GILLON. — Je vois dans ces expositions un stimulant, et on a besoin de cela. C'est pourquoi je demande que l'on fasse ces expositions, au Cercle de la Librairie ou ailleurs, si on trouve que le Cercle n'est pas assez central. Nous avons, par exemple, le Pavillon de Marsan. Nous avons eu, il y a deux ou trois ans, un maître admirable, Naudin, qui a exposé ses dessins pour Villon. Il est étrange que cette exposition ait eu lieu au Pavillon de Marsan et non au Cercle de la Librairie. L'idée n'en est même pas venue : il faut qu'elle vienne.

Je tiens à rappeler en quelques mots les efforts qu'ont faits en Belgique nos confrères. Il y a une dizaine d'années, après une promenade à Leipzig, on sentit à Bruxelles le besoin de faire un Musée du Livre, c'est-à-dire de rassembler tout ce qui pourrait intéresser ceux qui aiment le livre. Au début, ce fut modeste, puis la curiosité s'est étendue. On a changé de local, et, à ce moment, j'ai été surpris de ce que j'ai vu. Ce Musée du Livre a groupé autour de lui les hommes les plus remarquables de la Belgique, non seulement les littérateurs, mais les artistes, et on a fait des choses admirables. Laissez-moi vous lire ces quelques lignes :

« En 1913, il y a eu, au Musée du Livre de Bruxelles, une exposition d'estampes ; une exposition des livres belges de 1912 ; une exposition d'art photographique ; une exposition de la documentation par l'image ; une exposition du livre d'art ; une exposition du livre d'enseignement ; une exposition du livre de science ; une exposition du livre liturgique ; une exposition de xylographie. »

Je ne veux pas m'étendre davantage. Il y a aussi la publication qui a été faite par le Musée du Livre de Bruxelles ; c'est une merveille à laquelle rien ne peut être comparé chez nous, ni même en Allemagne. Je me permets de la signaler à ceux de mes confrères qui ne la connaîtraient pas.

M. MORTET. — L'Association des Bibliothécaires, dans un vœu qui sera lu tout à l'heure, a demandé, elle aussi, la création d'une et même de plusieurs Maisons du Livre. Je voudrais que ce vœu fût joint à celui de M. Gillon. Les expositions dont parle M. Gillon seraient certainement un bon stimulant ; mais je crois qu'il y aurait autre chose à faire ; ce serait la création à Paris et dans de grandes villes de province d'un Musée permanent.

M. Paul Gillon. — J'ai voulu borner mon ambition, et il m'a semblé que l'organisation de ces expositions serait déjà une excellente chose ; mais, dans mon rapport, j'ai eu soin de préconiser l'organisation du Musée permanent.

Voici d'ailleurs les conclusions de mon rapport :

1° D'organiser régulièrement, à partir de 1917, du 15 novembre au 15 décembre, une exposition des livres de l'année montrant les efforts faits, les progrès accomplis. Cette exposition préparerait admirablement la vente des livres d'étrennes que le public aurait le temps d'examiner à loisir ;

2° D'organiser, tous les deux ou trois mois, une exposition spéciale dont le programme serait élaboré par un comité de professionnels, d'artistes et de bibliophiles.

M. Max Leclerc. — Je demanderai à M. Gillon de mettre comme conclusion à son rapport :

Nous proposons : 1° qu'au prochain Congrès du Livre soit de nouveau mise à l'étude la question du Musée du Livre,

parce que vous avez l'air de mettre cette idée en dehors de vos vœux. Ensuite, « *et d'organiser*, etc. ».

M. Paul Gillon. — Je ne puis qu'applaudir à cette proposition.

M. Haraucourt. — En attendant une solution définitive, n'y aurait-il pas lieu d'en envisager une autre ? Pourquoi n'y aurait-il pas une section du Livre au Salon des Beaux-Arts, comme il y a une section pour les Arts décoratifs. Si vous aviez là un département qui vous serait consacré, avec l'habitude qu'a le public d'aller à tel endroit à telle date, vous bénéficieriez d'une institution déjà établie.

M. Guerlin. — Hier, à la première section, j'ai fait justement une proposition qui vient corroborer celle de M. Haraucourt. J'ai demandé la création d'un Salon annuel du Livre, et je tiens absolument à cette expression. Les expositions techniques ont, il me semble, un caractère surtout industriel. Le mot de Salon implique quelque chose de plus artistique, plus élégant.

M. le Président. — Ce qu'a dit M. Haraucourt est parfait ; mais, en ce moment, il n'y a pas de Salon !

M. Méry. — Je crois que l'utilité de faire ces expositions au Cercle de la Librairie serait justement d'apprendre l'adresse de ce Cercle de la Librairie que l'on ignore trop. Il y a dans tous les Salons une section du Livre, sous forme de reliures d'art.

M. Guerlin. — Cette institution aurait un caractère extrêmement bienfaisant. On pourrait créer certains grands prix pour la reliure, la gravure, etc., et on pourrait obtenir des chefs-d'œuvre comme lors des anciennes corporations.

M. Lelong. — Les propositions de MM. Guerlin et Haraucourt ne sont pas exclusives des vœux qui ont été déposés. Qui dit Salon du Livre implique une exposition de caractère artistique. Or, dans une exposition, il y a des étiquettes qui défendent de toucher aux objets exposés, tandis que, dans une exposition de ce genre des dernières créations de l'année, on pourrait au contraire manier les livres exposés.

M. Haraucourt. — Mon vœu n'est nullement en contradiction avec celui de M. Gillon. Dans mon grand désir de voir réussir cette idée, je voudrais vous faire bénéficier de la réclame établie depuis longtemps autour du Salon : on y viendrait par le seul fait qu'on va aux autres.

M. Paul Gillon. — Permettez-moi de vous faire remarquer que, dans la plupart des Salons, il y a toujours une section plus ou moins importante, consacrée à la librairie.

M. Haraucourt. — Au point de vue de la reliure seulement. Personnellement, j'ai bénéficié de cette organisation pour un autre projet. Quand j'ai fait le Salon des Poètes, je n'ai rien inventé ; j'ai simplement apporté l'idée d'aller s'installer au palais du Salon. Il m'a suffi de me présenter et de demander l'hospitalité : on m'y a accueilli, et, pendant plusieurs années, le Salon des Poètes a eu un succès qu'il n'aurait jamais eu ailleurs.

M. le Président. — En somme, les deux propositions ne s'excluent pas ; elles se complètent.

Je crois donc que nous pouvons voter sur les conclusions du rapport.

(Les conclusions, mises aux voix, sont adoptées sans opposition.)

M. le Président. — Il y a, dans la salle, un aveugle qui a demandé la parole. Nous allons l'entendre.

M. Pérouze (délégué de l'Association Valentin Haüy). — Messieurs, je viens, au nom de l'Association, attirer votre attention sur un sujet que vous n'avez pas encore entendu traiter : le livre en relief pour les aveugles. Les aveugles n'ont pas beaucoup de livres à leur disposition, et il y a un nombre considérable d'aveugles qui ne peuvent pas lire, parce que les livres ne peuvent pas leur parvenir. Le livre imprimé en relief est volumineux, et il pèse assez lourd ; un volume à 3 fr. 50 imprimé en Braille fait cinq ou six volumes, soit un colis de 3 à 5 kilos : aller et retour, cela fait

II. — 26

des frais que beaucoup d'aveugles ne peuvent pas supporter. Nous avons bien souvent émis le vœu de voir les transports publics nous accorder un tarif de faveur pour le transport de nos livres. Malheureusement, jusqu'ici, on ne nous a accordé que des facilités insignifiantes.

Il y a, à la bibliothèque Valentin Haüy, environ cinquante mille volumes ; ils sortent environ une fois l'an. Ils pourraient sortir bien davantage, si nous avions des facilités de transport. Cela serait d'autant plus désirable que nous avons un nombre assez considérable de soldats qui ont perdu la vue en défendant la France et, parmi eux, il y en a un grand nombre pour qui la lecture serait un très grand dérivatif, et même un moyen d'instruction et de travail. Je vous serais reconnaissant d'émettre un vœu pour que l'on nous accorde la franchise postale pour nos livres, ou, tout au moins, un tarif extrêmement réduit. (*Applaudissements.*)

M. LE PRÉSIDENT. — Nous sommes très touchés de cette communication, et le Congrès se fera un plaisir de s'associer à la demande qui est présentée.

M. JULES LÉVY. — L'an dernier, à l'Exposition du Livre à Lyon, il y a eu une exposition spéciale pour les bibliothèques d'aveugles. M. Herriot, j'en suis sûr, fera tout son possible pour vous faire donner satisfaction. Il nous a même montré l'imprimerie qui a été créée par M. Vaughan, où les caractères peuvent être employés indistinctement par les voyants et par les aveugles. Il nous avait montré des livres écrits spécialement pour les aveugles, et nous avait demandé de faire de la propagande pour ces livres. Il fera certainement tout ce qu'il pourra.

M. LE PRÉSIDENT. — Il nous reste à statuer sur le vœu de M. Haraucourt qui s'adjoindrait au vœu de M. Gillon, et dont voici le texte :

Que, en attendant la fondation du Musée du Livre, qui aura un caractère permanent, des expositions temporaires de librairie soient organisées, et que, dans ce but, des demandes soient faites en vue d'obtenir, au Salon annuel des Beaux-Arts, la création d'une Section du Livre.

(Le vœu de M. Haraucourt, mis aux voix, est adopté à l'unanimité.)

III. — ASSOCIATION DES BIBLIOTHÉCAIRES FRANÇAIS :
La Bibliographie

M. LE PRÉSIDENT. — Avant d'ouvrir la discussion, je prie M. Marais de donner connaissance, au nom de l'Association des Bibliothécaires français, des vœux qui sont présentés.

M. Marais donne lecture des vœux suivants de l'Association des Bibliothécaires :

Le Congrès du Livre, après discussion du rapport sur la bibliographie, présenté au nom de l'Association des Bibliothécaires français, émet les vœux suivants :

I. — Que, pour donner à la Bibliographie de la France, Journal de la Librairie, *une base plus large et plus solide, la loi concernant le dépôt légal soit modifiée de la façon suivante :*

PROJET ÉTUDIÉ ET VOTÉ PAR L'ASSOCIATION DES BIBLIOTHÉCAIRES FRANÇAIS ET LA SOCIÉTÉ DES GENS DE LETTRES

1° Le dépôt imposé simultanément à l'imprimeur et à l'éditeur (ou, à son défaut, à l'auteur).

2° Pour l'imprimeur, obligation :

a) De déposer, dans la huitaine de l'impression, à la préfecture de son département, ou, pour Paris, au ministère de l'Intérieur, un exemplaire de toute publication sortie de ses presses (sauf les exceptions admises par l'article 3 de la loi de 1881).

b) De joindre un acte de dépôt portant, sous peine de nullité, le titre de l'imprimé, le nom de l'auteur, la date, le nom et l'adresse de l'éditeur (ou de l'auteur), le chiffre du tirage, et, s'il y a lieu, la mention que l'imprimé déposé est une simple réimpression.

3° Pour l'éditeur (ou, à défaut d'éditeur, l'auteur), obligation de déposer, dans le délai de trois mois après l'impression, et par envoi direct à la Bibliothèque nationale, un exemplaire de toute publication mise en vente par lui, qui soit conforme en tous points aux exemplaires livrés au commerce.

II. — Que, dans la rédaction de la Bibliographie de la France, Journal de la Librairie, *il soit désormais tenu compte des modifications de détail énumérées dans le susdit rapport;*

III. — Qu'il soit publié un répertoire annuel donnant le dépouillement et le classement, par noms d'auteurs et par mots de matières, de tous les articles de quelque importance qui paraissent chaque année dans les périodiques imprimés en France;

IV. — Qu'il soit publié annuellement un dictionnaire alphabétique des écrivains et savants français actuellement vivants, et donnant pour chacun, outre les renseignements biographiques indispensables, une bibliographie de ses principales œuvres;

V. — Qu'il soit créé un Annuaire de la science française *paraissant régulièrement et donnant des indications brèves, mais précises, sur tous les organes et établissements d'enseignement supérieur et d'enseignement technique, sur les Archives, Bibliothèques, Musées, Observatoires, Sociétés savantes, etc., et généralement sur tout ce qui concerne la vie intellectuelle de la France;*

VI. — *Qu'il soit publié* :

1° *Un manuel résumant les notions qui se rapportent à l'état actuel des diverses industries du Livre : papeterie, imprimerie, typographie, procédés d'illustration, reliure;*

2° *Un manuel résumant, sous la forme d'une* histoire du Livre en général, *et du Livre français en particulier, les transformations successives de la technique ancienne;*

3° *Un manuel résumant les règles à suivre pour la rédaction des répertoires de livres (bibliographie et catalogues), ainsi que pour le classement et le service des bibliothèques;*

Chacun d'eux devrait être pourvu d'une bibliographie raisonnée, renvoyant aux monographies et études de détail, et d'une documentation figurée abondante, puisée, autant que possible, aux sources originales;

A chacun de ces ouvrages devrait correspondre une publication périodique, traitant des mêmes questions, et préparant les matériaux destinés aux éditions nouvelles, par lesquelles un manuel doit être de temps en temps rajeuni;

VII. — *Qu'il soit organisé, à Paris, et, s'il est possible, dans quelques grandes villes de province, indépendamment des expositions temporaires, des* Musées permanents du Livre, *où seraient représentées, par des spécimens bien choisis, la technique ancienne et la technique moderne des diverses industries du Livre, ainsi que la technique des Bibliothèques.*

M. LE PRÉSIDENT. — Avant de continuer, nous avons à liquider un reste d'hier. Il y avait deux articles sur la pornographie, qui n'avaient pas pu être votés, parce que le texte n'avait pas été arrêté.

M. HARAUCOURT. — Voici les textes qui ont été arrêtés en commission :

Que les tribunaux, en cas de doute, recourent à des experts commis à cet effet, et choisis parmi les groupements existants d'écrivains, d'artistes, d'éditeurs et de libraires.

(Adopté.)

Maintenant, nous supprimons le vœu 15 qui avait été présenté par M. de Dampierre ; le vœu 14 reste seul et est ainsi conçu :

Que les groupements intéressés se concertent en vue d'empêcher, par tous les moyens en leur pouvoir, la diffusion des ouvrages qui discréditent notre littérature et compromettent à l'étranger l'expansion de la pensée française.

(Adopté.)

M. LE PRÉSIDENT. — Nous continuons maintenant la question bibliographie.

M. Emmanuel de Margerie. — Il me semble que le rapport qui nous 'a été soumis est trop modeste. A le lire, les personnes qui ne sont pas au courant pourraient croire que la France est restée à l'écart du mouvement bibliographique depuis un demi-siècle. Je crois qu'il y a là une lacune et je voudrais vous indiquer un instrument de travail.

J'ai eu l'honneur, il y a quelques années, de présider une société qui élisait domicile ici, la Société de Bibliographie, et, en 1908, nous avons publié un premier annuaire qui est malheureusement resté seul; notre dévoué secrétaire avait établi une sorte de répertoires sommaires très précis sous une forme concise et qui portait le titre de *Notions sur la littérature bibliographique courante en France*. Ces documents contenaient environ une trentaine de pages.

Parmi les ouvrages de ce genre qui continuent à paraître, je me bornerai à en citer deux qui sont de premier ordre. Le premier, c'est la *Bibliographie géographique*, publiée par L. Raveneau, chez Armand Colin, qui contient chaque année un millier d'analyses classées de la manière la plus commode. En second lieu, je citerai une œuvre analogue publiée par Yves Delage. Ce recueil est parvenu à son quinzième volume. C'est un document précieux qui le deviendra de plus en plus. Je citerai également l'ouvrage que M. Deniker a cité, la *Bibliographie scientifique de la France*.

Je ne veux pas insister sur ce point; mais je vous demanderai de soumettre au Congrès les vœux suivants :

1° *Que tous les ouvrages édités en France soient datés, et que leur date réponde au millésime effectif de leur publication*;

2° *Que tous les ouvrages documentaires publiés en France soient pourvus d'un index alphabétique*;

3° *Qu'un annuaire de l'Enseignement supérieur et des Sociétés savantes de la France, indiquant les noms, adresse et spécialités des professeurs et des membres de ces associations, soit imprimé et régulièrement tenu à jour*;

4° *Qu'il soit préparé, par les soins ou avec le concours de l'État*, une Bibliographie des publications officielles françaises de 1815 à 1900;

5° *Que l'échelle des cartes géographiques, publiées séparément ou à titre de planches et de figures dans des ouvrages illustrés, soit toujours exprimée numériquement et graphiquement, suivant le vœu déjà émis par les Congrès géographiques internationaux*;

6° *Que les cartes géographiques insérées dans les publications scolaires soient établies, autant que possible, à des échelles métriques simples, de manière à faciliter les mesures directes et les comparaisons*.

M. le Président. — La parole est à M. le général Sebert.

M. le général Sebert. — Voici la note que j'ai rédigée au sujet de la Bibliographie technique et industrielle.

Dans la pensée qu'il peut y avoir intérêt à développer sur certains points l'excellent rapport de M. Deniker sur la Bibliographie scientifique, je me suis permis de préparer cette Note qui pourra, j'espère, trouver utilement place dans les documents du Congrès.

Elle traite spécialement, en effet, de certains travaux de bibliographie, qui ont pris, dans les circonstances actuelles, une importance particulière.

Je veux parler des bibliographies techniques et industrielles, qui ont pour but de fournir aux industriels les éléments d'information dont ils ont besoin.

Ces bibliographies se rattachent à la création des Offices de documentation que l'on cherche à constituer en France, de différents côtés, pour assurer, après la guerre, le relèvement et le développement de notre industrie nationale.

Ces bibliographies comportent, pour leur préparation, des règles et des conditions spéciales, qui les distinguent des bibliographies littéraires ou scientifiques ordinaires et qui ont pour but surtout de leur donner une valeur utilitaire.

Elles font l'objet des travaux du Bureau bibliographique de Paris, et je suis amené, par suite, à donner quelques indications sommaires sur cette Institution.

Le Bureau bibliographique de Paris a été fondé en 1898 avec l'appui de l'Association française pour l'avancement des sciences et de la Société d'encouragement pour l'industrie nationale.

Sa constitution et son mode de fonctionnement ont fait l'objet de deux notes publiées en 1898 et 1902 dans le Bulletin de cette Société, et qui ont été tirées à part[1].

Il se consacre presque exclusivement à la préparation et à la publication des éléments d'un Répertoire bibliographique spécial, limité aux sciences appliquées à l'industrie, mais établi sur le plan du Répertoire bibliographique universel, fondé par l'Institut international de Bibliographie de Bruxelles.

Cette œuvre forme ainsi l'une des branches de ce grand Répertoire dont le prototype est, comme on le sait, déposé à Bruxelles, dans les locaux dépendant de la Bibliothèque royale, mis par le Gouvernement belge à la disposition de l'Institut.

Le Bureau bibliographique a fait appel à de nombreux collaborateurs pour la préparation du Répertoire bibliographique dont il réunit les éléments, ainsi que pour la rédaction des Notices qui

---

1. Ces notes portent, la première, le titre de : « Publication de Répertoires bibliographiques des Sciences pures et appliquées, établis conformément à la classification décimale »; et la seconde, le titre de : « Note sommaire sur le Répertoire bibliographique universel basé sur la classification décimale. »

composent ce répertoire, et qui doivent concerner non seulement les ouvrages techniques édités en librairie, mais aussi les principaux articles parus dans les publications périodiques correspondantes.

Pour guider ces collaborateurs dans leur travail, il a fait paraître, en 1898 et 1906, deux brochures intitulées, l'une : *Règles pour la Rédaction des Notices destinées au Répertoire bibliographique universel*, et l'autre : *Instruction sur le dépouillement des publications périodiques françaises*.

Pour faciliter les travaux des spécialistes s'occupant de branches particulières des sciences, il a, avec l'appui des Sociétés savantes intéressées, fait paraître aussi quatre volumes renfermant des extraits du *Manuel pour l'usage du Répertoire bibliographique universel* : l'un pour les sciences photographiques, l'autre pour les sciences physiques, le troisième pour la locomotion et les sports (tourisme, cyclisme et automobilisme), et le quatrième pour les sciences agricoles, ce dernier publié avec le concours de M. Vermorel et de sa station viticole de Villefranche.

Le Bureau bibliographique ne publie pas de bulletin spécial. Il avait, avant la guerre, adopté comme organe le *Bulletin de l'Institut international de Bibliographie*, publié à Bruxelles depuis l'année 1895, dont il faisait le service à ses adhérents.

L'arrêt de la publication de ce Bulletin, en se prolongeant, a motivé la décision prise par le Bureau de préparer la publication d'un Bulletin temporaire qui, paraissant en fascicules isolés, pourra remplacer provisoirement le Bulletin de l'Institut de Bruxelles, pendant la durée de la suspension de ce dernier.

Le manuscrit original du Répertoire conservé à Paris comprend actuellement environ deux cent mille fiches du modèle international, établies chacune, en principe, en deux exemplaires, l'un à classement alphabétique, l'autre à classement méthodique.

Un répertoire spécial, d'environ trente mille fiches, établi à titre d'essai, donne, en outre, le relevé des brevets pris en France au cours de l'année 1908.

Il met en évidence, par le mode de classement adopté, la possibilité d'utiliser la classification décimale pour établir une classification internationale commune aux brevets des divers pays, brevets que la diversité des classements rend aujourd'hui si difficiles à rapprocher [1].

L'expérience acquise par le Bureau bibliographique, pour l'établissement de ces répertoires sur fiches, lui a appris à connaître les

1. Des notes sur la question de l'utilisation pour cet usage de la Classification décimale universelle ont paru dans le *Bulletin de l'Institut international de Bibliographie* de 1907 et 1908.

On a été aussi conduit à mettre récemment à l'étude, en France, l'application de ce système au classement des brevets intéressant la défense nationale et mis en commun entre les Alliés.

Il y a donc là une question qui présente un certain intérêt d'actualité.

meilleures méthodes à appliquer pour l'établissement matériel de ces répertoires, et l'a mis en mesure d'employer, pour leur création, les meilleures sources d'information qui peuvent être actuellement utilisées. Il y a là des conditions dont il pourrait avantageusement être tiré profit pour la constitution des Offices de documentation, dont la réalisation est à l'ordre du jour de différents côtés.

Les éléments réunis pour constituer le Répertoire sur fiches, conservé par le Bureau bibliographique de Paris, ont pu être utilisés pour la publication d'un certain nombre de bibliographies de recueils scientifiques, qui sont classées sous le nom générique de Notices bibliographiques, et font partie de la collection désignée par l'Institut international de Bibliographie, sous le titre de *Bibliografia Universalis*.

En premier lieu, le *Bulletin de la Société d'encouragement pour l'industrie nationale* a fourni, depuis l'année 1898, les éléments d'une bibliographie portant le titre de « Sommaires bibliographiques » de ce recueil.

Chacun des numéros mensuels de ce Bulletin contient, en effet, en encartage, depuis cette époque, des feuilles réunissant des Notices bibliographiques consacrées chacune aux articles publiés dans le numéro précédent.

Ces feuilles sont imprimées au recto seulement et les Notices sont disposées typographiquement de façon à pouvoir être, au besoin, découpées et collées sur fiches du format international.

Les Notices, ainsi publiées jusqu'à ce jour, sont au nombre d'environ deux mille huit cents. Elles peuvent constituer un volume qui, par l'addition d'une table récapitulative, établie sur le type préconisé par l'Institut international de Bibliographie, fournirait une bibliographie complète du *Bulletin de la Société d'encouragement* depuis l'année 1898.

Il a été publié, pour la Société française de physique, trois volumes contenant les Sommaires bibliographiques des comptes rendus des séances des trente années de la Société, s'étendant de 1873 à 1902 inclus (Tomes I à XXX)[1], et, à titre d'essai, deux autres volumes contenant, au lieu de Sommaires bibliographiques *simples*, des Sommaires dits *analytiques*, donnant, après le titre de chaque communication, une analyse sommaire de cette communication.

Ces deux derniers volumes se rapportent aux années 1897 et 1898.

Le Bureau bibliographique a entrepris, en outre, pour l'Association française pour l'avancement des sciences, la publication des Sommaires bibliographiques des comptes rendus des sessions

---

[1]. Le quatrième volume décennal des *Sommaires bibliographiques des comptes rendus des séances de la Société de physique* est en cours de préparation.

annuelles depuis l'année 1872, date de la fondation de l'Association et du premier Congrès.

La publication doit être faite par volumes comprenant chacun une période décennale, avec tables cumulatives. L'impression commencée a été interrompue par la guerre. Le manuscrit est prêt jusqu'à l'année 1901.

Aux travaux faits par le Bureau bibliographique, il convient de rattacher les dispositions prises par certaines publications périodiques, en conformité des recommandations faites par ce Bureau, pour faciliter l'utilisation des éléments de ces publications, en vue de la préparation éventuelle de Répertoires bibliographiques sur fiches, ou, tout au moins, de Tables formant la base de répertoires de ce genre.

Indépendamment des comptes rendus des sessions de l'Association française pour l'avancement des sciences, dont tous les articles reçoivent l'indexation décimale, lors de leur impression même dans chaque volume des comptes rendus, le *Bulletin de la Société française de photographie* indique aussi, depuis l'année 1895, l'indexation décimale de chacun des articles qui y sont publiés, et les Tables annuelles de ce Bulletin sont établies sous la forme cumulative qui leur donne une grande valeur bibliographique.

La *Revue générale d'électricité*, qui a remplacé récemment les différentes Revues spéciales concernant l'électricité qui paraissaient en France avant la guerre, vient aussi d'adopter la classification décimale pour l'indexation de ses articles, et elle imprime les Notices bibliographiques, qu'elle consacre aux comptes rendus des ouvrages récemment parus et aux publications étrangères, sous une forme qui permet de les découper et coller sur fiches, si on le désire; car le verso des feuilles est réservé à des réclames qui peuvent être sacrifiées sans inconvénient.

Il y a lieu de signaler encore, pour compléter l'analyse des travaux du Bureau bibliographique, que, au cours de l'année 1913, il avait commencé la préparation d'un catalogue collectif des ouvrages scientifiques des Bibliothèques de Paris.

Le plan de ce travail, conçu à l'exemple de celui qui avait reçu, en Belgique, un commencement d'exécution, était exposé dans une brochure publiée sous le titre : « Création d'un catalogue collectif des ouvrages scientifiques contenus dans les Bibliothèques de Paris, par le Bureau bibliographique de Paris ».

Le travail devait être commencé par la publication du catalogue pour les publications périodiques, et la brochure publiée devait être complétée par une instruction contenant les « Règles spéciales pour l'établissement des catalogues des publications périodiques ».

Le décès de l'ingénieur qui devait diriger ce travail, puis l'éclosion de la guerre actuelle sont venus en suspendre l'exécution.

L'Académie des sciences, en mettant de nouveau cette question à l'étude, est venue heureusement en hâter la solution.

L'énumération des travaux faits, en France, sur la Bibliographie technique et industrielle ne serait pas complète, si nous omettions de mentionner la publication du recueil périodique illustré : *le Mois scientifique et industriel*.

Ce recueil, fondé, en 1899, par M. Paul Renaud, avec l'appui d'un Comité de patronage sérieux, a paru règulièrement depuis cette époque jusqu'au début de la guerre.

Il a publié, dans ses cent soixante-quinze fascicules, les Sommaires analytiques, souvent accompagnés d'illustrations, des principaux articles publiés dans un grand nombre de publications techniques de France et de l'étranger.

Ces articles concernent, d'après l'énumération même qui en est donnée dans les derniers numéros du journal, les questions de mécanique, d'électricité, de génie civil, ainsi que celles des mines et de métallurgie, et celles de chimie et d'électrochimie ; mais on y regrette l'absence de l'agriculture.

Les titres de ces articles sont complétés par des index numériques établis d'après les tables de la classification décimale ; ce qui permet de les utiliser pour la préparation de Répertoires bibliographiques classés méthodiquement. Ce recueil, qui renferme périodiquement des Tables récapitulatives, constitue une bibliographie technique, qui a rendu déjà de grands services aux industriels.

La déclaration de la guerre et la mort de son fondateur en ont momentanément interrompu la publication ; mais des dispositions sont prises pour la reprendre, dès que les circonstances le permettront.

Il nous reste à indiquer les vœux que le Congrès pourrait être amené à formuler au sujet de la question de la Bibliographie technique et industrielle, comme conséquence des indications sommaires contenues tant dans cette note que dans le rapport même de M. Deniker.

Il est certain que la Bibliographie dont il s'agit est de nature toute spéciale et qu'elle occupe déjà, dans son état actuel, un domaine à part.

Dernière arrivée dans la grande famille des Bibliographies, elle s'est fait une place de plus en plus en vue, à côté des Bibliographies littéraires et historiques, et même de la Bibliographie purement scientifique.

Par suite du caractère utilitaire qu'elle doit présenter avant tout, elle exige, pour sa préparation, dans les différentes branches des applications des sciences à l'industrie, le concours d'hommes compétents dans ces sciences et pouvant faire un choix judicieux entre les documents réellement utilisables et ceux qui ne constituent que des renseignements sans valeur.

La *Bibliographie scientifique et industrielle* forme, avec les périodiques techniques, les bases fondamentales de l'organisation des Offices de documentation, dont la création, au moins par spécialités, à côté des différentes catégories d'industries, est une des nécessités de l'époque actuelle.

La question des dispositions à prendre pour améliorer la publication des périodiques techniques n'a pas été abordée par le Congrès.

Elle aurait pu, sans doute, donner lieu à d'intéressantes discussions ; je me bornerai à signaler qu'à l'exemple de ce qui a été fait pour la fusion des Revues d'électricité, on se préoccupe, dans nos milieux industriels, de réaliser la fusion d'un certain nombre des organes consacrés aux autres branches des sciences appliquées, en les groupant, d'après leurs spécialités, en un nombre limité de publications.

D'autre part, on sait que, dans les discussions qui ont eu lieu récemment à l'Académie des sciences, à propos notamment des mesures à prendre, dans notre pays, pour l'organisation de laboratoires nationaux de recherches, il a été émis des vœux pour la publication d'informations relatives aux ouvrages scientifiques et aux publications périodiques existant dans les Bibliothèques de Paris. On a spécialement signalé l'utilité de réunir ces informations pour les sciences agricoles, que la plupart des publications existantes laissent un peu trop de côté. Après l'Académie des sciences, la Société d'encouragement pour l'industrie nationale, comme aussi la Société des Ingénieurs civils, dans le but commun d'assurer la reprise et le développement de l'activité industrielle de notre pays, se préoccupent d'obtenir la création ou la meilleure organisation des Offices d'information et de documentation qui peuvent servir si utilement à armer nos industriels pour la lutte contre nos rivaux étrangers.

A la base des éléments dont il s'agit, se trouvent, comme je l'ai dit, les bibliographies de caractère purement utilitaire, qui sont destinées surtout aux Bureaux des Ingénieurs et des Industriels, et à la préparation desquelles le Bureau bibliographique s'est attaché depuis si longtemps et l'un des premiers.

Les circonstances actuelles mettent en évidence l'importance de ces travaux, et je pense que le Congrès admettra qu'il y a lieu d'en encourager la continuation.

Le plan à suivre serait tout indiqué. Il y a surtout à poursuivre, suivant les besoins, la publication des séries de Notices bibliographiques qui peuvent concerner les différentes branches des sciences industrielles, sans oublier les sciences agronomiques.

En présence du mouvement qui se produit en faveur des travaux de ce genre et de la création des Offices de documentation industrielle, on peut espérer que les ressources et les moyens d'action, qui ont trop souvent manqué, pour donner aux publications dont il s'agit toute l'ampleur voulue, ne feront plus défaut et permettront d'en assurer la réalisation.

Une expérience, chèrement acquise, nous a montré, en effet, le danger de négliger, comme nous l'avons fait trop longtemps, toutes les sources d'information qui constituent les éléments d'une puissante organisation, et nous saurons, j'espère, éviter dorénavant cet écueil.

Dans ces conditions, je pense que le Congrès voudra bien émettre un vœu qui pourrait être formulé de la façon suivante :

Considérant l'intérêt que présente, pour l'avenir de notre pays, la réunion d'informations documentaires concernant nos industries nationales,

Le Congrès émet le vœu :

Que des encouragements et des appuis officiels soient accordés aux Sociétés savantes françaises qui ont entrepris la préparation de Bibliographies techniques et industrielles, en vue de la constitution d'Offices de documentation spéciaux à ces divers industries.

M. LE PRÉSIDENT. — Monsieur Deniker, vous avez la parole.

M. DENIKER. — Je remercie beaucoup mon collègue et ami, M. de Margerie ; mais je tiens à faire une réponse à quelques observations qui viennent d'être présentées.

En faisant mon rapport, je me suis inspiré du programme du Congrès : *les Bibliographies générales.* Je n'avais donc pas à signaler les Bibliographies particulières à toutes les sciences.

D'autre part, il y a eu des résumés des travaux faits pendant la guerre. Ceci correspond à ce que l'on appelle en allemand des *Jahrbücher.* Ces résumés, mis au point, ne sont pas des bibliographies à proprement parler. Si je pouvais émettre un vœu, ce serait de créer chez nous ces *Jahrbücher* pour faire concurrence aux Allemands. En somme, je réponds à M. le général Sebert : Je n'ai pas cité ces Bibliographies dont vous parlez, parce que ce sont des Bibliographies spéciales qui consistent en une réunion de fiches et qui n'ont jamais été publiées comme livres.

M. LE GÉNÉRAL SEBERT. — Pardon, celles dont je parle ont été publiées comme livres.

M. DE MARGERIE. — Je n'ai pas voulu critiquer le travail de M. Deniker. J'ai regretté que le cadre de son rapport ne lui eût pas permis de parler de l'*Année bibliographique.* En ce qui concerne la nécessité de remplacer, après la guerre, la série des *Jahrbücher* qui se publient en Allemagne, j'applaudis des deux mains, et je crois que le Congrès ferait œuvre utile (commencée en Italie par la revue *Scientia*), et qui consiste à faire campagne afin que la France, ses alliés et les neutres s'arrangent pour remplacer les *Jahrbücher* par des recueils équivalents.

M. Lelong. — Par bonne fortune, je viens de me rencontrer avec le vœu qui a été déposé par M. de Margerie : je n'ai donc qu'à m'incliner, et je ne dépose pas mon vœu. J'ajoute simplement deux mots pour appuyer notre vœu commun. Quand il s'agit d'un roman, d'une œuvre de pure imagination, il importe beaucoup pour le bibliothécaire, mais beaucoup moins pour le public qui l'achète, de savoir la date d'édition de ce roman. Mais, quand il s'agit d'un ouvrage de science ou de documentation, d'ouvrages, en un mot, qui ont pour tâche d'instruire et non pas de distraire, la date est indispensable. J'espère que le Congrès sera unanime pour s'associer à ce vœu.

M. Eugène Morel. — Il me semble, après avoir entendu les divers orateurs, que l'on devrait mettre la date sur tous les livres. Mais j'estime qu'il faut demander que l'imprimeur, qui doit signer, mette la date à l'endroit où il signe. Cela nous donnera une garantie. L'imprimeur qui est désintéressé n'aura pas intérêt à ne pas mettre la date sur le livre qu'il aura imprimé.

M. de Margerie. — Je suis d'accord avec vous ; mais je crois qu'il y aurait néanmoins intérêt à avoir la date tout de suite.

M. Albert Cim. — Je voudrais dire un mot pour l'index et son utilité. En Angleterre, en 1827, il a été déposé par M. Campbell, je crois, un projet de loi supprimant les droits d'auteur à tout écrivain qui ne mettrait pas, à la fin du volume, un index. Tous ceux qui travaillent savent la nécessité absolue d'avoir un index ; autrement, il n'est pas possible de faire de recherches.

M. le Président. — Les Allemands mettent l'index en tête du volume, si bien que vous commencez par lire l'index.

M. Larnaude. — Dans les livres allemands, la table se trouve au début, mais l'index est à la fin. J'insiste à mon tour sur la nécessité absolue de rétablir les index. Nous ne ferons, d'ailleurs, sur ce point, que reprendre ce que faisaient nos admirables auteurs du dix-septième siècle. Il n'y a pas un seul auteur scientifique, juridique, où il n'y ait des index qui sont véritablement d'une profusion de mots extraordinaire ; ce qui facilite considérablement les recherches dans ces énormes volumes in-folio et in-$4°$, et même dans les petits volumes plus accessibles à nos bourses. Je crois que l'index est indispensable. En ce qui me concerne, quand un étudiant vient me demander de présider sa thèse, — on le demande même au Doyen, — je lui dis toujours de faire ce que j'appelle une table alphabétique, un index.

M. de Margerie. — Sans vouloir adresser le moindre reproche aux maisons Hachette et Colin, je fais appel à tous ceux qui se sont servis de la *Géographie universelle* de Reclus, qui n'a qu'un petit index géographique, mais pas général. Il en est de même pour l'*Histoire de la Langue française*, de la librairie Colin. Ces ouvrages seraient plus souvent consultés, s'il y avait un index.

M. Albert Cim. — Voilà Michelet : il n'a pas d'index à la fin. Je l'ai dit à Mme Michelet bien des fois. C'est un ouvrage qu'on ne lit plus.

M. de Grandmaison. — Dans le *Polybiblion* que je dirige, j'ai pris la liberté, quand nous avons des articles critiques sur des livres d'histoire, après en avoir rendu compte, d'indiquer très nettement que ce livre nous paraît d'une valeur scientifique nulle, parce qu'il manque de table alphabétique. Je pense que ce simple rappel à l'ordre doit suffire pour inciter les auteurs à mettre un index alphabétique.

M. Larnaude. — Je demande que l'on substitue le mot *table alphabétique* au mot *index*. Il ne faut imiter en rien les Allemands.

M. de Margerie. — Le mot *index* est un mot latin ; ce n'est pas un mot spécialement allemand.

M. Méry. — Je demande que l'on substitue au vœu 6, proposé par M. Clouard et relatif à la publication d'un catalogue général, le vœu suivant :

Le Congrès émet le vœu que les éditeurs unifient le format de leurs catalogues dans le but de faciliter l'établissement d'un Catalogue général de la Librairie française.

Je crois qu'il n'y a ici aucune opposition à faire, et que c'est dans l'intérêt de tout le monde.

M. le Président. — La parole est à M. Paul Boyer.

M. Paul Boyer. — Voici le vœu que je soumets au Congrès.

Qu'au nombre des Bibliographies générales ou spéciales dont la publication est envisagée soit compris un index de Bibliographie générale critique à l'usage du grand public.

Cet index de Bibliographie générale critique serait publié en un seul volume in-8°, de 500 pages environ.

Le Manuel de Bibliographie générale russe, publié en 1892, à Moscou, sous le titre de Livre des Livres, *pourrait servir de modèle à cet index de Bibliographie générale critique*[1].

M. Marais. — Je voudrais que ce volume pût être composé d'un certain nombre de fascicules dont chacun correspondrait à

1. Les renseignements relatifs à ce livre russe dont parle M. Boyer ont été déposés aux archives du Congrès du Livre.

une classe particulière de connaissances, de façon que chaque fascicule pût être vendu séparément.

M. DE MARGERIE. — Je crois devoir rappeler qu'à Lyon nous avons d'excellentes éditions bibliographiques, notamment d'excellents petits manuels peu connus, de chez Vitte.

M. L'ABBÉ BETHLÉEM. — Je préfère l'ouvrage de Coupal.

M. DE MARGERIE. — Cela, c'est autre chose ; cet ouvrage est fait au point de vue apologétique.

M. L'ABBÉ BETHLÉEM. — Pas seulement au point de vue apologétique.

M. ALBERT CIM. — Nous avons la *Bibliographie des bibliophiles*.

M. DE MARGERIE. — C'est l'ouvrage de Stahl.

M. EUGÈNE MOREL. — Il y a une vingtaine d'années, nous avions fait un projet semblable à ceux que j'entends exposer. C'est très difficile à réaliser, parce que cela coûte trop cher. Mais il me semble qu'il est parfaitement possible d'établir une bibliographie de ce genre dans le format d'un guide, un petit volume à réédition annuelle ou tous les deux ans. A côté de la Bibliographie à 20 ou 30 francs, il faut qu'il y en ait une à 5 ou 10 francs, qu'il faudra établir pour les ingénieurs et les industriels, pour les à côté de leur profession, là où il faut des notions annexes à-côté de leur métier.

M. L'ABBÉ BETHLÉEM. — Je me demande comment on pourrait réunir autant de renseignements en 500 pages.

M. PAUL BOYER. — Voyez le livre russe.

M. L'ABBÉ BETHLÉEM. — J'ai consacré une œuvre uniquement à des romans ; j'ai commis beaucoup d'erreurs et **d'omissions**, et pourtant je ne me suis occupé que des **romans**.

M. DE GRANDMAISON. — Je crois que l'on peut parfaitement arriver à faire une Bibliographie à 3 francs.

M. LE PRÉSIDENT. — Je crois que nous sommes tous d'accord pour accepter les conclusions du rapporteur. Il y a là une foule d'indications très précises pour les éditeurs, qui voudront bien compléter les collections existantes, ou en créer de nouvelles.

Voici donc ce que je propose : il y a les vœux qui se trouvent dans le rapport, et ceux qui ont été proposés. Je crois que les vœux de M. Marais remplacent les conclusions de M. Deniker. Pour les autres vœux, nous pourrons voter successivement sur chacun d'eux, après les avoir mis au point.

M. DELMAS. — Dans le rapport, il n'a pas été question de la

Bibliographie belge. Pourquoi n'en a-t-on pas parlé en France, ainsi que des fiches bibliographiques?

M. DE MARGERIE. — L'expérience faite en Belgique a montré que cette méthode n'avait rien de pratique. Plusieurs Sociétés qui l'avaient adoptée l'ont abandonnée.

M. DELMAS. — Toutes les Sociétés recevaient le *Bulletin de la Société de Bibliographie belge*.

M. DE MARGERIE. — Ayant eu à rendre compte de l'entreprise bibliographique belge, à la suite des critiques que j'avais adressées, le Gouvernement belge a arrêté la publication de l'ouvrage. C'est donc un enterrement de première classe.

M. LE GÉNÉRAL SEBERT. — Je tiens à protester contre ce que vient de dire M. de Margerie, parce que toutes les personnes qui ont adopté la classification décimale ne l'ont pas rejetée. Il y a, en France, certaines personnes qui conservent ce classement, notamment la Société d'Encouragement aux Sciences, ainsi que la Société de Physique. Je comprends que, dans certaines branches, ce classement ait été trouvé en défaut; mais cela ne prouve pas qu'on ne puisse pas s'en servir.

M. EUGÈNE MOREL. — Pour ma part, j'en ai essayé une application, et je dois dire que, vis-à-vis des ouvriers, dans les Bibliothèques populaires, cette méthode a eu le plus grand succès.

M. LE PRÉSIDENT. — Je vais prier M. Marais de nous relire ses vœux, et nous voterons au fur et à mesure.

M. MARAIS. — Voici le texte du vœu I :

I. — Que, pour donner à la Bibliographie de la France, Journal de la Librairie, *une base plus large et plus solide, la loi concernant le dépôt légal soit modifiée de la façon suivante :*

PROJET ÉTUDIÉ ET VOTÉ PAR L'ASSOCIATION DES BIBLIOTHÉCAIRES FRANÇAIS ET LA SOCIÉTÉ DES GENS DE LETTRES

1° *Le dépôt imposé simultanément à l'imprimeur et à l'éditeur (ou, à son défaut, à l'auteur).*

2° *Pour l'imprimeur, obligation :*

a) *De déposer, dans la huitaine de l'impression, à la préfecture de son département, ou, pour Paris, au ministère de l'Intérieur, un exemplaire de toute publication sortie de ses presses (sauf les exceptions admises par l'article 3 de la loi de 1881);*

b) *De joindre un acte de dépôt portant, sous peine de nullité, le titre de l'imprimé, le nom de l'auteur, la date, le nom et l'adresse de l'éditeur (ou de l'auteur), le chiffre du tirage, et, s'il y a lieu, la mention que l'imprimé déposé est une simple réimpression;*

3° *Pour l'éditeur (ou, à défaut d'éditeur, l'auteur), obligation de déposer, dans le délai de trois mois après l'impression, et par envoi direct à la Bibliothèque nationale, un exemplaire de toute publication mise en vente par lui, qui soit conforme en tous points aux exemplaires livrés au commerce.*

M. Delmas. — Au nom de l'Union des Maîtres Imprimeurs, je fais remarquer que le dépôt légal par l'imprimeur ne peut pas être possible, parce que l'imprimeur ne fait parfois qu'une partie du livre.

M. le Président. — C'est pourquoi nous disons : l'éditeur et subsidiairement l'auteur. Par conséquent, votre obligation n'est pas absolue.

M. Delmas. — Il y a un inconvénient, parce que souvent nous n'avons imprimé que le texte.

M. Eugène Morel. — C'est pour cela que l'Association des Bibliothécaires a exprimé le désir qu'un exemplaire en bon état de vente, c'est-à-dire contenant tout, fût déposé à la Bibliothèque nationale. L'imprimeur ne peut déposer que ce qu'il imprime, et vous n'avez pas idée des horreurs qui nous arrivent sous couleur de dépôts !

M. Delmas. — Dans quelle situation est l'imprimeur ?

M. Eugène Morel. — C'est une loi de police et nous ne pouvons pas aller contre.

(Le vœu I de M. Marais, mis aux voix, est adopté sans opposition.)

M. Eugène Morel. — Je voudrais attirer l'attention sur cette loi qui aurait dû être examinée déjà dans la plupart des questions qui se sont posées jusqu'ici. L'Etat a déjà parlé d'intervenir de la façon la plus grave dans ces questions qui mettent en cause la propriété littéraire. D'un autre côté, l'Etat intervient de plus en plus au sujet du dépôt légal pour supprimer les crédits des Bibliothèques. Ceux de la Bibliothèque nationale viennent d'être réduits considérablement. Alors que nous sommes réunis ici, auteurs, éditeurs, imprimeurs, gens de lettres, presque tous ceux qui sont intéressés à la question, je crois qu'il aurait été bon que la question eût été mise à l'ordre du jour, de façon à pouvoir être discutée plus complètement.

Je proposerai l'adjonction suivante :

Le Congrès du Livre émet le vœu que la Commission d'auteurs et éditeurs, instituée par ses votes précédents, mette en première ligne de ses études celle d'une réforme complète du Dépôt légal, de façon à faire aboutir, dans les plus courts délais possibles, les vœux exprimés par le Congrès du Livre à ce sujet.

(L'adjonction proposée par M. Morel est adoptée.)

M. MARAIS. — Voici les vœux suivants que je propose à l'assemblée d'adopter :

II. — Que, dans la rédaction de la Bibliographie de la France, Journal de la Librairie, il soit désormais tenu compte des modifications de détail énumérées dans le susdit rapport.

(Adopté.)

III. — Qu'il soit publié un répertoire annuel donnant le dépouillement et le classement, par noms d'auteurs et par mots de matières, de tous les articles de quelque importance qui paraissent chaque année dans les périodiques imprimés en France.

(Adopté.)

IV. — Qu'il soit publié annuellement un dictionnaire alphabétique des écrivains et savants français actuellement vivants, et donnant pour chacun, outre les renseignements biographiques indispensables, une bibliographie de ses principales œuvres.

(Adopté.)

V. — Qu'il soit créé un Annuaire de la science française paraissant régulièrement et donnant des indications brèves, mais précises, sur tous les organes et établissements d'enseignement supérieur et d'enseignement technique, sur les Archives, Bibliothèques, Musées, Observatoires, Sociétés savantes, etc., et, généralement, tout ce qui concerne la vie intellectuelle de la France.

(Adopté.)

VI. — Qu'il soit publié :

1° Un manuel résumant les notions qui se rapportent à l'état actuel des diverses Industries du Livre : papeterie, imprimerie, typographie, procédés d'illustration, reliure ;

2° Un manuel résumant, sous la forme d'une Histoire du Livre en général, et du Livre français en particulier, les transformations successives de la technique ancienne ;

3° Un manuel résumant les règles à suivre pour la rédaction des répertoires de livres (bibliographie et catalogues), ainsi que pour le classement et le service des Bibliothèques.

Chacun d'eux devrait être pourvu d'une bibliographie raisonnée, renvoyant aux monographies et études de détail, et d'une documentation figurée abondante, puisée, autant que possible, aux sources originales.

A chacun de ces ouvrages devrait correspondre une publication périodique, traitant des mêmes questions, et préparant les matériaux destinés aux éditions nouvelles, par lesquelles un manuel doit être de temps en temps rajeuni.

(Adopté.)

VII. — Qu'il soit organisé, à Paris, et s'il est possible, dans quelques grandes villes de province, indépendamment des expositions temporaires, des Musées permanents du Livre, où seraient représentées, par des spécimens bien choisis, la technique ancienne et la technique moderne des diverses Industries du Livre, ainsi que la technique des Bibliothèques.

(Adopté.)

M. LE PRÉSIDENT. — Nous passons maintenant aux vœux de M. de Margerie :

1° Que tous les ouvrages édités en France soient datés, et que leur date réponde au millésime effectif de leur publication ;

2° Que tous les ouvrages documentaires publiés en France soient pourvus d'un index alphabétique ;

3° Qu'il soit préparé, par les soins ou avec le concours de l'Etat, une Bibliographie des Publications officielles françaises de 1815 à 1900 ;

4° Que l'échelle des cartes géographiques, publiées séparément ou à titre de planches et de figures dans des ouvrages illustrés, soit toujours exprimée numériquement et graphiquement, suivant le vœu déjà émis par les Congrès géographiques internationaux.

5° Que les cartes géographiques insérées dans les publications scolaires soient établies, autant que possible, à des échelles métriques simples, de manière à faciliter les mesures directes et les comparaisons.

(Les vœux de M. de Margerie, de 1 à 5 inclusivement, sont adoptés sans observation.)

M. LE PRÉSIDENT. — Nous prenons le vœu de M. Paul Boyer :

Qu'au nombre des Bibliographies générales ou spéciales, dont la publication est envisagée, soit compris un index de Bibliographie générale critique à l'usage du grand public.

Cet index de Bibliographie générale critique serait publié en un seul volume in-8°, de 500 pages environ.

Le manuel de Bibliographie générale russe, publié en 1892, à Moscou, sous le titre de Livre des Livres, pourrait servir de modèle à cet index de Bibliographie générale critique.

(Adopté.)

M. LE PRÉSIDENT. — Nous prenons le vœu de M. le général Sebert.

Considérant l'intérêt que présente pour l'avenir de notre pays la *réunion d'informations documentaires concernant nos industries nationales,*

Le Congrès émet le vœu :

Que des encouragements et des appuis officiels soient accordés aux Sociétés savantes françaises qui ont entrepris la préparation de Bibliographies techniques et industrielles en vue de la constitution d'Offices de documentation spéciaux à ces diverses industries.

(Adopté.)

II. — André Gillon : **Nécessité de publier des Bibliographies à l'usage du grand public**

M. LE PRÉSIDENT. — Il nous reste maintenant à entendre le rapport de M. André Gillon sur *la Nécessité de publier des Bibliographies à l'usage du grand public.*

M. Paul Gillon donne lecture du rapport rédigé par M. André Gillon, son fils, au front. (Voir tome I, page 297.)

M. JULES PERRIN. — N'y a-t-il pas un vœu précédemment voté avec lequel celui-ci pourrait fusionner ?

M. PAUL GILLON. — Evidemment, quand mon fils a rédigé son vœu, il ne connaissait pas les rapports remarquables que nous avons entendus.

M. JULES PERRIN. — On peut ajouter le vœu André Gillon au vœu qui a été voté tout à l'heure.

M. PAUL GILLON. — La seule différence, c'est que mon fils vise les catalogues à l'usage du public. Le public a besoin d'être guidé.

M. LE PRÉSIDENT. — Comme nous avons un rapport spécial, nous pouvons voter un vœu spécial.

M. DE GRANDMAISON. — Au *Polybiblion*, il manque quelque chose : ce serait de mettre sur fiches ou de faire un catalogue des livres critiqués depuis cinquante ans. Au lieu de chercher toujours du nouveau, il n'y aurait qu'à prendre ce que nous possédons, en matériel et en connaissances acquises.

M. PAUL GILLON. — Je suis persuadé que la Société bibliographique, dont l'action n'est que suspendue et qui se reconstituera après la guerre, reprendra ses travaux et, à ce moment-là, je trouverai tout naturel que vous collaboriez.

M. DE GRANDMAISON. — Je serai alors à sa disposition pour collaborer.

M. Jules Lévy. — Est-ce que tous les ouvrages qui paraissent sont indiqués au *Polybiblion* ?

M. de Grandmaison. — Non, pas tous les ouvrages, ce n'est pas possible, mais leur immense majorité, et, sans fausse modestie, je crois que c'est, en France, le seul instrument à peu près complet.

M. Jules Lévy. — Il y a un instrument qui est au moins aussi utile. C'est la *Bibliographie de la France*.

M. de Grandmaison. — Je parle de l'instrument critique. Il y a une partie littéraire qui est la critique des livres, avec une table des matières, puis une seconde partie purement technique qui résume à la fois tous les livres qui nous sont connus et qui paraissent, avec le sommaire de toutes les Revues — nous en recevons trois cent vingt-cinq — et des grands journaux de Paris au point de vue littéraire.

M. Jules Lévy. — C'est entendu, mais je crois que la *Bibliographie de la France* compléterait très heureusement votre action.

M. de Grandmaison. — Sans doute.

M. Larnaude. — Il y a aussi le *Bulletin critique*, et il y en a d'autres !

M. Paul Gillon. — Dans l'esprit de M. de Grandmaison, il s'agit d'un échange de services.

M. de Grandmaison. — Et pas du tout d'un monopole.

M. le Président. — Je crois que nous pouvons maintenant mettre aux voix le vœu de M. André Gillon présenté par son père, et dont voici le texte :

Le Congrès émet le vœu :

Que le répertoire bibliographique qui s'impose, n'étant pas une bibliographie pour érudits, mais devant s'adresser à la grande masse du public cultivé, se différencie nettement des répertoires trop généraux ou trop spéciaux, seuls existants, qui ne peuvent servir de guide éclairé à ce public ;

Qu'en conséquence, l'entreprise bibliographique de l'Office pour la propagation du livre français soit reprise, élargie, menée à bonne fin ;

Qu'il soit dressé une Bibliographie de sélection et à la fois très complète de la pensée française (sous forme de catalogues collectifs de la Librairie) comprenant tous les principaux ouvrages incontestablement dignes du renom de la culture française.

(Le vœu de M. Gillon fils est adopté à l'unanimité.)

La séance est levée à cinq heures cinquante.

PREMIÈRE SECTION

SÉANCE DE CLOTURE DU SAMEDI 17 MARS 1917

La séance est ouverte à deux heures quarante, sous la présidence de M. PAUL BELIN.

M. LE PRÉSIDENT. — Avant la séance plénière, nous allons donner lecture des procès-verbaux des première et deuxième sections, afin de les faire adopter. Dans la première section, nous avons lu les procès-verbaux au début de chaque séance; mais nous avons décidé d'en donner lecture au Congrès, afin que ceux de ses membres qui n'ont pas suivi nos séances soient au courant de nos travaux.

Auparavant, je donne la parole à M. Georges Lecomte qui me l'a demandée.

M. GEORGES LECOMTE. — Je crois que je serai d'accord avec M. de Malherbe en constatant que le procès-verbal, si bien rédigé qu'il soit, ne rapporte pas d'une façon exacte les paroles échangées entre nous. Je serai certainement d'accord avec M. de Malherbe en rappelant que le procès-verbal a passé des choses essentielles qui ont été dites par M. de Malherbe, à savoir que tout ce qui pouvait être interprété dans la discussion comme une critique sur le fonctionnement et le travail de l'École Estienne devait être effacé. Il est bien entendu que les Maîtres Imprimeurs, tout en persistant dans l'idée qu'aux cours actuels devrait être ajouté un cours supérieur où pourraient venir les apprentis ayant fait leurs preuves à l'atelier, ont reconnu qu'ils n'avaient nullement l'intention de discréditer l'enseignement de l'École Estienne.

Je serais très heureux que ces paroles, essentielles pour l'Ecole Estienne, fussent consignées au procès-verbal.

M. LE PRÉSIDENT. — Je pense que vous serez d'avis de donner satisfaction à M. Georges Lecomte. Quand nous aurons le compte rendu sténographique, nous pourrons y puiser les passages nécessaires.

M. DE MALHERBE. — Nous n'avons jamais eu l'intention d'incriminer, bien au contraire, la direction de M. Lecomte; nous avons fait des réserves en ce qui concerne l'âge de l'apprentissage professionnel. Nous estimons que l'Ecole est mal placée, quand elle s'adresse à des enfants de treize à dix-huit ans, et nous voudrions qu'elle s'adressât aux jeunes gens de dix-huit à vingt ans. Mais l'École Estienne, telle qu'elle est, ne peut pas être mieux dirigée qu'elle l'est par M. Lecomte. (*Applaudissements.*)

M. KEUFER. — A propos des Écoles d'apprentissage, le procès-verbal ne précise pas la pensée que j'avais exprimée. Je n'ai pas contesté l'utilité des Écoles spéciales professionnelles d'où sortent des élèves plus ou moins bien préparés. Mais ce que j'ai dit, c'est qu'un inconvénient constaté est que beaucoup des élèves sortant de ces Écoles ont une propension à se croire supérieurs aux autres ouvriers préparés dans les ateliers. Et je faisais cette remarque qu'il était nécessaire que les directeurs et les professeurs de ces Écoles s'attachassent, dans l'éducation de ces enfants, à leur faire comprendre qu'ils ont d'abord le devoir d'obéir avant de commander plus tard. (*Applaudissements.*)

M. DELMAS. — Il vient d'être dit que les élèves des Écoles professionnelles paraissaient vouloir commander et non pas obéir. Je crois qu'on interprète mal la pensée de ces jeunes gens...

M. JULES CLÈRE. — Mais c'est la discussion qui recommence !

M. LE PRÉSIDENT. — Je ne puis vous laisser continuer : il ne s'agit plus d'une observation sur le procès-verbal.

M. DELMAS. — Si je fais maintenant ces observations, c'est que je ne pouvais pas assister à deux sections à la fois. Alors, il faut organiser le Congrès de façon que les sections ne fonctionnent pas simultanément.

(Les procès-verbaux de la première section sont lus et adoptés sans autre observation.)

SÉANCE PLÉNIÈRE

SAMEDI 17 MARS 1917

La séance plénière est ouverte à trois heures, sous la présidence de M. DECOURCELLE.

M. LE PRÉSIDENT. — Pour simplifier le travail et ne pas vous retenir ici d'une façon démesurée, nous allons, si cela vous agrée, lire successivement tous les vœux et les soumettre à votre approbation définitive. Il va de soi que tous les vœux ont été discutés chacun dans sa section et qu'à l'heure actuelle nous n'avons en séance plénière qu'à les adopter ou à les rejeter. (*Très bien ! Très bien !*)

Je vais donc vous lire successivement tous les vœux qui nous sont parvenus sur chacune des questions que, depuis l'ouverture du Congrès, vous avez bien voulu traiter dans vos sections respectives. Après quoi, je vous dirai l'organisme que nous vous proposons pour l'exécution et la poursuite, la réalisation de ces vœux ; car ce n'est pas tout que d'émettre des vœux : il faut que ces vœux aient un effet, et je souhaiterais, pour ma part, très ardemment, que rien de ce que vous avez fait ne se perdît en route.

Je commence donc au lundi 12 mars ; j'épuise tous les vœux de la première section ; après quoi, je prendrai ceux de la deuxième section. Je pense que ce mode de travail vous agrée. (*Approbation générale.*)

LA FABRICATION ET LE COMMERCE DU PAPIER

RAPPORTEUR : M. **A. Crolard**, député, ingénieur des arts et manufactures, président du Syndicat des Fabricants de papier de France.

Le Congrès émet le vœu :

I. — Que la production des pâtes de cellulose soit développée en France aussi rapidement que possible, soit au moyen des ressources indigènes, soit au moyen des ressources coloniales, et que, dans les négociations de paix, les Pouvoirs publics obtiennent de nos alliés, Anglais (Canada), Russes (Finlande), l'établissement d'un droit de sortie sur leurs bois à destination des pays ennemis, ce droit n'étant pas applicable aux Alliés.

II. — Qu'en ce qui concerne le bois de sapin, une plus grande quantité soit fournie à la fabrication du papier par une exploitation plus rationnelle des forêts soumises à la surveillance de l'Etat, notamment, en réglant chaque année les coupes (comme cela se pratique dans beaucoup de pays étrangers), d'après les besoins affirmés par les diverses industries (services de l'Etat, charpente, menuiserie, emballage, pâtes à papier, etc.), de manière à éviter les à-coups et les surprises du marché.

III. — Que la fabrication de cellulose faite, il y a plusieurs années, avec les pins des Landes soit reprise et perfectionnée.

IV. — Que, pour les bois de *tremble* et surtout de *peuplier*, de grands progrès soient réalisés dans leur production, à l'imitation de ce qui s'est fait en Italie, par la culture du peuplier à croissance rapide.

V. — Que l'attention de M. le ministre de l'Agriculture soit particulièrement attirée sur l'importance que présente cette culture au point de vue national.

VI. — Que l'industrie du bois mécanique profite du développement de l'énergie électrique et serve à une utilisation rationnelle de la force, disponible à certaines heures, de distribution des réseaux à puissance hydraulique.

VII. — Qu'en ce qui concerne la pâte d'alfa, la production soit réalisée, le plus tôt possible, en quantités importantes et à un prix qui permette son emploi pour la fabrication de papiers pouvant concurrencer par leur prix ceux actuellement importés en France et présentant les mêmes qualités; étant entendu qu'il faut compter pour cela : 1° sur le développement donné par la guerre aux usines de produits chimiques (soude, chlore); 2° sur l'exploitation des champs d'alfa la plus étendue, en prenant toutes précautions pour leur conservation, et sur une organisation du marché de la matière brute par les gouvernements de l'Algérie, de la Tunisie et du Maroc, la plus conforme aux intérêts de nos nationaux; 3° sur des tarifs de transport aussi favorables que possible, soit dans l'Afrique du Nord, soit au travers de la Méditerranée.

VIII. — Que, pour la *paille chimique*, l'abaissement des prix des produits chimiques produise le même heureux développement que pour l'alfa.

IX. — Que pour les *fibres coloniales* (la nomenclature et l'étude de leurs qualités caractéristiques sont suffisamment avancées aujourd'hui), on fixe leur emploi pratique par des essais industriels en réalisant les conditions nécessaires à leur emploi (organisation du marché au départ, transport, stocks); que toutes les recherches pour nos colonies, éparses aujourd'hui entre divers organismes, soient centralisées et complétées dans un esprit d'utilisation pratique des fibres provenant soit de récolte directe, soit de déchets d'industrie.

X. — Qu'enfin, en ce qui concerne l'étude industrielle de toutes les fibres, on la centralise dans un Institut unique à la fois scientifique et industriel dans son organisation ; que l'Ecole de Papeterie de Grenoble reçoive un développement complet, grâce aux subventions de l'Etat et des groupements intéressés, par la fabrication du papier, sous la direction scientifique du ministère de l'Instruction publique (Université de Grenoble), et qu'elle soit officiellement désignée pour renseigner les ministères du Commerce, de l'Agriculture et des Colonies.

XI. — Qu'on fasse, dans cette École, chaque année, des essais industriels sur des fibres, encore non utilisées, de la France ou de ses colonies, et cela en quantité suffisante et avec des modes de trituration variés, pour permettre aux praticiens d'apprécier les qualités de ces papiers qui, pour certains, malgré un prix de revient plus élevé, peuvent trouver des applications intéressantes.

Tels sont les vœux présentés par M. Crolard, qui résument tout ce qui a été dit à côté de lui. J'ajoute que M. Crolard a accepté l'adjonction à son vœu du vœu suivant proposé par la Société d'encouragement pour l'Industrie nationale :

Le Congrès émet le vœu :

Qu'il soit renoncé, pour le commerce du papier et de l'impression, aux dénominations archaïques par lesquelles on désigne les différents formats des feuilles, dénominations qui correspondent quelquefois à plusieurs formats analogues ;

Et qu'il soit recouru exclusivement, pour la désignation de ces formats, aux mesures basées sur le système métrique.

(L'ensemble, mis aux voix, est adopté à l'unanimité.)

LA TECHNIQUE DU LIVRE

Rapporteur : M. L. **Rivet**, président de la Société amicale des Protes et Correcteurs d'imprimerie de France.

Le Congrès, considérant que l'amélioration de la technique du livre dépend à la fois des efforts des patrons et des ouvriers,

Émet le vœu :

I. — Que les Maîtres Imprimeurs apportent tous leurs soins à fortifier entre eux l'union syndicale, pour donner à tous un sens plus exact des nécessités et des connaissances professionnelles, et, par suite, mettre un frein à la concurrence ruineuse qui a été si préjudiciable à l'industrie du Livre ;

II. — Que les patrons étudient les moyens d'intéresser les ouvriers à leurs maisons, pour s'en faire de véritables collaborateurs, améliorer les rapports entre le patronat et le salariat, et essayer de supprimer l'instabilité qui règne dans les ateliers ;

III. — Que les syndicats ouvriers intensifient leurs efforts pour améliorer les qualités professionnelles de leurs membres, et n'hésitent pas à en faire un sujet de propagande professionnelle auprès des ouvriers se tenant à l'écart des groupements corporatifs.

(Adopté.)

L'IMPRESSION

RAPPORTEUR : **Syndicat patronal des Imprimeurs typographes.**

Le Congrès émet le vœu :

I. — Qu'une entente plus complète existe entre les éditeurs et les imprimeurs dont les intérêts sont intimement liés ;

II. — Que l'enseignement professionnel et l'apprentissage organisés développent les qualités de notre typographie, tout en obtenant un prix de revient moindre ;

III. — Que cette entente s'applique surtout au perfectionnement de l'outillage, au choix des caractères et du papier et à l'achat des machines nouvelles, afin de satisfaire les besoins d'une clientèle justement exigeante et de ne pas nous laisser distancer par des formes de publication dont l'étranger nous donne quelquefois l'exemple.

IV. — Que se réalisent le plus promptement possible les promesses faites au nom des fabricants de papier, notamment celle de faire, à bref délai, les efforts nécessaires pour que la fabrication française du papier d'alfa — matière première française — soit mise, comme qualité et comme prix, à la hauteur de la fabrication étrangère ; le papier d'alfa étant reconnu par tous les intéressés comme le plus propre à la bonne fabrication du Livre.

En ce qui concerne l'*Imprimerie nationale* :

V. — Que, tant qu'il ne s'agira pas de papiers fiduciaires ou que la sécurité de l'État ne sera pas en jeu, les administrations publiques mettent leurs travaux d'imprimerie en adjudication ;

VI. — Qu'il soit livré, à un prix modéré, à tous les imprimeurs de France, qui en feront la demande, des fontes de tous les caractères orientaux et étrangers, ainsi que des caractères français gravés avant 1800, dont l'Imprimerie nationale possède les poinçons, ces fournitures étant faites par l'intermédiaire de la Chambre syndicale de la fonderie typographique, qui pourra prélever une commission déterminée ;

VII. — Que l'État cesse de faire aux Maîtres Imprimeurs de France, par le moyen de l'Imprimerie nationale et des imprimeries pénitentiaires, une concurrence que rien ne justifie, parce qu'elle est sans profit et pour le public et pour le budget.

M. KEUFER. — Je suis obligé de m'élever contre la première partie de ce dernier vœu, et je tiens à ce que le Congrès connaisse les motifs pour lesquels je ne peux pas, avec mes collègues de Paris, me prononcer en faveur de la partie relative à la mise en adjudication des travaux. Si ces travaux sont mis en adjudication, nous ne pouvons pas savoir où ils seront exécutés. Actuellement, le personnel de l'Imprimerie nationale est rétribué conformément à nos tarifs. Tandis que, si on les met en adjudication, ils pourront être exécutés par des imprimeurs qui ne payent pas les tarifs. C'est pour ce motif que je me prononce contre cette partie du vœu.

M. LE PRÉSIDENT. — Donc, vous votez ce vœu, sauf la partie relative à la mise en adjudication.

M. KEUFER. — Parfaitement.

M. LE PRÉSIDENT. — Si je vous comprends bien, c'est simplement faute de contrôle par vous que vous hésitez à sanctionner de votre vote le vœu concernant les travaux en adjudication.

M. KEUFER. — Oui, à cause du préjudice qui en résulterait pour le monde ouvrier.

Une dernière observation. En ce qui concerne les imprimeries pénitentiaires, nous nous associons complètement à ce vœu; mais j'ajouterais un autre vœu, c'est que personne, dans l'industrie du Livre, ne devienne client d'une Imprimerie pénitentiaire. Je dis ceci parce que j'ai appris — et je pense que le renseignement est exact — qu'il y a, dans le monde de l'imprimerie, des clients qui font faire des travaux par une Imprimerie pénitentiaire.

M. LE PRÉSIDENT. — Permettez-moi de vous dire que le vœu, tel qu'il est rédigé, répond exactement à vos préoccupations, puisque le vœu souhaite que l'État ne fasse pas concurrence aux Maîtres Imprimeurs par l'Imprimerie pénitentiaire. Le jour où il n'y aura plus d'imprimerie pénitentiaire, il sera difficile de la faire travailler.

M. KEUFER. — Oui, mais en attendant, comme le vœu n'entre pas immédiatement en application, jusqu'au moment où l'imprimerie pénitentiaire aura disparu, je crois que le vœu dont je parle serait justifié.

M. LE PRÉSIDENT. — Voulez-vous émettre un vœu ?

M. KEUFER. — Mon observation suffira, si elle figure au procès-verbal.

M. LE PRÉSIDENT. — Elle y figurera, vous pouvez y compter.

UN CONGRESSISTE. — Nous sommes trois collègues de M. Keufer; nous votons non pas contre le vœu, mais contre la partie du vœu relative à l'Imprimerie nationale.

(Sous cette réserve, les vœux du Syndicat patronal des Imprimeurs typographes sont adoptés.)

M. LE PRÉSIDENT. — Nous avons un vœu présenté par la première section et qui est ainsi conçu :

Le Congrès :

Constatant avec regret l'importation de plus en plus grande des machines étrangères,

Émet le vœu :

Que les constructeurs français prennent à cœur de créer de nouveaux modèles de machines répondant aux nécessités actuelles de vitesse et de bonne exécution du travail, tout en pouvant concurrencer, au point de vue du prix et des conditions de crédit, les offres des constructeurs étrangers.

(Adopté.)

VŒU DU LIEUTENANT-COLONEL DE CASTRIES

M. LE PRÉSIDENT. — Je vous ferai remarquer que ce vœu ne peut pas être soumis à vos suffrages. Voici pourquoi. Il peut y avoir des spécialistes, qui peuvent avoir une opinion contraire, qui, n'ayant pas été convoqués au Congrès, n'ont pas été appelés à donner leurs raisons qui peuvent être en contradiction avec celles de M. de Castries.

Ce vœu est néanmoins fort intéressant, et, si vous voulez, nous le renverrons, avec toute la sympathie qu'il mérite, au prochain Congrès. Vous allez voir, en écoutant ce vœu, qu'il présente un certain intérêt, mais un intérêt relatif, puisque nous n'avons pas entendu l'autre son de cloche.

« Considérant que le domaine de la France dans l'Afrique septentrionale... » (Voir p. 137.)

Je vous propose de renvoyer cette intéressante motion au prochain Congrès.

(Le renvoi est décidé.)

M. LE PRÉSIDENT. — Nous avons un vœu présenté par M. Albert Cim, au nom d'un grand nombre de nos collègues :

Le Congrès émet le vœu :

Que tous les volumes, principalement les ouvrages d'étude, soient, autant que possible, tirés sur papier non brillant, de façon à ne pas abîmer la vue des lecteurs.

M. LE PRÉSIDENT. — M. Albert Cim a exposé, dans la section correspondante, la portée de son vœu. Ses connaissances techniques de bibliothécaire lui ont permis de constater à quel point il était intéressant de donner suite à ce vœu.

(Adopté.)

LA RELIURE ET LE CARTONNAGE

RAPPORTEUR : M. **H. Magnier**, président du Syndicat patronal
de la reliure et de la brochure.

Le Congrès émet le vœu :

I. — Que l'industrie de la marbrure prenne un plus grand développement en France, et que des maisons d'impression s'intéressent aux différents genres de papiers en couleurs employés pour la reliure et les cartonnages de fantaisie ;

II. — Que — puisque la fabrication française des toiles gaufrées et de fantaisie n'a pas pu encore concurrencer l'industrie étrangère au point de vue de la qualité, et, en particulier, de l'apprêt, progrès que le Congrès signale spécialement à l'attention des chimistes, et jusqu'à ce que ce résultat soit obtenu, — les droits de douane qui frappent ces marchandises, sans profit pour l'industrie française, soient supprimés ;

III. — Que des fabriques de cuivre en feuilles soient créées en France ;

IV. — Que des mécaniciens français entreprennent la construction des machines employées, dans la reliure et la brochure, pour coudre au fil de lin, plier, piquer, coller, arrondir les dos, confectionner les couvertures, etc. ;

V. — Que, dans le but de faciliter l'emploi des machines à plier, en vue d'un meilleur rendement de la main-d'œuvre et aussi d'obtenir un travail plus parfait, les éditeurs substituent aux impositions in-12 et in-18 l'imposition in-16, de façon à obtenir des cahiers de 16 ou de 32 pages ;

VI. — Que les imprimeurs s'attachent, d'une façon toute spéciale, à réaliser un équerrage absolu de la marge.

(Adopté.)

LA TECHNIQUE DU LIVRE ILLUSTRÉ MODERNE

RAPPORTEUR : M. **L. Boivin**, éditeur.

Le Congrès, reconnaissant que le Livre français est redevable à la gravure sur bois et à la gravure au burin d'un éclat et d'une renommée qu'il ne doit pas perdre, émet le vœu :

I. — Que ces procédés, loin d'être abandonnés par les éditeurs, soient employés toutes les fois que les conditions d'établissement de leurs publications le permettront ;

II. — Qu'une collaboration de plus en plus étroite règle les rapports des éditeurs avec les illustrateurs, artistes graveurs, fabricants de papier et tous les industriels qui concourent à l'établissement du Livre ;

III. — Que l'emploi des procédés de reproduction mécanique, qui ont permis l'extension de l'illustration et qui ont produit, d'ailleurs, des ouvrages d'une valeur artistique indéniable, se généralise de plus en plus dans l'édition classique et de vulgarisation.

(Adopté.)

LA GRAVURE AU BURIN

RAPPORTEUR : M. **Jamas**, président de la Société des Artistes graveurs au burin.

Le Congrès émet le vœu :

I. — Que le vocable *gravure* ne soit à l'avenir jamais employé seul pour désigner les illustrations d'une revue, d'une publication ou d'un livre ;

II. — Que ce vocable soit toujours accompagné d'un terme complémentaire explicite, spécifiant d'une façon précise le procédé artistique ou industriel par lequel auront été obtenues les illustrations ;

III. — Que ces indications soient mises, en toutes circonstances, aussi bien dans la publication elle-même que dans les prospectus ou annonces qui en précéderont ou accompagneront l'apparition.

(Adopté.)

LA GRAVURE SUR BOIS

RAPPORTEUR : **Société de la gravure sur bois.**

Le Congrès, considérant :

Qu'il y a lieu, sans proscrire les procédés photomécaniques dont la rapidité et l'économie ne sont pas contestées, de déclarer que les plus beaux livres ont été faits dans le passé en gravure sur bois, et le sont encore dans le présent (William Morris, Lepère, etc.), et doivent l'être dans l'avenir ;

Que le renom des éditeurs français est attaché, en grande partie, à l'emploi de la gravure sur bois,

Emet le vœu :

Que, soit dans le livre populaire, soit dans le livre de bibliophile, la gravure sur bois continue à être considérée comme un élément d'harmonie et, par conséquent, de beauté ;

Et que celle-ci soit, de préférence à tous autres moyens graphiques, employée quand il s'agira du beau livre illustré.

(Adopté.)

M. GUSMAN. — Pourrait-on ajouter une motion pour la gravure sur bois ? On a dit qu'aujourd'hui on pourrait ajouter des vœux. Je demande l'adjonction suivante :

Que le cours officiel de gravure sur bois à l'École des Beaux-Arts soit plus conforme à l'évolution moderne de la gravure sur bois.

(Adopté.)

L'IMPRESSION EN TAILLE-DOUCE

RAPPORTEUR : M. **Porcabeuf**, imprimeur en taille-douce.

Le Congrès émet le vœu :

Que, dans toute publication illustrée, le procédé d'impression soit explicitement spécifié pour éviter toute confusion, et tracer ainsi une délimitation obligatoire entre les procédés industriels et les procédés d'art.

M. LE PRÉSIDENT. — Cela a été déjà voté dans le vœu précédent ; par conséquent, je crois inutile de le voter.

M. HARAUCOURT. — Cela constituerait une confirmation.

M. LE PRÉSIDENT. — Alors, je mets le vœu aux voix.

(Adopté.)

LA PHOTOCOLLOGRAPHIE

RAPPORTEUR : M. **D.-A. Longuet**, président du Syndicat des Imprimeurs phototypeurs.

Le Congrès émet le vœu :

I. — Qu'un laboratoire central de recherches et d'analyses soit créé aux fins que les industriels puissent pratiquement faire analyser les matières premières utiles à leur profession, et aussi exécuter toutes recherches dans les voies qu'ils indiqueraient comme susceptibles d'apporter un perfectionnement à leur industrie ;

II. — Que, sans délai, soient étudiées par une commission, composée non seulement de légistes et de fonctionnaires, mais aussi de délégués des Chambres de commerce et des Syndicats industriels, toutes modifications à l'instruction primaire obligatoire ainsi qu'aux Écoles professionnelles, dans le but de réagir rapidement contre la crise de l'apprentissage, un préapprentissage devenant obligatoire à l'école primaire et l'admission aux cours des Écoles professionnelles devenant un privilège réservé aux meilleurs apprentis de l'usine ;

III. — Que la signature de l'imprimeur, prescrite par la loi de juillet 1881, soit rigoureusement exigée en fait sur tous les imprimés exécutés en France ;

IV. — Qu'un article additionnel au tarif des douanes prohibe l'entrée et le transit en France de tout imprimé exécuté à l'étranger, ne portant pas une signature d'imprimeur, et qu'à cet effet, l'article 15 de la loi du 11 janvier 1892, relative à l'établissement du tarif général des douanes, porte cette addition :

« Sont prohibés à l'entrée, exclus de l'entrepôt, du transit et de la circulation, tous imprimés ne portant pas la signature de l'imprimeur.

» Lorsque ces imprimés sont susceptibles d'utilisation commerciale par fractions, chacune de ces fractions devra porter la signature de l'imprimeur placée de façon telle qu'elle ne puisse être enlevée par un découpage ultérieur. »

(Adopté.)

M. VAUNOIS. — Ne serait-il pas bon de compléter ce vœu par l'adjonction que la législation française soit complétée en vue d'empêcher la circulation sur le territoire français de semblables publications ? La loi de 1892 est une loi de douane qui interdit l'entrée en France ; mais il résulte du texte et de la jurisprudence qu'une fois que les marchandises prohibées sont entrées en France, la loi de douane n'a plus aucune action, et que le ministère public n'a plus le droit de poursuivre en France. Il faudrait donc ajouter au texte que la législation française interdise l'existence en France de toute publication étrangère sur laquelle le nom et l'adresse de l'imprimeur ne figureraient pas.

M. LE PRÉSIDENT. — Mais je crois que vous venez de donner la formule.

M. DE DAMPIERRE. — Il faudrait dire : et en ordonne la saisie immédiate.

M. LE PRÉSIDENT. — Voulez-vous rédiger votre vœu ? Nous le ferons voter à la suite du vœu présenté par la Fédération française des Travailleurs du Livre.

Je passe aux œuvres sociales du livre.

LES ŒUVRES SOCIALES DU LIVRE
(ASSISTANCE)

RAPPORTEUR : **M. De Pachtere**, président de la Société de Secours mutuels des employés de la librairie.

Premier vœu.

Le Congrès, reconnaissant l'importance des résultats acquis par les Œuvres sociales du Livre, tant au point de vue matériel que moral,

Émet le vœu :

Qu'une Commission d'économie sociale soit constituée au Cercle de la Librairie. Cette Commission centralisera tous documents utiles concernant les questions de participation, de retraites, de prévoyance et de solidarité, fournira aux intéressés tous renseignements nécessaires, et travaillera au développement et à la propagation des Œuvres sociales du Livre.

Deuxième vœu.

Le Congrès du Livre :

Tenant à rendre un hommage patriotique à la mémoire des travailleurs du Livre morts au champ d'honneur,

Déclare que leurs enfants deviennent, dès ce jour, les pupilles du Livre, et émet le vœu que la Commission d'économie sociale, qui sera créée conformément à ses décisions, mette en tête de son ordre du jour l'étude de tous moyens propres à leur venir en aide, matériellement et moralement.

(Adopté avec applaudissements.)

M. LE PRÉSIDENT. — Nous passons à la grave question de l'apprentissage :

L'APPRENTISSAGE DANS L'INDUSTRIE DU LIVRE

RAPPORTEUR : M. A. Keufer, secrétaire général de la Fédération française des Travailleurs du Livre.

Le Congrès émet le vœu :

I. — Que, pour l'avenir, le Parlement prenne les mesures nécessaires pour assurer la fréquentation de l'école primaire, et vote la prolongation de cette fréquentation pendant une période d'un an, soit jusqu'à l'âge de quatorze ans ;

Que soit appliquée la loi du 28 mars 1882, qui a pour but, comme préapprentissage, d'initier les élèves aux travaux du bois, du fer, etc.;

Qu'il soit procédé à l'organisation de l'orientation professionnelle des enfants à la sortie de l'école primaire ;

Qu'à cette fin des Commissions scolaires soient chargées de centraliser les renseignements fournis par les fiches individuelles que dresseraient respectivement les instituteurs et les médecins inspecteurs des écoles, en ce qui concerne les facultés intellectuelles ou manuelles et l'aptitude physique des enfants ;

Que ces Commissions, en présence de tous les renseignements, suggèrent aux parents la voie dans laquelle il semblerait le plus judicieux d'orienter l'enfant.

II. — Que soit obligatoire l'apprentissage avec contrat pour tout enfant au-dessous de dix-sept ans occupé dans le commerce ou l'industrie ;

Que le contrat d'apprentissage, dressé conformément aux usages de la profession, fixe les droits et les devoirs réciproques des patrons, des parents ou tuteurs, et des apprentis. Ce contrat indiquera le temps à accorder à l'apprenti, dans la journée légale du travail, pour les cours complémentaires, lorsque ceux-ci existeront dans sa profession.

III. — Que les dépenses de création, d'installation et d'aménagement des cours professionnels complémentaires : immeuble, mobilier et outillage, soient réparties également entre les communes intéressées, les départements et l'Etat.

IV. — Que des Commissions mixtes locales soient créées, qui auront dans leurs attributions l'établissement des programmes d'enseignement technique, la fixation des jours et des heures de cet enseignement, la désignation des professeurs techniques, la surveillance des apprentis et la marche normale des cours ; qu'enfin il soit prévu la remise d'un certificat de fréquentation des cours ;

Que ces Commissions mixtes locales organisent des réunions, des concours, des expositions, des conférences, des visites collectives d'établissements, de façon à obtenir le concours des parents, et à compléter l'éducation générale des enfants, et qu'il soit institué des bourses de voyage ;

Que lesdites Commissions mixtes locales soient composées de membres désignés par les Syndicats patronaux et ouvriers ; que dans les localités ne possédant pas de Syndicats, elles soient composées moitié patrons et moitié ouvriers, le nombre variant suivant les professions et le groupement de professions qui seraient représentées dans les cours professionnels complémentaires.

Adjonction au vœu de M. A. Keufer

Le Congrès exprime le vœu :

Que, dans les établissements commerciaux et industriels, les apprentis soient admis au travail en commun, à condition de ne pas dépasser la durée normale du travail dans l'établissement et, dans tous les cas, un maximum de dix heures.

Le Congrès, considérant les services que rend l'École Estienne et ceux plus grands encore qu'elle peut rendre dans l'avenir, sur la demande du Syndicat patronal des Imprimeurs typographes et de la direction de l'École,

Émet le vœu :

Qu'à l'enseignement actuel de cette École soit ajouté un cours supérieur pour les apprentis du dehors ayant fait leurs preuves dans les ateliers privés.

[Résolution

Le Congrès national du Livre prend la résolution de désigner, avant de se séparer, une Commission interprofessionnelle ayant pour mission d'élaborer un programme d'enseignement professionnel conforme aux besoins des industries du Livre. Cette Commission devra comprendre des patrons et des ouvriers de chaque profession intéressée.

M. KEUFER. — Je crois qu'il manque dans le texte un mot :

employés, parce que, dans l'industrie du Livre, il y a des employés qui ont besoin de faire un apprentissage.

M. LE PRÉSIDENT. — Alors je l'ajoute au texte :

« Cette commission devra comprendre des patrons, des ouvriers et des employés de chaque profession intéressée. »

M. JANIN. — Et des artistes, parce que les artistes ont leur rôle dans la beauté du Livre. Précisément, il y en a à l'École Estienne.

M. LE PRÉSIDENT. — Le directeur de l'Ecole Estienne voit-il un inconvénient à cette adjonction ?

M. GEORGES LECOMTE. — C'est contenu dans la troisième partie.

M. LE PRÉSIDENT. — Que ceux qui sont d'avis d'accepter cette adjonction lèvent la main. Il ne semble pas qu'elle ait de raison d'être.

(L'adjonction est repoussée.)

UN CONGRESSISTE. — Vous venez de faire appel à M. Georges Lecomte qui est expert en la matière, puisque l'École Estienne...

M. LE PRÉSIDENT. — Je ne peux pas vous laisser développer une thèse que, permettez-moi de le dire, vous auriez dû développer dans la section qui s'est occupée de l'apprentissage. Nous ne pouvons pas ici rouvrir le Congrès, parce que nous aurions pour une semaine de délibérations. Je regrette que vous n'ayez pas soutenu une proposition pour laquelle vous avez trouvé des partisans, mais laissez-moi vous dire que, si vous aviez été, à ce moment, à la section, vous auriez peut-être fait triompher votre cause. Aujourd'hui, j'ai le grand regret de vous prier de reporter cette question au prochain Congrès.

Je mets aux voix le texte de résolution que je vous ai lu avec l'adjonction demandée par M. Keufer.

(Adopté, moins quatre voix.)

M. LE PRÉSIDENT. — Je me permets d'interpréter votre vœu ainsi : vous adopteriez le projet, mais vous faites une restrictoin en ce sens que vous auriez voulu voir ajouter les mots « et des artistes ».

M. JANIN. — Hier, j'ai applaudi de tout cœur à l'entrée de M. Grasset à l'Ecole Estienne, mais je suis surpris que M. Georges Lecomte n'approuve pas notre façon de voir.

M. LE PRÉSIDENT. — M. Lecomte pourrait l'approuver, que cela ne changerait rien à la question. Le vœu est arrivé tel quel ; je suis obligé, avec une légère modification demandée par les auteurs du vœu, de le mettre aux voix. Mais je tiens à faire constater au procès-verbal que vous êtes partisan du vœu et que votre opposition porte simplement sur la non-adjonction des mots « et des artistes ».

M. Janin. — La difficulté pour les membres du Congrès était d'assister à la fois à la première section et à la deuxième section. Il aurait été préférable que les travaux s'échelonnassent, au lieu de marcher ainsi parallèlement.

M. le Président. — Vous êtes tout à fait dans le vrai ; mais il aurait fallu alors deux semaines de Congrès, et vous ne pouviez pas demander aux congressistes, qui ont montré tant de dévouement, de rester ici une semaine de plus aux dépens de leurs occupations.

M. Janin. — Je tiens à rendre hommage aux organisateurs du Congrès. Je comprends les raisons que vous faites valoir, mais dans certains cas...

M. le Président. — Moi-même, je vous avoue que j'aurais voulu parler de questions littéraires et industrielles ; j'avais un vœu à présenter, je n'ai pas pu. Il viendra plus tard ; à chaque jour suffit sa tâche.

M. Keufer. — Pour appuyer la manière de voir de M. Janin, je demanderai que l'ordre du jour du prochain Congrès soit moins chargé.

M. le Président. — Il sera certainement moins chargé, parce que ce sera le second Congrès, et nous n'aurons à nous y occuper, en grande partie, que des lacunes, et que votre clairvoyance aura posé des bases pour les points qui vous intéressent.

Je passe maintenant aux travaux de la deuxième section :

LA LIBRAIRIE INDUSTRIELLE FRANÇAISE

Rapporteur : M. **Émile Pinat**, éditeur.

Le Congrès émet le vœu :

I. — Que les professeurs des Écoles techniques, ainsi que les ingénieurs ou industriels pratiquant depuis longtemps une fabrication spéciale, contribuent à l'enseignement général, industriel et professionnel, en publiant leurs cours et les résultats de leur expérience ;

II. — Que certaines Écoles techniques cessent d'interdire à leurs professeurs de faire éditer leurs cours ;

III. — Que les industriels fassent connaître à la presse technique et aux auteurs, qui sollicitent ces renseignements, les progrès réalisés dans leurs usines ;

IV. — Que le Cercle de la Librairie veuille bien étudier les moyens de répandre davantage la *Bibliographie de la France*, ou, tout au moins, la « Table hebdomadaire des annonces » ;

V. — Que les libraires contribuent également à la diffusion des livres industriels en s'occupant plus activement de les faire connaître à leur clientèle ;

VI. — Que les éditeurs fournissent aux Bibliothèques et aux libraires leurs ouvrages en communication.

M. Eugène Morel a ajouté à ce vœu celui-ci :

I. — Que les ouvrages documentaires, scientifiques, techniques, portent une date exacte de publication.

II. — Qu'une publication, annuelle ou trimestrielle, donne par ordre de matières les principales publications techniques et industrielles.

Voici l'addition proposée par M. Emile Picard, président du Comité du Livre :

Que les programmes scientifiques de l'enseignement secondaire soient allégés, et aient pour but principal de donner une idée de la méthode scientifique, résultat qui serait de grande importance au point de vue des rapports de la science et de l'industrie.

M. Deniker a ajouté :

Que les éditeurs envoient en communication aux Bibliothèques publiques, tous les huit ou quinze jours, les nouveautés susceptibles d'intéresser les lecteurs de ces Bibliothèques et parus récemment, comme cela se fait pour les publications étrangères par plusieurs libraires de Paris.

Ce vœu est déjà compris dans celui que vous avez voté ; il est inutile de l'adjoindre au vœu de M. Pinat.

M. l'abbé Bethléem a proposé le vœu suivant :

Que la presse quotidienne contribue à la diffusion de la librairie industrielle et des progrès scientifiques dans les milieux populaires, et au perfectionnement professionnel des ouvriers des villes et des campagnes, en renseignant, avec compétence et loyauté, ses lecteurs sur la publication et la réelle valeur pratique des ouvrages techniques susceptibles de les intéresser.

Je ferai respectueusement observer à Monsieur l'abbé Bethléem que nous ne pouvons pas, nous, Congrès, avoir d'action sur la presse quotidienne. Ceci est à souhaiter ; cela viendra naturellement par le souci que les rédacteurs particuliers de la presse quotidienne auront de renseigner utilement les lecteurs ; mais je ne crois pas que le Congrès puisse émettre un vœu portant sur la presse quotidienne. Ce serait au Syndicat de la presse qu'il faudrait s'adresser. Je demande pardon à Monsieur l'abbé de ne pas mettre ce vœu aux voix.

M. Fabius de Champville. — Vous pourriez envoyer ce vœu au Syndicat de la presse.

M. le Président. — C'est entendu. La Commission dont je vous parlerai tout à l'heure s'en chargera.

Nous avons à voter le vœu de M. Pinat, avec les adjonctions de M. Morel et de M. Picard, que je vous ai lues. Je le mets aux voix.

(Adopté.)

LES TEXTES CLASSIQUES ET LITTÉRAIRES

Rapporteurs : MM. **F. Strowski**, maître de conférences à la Faculté des lettres, et **R. Pichon**, professeur au lycée Henri IV.

Le Congrès émet le vœu :

I. — Qu'un catalogue général de toutes les collections françaises soit établi, qui donnera les caractéristiques des différentes collections et la liste des ouvrages parus dans chacune d'elles ;

II. — Que les candidats au doctorat ès lettres soient encouragés à présenter, comme thèses complémentaires, des éditions critiques susceptibles d'entrer dans les collections déjà existantes ;

III. — Que la stabilité des programmes dans l'enseignement supérieur permette aux auteurs ou aux éditeurs d'élaborer des collections de textes de longue haleine ;

IV. — Que, pour les pays étrangers, des collections de textes soient établies avec des suppléments qui contiendraient des préfaces, notes et commentaires, dans la langue des différents pays où ces textes pourront être expliqués ;

V. — Que les éditeurs étudient de près les programmes des Universités étrangères, pour répondre aux desiderata des élèves et des professeurs de ces Universités ;

VI. — Qu'une nouvelle collection d'auteurs latins et grecs, accompagnés de traduction, soit établie dans l'esprit du rapport de M. Pichon.

(Adopté.)

M. le Président. — Nous avons à voir maintenant :

LES ÉDITIONS MUSICALES

Rapporteur : M. **Bertrand**, éditeur.

Le Congrès émet le vœu :

I. — Qu'une action soit exercée par l'État sur les Conservatoires, Écoles de musique et établissements officiels d'enseignement, en vue d'écarter les éditions classiques étrangères et de recommander l'emploi, aussi exclusif que possible, des éditions françaises ;

II. — Que l'attention des membres de l'enseignement musical officiel soit attirée sur les ouvrages d'enseignement ou les compositions d'auteurs français modernes, qui seraient susceptibles de remplacer les ouvrages étrangers classiques ou modernes, auxquels beaucoup de professeurs restent exclusivement attachés par la seule force de l'habitude ;

III. — Que les collections classiques en cours de publication soient, à titre d'encouragement, honorées d'une souscription officielle du ministre des Beaux-Arts.

A ce vœu, M. A. Rouart, éditeur, président du Syndicat des Marchands de musique, ajoute :

Que des efforts soient faits auprès des groupements syndicaux et des éditeurs, pour ramener à une édition *unique*, qui serait en même temps une édition nationale, les diverses éditions musicales classiques françaises actuellement en cours d'exécution, et que l'État y intervienne au besoin.

Je vais mettre aux voix ces deux vœux réunis.

M. JACQUES DURAND. — Comme président de la Chambre syndicale, je suis obligé de ne voter que le premier vœu.

M. ROUART. — Les deux vœux ont été adoptés à l'unanimité par la section.

M. LE PRÉSIDENT. — Oui, mais en séance plénière, les personnes qui étaient dans une autre section, ont le droit d'apporter dans cette unanimité le léger désaccord d'un avis contraire.

Je mets donc aux voix le premier vœu, c'est-à-dire celui de M. Bertrand.

(Adopté.)

Je mets maintenant aux voix le vœu de M. Rouart.

(Adopté, moins dix voix.)

M. LE PRÉSIDENT. — J'ai une communication de M. Durand. Désire-t-il que j'en donne lecture ?

M. JACQUES DURAND. — Je vous en prie et vous en remercie d'avance.

M. LE PRÉSIDENT. — Messieurs,

Je viens, au nom des Éditeurs de musique, vous faire la déclaration suivante, en ce qui concerne les éditions classiques :

Grâce aux efforts communs, l'enseignement musical primaire et secondaire peut, dès maintenant, largement s'approvisionner soit dans les anciennes éditions françaises si avantageusement connues, soit dans les nouvelles nées depuis la guerre. Mais, au sujet de l'enseignement supérieur, nous avons estimé qu'il y avait un nouvel effort à tenter, et c'est tout spontanément que mes confrères se sont ralliés au projet dont je les ai entretenus ces jours-ci : il s'agit d'une *édition nationale des œuvres orchestrales, avec ou sans chant, des grands classiques musicaux*, destinée à remplacer, dans les Conservatoires et les Sociétés de concerts, non seulement en France, mais à l'étranger, les éditions allemandes en usage jusqu'ici.

Le projet que nous avons mis à l'étude est d'ordre collectif, et il aura ceci de particulier que sa réalisation sera basée uniquement sur des dons; les recettes éventuelles seront affectées, d'une part à la continuation de l'édition, et de l'autre à des œuvres de bienfaisance artistique; l'art et la charité se trouveront ainsi réunis.

Le projet dont je vous fais part étant né de ce Congrès, j'ai tenu à vous l'annoncer en séance plénière; c'est un des résultats de ces assises très heureusement instituées par la Société des Gens de lettres, le Cercle de la Librairie et le Comité du Livre, pour la propagation de la pensée française.

M. LE PRÉSIDENT. — Au nom des trois groupements auxquels M. Durand fait allusion et de cette assemblée, je le remercie de sa communication.

M. ROUART. — Au nom de la Chambre syndicale des Marchands de musique de France et de la Société des Auteurs, Compositeurs et Editeurs de musique, je m'associe complètement à la déclaration qui vient de vous être faite et dont mon excellent confrère et ami Chevalier avait eu le premier l'idée, voici quelques mois déjà.

Nous sommes heureux de constater qu'avant même d'avoir terminé ses travaux, le Congrès du Livre donne des résultats pratiques, puisque cette décision des éditeurs n'est que le commencement de la mise à exécution d'un vœu émis par une des sections de ce Congrès.

Mais nous espérons bien que cet effort ne s'arrêtera pas là, et nous n'y voulons voir que le premier pas vers une réalisation complète et définitive de l'entente entre toutes les maisons françaises pour que, de cette entente, sorte une édition classique unique qui, seule, nous permettra la lutte contre les éditions de nos ennemis : c'est le souhait ardent de nos cœurs de Français.

M. LE PRÉSIDENT. — Je passe maintenant au vœu sur :

LES INDUSTRIES DU LIVRE
ET LE COMMERCE EXTÉRIEUR DE LA FRANCE

RAPPORTEURS : MM. **Max Leclerc**, éditeur, membre de la Chambre de commerce de Paris, et **J.-P. Belin**, éditeur.

Vœu présenté par MM. **Max Leclerc** et **J.-P. Belin**, et auquel s'est rallié M. **A. Lahure**, président honoraire de l'Union des Maîtres Imprimeurs de France.

DROITS DE DOUANE

Le Congrès, considérant :

Que la législation française doit rester fidèle au principe que la pensée circule librement;

Mais que, dans l'application, il y a lieu, pour des raisons économiques, de modifier le régime actuel qui laisse pénétrer en franchise, indistinctement, toutes les publications fabriquées à l'étranger, qu'elles soient rédigées en langue française ou en langues étrangères;

Que, en effet, les matières premières (papier, carton, toile, etc.), qui servent à la fabrication des livres et périodiques, étant frappées de droits de douane à l'entrée en France, la franchise accordée aux produits fabriqués place l'industrie française du Livre en état d'infériorité en face de l'industrie étrangère qui jouit ainsi d'un véritable privilège sur le marché français;

Qu'il y a donc lieu de frapper de droits de douane les produits finis comme le sont déjà les matières premières elles-mêmes;

Qu'il importe que ces droits soient calculés de telle manière qu'ils ne constituent pas une barrière si haute que, la concurrence étant supprimée, toute chance de progrès futurs dans nos industries nationales soit supprimée du même coup;

Que, cependant, il convient de prévoir un régime spécial à appliquer aux pays de langue française et, en particulier, à la Belgique;

Émet le vœu :

Que les livres, périodiques et imprimés en langue française, et les livres et imprimés en langues anciennes, non annotés ou annotés en français, fabriqués à l'étranger, soient frappés à l'entrée en France de droits dont le taux variera selon l'origine (pays ennemis, neutres ou alliés, de langue française ou de langue étrangère);

Et que ces droits, sauf en ce qui concerne les produits des pays ennemis, pour lesquels ils pourraient être prohibitifs, soient compensateurs, c'est-à-dire qu'ils tiennent compte de la somme des avantages que le produit fabriqué trouve dans le pays importateur.

M. ALBERT CIM. — Dans le second paragraphe, est-ce à dessein que les mots « langues anciennes » ont été supprimés ?

M. DE DAMPIERRE. — Oui, à la suite de la demande de M. Havet.

M. LE PRÉSIDENT. — C'est dans les considérants que ces mots ont été supprimés. Le texte du vœu porte : langue française et langues anciennes. Mais il s'agit des livres imprimés en français à l'étranger. Pour les livres imprimés en langue étrangère, les portes leur sont grandes ouvertes pour que nous soient grandes ouvertes les portes de l'étranger.

(Adopté à l'unanimité, moins deux voix.)

M. LE PRÉSIDENT. — Est-ce que M. Lucas est là ? Il avait déposé un vœu dans lequel il y a une motion que nous avons trouvée obscure; peut-être l'un de ces Messieurs pourrait-il nous éclairer. C'est le vœu de la Fédération française du Livre:

« .... Que tout ouvrage français imprimé à l'étranger doive, pour pouvoir être importé en France, porter au bas de la première page de la première feuille et au bas de la première feuille du milieu.... »

Là, nous ne comprenons plus.

M. KEUFER. — L'auteur de la proposition parle au nom de la Fédération du Livre ; mais la proposition lui était personnelle. Nous sommes partisans, à la Fédération, pour que la Douane puisse reconnaître immédiatement lorsqu'un livre imprimé en français vient de l'étranger, qu'il y ait au moins sur la première page une indication. Quant à l'impression à telle ou telle page à l'intérieur du volume, c'est une condition nouvelle. Ce que nous demandons, c'est simplement qu'il y ait une marque facile à reconnaître pour distinguer si le travail vient de l'étranger, ou non.

M. LEMOINE. — Il faudrait que cette marque fût sur la première page portant le titre, parce que, autrement, on pourrait faire sauter la première page.

M. LE PRÉSIDENT. — Adoptez-vous cette formule : au bas de la première page et de la dernière page ?

M. KEUFER. — Imprimées.

M. ALBERT CIM. — Ce qui se voit le plus, c'est le titre. Laissons donc de côté la première page.

M. LE PRÉSIDENT. — Je demandais la première page, parce que je crois que c'est ce que désirait l'auteur. Je garde la rédaction de l'auteur, et je ne demande au Congrès que de modifier ce qui n'est pas très clair et que ce que l'auteur modifierait de lui-même. Je propose ceci :

« Au bas de la première page et de la dernière page imprimées, le nom de l'imprimeur... »

M. JULES CLÈRE. — On pourrait mettre l'indication de la ville et du pays, parce que si le livre vient de Vienne, par exemple !

M. LE PRÉSIDENT. — Si ça venait de Vienne en France, cela ne passerait pas par la Douane. Mais enfin il ne coûte rien d'adopter le vœu de M. Jules Clère : l'indication de la ville et du pays ; moi je suis partisan de mettre tout ce qu'on pourra mettre !

Je donne lecture du texte complet du vœu modifié :

Le Congrès émet le vœu :

I. — Que tout ouvrage français imprimé à l'étranger doive, pour pouvoir être importé en France, porter, au bas de la première page de la première feuille et au bas de la dernière page imprimée du livre, le nom de l'imprimeur, ainsi que l'indication de la ville et du pays où se trouve l'imprimerie ; que cette mention ne puisse être placée à plus de 10 millimètres de la dernière ligne de texte de la page, de façon qu'elle ne puisse être enlevée lors de la reliure de l'ouvrage.

II. — Que les périodiques en langue française, illustrés ou non, édités et imprimés à l'étranger, ne puissent être importés en France que s'ils portent, en première et en dernière page, les noms et adresses de l'éditeur et de l'imprimeur.

III. — Que la hauteur des caractères employés pour cette indication ne puisse être inférieure à 2 millimètres pour les feuilles intérieures, ni à 4 millimètres pour les noms d'imprimeur et d'éditeur sur la couverture et sur la première page des périodiques.

IV. — Que l'administration des douanes soit chargée de veiller rigoureusement à l'application de ces mesures.

(Adopté à l'unanimité.)

M. LE PRÉSIDENT. — M. Vaunois dépose l'adjonction suivante *in fine* au vœu de la Fédération française du Livre que vous venez d'adopter :

« Et que le ministère public puisse faire saisir, sur tout le territoire de la France, des colonies et protectorats, toute production ne portant pas ces mentions et poursuivre ceux qui les répandent. »

M. SAULNIER. — Puisqu'on revient sur la question, je suis partisan de ce vœu...

M. LE PRÉSIDENT. — Non, le vœu est voté, et vous ne pouvez demander la parole que sur l'adjonction de M. Vaunois.

M. SAULNIER. — J'aurais désiré seulement qu'on indiquât ce que l'on entend par la première et la dernière page, parce que je connais un peu les questions administratives. Les administrations les plus grandes en arrivent à ne pas s'entendre sur ce qu'est un mandat-poste ou un bon de poste, etc...

M. LE PRÉSIDENT. — Vous avez entendu une rédaction qui nous a paru conforme au désir de M. Lucas, puisque M. Keufer l'a acceptée. Voulez-vous laisser à la Commission exécutive le soin de mettre ces questions au point ? Elle entendra naturellement M. Saulnier dont les avis lui seront précieux.

(L'adjonction de M. Vaunois est adoptée sans opposition.)

M. LE PRÉSIDENT. — Nous passons au vœu sur :

LA VENTE DU LIVRE FRANÇAIS A L'ÉTRANGER

RAPPORTEUR : M. E. Fouret, éditeur.

Le Congrès, constatant que la diffusion du livre français est un des meilleurs moyens d'augmenter l'influence de notre pays et d'assurer la grandeur de la France dans le monde entier, et prenant acte des efforts déjà tentés dans ce but,

Émet le vœu :

I. — Que les Pouvoirs publics facilitent au commerce d'exportation ses relations avec ses clients lointains, en abrégeant les délais de transport, en augmentant les possibilités d'expédition, en diminuant les frais de port, et en obtenant les tarifs de douane les plus favorables ;

II. — Que les éditeurs français s'efforcent chaque jour davantage d'accroître les moyens commerciaux destinés à propager à l'étranger le livre français, particulièrement en augmentant le nombre et l'importance des dépôts où les libraires détaillants pourront s'approvisionner facilement de tous les ouvrages dont ils auront besoin pour leur vente ;

III. — Que les démarches nécessaires soient faites pour obtenir l'introduction, dans les programmes des Lycées, Écoles et Universités des pays alliés ou amis, l'étude de la langue française ou qu'on lui donne une importance plus grande ;

IV. — Qu'on développe, par réciprocité, dans nos Lycées et Facultés, l'enseignement des langues étrangères ;

V. — Qu'à l'étranger, on fasse faire fréquemment des séries de conférences par les personnalités les plus marquantes de la littérature, de la musique, des arts, des sciences et de la médecine ;

VI. — Qu'on encourage le séjour, dans des Facultés étrangères, de professeurs et d'étudiants français qui noueront, avec leurs confrères et les milieux littéraires ou scientifiques, d'étroites amitiés et des relations durables ;

VII. — Que l'Administration et les Universités, en collaboration avec les associations s'occupant de l'extension intellectuelle, favorisent de tout leur pouvoir les échanges de professeurs, les missions, et la représentation de la France dans les Congrès scientifiques, et qu'à cet effet des crédits suffisants soient prévus au budget.

(Le vœu est adopté à l'unanimité.)

M. LE PRÉSIDENT. — Voici maintenant le vœu de M. Petit-Dutaillis :

L'EXPANSION INTELLECTUELLE

RAPPORTEUR : M. **Petit-Dutaillis**, directeur de l'Office national des Universités et Écoles françaises.

Le Congrès émet le vœu :

I. — Que les éditeurs français consultent, dans leur propre intérêt, les lettrés, les savants, les professeurs et les comités d'entente intellectuelle internationale, qui peuvent leur donner les plus utiles avis, soit sur les initiatives à prendre, soit sur les desiderata exprimés par les étrangers; que cette consultation, sans engager en rien les éditeurs et sans impliquer aucune intervention dans le mécanisme de leur commerce, soit organisée d'une façon précise, au lieu d'être livrée au hasard des conversations individuelles.

II. — Que les éditeurs étudient d'ores et déjà les entreprises suivantes :

1° L'édition de grammaires et dictionnaires russe-français et français-russe. Ces livres devront indiquer l'accent tonique;

2° L'édition de classiques français à bon marché sans aucune note, accompagnés d'un livret qui sera traduit en diverses langues étrangères. Ce livret contiendra : a) un glossaire; b) des notes et un commentaire, expliquant les faits historiques et les traditions de la civilisation française auxquels le texte fait allusion;

3° L'édition d'un *Annuaire de la France intellectuelle et scientifique*, contenant des renseignements, soigneusement tenus au courant, sur les Universités et établissements d'enseignement supérieur, les Archives, Bibliothèques et Musées français;

4° L'édition de petits manuels et de livres de lecture sur la France moderne, à l'usage des étudiants et élèves étrangers, et pouvant intéresser également les voyageurs, et d'une nouvelle série de guides pour lesquels le concours des professeurs de toutes les régions pourra être utilement employé.

III. — Que les crédits accordés à tous les établissements d'enseignement français à l'étranger, et particulièrement aux Instituts créés par les Universités, à l'École française de droit du Caire et à l'Institut français de Pétrograd, soient considérablement augmentés.

IV. — Que l'Administration étudie les mesures à prendre pour que l'œuvre de notre expansion intellectuelle ne soit pas compromise par la rareté très probable des candidatures aux postes de professeurs détachés, par suite des pertes très graves que le personnel universitaire aura subies pendant la guerre.

V. — Que M. le Ministre des Affaires étrangères invite les consuls français, en résidence dans les pays amis de la France, à lui fournir un bref rapport annuel sur les efforts qu'ils ont faits pour envoyer des étrangers dans les Universités et Écoles françaises, et que les doubles de ces rapports soient envoyés à M. le Directeur de l'Enseignement supérieur et à toutes les associations françaises s'occupant de l'expansion intellectuelle.

(Le vœu de M. Petit-Dutaillis est adopté à l'unanimité.)

M. HARAUCOURT. — C'est très intéressant dans l'ensemble, mais long et touffu, sujet à sous-commission.

M. LE PRÉSIDENT. — Nous avons simplifié le plus que nous avons pu. Il reste encore à simplifier et à rassembler certaines idées qui sont éparses.

M. Albert Cim. — Et si elles se contredisent, ces idées ?

M. le Président. — Nous appellerons les auteurs, et nous le leur signalerons. C'est une besogne que nous ne pouvons pas imposer aux congressistes. C'est la Commission qui mettra au point les vœux que le Congrès aura sanctionnés.

Nous prenons le vœu de M. Haraucourt :

LA DÉMORALISATION PAR LE LIVRE ET PAR L'IMAGE

Rapporteur : M. E. **Haraucourt**, conservateur du musée de Cluny.

Le Congrès émet le vœu :

A. — En ce qui concerne les publications d'origine française :

I. — Que la loi, par des textes précis, établisse enfin une distinction nette et formelle, — qui jusqu'à ce jour n'a jamais été définie, — entre l'art, qui, au même titre que la science, doit rester libre de traiter tous les sujets humains, et le commerce de pornographie, qui est une exploitation lucrative de l'instinct génésique, au même titre que le proxénétisme ;

II. — Que, sans porter atteinte à la liberté de l'un, elle frappe l'autre avec sévérité, même quand celui-ci exploite les œuvres de l'art ou de la science pour atteindre et contaminer les masses populaires et plus particulièrement la jeunesse ;

III. — (*Addition suggérée par M. de Dampierre*). En ce qui concerne la mise en vente :

Que soit formellement interdit l'étalage, même sous couverture fermée, des livres et publications de toutes sortes, illustrés ou non, ayant un caractère :

a) *malthusien*, c'est-à-dire propageant des méthodes abortives ou préventives de la natalité ;

b) *sadique*, c'est-à-dire mêlant les sévices à la volupté (flagellations, etc.) ;

c) *homéosexuel*, c'est-à-dire tendant au saphisme ou à la pédérastie.

(*Addition suggérée par M. Languereau*). Et que la publicité par affiches, annonces ou prospectus en faveur des publications ci-dessus désignées, soit assimilée à leur étalage et frappée des mêmes peines ;

IV. — Ces distinctions essentielles étant catégoriquement établies, que la justice atteigne, comme auteur principal, non plus seulement le vendeur, mais l'éditeur lui-même ;

V. — Que la signature réglementaire de l'imprimeur, qui est prescrite en droit, soit exigée en fait et avec plus de rigueur, dans tous les cas, sur toute espèce de publications, et que la non-exécution de cette formalité expose les délinquants à des amendes très élevées, qui, seules, seront susceptibles d'arrêter les infractions;

VI. — Que les délais de prescription, qui sont actuellement d'une année en ce qui concerne les livres, soient portés à trois ans, comme pour tous les délits de droit commun;

VII. — Que la loi nouvelle établisse, entre les différents délits, une échelle de culpabilité et de pénalités, comme elle fait, par exemple, pour le vol, en le qualifiant;

VIII. — Que le ministère public, ainsi armé par une loi moins vague et plus ferme, intervienne avec plus de fréquence et de vigueur;

IX. — Que les affaires concernant les livres obscènes, aussi bien que celles relatives aux images ou autres publications de même caractère, soient déférées sans distinction, non au jury, mais au tribunal correctionnel;

X. — Que le tribunal, en cas de doute, recoure à des experts commis à cet effet et choisis parmi les groupements existants d'écrivains, artistes, éditeurs et libraires.

B. — En ce qui concerne les publications étrangères et leur entrée en France :

I. — Que la loi exige, sur tout ouvrage entrant en territoire français, métropole et colonies, la déclaration d'origine et le nom de l'imprimeur;

II. — Que les agents du service des douanes soient armés, contre les ouvrages d'une obscénité manifeste, d'un droit analogue à celui qu'ils possèdent contre toute autre marchandise également prohibée; qu'ils signalent tout colis suspect au commissaire de police, aux fins de saisie et poursuites.

C. — En ce qui concerne le trafic à l'étranger des publications licencieuses, d'origine étrangère et présentées sous le couvert de la langue française :

Que le ministère des Affaires étrangères rassemble les éléments d'information et étudie les moyens qui permettraient au Gouvernement de la République d'intervenir auprès des divers États, en vue d'obtenir que les publications, qui se réclament indûment d'une origine française, cessent d'être admises à se produire en dissimulant leur origine véritable.

D. — En ce qui concerne l'exportation à l'étranger des publications françaises :

Que les groupements intéressés se concertent en vue d'empêcher, par tous les moyens en leur pouvoir, la diffusion des ouvrages qui discréditent notre littérature et compromettent à l'étranger l'expansion de la pensée française.

(Adopté à l'unanimité.)

M. LE PRÉSIDENT. — Je prends maintenant le vœu sur :

LE LIVRE ET LA CRITIQUE

Rapporteur : **M. Francis Chevassu**, président du Cercle de la Critique

Le Congrès émet le vœu :

Que le Comité du Congrès fasse une demande officielle auprès du Syndicat de la presse, afin d'obtenir de MM. les Directeurs des journaux qu'ils consentent à élargir encore la rubrique de la critique littéraire;

Et que M. le ministre de l'Instruction publique soit sollicité de patronner cette démarche en représentant, avec toute l'autorité qui lui appartient, l'intérêt national de la requête.

(Adopté.)

M. LE PRÉSIDENT. — Nous passons au vœu sur :

L'UNION DES ÉCRIVAINS ET DES ÉDITEURS
POUR L'EXPANSION DE LA PENSÉE FRANÇAISE

Rapporteur : **M. Georges Lecomte.**

Désireux que, dans le domaine de la création littéraire comme dans tous les autres modes de l'activité nationale, toutes les forces du pays soient exclusivement consacrées à la propagation de la pensée française et au développement des industries françaises qui s'y rapportent,

Le Congrès émet le vœu que :

Pour assurer le complet succès de l'effort commun et travailler ensemble dans une plus étroite union à la prospérité commune, les écrivains et les éditeurs, dont les intérêts sont étroitement solidaires, appliquent invariablement, dans la féconde sécurité résultant d'une estime et d'une confiance réciproques, leur volonté pareille d'une collaboration intime, franche et cordiale, ayant pour principe, selon l'équité et les lois, le respect absolu du droit d'auteur sous toutes ses formes, et quels que soient les modes actuels et futurs de la production littéraire.

(Adopté avec applaudissements.)

M. LE PRÉSIDENT. — J'ai à ajouter à ce vœu un vœu présenté par M. Jules Lévy.

Le Congrès du Livre, estimant que le mémento des règles en usage et points à prévoir dans les rapports entre auteurs et éditeurs, memento rédigé en 1898, peut et doit être réexaminé,

Emet le vœu :

Qu'au lendemain de la clôture du Congrès, le Cercle de la Librairie d'une part, et la Société des Gens de lettres d'autre part, nomment l'un et l'autre une Commission de cinq membres. Ces deux Commissions se réuniront et rédigeront en commun un rapport sur les modifications et additions qu'il pourrait y avoir lieu d'apporter à ce memento, rapport qu'elles soumettront à l'approbation de chacun des Comités des Groupements qu'elles représentent.

En outre, pour affirmer l'union qui doit exister entre les auteurs et les éditeurs, le Congrès du Livre, considérant qu'il est utile de supprimer, d'une part, les frais de justice qui sont toujours onéreux, d'autre part, la publicité qui n'est jamais profitable lorsqu'un différend se produit entre les deux parties contractantes d'un traité, charge cette même Commission d'étudier les moyens de création d'une Commission arbitrale, composée en parties égales d'éditeurs et d'hommes de lettres, commission qui aura à connaître des litiges et qui jugera en dernier ressort, en vertu des pouvoirs que la législation confie aux Commissions d'arbitrage.

(Adopté avec applaudissements.)

M. LE PRÉSIDENT. — La Commission soumettra aux deux groupements intéressés le rapport sur cette dernière question.

Voici maintenant le vœu sur :

LES MODES DE VENTE ET DE PUBLICITÉ

RAPPORTEUR : M. **Henri Clouard**, publiciste.

Le Congrès émet le vœu :

I. — Que les livres soient admis, dans les trains de grande vitesse, aux tarifs de la petite.

II. — Qu'une entente et une union s'établissent entre les maisons d'édition françaises pour l'envoi de voyageurs à l'étranger.

III. — Qu'un effort soit fait par le Comité exécutif du Congrès pour créer un organisme central d'expansion de la Librairie et de la Pensée françaises.

M. Gaston Teissier, secrétaire-adjoint du Syndicat des Employés du commerce et de l'industrie, ajoute à ce vœu la motion suivante :

Que les organisations patronales des industries du Livre se concertent avec les organisations d'employés pour le recrutement et la formation du vendeur et du voyageur.

Si M. Clouard n'y voit pas d'inconvénient, je joindrai ce vœu au sien.

M. SCHWARTZ. — Il y a huit jours, j'avais envoyé une lettre au Secrétaire général, en le prévenant que je voulais faire une communication sur la vente du livre en France. J'avais préparé une note ;

mais, quand je l'ai apportée hier, vous m'avez dit que la discussion était terminée.

M. LE PRÉSIDENT. — Je me rappelle, en effet, que vous avez voulu lire un long travail ; mais vous connaissez le règlement de la Chambre : chacun doit apporter son discours dans son cerveau et non sur du papier. Nous vous avons demandé de résumer.

M. SCHWARTZ. — C'était impossible.

M. LE PRÉSIDENT. — La Commission prendra connaissance de votre rapport avec tout l'intérêt qu'il peut comporter.

Je mets aux voix le vœu de M. Clouard avec adjonction du vœu de M. Teissier.

(Adopté.)

M. LE PRÉSIDENT. — J'arrive aux vœux sur :

LES EXPOSITIONS TECHNIQUES

RAPPORTEUR : M. **Paul Gillon**, éditeur.

Le Congrès émet le vœu :

I. — Que soit organisée régulièrement, à partir de 1917, du 15 novembre au 15 décembre, une *exposition des livres de l'année* montrant les efforts faits, les progrès accomplis. Cette exposition préparerait admirablement la vente des livres d'étrennes que le public aurait le temps d'examiner à loisir ;

II. — Et que soit organisée, tous les deux ou trois mois, une exposition spéciale dont le programme serait élaboré par un Comité de professionnels, d'artistes et de bibliophiles.

(Adopté.)

Vœu présenté par M. **Guerlin**.

Le Congrès émet le vœu :

Que soit créé un Salon annuel du Livre où seraient décernés différents grands prix ; grands prix de reliure, grands prix de gravure, etc., qui seraient un encouragement précieux pour les artistes du Livre, et permettraient d'établir des chefs-d'œuvre que se disputeraient les bibliophiles du monde entier.

(Adopté.)

M. Haraucourt a déposé l'adjonction suivante :

Que, en attendant la fondation du Musée du Livre, qui aura un caractère permanent, des expositions temporaires de librairie soient organisées, et que, dans ce but, des demandes soient faites en vue d'obtenir, au Salon annuel des Beaux-Arts, la création d'une section du Livre.

M. LE PRÉSIDENT. — Est-ce que ce n'est pas un peu un double emploi?

M. HARAUCOURT. — Non, pas du tout.

M. LE PRÉSIDENT. — Je mets aux voix le vœu de M. Haraucourt. (Adopté.)

M. LE PRÉSIDENT. — Voici les vœux relatifs à :

LA BIBLIOGRAPHIE

RAPPORTEUR : **Association des Bibliothécaires.**

Le Congrès émet les vœux suivants :

I. — Que pour donner à la *Bibliographie de la France, Journal de la Librairie*, une base plus large et plus solide, la loi concernant le dépôt légal soit modifiée de la façon suivante :

1° Le dépôt imposé simultanément à l'imprimeur et à l'éditeur (ou, à son défaut, à l'auteur).

2° Pour l'imprimeur, obligation :

a) De déposer, dans la huitaine de l'impression, à la préfecture de son département ou, à Paris, au ministère de l'Intérieur, un exemplaire de toute publication sortie de ses presses (sauf les exceptions admises par l'article 3 de la loi de 1881);

b) De joindre à un acte de dépôt, portant sous peine de nullité le titre de l'imprimerie, le nom de l'auteur, la date, le nom et l'adresse de l'éditeur (ou de l'auteur), le chiffre du tirage, et, s'il y a lieu, la mention que l'imprimé déposé est une simple réimpression.

3° Pour l'éditeur, obligation de déposer, dans un délai de trois mois après l'impression et par envoi direct à la Bibliothèque nationale, un exemplaire de toute publication, mise en vente par lui, qui soit conforme en tous points aux exemplaires livrés au commerce.

II. — Que, dans la rédaction de la *Bibliographie de la France, Journal de la Librairie*, il soit désormais tenu compte des modifications de détail énumérées dans le susdit rapport.

III. — Qu'il soit publié un répertoire annuel donnant le dépouillement et le classement, par *noms d'auteurs* et par *mots de matières*, de tous les articles de quelque importance qui paraissent chaque année dans les périodiques imprimés en France.

IV. — Qu'il soit publié annuellement un dictionnaire alphabétique des écrivains et savants français actuellement vivants, et donnant pour chacun, outre les renseignements biographiques indispensables, une bibliographie de ses principales œuvres.

V. — Qu'il soit créé un annuaire de la science française paraissant régulièrement et donnant des indications brèves, mais précises, sur tous les organes et établissements d'enseignement supérieur et d'enseignement technique, sur les Archives, Bibliothèques, Musées, Observatoires, Sociétés savantes, etc., et généralement sur tout ce qui concerne la vie intellectuelle de la France.

VI. — Qu'il soit publié :

1° Un manuel résumant les notions qui se rapportent à l'état actuel des diverses industries du Livre : papeterie, imprimerie, typographie, procédés d'illustrations, reliure.

2° Un manuel résumant sous la forme d'une histoire du Livre en général, et du Livre français en particulier, les transformations successives de la technique ancienne.

3° Un manuel résumant les règles à suivre pour la rédaction des répertoires de livres (bibliographies et catalogues), ainsi que pour le classement et le service des Bibliothèques.

Chacun d'eux devrait être pourvu d'une bibliographie raisonnée renvoyant aux monographies et études de détail, et d'une documentation figurée abondante, puisée, autant que possible, aux sources originales.

A chacun de ces ouvrages devrait correspondre une publication périodique, traitant des mêmes questions, et préparant des matériaux destinés aux éditions nouvelles, par lesquelles un manuel doit être de temps en temps rajeuni.

VII. — Qu'il soit organisé à Paris, et, s'il est possible, dans quelques grandes villes de province, indépendamment des expositions temporaires, des Musées permanents du Livre, où seraient représentées, par des spécimens bien choisis, la technique ancienne et la technique moderne des diverses industries du Livre, ainsi que la technique des Bibliothèques.

M. LEMOINE. — Je voudrais qu'il y eût disjonction dans les deux parties de ce vœu. Je ne suis pas partisan du dépôt légal par l'auteur, mais je suis partisan de ce dépôt par l'imprimeur et l'éditeur.

M. JULES PERRIN. — Il y a une mauvaise rédaction. Je crois qu'il a été admis ceci : c'est que, lorsque l'auteur serait en même temps son éditeur, il serait alors soumis à l'obligation de faire le dépôt. Je crois que c'est ce que le texte a voulu dire.

M. LEMOINE. — Il ne le dit pas !

M. LE PRÉSIDENT. — Il faudrait mettre : « par l'éditeur, ou à défaut de l'éditeur, l'auteur... »

M. JULES LÉVY. — M. Morel a déposé un vœu qui devrait s'intercaler après le premier paragraphe du vœu de M. Marais.

M. LE PRÉSIDENT. — Le vœu de M. Eugène Morel est :

Le Congrès émet le vœu que la Commission d'auteurs et d'éditeurs, instituée par ses votes précédents, place en première ligne de ses études celle d'une réforme complète du dépôt légal, de façon à faire aboutir, dans les plus courts délais possibles, les vœux exprimés par le Congrès du Livre à ce sujet.

Cela me paraît aller plutôt à la fin.

M. Jules Perrin. — Je crois que l'on pourrait rédiger le vœu de M. Marais comme suit :

« ... ou par l'auteur, s'il est son propre éditeur... »

M. Lemoine. — Cette rédaction me donne satisfaction.

M. le Président. — Je mets aux voix le vœu de M. Marais avec la modification proposée par M. Perrin, c'est-à-dire :

3° Pour l'éditeur (ou pour l'auteur, s'il est son propre éditeur), obligation de déposer, dans un délai de trois mois après l'impression et par envoi direct à la Bibliothèque nationale, un exemplaire de toute publication, mise en vente par lui, qui soit conforme en tous points aux exemplaires livrés au commerce.

(Adopté.)

Je mets aux voix l'adjonction de M. Morel.

(Adopté.)

M. le Président. — Nous avons maintenant le vœu de M. Emmanuel de Margerie.

I. — Que tous les ouvrages édités en France soient datés et que leur date réponde au millésime effectif de leur publication.

II. — Que tous les ouvrages documentaires publiés en France soient pourvus d'un index alphabétique.

III. — Qu'il soit préparé, par les soins ou avec le concours de l'Etat, une Bibliographie des publications officielles françaises de 1815 à 1900.

IV. — Que l'échelle des cartes géographiques, publiées séparément ou à titre de planches et de figures dans les ouvrages illustrés, soit toujours exprimée numériquement et graphiquement, suivant le vœu déjà émis par les Congrès géographiques internationaux.

V. — Que les cartes géographiques insérées dans les publications scolaires soient établies, autant que possible, à des échelles métriques simples, de manière à faciliter les mesures directes et les comparaisons.

(Adopté.)

M. le Président. — M. Paul Boyer présente le vœu suivant :

Qu'au nombre des Bibliographies générales ou spéciales, dont la publication est envisagée, soit compris un Index de Bibliographie générale critique à l'usage du grand public.

Cet Index bibliographique général critique serait publié en un seul volume (in-8, de 5oo pages environ). Le Manuel de Bibliographie générale russe, publié en 1892 à Moscou, sous le titre de *Livre des Livres*, pourrait servir de modèle à cet Index de Bibliographie générale critique.

(Adopté.)

M. LE PRÉSIDENT. — M. Méry propose le vœu suivant :

Que les éditeurs unifient le format de leurs catalogues dans le but de faciliter l'établissement d'un catalogue général de la librairie française.

(Adopté.)

M. LE PRÉSIDENT. — J'ai également à soumettre à votre vote le vœu présenté par M. le général Sébert :

Considérant l'intérêt que présente pour l'avenir de notre pays la réunion d'informations documentaires concernant nos industries nationales,

Le Congrès émet le vœu :

Que des encouragements et des appuis officiels soient accordés aux Sociétés savantes françaises qui ont entrepris la préparation de Bibliographies techniques et industrielles en vue de constitution d'Offices de documentation spéciaux à ces diverses industries.

(Adopté.)

M. LE PRÉSIDENT. — Voici enfin, présenté par M. Gillon père, le vœu rédigé par son fils, dans le rapport de celui-ci sur les :

BIBLIOGRAPHIES A L'USAGE DU GRAND PUBLIC

RAPPORTEUR : M. **André Gillon**, éditeur.

Le Congrès émet le vœu :

I. — Que le répertoire bibliographique qui s'impose, n'étant pas une Bibliographie pour érudits, mais devant s'adresser à la grande masse du public cultivé, se différencie nettement des répertoires trop généraux ou trop spéciaux seuls existants, qui ne peuvent servir de guide éclairé à ce public ;

II. — Qu'en conséquence, l'entreprise bibliographique de l'Office pour la propagation du Livre français soit reprise, élargie, menée à bonne fin ;

III. — Qu'il soit dressé une Bibliographie de sélection et à la fois très complète de la pensée française (sous forme de catalogues collectifs de la librairie), comprenant *tous* les principaux ouvrages incontestablement dignes du renom de la culture française.

(Adopté.)

M. LE PRÉSIDENT. — Nous en avons fini avec les vœux...

M. LEMOINE. — Nous avons entendu hier un aveugle...

M. LE PRÉSIDENT. — Voulez-vous me permettre d'en venir là ?

M. LEMOINE. — Vous avez dit que tout était fini.

M. LE PRÉSIDENT. — Non, j'ai dit : nous en avons fini avec les vœux qui sont l'expression des rapports qui vous ont été soumis. D'autres vœux, qui ne sont pas la conséquence de rapports, mais qui ont été spontanément émis au cours de vos délibérations, restent à être soumis à vos suffrages.

Voici un vœu présenté par M. Max Leclerc, éditeur, et par le Président de la Société des Gens de lettres :

CONTROLE DES MISSIONS

Le Congrès, s'associant à la démarche faite au cours de l'année 1915 auprès du président du Conseil, ministre des Affaires étrangères, et des présidents des Commissions des affaires extérieures du Sénat et de la Chambre des députés, par la Société des Gens de lettres et le Cercle de la Librairie,

Exprime le vœu :

Que ces deux corporations soient désormais consultées en vue du choix des personnes qui seront envoyées en mission à l'étranger pour travailler à l'expansion intellectuelle française au dehors, soit par le livre, soit par des conférences ;

Et que les rapports des missions déjà accomplies au Chili, en Italie, aux Etats-Unis, en Russie, en Espagne, etc., soient communiqués sans retard à ces deux corporations, afin qu'elles puissent en tirer les conclusions pratiques qui conviennent dans l'intérêt de la collectivité.

(Adopté avec applaudissements.)

M. LE PRÉSIDENT. — Déjà mon prédécesseur avait, par son action énergique, obtenu des Pouvoirs publics la promesse formelle que la Société des Gens de lettres et le Cercle de la Librairie seraient consultés pour l'envoi de missionnaires. Malheureusement, cette promesse n'a pas été tenue.

C'est pour cela que, reprenant l'idée excellente de mon prédécesseur, idée fortifiée par l'appui de M. Max Leclerc, au nom du Cercle de la Librairie, nous vous avons proposé de voter ce vœu une fois de plus.

M. Jules Lévy a proposé le vœu suivant :

AVEUGLES

Le Congrès du Livre, étant donné la douloureuse situation créée à nos braves soldats que la guerre a faits aveugles, considérant comme un devoir d'apporter un peu de bien-être à ceux qui ont fait à la patrie un tel sacrifice,

Émet le vœu :

Que des efforts soient faits pour augmenter le nombre de volumes imprimés en caractères Braille ;

Que les Pouvoirs publics dégrèvent, soit en partie, soit en totalité, des frais de transport ces volumes qui sont d'un format et d'un poids supérieurs aux autres publications, afin d'en permettre la diffusion.

(Adopté avec applaudissements.)

M. ALBERT CIM. — Ne serait-il pas bon que le nom de l'aveugle que nous avons entendu dans la séance de la deuxième section figurât sur le vœu que nous avons voté ?

M. DE DAMPIERRE. — M. Jules Lévy ne verra sans aucun doute aucun inconvénient à ce que son nom figure à côté du sien sur le vœu.

M. JULES LÉVY. — Pas du tout !

M. LE PRÉSIDENT. — Le vœu relatif aux aveugles sera donc indiqué comme étant présenté par MM. Pérouze, délégué de la Société Valentin Haüy, et Jules Lévy.

La Société des Gens de lettres, le Cercle de la Librairie, le Comité du Livre ont l'honneur de vous proposer l'adoption du vœu suivant :

Attendu que toute la ténacité héroïque de nos soldats, que tous les efforts d'amélioration sociale, commerciale et intellectuelle, que, dans son domaine, vient de tenter le Congrès du Livre, resteront stériles, si de grandes mesures de santé nationale ne sont pas prises par le Parlement.

Le Congrès émet le vœu :

Que soient appliqués, sans retard, tous les remèdes destinés à relever la natalité française, et que des lois précises, énergiques et sans faux-fuyant, soient enfin votées, afin que disparaisse le fléau de l'alcoolisme, qui diminue la race en force, en nombre et en intelligence.

(Adopté avec double salve d'applaudissements.)

M. LE PRÉSIDENT. — Nous en avons maintenant fini avec les vœux qui représentent le travail de cette semaine. J'ai maintenant à vous soumettre une motion :

MOTION FINALE

Présentée par M. Paul Gillon, éditeur.

Le Congrès du Livre, constatant que toutes les associations d'expansion intellectuelle et toutes les associations professionnelles du Livre sont fermement résolues à unir et à intensifier leurs efforts pour donner au Livre français, à l'étranger, la place qu'il mérite, enregistre avec satisfaction l'assurance déjà reçue des Pouvoirs publics, qu'ils viendront en aide à ces efforts d'intérêt véritablement national, notamment :

1° En invitant les consuls, vice-consuls et attachés commerciaux à fournir à ces associations tous les renseignements dont elles auraient besoin et tous ceux qui pourraient les intéresser, soit au point de vue de la fabrication, soit au point de vue de la vente, soit au point de vue de la propagation du Livre français ;

2° En invitant les agents diplomatiques et consulaires à favoriser par tous les moyens en leur pouvoir l'action des représentants et voyageurs accrédités desdites associations.

M. Gillon désire-t-il que je fasse simplement insérer cette motion au procès-verbal, ou que je la fasse voter ?

M. GILLON. — Je demande que vous la fassiez voter.

M. LE PRÉSIDENT. — Eh bien ! je la mets aux voix.

(Adopté.)

M. LE PRÉSIDENT. — L'Assemblée sanctionne donc la motion de M. Gillon et de ses collègues.

Il me reste à vous entretenir de la Commission d'exécution qui se chargera de réaliser les vœux ou souhaits que vous avez formulés. Dans ces vœux, il y a deux parties bien distinctes : d'abord les vœux qui s'adressent directement aux Pouvoirs publics et que seuls ils ont qualité pour exaucer.

La Commission d'exécution, que nous allons proposer à vos suffrages, aura pour mission de poursuivre, auprès des Pouvoirs publics, la réalisation de ces vœux, confiante dans la promesse faite par l'État et le Gouvernement de nous aider, de nous assister, dans notre tâche du relèvement du Livre français, de tout son pouvoir.

Il reste une seconde partie ; ce sont les vœux qui intéressent les différentes corporations, réciproquement et respectivement. Pour leur réalisation, la Commission d'exécution sera également compétente, et travaillera de tous ses efforts pour arriver au résultat que vous souhaitez.

Je vous propose, si vous n'y voyez pas d'inconvénient, le petit règlement suivant qui nous paraît logique, étant donné que ce que nous vous proposons, c'est la continuation revue et augmentée des pouvoirs que possédait déjà la Commission de préparation et d'organisation du Congrès.

Cette Commission s'est dévouée avec beaucoup d'ardeur à sa tâche; elle a la satisfaction de voir qu'elle a réussi dans l'effort qu'elle a tenté. Depuis onze mois, elle n'a pas marchandé son temps, et elle est arrivée à vous apporter l'organisation devant laquelle vous vous êtes trouvés. Il y a, dans cette organisation, des lacunes que nous déplorons, mais qui ne nous incombent pas : ceux qui pourraient faire à ce sujet leur *mea culpa* ne sont pas là ou, s'ils sont là, ils nous ont promis de la façon la plus formelle, pour le prochain Congrès, que les rapports dont on aurait voulu les voir se charger seraient assumés par eux.

Cette Commission, vous savez de qui elle était composée. Nous voudrions, pour la sûreté et la bonne marche du travail, que vous lui continuiez votre confiance, et que vous adoptiez des dispositions analogues, ou à peu près, à celles que je vais avoir l'honneur de vous proposer :

COMITÉ EXÉCUTIF

Règlement pour la mise à exécution des résolutions votées par le Congrès

I. — Il est institué une Commission permanente, sous le nom de Comité exécutif, composée des présidents en exercice, et de deux délégués de chacune des trois Associations organisatrices : Société des Gens de lettres, Cercle de la Librairie, Comité du Livre.

II. — Le Comité sera présidé par le président de la dernière session du Congrès.

Le président est assisté de deux vice-présidents qui sont les présidents en exercice des deux autres Associations.

III. — Le Comité exécutif est chargé :
a) De poursuivre l'exécution des résolutions votées par le Congrès. A cet effet, il pourra faire appel à certaines personnalités appartenant aux corporations représentées au Congrès;
b) De préparer le prochain Congrès.

IV. — Les ressources du Congrès sont constituées :
a) Par le reliquat des fonds de la dernière session;
b) Par les dons et subventions.

V. — Les réunions se tiendront au Cercle de la Librairie.

Je vous demande de vouloir bien sanctionner ce rouage qui, je vous le répète — l'avenir vous est garanti, je ne dirai pas par le passé, mais par le présent — travaillera de tout son pouvoir à réaliser de son mieux la tâche que vous voudrez bien lui confier.

(Adopté à l'unanimité.)

Nous vous remercions.

Je donne maintenant la parole à mon ami Jules Clère qui me l'a demandée.

M. JULES CLÈRE. — Les travaux du Congrès du Livre touchent à leur fin; ce sera bientôt le moment de l'adieu, mais d'un adieu dont la mélancolie sera atténuée par la certitude d'un prochain « au revoir ».

Pendant que nous sommes encore réunis en grand nombre dans cette hospitalière maison qu'est le Cercle de la Librairie, je vous demande la permission, comme l'un des doyens de cette assemblée, de prendre un instant la parole, et de la prendre en votre nom.

Je suis certain d'être votre fidèle interprète en remerciant de tout cœur notre Président M. Pierre Decourcelle, le promoteur de ce Congrès, qui a si brillament inauguré ses travaux par ce remarquable discours que vous avez tous applaudi à la Sorbonne, et qui a dirigé, avec autant de fermeté que de tact, nos séances plénières.

Nos remerciements les plus vifs vont également aux membres de la Commission d'organisation qui ont su, avec lui, mener à bien l'entreprise si délicate, dont les bases furent posées à Lyon avec une hardiesse qu'a couronnée le succès : M. Louis Hachette, qui unit à tant de compétence cette exquise courtoisie qui est comme la parure d'un beau nom; M. Émile Picard, ce savant qui a distrait à d'importants travaux les heures qu'il a si utilement données à notre Congrès; M. Max Leclerc, qui a été l'un des membres les plus actifs de la Commission d'organisation, avant d'être un des plus brillants rapporteurs du Congrès et l'un de ses orateurs les plus écoutés; M. Jules Perrin, notre très distingué rapporteur général; M. de Dampierre, notre dévoué secrétaire, et M. Jean-Paul Belin qui a collaboré à plusieurs rapports.

Les vieillards aiment à se souvenir. Vous me permettrez donc, à propos du Congrès de 1917, de rappeler l'initiative qu'a prise, il y a quarante ans, près d'un demi-siècle, la Société des Gens de lettres, en organisant un Congrès qui ne fut, lui aussi, ni sans éclat, ni sans utilité. Des liens étroits rattachent, du reste, l'un à l'autre ces deux Congrès.

Le Congrès de 1878, qui réunit, comme le vôtre, un grand nombre d'éditeurs, d'imprimeurs, de libraires et d'écrivains, avait comme président Edmond About. Avec lui siégeait Georges Hachette, dont le fils siège aujourd'hui à côté du gendre d'Edmond About. Nous saluons les noms de ces aînés qui ont passé le flambeau à de plus jeunes mains.

Il n'est pas jusqu'aux noms des plus modestes organisateurs du Congrès de 1878 qui ne se retrouvent, ou à peu près, dans la Commission d'organisation de 1917, puisque, dans Leclerc, il y a Clère.

L'un des résultats les plus importants du Congrès actuel, celui qui sera peut-être le plus fécond, c'est l'union qu'il a créée entre nous. Cette union, dont M. Georges Lecomte a, dans son rapport, indiqué, en termes éloquents, la nécessité, il ne faut pas qu'elle existe seulement dans nos paroles, mais aussi dans nos actes. Il faut en faire une vivante et agissante réalité, et l'étendre à tous les travailleurs du Livre. Les travaux du Congrès ont été, du reste, tous orientés vers ce but; on peut donc espérer qu'il sera pleinement atteint.

Ce que nous avons ébauché en pleine guerre, nous devrons le continuer, le développer, le perfectionner, quand la paix nous aura rendu tous nos moyens d'action. Pour cette œuvre, l'union la plus cordiale, la plus complète, doit exister aujourd'hui, et subsister demain, entre tous ceux que M. le Président de la République a décorés de ce beau nom de « soldats de la pensée française ».

Vous aurez été, Monsieur le Président, et vous, Messieurs les membres de la Commission d'organisation du Congrès, les bons ouvriers de cette noble tâche, de cette union sacrée, et nous vous en remercions encore de tout notre cœur. (*Applaudissements.*)

M. LE PRÉSIDENT. — En donnant la parole à mon ami Jules Clère...

M. JULES CLÈRE. — Vous ne connaissiez rien de cela!

M. LE PRÉSIDENT. — ...je ne croyais pas qu'il me couperait l'herbe sous le pied, parce qu'il a remercié beaucoup de ceux que je me faisais un plaisir de remercier. Il m'a même tellement coupé l'herbe sous le pied qu'il vous a annoncé lui-même ce que je voulais avoir le plaisir de vous dire, c'est que mon excellent ami Perrin, notre confrère, si habile, si plein de tact, si érudit, a accepté la tâche ingrate de se constituer le Rapporteur général de votre Congrès.

Je tenais à exprimer à Jules Perrin, dont le zèle et le dévouement ne se sont pas démentis depuis onze mois, ma propre reconnaissance, celle de tous ceux qui l'entourent, et, j'espère que vous me permettrez de dire : la vôtre. (*Applaudissements.*)

Je voudrais aussi, car heureusement Jules Clère m'a laissé quelque chose à dire, je voudrais pouvoir le remercier de tout ce qu'il a dit de trop louangeur pour moi et de tout ce qu'il a rappelé, qui est allé directement à mon cœur!

Je veux remercier avant tout, en votre nom, le Cercle de la Librairie, pour l'hospitalité qu'il nous a donnée! (*Applaudissements.*) Et je veux remercier tout particulièrement son Directeur

M. Lobel, dont la bonne grâce et le dévouement ont été inlassables. (*Applaudissements.*)

Je veux adresser également l'expression de notre gratitude à tous les présidents qui ont dirigé les débats de leur section avec autant de compétence que de clarté. (*Applaudissements.*)

Je veux également que soient assurés de notre reconnaissance, les vice-présidents et les secrétaires de ces sections.

Enfin, je me reprocherais de ne pas également adresser toute notre gratitude aux représentants de l'Université qui ont suivi nos travaux avec tant d'assiduité. (*Applaudissements.*)

Je remercie également les Chambres syndicales, les corporations qui ont travaillé avec tant d'ardeur et de compétence. Je remercie les Rapporteurs qui ont consacré un temps si long à la rédaction de rapports qui resteront comme des monuments d'érudition, de précision et de netteté. (*Applaudissements.*)

Enfin, un artiste que vous connaissez tous, M. Georges Auriol, a dessiné pour les futurs imprimés du Congrès du Livre un monogramme dont vous apprécierez le goût et dont je désire le remercier aussi en votre nom. (*Applaudissements.*)

Mais ceux que je désire remercier par-dessus tout et tous, c'est vous (*Très bien !*) qui avez permis à ce Congrès de faire — je crois que je puis le dire — de la bonne et très utile besogne.

Par l'union que vous avez montrée dans ce Congrès, vous avez fait présager l'union qui, désormais, présidera à toutes les relations des différents membres et représentants de vos corporations, et c'est ainsi que nous arriverons au succès que nous ambitionnons tous et dont vous aurez été les meilleurs artisans. (*Applaudissements.*)

Je veux vous faire toucher du doigt, en deux mots, les résultats que j'augure de ce Congrès.

Grâce à lui, grâce à vous, l'industrie du Livre s'organise et s'unit. C'est la cohésion de vos bonnes volontés qui a engendré toutes les résolutions heureuses que nous avons votées, résolutions d'où découleront pour votre industrie les réformes si fécondes que nous attendons. Il faut maintenant que notre ardeur ne s'arrête pas en route, mais qu'elle progresse, qu'elle progresse sans cesse jusqu'au jour où notre but sera complètement atteint, et où nous pourrons rendre, au Livre français, sa gloire, dont, grâce à vous, il n'aura été que passagèrement dépossédé. C'est votre ténacité, c'est votre union, encore une fois, qui aura obtenu ce résultat. Ce sera pour moi, dans ma vie d'homme de lettres, un éternel honneur d'avoir été pour une toute petite part dans votre victoire. (*Longs applaudissements.*)

D'ordinaire, les Congrès finissent par des banquets : ce n'est pas ainsi que finira le nôtre. On ne banquette pas en ce moment, chez nous, quand nos fils meurent, et quand tant de familles pleurent ! A ces familles, à ceux qui sont restés sur les champs de bataille et qui faisaient partie de vous, de vos corporations, je m'en voudrais si je laissais finir cette réunion sans adresser une pensée de recueillement et de reconnaissance... Il nous faut, à cette heure, penser à ceux qui sont tombés et qui, par ce sacrifice, nous ont permis de tenter l'effort dont notre patrie sortira plus grande! Ce sont eux qui ont permis à tous ceux qui sont ici de se réunir : ayons pour eux, à cette heure, une pensée de recueillement et une pensée d'éternelle gratitude. (*Applaudissements.*)

Le banquet qui clôt généralement les Congrès est reporté au prochain Congrès : ce sera le Congrès de la victoire, et nous aurons alors la joie de voir assis à côté de nous tous ceux qui sont encore aux armées, tous ceux qui ont été blessés pour nous défendre, tous ceux de vos industries, de vos corporations qui sont en captivité, là-bas, en Allemagne!

Messieurs, je déclare close la première session de ce Congrès national du Livre.

Vous pouvez vous séparer avec la conscience que vous avez non seulement bien travaillé pour le Livre, mais que vous avez aussi bien travaillé pour la France! (*Applaudissements.*)

La séance est levée à cinq heures vingt-cinq.

DEUXIÈME SECTION

SÉANCE DE CLOTURE DU SAMEDI 17 MARS 1917

A l'issue de la séance plénière, la deuxième section s'est réunie, sous la présidence de M. Louis Hachette, pour la lecture des procès-verbaux de cette section.

Les secrétaires n'ayant pu en terminer la rédaction en temps voulu, il fut décidé que ces procès-verbaux seraient renvoyés au Comité exécutif du Congrès du Livre, qui sera chargé de les mettre au point et de les approuver.

TABLE DES MATIÈRES

	Pages
Comité de patronage	5
Comité d'honneur	5
Comité d'organisation	6
Commission d'organisation	7
Bureau du Congrès	7

DIMANCHE 11 MARS 1917

SÉANCE D'INAUGURATION A LA SORBONNE

Discours de M. Pierre Decourcelle	9
Discours de M. Raymond Poincaré	18
Poème de Mme Daniel Lesueur	23

COMPTE RENDU DES SÉANCES

Ordre des travaux	27

LUNDI 12 MARS 1917

Séance plénière	29

Première section

I. — A. Crolard : La Fabrication et le Commerce du papier	35
II. — Syndicat patronal des Imprimeurs typographes : L'Impression	66

Deuxième section

I. — E. Pinat : La Librairie industrielle française	85
II. — F. Strowski et R. Pichon : Les Collections de textes classiques	99
III. — P. Bertrand : Les Éditions musicales	111

Mardi 13 mars 1917

Première section

I. — Syndicat patronal des Imprimeurs typographes : L'Impression (suite) 119
II. — Société fraternelle des Protes des imprimeries typographiques de Paris : L'Industrie du livre. 139
III. — L. Rivet : Les Conditions actuelles de la technique du livre et les Améliorations à y apporter. 139
IV. — H. Magnier : La Reliure et le Cartonnage 142
V. — L. Boivin : La Technique du livre illustré moderne 148

Deuxième section

I. — E. Fouret : Les Efforts tentés de divers côtés en France pour développer la vente du livre à l'étranger 155
II. — A. Lahure : La Question des douanes à l'égard des ennemis. 176
III. — Max Leclerc et Jean-Paul Belin : Les Industries du livre et le Commerce extérieur de la France 176

Jeudi 15 mars 1917

Séance plénière 211

Première section

I. — D.-A Longuet : La Photocollographie 215
II. — A. Jamas : La Gravure au burin 223
III. — A. Porcabeuf : L'Impression en taille-douce 227
IV. — Société artistique de la gravure sur bois : La Gravure sur bois 230

Deuxième section

I. — Ch. Petit-Dutaillis : L'Expansion intellectuelle 235
II. — E. Haraucourt : La Démoralisation par le livre et par l'image. 255
III. — F. Chevassu : Le Livre et la Critique 284
IV. — G. Lecomte : L'Union des écrivains et des éditeurs pour l'expansion de la pensée française 288

Vendredi 16 mars 1917

Première section

I. — P. de Pachtère : Les Œuvres sociales du livre 300
II. — A. Keufer : L'Apprentissage dans l'industrie du livre . . . 304
Document annexe. Syndicat de la photogravure : La Photogravure. 363

TABLE DES MATIÈRES

Deuxième section

I. — H. Clouard : Les Modes de vente et de publicité dans la librairie. 369
II. — Paul Gillon : Les Expositions techniques. 392
III. — Association des bibliothécaires français : La Bibliographie 402
IV. — André Gillon : Nécessité de publier des bibliographies à l'usage du grand public. 420

Samedi 17 mars 1917

Séance de clôture de la première section. 423

Séance plénière 425

Approbation des vœux :
    La Fabrication et le Commerce du papier 425
    La Technique du Livre 427
    L'Impression 428
    La Reliure et le Cartonnage 431
    La Technique du livre illustré moderne 431
    La Gravure au burin. 432
    La Gravure sur bois 432
    L'Impression en taille-douce 433
    La Photocollographie 433
    Les Œuvres sociales du livre 434
    L'Apprentissage dans l'industrie du livre. 435
    La Librairie industrielle française 438
    Les Textes classiques et littéraires. 440
    Les Éditions musicales. 440
    Les Industries du livre et le Commerce extérieur de la France. 442
    La Vente du livre français à l'étranger 445
    L'Expansion intellectuelle 446
    La Démoralisation par le livre et par l'image 448
    Le Livre et la Critique 450
    L'Union des écrivains et des éditeurs 450
    Les Modes de vente et de publicité 451
    Les Expositions techniques. 452
    La Bibliographie 453
    Bibliographies à l'usage du grand public 456
    Contrôle des missions 457
    Aveugles. 458
    Motion finale 459

Comité exécutif :
    Règlement pour la mise à exécution des résolutions votées par le Congrès 460
Séance de clôture de la deuxième section 464

FIN DU TOME II

www.ingramcontent.com/pod-product-compliance
Lightning Source LLC
Chambersburg PA
CBHW072107220426
43664CB00013B/2022